主　编：孙　波　刘延常
副主编：董文斌　吉树春

青铜器、金文与齐鲁文化学术研讨会论文集

山东省文物考古研究院
北京大学出土文献研究所
山东大学历史文化学院
潍坊市博物馆
编

上海古籍出版社

图书在版编目（CIP）数据

青铜器、金文与齐鲁文化学术研讨会论文集 / 山东省文物考古研究院等编. —上海：上海古籍出版社，2020.12

ISBN 978-7-5325-9817-5

Ⅰ. ①青… Ⅱ. ①山… Ⅲ. ①青铜器（考古）—中国—文集 ②金文—中国—文集 ③文化史—山东—文集 Ⅳ. ①K876.414-53 ②K877.34-53 ③K295.2-53

中国版本图书馆CIP数据核字（2020）第228630号

责任编辑：张亚莉
封面设计：严克勤
技术编辑：耿莹祎

青铜器、金文与齐鲁文化学术研讨会论文集

山东省文物考古研究院
北京大学出土文献研究所
山东大学历史文化学院
潍坊市博物馆
编

上海古籍出版社出版发行
（上海瑞金二路 272 号 邮政编码 200020）
（1）网址：www.guji.com.cn
（2）E-mail：guji1@guji.com.cn
（3）易文网网址：www.ewen.co
常熟市人民印刷有限公司印刷
开本 787×1092 1/16 印张 29 插页 5 字数 535,000
2020 年 12 月第 1 版 2020 年 12 月第 1 次印刷
ISBN 978-7-5325-9817-5
K·2930 定价：148.00 元
如有质量问题，请与承印公司联系

序

本书是山东省文物考古研究院、北京大学出土文献研究所、山东大学历史文化学院、潍坊市博物馆于2018年10月在山东潍坊召开的“青铜器·金文与齐鲁文化学术研讨会”之论文结集，从会议名称看，研讨的重点是讨论与齐鲁文化相关的青铜器与金文，或者说是从研究青铜器与金文入手来讨论齐鲁文化。

齐、鲁这两个西周王朝在东土的封国，在文化上既有共同性，也有一定的差异性，但二者在很长时期内是山东地区最有实力与影响力的封国，因此，考古学与历史学上习称的“齐鲁文化”便成为山东地区两周文化主体的一种代称。齐鲁文化的特色是：一方面，长时期继承与发扬了源自西土与中原的传统周文化；另一方面，也不同程度地、不断地融合了海岱地区多种具浓厚特征的地域性文化因素，特别是所谓东夷文化因素，故而在两周时期成为一个极具特色的区域文化。这一文化的重要表征之一，是齐鲁文化中的青铜文化。而欲对齐鲁青铜文化做研究，需要有一个宏观的学术视野，即不仅要深入考察齐、鲁青铜文化本身，而且要对整个山东地区与齐、鲁彼此相互交流、融合的各类地域性文化有足够的了解。

本文集所收的论文中，对山东地区青铜文化做研究的论文，包含以下几个角度：

其一，对有关考古发掘资料做深入分析的文章，其中既有对整个山东地区各类青铜文化的研究，阐释其年代、文化因素特征、历时性的变化与格局，也有对不同时期区域性的考古遗存所做的精细分析，如：通过墓葬出土青铜器对前掌大不同地点商墓地族属的探讨；对鲁东南地区两周青铜器做类型学与文化因素的分析；由研究临朐泉头西周墓出土青铜器的形制与铭文，分析墓主人身份，探讨墓葬包含的文化因素及与山东其他地区、与江淮地区的文化交流。

其二，考证山东地区出土青铜器铭文，做有关古国、族属及历史地理的研究，如由章丘出土的鄙甘辜鼎论及商周过族在东土的活动；由卜辞与商周金文资料考证鼉族居地在东土，并勾勒出该族自商至春秋之发展脉络；据新的考古发现深入探讨春秋时“郝分三国”问题；由2008年南阳出土的与“克莒”有关的楚王戈，联系相关器铭考证莒国之亡。此外，论文中类似的研究，还有对安丘地区有关古国的考证，对菏泽地区曾存在过的曹国史迹之探讨，由胶东出土的与“莱”有关的器物论及莱、齐关系及所谓莱人族团的踪迹等。将卜辞与商周金文中所见族属及其活动路线与相关考古资料相联系，考证一些重要的历史地理问题，虽有相当难度，但始终是先秦历史、考古、历史地理研究的重要内容。山东地区商周古族群、古国甚多，且延续时间长，尤其值得深入探讨。早年王献唐先生即著有《山东古国考》，开此研究之先河。当代学者有较多新资料可利用，且已有较丰富的研究成果可资参考，相信会在这方面做出更多新成绩。

其三，根据青铜器铭文研究齐国历史，如依据新出金文订补齐胡公史事，对齐侯因資敦称“高祖黄帝”之原因的剖析。

其四，介绍与考证博物馆所藏商周青铜器的资料，包括淄博、潍坊、章丘、临朐、临沂等地的博物馆藏器，为研究山东地区商周青铜器与铭文提供了很有价值的材料。其中有关章丘大站水库东北出土青铜器的文章很引人注意，文章介绍了三件春秋早期有铭青铜器，并特别指出，在水库清淤时曾发现数件青铜器，包括鼎、尊及兵器等，“且出土地点比较集中，大都出土于水库东北部”，这一地点似应在今后考古工作中予以关注。

文集所收除以上几类论文外，还刊有学者所作陈介祺研究之专论。陈介祺作为山东潍县籍晚清著名金石学家与收藏家，在青铜器收藏、辨伪与考证方面，皆有精湛心得，所论常高出同代之人。近年来，陈氏之金石论著与所作拓本多被整理出版。此次学术会议在潍坊举办，本文集所收两篇介绍陈氏生平与业绩的论文，亦颇有纪念意义。

本文集还收有考证山东以外区域考古发掘出土的商周青铜器与铭文以及从多角度探讨青铜工艺的论著，皆是近年来商周青铜器与金文研究的新成果。

近年来，山东省文物考古研究院或与高校相关科研机构合作，或联手地方文物考古部门，先后在新泰、莒县、曲阜、临淄、潍坊、烟台、滕州等地举办过多次研究山东青铜文化的专题学术研讨会，不仅促进了山东考古事业的发展，调动起山东各基层文物考古工作者的研究热情，而且对整个商周考古、历史与古文字研究都有推动作用。放在这一大背景下来看本文集的出版，其学术意义更为清楚。

记得在山东举办过的上述学术讨论会上，与会学者在交流有关齐鲁文化及所谓东夷文化新的研究成果同时，也多次表示过对如何进一步深化山东地区商周考古研究的关心，其中一个核心问题，即要努力探寻西周早期齐、鲁的始封都邑。这一点，北京大学的刘绪先生在为2017年临淄齐文化讨论会文集作序时亦曾指出过。作为西周王朝在东方最重要的两个封国的始封邑，所在地望虽有种种线索与信息，但迄今仍不甚明了，很希望这项工作能列入今后山东商周考古的重要课题中。

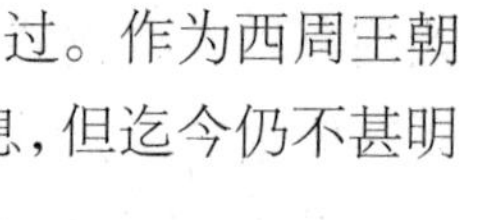

2020年10月16日

目　录

商代晚期陕晋高原的祭祀模式研究

曹　玮
（陕西师范大学历史文化学院）

祭祀上神与先祖是先秦时期国家的任务之一，通过祭祀，与上神和先祖沟通，希冀得到福佑和子孙后代的延续。这不仅是中原华夏之民的风俗，也是周边各个族氏的共同任务。

商代晚期是指盘庚迁殷之后、以安阳小屯为都城的时期。随着考古发掘，越来越多的遗存出土，尤其是洹北商城的发现与发掘，可以确定商代晚期当以武丁开始。[1]商代的青铜文化是延续二里头文化而来，有一个逐渐用青铜容器代替陶器的过程；随着二里岗上层文化向外扩张发展，这一套祭祀礼器及祭祀的思想体系也随之向外传播，可以说周边地区或多或少都受到了商文化的影响；二里岗时期的青铜容器从酒器爵、盉、斝及炊器鼎、鬲，发展至商代中期，饮酒器、盛酒器、炊食器、水器等器物门类俱全。

从殷墟一期开始，商人的发展遇到了阻碍，势力范围被迫收缩，“在商王朝的周边，一大批当地的青铜文化好像异军突起那样，纷纷兴起。他们一般是受商文化的影响而结合本地文化传统，制作出了很好的青铜器，包括一些礼器性质的物品，最重要的则是都学会了制作青铜武器的技术。看来，正是因为这些族群此时也使用青铜武器，商人对他们的威胁力量就大大减退，再也不能像从前那样严密地加以控制。而当这些族群自身力量强大起来后，为了稳定地控制自身占有的地域，自然会排斥异族力量，包括商人（当然不含结成联盟的族群）”。[2]可见，由于金属武器技术的应用，在中原四

[1] 杨锡璋：《殷墟的年代及性质问题》，《中原文物》1991年第1期；唐际根：《商王朝考古学编年的建立》，《中原文物》2002年第6期。

[2] 俞伟超：《长江流域青铜文化发展的新思考》，载高崇文、安田喜宪主编：《长江流域青铜文化研究》，科学出版社，2002年。

周地区，迫使商人向都城周围收缩。然而商人的退却，很快使周围形成了几个与商人不同的文化圈，他们受商人影响很大，但有着自己的文化渊源，从祭祀程式、祭祀用器到祭祀风俗都与殷墟不同；长江流域的古越族、汉中盆地的古巴族、成都平原的古蜀族都显示了自己的祭祀模式，[1]陕晋高原的祭祀模式依然是这样。

殷墟时期延续着中商以来的祭祀模式。我们选择殷墟二期和殷墟三期的二座高级贵族墓葬作为例子，来阐述这个问题。

1992年至2002年，考古工作者在安阳市殷都区花园庄东地进行了发掘。2000年发现的54号墓是殷墟二期晚段的墓葬，发掘者从墓葬面积、随葬品、殉人等情况判断，男性墓主应是地位仅次于妇好墓的高级贵族。[2]墓葬出土青铜器267件，其中礼乐器43件，包括圆鼎6、方鼎2、甗1、簋2、盂2、勺2、方斝1、方尊1、觚9、爵9、方罍1、方彝1、觥1、牛尊1、斗1、铙3，各类兵器161，车马器8，各类工具16，杂器185（参看表一、表二、图一）。

表一　54号墓青铜礼乐器分类表

器类	炊食器				水器	酒器										乐器
器名	圆鼎	方鼎	甗	簋	盂	勺	方斝	方尊	觚	爵	方罍	方彝	觥	牛尊	斗	铙
数量	6	2	1	2	2	2	1	1	9	9	1	1	1	1	1	3
小计	11				2	27										3
百分比	25.58%				4.65%	62.79%										6.98%

表二　54号墓青铜礼乐器以外的青铜器分类表

器类	兵器				车马器		工具							杂器				
器名	钺	矛	戈	卷首刀	弓形器	策	锛	凿	刀	铲	铃首锥形器	四棱锥形器	手形器	铜泡	錾手	镈	錾刻盘形器	铜铃
数量	7	78	73	3	6	2	5	1	5	1	1	2	1	149	4	2	7	23
小计	161				8		16							185				
百分比	43.5%				2.2%		4.32%							50%				

[1] 曹玮：《商代晚期洞庭湖及其周边地区的祭祀模式》，《湖南省博物馆馆刊》第十二辑，岳麓书社，2016年；《汉中盆地出土商代晚期青铜器反映的祭祀模式》，载北京大学考古文博学院：《高明先生九秩华诞庆寿论文集》，科学出版社，2016年；《晚商时期三星堆文化的祭祀模式》，载《三星堆研究》（第五辑），巴蜀书社，2018年。

[2] 中国社会科学院考古研究所：《安阳殷墟花园庄东地商代墓葬》，科学出版社，2007年，第68-231页。

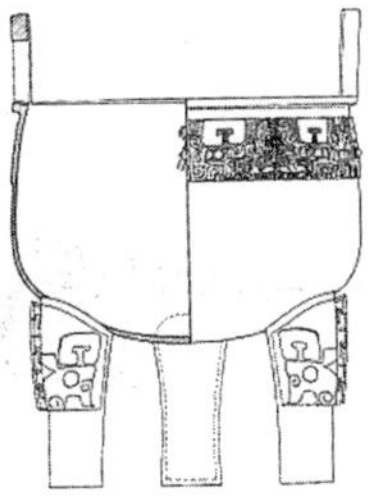
圆鼎M54 : 240

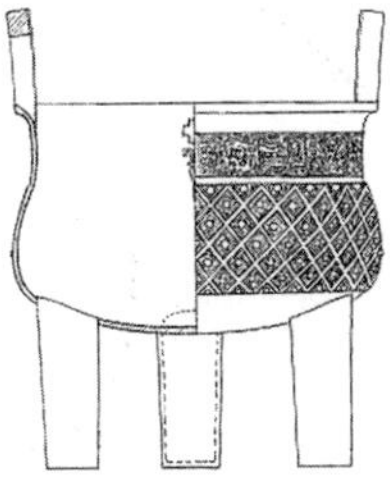
圆鼎M54 : 224

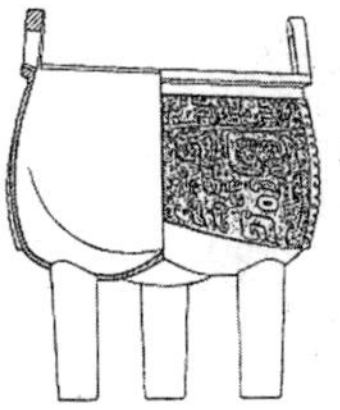
圆鼎M54 : 167

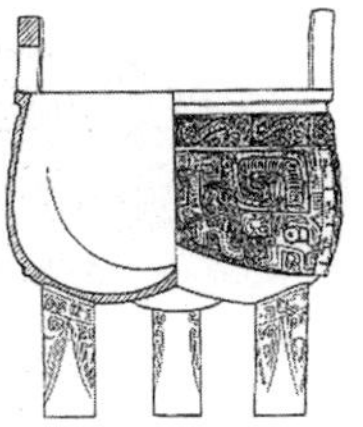
圆鼎M54 : 181

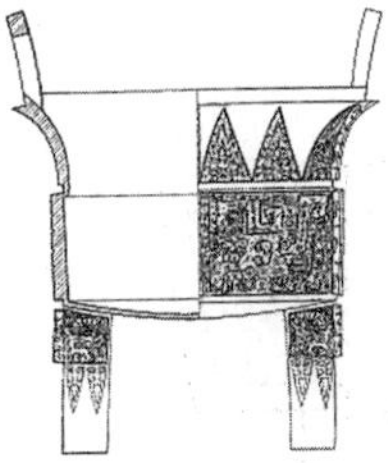
方鼎M54 : 191

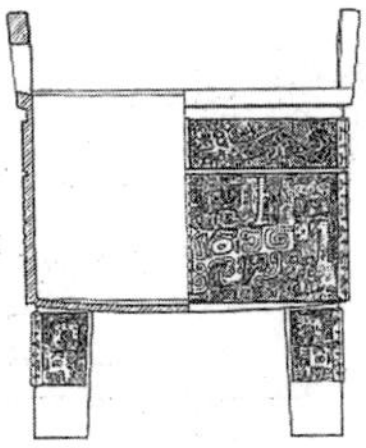
方鼎M54 : 170

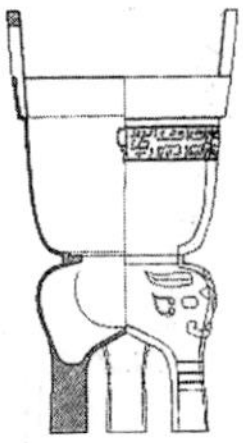
甗M54 : 154

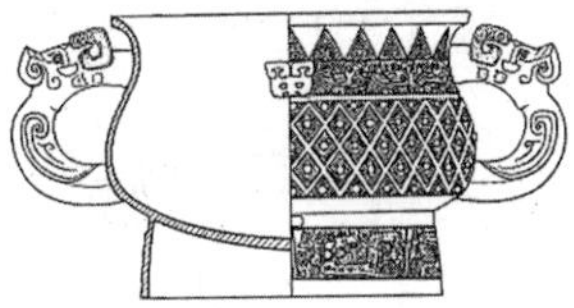
簋M54 : 171

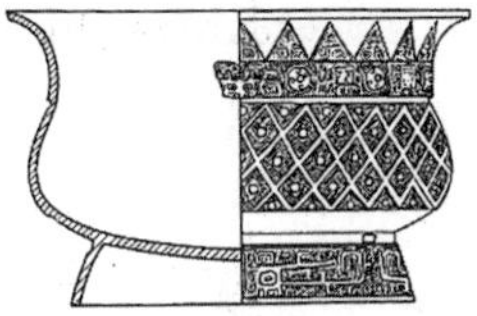
簋M54 : 177

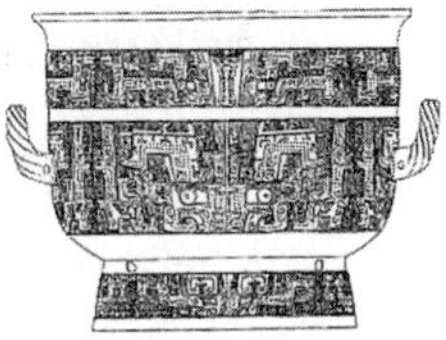
盂M54 : 169

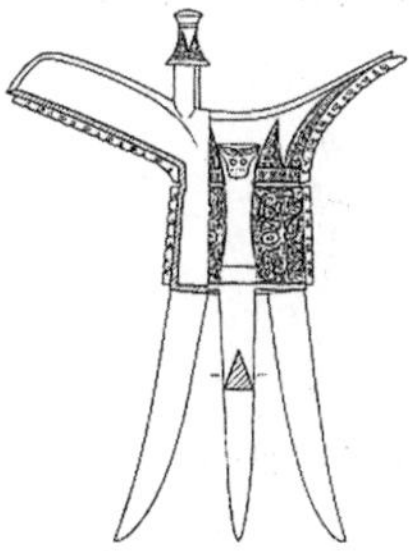
爵M54 : 138

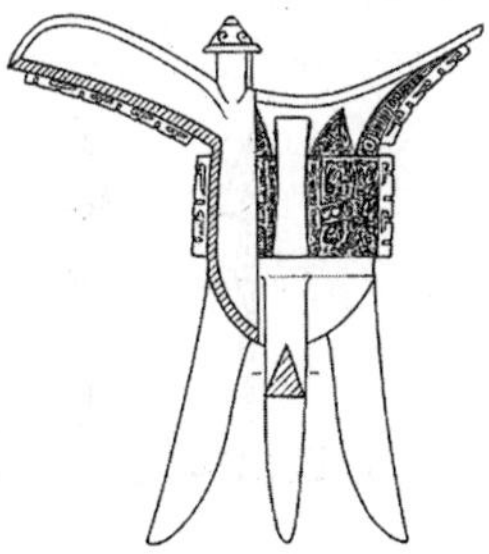
爵M54 : 109

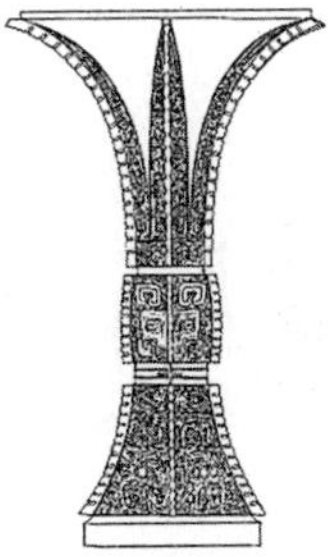
爵M54 : 200

斝M54 : 43

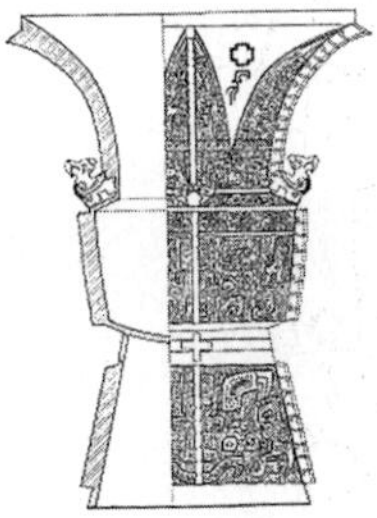
尊M54 : 84

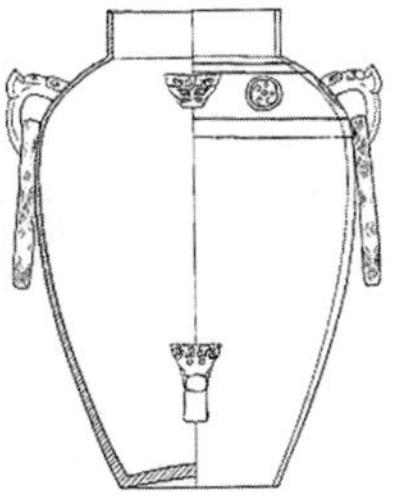
罍M54 : 136

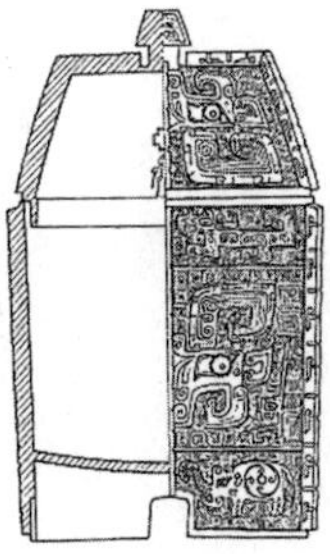
方彝M54 : 183

觥M54 : 195

牛尊M54：475 + 146

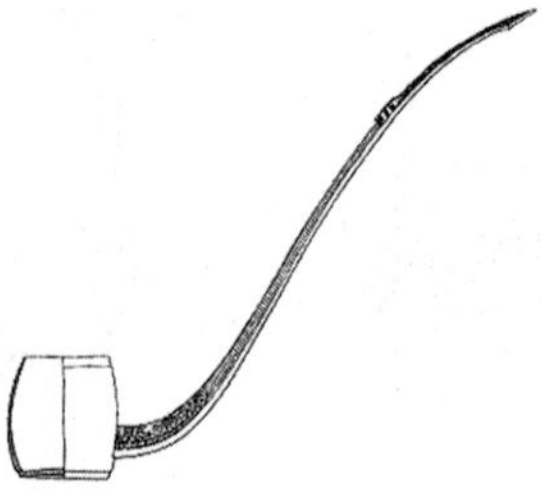
斗M54：187 + 569

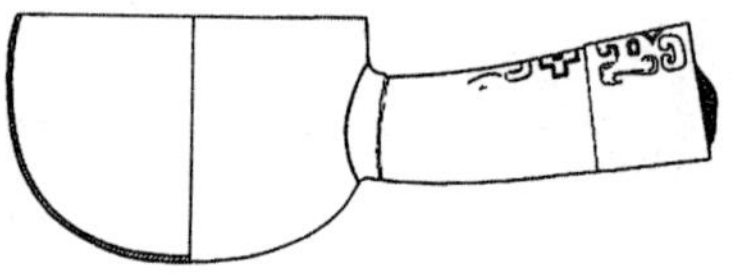
勺M54：149

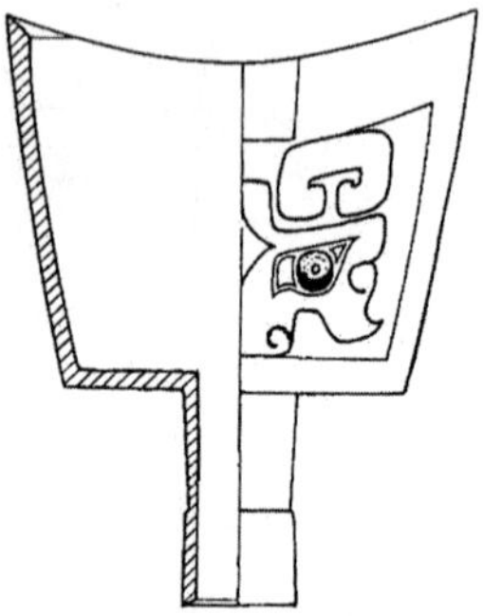
铙甲M54：119

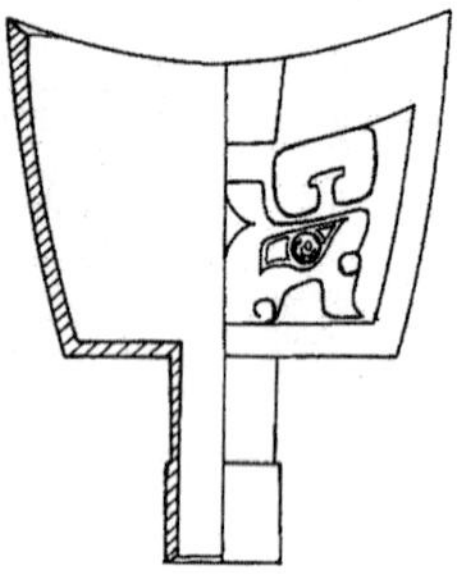
铙乙M54：108

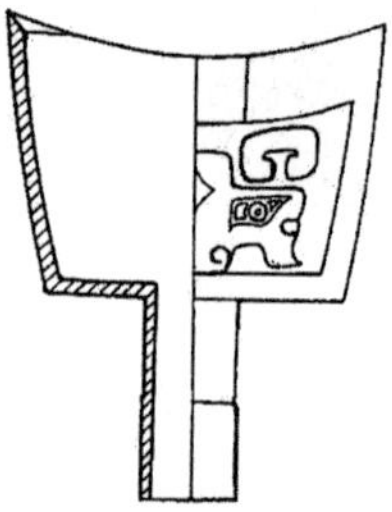
铙丙M54：199

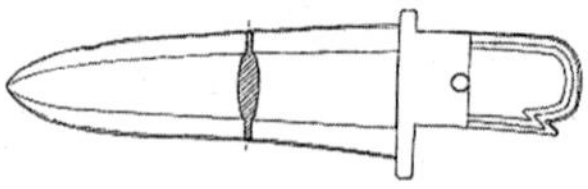
直内戈M54：223

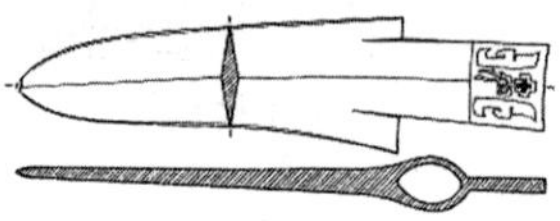
銎内戈M54：256

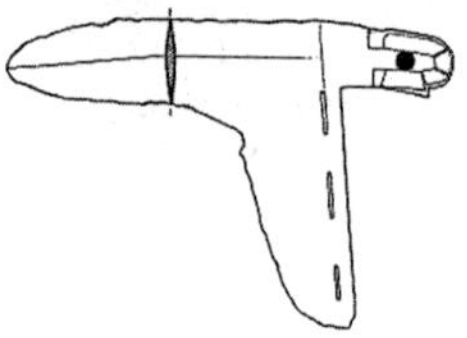
长胡戈M54：47

卷首刀M54：87

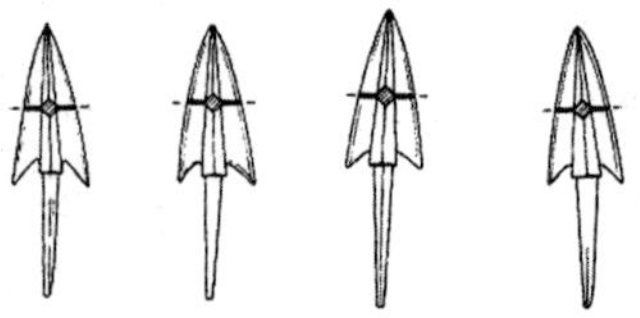
箭镞M54：293－1、116－3、116－2、128－1

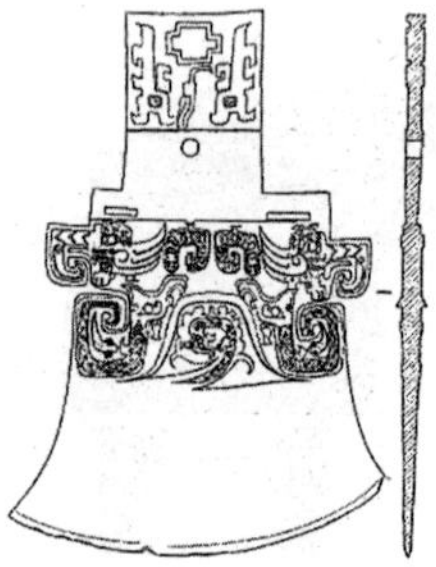
钺M54：86

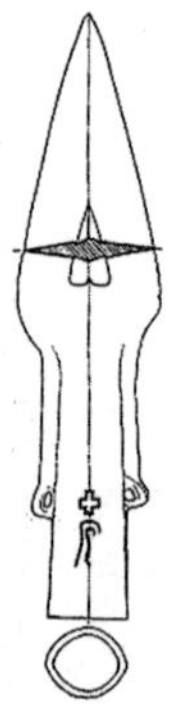
矛M54：37

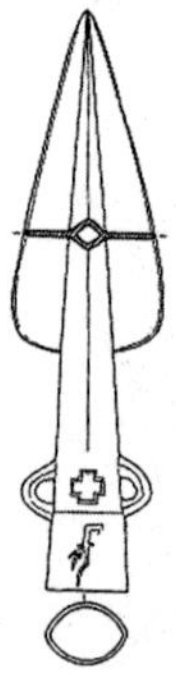
矛M54：6

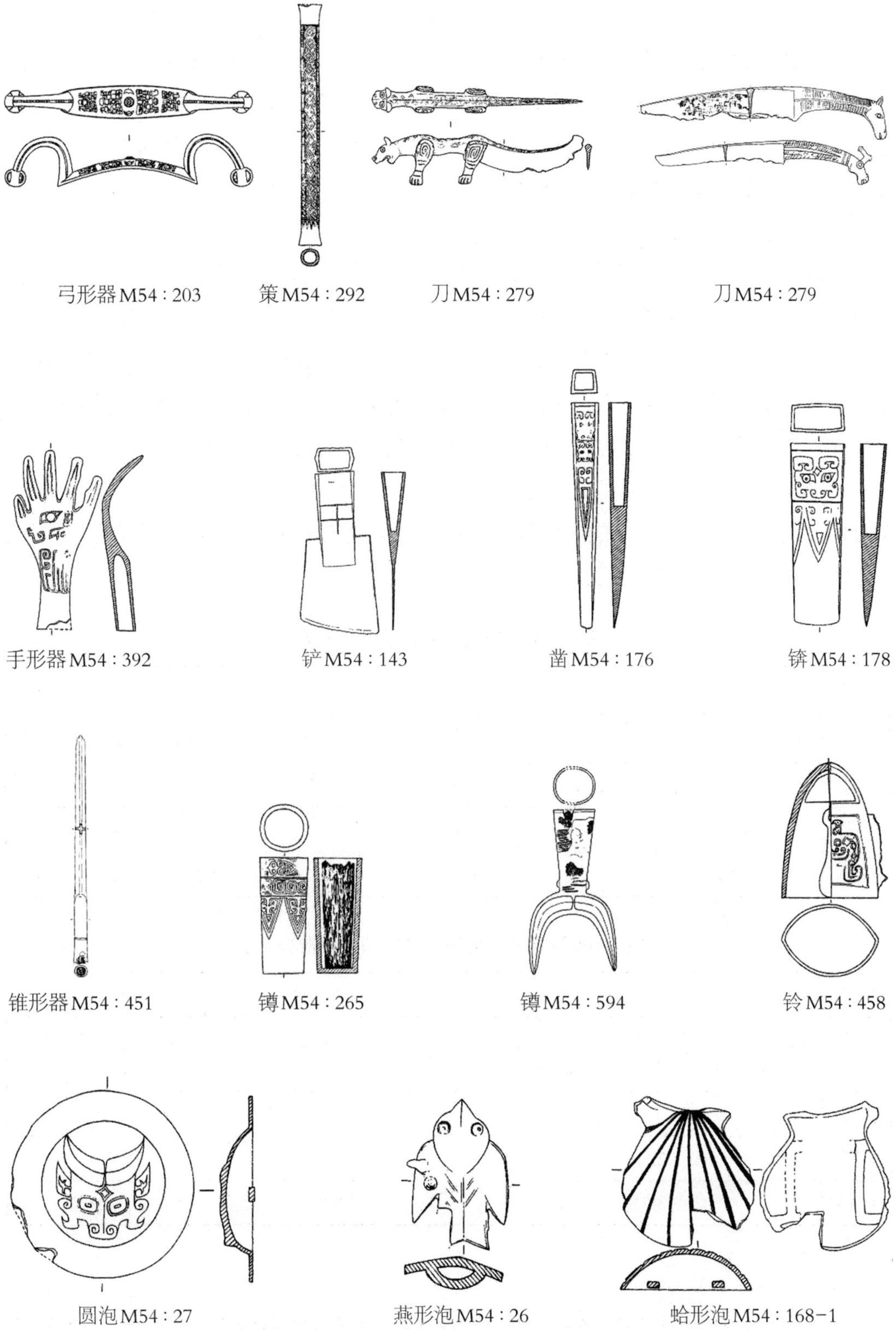

图一　殷墟花园庄东地商代墓地54号墓葬出土部分青铜器

从表一可以看出，礼乐器中的酒器比例将近三分之二，炊食器的比例超过四分之一，水器和乐器的比例较低。从表二看到，在礼乐器以外的青铜器中，兵器的比例近44%，车马器和工具的比例比较低，只有6.5%，各种杂器合起来比例占到一半。作为祭祀上神与先祖考的礼乐器是当时最为重要的器物，包括盛装牲肉、粮食的炊食器，各种盛酒的酒器以及水器和乐器。作为安全保障、随身护卫的兵器，是生存的重要保障之器，同时也是男性身份的一种象征。

1990年，考古工作者在殷墟郭家庄西部发现了殷墟三期晚段的160号墓。墓葬面积将近14平方米，根据出土器物上的铭文，发掘者认为墓主当是商代晚期的高级贵族亚址。出土的青铜器颇为壮观，仅次于妇好墓。[1]礼乐器总数的四分之三是酒器；炊食器的鼎、甗、簋三类器物的比例达18.18%；水器盘出现在二里岗上层时期，但这方面的功用并没有因此有所发展，比例依然很低；铙是殷墟时期才出现的乐器，往往是三件一组组合出土；水器、乐器及其他器类所占的比例只有11.36%。在礼乐器以外的青铜器中，六类兵器里戈与矛的数量较大，使兵器的比例达到了93.7%；工具与其他器类比例较低，只有6.3%（参表三、表四）。

表三　160号墓青铜礼乐器分类表

器类	炊食器			酒　　器									水器	乐器	其他
器名	鼎	甗	簋	尊	罍	卣	盉	斝	觯	觚	角	斗	盘	铙	方形器
数量	6	1	1	3	1	1	1	3	1	10	10	1	1	3	1
小计	8			31									1	3	1
比例	18.18%			70.45%									2.27%	6.82%	2.27%

表四　160号墓青铜礼乐器以外的青铜器分类表

器类	兵　　器						工　　具					其　　他		
器名	钺	大刀	戈	矛	弓形器	镦	铲	斧	锛	凿	环首刀	铃	策柄	残片
数量	3	2	119	97	1	1	1	1	3	1	1	6	1	1
小计	223						7					8		
比例	93.7%						2.94%					3.36%		

[1] 中国社会科学院考古研究所：《安阳殷墟郭家庄商代墓葬》，中国大百科全书出版社，1998年，第70-126页。

从上述二座墓葬可以看出，殷墟出土的墓葬随葬品以酒器为主，中心器物是觚爵，墓葬等级按觚爵的套数而定，墓主人等级高的，觚爵的套数就多，花园庄东地54号墓陪葬9套觚爵，亚址墓（郭家庄160号墓）是10套觚角；其次是炊食器，占墓葬随葬礼乐器的20%左右。以殷墟墓葬随葬器用制度为标准的模式可以分成如下几部分：

1. 容礼器与乐器：炊食器、酒器、水器、乐器等各种器皿的组合；

2. 生活资料的获取：工具，包括生产工具和生活用具；

3. 本身的护卫器械：兵器（往往是男性的象征）；

4. 本民族的特点：装饰品。

这是商人随葬器物的一种规律性模式。西周时期延续了商人的祭祀理念，虽然在"重酒器"和"重食器"方面有所偏重，但思想体系是一脉相承的，甚至东周都延续这种祭祀模式的指导思想，正如后来春秋时期的思想家孔子所言"夫礼之初，始诸饮食……陈其牺牲，备其鼎俎，列其琴瑟，管磬钟鼓，修其祝嘏，以降上神与其先祖……"（《礼记·礼运》），这是对商周以来祭祀模式的总结。

祭祀物品的种类，如《礼记·祭统》所说："夫祭也者……水草之菹，陆产之醢，小物备矣。三牲之俎，八簋之实，美物备矣。昆虫之异，草木之实，阴阳之物备矣。凡天之所生，地之所长，苟可荐者，莫不咸在，示尽物也。外则尽物，内则尽志，此祭之心也。"从饮食开始，将天上飞禽、地上走兽、水产鱼蚌、动物、植物等天下最好之物，体现在祭祀之中，献给先祖，以祈求先祖的福佑，并荫及子孙。这一套祭祀模式和祭祀器物是中国青铜时代的特点，直至消亡。

与殷墟同时期的陕晋高原，有着与殷墟不同的祭祀体系。这一区域，一方面受商人的影响，但有与商人祭祀体系不同的祭祀模式。陕晋高原是晋西地区和陕北地区的合称。晋西是指管涔山、芦芽山、吕梁山脉以西至黄河之间的晋西山地，包括现在的河曲、保德、兴县、临县、柳林、离石、石楼、永和、隰县、吉县等，出土的青铜器主要集中在保德、柳林、石楼、永和、隰县、吉县等几个县。陕北地区是指陕西黄陵县以北的各市县地区，出土青铜器的地方主要集中在无定河下游的米脂、子洲、绥德、子长、清涧、延川、延长各县以及甘泉县。二者从地理上都属于黄土高原，文化面貌、风土人情较为相似，故常常以陕晋高原连称。商末时期，这里是商王朝的方国，[1]与商王朝有着千丝万缕的联系，所以受其影响较大；尤其是祭祀神灵方面，部分地接受了商人的祭祖思想，也保存了自己的传统习惯，在随葬的器物中能反映这一点。

[1] 曹玮：《陕晋高原商代铜器的属国研究》，载《古文字与古代史》第二辑，台湾中研院历史语言研究所，2009年。

从陕晋高原青铜器的形制、纹饰、器物组合等方面看，一般分为三部分：[1]

1. 殷墟青铜器：应当是从殷墟直接传来的；

2. 仿造器：根据自己的理解，模仿殷墟的器物制造出来的；

3. 自己所特有的铜器：这些器物是具有本地特点的器物，尤其在工具、兵器和装饰品上，特点突出，甚至影响了殷墟。

下面举例阐述。

1965年，陕西绥德义合镇墕头村发现22件商代晚期的青铜器，[2]计有：天鼎、乳钉方格纹簋、夔纹爵、兽面纹觚、兽面纹贯耳壶、兽面纹斗、蛇首匕、马头刀、直内钺、□钺、□戈、镞、锛、凿、泡等。简报以为是一处窖藏，从出土的器物来说，当是一处墓葬。墓葬出土的马头刀、蛇首匕是具有本地特点的器物，其他器物则与殷墟的同类器物相比并无二制，当是从殷墟直接传来（表五）。

表五　绥德墕头村墓出土青铜器分类表

器类	炊食器		酒　　器					本地器物		兵　　器				工具		马器
器名	鼎	簋	爵	觚	瓿	壶	斗	蛇首匕	马头刀	直内钺	钺	戈	镞	锛	凿	泡
数量	1	1	1	1	1	1	1	1	1	1	1	1	5	1	1	3
小计	2		5					2		8				2		3
比例	9.1%		22.73%					9.1%		36.36%				9.1%		13.64%

晋西高原的商代墓葬也能反映这种情况。以1959年山西石楼县罗村镇桃花者村的商代晚期墓葬为例，[3]发现铜、玉、金、骨等器物，铜器有兽面纹鼎1、雷纹鼎1、弦纹甗1、直线纹簋1、鱼纹盘1、三足盘1、兽面纹斝1、兽面纹瓿1、龙纹觥1、雷纹觚1、带铃觚1、提梁卣1、兽面纹爵1、弦纹壶1、斗1、匕1、虎饰匕1、戈1、斧1、箭镞7、带铃器1、弓形饰1、泡51（表六、图二）。从风格上可以分为三部分：

1. 殷墟式铜器的形制与殷墟出土的同类器物相一致，组合较为完整，鼎、觚、爵、斝组合，加之瓿、壶、斗、匕与水器盘。兽面纹爵的形制与殷墟的同类器物相同，但臣字目中的“田”字则不见殷墟，可暂时归入殷墟式器物。

［1］根据李伯谦分析旌介墓葬，分出土铜器为A、B、C三群的观点，见李伯谦：《从灵石旌介商墓的发现看陕晋高原青铜文化的归属》，《北京大学学报（哲学社会科学版）》1988年第2期；又载李伯谦《中国青铜文化结构体系研究》，科学出版社，1998年，第167–184页。

［2］黑光、朱捷元：《陕西绥德墕头村发现一批窖藏商代铜器》，《文物》1975年第2期。

［3］谢青山、杨绍舜：《山西吕梁县石楼镇又发现铜器》，《文物》1960年第7期；韩炳华主编：《晋西商代青铜器》（上册），科学出版社，2017年，第221–310页。

表六　石楼县罗村镇桃花者村商代晚期墓葬出土器物一览表

器类	炊食器			酒　　器									水器	兵器		工具	车马器	其　他			
器名	鼎2	甗1	簋1	斝1	觚2	爵1	觥1	卣1	瓿1	壶1	斗1	匕2	盘2	戈1	镞7	斧1	泡51	弓形饰1	带环铃1	凤首笄1	鸟面饰1
数量	17													64							
比例	20.99%													79.01%							

2. 仿造器物没有相应的组合，只是形制仿殷墟式铸造，又掺杂着自己的理解，故形制有所不同。夔纹鼎的三足与腹部不成比例，夔龙纹也不见于殷墟，同样的鼎在石楼贺家坪也出土一件；[1]直线纹簋亦为当地制造，形制特殊，不见于殷墟，陕北也曾出土二件，[2]这样形制的簋应是模仿当地的陶簋制造的，与李家崖遗址出土的A1T18⑤a：52形制相同，时代亦同；[3]龙形觥是制作较为精致的一件器物，形制、纹饰俱佳，但不见他地有类似的器物。龙首提梁卣的形制是仿殷墟的器物，只是腹部兽面纹似狼，两耳之间的昆虫类似蜘蛛，这种题材的纹饰少见，而且纹饰上下反向，也是青铜容器（方彝除外）所不见的。夔纹铃觚亦是仿制器，敞口，束腰，圈足外侈，外形与这一时期殷墟的三段式觚有明显不同，外底下有方形钮悬挂一铃，也不见于殷墟同类器物。三足盘当是以自己理解而制作的仿照器。

3. 本地特点的器物有虎饰匕，与1987年陕西延川县马家河永斗村出土的羊首匕特点相同；[4]带铃器似乎是一件圆形器物的柄部和器物圈箍，因器物朽毁而只剩下带铃的柄部；不过器物柄部带铃是本地器物的特点，如铃首剑、铃首匕等。弓形饰是流行于北方一带的佩戴饰物，石楼后兰家沟出土一件铜质弓形饰，[5]在石楼褚家峪亦出

[1] 杨绍舜：《石楼县发现古代铜器》，《文物》1959年第3期；韩炳华主编：《晋西商代青铜器》（上册），科学出版社，2017年，第348—349页。

[2] 形制完全一样，而纹饰稍有不同。见曹玮主编：《陕北出土青铜器》（二），巴蜀书社，2009年，第88—91页。

[3] 陕西省考古研究院：《李家崖》，文物出版社，2013年，第128—129页，彩版二二：3。

[4] 姬乃军：《陕西延川出土一批商代青铜器》，《考古与文物》1992年第4期；延安市文物志编纂委员会：《延安市文物志》第十章，陕西旅游出版社，2004年；曹玮主编：《陕北出土青铜器》（二），巴蜀书社，2009年，第251—252页。

[5] 郭勇：《石楼后兰家沟发现商代青铜器简报》，《文物》1962年第4—5期（合刊）；韩炳华主编：《晋西商代青铜器》（上），科学出版社，2017年，第167—203页。

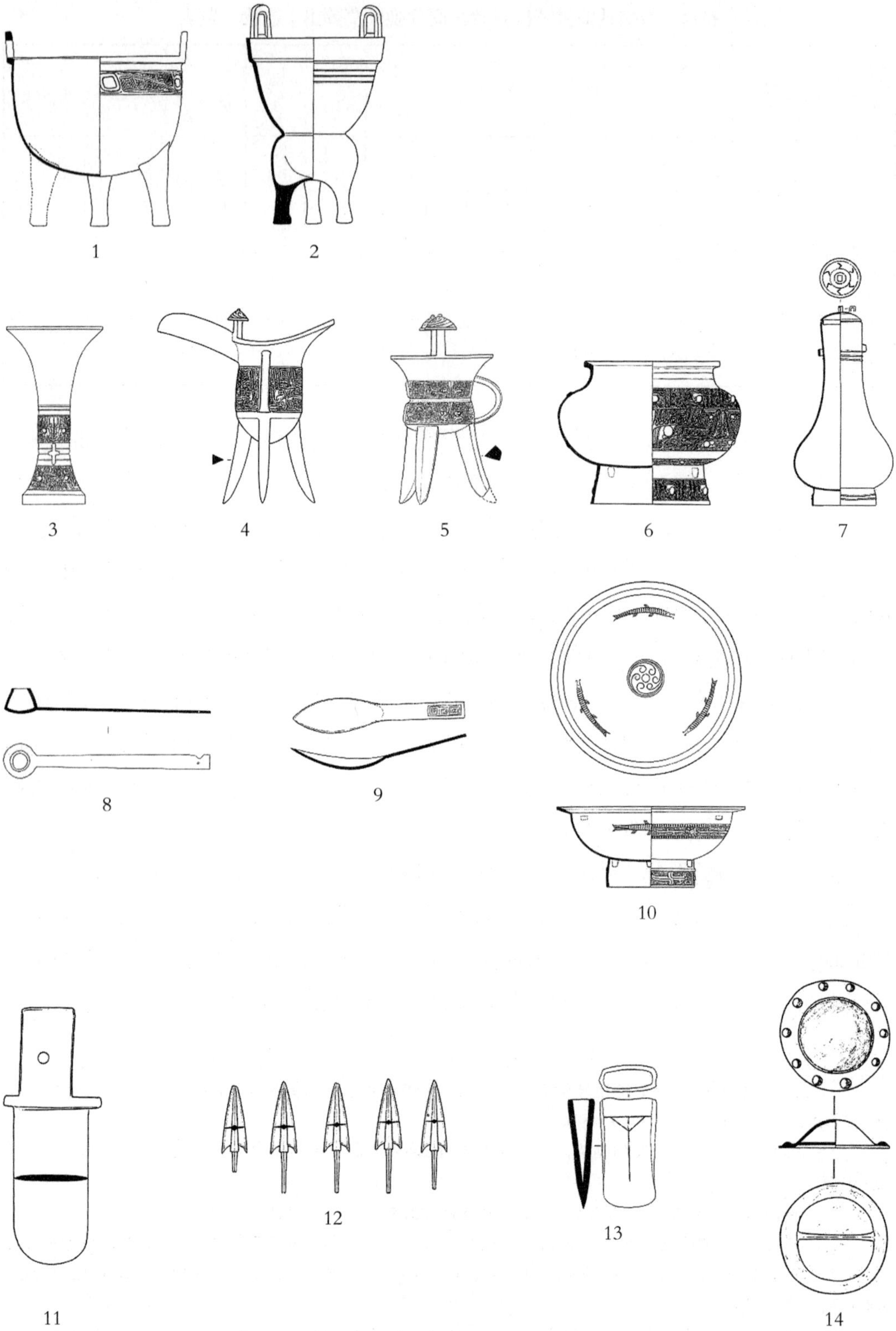

1. 殷墟式铜器

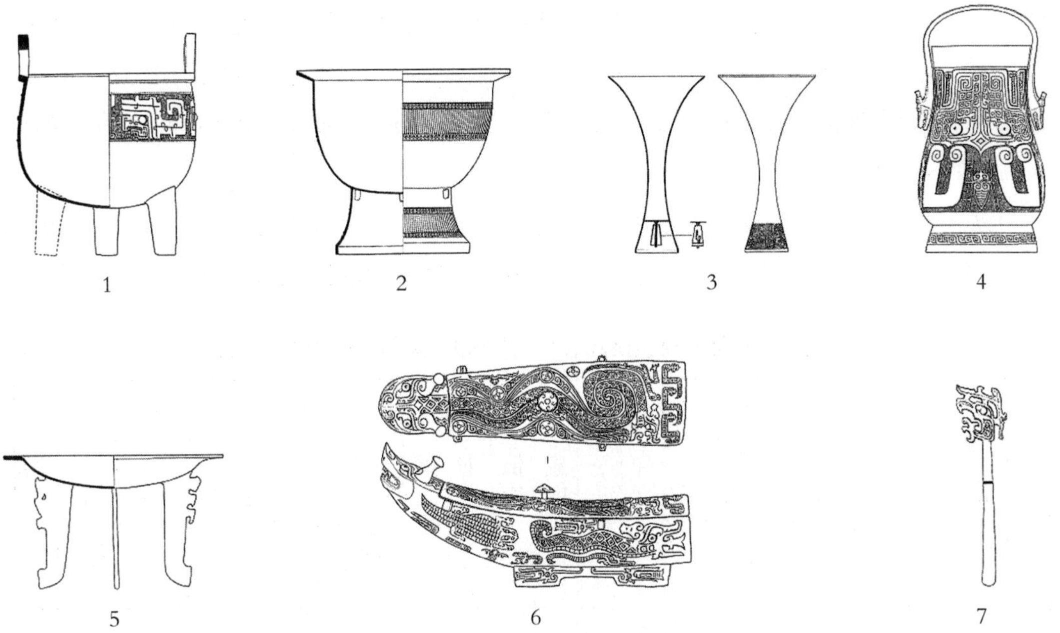

2. 仿殷墟式铜器

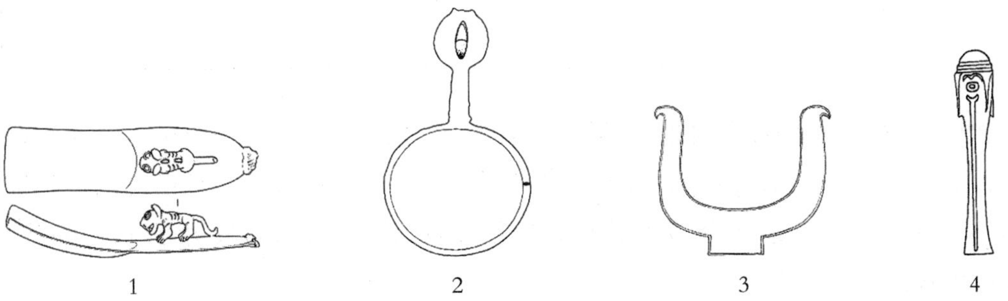

3. 本地特点的铜器

图二　石楼县罗村镇桃花者村商代晚期墓葬出土铜器

土一件铜质弓形饰，[1]保德县林遮峪村出土二件金质弓形饰，[2]1979年陕西延川土岗村出土过一件金质弓形饰，为当地银行收购。[3]对此类器物，邹衡先生将其与带有徽号的族属联系起来；[4]乌恩称之为璜形饰，认为“而境外尚未发现早到青铜时代晚

［1］ 山西吕梁地区文物工作室：《山西石楼褚家峪、曹家垣发现商代铜器》，《文物》1981年第8期；韩炳华主编：《晋西商代青铜器》（上），科学出版社，2017年，第346-347页。

［2］ 吴振录：《保德县新发现的殷代青铜器》，《文物》1972年第4期；韩炳华主编：《晋西商代青铜器》（上），科学出版社，2017年，第101页。

［3］ 樊俊成：《延川县出土的几件青铜器》，《考古与文物》1995年第5期。刘绪与徐天进曾经去银行看过。

［4］ 邹衡：《论先周文化》，《夏商周考古学论文集》，文物出版社，1980年，第336-338页。

期即早于公元前7世纪的标本。由此可以得出如下结论：东周时期流行的璜形金银及铜项饰，最早产生于商代晚期，并一直存在到战国时期。同时对相邻的蒙古、外贝加尔及图瓦地区早期游牧人文化产生了影响”。[1]所谓鸟面形饰体态较小，高度只有8厘米，用途不详，其他遗址不见出土。

从上述分析可知，殷墟式的器物比例还是很高的。如果按器类比较的话，每类器物都以1件计算，殷墟青铜器的比例超过一半，模仿器和本地制造器接近一半（见表七）。

表七　石楼县罗村镇桃花者村商代晚期墓葬出土器物一览表

	殷墟器物													本地仿制器					本地器物				
器名	目雷纹鼎	弦纹甗	雷纹柄匕	兽面纹斝	兽面纹觚	兽面纹爵	兽面纹瓿	弦纹壶	斗	三鱼涡纹盘	直内钺	箭镞	泡	夔纹鼎	直线纹簋	夔纹带铃觚	龙首提梁卣	三足盘	虎饰匕	弓形饰	带环铃	凤首笄	鸟面形饰
数量	1	1	1	1	1	1	1	1	1	1	1	1	1	1	1	1	1	1	1	1	1	1	1
	13													5					5				
比例	56.52%													21.74%					21.74%				

1971年山西保德林遮峪村修造梯田时发现一批铜器，当是一座墓葬。[2]出土铜器有鼎2、铃豆2、瓿2、提梁卣1、铃首剑1、管銎斧2；各类车马器19件，包括軎2、舆栏饰4、双球铃2、单球铃2、铃2、铜泡3、管状器1、觽形器1、钩形器1、钖1，另有铜贝109枚，海贝112枚。

殷墟式铜器有夔纹鼎1、夔纹卣1、兽面纹瓿1和铃（S58）1。仿制器较有特色，素面鼎的形制与殷墟相同，而上腹部一周有9个凸起的“圆泡”，颈部与下腹部也分布着不同的“圆泡”，总共计有15个，这种“装饰”不见于殷墟，当是当地仿制时加的；2件铃豆，敛口浅盘，高圈足内有一似箅的隔层置放一圆球，这也是殷墟青铜器所不见的；乳钉纹瓿为敛口，微束颈，圆鼓腹，圈足上有方孔，特别是宽而扁的扉棱是本地特点，同形制的器物也见于陕西延川县华家塬出土的商代青铜器，[3]而扁而宽的扉棱是本地仿

[1] 乌恩岳斯图：《北方草原考古学文化比较研究》，科学出版社，2008年，第209－213页。

[2] 吴振录：《保德县新发现的殷代青铜器》，《文物》1972年第4期；韩炳华主编：《晋西商代青铜器》（上），科学出版社，2017年，第34－102页。

[3] 师小群：《陕西延川出土商代青铜器》，《陕西历史博物馆馆刊》第10辑，三秦出版社，2003年；又见延安市文物志编纂委员会：《延安市文物志》第十章，陕西旅游出版社，2004年。

制器的特点，不见他地出土同样的器物。2件管銎斧、铃首剑、铃首笄、螺旋状隆起的铜钖，以及带铃的车马器均为具有浓厚本地特点的器物；作为辔饰的铜贝、带铃的觽形器、钩形器均不见于中原。同墓出土的一件金质弓形饰也是北方文化的产物。可以看出，保德林遮峪村墓葬出土的器物，每类器物按1计算，殷墟式铜器占的比例较低，只有四分之一；主要器物是仿制器和本地器物，占四分之三（见表八）。

表八 保德林遮峪村墓葬出土铜器一览表

	殷墟式铜器				仿制式铜器				本地铜器							
名称	夔纹鼎	夔纹卣	夔纹瓿	铃	素面鼎	铃豆	乳钉纹瓿	铃	管銎斧	铃首剑	铃首笄	钖	带铃车马饰	铜贝	觽形器	钩形器
数量	1	1	1	1	1	1	1	1	1	1	1	1	1	1	1	1
比例	25%				25%				50%							

有的墓葬中，或根本不出殷墟式铜器，如柳林县高红村八亩垣商墓，[1]出土铜器有：铜胄1、铃首剑1、柳叶形矛1、管銎钺1、管銎斧1、触角式削3、铜铃1、铜靴形器1、铜饰1、铜塔形器1，另有海贝3。高红村商墓中没有出土殷墟式器物，也没有仿殷墟式的礼容器；出土的铜胄与殷墟M1004号出土的铜胄形制并不相同；其他器物，无论是铃首剑、管銎钺、管銎斧、削刀，还是铜饰、铜塔形器都是本地特点极其浓郁的器物，受南西伯利亚文化影响更多一些，是一座具有典型北方文化特点的墓葬。

商晚期的陕晋高原是殷商的属国，从出土器物上看受殷商的影响很大。在随葬的器用制度上模仿殷墟的丧葬制度，但只是形式上的模仿。晋西地区的墓葬，虽然是各种器皿的组合，却不按殷墟器物组合的规律，除了少数是殷墟直接传过去的器物外，大部分是模仿器物，有的极力模仿殷墟的原有器物，如桃花者村出土的带铃觚、林遮峪村出土的带铃豆，都是具有本地特点的模仿器；有的直接按照自己的理解制造器物，如桃花者村出土的龙形觥、三足盘，这些都是不见于殷墟的器物；而且器物的数量较大，制作工艺稍逊于殷墟。

同时，这一地区墓葬的随葬器物也有着自己的独特风格，蛇首匕、饰虎匕形器、马头刀、铃首剑、环首刀、銎内戈、管銎斧、靴形器等，具有本地风格的带铃和带链的车马

[1] 杨绍舜：《山西柳林县高红发现商代铜器》，《考古》1981年第3期；韩炳华主编：《晋西商代青铜器》（上），科学出版社，2017年，第103-121页。

器，以及各种各样身上的佩饰，如金耳环、弓形饰、铃首笄、觿形器等，高红墓葬是较为典型的代表。这些是陕晋高原地区受北方文化影响逐渐形成起来的、有别于中原商文化的东西，甚至在兵器上还影响着殷墟的同类器物，殷墟出土大量带銎的兵器就是最好的例证。

依据上述分析，我们可以得出以下推论：

1. 在殷商文化势力退缩之时，陕晋高原文化占据了此地。他们部分地接受了殷商文化的祭祀模式，从北到南，并不均衡，因人而异；同时，也保持了自己独特的祭祀模式。

2. 这套模式以能取得生活资料的工具、防护自卫的兵器和随身的佩饰为主，尤其装饰品极具特点，而兵器类器物反过来对殷墟的器物产生影响。

3. 与殷商文化接触后，部分地接受了殷商文化系统的祭祀模式，极力模仿殷商的祭祀模式，说明在思想上和风俗上，有向这方面靠拢的趋势。这种趋势随着殷商大厦的瓦解而终止。

试论夏商时期中原地区青铜器镶嵌绿松石工艺

吴伟华
（河南省文物考古研究院）

青铜器镶嵌绿松石，是通过一定的程序和方法将经过加工的绿松石附着于青铜器表面的一种装饰工艺。此种工艺是最早出现的青铜器装饰工艺，首见于二里头文化时期，一直延续到汉代。深入研究青铜器镶嵌绿松石工艺，有助于认识我国青铜文化的发展，也有助于认识夏商周时期社会文明化进程。对于夏商周时期中原地区青铜器镶嵌绿松石工艺，学术界已进行了一些探讨，涉及工艺流程、镶嵌绿松石青铜器的文化内涵及来源等，[1]这些成果深化了我们对此种工艺的认识。本文拟在前人的研究基础上，从宏观的视角对夏商时期中原地区青铜器镶嵌绿松石工艺做进一步的考察，敬请方家指正。

一、夏商时期中原地区镶嵌绿松石青铜器的发现

（一）夏代镶嵌绿松石青铜器

夏代是史书中记载的我国第一个王朝，其年代为公元前21世纪至16世纪。从考

［1］ 叶小燕：《我国古代青铜器上的装饰工艺》，《考古与文物》1983年第4期；叶万松、李德芳：《偃师二里头遗址兽纹铜牌考识》，《考古与文物》2001年第5期；王青：《镶嵌铜牌饰的初步研究》，《文物》2004年第5期；王青：《镶嵌铜牌饰的寓意诸问题再研究》，《东方考古》第9集，科学出版社，2012年；王青：《二里头遗址出土镶嵌绿松石牌饰的初步研究》，载《夏商都邑与文化》（二），中国社会科学出版社，2014年；方辉：《二里头文化的绿松石制品及相关问题研究》，载《海岱地区青铜时代考古》，山东大学出版社，2007年；陈小三：《试论镶嵌绿松石牌饰的起源》，《考古与文物》2013年第5期；杨远：《透物见人——夏商周青铜器的装饰艺术研究》，科学出版社，2015年；陈国梁：《二里头文化嵌绿松石牌饰的来源》，《三代考古》（七），科学出版社，2017年。

古发现来看，在中原地区出土的、在夏代纪年范围内且镶嵌有绿松石的青铜器均见于二里头遗址。根据形制的不同，这类器物可分为圆片状铜器和牌饰两类。

1. 圆片状铜器

圆片状铜器有两次发现，分别是：

1975年在早商宫殿遗址的北面约550米处发现一个坑（编号K3），[1]年代为二里头文化三期。坑内出土了几件镶嵌绿松石的青铜器，包括：圆泡形铜器1件（K3：9）、圆形铜器2件（K3：16、17）。K3：9，形似圆形铜泡，周沿较平，中间隆起，沿上有对称的二孔，沿边镶嵌绿松石。直径13.3厘米，厚约1厘米。K3：16，接近正圆形，四周镶嵌有绿松石。直径约11.6厘米，厚约0.1厘米。K3：17，比上件略小，为两薄铜片黏合而成，两层间夹有绿松石。

1975年在早商宫殿遗址东北约400米处发现K4，[2]年代为二里头文化三期。坑内出土镶嵌绿松石的圆铜器1件（K4：2）。平面呈正圆形，器边用61块长方形绿松石镶嵌，中间镶嵌两圈，每圈十三个十字形。直径17厘米，厚0.5厘米。

2. 牌饰

在二里头遗址考古发现的牌饰见于报道的有三次，计有3件，分别是：

1981年在二里头遗址Ⅴ区清理了6座墓葬，其中M4内出土一件铜牌饰。[3]牌饰呈长圆形，中间呈弧状束腰，两侧各有二穿孔钮。凸面由许多不同形状的绿松石片黏嵌成兽面纹。长14.2厘米、宽9.8厘米。年代为二里头文化二期偏晚。

1984年在二里头遗址Ⅵ区清理了一批墓葬，其中M11内出土一件铜牌饰。[4]牌饰的正面用许多碎小的长方形绿松石片整齐地镶嵌成兽面纹，其形制与1981年发现的十分接近。长16.5厘米、宽8-11厘米。属于二里头文化四期。

1987年在Ⅵ区清理了一批墓葬，其中M57内出土了一件铜牌饰。[5]牌饰呈圆角

---

[1] 中国科学院考古研究所二里头工作队：《偃师二里头遗址新发现的铜器和玉器》，《考古》1976年第4期。

[2] 中国科学院考古研究所二里头工作队：《偃师二里头遗址新发现的铜器和玉器》，《考古》1976年第4期。

[3] 中国社会科学院考古研究所二里头工作队：《1981年河南偃师二里头墓葬发掘简报》，《考古》1984年第1期。

[4] 中国社会科学院考古研究所二里头工作队：《1984年秋河南偃师二里头遗址发现的几座墓葬》，《考古》1986年第4期。

[5] 中国社会科学院考古研究所二里头工作队：《1987年偃师二里头遗址墓葬发掘简报》，《考古》1992年第4期。

梯形，瓦状隆起，两侧各二钮。表面铸成兽面纹镂空框架，框架内镶嵌有绿松石片。长15.9厘米、宽7.5–8.9厘米。属于二里头文化四期。

除了上述3件铜牌饰之外，二里头遗址还出土有2件，资料尚未发表。另外，还有一些公私收藏的镶嵌绿松石的铜牌饰，见诸报道的总计有13件，[1]其形制、大小与二里头遗址出土的大致相同，有的也可能是出自二里头遗址。

（二）商代镶嵌绿松石青铜器

中原地区出土的商代镶嵌绿松石青铜器均属于商代晚期，且都出自殷墟遗址中。年代涵盖殷墟文化一期至三期，其中以二期的最为常见。主要有：

1928–1937年，小屯宫殿宗庙区北组墓葬M20出土戈1件、铜刀2件。戈，曲内，内上纹饰为钩喙鸟形，鸟纹全部用绿松石镶嵌而成。其中一个铜刀（R1858；13∶890），刀柄作马头形，马额、眼、耳均镶嵌绿松石。另外出土的车马器中有较多镶嵌绿松石；M40中出土弓形器1件，两端均镶嵌绿松石；M202出土的车马器有的也镶嵌绿松石。[2]年代为殷墟文化一期。

1934–1935年，殷墟西北岗1001号大墓翻葬坑R6382、6833内各出土青铜戈1件，内上均镶嵌绿松石。年代为殷墟文化一期。另外在翻葬坑R4541、4546、4561、4562等也出土有镶嵌绿松石的青铜器残件。[3]

1980年殷墟三家庄东M4出土1件戈。[4]直内，内后半部镶嵌松绿石。年代为殷墟文化一期。

1983年安阳薛家庄东南M3中出土戈1件。[5]曲内歧冠，内后部鸟纹由绿松石镶嵌而出。属于殷墟文化一期偏晚。

1950年武官村大墓殉人E9北出土铜戈1件。内上有一穿，内两面曾嵌镶绿松石。北墓道殉人N4随葬戈1件，直内，其上一面镶嵌一“鼓”，一面镶嵌兽面纹。[6]年代为殷墟文化二期。

---

[1] 据王青、李慧竹统计。参见王青、李慧竹：《国外所藏五件镶嵌铜牌饰的初步认识》，《华夏考古》2007年第1期。

[2] 石璋如：《小屯第一本·遗址的发现与发掘·丙编：殷墟墓葬之一·北组墓葬（上）》，中研院历史语言研究所，1970年。

[3] 梁思永、高去寻：《侯家庄·第二本·1001号大墓》，中研院历史语言研究所，1962年。

[4] 中国社会科学院考古研究所安阳工作队：《安阳殷墟三家庄东的发掘》，《考古》1983年第2期。

[5] 中国社会科学院考古研究所安阳工作队：《安阳薛家庄东南殷墓发掘简报》，《考古》1986年第12期。

[6] 郭宝钧：《一九五〇年春殷墟发掘报告》，《考古学报》1951年第5期。

1983年大司空东南M663中出土铜钺1件。[1]平肩，肩下有3个铜泡，各镶嵌8块绿松石。年代为殷墟文化二期。

1976年在殷墟妇好墓中出土了一批镶嵌绿松石的青铜器，计有13件，包括器柄1件、直内戈2件、磬折曲内戈2件、玉援曲内戈1件、弓形器3件、虎形饰件4件。[2]年代为殷墟文化二期。

1986年大司空南地M25出土铜柄玉矛1件、戈6件。[3]矛柄上饰有二组用绿松石镶嵌而成的蛇纹图案。戈，鸟首曲内，内上花纹用绿松石镶嵌而成。M29出土鸟首曲内戈8件，内凹槽内镶嵌绿松石，属于殷墟文化二期。

1980-1982年，安阳苗圃北地M19出土镶嵌绿松石玉援铜内戈1件。[4]援本和内上均镶嵌绿松石，属于殷墟文化二期。

1992-2002年，安阳市花园庄东地M54中出土镶嵌绿松石钺2件（另有2件可能也镶嵌过绿松石）、戈3件、弓形器6件、铜内玉援戈1件。[5]年代为殷墟文化二期偏晚。

2005-2007年，郭家庄东南文源绿岛M5出土镶绿松石弓形器1件。[6]年代为殷墟文化二期偏晚。

2006年郭家庄东南五号墓出土镶嵌绿松石弓形器1件，[7]属于殷墟文化二期。

1993年安阳梅园庄车马坑出土车衡2件。[8]两件大小、形制完全相同。器表纹饰由绿松石镶嵌而成，属于殷墟文化三期。

新乡市平原博物院收藏铜内玉援戈1件。[9]援前部为玉质，三角锋，后部为金质。曲内，内上镶嵌绿松石。玉质部分为素面，金质部分表面有兽面纹和蝉纹。从形制看，属于殷墟文化二期。

---

[1] 中国社会科学院考古研究所安阳工作队：《安阳大司空东南的一座殷墓》，《考古》1988年第10期。

[2] 中国社会科学院考古研究所编著：《殷墟妇好墓》，文物出版社，1980年。

[3] 中国社会科学院考古研究所安阳工作队：《1986年安阳大司空村南地的两座殷墓》，《考古》1989年第7期。

[4] 中国社会科学院考古研究所安阳工作队：《1980-1982年安阳苗圃北地遗址发掘简报》，《考古》1986年第2期。

[5] 中国社会科学院考古研究所：《安阳殷墟花园庄东地商代墓葬》，科学出版社，2007年。

[6] 安阳市文物考古研究所：《安阳殷墟徐家桥郭家庄商代墓葬：2004-2008年殷墟考古报告》，科学出版社，2011年。

[7] 安阳市文物考古研究所：《河南安阳市殷墟郭家庄东南五号商代墓葬》，《考古》2008年第8期。

[8] 安阳市文物工作队：《安阳梅园庄殷代车马坑发掘简报》，《华夏考古》1997年第2期。

[9] 资料未发表，在平原博物院展厅中陈列展示。

二、中原地区青铜器镶嵌绿松石工艺产生的社会因素

二里头遗址出土镶嵌绿松石青铜器年代最早的为81M4出土的铜牌饰，属于二里头文化二期。关于其来源，学界有多种意见。王青主张铜牌饰的形制、纹饰和镶嵌技术可能都来源于海岱地区；[1]刘学堂等认为铜牌饰属于西来文化因素；[2]陈小三则提出将其假定在河西走廊更为合理。[3]我们基本赞同上述学者的意见，从器物形制、纹饰视角而言，镶嵌铜牌饰应属于外来文化因素；但牌饰和圆片状器物是在二里头遗址加工完成的，而不是从外地输入的。陈国梁指出"由于地理位置优胜，二里头文化在形成过程中能够便捷地接受周边的先进文化因素，这些因素既包括意识形态方面的也包括技术层面的"。[4]这种认识是很有见地的。在二里头文化时期，作为一种先进的外来文明成果，青铜器镶嵌绿松石工艺首先出现在二里头遗址，除了地理位置优越之外，还与以下三个因素有密切的关系：

第一，史前时期中原地区有着悠久的将绿松石加工成装饰品的传统。早在新石器时代早期的裴李岗文化时期（距今约8 500–7 000年），中原地区先民就开始使用绿松石。1977年新郑裴李岗遗址M4中出土了两件绿松石珠，位于人的颈部。[5]1979年该遗址M67中也出土了穿孔绿松石制品，包括绿松石珠和穿孔器。[6]从形制和在墓葬中的位置来看，这几件绿松石制品应属于佩戴的饰品。舞阳贾湖遗址也是一处新石器时代早期遗址（距今约9 000–7 500年），自20世纪80年代以来考古工作者对其做过多次发掘，出土有较多的绿松石制品。2000年以前出土总计有54件，主要是坠饰。[7]2001年出土穿孔绿松石珠9颗、耳坠7件。[8]由上可知，在新石器时代早期绿松石已被用作装饰品，并且不是个例。进入仰韶时代，将绿松石加工成装饰品的做法被沿用下来。

---

[1] 王青：《镶嵌铜牌饰的初步研究》，《文物》2004年第5期。

[2] 刘学堂、李文瑛：《中国早期青铜文化的起源及其相关问题新探》，《藏学学刊》第3辑，四川大学出版社，2007年。

[3] 陈小三：《试论镶嵌绿松石牌饰的起源》，《考古与文物》2013年第5期。

[4] 陈国梁：《二里头文化嵌绿松石牌饰的来源》，《三代考古》（七），科学出版社，2017年。

[5] 开封地区文管会、新郑县文管会：《河南新郑裴李岗新石器时代遗址》，《考古》1978年第2期。

[6] 中国社会科学院考古研究所河南一队：《1979年裴李岗遗址发掘简报》，《考古》1982年第4期。

[7] 河南省文物考古研究所：《舞阳贾湖》，科学出版社，1999年。

[8] 毛振伟等：《贾湖遗址出土绿松石的无损检测及矿物来源初探》，《华夏考古》2005年第1期。

郑州大河村遗址仰韶文化地层（T11⑤层）中出土绿松石制品2件，1件为穿孔鱼形，1件为三棱形坠饰。[1]此外，洛阳王湾遗址中出土了仰韶文化穿孔绿松石饰品3件，[2]在陕县庙底沟遗址发现了仰韶文化穿孔绿松石坠饰5件。[3]这一时期绿松石使用的方式多是在整形磨光的绿松石上钻孔，然后穿绳悬挂在人身上，与裴李岗文化时期是相同的。龙山时代，绿松石制品的使用区域更广。目前，出土绿松石制品的遗址数量远远超过了仰韶文化遗址。在登封王城岗遗址、[4]洛阳矬李遗址、[5]临汾下靳墓地、[6]神木石峁遗址、[7]陶寺墓地[8]及芮城清凉寺墓地[9]等均发现了龙山时期的绿松石制品。在这个时期绿松石仍被加工成装饰品，加工工艺除了沿用以前的钻孔穿绳之外，开始出现了黏附、镶嵌的方法。如临汾下靳墓地M136出土镶嵌绿松石的腕饰2件，一件状似手镯，在黑色底上黏附绿松石；另一件呈宽环带状，在黑色胶状物上贴附绿松石片，其上等距镶嵌三个白色石贝。陶寺墓地中发现绿松石镶嵌片多达900片。芮城清凉寺墓地M100中出土异形联璜环1件，璜片中部近中孔处钻一小孔，内镶一颗绿松石粒。黏附、镶嵌工艺是新型的绿松石利用方式，与其他材质的器物搭配制作装饰品增强了装饰功能，提高了审美价值。龙山时代的绿松石镶嵌工艺为夏代青铜器镶嵌绿松石工艺的出现奠定了良好的基础。

第二，绿松石的物理属性被赋予了一定的社会文化属性。颜色是物质的一种属性，但很早就被附加了一定的文化内涵。在新石器时代，一些墓葬中曾使用有红色颜料。如属于仰韶文化的华县元君庙墓地M440，该墓内葬11人，其中，6号骨架胫骨下端附近及左跟骨上皆涂有鲜红色颜料。[10]在胶县三里河大汶口文化墓地中，M114、M125、M275、M2101、M2110五座墓葬所埋葬的人骨架上在不同位置也发现有红色颜料，有的在手臂上，有的在肋骨和右手臂上，有的从髋骨至肩部具有朱红色颜料。[11]这些红色颜料出现在墓葬中，当与先民的宗教观念有关。文献记载，在夏代颜色具有了一定的政治色彩，与礼制产生了关系。《礼记·礼器》曰："三代之礼一也，民共由之，或

[1] 郑州市博物馆：《郑州大河村遗址发掘报告》，《考古学报》1979年第3期。
[2] 北京大学考古文博院：《洛阳王湾》，北京大学出版社，2000年。
[3] 中国社会科学院考古研究所：《庙底沟与三里桥》，科学出版社，1959年，第91页。
[4] 河南省文物研究所等：《登封王城岗遗址的发掘》，《文物》1983年第3期。
[5] 洛阳博物馆：《洛阳矬李遗址试掘简报》，《考古》1978年第1期。
[6] 下靳考古队：《山西临汾下靳墓地发掘简报》，《文物》1998年第12期。
[7] 西安半坡博物馆：《陕西神木石峁遗址调查试掘简报》，《史前研究》1983年第2期。
[8] 高炜：《陶寺文化玉器及相关问题》，《襄汾陶寺遗址研究》，科学出版社，2007年，第466页。
[9] 山西省考古研究所等：《山西芮城清凉寺史前墓地》，《考古学报》2011年第4期。
[10] 北京大学历史系考古教研室：《元君庙仰韶墓地》，文物出版社，1983年，第95页。
[11] 中国社会科学院考古研究所：《胶县三里河》，文物出版社，1988年，第35页。

素或青，夏造殷因。”绿松石作为一种天然的矿石，系含铜铝的磷酸盐，具有鲜艳的颜色，多呈天蓝色、淡蓝色、绿蓝色、绿色、带绿的苍白色。因所含元素的不同，颜色也有差异，氧化物中含铜时呈蓝色，含铁时呈绿色。绿松石表面经过打磨抛光之后呈蜡状光泽，比较柔和含蓄。绿松石的色泽正好适应了当时贵族的需求。此外，绿松石摩氏硬度在4-6度之间，也比较适合加工，这也是被用于镶嵌在青铜器上的原因。

第三，二里头文化时期中原地区对绿松石需求获得了充分的保证。从考古发现来看，二里头遗址出土了大量的绿松石制品，此外还有许多在绿松石加工过程中产生的废料。方辉曾对二里头遗址出土的绿松石制品进行了详细的统计，认为它们是本地制造的。[1]这一认识是符合实际情况的。目前属于二里头文化一期的绿松石制品较少，自二期开始绿松石制品开始丰富起来，墓葬和地层中均有较多发现。尤其是在二期出现了镶嵌绿松石青铜器牌饰，说明这些制品确应在当地加工。在宫城南城墙外18-19米处的一条道路下曾发现一处绿松石坑，包括原料、废料、半成品、石核等，总计3 996件，另外还有残次品5件，年代为二里头文化四期偏晚。[2]由此可见至晚在二里头文化二期，二里头遗址的贵族们已经获得了充足的绿松石原料供应，这种状况一直延续到了二里头文化四期。

二里头遗址及邻近地区并不产绿松石，显然这些绿松石当由外地输入。关于二里头遗址绿松石的来源，学者们提出了不同的认识。或认为来自鄂陕一带；[3]或认为来自晋南地区。[4]2014年出版的二里头遗址考古发掘报告《二里头：1999-2006》指出，根据有限样品量的铜同位素组成特征和稀土元素配分模式推断，湖北十堰地区北矿带的云盖寺应该是二里头先民所使用的绿松石矿源之一，南矿带的文峰、秦古绿松石作为二里头遗址矿源的可能性非常低。[5]另有学者通过红外光谱，对来自上述秦古镇、文峰、郧县云盖寺以及二里头2004VT85H290出土的绿松石进行了分析，认为二里头遗址出土绿松石的来源为秦古或云盖寺。[6]还有学者尝试用PXRF和绿松石产地区

[1] 方辉：《二里头文化的绿松石制品及相关问题研究》，载《海岱地区青铜时代考古》，山东大学出版社，2007年。

[2] 中国社会科学院考古研究所二里头工作队：《河南偃师市二里头遗址宫城及宫殿区外围道路的勘察与发掘》，《考古》2004年第11期；中国社会科学院考古研究所编著：《二里头：1999-2006》，文物出版社，2014年，第337页。

[3] 夏湘荣、李仲均、王根元：《中国古代矿业开发史》，地质出版社，1980年，第441页。

[4] 方辉：《二里头文化的绿松石制品及相关问题研究》，载《海岱地区青铜时代考古》，山东大学出版社，2007年。

[5] 中国社会科学院考古研究所编著：《二里头：1999-2006》，文物出版社，2014年。

[6] 任佳等：《二里头遗址绿松石的红外光谱产地识别》，《光谱学与光谱分析》2015年第10期。

分模型分析了3件二里头遗址出土的绿松石，发现3件绿松石数据与辣子崖古矿（洛南河口遗址）所出绿松石检测数据相聚一起，说明陕西辣子崖绿松石古矿可能是二里头绿松石的来源地之一。[1]洛南河口辣子崖古矿遗址出土了相当于二里头文化二期、三期的器物，表明在二里头文化二期、三期，辣子崖绿松石古矿与二里头遗址应存在一定的关系。《二里头：1999-2006》所分析的8件绿松石样品出自2004H290，属于二里头文化四期晚段，它们与郧县云盖寺所出的绿松石相似，意味着在二里头文化四期二里头遗址绿松石可能来自郧县云盖寺。综上来看，二里头遗址出土绿松石的来源并不是单一的，不同时期当有不同的来源，其变动可能与绿松石产地的绿松石开采程度、产量有关；抑或与二里头地区与绿松石产地的关系有关。

三、夏商时期中原地区青铜器镶嵌绿松石的工艺流程及发展过程

（一）工艺流程

根据考古材料及学界的研究成果可知，青铜器镶嵌绿松石工艺的流程是：首先在青铜器铸造时在器表铸造出下凹的纹饰，然后按照纹饰的形状和内容制作不同形状的绿松石片或块，最后将其镶嵌在纹饰中，这些绿松石片或块表面有的还进行过打磨、抛光等。为了增加绿松石的牢固性，在绿松石和青铜器表之间多有黏着物。这个流程在学术界基本上没有异议。而将绿松石附着于青铜器表面的黏着物属于何种物质，在学界存在不同的看法。石璋如认为，镶嵌绿松石片或块所用的黏着物，其质料有可能是一种树胶。因树胶为有机物，埋在地下日久即腐朽失去黏着作用，故发掘出土的镶嵌绿松石的器物，纹饰中绿松石常有脱落现象。[2]叶小燕认为黏着物据观察可能有漆或桐油之类物质。[3]从物质成分来看，树胶是来自植物和微生物中能在水中生成溶液或黏稠分散体的多糖和多糖衍生物；古代所用的漆即生漆，具有优良的物理性能，耐磨性、耐热性均较高；桐油为大戟科油桐属植物油桐的种子榨出的油。从物理属性来看，学者们提出的上述三种物质均具有良好的黏着力，都可以作为黏附绿松石的黏着剂。从考古发现来看，在二里头文化时期漆已经得到较多应用，而树胶和桐油的应用

[1] 李延祥等：《陕西洛南河口绿松石矿遗址调查报告》，《考古与文物》2016年第3期。

[2] 石璋如：《殷代的铸铜工艺》，《中研院历史语言研究所集刊》第二十六本，中研院历史语言研究所，1955年。

[3] 叶小燕：《我国古代青铜器上的装饰工艺》，《考古与文物》1983年第4期。

尚无明确的证据。如1981年二里头遗址V区M4中曾出土漆钵2、漆鼓1，M5出土漆觚1。此外，M4棺木外表还用朱红漆刷过；M3棺木表面有漆皮。[1]据此推测，用于镶嵌绿松石的黏着物是生漆的可能性最大，其使用时当经过了一定的处理。不过黏着物究竟是什么物质，还要通过科学的鉴定才能确认。

(二) 发展过程

夏代是青铜器镶嵌绿松石工艺的初创阶段，在商代这种工艺继续被应用。单从技术层面来讲，青铜器镶嵌绿松石工艺在夏代与商代的区别并不明显，但在应用对象、文化特征方面则存在较显著的差异。

1. 夏代

夏代是青铜器镶嵌绿松石工艺的初创阶段。从考古发现来看，这个时期青铜器镶嵌绿松石工艺具有以下三个特点：

第一，工艺难度相对较低。二里头文化时期属于青铜器镶嵌绿松石工艺的初创阶段，技术手法还较为原始。二里头遗址出土的镶嵌绿松石的扁圆形器和铜牌饰，器形简单，在铸造时无需内范，仅用两块外范相合即可，技术要求较低。从形制上看，两类器物共同的特征是，有一个比较平整或近平整的面，绿松石被镶嵌于其上。从工艺流程来看，镶嵌在平面上的复杂程度，难度要低于在曲面上。

第二，服务于都城高级贵族。在中原地区现已发现的镶嵌有绿松石的青铜器均出自二里头遗址。关于二里头遗址的性质，学界一般认为是夏代晚期的都城遗址。因此，这种最早出现的青铜器装饰工艺应被严格限定在当时的都城，当是满足都城的需求，而非其他区域。目前在二里头遗址发现的几件镶嵌绿松石的器物，出自墓葬的有4件。81LVM4出土1件牌饰，这座墓葬是当时清理的相邻6座墓葬中规格最高、随葬品最丰富的墓葬，墓口长2.5、宽1.16米，墓底铺有厚达8厘米的朱砂。随葬器物除了铜牌饰之外，另有铜铃1件，玉钺1、玉管、柄形器各1件，绿松石管饰2件、串珠87件，陶器17件等。墓葬面积虽然不大，仅有2.9平方米，但从随葬器物的丰富程度来看，墓主并非一般的贵族，其身份较高。与81LVM4相邻的墓葬均不见铜牌饰。另外两座出土铜牌饰的墓葬，也是所在墓地规格最高、出土随葬品最为丰富的墓葬。叶万松、李德方认为，兽纹铜牌的使用者应为社会头领、贵族。[2]从整个二里头遗址墓葬出土随葬

[1] 中国社会科学院考古研究所二里头工作队：《1981年河南偃师二里头墓葬发掘简报》，《考古》1984年第1期。

[2] 叶万松、李德方：《偃师二里头遗址兽纹铜牌考识》，《考古与文物》2001年第5期。

品的情况来看,此说有一定的道理。从上述情况看,青铜器镶嵌绿松石工艺应是服务于都城高级贵族,而非所有的贵族阶层。

第三,应用于宗教器物上。二里头遗址出土的镶嵌绿松石铜牌饰应非一般的实用器,当是某种场合或是从事某种活动时所用的器具。上述出土的镶嵌铜牌饰上均有纹饰,关于这些纹饰的内涵,学界多有讨论,认为并非是简单的装饰纹样,而是具有特殊意义的图像。从构图上看,有的纹饰与商代青铜器上的兽面纹十分相似。学界一般认为,商代青铜器上的兽面纹与宗教活动或存在一定的关系。2002年二里头遗址3号宫殿基址M3中出土一条镶嵌绿松石龙。[1]形体长大,巨头蜷尾。龙身长64.5厘米,中部最宽处4厘米。龙头略呈浅浮雕状,鼻、眼则充填以白玉和绿松石,绿松石的数量达2 000余片。绿松石龙整体镶嵌在某种材质上,墓葬中被摆放在墓主人身上。关于墓主人的身份,杜金鹏认为可能是宗庙管理人员。[2]龙由绿松石摆出其形状,凸显出绿松石镶嵌工艺与宗教活动密切的关系。关于镶嵌铜牌饰上的纹饰内容,王青提出84ⅥM11∶7整体上表现的应是身披鳞甲的一首双身龙。[3]这种认识揭示出了二里头文化时期人们对龙的崇拜的事实,与上述3号宫殿基址M3出土的绿松石龙所反映出人们崇拜龙的观念相吻合。

2. 商代青铜器镶嵌绿松石工艺的特征

在商代,主要是商代晚期(商代早中期的情况目前尚不清楚),镶嵌绿松石工艺继续被应用,主要有以下三个特点:

第一,满足都城不同等级贵族之需求。商代晚期镶嵌绿松石青铜器,在中原地区均见于殷墟贵族墓葬中,这似可表明在商代晚期商王朝对这种工艺的使用区域仍有严格的限定,依然是服务于都城地区贵族,其他地区的贵族似无资格使用这种工艺。此特点与夏代相同。虽然商代早中期镶嵌绿松石的青铜器目前尚未见到,但由商代晚期可推知,商代早中期这种工艺应当被沿用,并且受到商王朝严格的控制。殷墟遗址考古资料反映出,商代后期青铜器镶嵌绿松石工艺服务的对象为贵族,但贵族的等级有高有低,高级贵族可以使用,低级贵族也可以使用,这与夏代已有明显不同。如殷墟五

---

[1] 中国社会科学院考古研究所二里头工作队:《河南偃师市二里头遗址中心区的考古新发现》,《考古》2005年第7期。

[2] 杜金鹏:《中国龙,华夏魂——试论偃师二里头遗址“龙文物”》,载《二里头遗址与二里头文化研究——中国·二里头遗址与二里头文化国际学术研讨会论文集》,科学出版社,2006年。

[3] 王青:《二里头遗址出土镶嵌绿松石牌饰的初步研究》,载《夏商都邑与文化》(二),中国社会科学出版社,2014年。

号墓是一座保存完好的贵族墓葬。[1]墓口南北长5.6米，东西宽4米，深7.5米。墓室中出土文物达1 982件，其中包括大量的青铜礼器、玉器等高规格的随葬品。根据随葬铜器铭文可知，该墓墓主为妇好，是商王武丁的一位配偶。殷墟西北岗王陵区1001号大墓，墓主为一代商王，在翻葬坑中出土有镶嵌绿松石的青铜器。由于被盗严重，随葬镶嵌绿松石的青铜器的数量已经无从知晓。其他出土镶嵌绿松石的青铜器的墓葬，许多墓主身份较低，但仍在贵族之列。

第二，从应用的对象来看，殷墟出土镶嵌绿松石工艺的青铜器主要是兵器，另外有少部分车马器，包括容器在内的其他器类少见。兵器主要有戈、矛、钺、刀，其中以戈的数量最为丰富。戈上的绿松石一般是镶嵌在内上，其上纹饰由绿松石镶嵌出。个别戈在援部也镶嵌绿松石，如安阳苗圃北地M19中出土的戈。车马器主要有车衡饰、轭饰、踵饰、泡、軎、辖、轭、弓形器等，其上镶嵌的绿松石也是在比较明显的位置。除了上述器物之外，国家博物馆收藏有一件镶嵌绿松石铜罍，传1934年出自安阳。[2]罍高10.8厘米，口径5.8厘米，肩部镶嵌有绿松石，与之同出的还有一些镶嵌有绿松石的车马器，这是十分罕见的镶嵌有绿松石的商代容器。值得注意的是，这件器物形体较小，明显小于殷墟出土的同类器，当有特殊的用途。可见，个别的容器也会镶嵌绿松石。

第三，工艺的装饰功能增强，夏代浓厚的宗教意味已经不再见到。从出土的器物来看，镶嵌绿松石工艺的装饰功能在商代晚期得到了充分的发挥。如上述殷墟出土镶嵌绿松石的戈，由于在内上镶嵌了绿松石，显得异常华美。有的戈甚至为玉援，其目的显然不是用于战争中的。车马器因镶嵌了绿松石，其精美程度和艺术价值也有大幅度的提高，远远超过了素面的同类器。这些镶嵌绿松石的青铜器应是在某些特别的场合下使用，当具有一定的礼仪性质。由殷墟出土的器物来看，商代晚期青铜器镶嵌绿松石的目的是装饰美化青铜器，提高青铜器的艺术性和审美价值，凸显其使用者身份的高贵。二里头文化时期青铜器镶嵌绿松石工艺强烈的宗教色彩在商代晚期已经看不到，取而代之的是明显的装饰性。由于目前未发现商代早中期的资料，商代早中期的情况尚不清楚，但推测此种工艺的装饰功能已经有了较鲜明的体现，宗教色彩已经较淡。

[1] 中国社会科学院考古研究所编著：《殷墟妇好墓》，文物出版社，1980年。

[2] 石志廉：《介绍几件商代青铜器》，《文物》1964年第4期。

山东地区商周时期考古学文化格局与演进

刘延常
（山东省水下考古研究中心）

山东地区古称海岱，地处黄淮下游，东临渤海与黄海，中部为隆起的泰沂山脉、鲁中和鲁中南山地，河流向四周辐射，形成了相对独立的地理单元。良好的环境和区位优势，成就了完整的持续发展的史前文化谱系——旧石器、细石器、新石器时代文化（后李文化—北辛文化、大汶口文化、龙山文化），是中华传统文化形成过程中多元一体的重要组成部分，其中以大汶口、龙山文化为代表的东夷族团创造了辉煌灿烂的文明，奠定了山东地区传统文化的根基，并为中华文明的形成做出了重要贡献。

商周时期是中华文明发展的青铜时代，历史进入王国时期。随着商、周王朝的更替，商文化、周文化渐次东进，开始了中原地区商文化与东夷文化的融合、周文化与商文化的融合、周文化与东夷文化的融合，逐渐形成了新的地域文化——齐鲁文化。解读商周时期考古学的格局与演进，对研究中国古代文化交流、民族融合和中华传统文化的形成等具有重要意义，以考古学视野研究山东地区商周时期考古学文化是很好的案例。

一、商代山东地区考古学文化格局

1. 商文化东渐

商文化的时空分布与聚落特点反映了商文化替代式的东渐，体现了商王朝的东扩战略，使山东地区逐渐成为商王朝的东方，是文化融合的主体因素。山东地区二里岗上层时期——中商早期商文化遗存的发现，证明其与岳石文化并行，同时又有夷商文化融合因素，如大辛庄遗址第二类遗存、[1]城子崖遗址二里岗上层时期岳石文化墓葬、[2]桓台史家遗址祭祀坑[3]等。

早商时期：基本沿着两条线路推进。菏泽与济宁市（陶器为代表的文化面貌）为商文化区；东扩北路线沿济水推进，主要据点有长清前平、[4]大辛庄[5]遗址，波及影响区至章丘城子崖；东扩南路线向鲁中南地区推进，主要据点有大康留、[6]前掌大[7]遗址等（图一）。

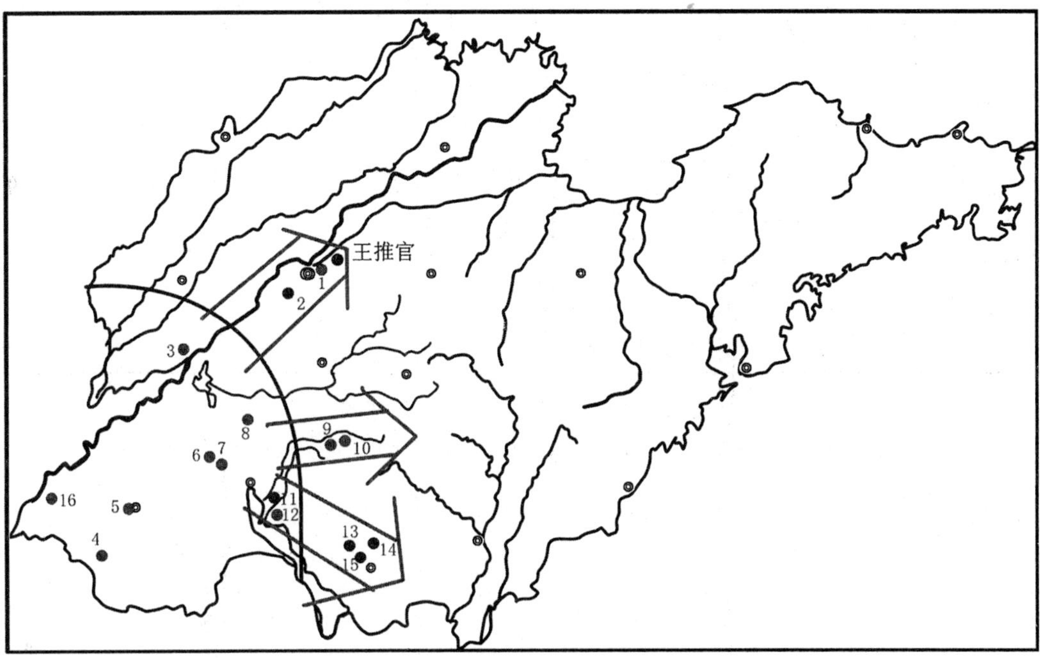

图一　早商时期商文化东渐示意图

1. 济南大辛庄　2. 长清归德南平村　3. 茌平南陈　4. 曹县莘冢集　5. 菏泽安邱堌堆　6. 济宁潘庙　7. 济宁凤凰台　8. 兖州栲栳树　9. 泗水尹家城　10. 泗水天齐庙　11. 邹城北宿镇西丁遗址　12. 邹城西朝阳村　13. 滕州官桥镇大康留村　14. 滕州官桥镇轩辕庄　15. 滕州官桥镇吕楼村　16. 东明窦堌堆

---

[1] 山东大学东方考古研究中心：《大辛庄遗址1984年秋试掘报告》，《东方考古（第4集）》，科学出版社，2008年。

[2] 山东省文物考古研究院发掘材料。

[3] 淄博市文物局、淄博市博物馆、桓台县文物管理所：《山东桓台县史家遗址岳石文化木构架祭祀器物坑的发掘》，《考古》1997年第11期。

[4] 韩明祥：《山东长清、桓台发现商代青铜器》，《文物》1982年第1期。

[5] 山东大学东方考古研究中心、山东省文物考古研究所、济南市考古研究所：《济南市大辛庄商代居址与墓葬》，《考古》2004年第7期；山东大学历史文化学院考古系、山东省文物考古研究所：《济南大辛庄遗址139号商代墓葬》，《考古》2010年第10期；山东大学考古学与博物馆学系、山东省文物考古研究院、济南市考古研究所、山东大学历史文化学院、山东大学文化遗产研究院、山东大学博物馆：《济南市大辛庄遗址商代墓葬2010年发掘简报》，《考古》2020年第3期。

[6] 万树瀛：《山东滕州市薛河下游出土的商代青铜器》，《考古》1996年第5期。

[7] 中国社会科学院考古研究所编著：《滕州前掌大墓地（上、下）》，文物出版社，2005年。

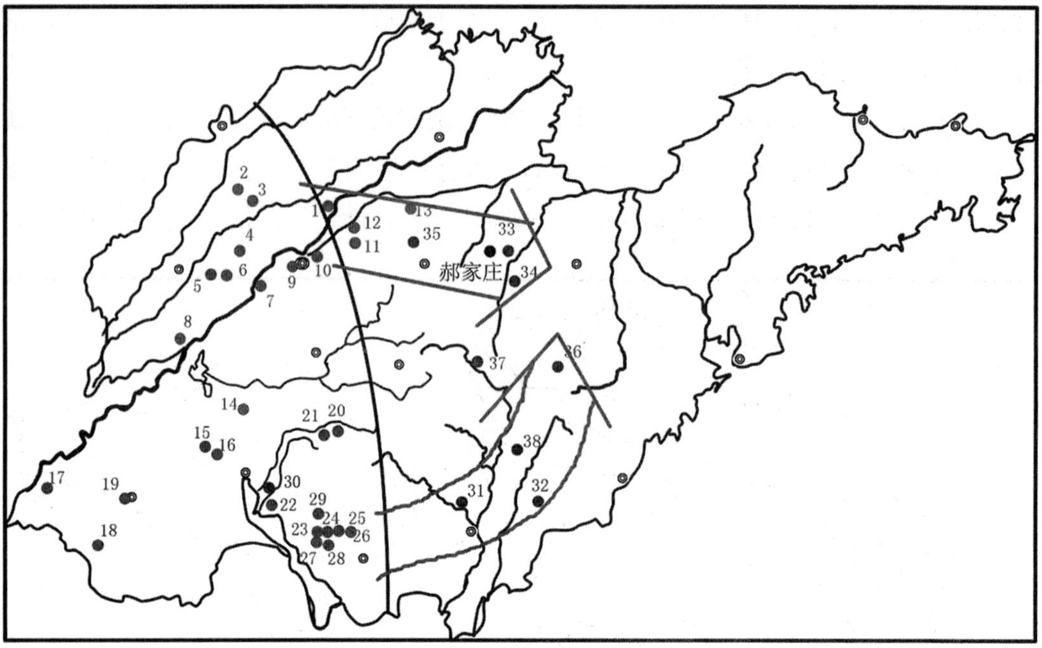

图二　中商时期商文化东渐示意图

1. 济阳邙家　2. 禹城蒋芦　3. 禹城周尹　4. 齐河尹屯　5. 茌平李孝堂　6. 齐河曹庙　7. 长清前平　8. 茌平南陈　9. 济南旧军门巷　10. 济南大辛庄　11. 章丘城子崖　12. 章丘马彭北　13. 邹平丁公　14. 兖州桲椤树　15. 济宁潘庙　16. 济宁凤凰台　17. 东明窦堌堆　18. 曹县莘冢集　19. 菏泽安邱堌堆　20. 泗水天齐庙　21. 泗水尹家城　22. 邹城西朝阳村　23. 滕州轩辕庄　24. 滕州大康留　25. 滕州北辛　26. 滕州西薛河　27. 滕州吕楼　28. 藤州前掌大　29. 滕州后荆沟　30. 邹城北宿镇西丁　31. 费县墩头　32. 莒县虎园水库　33. 青州谭坊肖家庄　34. 寿光孙家集街道南王村　35. 桓台史家　36. 沂水西黄庄　37. 沂源东安故城　38. 莒县前石窑

中商时期：商王朝加大了东扩力度。统治区扩展至鲁北淄河以西地区，主要据点有桓台史家、[1]青州肖家遗址等，向东波及至莱西市；统治区在鲁南至枣滕地区，向东路线据点扩至莒南县虎园水库[2](图二)。

晚商早段：殷墟一、二期继续东扩，基本控制了局势并稳定了范围。统治区在鲁北至潍河以西，向东波及胶东半岛；在鲁东南至沂河西岸(图三、图四)。

晚商晚段：殷墟晚期加强了在东部地区的统治，如济南刘家庄、[3]大辛庄，寿光益都侯城，[4]兰陵县密家岭[5]等出土殷墟三期青铜器。殷墟四期进行了大规模的征伐，

[1]　李日柱：《山东桓台发现"祖戊"爵觚》，《考古与文物》1998年第4期。

[2]　刘延常、赵国靖、刘桂峰：《鲁东南地区商代文化遗存调查与研究》，《东方考古(11)》，科学出版社，2014年。

[3]　李晓峰、杨冬梅：《济南刘家庄商代青铜器》，《东南文化》2001年第3期；济南市考古研究所：《济南市刘家庄遗址商代墓葬M121、M122发掘简报》，《中国国家博物馆馆刊》2016年第7期；济南市考古研究所：《济南市刘家庄遗址商代墓葬发掘报告》，《海岱考古(第十一辑)》，科学出版社，2018年。

[4]　贯效孔：《山东寿光县新发现一批纪国铜器》，《文物》1985年第3期。

[5]　刘延常、赵国靖、刘桂峰：《鲁东南地区商代文化遗存调查与研究》，《东方考古(11)》，科学出版社，2014年。

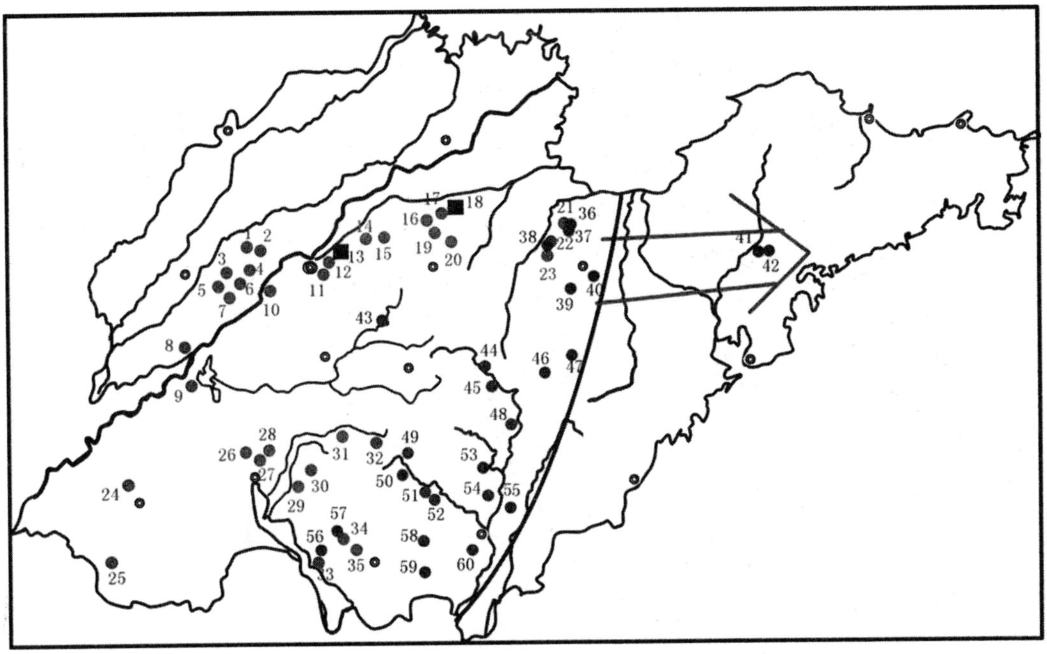

图三　殷墟一期商文化东渐示意图

1. 齐河曹庙　2. 齐河郝庄　3. 茌平台子高　4. 茌平南陈　5. 茌平东一甲　6. 茌平腰庄　7. 茌平西路庄　8. 阳谷黑堌堆　9. 梁山青堌堆　10. 长清小屯　11. 济南刘家庄　12. 济南洪家楼　13. 济南大辛庄　14. 济南裴家庄　15. 章丘乐盘　16. 邹平大河崖　17. 邹平丁公　18. 桓台史家　19. 邹平史营　20. 淄博南家　21. 光丁家殿子　22. 寿光钓鱼台　23. 昌乐宁家　24. 菏泽安邱堌堆　25. 曹县莘冢集　26. 济宁潘庙　27. 济宁凤凰台　28. 济宁南赵庄　29. 邹城西丁　30. 邹城化肥厂　31. 泗水尹家城　32. 泗水天齐庙　33. 微山鲍楼　34. 滕州前掌大　35. 滕县后黄庄　36. 寿光圣城街道桑家庄　37. 寿光圣城街道南津　38. 寿光孙家集街道南王村　39. 寒亭沟西公社响火子村　40. 寒亭马司公社鞠家庄　41. 莱西沽河办前我乐村东　42. 莱西院上镇山后村　43. 莱芜羊里镇城子县村　44. 沂源东安故城遗址　45. 沂水群子峪　46. 沂水五山　47. 沂水姑子顶　48. 沂水大匡庄　49. 平邑杨谢南墩　50. 平邑李家　51. 费县曹车　52. 费县崮子村　53. 沂南南匣石　54. 临沂市兰山区呼家墩　55. 临沂市河东区上郑庄村东　56. 滕州级索镇龙固堆　57. 薛国故城　58. 兰陵晒米城　59. 兰陵刘家堡　60. 兰陵东高尧

明显发现有几处高规格青铜器地点，如长清小屯、[1]济南大辛庄、青州苏埠屯、[2]滕州前掌大、兰陵东高尧、[3]平邑洼子地、[4]费县朱田、[5]沂源东安故城[6]等，应与帝乙辛征人方有关（图五、图六）。

---

［1］ 山东省博物馆：《山东长清出土的青铜器》，《文物》1964年第4期。

［2］ 山东省文物考古研究所、青州市博物馆：《青州市苏埠屯商代墓地发掘报告》，《海岱考古（第一辑）》，山东大学出版社，1989年。

［3］ 临沂文物收集组：《山东苍山县出土青铜器》，《文物》1965年第7期。

［4］ 平邑县文史资料委员会、平邑县文化体育局：《平邑县政协文史资料第5辑 · 平邑文物》，中国文化出版社，2006年。

［5］ 程长新、曲得龙、姜东方：《北京拣选一组二十八件商代带铭铜器》，《文物》1982年第9期。

［6］ 沂源县文物管理所编著：《沂源东安古城》，文物出版社，2016年。

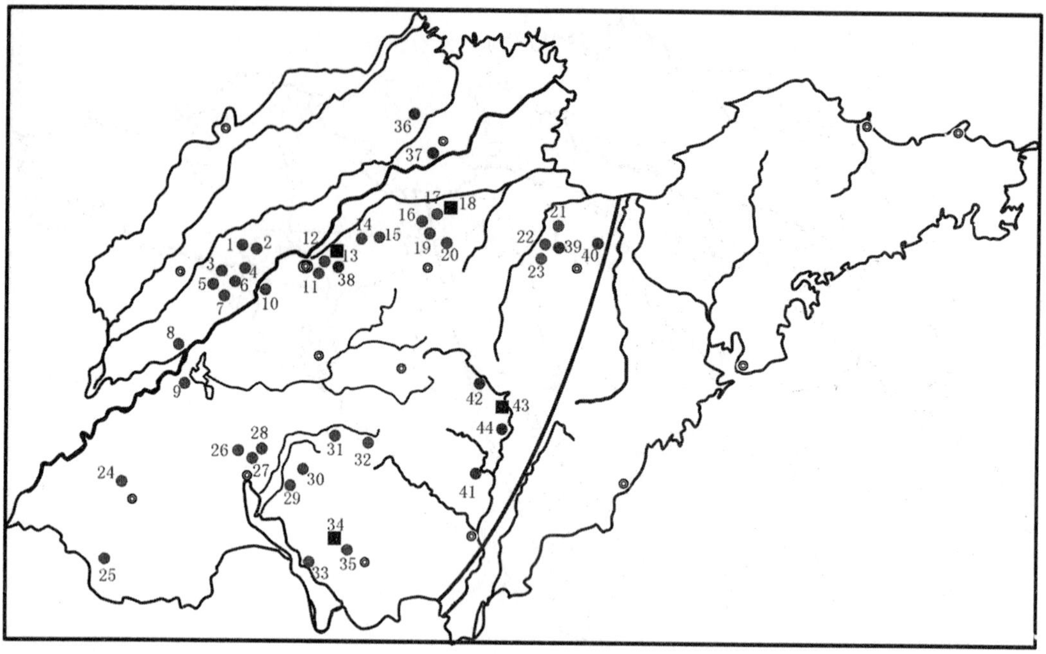

图四　殷墟二期商文化东渐示意图

1. 齐河曹庙　2. 齐河郝庄　3. 茌平台子高　4. 茌平南陈　5. 茌平东一甲　6. 茌平腰庄　7. 茌平西路庄　8. 阳谷黑堌堆　9. 梁山青堌堆　10. 长清小屯　11. 济南刘家庄　12. 济南洪家楼　13. 济南大辛庄　14. 济南裴家庄　15. 章丘乐盘　16. 邹平大河崖　17. 邹平丁公　18. 桓台史家　19. 邹平史营　20. 淄博南家　21. 寿光丁家殿子　22. 寿光钓鱼台　23. 昌乐宁家　24. 菏泽安邱堌堆　25. 曹县莘冢集　26. 济宁潘庙　27. 济宁凤凰台　28. 济宁南赵庄　29. 邹城西丁　30. 邹城化肥厂　31. 泗水尹家城　32. 泗水天齐庙　33. 微山鲍楼　34. 滕州前掌大　35. 滕县后黄庄　36. 惠民大郭村　37. 滨州滨城区兰家　38. 章丘明水北涧西村　39. 寿光文家街道文家村　40. 昌邑北孟镇山西村　41. 沂南南匣石　42. 沂水群子峪　43. 沂水信家庄　44. 沂水大匡庄

2. 早商、中商时期的夷人文化——岳石文化

岳石文化早期分布范围最广，文化特征一致，继承了山东龙山文化传统，随着时间的推移，呈现出区域发展的不同特点，晚期已经进入早商和中商时期。岳石文化从早到晚区域文化互动与变化较大，体现出了有消、有长的总体变化态势。除了各自文化传统发展与内部互动外，主要原因是与二里头文化、下七垣文化（先商文化）之间相互影响与融合造成的。鲁北地区郝家庄类型中晚期岳石文化遗存中先商文化因素较多，如较多绳纹深腹罐、鼓腹盆及个别鬲等。近几年定陶十里铺北、[1]乐陵尹家、[2]济南彭家庄、[3]

[1] 高明奎：《山东定陶十里铺北遗址》，《大众考古》2016年第4期。

[2] 山东省文物考古研究院：《乐陵尹家遗址发掘报告》，《海岱考古（第十辑）》，科学出版社，2017年。

[3] 山东省文物考古研究院等：《济南彭家庄遗址2008年发掘报告》，见于山东省文物考古研究院编著：《京沪高速铁路山东段考古报告集》，文物出版社，2017年。

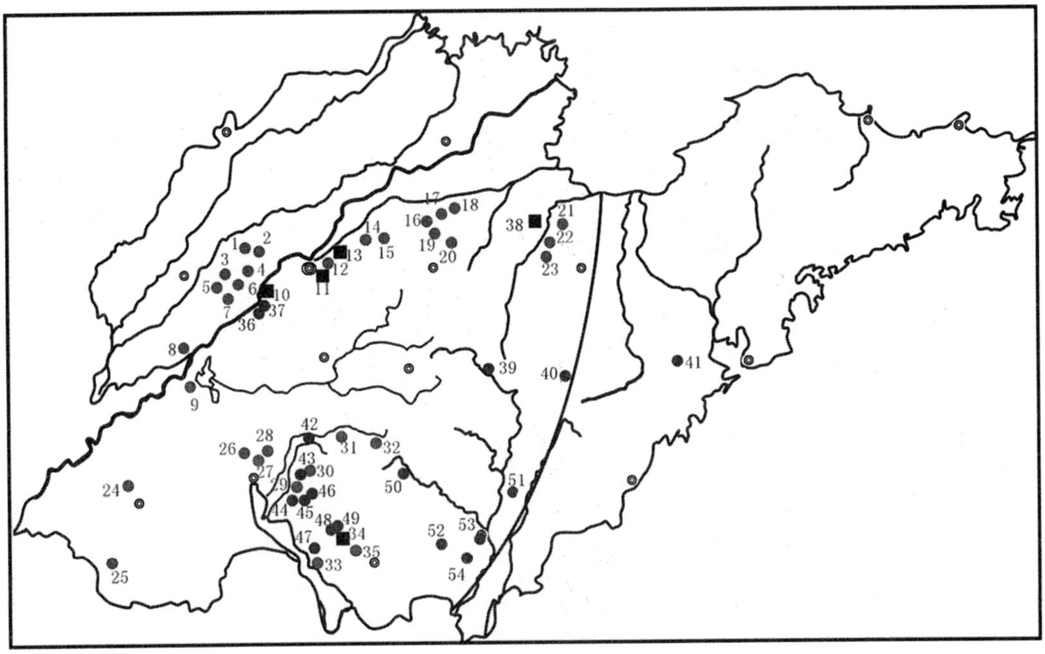

图五　殷墟三期商文化东渐示意图

1. 齐河曹庙　2. 齐河郝庄　3. 茌平台子高　4. 茌平南陈　5. 茌平东一甲　6. 茌平腰庄　7. 茌平西路庄　8. 阳谷黑堌堆　9. 梁山青堌堆　10. 长清小屯　11. 济南刘家庄　12. 济南洪家楼　13. 济南大辛庄　14. 济南裴家庄　15. 章丘乐盘　16. 邹平大河崖　17. 邹平丁公　18. 桓台史家　19. 邹平史营　20. 淄博南家　21. 寿光丁家殿子　22. 寿光钓鱼台　23. 昌乐宁家　24. 菏泽安邱堌堆　25. 曹县莘冢集　26. 济宁潘庙　27. 济宁凤凰台　28. 济宁南赵庄　29. 邹城西丁　30. 邹城化肥厂　31. 泗水尹家城　32. 泗水天齐庙　33. 微山鲍楼　34. 滕州前掌大　35. 滕县后黄庄　36. 平阴安城镇让庄铺　37. 平阴洪范池镇臧庄　38. 寿光古城街道益都侯城　39. 沂源东安故城　40. 沂水信家庄　41. 胶州市西皇姑庵　42. 泗水高峪镇寺台　43. 邹城千泉街道小西苇村　44. 邹城千泉街道原南关　45. 邹城石墙镇石墙村　46. 邹城北宿镇西丁　47. 滕州级索十一中学　48. 滕州官桥镇前莱村　49. 枣庄薛城区兴仁乡东托村　50. 平邑铜石西南　51. 莒南墩后　52. 费县轴沟　53. 临沂革委会大院　54. 临沂市罗庄区西店子

章丘城子崖等遗址岳石文化遗存的新发现，为深入研究岳石文化和夷夏、夷商关系提供了新资料新思路。

3. 晚商时期的夷人文化——珍珠门文化[1]

山东地区在商代不同时期分布着岳石文化、商文化和珍珠门文化，其文化特征不同，时空关系交叉，反映了商进夷退的基本格局（图七）。珍珠门文化主要分布在鲁北地区东部、胶东半岛，年代自殷墟二期至西周早期，文化特征主要是以夹砂素面褐陶为代表。珍珠门文化的存在，反映出不同地区夷商文化融合程度与方式差异。土著文化、地方商文化成为日后周代东夷文化复苏、传承的重要渊源，是齐鲁文化丰富内容的重要来源。

[1] 刘延常：《珍珠门文化初探》，《华夏考古》2001年第4期。

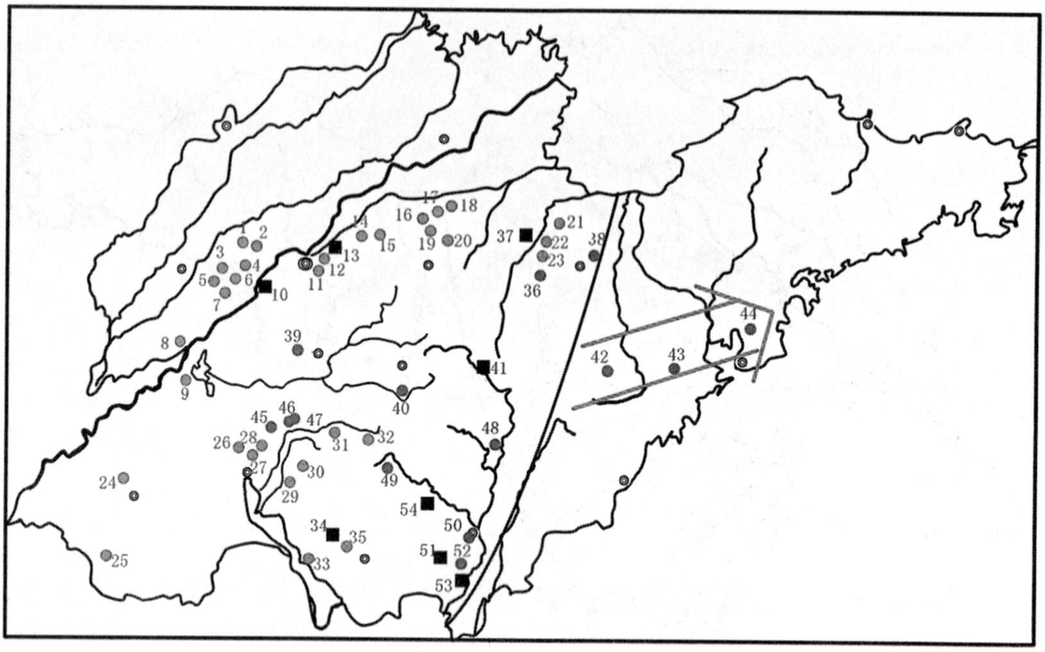

图六　殷墟四期商文化东渐示意图

1. 齐河曹庙　2. 齐河郝庄　3. 茌平台子高　4. 茌平南陈　5. 茌平东一甲　6. 茌平腰庄　7. 茌平西路庄　8. 阳谷黑堌堆　9. 梁山青堌堆　10. 长清小屯　11. 济南刘家庄　12. 济南洪家楼　13. 济南大辛庄　14. 济南裴家庄　15. 章丘乐盘　16. 邹平大河崖　17. 邹平丁公　18. 桓台史家　19. 邹平史营　20. 淄博南家　21. 寿光丁家殿子　22. 寿光钓鱼台　23. 昌乐宁家　24. 菏泽安邱堌堆　25. 曹县莘冢集　26. 济宁潘庙　27. 济宁凤凰台　28. 济宁南赵庄　29. 邹城西丁　30. 邹城化肥厂　31. 泗水尹家城　32. 泗水天齐庙　33. 微山鲍楼　34. 滕州前掌大　35. 滕县后黄庄　36. 青州谭坊于家庄北岭　37. 青州苏埠屯　38. 寒亭治浑街李家候孟　39. 泰安市龙门口水库　40. 新泰市府前街市政府宿舍　41. 沂源东安故城　42. 诸城石桥子齐家近戈庄村　43. 青岛城庄夏庄街道　44. 胶州西皇姑庵　45. 兖州李宫　46. 宁阳葛石镇河洼村　47. 宁阳东疏乡滩头村　48. 沂南南寨　49. 平邑铜石西南　50. 临沂革委会大院　51. 兰陵神山密家岭　52. 兰陵晒米城　53. 兰陵东高尧　54. 费县朱田镇

二、夷人文化东退和夷商文化融合

1. 夷商文化的对峙与融合

早中商时期的文化替代：商文化东进，岳石文化东退。文化融合：体现在大辛庄第二类文化遗存，[1]菏泽市定陶县十里铺北遗址岳石文化灰坑出土先商文化陶鬲，[2]

[1] 山东大学东方考古研究中心：《大辛庄遗址1984年试掘报告》；徐基、陈淑卿：《论岳石文化的终结——兼谈大辛庄商文化第二类遗存的性质》，均见于山东大学东方考古研究中心编：《东方考古(第4集)》，科学出版社，2008年。

[2] 高明奎：《山东定陶十里铺北遗址》，《大众考古》2016年第4期。

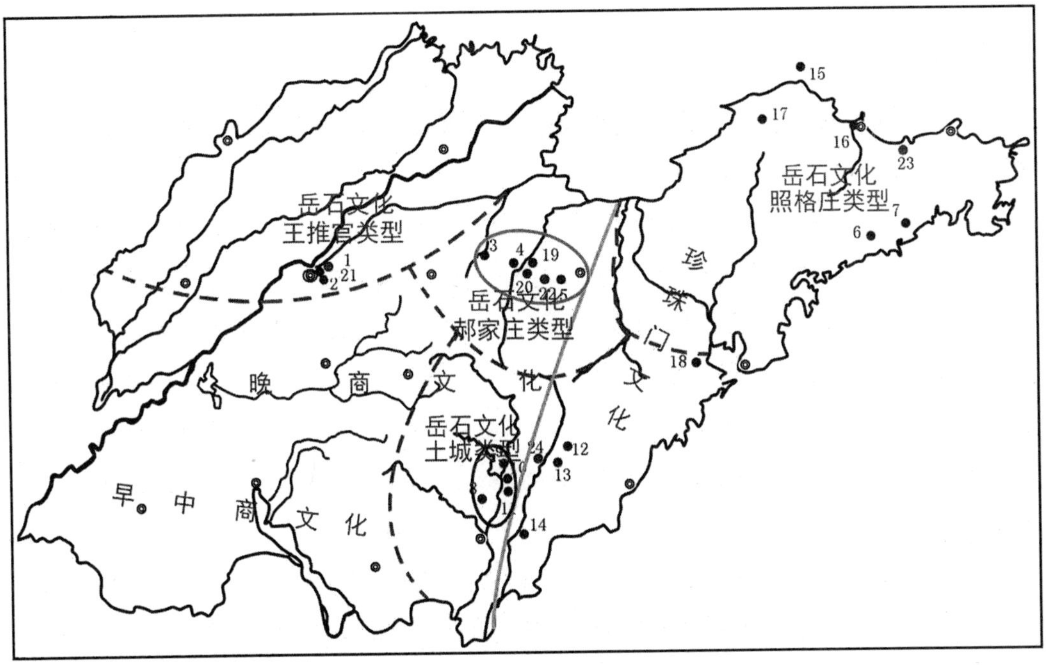

图七　商文化遗存分布格局示意图

1. 济南大辛庄遗址　2. 济南唐冶遗址　3. 淄博临淄后李遗址　4. 青州赵铺遗址　5. 昌乐后于刘遗址　6. 乳山市寨山遗址　7. 乳山市南黄庄遗址　8. 沂南高家坊庄遗址　9. 沂南埠子遗址　10. 沂南孙家黄疃遗址　11. 沂南榆林遗址　12. 莒县西苑遗址　13. 莒县石龙口遗址　14. 莒南王油坊庄遗址　15. 长岛珍珠门遗址　16. 烟台芝水遗址　17. 黄县归城遗址　18. 胶州西菴遗址　19. 寿光达字刘遗址　20. 寿光呙宋台遗址　21. 章丘王推官遗址　22. 青州郝家庄遗址　23. 牟平照格庄遗址　24. 莒县塘子遗址

章丘市城子崖岳石文化墓葬出土商文化陶豆[1]等。

晚商时期的文化替代：文化的替代体现在商文化东进与珍珠门文化的对峙，[2]鲁中南、鲁南地区商文化替代当地土著文化。文化融合：体现在商代末期夷商文化因素共存，例如鲁北地区的淄弥河流域，临淄后李遗址墓葬[3]等；地方文化的形成，在济南地区、淄博地区、潍坊市区域比较明显，亦夷亦商；夷商文化的插花式分布，例如鲁东南地区；夷人文化的反弹，如济南唐冶遗址。[4]

---

[1] 山东省文物考古研究院、北京大学考古文博学院：《济南市章丘区城子崖遗址2013—2015年发掘简报》，《考古》2019年第4期。

[2] 刘延常：《珍珠门文化初探》，见于王锡平主编，烟台市文物管理委员会、烟台市博物馆编：《胶东考古研究文集》，齐鲁书社，2004年。

[3] 济青公路文物考古队：《山东临淄后李遗址第一、二次发掘简报》，《考古》1992年第11期；济青公路文物工作队：《山东临淄后李遗址第三、四次发掘简报》，《考古》1994年第2期。

[4] 济南市考古研究所：《济南市唐冶遗址考古发掘报告》，《海岱考古（第六辑）》，科学出版社，2013年。

2. 夷商关系的认识

岳石文化与先商文化的密切关系反映了夷商联盟，商文化东进、夷人文化东退反映了夷商对峙、商王朝东征东扩。

商王朝东扩、商文化东渐的路线比较清晰，不同时间体现出不同的重点与方式。苏北地区、鲁中南、鲁南地区、鲁北南部地区均被商王朝占领，为典型商文化区域；胶东半岛则是岳石文化、珍珠门文化的东夷文化分布区；鲁东南地区商代夷人文化——岳石文化、珍珠门文化遗存较少，商文化在这一区域推进到沂河西岸，商王朝对鲁东南地区东夷进行了持续而彻底的征伐。文献（包括甲骨文、金文、竹简等）记载仲丁征兰夷、征人方、"纣克东夷而陨其身"、东夷或服或叛、"殷移民"、方国与族属等历史，基本得到了考古资料的证明。

珍珠门文化的存在体现了不同地区夷商文化融合程度与方式的差异。土著文化、地方商文化成为日后周代东夷文化复苏、传承的重要渊源，是齐鲁文化丰富内容的重要来源。

商文化东渐与夷商文化的融合，是东夷文化与中原文化进一步融合的重要阶段，奠定了齐鲁文化形成的丰厚基础。对深入研究岳石文化及其与先商文化、商代地方文化的形成具有重要意义。对研究齐、鲁格局，山东地区周代格局，及与淮夷文化的关系等具有重要意义。

三、青铜器的发现反映出西周早期周王室对东土的控制

1. 青铜器的发现

胶东半岛出土启尊、启卣[1]和芮公簋，[2]龙口归城及其周边、招远等地出土早期青铜器，[3]胶州西菴出土早期青铜器，[4]齐故城河崖头出土几件西周早期青铜器，[5]高青县陈

[1] 齐文涛：《概述近年来山东出土的商周青铜器》，《文物》1972年第5期。

[2] 王锡平、唐禄庭：《山东黄县庄头西周墓清理简报》，《文物》1986年第8期。

[3] 中国社会科学院考古研究所、哥伦比亚大学东亚语言和文化系、山东省文物考古研究院编著：《龙口归城：胶东半岛地区青铜时代国家形成过程的考古学研究（公元前1000—前500年）》，科学出版社，2018年。

[4] 山东省昌潍地区文物管理组：《胶县西菴遗址调查试掘简报》，《文物》1977年第4期。

[5] 李剑、张龙海：《山东临淄齐国故城西周墓》，《考古》1988年第6期。

庄出土早期青铜器，[1]寿光、寒亭、淄博、桓台等地出土早期青铜器，[2]济阳刘台子“夆”组青铜器。[3]滕州庄里西出土滕侯青铜器，[4]滕州前掌大出土青铜器，新泰、[5]泰安、邹城、[6]兖州、[7]济宁[8]等地出土早期青铜器（图八）。传世有西周早期鲁侯器，莒小子簋等。

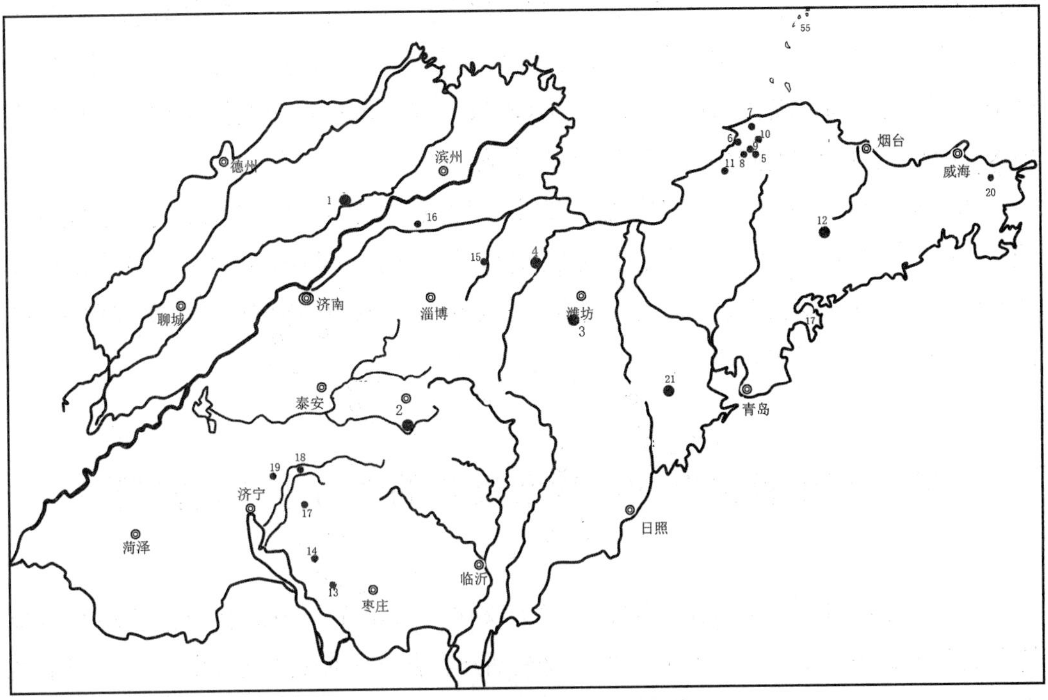

图八　西周早期铜器出土地点

1. 济阳县刘台子　2. 新泰市府前街市政府宿舍　3. 寒亭马司公社鞠家庄（现为坊子区）　4. 寿光孙家集街道呙宋台　5. 龙口市兰高镇归城姜家村　6. 龙口市龙港街道海云寺徐家村　7. 龙口市兰高镇和平村　8. 龙口市石良镇东营周家村　9. 龙口市芦头镇韩栾村　10. 黄县（今龙口）归城小刘庄　11. 招远县灵山乡东曲城村　12. 海阳上尚都（现为上上都村）　13. 滕州官桥镇前掌大村　14. 滕州姜屯镇庄里西村　15. 齐都镇河崖头村　16. 高青陈庄　17. 邹城市千泉街道小西苇村　18. 鲁故城（荀家村）　19. 兖州嵫山南（现为兹山）　20. 荣成市埠柳镇学福村　21. 胶州西皇姑庵

---

[1] 山东省文物考古研究所：《山东高青县陈庄西周遗存发掘简报》，《考古》2011年第2期。

[2] 见于各地博物馆藏品。

[3] 德州行署文化局文物组、济阳县图书馆：《山东济阳县刘台子西周早期墓发掘简报》，《文物》1981年第9期；德州地区文化局文物组、济阳县图书馆：《山东济阳刘台子西周墓地第二次发掘》，《文物》1985年第12期；山东省文物考古研究所：《山东济阳刘台子西周六号墓清理报告》，《文物》1996年第12期。

[4] 滕县博物馆：《山东滕县发现滕侯铜器墓》，《文物》1984年第4期。

[5] 魏国：《山东新泰出土商周青铜器》，《文物》1992年第3期。

[6] 国家文物局考古领队培训班：《山东邹县南关遗址发掘简报》，《文物》1991年第2期；王言京：《山东省邹县又发现商代铜器》，《文物》1974年第1期；王军：《山东邹城市西丁村发现一座商代墓葬》，《考古》2004年第1期。

[7] 郭克煜等：《索氏器的发现及其重要意义》，《文物》1990年第7期。

[8] 田立振：《山东省济宁市出土一批西周青铜器》，《文物》1994年第3期。

2. 青铜器反映出西周王室对东土的控制

西周早期，周王室控制山东地区的模式主要分为北部和中南部两大部分。分封齐国，以其为中心镇抚稳定鲁北地区，同时采取诸多措施稳定局势，如派出贵族势力、王师、册封归顺的小国稳定边区局势，布局贵族势力拱卫齐国地位；分封鲁国镇抚鲁中南地区，周边布局贵族势力拱卫稳定鲁国局势，同时采取措施分封滕国协助镇抚鲁南地区，北部、南部边缘地区则布局归顺的商贵族。

西周早期的布局奠定了齐国、鲁国的中心地位，稳定了地方局势；奠定了地方区域文化——齐文化、鲁文化、莒文化、莱文化的形成与发展基础；对分析研究小诸侯国的来源、受封、布局及相互关系很有帮助；对分析殷遗民问题很有帮助，如投降归顺，远逃，或就近拱卫鲁国齐国等。

四、东土青铜群的出现及反映的考古学文化格局

从西周晚期开始，周王朝势力衰退，地方文化势力复苏，山东地区开始出现有自身特色的东土青铜器群，[1]集中出现在西周晚期到春秋早中期（图九、图十）。不同于周文化青铜器，但又继承了周文化因素，发展成为地方文化因素，主要分布在山东地区东部，是山东地区土著或者原著古国贵族创造使用的。在日照崮河崖、[2]沂源姑子坪、[3]临朐泉头村、[4]莱阳前河前、[5]安丘东古庙、[6]临沂中洽沟、[7]莒南中刘山[8]等地均有发现，另外还在沂水李家庄、[9]枣庄东江墓地、[10]长清仙人台[11]等地有一些零星发现。

---

［1］刘延常、徐倩倩：《西周晚期至春秋早期山东地区东土青铜器群的转变与传承》，《青铜器与金文（第一辑）》，上海古籍出版社，2017年。

［2］杨深富：《山东日照崮河崖出土一批青铜器》，《考古》1984年第7期。

［3］山东大学考古系等：《山东沂源县姑子坪周代墓葬》，《考古》2003年第1期。

［4］临朐县文化馆等：《山东临朐发现齐、郛、曾诸国铜器》，《文物》1983年第12期。

［5］李步青：《山东莱阳县出土己国铜器》，《文物》1983年第12期；常兴照等：《试论莱阳前河前墓地及有铭陶盉》，《北方文物》1990年第1期。

［6］安丘市博物馆：《山东安丘柘山镇东古庙村春秋墓》，《文物》2012年第7期。

［7］临沂市博物馆：《山东临沂中洽沟发现三座周墓》，《考古》1987年第8期。

［8］张文存编著：《莒南文物志》第十章“文物考古发掘”，青岛出版社，2014年。

［9］山东省文物管理处等：《山东省文物选集（普查部分）》，文物出版社，1959年。

［10］枣庄市博物馆等：《枣庄市东江周代墓葬发掘报告》，《海岱考古（第4辑）》，科学出版社，2011年；枣庄市政协台港澳侨民族宗教委员会等：《小邾国遗珍》，中国文史出版社，2006年。

［11］山东大学考古系：《山东长清县仙人台周代墓地》，《考古》1998年第9期。

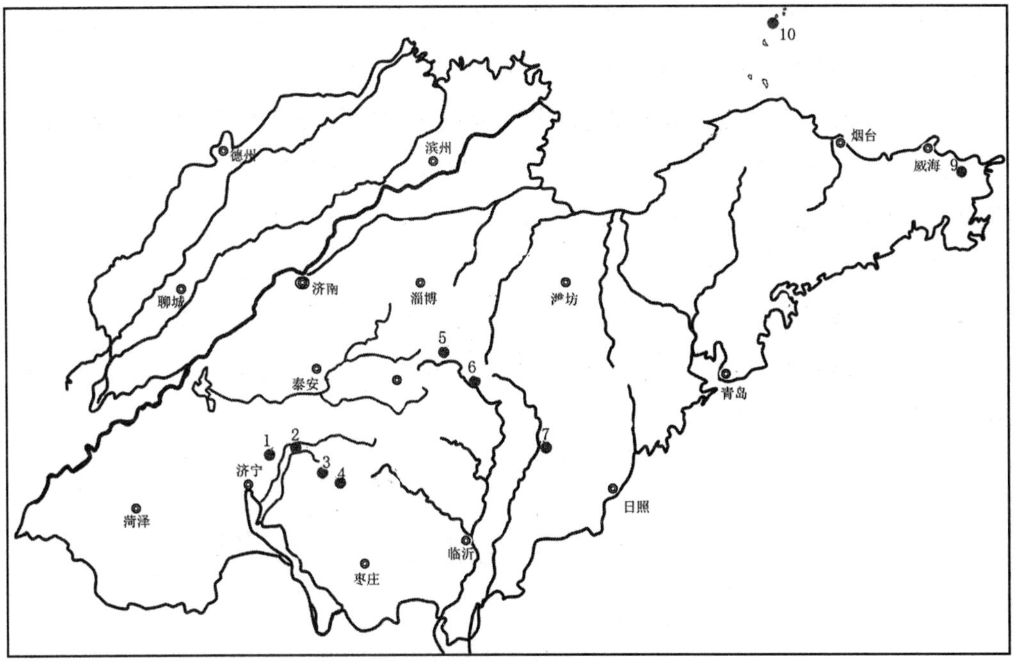

图九　西周晚期东土青铜器出土地点

1. 兖州嵫山南（现为兹山）　2. 鲁故城　3. 邹城市田黄镇栖驾峪遗址　4. 邹城市张庄镇小彦村　5. 沂源西鱼台遗址　6. 东里镇东安村　7. 莒县西大庄　8. 日照崮河崖　9. 荣成市埠柳镇学福村　10. 长岛大钦岛北村

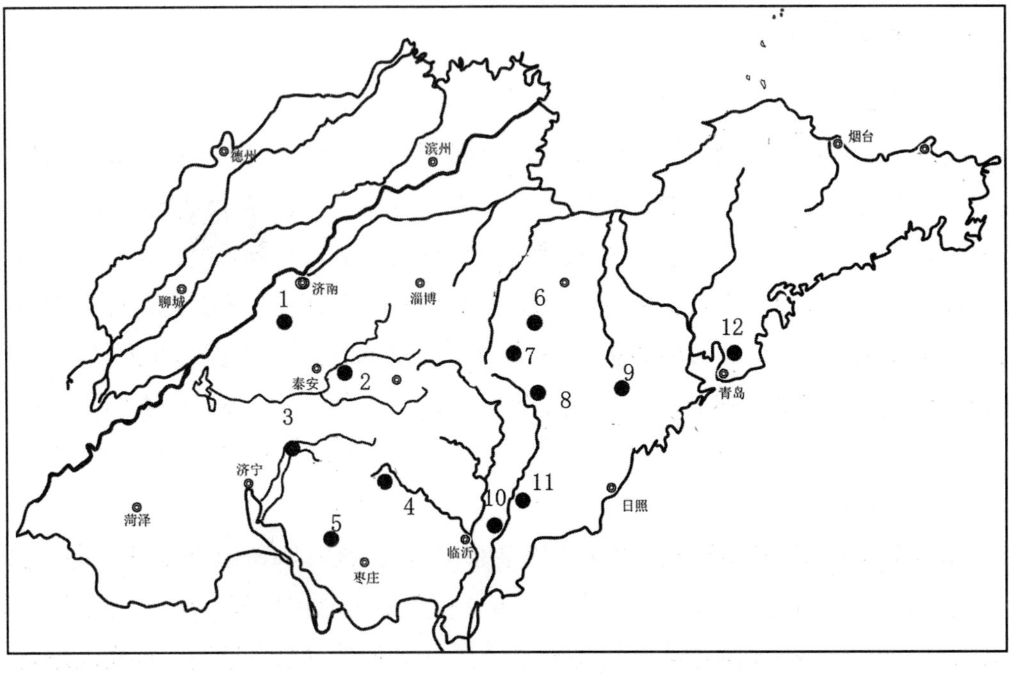

图十　春秋早期东土青铜器出土地点

1. 长清仙人台　2. 泰安城前村　3. 曲阜林前村　4. 平邑铜石镇锅泉林场　5. 枣庄东江墓地　6. 安丘柘山　7. 临朐泉头村　8. 沂水李家庄　9. 诸城新九台村　10. 临沂中洽沟　11. 莒南中刘山　12. 黄岛大珠山

东土青铜器器形包括莒式鬲、壶、鈚、提链小罐、豆形簋等,其中鼎、鬲数量最多,壶的种类最多,有一些新的器形,也有一些特色纹样。

胶东半岛和鲁东南地区是东土青铜器的核心分布区,以东土青铜器组合为主,多是新器类,个别墓葬或组合中有少部分周文化因素。鲁中南地区、汶泗流域是东土青铜器群的直接影响区,青铜器以及墓葬形制结构、葬俗、器物组合等以周文化为主,东土青铜器有一定数量。鲁北地区、鲁西北地区则仅见个别东土青铜器,这些地方属于东土青铜器的波及影响区。

东土青铜器群对齐、鲁及泗上十二诸侯等国铜器产生较大影响,同时对江淮地区、中原地区等产生一定影响。

五、山东地区周代考古学文化的格局

齐鲁文化主要内涵包括山东地区周代考古学文化、古国文化遗存和周边古代文化遗存,三大部分文化的演变、互动交流、融合形成了内涵丰富、特色鲜明的地域文化——齐鲁文化。

1. 周代考古学文化

(1) 齐文化

齐文化的形成与发展是动态的,范围是不断扩大的。西周时期主要分布在以临淄为中心的鲁北地区中部,春秋时期向东扩展至胶东半岛、向西扩展至当时济水东岸,战国时期扩展到鲁中、鲁东南地区、长岛列岛。以临淄为中心的鲁北地区在商代晚期其文化面貌即由商文化与土著文化融合形成了一种新的地方文化,齐文化是周文化与这种地方文化融合形成的。都城的布局,墓葬结构与丧葬习俗,陶器群组合及其形态,青铜器,货币,瓦当等均反映出了齐文化的鲜明特征。齐文化区内发现的古国文化遗存主要有齐、夆、纪、莱国等(图十一)。

(2) 鲁文化

主要分布在汶泗流域,从城内布局、墓葬结构与习俗、陶器组合及其形态、青铜器、货币等方面反映出了鲁文化的特征。鲁文化区域内考古发现有鲁国、邾国、小邾国、滕国、薛国、寺国,文献记载古国较多,泗上十二诸侯就分布在这里。鲁文化是周文化的传承,鲁国因继承周人的礼乐典章制度和推行周王室政策而享誉诸侯,进入东周之后更是周文化的代表。鲁文化是在地方文化、周文化及周边文化的影响交流融合后

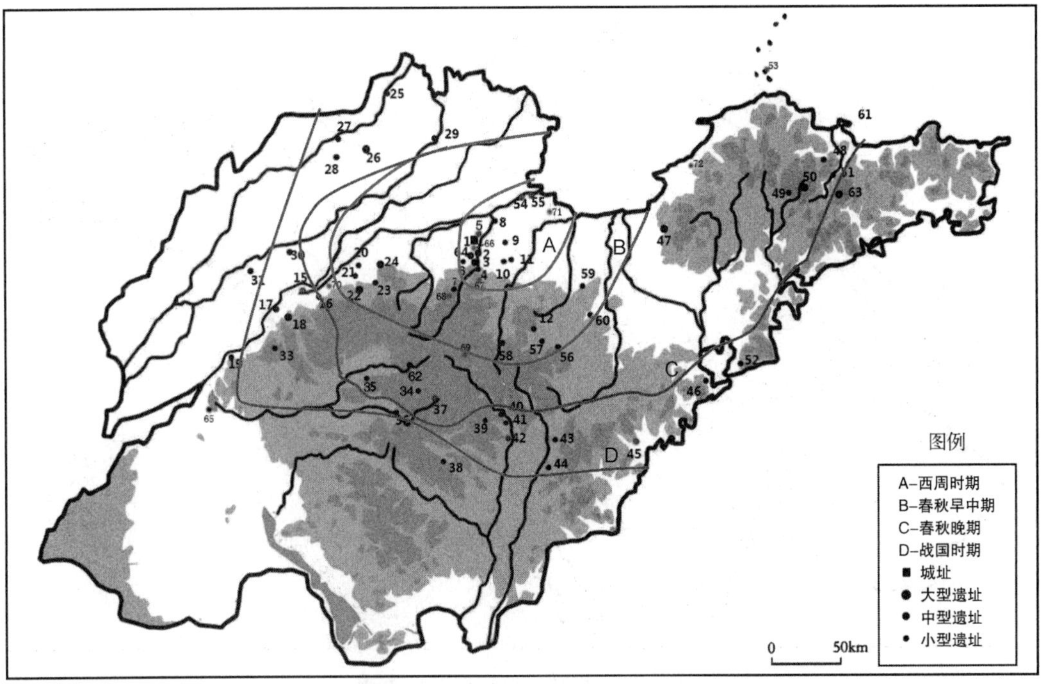

图十一　齐文化遗存分布示意图

1. 临淄齐故城　2. 临淄淄河店　3. 临淄郎家庄　4. 临淄后李　5. 临淄东古　6. 临淄两醇　7. 淄川南韩　8. 广饶五村　9. 青州凤凰台　10. 青州赵铺　11. 青州戴家楼　12. 昌乐岳家河　13. 诸城葛布口　14. 诸城臧家庄　15. 济南王府　16. 济南千佛山　17. 长清月庄　18. 长清岗辛　19. 平阴臧庄　20. 章丘宁家埠　21. 章丘王推官　22. 济南左家洼　23. 章丘孟白　24. 章丘女郎山　25. 庆云孟张　26. 阳信西北村　27. 乐陵冢上　28. 乐陵惠王冢　29. 沾化西鳖村　30. 禹城周尹　31. 茌平南陈　32. 邹平小巩　33. 肥城王庄　34. 莱芜戴鱼池　35. 泰安康家河　36. 新泰郭家泉　37. 新泰周家庄　38. 蒙阴后里　39. 沂水马兰　40. 沂水下泉村　41. 沂水上常庄　42. 沂水埠子　43. 莒县大朱村　44. 莒县杭头　45. 五莲丹土　46. 黄岛灵山　47. 平度东岳石　48. 栖霞金山　49. 栖霞大丁家　50. 栖霞杨家圈　51. 栖霞石门口　52. 青岛安乐　53. 长岛王沟　54. 寿光郭井子　55. 寿光蔡央子　56. 昌乐前张次　57. 昌乐河西　58. 临朐十字路口　59. 潍坊大崖头　60. 潍坊东上虞河　61. 烟台大疃　62. 莱芜西上崮　63. 海阳西古现　64. 临淄乙烯　65. 梁山土山

形成的，逐渐成为中华传统文化的核心内容（图十二）。[1]

（3）莒文化

分布于鲁东南地区西周中期至战国早期的考古学文化，该区域文献记载的古国包括莒国、向国、鄅国、阳国、郯国、缯国等，以莒国势力最为强大，结合金文发现"莒"字等，将这支考古学文化称为莒文化。莒文化是周文化与地方文化融合，或土著文化受周文化影响融合形成的地方文化，莒国等与楚文化系统陈国、黄国及江淮地区古国联

[1] 刘延常：《曲阜鲁国故城与文化传承》，上海博物馆编，宋建、陈杰主编：《"城市与文明"学术研讨会论文集》，上海古籍出版社，2016年。

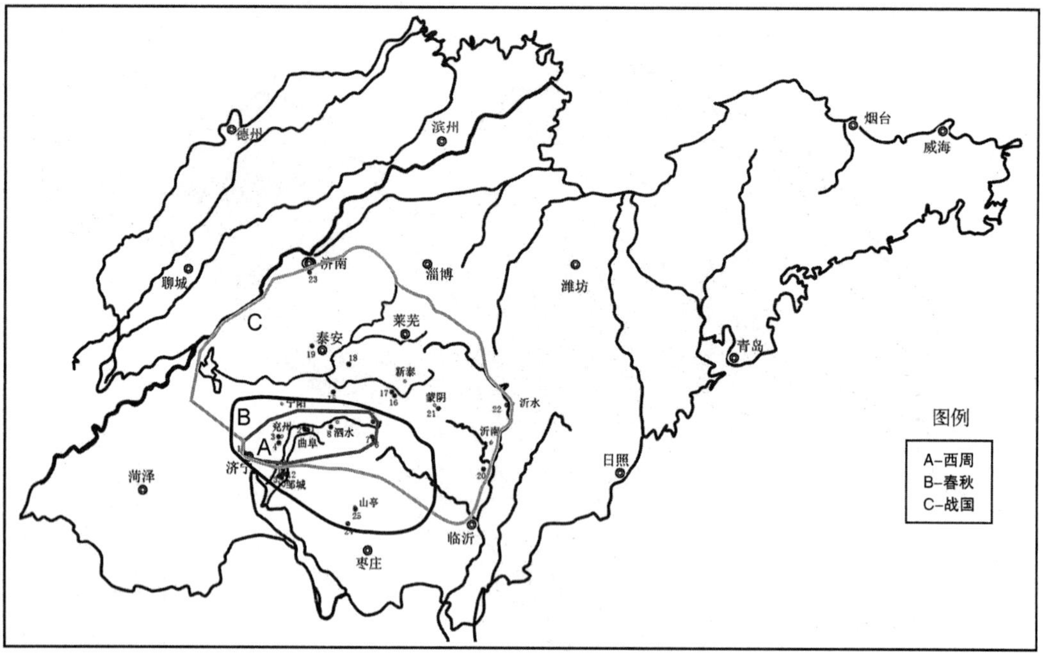

图十二　鲁文化遗存分布示意图

1. 曲阜鲁故城　2. 曲阜孔林东遗址　3. 兖州西吴寺遗址　4. 兖州郭家村遗址　5. 泗水泉林古城　6. 泗水天齐庙　7. 泗水姑蔑城址　8. 泗水尹家城　9. 邹城七家峪(栖驾峪)　10. 邹城邾国城址　11. 邹城灰城子遗址　12. 邹城康王城遗址　13. 邹城前瓦屋遗址　14. 济宁商业局(出土铜器)　15. 宁阳郕城遗址　16. 新泰凤凰泉遗址　17. 新泰郭家泉遗址　18. 泰安城前村遗址　19. 泰安龙门口遗址　20. 沂南西岳庄遗址　21. 蒙阴后里遗址　22. 沂水东河北遗址　23. 济南历城北草沟遗址　24. 枣庄小邾国墓地　25. 滕州凤凰岭遗址(今山亭区驻地)

系较多(图十三)。[1]

(4) 珍珠门文化

是岳石文化之后的商代晚期至西周早中期的夷人文化遗存，分布于胶东半岛、鲁北东部和鲁东南地区，以夹砂素面褐陶为代表的陶器群是其主要特征，聚落数量少、等级低。随着商王朝、周王朝向东扩张，珍珠门文化逐渐东退、空间渐小，在鲁北地区与地方文化融合比较密切，夷人文化的孑遗延续至战国早期。[2]

2. 山东地区周代古国文化遗存

自周初分封齐、鲁等国家镇抚东方以来，山东地区就分布着众多古国，至春秋时

---

[1] 刘延常:《莒文化解读——一种文化发展模式的思考》，何驽主编:《李下蹊华——庆祝李伯谦先生八十华诞论文集》，科学出版社，2017年。

[2] 刘延常:《珍珠门文化初探》，《华夏考古》2001年第4期；魏峭巍:《试论鲁北地区的珍珠门文化》，《中原文物》2015年第4期。

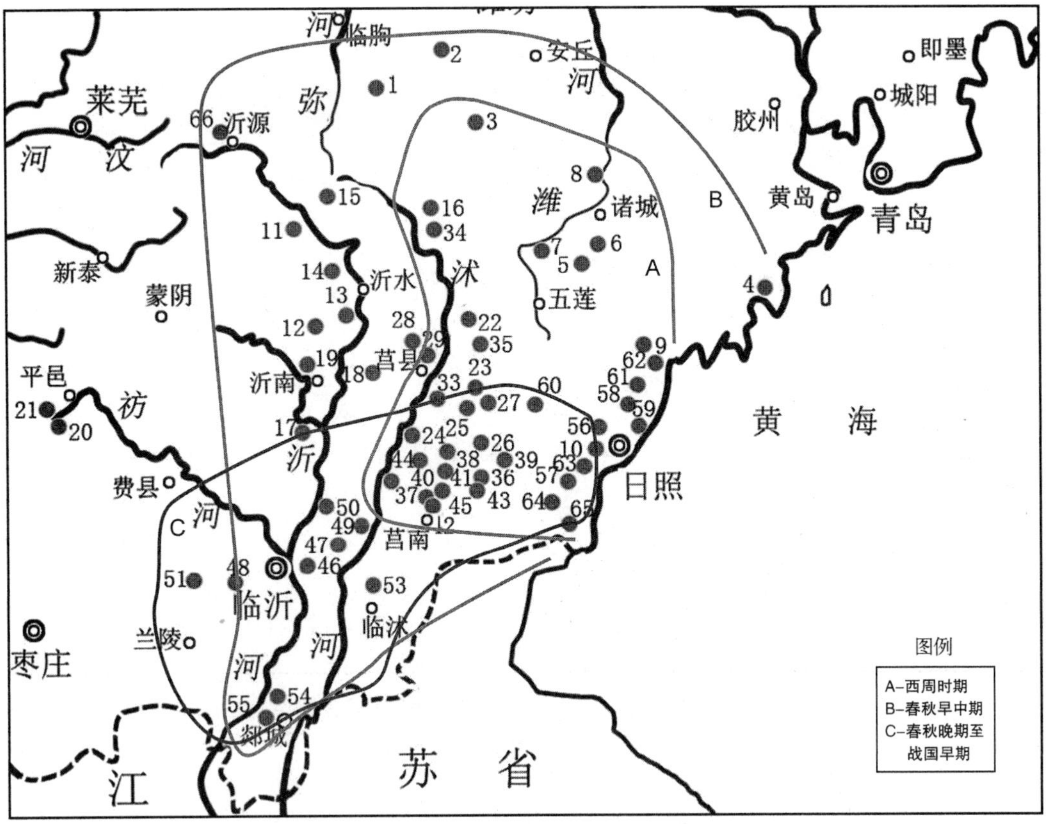

图十三　莒文化遗存分布示意图

1. 临朐县辛寨镇大峪遗址　2. 安丘市郚山镇贾孟村　3. 安丘市柘山镇东古庙村　4. 黄岛区大珠山镇顾家崖头　5. 诸城市皇华镇杨家庄子东河岸　6. 诸城市皇华镇黄沟村　7. 诸城市枳沟镇小埠头村　8. 诸城市解留镇新九台村　9. 五莲县潮河镇丹土　10. 日照崮河崖　11. 沂水县泉庄镇纪王崮　12. 沂水县院东头镇刘家店子　13. 沂水李家庄　14. 沂水县黄山铺乡东河北村　15. 沂水县诸葛镇略疃村　16. 沂水县杨庄镇李家坡　17. 沂南县砖埠镇西岳庄　18. 沂南县湖头镇路家庄　19. 沂南县界湖镇西明生村　20. 平邑县铜石镇锅泉林场　21. 平邑县平邑镇蔡庄村　22. 莒县果庄乡天井汪　23. 莒县龙山镇王家山　24. 莒县小店镇卢家孟晏　25. 莒县寨里河乡老营村　26. 莒县中楼镇崔家峪　27. 莒县中楼镇于家沟村　28. 莒县二十里堡乡栗林村　29. 莒县城阳镇钱家屯　30. 莒故城刀币铸造遗址　31. 莒县丝绸大酒店　32. 莒县马庄(30–32均位于莒县县城)　33. 莒县陵阳镇杭头　34. 莒县东莞镇大沈刘庄　35. 莒县店子镇西大庄　36. 莒南涝坡镇卢范大庄　37. 莒南十字路镇中刘山　38. 莒南大店镇后官庄　39. 莒南县文疃镇东上涧　40. 莒南县大店镇老龙腰　41. 莒南县大店镇花园村　42. 莒南县十字路镇尤家庄子　43. 莒南县柳沟乡卢范大庄　44. 莒南县陡山乡陡山村　45. 莒南县北园乡虎园村　46. 临沂市相公镇凤凰岭　47. 临沂市汤河乡中洽沟　48. 临沂市罗庄区涧头　49. 临沂市大范庄　50. 临沂太平东张屯　51. 临沂市兰陵县仲村　52. 临沭县临沭镇西朱车村　53. 郯城庙山镇大埠村　54. 郯城县第二中学　55. 日照揪齐园　56. 日照赵家庄　57. 日照陶家村　58. 日照董家滩　59. 日照邱前村　60. 日照松竹村　61. 日照两城镇　62. 日照尧王城　63. 日照六甲庄　64. 日照小村　65. 日照东灶子村　66. 沂源姑子坪遗址

期见于文献记载就达60余个。从考古学文化时空关系、都城、大型墓葬、青铜器铭文并结合历史文献记载分析,目前能够确认的古国有齐、夆、纪、莱、莒、鄅、郯、郜、鲁、滕、薛、小邾、邾等14个古国文化遗存。还发现芮国、黄国、江国、陈国、吴国、燕国、杞国、曾国、费国、宋国、魏国、韩国、赵国等古国的有铭青铜器(图十四)。

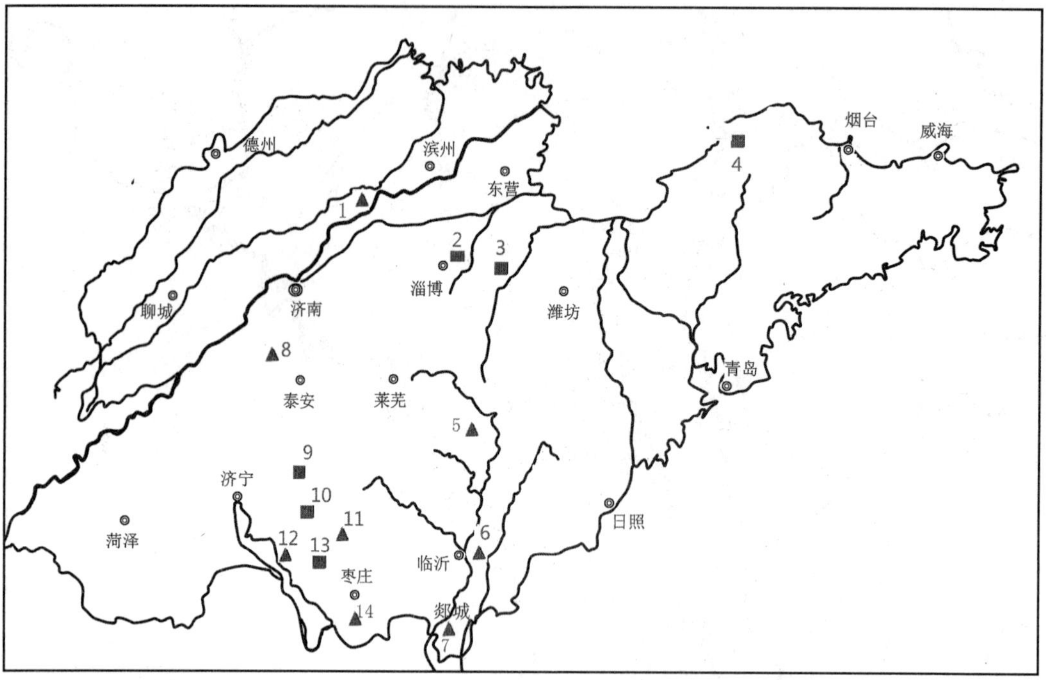

图十四　山东古国遗存分布示意图(部分)

1. 夆国——济阳刘台子西周墓　2. 齐国——临淄齐国故城遗址　3. 纪国——寿光纪侯台遗址　4. 莱国——龙口归城遗址　5. 莒国——沂水刘家店子遗址　6. 鄅国——临沂凤凰岭春秋墓　7. 郯国——郯国故城遗址　8. 邿国——长清仙人台遗址　9. 鲁国——曲阜鲁国故城遗址　10. 邾国——邹城邾国故城遗址　11. 小邾国——枣庄山亭区东江墓葬　12. 滕国——滕州庄里西墓地　13. 薛国——滕州薛国故城遗址　14. 邳(滥或鄫国)——枣庄峄城区徐楼墓地

对周代古国有如下认识：本土不断发展变化的、融合的，从属古文化的古国，如齐国、鲁国和莒国。发现国君墓葬和有铭青铜器的，直接证明为古国文化遗存的，如夆国、邿国、小邾国、滕国、纪国、薛国、莱国。根据都城、墓葬规格并结合文献证明古国文化遗存的，如鄅国、郯国、邾国。发现大量文化遗存或文化因素，结合文献记载为占领或有战争关系的古国，如楚国、燕国、吴国、越国、韩国、魏国、赵国等。发现一些为媵器或赠品类的铭文铜器，如陈国、黄国、江国、宋国、芮国。出土有铭青铜器，但无其他依据，目前不能确定地望的，如杞国、费国。

目前发现的古国以东周时期为主，春秋时期最多，西周早期和战国时期国家数量少。反映了西周早期分封稳定、春秋时期王室衰弱诸侯四起和战国时期战争兼并的历史。

3. 周代山东地区周边文化遗存

包括吴文化、越文化、楚文化、晋与三晋文化、燕文化，涉及媵器、赗赙、战利品、赠送等古国文化遗存，结合文献记载分析，这些古国与山东地区诸国有会盟、婚姻、人员往来、战争、赗赙、馈赠等交流，有的或长或短时间统治、占领山东某一区域，主要包括吴、越、楚、燕、韩、魏、赵等古（国）文化遗存（文化因素），对齐鲁文化的形成具有重要意义。

（1）山东地区吴文化遗存

主要分布于泰沂山脉以南的鲁东南和鲁中南地区，年代集中在春秋晚期，以吴国兵器遗存为主，[1]其中新泰市周家庄东周墓葬出土兵器最为集中。兵器的形制、纹样、铸造工艺等，如剑首为同心圆纹（一般11周）、剑身与矛饰菱形纹、复合剑都是典型的吴国兵器特征，[2]更有几件剑的铭文直接表明为吴王和太子。[3]出土吴国兵器的墓葬属于齐国、莒国、鄅国、邾国等诸多古国。

（2）山东地区越文化遗存

集中在春秋末期、战国早中期，主要发现于鲁东南南部、鲁中南地区，青铜器应是馈赠或战利品、印纹陶和印纹硬陶则是日常生活用品。越国在春秋末期就开始了与鲁国的往来，并干预鲁国、邾国的政务。越灭吴后，北上与齐国、鲁国会盟，取得霸王称号；战国早期势力强大，莒国依附，伐齐，灭滕，亡郯，后又灭缯。[4]

（3）山东地区楚文化遗存

主要发现于鲁东南和鲁中南地区，春秋时期楚文化因素比较少，地点分散，主要出现于大中型墓葬中，应是包括政治联盟、联姻、赗赙等友好交流的结果。春秋时期鲁东南地区主要是莒国、鄅国、郯国，鲁中南地区主要是鲁国、薛国、邾国等国家。

战国中晚期楚文化因素较多，如墓葬习俗、铜鼎、铜豆、铜盉、铜罍、陶鬲、陶壶、石磬等，有些器物是典型楚器，许多则具楚文化器物风格，尤其是众多地点出土了楚国金属货币等。战国时期楚文化因素的特点是楚国逐渐东进争霸形成的，楚灭鲁后疆域扩展到曲阜一带，鲁中南地区、鲁东南地区在战国中晚期属楚国占领区。

（5）山东地区晋文化遗存

西周、春秋时期晋国与齐国、鲁国等交往甚多，包括会盟、通婚、人员与使者往来、战争等，但是在山东地区目前没有发现晋文化遗存。战国时期在山东地区发现文化遗存主要是韩国钱币、魏国和赵国兵器，从地域看主要是与齐国战争、贸易等。

（6）山东地区燕文化遗存

山东寿张梁山出土7件西周早期燕国青铜器（梁山七器），河北易县出土春秋中期

---

[1] 刘延常、曲传刚、穆红梅：《山东地区吴文化遗存分析》，《东南文化》2010年第5期。

[2] 丁忠明、曲传刚、刘延常、吴来明、穆红梅：《山东新泰出土东周青铜复合剑制作技术研究》，《文物保护与考古科学》2012年第24卷增刊；丁忠明、吴来明、刘延常、曲传刚、穆红梅：《山东新泰出土同心圆剑首连接技术研究》，《文物保护与考古科学》2014年第3期。

[3] 山东省文物考古研究所、新泰市博物馆编著：《新泰周家庄东周墓地（上、下）》，文物出版社，2014年。

[4] 刘延常、徐倩倩：《山东地区越文化遗存分析》，《东方考古（第9集）》，科学出版社，2012年。

"齐侯四器"(齐国媵器),春秋齐庄公时期伐燕的"庚壶",战国时期齐国伐燕的"陈璋壶",燕伐齐的"燕王职壶"等,山东地区出土大量燕国戈、剑和刀币等。山东地区发现的燕文化遗存及其他燕、齐文物证明了燕国与齐国之间较多往来的事实,与文献记载相对照,反映出来相互之间文化的交融,包括战争、婚姻、会盟、人员往来等。[1]

六、齐鲁文化形成机制分析

1. 内部文化融合与周边文化互动

珍珠门文化—夷人文化的消长,与齐文化、莒文化的融合得以传承;齐文化是周文化与山东地方文化(包括土著文化)的融合,奠定了地域文化的深厚基础,反映了其包容、开放、快速发展,思想文化繁荣;鲁文化继承周文化,政治制度、礼乐文明早期积极推进,春秋时期对周礼保存、传承,鲁国是融合中原与南部地区诸国文化的核心;战国时期齐鲁文化高度融合,儒家学说充分发展与传播,齐文化、楚文化融合。[2]考古学文化的区域性与互动代表了大众的、民众的文化,是文化传统传承的基础,虽说是小传统却影响着政治发展方向——大传统的传承。[3]

齐鲁地域古国众多、渊源有自,互动频繁,并与周边古国交流融合,如会盟、婚姻、人员往来、战争、赗赙、馈赠等。这种贵族文化及国家间的交流,对文化传播与融合产生积极促进作用,属于文化的大传统。

东周时期周边古国之间的互动,体现了社会变革阶段的时代特征——争霸称雄,促进了文化艺术的繁荣与交流,促进了地缘文化的融合。

总之,齐鲁文化构成基础丰厚、内部融合充分,与周边古文化古国互动交流充分,形成了富有鲜明地域特色的齐鲁文化。

2. 纵向继承与传承

齐鲁文化是我国地域文化的重要组成部分,在这种历史文化基础上产生出了孔子及其儒家思想,经战国时期诸子百家学说的交流融合、儒家学派的发展,最终形成了齐

---

[1] 刘延常、徐倩倩、李凤琴:《山东地区燕文化遗存分析》,《中国考古学会第十五次年会论文集》,文物出版社,2013年。

[2] 刘延常、戴尊萍:《曲阜鲁国故城、鲁文化与传统文化》,山东省文物考古研究院:《保护传承视野下的鲁文化学术研讨会论文集》,上海古籍出版社,2018年。

[3] 徐良高:《以大传统与小传统理论重新思考三代考古学文化》,《中国文物报》2014年4月25日。

鲁地域思想文化,[1]西汉“罢黜百家,独尊儒术”后以新儒家思想为核心的齐鲁文化上升成为中华传统文化的主流文化。[2]

传说时代的三大族团的互动、文化融合,大汶口文化中晚期东夷族团文化繁荣、势力扩展,向西发展中原地区、向南发展安徽、湖北;龙山文化时代中后期中原龙山文化影响山东地区西部、西南部,龙山文化晚期、岳石文化早期东夷族团逐鹿中原,“夷夏东西”文化融合在鲁西南地区、江苏北部、安徽东部形成淮夷文化。夏代中后期夷商关系密切,体现在鲁西、鲁西北和鲁北地区,商代商王朝东扩、商文化东渐,山东地区成为商王朝版图的“小东”,商王朝在山东不同地区的策略,体现出了商文化与夷人文化融合的地域特点,[3]从而影响了周代文化的格局,齐国、鲁国等国家政治制度与发展方向等深受影响。文化基因世代相传,演变为优秀文化的传承延续。

结　　语

商周时期多种文化、多种文化传统、多种文化因素在山东地区交流、交汇与融合,向上继承、传承史前文明,向后延续齐风鲁韵,创造了儒家思想和稷下学为代表的诸子百家学说,逐渐演进为中华优秀传统文化的核心组成部分。孔子创立儒家学说,上承三代,祖述尧舜,宪章文武,为集文化大成,孔子以前的2 000多年的文化在山东地区历经多次充分大融合、积累沉淀,是齐鲁文化形成产生的历史背景,也是孔子与儒家思想产生的历史背景,也是中华优秀传统文化的形成过程。文化的交流、融合是大浪淘沙,体现出先进文化的创新发展、主动发展、传播交流,还体现出包容开放、吸收吸纳、改革发展、和谐发展、共享发展,引领与带动发展,促进社会持续发展。

以考古学视野与思路研究商周时期山东地区考古学文化的格局与演进,解读文化融合的背景、过程、特点,对讲清楚中华民族传统文化的渊源、文化心理认同和价值理念的传承延续,对深入挖掘、研究、阐发、弘扬与传承中华优秀传统文化,具有重要的学术价值和现实意义。

---

[1] 刘延常:《解读儒家思想形成的背景——以鲁文化研究为例》,见于颜炳罡主编:《儒家文明论坛(第2期)》,山东人民出版社,2016年。

[2] 刘延常、刘智:《齐鲁文化的考古学解读》,山东省文物考古研究院、山东大学历史文化学院、临淄区齐文化发展研究中心、齐文化博物院:《传承与创新:考古学视野下的齐文化学术研讨会论文集》,上海古籍出版社,2019年。

[3] 刘延常:《从鲁东南地区商文化遗存的发现谈商人东征》,郑州中华之源与嵩山文明研究会、河南省文物局、北京大学考古文博学院主编:《中华之源与嵩山文明研究(第3辑)》,科学出版社,2017年。

再论滕州前掌大墓地族墓地现象

王文轩
（西藏民族大学民族研究院）

前掌大墓地已先后进行多次考古发掘，廓清了墓地规模、分布范围，为鲁南地区商末周初丧葬制度研究提供了宝贵资料。[1]目前学术界多倾向于前掌大墓地为史族家族墓地，[2]研究的重点多放在史族与奄国、[3]薛国、[4]史国[5]的关系，涉及族墓地现象的讨论相对较少，[6]笔者也曾就此问题参与讨论，[7]现结合近年新材料进行再讨论，以就教于方家。

根据历次发掘材料，我们将前掌大墓地大体划分为河崖头墓地、南岗子墓地、村东南墓地、于屯村北墓地和陆家陵墓地等五个墓地，各墓地间丧葬形式、祭祀遗存、随葬品等方面存在一定差异，存在规划族墓地的可能。需要说明的是，河崖头墓地和陆家陵墓地因盗扰严重，仅做部分对比，本文以南岗子墓地、村东南墓地和于屯村北墓地为讨论的重点。

---

[1] 中国社会科学院考古研究所：《滕州前掌大墓地》，文物出版社，2005年；滕州市博物馆：《滕州前掌大村南墓地发掘报告（1998－2001）》，载于山东省文物考古研究所编：《海岱考古》第3辑，科学出版社，2010年，第277－375页；滕州市博物馆：《山东滕州前掌大遗址新发现的西周墓》，《文物》2015年第4期。

[2] 朱凤瀚：《中国青铜器综论》，上海古籍出版社，2009年，第1066页。

[3] 胡秉华：《滕州市前掌大商代遗址》，《中国文物报》1989年3月10日。

[4] 王恩田：《陕西岐山新出薛器考释》，载于《考古与文物》编辑部编：《古文字论集（一）》，考古与文物编辑部编辑出版，1983年。

[5] 曹斌：《前掌大墓地性质辨析》，《考古与文物》2015年第2期。

[6] 李楠：《前掌大商周墓地结构与族属辨析》，载于山东省文物考古研究所、北京大学震旦古代文明研究中心、莒县人民政府编：《青铜器与山东古国学术研讨会论文集》，上海古籍出版社，2017年。

[7] 王文轩：《滕州前掌大墓地所见族属及其相关问题》，《殷都学刊》2017年第1期。

1. 各墓地葬制的差异

通过对前掌大各墓地完整墓葬进行统计，发现各墓地在葬具、二层台设置、殉狗、使用朱砂等方面表现出一定差异（见附表一、附表二），详述如下。

南岗子墓地完整墓葬有71座，使用一棺一椁的墓葬21座，其中20座墓葬有腰坑和殉狗，仅1座没有腰坑没有殉狗，使用一棺一椁的墓葬多为铜器墓。使用单棺的墓葬27座，仅1座设置腰坑，其余墓葬均没有设置腰坑，其中9座墓葬在填土或二层台有殉狗，其余18座墓葬均没有殉狗，使用单棺的墓葬多为陶器墓。没有葬具的墓葬23座，所有墓葬均无殉狗，没使用葬具的墓葬多无随葬品。没有葬具的墓葬墓主人骨骸多凌乱，部分墓主人葬式为仰身或俯身屈肢，与前掌大墓地使用棺椁或单棺以仰身直肢葬为主的现象有异。

村东南墓地完整墓葬9座，使用一棺一椁的墓葬2座，均为铜器墓有殉狗，但其中2座墓没有腰坑。使用单棺的墓葬7座，3座墓葬有腰坑和殉狗，绝大部分为陶器墓。于屯村北墓地完整墓葬14座，使用一棺一椁的墓葬13座，12座均有腰坑，所有墓葬均有殉狗。使用单棺的墓葬1座，设有腰坑，有殉狗。陆家陵墓地目前仅有1座被盗墓的材料，具体情况不详。

南岗子墓地使用朱砂的墓葬25座，使用朱砂的墓葬总体比例不高。该墓地朱砂使用方式也有区别，9座墓葬的朱砂撒在墓主人身上，16座墓葬的朱砂铺设在棺底。村东南墓地9座墓葬中有8座墓葬棺下铺朱砂。于屯村北墓地14座墓葬中有8座棺下铺设朱砂。河崖头墓地被盗扰严重，仅有4座墓葬明确使用朱砂，均铺设于棺下。村东南墓地使用朱砂程度最高，于屯村北墓地次之，南岗子墓地使用朱砂比例不高，使用方式有别于村东南和于屯村北墓地。

南岗子墓地不同等级的墓葬葬制方面有较大差异，形成鲜明的等级构成。村东南墓地表现出一定等级差异。于屯村北墓地棺椁使用程度最高，在葬具方面没有明显的等级差异。几处墓地均存在异穴并葬的现象，于屯村北的异穴并葬为异性，南岗子墓地异穴并葬均为同性，其他墓地情况不明。

2. 各墓地祭祀遗存的差异

南岗子墓地已发掘区的东北部集中分布10座墓葬，墓葬方向杂乱无章，均无二层台和腰坑，无葬具，部分墓圹不规则且骨骸凌乱，仅1座墓随葬极少随葬品。这10座墓之间夹杂分布有1座祭祀坑和2座殉兽坑，这一区域南侧15米处还分布有4座殉兽坑。南岗子墓地发掘区南缘分布有3座车马坑和2座墓葬，这2座墓葬墓圹不规则，无腰坑和二层台,无葬具,无随葬品。南岗子墓地东南部分布有5座第二期墓室面积较大的铜器墓,它们周围分布有5座同时期小型墓,这些墓葬部分墓框不规则,绝大多数无腰坑和二层台,无葬具,无随葬品或有极少量随葬品。南岗子墓地绝大部分墓葬为南北向,方向在0°-15°之间,以上列举的18座墓葬方向在0°-15°之间的仅有2座。南岗子墓地还存在一定数量的陶器墓,这些墓葬均较为规整,葬具为一棺一椁或一棺,二层台和腰坑使用情况也较高,出土随葬品较为丰富,与较大墓葬的墓向相同且具有独立的埋葬区域,显然与这18座墓葬的墓主人身份不同。同一时期的墓葬在墓向、葬制、随葬品等方面有如此大的差别,这些低等级墓葬或许是相应的陪葬墓。南岗子墓地在边缘区域集中设置陪葬墓、祭祀坑、殉兽坑和车马坑,在大型墓葬周围设置陪葬墓,说明该墓地重视对整个墓区或个别中型墓墓主进行祭祀。

河崖头墓地墓葬方向多在1°-20°之间,墓向超过20°的墓葬有4座,均无腰坑和二层台,无殉狗,无葬具和随葬品,经年龄鉴定均为儿童。这4座墓葬两两分布于BM4、M214(中字形墓)墓室右侧,应该是陪葬墓。于屯村北墓地有2座东西向墓葬,墓室较小,随葬品简单,可能是该墓地的陪葬墓。村东南墓地没有发现祭祀遗存。

综上,南岗子墓地祭祀现象较为全面,在墓地的东北侧集中设置陪葬墓和殉牲,墓地南侧设置并排的车马坑,较大墓葬周围设置部分陪葬墓。河崖头墓地祭祀现象也较为明显,中字形墓葬旁边均有陪葬墓分布。于屯村北墓地祭祀现象较为鲜见,村东南墓地没有发现陪葬墓。各墓地祭祀性遗迹区别较大,南岗子墓地祭祀遗存最为全面,突出其在南区各墓地中的特殊地位。

3. 各墓地随葬品的差别

殷墟西区族墓地的发掘表明不同族属的墓葬在随葬品组合方面会出现一定差异,[1]前掌大各墓地间也存在这一情况,我们分别从铜器和陶器两方面进行观察。

铜器方面,南岗子墓地出土青铜器与商末周初中原地区所见器物形制、纹饰均相同或相近,保持有高度的一致性。于屯村北墓地部分青铜器表现出一定地方特色,如于屯村北ⅢM308出土的青铜斝(图一,1),口沿上有半环形立耳,侈口,口沿上有半环形立耳,高领,腹部一侧有一个半圆形鋬,扁圆腹明显,联裆,柱足;再如于屯村北ⅢM309出土的青铜戈(图一,2),宽援,中部起脊。长胡,胡上有一穿。有下阑,阑上两穿。直内,内两面饰阴刻方形框,框内有一突起,内后端有歧刺。于屯村北墓地和村

[1] 中国社会科学院考古研究所安阳工作队:《1969-1977年殷墟西区墓葬发掘报告》,《考古学报》1979年第1期。

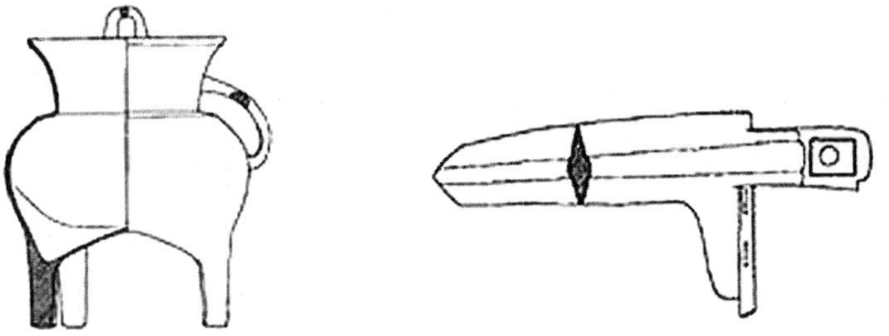

1　　　　2

图一　于屯村北墓地出土青铜器

1. 于屯村北ⅢM308　2. 于屯村北ⅢM309

东南墓地出土的青铜器胎质较薄,纹饰简单,制作水平差,无法和南岗子墓地出土的青铜器相比,从青铜器使用方面明显低于南岗子墓地。

陶器方面,南岗子墓地出土陶器的完整墓34座,罐、罍、簋是该墓区陶器组合的中心,有一定数量的豆。村东南墓地出土陶器的完整墓8座,簋、罍、尊为该墓区陶器组合的中心,少见豆。于屯村北墓地出土陶器的完整墓14座,陶器以鬲、簋、罐为组合中心,少见罍和豆。南岗子墓地有随葬偶数陶罍的现象,不见于于屯村北墓地,南岗子墓地所见的甗、盆等不见于于屯村北墓地,[1]村东南和于屯村北墓地多随葬小陶罐,南岗子墓地仅有1例,显然各墓地之间陶器的使用人群存在一定差异。此外,南岗子墓地和村东南墓地均有一定数量的墓葬随葬纺轮、陶拍等生产工具,于屯村北墓地不见此类生产工具。

4. 各墓地所见族属的差异

河崖头墓地发现带有史铭和鸟铭器物的墓葬各1座,最为重要的中字形墓葬因盗扰严重未见带铭器物出现,无法判断该墓地族属的主体。

南岗子墓地未被盗的铜器墓有21座,其中出土带有史族铭文铜器的墓葬有14座,出土带有鸟族和举族铭文的墓葬各1座,其余墓葬出土的铜器均未带铭文。戈族、[illegible]族等器物皆与史族伴出,且在各墓中皆为1件,其出现或与馈赠、掠夺、媵器等因素有关,应不能指示墓主人身份。可见南岗子墓地应是史族家族墓地。

村东南墓地有3座未被盗的铜器墓,其中2座墓中出土的铜器带有史铭,该墓地或许也是史族的家族墓地。

---

[1] 李楠:《前掌大商周墓地结构与族属辨析》,载于山东省文物考古研究所、北京大学震旦古代文明研究中心、莒县人民政府编:《青铜器与山东古国学术研讨会论文集》,上海古籍出版社,2017年。

于屯村北墓地共发现未被盗铜器墓8座，出土带铭铜器16件，带鸟铭的器物9件，戈族器物2件，子族器物2件，叡族的器物1件，鹹族的器物1件，史族器物1件，还有1件器物铭文锈蚀严重，无法辨别。戈族、子族、鹹族、史族器物均为各自墓葬中所仅见，墓主人或为所见各族属的族人。于屯村北墓地虽然发现墓葬不多，但所见到的族属较为丰富，该墓地应是以鸟族为主体的多个族属共同使用的墓地。

5. 各墓地区位的差异

河崖头墓地以北原有一座石山，在整个墓地属地势较高区域，该墓区选址较为考究。南区以南岗子墓地地势较为突出且处于中间位置，作为史族成员集中埋葬区。村东南墓地、于屯村北墓地和陆家陵墓地分列于南岗子墓地周围，这些区域地势较为低平，或为次一级墓地分布区。前掌大墓地各墓地的始用时间和结束时间大体同时，均始于商末结束于西周早期晚段。各墓地的墓葬少有打破现象，墓葬排列较为规整。各墓地应在使用之初就已规划，不同族属被规划在不同的埋葬区。此外，各墓地间保留有一定的距离。村东南和于屯村北墓地间最少也有数十米空白地带并与南岗子墓地也保持一定的距离，[1]陆家陵墓地04M1与南岗子墓地也有百余米的距离。[2]同一时期的墓葬进行了有意识的空间间隔，显然是为了区分不同族属或同一族属不同族支的葬地。

前掌大各墓地在丧葬习俗、随葬品特点等方面表现出一定的差异。河崖头墓地等级最高，但被盗扰严重，墓主人族属较难确定。南区墓葬中无疑属南岗子墓地等级最高，墓主人分为中小贵族、平民和奴隶三个等级，各类祭祀性遗存分布有序。村东南墓地等级划分不明显，但也表现出一定的差异。于屯村北墓地是以鸟族为主体，兼有子族、戈族、鹹族等成员组成的独立墓地，各族属间丧葬特点和随葬品均有所区别。来自殷墟的子族、戈族、鹹族等成员墓中没有出现兵器，这些成员可能是商末周初的政治环境中分迁或避难于此，在军事上或许没有过多参与。史族和鸟族墓葬中多出现兵器，甚至两族女性墓中随葬兵器亦较为普遍，呈现出全民参军的现象，这两个本地族属应在商末周初的前掌大一带参与较多的军事活动。南岗子墓地和村东南墓地以史族为主体的墓地有随葬纺轮、陶拍等生产工具的现象，于屯村北墓地不见此类生产工具随葬，史族或是掌控手工业生产而其他族属并未参与，这或成为区分前掌大不同墓地的标志之一。

---

[1] 滕州市博物馆：《滕州前掌大村南墓地发掘报告（1998-2001）》，载于山东省文物考古研究所编：《海岱考古》第3辑，科学出版社，2010年，第277-375页。

[2] 滕州市博物馆：《山东滕州前掌大遗址新发现的西周墓》，《文物》2015年第4期。

河崖头墓地所埋墓主身份较高。南岗子墓地社会等级结构呈金字塔状，是南区墓地的核心区域。村东南墓地是史族的另一埋葬区，于屯村北墓地可能是以鸟族为主、多个族群共同使用的埋葬区。各墓地间丧葬制度、祭祀情况、器物组合和埋葬族群等均存在一定差异，各墓地间还保留有一定空白地带，应存在族墓地划分的可能。

附记：前掌大墓地部分墓葬盗扰较严重，遗址整体尚未完全揭露，目前所得认识并不全面，待今后资料详尽后再做讨论。

附表一　前掌大各墓地完整墓葬信息统计表

墓　地	未被盗扰墓葬总数（座）	设腰坑		使用朱砂		殉　狗		使　用　葬　具			
		数量	占比	数量	占比	数量	占比	一棺一椁	占比	单棺	占比
南岗子	71	23	32.39%	25	35.21%	30	42.25%	21	29.58%	27	38.03%
村东南	9	3	33.33%	8	88.89%	5	55.56%	2	22.22%	7	77.78%
于屯村北	14	13	92.86%	8	57.14%	14	100%	13	92.86%	1	7.14%

附表二　前掌大各墓地二层台和腰坑使用情况统计表

墓　地	样本量	二层台和腰坑使用情况															
		使用二层台和腰坑				仅使用二层台				仅使用腰坑				无二层台和腰坑			
		铜器墓	陶器墓	其他器物	无随葬品	铜器墓	陶器墓	其他器物	无随葬品	铜器墓	陶器墓	其他器物	无随葬品	铜器墓	陶器墓	其他器物	无随葬品
南岗子	71	14	5	2	0	7	10	2	1	0	1	0	1	0	10	7	11
村东南	9	0	2	1	0	3	1	0	1	0	0	0	0	0	1	0	0
于屯村北	14	7	5	0	0	1	0	0	0	0	0	1	0	0	0	0	0

注：本统计表仅统计未被盗掘和打破的墓葬。

鲁东南地区周代遗存初步分析

王　峰
（安徽省文物考古研究所）

一

鲁东南地区地处沂蒙山脉东南的沂、沭河中上游区域，大致包括今临沂市和日照市及其边缘地带。周代时淮河仍然独流入海，源自沂蒙山区的沂、沭河，为淮河下游支流古泗水的枝蔓，所以本地区在地理单元上仍可划入淮河流域。春秋时期，本地区主要有莒、其（曩）、向、阳、鄅、郯等小国。[1]

本地区已发表的周代遗存考古资料中墓葬较多，遗址材料很少。遗址资料有2001年发掘的沂源姑子坪遗址，[2]发表了少数几个单位的遗物。更早的还有1978年调查时发现的沂水时密山遗址，[3]采集了较多的完整器。墓葬资料主要有1975年发现的莒南大店春秋墓、[4]1976年发现的日照崮河崖春秋墓、[5]1977年发现的沂水刘家店子春秋墓、[6]1982年发现的沂水东河北墓、[7]1982–1983年发掘的临沂凤凰岭东周墓、[8]1983年发掘的莒县杭头M1和M2、[9]1984年发现的临沂中洽沟周墓、[10]1988年

---

[1] 中国历史地图集编辑组：《中国历史地图集》，第一册，中华地图学社，1974年，第27–28页。
[2] 山东大学考古系等：《山东沂源县姑子坪遗址的发掘》，《考古》2003年第1期，第22–32页。
[3] 马玺伦：《山东沂水县时密山春秋遗址调查》，《考古》1991年第8期，第756–758页。
[4] 山东省博物馆等：《莒南大店春秋时期莒国殉人墓》，《考古学报》1978年第3期，第317–336页。
[5] 杨深富：《山东日照崮河崖出土一批青铜器》，《考古》1984年第7期，第594–597、606页。
[6] 山东省文物考古研究所等：《山东沂水刘家店子春秋墓发掘简报》，《文物》1984年第9期，第1–10页。
[7] 马玺伦：《山东沂水发现一座西周墓葬》，《考古》1986年第8期，第756–758页。
[8] 山东省兖石铁路文物考古工作队：《临沂凤凰岭东周墓》，齐鲁书社，1987年。
[9] 山东省文物考古研究所、莒县博物馆：《山东莒县杭头遗址》，《考古》1988年第12期，第1068–1071页。
[10] 临沂市博物馆：《山东临沂中洽沟发现三座周墓》，《考古》1987年第8期，第701–706页。

发现的沂水李家坡春秋墓、[1]1993年发现的莒县大沈刘庄春秋墓、[2]1996年发现的莒县西大庄西周墓、[3]2001年发现的沂源姑子坪周代墓葬。[4]

学界对鲁东南地区周代遗存系统的关注，较早的是莒文化概念的提出，认为莒文化是周代以莒国为主体的也包括该地区其他诸小国的考古学文化，在性质上是夷人文化。[5]王青对海岱地区周代墓葬专门做了系统的研究，将鲁东南地区西周至春秋时期的墓葬分为西周中期、西周晚期、春秋早期、春秋中期、春秋晚期五个阶段，并考察了各阶段的历时性变化，认为该地区西周中期的遗存受到珍珠门文化的影响，西周晚期至春秋早期地域特征基本形成，春秋中晚期地域特征全面体现，至战国时期自身文化特色衰落，受到了齐文化和楚文化的强烈影响。[6]关于该地区周代遗存的编年研究，有所区别的是禚柏红在探讨莒文化时做了一个鲁东南地区的陶器、铜器分期图，[7]大体将该地区的相关遗存分为西周晚期、春秋早期早段、春秋早期晚段、春秋中期、春秋晚期早段、春秋晚期晚段六个阶段，然而疏于对考古类型学的基础分析。

鲁东南地区向南地势愈平缓，更与苏北、安徽沿淮、江淮地区的平原地带连成一体。无论从地域相连的角度，还是从史前以来文化交流的传统看，考察鲁东南地区的周代遗存，断不开与安徽沿淮、江淮地区的联系。随着安徽江淮地区周代遗存发现的增加和对其认识的加深，再次观察鲁东南地区的周代遗存将使相关认知得以加深。

二

鲁东南地区已发表的周代居址资料，仅沂源姑子坪遗址1处，而沂水时密山遗址则是调查资料。姑子坪遗址简报发表了窖穴J19、灰坑H1及H38三个单位的资料，此外居址中还有M1、M2、M4三座墓葬资料。由于资料少，而且三座墓葬中M1未出陶器，M2、M4出土较多的实用陶器。这里仅对J19、H1、H38、M2、M4五个单位进行年代

[1] 孔繁刚：《山东沂水县出土一批青铜器》，《考古与文物》1992年第2期，第13-14页。

[2] 张开学等：《山东莒县大沈刘庄春秋墓》，《考古》1999年第1期，第91-93页。

[3] 莒县博物馆：《山东莒县西大庄西周墓葬》，《考古》1999年第7期，第38-45页。

[4] 山东大学考古系等：《山东沂源县姑子坪周代墓葬》，《考古》2003年第1期，第33-43页。

[5] 刘延常：《莒文化探析》，《东南文化》2002年第7期，第38-49页。

[6] 王青：《海岱地区周代墓葬研究》，山东大学出版社，2002年，第168-185页。

[7] 禚柏红：《莒文化研究》，山东大学东方考古研究中心编：《东方考古》第6集，科学出版社，2009年，第200-232页。

排序。从地层关系看，J19开口于③层下，其余均位于表土层下，可知J19在层位关系上早于其他单位。而其他单位之间互相没有叠压打破关系，所以它们的早晚关系必须通过器形特征的比较。

现将该地区演变序列比较明显的鬲、豆、罐做如下型式划分。

（1）鬲

依据肩腹部形态的差异分为二型。

A型　弧腹鬲。依据颈部、腹部、裆部的综合特征分四式（图一，1、6、9、15）。演变趋势：器腹渐浅，颈部趋明显，裆渐平。

B型　折肩瘪裆鬲。仅见于姑子坪M2和时密山遗址的1件（图一，14）。

（2）豆

根据豆盘、豆柄的特征变化分四式（图一，2、7、10、16）。演变趋势：豆盘渐浅，豆柄渐细高。

（3）罐

根据腹部形态的差异分二型。

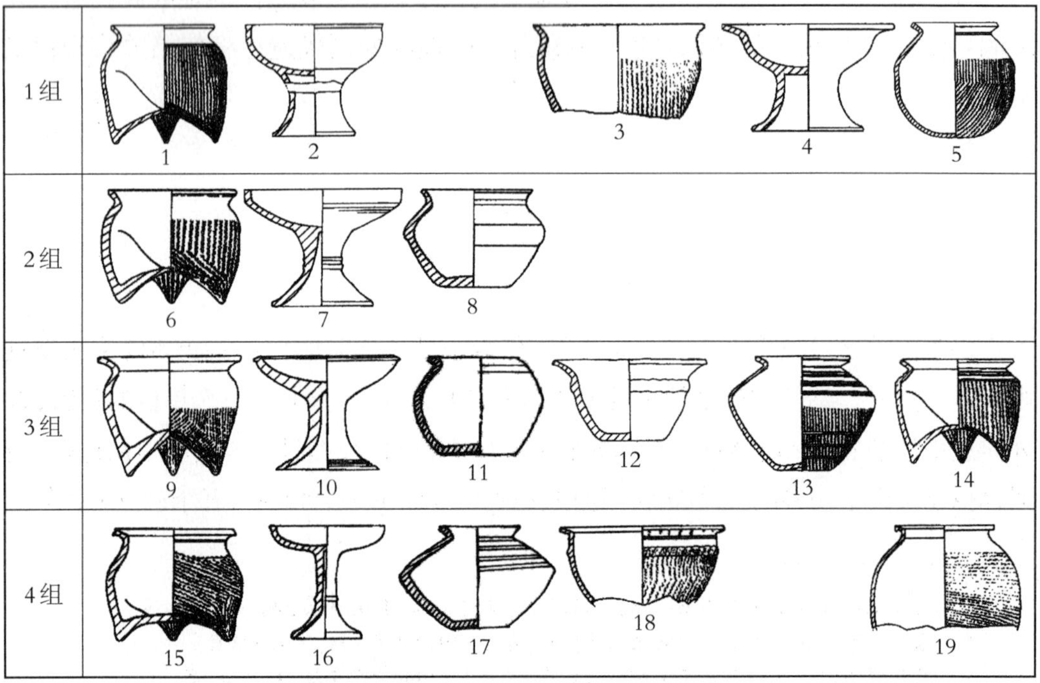

图一　姑子坪、时密山遗址陶器分组图

1. AⅠ式鬲（H38∶1）　2. Ⅰ式豆（H38∶15）　3. 盆（H38∶16）　4. 簋（H38∶4）　5. 罐（H38∶14）　6. AⅡ式鬲（M4∶3）　7. Ⅱ式豆（M4∶1）　8. AⅠ式罐（M4∶4）　9. AⅢ式鬲（M2∶5）　10. Ⅲ式豆（M2∶10）　11. AⅡ式罐　12. 盆（M2∶12）　13. B型罐（M2∶14）　14. B型鬲（M2∶6）　15. AⅣ式鬲（H1∶4）　16. Ⅳ式豆（H1∶27）　17. AⅢ式罐　18. 盆（H1∶36）　19. 罐（H1∶35）（11、17缺号，时密山遗址出土，余均为姑子坪遗址出土）

A型　小型折腹罐。根据器腹深浅及折腹变化程度分三式(图一,8、11、17)。演变趋势:器腹渐浅,折腹趋明显。

B型　大型折肩(鼓腹)罐,仅见于姑子坪M2的2件(图一,13)。

通过以上类型学分析,所见部分陶器具有阶段性演变规律,且各器类演变趋势具有相似的逻辑,据此将姑子坪遗址周代遗存分为4个年代组(图一):1组:H38;2组:M4;3组:M2;4组:H1。姑子坪遗址J19出土陶器为鼎、甑、盘、盂,器类与其他单位差别较大,结合地层关系,该单位年代当早于1组H38,其间当有较大缺环,因资料少本文暂不纳入编年序列。时密山遗址的相关陶器按上述姑子坪遗址出土陶器的演变趋势,可分别归入姑子坪遗址的2、3、4组(图一,11、17)。由陶器演变趋势可知上述四个年代组的陶器在发展演变上基本是连续的,3、4组之间可能略有缺环。

1组所见深弧腹陶鬲与安徽霍邱堰台遗址T0607⑨:1[1]相当,也与邻近的曲阜鲁故城H24:1[2]相近,而H24年代约当西周早期后段;深弧盘粗柄豆也与堰台遗址T0508⑫:1[3]相当;陶簋形态与堰台遗址T1115⑥a:2[4]近同;圆腹罐(图一,5)与鲁故城H20(上):6[5]近似,后者年代为西周中期前段。所以1组的年代与堰台遗址一期相当,约当西周早期后段至西周中期前段。2组与3组的年代,发掘者归为同一期,[6]比较两单位之间的器物,有明显的特征差异,如陶豆、弧腹鬲,更突出的是M2的折肩鬲、折肩罐不见于2组,所以两组之间的阶段性是明显的。3组年代可由共出的铜鼎年代判断大致为两周之际,故2组年代可推断为西周中期后段至西周晚期前段,与堰台遗址二期接近。4组陶鬲近平裆,豆盘极浅且豆柄细高,年代已较晚,与堰台遗址四期相当或略晚,约当春秋早中期。

尽管发表的遗址资料较少,但经过仔细辨别,对该地区的陶器仍然可以做简略的文化因素分析。通过与周边区域同时期的遗存进行比较,可将鲁东南地区的周代陶器大致分为五群,包括A群周文化因素、B群鲁文化因素、C群本地因素、D群周文化变体因素、E群齐文化因素(图二)。

---

[1] 安徽省文物考古研究所:《霍邱堰台——淮河流域周代聚落发掘报告》,科学出版社,2010年,第256页。

[2] 山东省文物考古研究所等:《曲阜鲁国故城》,齐鲁书社,1982年,第56页。

[3] 安徽省文物考古研究所:《霍邱堰台——淮河流域周代聚落发掘报告》,科学出版社,2010年,第299页。

[4] 安徽省文物考古研究所:《霍邱堰台——淮河流域周代聚落发掘报告》,科学出版社,2010年,第296页。

[5] 山东省文物考古研究所等:《曲阜鲁国故城》,齐鲁书社,1982年,第63页。

[6] 任相宏:《山东沂源县姑子坪周代遗存相关问题探讨》,《考古》2003年第1期,第61–69页。

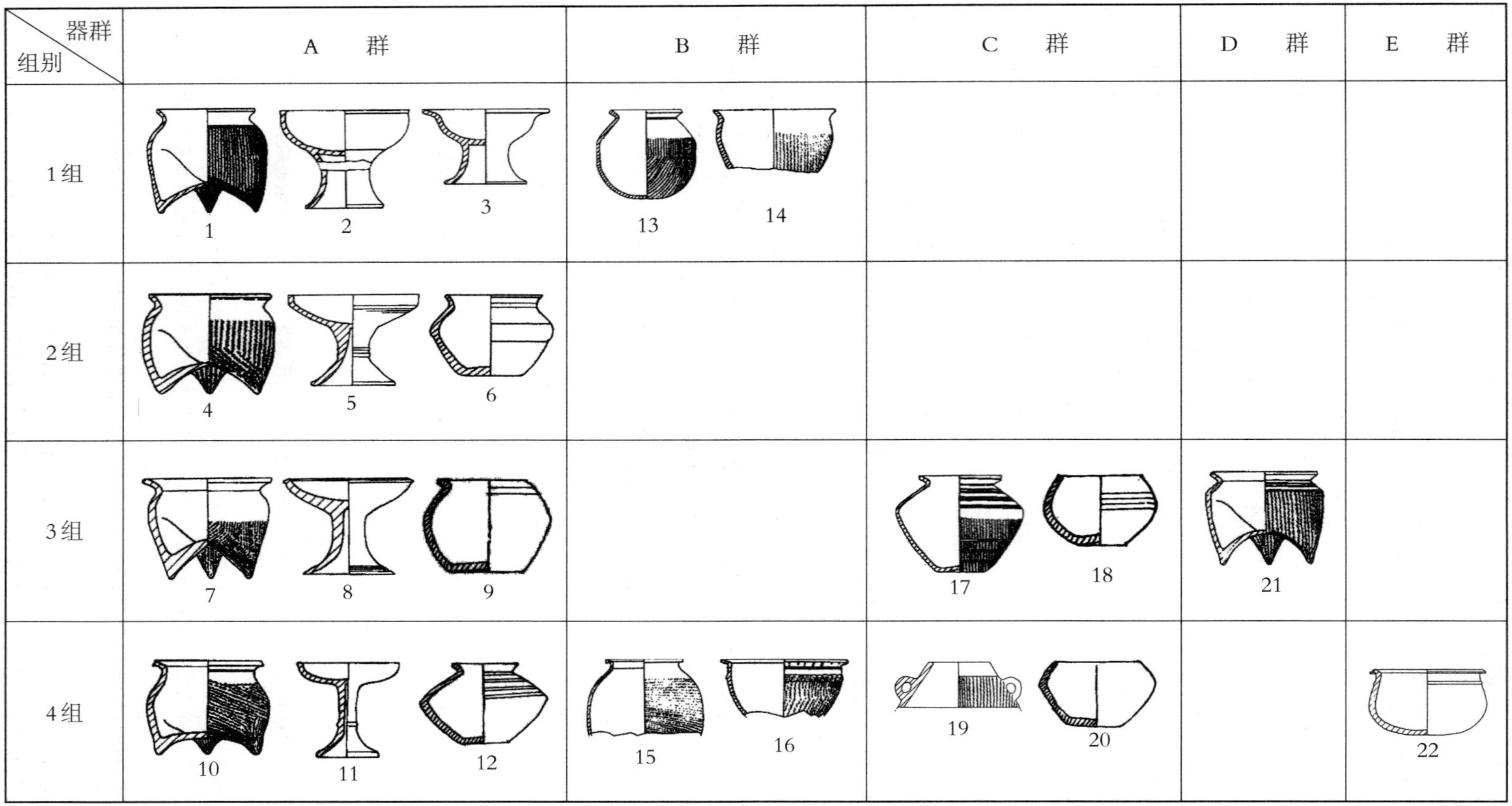

图二　鲁东南地区周代陶器分群图

1. 鬲(姑子坪H38∶1)　2. 豆(姑子坪H38∶15)　3. 簋(姑子坪H38∶4)　4. 鬲(姑子坪M4∶3)　5. 豆(姑子坪M4∶1)　6. 罐(姑子坪M4∶4)　7. 鬲(姑子坪M2∶5)　8. 豆(姑子坪M2∶10)　9. 罐(时密山)　10. 鬲(姑子坪H1∶4)　11. 豆(姑子坪H1∶27)　12. 罐(时密山)　13. 罐(姑子坪H38∶14)　14. 盆(姑子坪H38∶16)　15. 罐(姑子坪H1∶35)　16. 盆(姑子坪H1∶36)　17. 罐(姑子坪M2∶14)　18. 钵(时密山)　19. 壶(姑子坪H1∶34)　20. 钵(时密山)　21. 鬲(姑子坪M2∶6)　22. 盂(姑子坪H1∶3)

A群　周文化因素

主要包括A型弧腹鬲、豆、高圈足簋、A型折肩（鼓肩）罐等（图二，1-12）。

B群　鲁文化因素

包括鼓腹罐、宽沿盆等。宽沿盆见于姑子坪遗址M2∶12（图一，12）及H1（图二，16）中的两件，从器形上看，与曲阜鲁故城T901H2∶1甑[1]近似，似与苏埠屯益都商代墓葬M1∶65盆[2]具有渊源关系。

C群　本地因素

包括大型折肩（鼓肩）罐、钵、双耳罐（壶）等（图二，17-20）。大型折肩罐、钵在安徽江淮地区周代遗存中常见，双耳壶虽较少，但在堰台遗址中亦有发现。[3]所以本类因素与江淮地区的土著因素基本相同。

D群　周文化变体因素

仅见B型折肩瘪裆鬲（图二，21）。这种陶鬲在临沂中洽沟春秋墓[4]亦有出土，在本地区莒县西大庄、沂水刘家店子等单位中还可见到器形相近的鼓肩铜鬲，与江淮地区的E型折肩鬲[5]特征相近。

E群　齐文化因素

包括垂腹盂（图二，22）、鸡冠耳簋[6]等。垂腹盂可见于鲁北地区的临淄后李遗址周代遗存[7]及昌乐岳家河齐墓[8]中，是齐文化中的典型器之一。而鸡冠耳簋的腹部形态亦与此类垂腹盂具有一定的可比性，但其鸡冠耳装饰如发掘者所述是当地龙山文化之遗风，这种作风亦见于某些岳石文化遗物中。

鲁东南地区的居址资料发表较少，上述分析尚需更多的资料进行检验。不过我们大致可以看出该地区文化构成的多元性，特别是C群、D群陶器与安徽江淮地区同时期遗存相近，显示了两者之间的联系。

纵观鲁东南地区陶器的演变发展，可以看出不同阶段遗存的器物基本组合始终以周文化的鬲、罐、豆、簋的搭配为主，且器物演变自成序列，周文化因素无疑是本地区各

---

[1] 山东省文物考古研究所等：《曲阜鲁国故城》，齐鲁书社，1982年，第59页。

[2] 山东省博物馆：《山东益都苏埠屯第一号奴隶殉葬墓》，《文物》1972年第8期，第17-30页。

[3] 安徽省文物考古研究所：《霍邱堰台——淮河流域周代聚落发掘报告》，科学出版社，第324页，2010年。

[4] 临沂市博物馆：《山东临沂中洽沟发现三座周墓》，《考古》1987年第8期，第701-706页。

[5] 安徽省文物考古研究所：《霍邱堰台——淮河流域周代聚落发掘报告》，科学出版社，2010年，第264页。

[6] 山东大学考古系等：《山东沂源县姑子坪遗址的发掘》，《考古》2003年第1期，第28页。

[7] 济青公路文物考古队：《山东临淄后李遗址第一、二次发掘简报》，《考古》1992年第11期，第987-996页。

[8] 山东省潍坊市博物馆等：《山东昌乐岳家河周墓》，《考古学报》1990年第1期，第69-101页。

阶段的主要因素。从二期开始，存在一定的鲁文化因素，直到春秋早中期，尚有鼓腹罐的存在（图二，15）。这种影响，当与鲁国的地缘关系相关。实际上，该地区的周文化因素也当与鲁国相关。两周之际，本地区出现折肩瘪裆鬲、折肩罐、钵等具有江淮地区器群特征的"淮式陶器"，显示两个地区之间密切的文化交流。从江淮地区这类器物的形成时间看，明显早于鲁东南地区，所以此类因素的陶器当是由江淮地区传入。至春秋早中期时，有少量的齐文化因素出现。

三

以上主要从陶器的角度对鲁东南地区的周代遗存做了年代、文化因素及历时性变化等方面的分析。青铜器是另一类重要的遗存，多数出自墓葬。鲁东南地区已发表的铜器群主要有10余处，仅从这一个区域出土的铜器做类型学分析，资料略显单薄。我们将考察范围扩大至江淮地区，参照扩大区域内青铜器型式划分的结果，[1]对鲁东南地区出土青铜器的主要器类做了型式划分（表一）。

表一　鲁东南地区铜器群型式划分表

序号	型式 地点	鼎				鬲		盘	匜	壶
		Aa	Ab	Ac	C	B	C			
1	沂源姑子坪M1	Ⅰ						Ⅰ		Ⅰ
2	沂源姑子坪M2	Ⅱ								
3	沂水东河北	Ⅱ				Ⅰ				
4	莒县西大庄M1	Ⅱ				Ⅰ		Ⅰ	Ⅰ	Ⅱ
5	日照崮河崖M1	Ⅱ	Ⅰ				Ⅰ	Ⅰ	√	√
6	临沂中洽沟M1	Ⅱ				Ⅱ		Ⅱ	Ⅰ	
7	沂水李家坡	Ⅱ				Ⅱ		Ⅱ	Ⅱ	
8	沂水刘家店子M2		Ⅱ							
9	沂水刘家店子M1	Ⅲ	Ⅱ			Ⅱ		Ⅱ		Ⅲ
10	临沂凤凰岭	Ⅲ		Ⅱ				Ⅲ		Ⅳ
11	莒南大店M1				Ⅲ			Ⅲ		Ⅳ

注："√"表示有该类器物。

[1] 王峰：《淮河流域周代遗存研究》，安徽大学博士学位论文，第74页，2011年。

根据型式划分结果，将该地区已发表的11处铜器群分为5个年代组，其结果如下：

1组：沂源姑子坪M1。

2组：沂源姑子坪M2、沂水东河北、莒县西大庄M1、日照崮河崖M1。

3组：临沂中洽沟M1、沂水李家坡。

4组：沂水刘家店子M2、M1，临沂凤凰岭。

5组：莒南大店M1。

1组：仅沂源姑子坪M1一处。该墓组合为鼎、簋、簠、壶、盘、罍，是中原地区西周晚期至春秋早期的常见组合。鼎器腹较深、三蹄足较竖直，壶垂腹尚不突出，簠未见直口，群体特征显示其年代当在西周晚期，发掘者更从鼎足内侧形态的区域发展特点进行了分析，亦判断其年代为西周晚期。[1]

2组：包括沂源姑子坪M2、沂水东河北、莒县西大庄M1、日照崮河崖M1。姑子坪M2铜容器仅鼎1件，与姑子坪M1的鼎相比，腹部稍浅，蹄足更发达，腹部凸棱上下皆饰窃曲纹，形态、纹饰风格与熊家老湾黄季鼎、[2]信阳明港钢厂[3]及杨河[4]的同类鼎一致，年代当在两周之际。莒县西大庄M1AaⅡ式鼎器腹较姑子坪M1浅，其口沿下一周重环纹的风格习见于西周晚期和春秋早期，但匜的流口较平直，腹部较深，特征稍早；壶垂腹程度与黄君孟夫妇墓[5]相比，仍不十分突出；盘为立耳深腹，形制稍早。故西大庄M1的年代与姑子坪M1相近，为两周之际或稍迟。日照崮河崖M1的附耳平盖鼎若不论附耳及平盖，其腹部特征与莒县西大庄M1出土的鼎相同，三蹄足与姑子坪M2鼎相同，当为同时期器物，共出的M1∶5AaⅡ式鼎具同样特征。沂水东河北之鼎的形态稍有不同，而与西周晚期梁其鼎[6]接近，具有稍早特征，共出的铜鬲鼓肩尚不突出，亦具稍早特征。据此，2组年代当在两周之际。

3组：有临沂中洽沟M1、沂水李家坡两处。临沂中洽沟之鼎立耳略外撇，蹄足与前期相比更发达，盘器腹稍浅，鬲鼓肩幅度加大，匜仍为深腹高蹄足，与2组相比，时代略迟，但总体上是衔接的，器形差距不大，年代定在春秋早期前段或略迟比较合适。同组的李家坡AaⅡ式鼎、BⅡ式鬲与临沂中洽沟相同，年代当相近。故3组年代可定为

[1] 任相宏：《山东沂源县姑子坪周代遗存相关问题探讨》，《考古》2003年第1期，第61–69页。

[2] 鄂兵：《湖北随县发现曾国铜器》，《文物》1973年第5期，第21–25页。

[3] 信阳地区文管会、信阳县文化馆：《信阳县明港发现两批春秋早期青铜器》，《中原文物》1981年第4期，第16–17页。

[4] 信阳地区文管会：《河南信阳发现两批春秋铜器》，《文物》1980年第1期，第42–45页。

[5] 河南信阳地区文管会、光山县文管会：《春秋早期黄君孟夫妇墓发掘报告》，《考古》1984年第4期，第302–332页。

[6] 王世民、陈公柔、张长寿：《西周青铜器分期断代研究》，文物出版社，1999年，第39页。

春秋早期前段或略迟。

4组：包括沂水刘家店子M2、M1和临沂凤凰岭东周墓三个单位。刘家店子M1平盖鼎立耳外撇，蹄足发达，器腹较日照崮河崖M1∶3鼎浅，时代要晚些。AaⅢ式鼎蹄足趋矮，M1∶45鬲鼓肩程度加大，这些都是晚于3组的特征。共出的“黄大子伯克”盆遍饰蟠螭乳钉纹，常见于信阳地区，如平桥M1樊夫人墓、[1]潢川磨盘山器群、[2]1975年罗山高店器群[3]中皆有同类器。M1∶33壶与黄君孟墓之壶形态一致，垂腹突出，所以刘家店子M1的年代可大致判断为春秋早期后段至中期前段。与之相邻的M2从鼎的形态看，与M1的年代差别不大。临沂凤凰岭东周墓AaⅢ式鼎器腹较浅，腹部明显外鼓，蹄足粗矮，共出子母口平盖鼎特征与之一致，年代显然较3组晚，壶的垂腹开始上移，簠为直口，盘为浅腹环耳，并出现了敦，这些都是春秋中期后段的特征。从纹饰看，以蟠螭纹为主，并流行倒三角形纹饰，这也都是较晚特征。所以临沂凤凰岭东周墓的年代当在春秋中期后段，或可晚至春秋中晚期之际。综上所述，4组年代定为春秋早期后段至春秋中期，凤凰岭东周墓的年代可迟至春秋中晚期之际。

5组：仅莒南大店M1。该墓所出CⅢ式鼎与蔡侯墓鼎形态接近，但三蹄足尚未竖直，年代要略早于蔡侯墓。共出敦、环耳壶、环耳盘皆为此期特征之物。所以该墓的年代当在春秋晚期晚段。与之相距不远的M2早期被盗，[4]仅有卣、舟各2件，本文在划分型式时没有涉及，从组合中有敦及陶器中的楚式鬲判断，该墓年代当在春秋晚期，距M1年代不远。莒县大沈刘庄虽无铜容器出土，但从陶器组合鼎、豆、壶来看，当与莒南大店M1相距不远，或可晚至春秋战国之际。

以上5组器群中，2、3组器群特征接近，年代可合并为同一时期，为两周之际至春秋早期前段。于是鲁东南地区的青铜器依次可以分为西周晚期、两周之际至春秋早期前段、春秋早期后段至春秋中期、春秋晚期至春秋战国之际四期。

或许是与鲁国邻近的原因，本地区西周时期铜器的发现较多。除日照崮河崖M1外，该地另一座墓M2所出方鼎和壶，为西周中期周式器物。因为与其后器群关联较少，在讨论铜器编年序列时没有提及。综合考察鲁东南地区出土青铜器的文化构成，大致包括A群周文化因素、B群本地文化因素、C群楚文化因素（图三）。

---

[1] 河南省博物馆、信阳地区文管会、信阳市文化局：《河南信阳市平桥春秋墓发掘简报》，《文物》1981年第1期，第9－12页。

[2] 信阳地区文管会、潢川县文化馆：《河南潢川县发现黄国和蔡国铜器》，《文物》1980年第1期，第46－50页。

[3] 信阳地区文管会、罗山县文化馆：《罗山县高店公社又发现一批春秋时期青铜器》，《中原文物》1981年第4期，第18－20页。

[4] 山东省博物馆等：《莒南大店春秋时期莒国殉人墓》，《考古学报》1978年第3期，第317－336页。

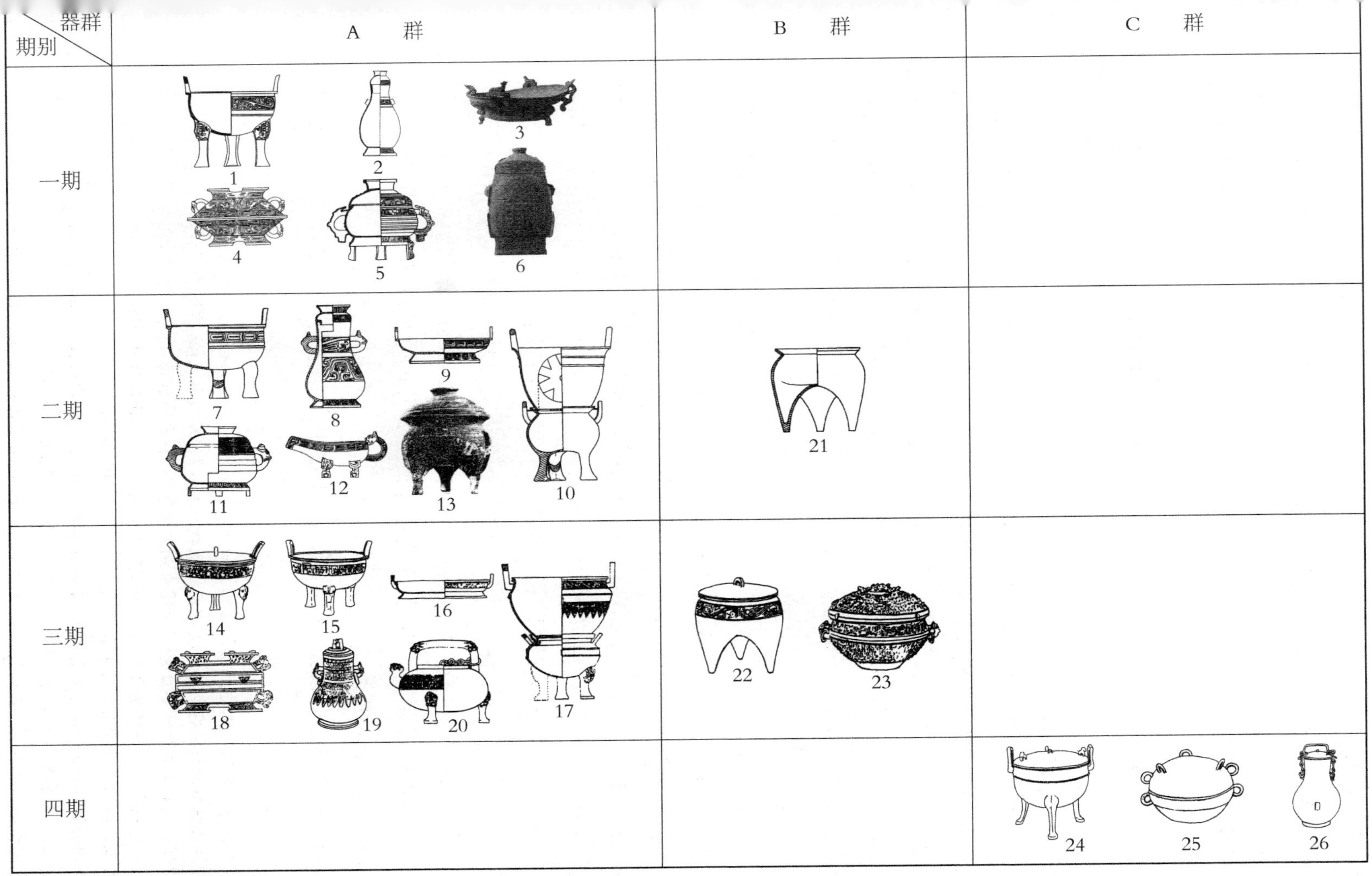

图三　鲁东南地区青铜器分群图

1. Aa Ⅰ式鼎（姑子坪M1：1）　2. Ⅰ式壶（姑子坪M1：12）　3. Ⅰ式盘（姑子坪M1：13）　4. 簠（姑子坪M1：8）　5. 簋（姑子坪M1：6）　6. 方彝（姑子坪M1：10）　7. Aa Ⅱ式鼎（西大庄M1：3）　8. Ⅱ式壶（西大庄M1：10）　9. Ⅰ式盘（西大庄M1：13）　10. 甗（西大庄M1：5）　11. 簋（西大庄M1：7）　12. Ⅰ式匜（西大庄M1：12）　13. C Ⅰ式鬲（凿河崖M1：7）　14. Ab Ⅱ式鼎（刘家店子M1：3）　15. Aa Ⅲ式鼎（刘家店子M1：14）　16. Ⅱ式盘（刘家店子M1：98）　17. 甗（凤凰岭坑：9）　18. 簠（凤凰岭坑：5）　19. Ⅲ式壶（刘家店子M1：33）　20. 盉（凤凰岭殉4足下：8）　21. B Ⅰ式鬲（西大庄M1：4）　22. B Ⅱ式鬲（刘家店子M1：45）　23. 盆（刘家店子M1：41）　24. C Ⅲ式鼎（莒南大店M1）　25. 敦（莒南大店M1）　26. Ⅳ式壶（莒南大店M1）（西大庄M1、莒南大店M1线图采自朱凤瀚《古代中国青铜器》）

A群　周文化因素

一期包括AaⅠ式鼎、Ⅰ式壶、Ⅰ式盘、簠、三足簋、方彝等(图三,1-6),均出自沂源姑子坪M1。

二期包括AaⅡ式鼎、Ⅱ式壶、Ⅰ式盘、甗、三足簋、Ⅰ式匜、CⅠ式鬲等(图三,7-13)。

三期包括AbⅡ式鼎、AaⅢ式鼎、Ⅱ式盘、甗、簠、Ⅲ式壶、扁圆腹盉等(图三,14-20)。

四期基本不见本群器物。

A型鼎即周式球腹蹄足鼎,沂源姑子坪M1、M2所出上下腹都有纹饰的鼎,为典型的周式鼎。本地区鼎加平盖的做法具有地方特色,在薛、鲁、齐、曾诸国及安徽江淮地区都有发现。日照崮河崖M1所出附耳平盖鼎,实际上就是在球腹鼎的基础上采用西周晚期默叔鼎[1]附耳之做法,附耳鼎在本地区沿用时间较长,在沂水刘家店M1、临沂凤凰岭东周墓中均有发现,与淮河上游及安徽江淮地区有所区别,后者鲜见附耳鼎。刘家店子所出镬鼎,当与新郑所出蟠蛇纹鼎[2]近似。

盘、壶、匜、三足簋、扁圆腹盉均承周制,并无差别。不过,如沂水姑子坪M1:12盘那样的卧兽与攀附夔龙的装饰,极少见于其他地区,也很少见于本地区的其他器物中。至于崮河崖M1:1那样的四环耳壶,在本小区仅此1件,更早与西周晚期曲阜鲁故城之侯母壶[3]器形相近,莱阳所出纪侯壶[4]也与此相似,故有学者认为此型壶非鲁器,为山东半岛列国所特有。[5]这类壶的确少见,但其来源并非不可追踪,流失于美国的凤纹壶[6]为西周中期器,肩部亦带半环耳,器形具有可比性;与江苏丹徒大港母子墩西周墓所出双耳鸟盖壶[7]也有相似之处。考虑鲁国与周室的亲缘关系,且各诸侯国很少在壶这类器物上变化发展,我们认为这类壶仍然是源自鲁国的周式器物。

簠在本地区西周晚期即已出现,至春秋中晚期之际的临沂凤凰岭东周墓仍有出土,说明周文化因素影响长远。

C型鬲仅在崮河崖M1出土1件,与邻近鲁国的周式鬲如鲁宰驷父鬲[8]近同,而与

---

[1] 王世民、陈公柔、张长寿:《西周青铜器分期断代研究》,文物出版社,1999年,第37页。
[2] 中国青铜器全集编辑委员会:《中国青铜器全集》(7),文物出版社,1998年,一八。
[3] 中国青铜器全集编辑委员会:《中国青铜器全集》(6),文物出版社,1997年,六九。
[4] 中国青铜器全集编辑委员会:《中国青铜器全集》(6),文物出版社,1997年,八七。
[5] 朱凤瀚:《古代中国青铜器》,南开大学出版社,1995年,第883页。
[6] 中国青铜器全集编辑委员会:《中国青铜器全集》(5),文物出版社,1996年,一三七。
[7] 杨正宏、肖梦龙:《镇江出土吴国青铜器》,文物出版社,第47页。
[8] 中国青铜器全集编辑委员会:《中国青铜器全集》(6),文物出版社,1997年,六五。

本地的B型鼓肩鬲有别。

在器物组合方面，本地区春秋晚期以前基本组合为鼎、簋、簠、壶、盘、匜，与西周晚期周文化墓葬的常见组合形式并无差别。

B群　本地文化因素

一期未见。

二期仅见BⅠ式鬲（图三，21）。

三期包括BⅡ式鬲、盆等（图三，22、23）。

四期不见本群器物。

最具代表性的是B型鼓肩（耸肩）鬲，出土频率较高，见于沂水东河北、莒县西大庄、临沂中洽沟、沂水李家坡、刘家店子M1等地。此类鬲与临沂中洽沟所出陶鬲比较，形态几乎相同，而临沂中洽沟陶鬲与堰台甲类B型鼓肩鬲[1]实为一类，王迅称为淮式鬲、[2]禚柏红称为莒式鬲[3]的器物都属此类。而这种鬲最早见于江淮地区的西周居址中，由此可见鲁东南与江淮地区密切的文化交往。

盆在本地区出土4件，较早见于崮河崖M1的有2件，器形与堰台遗址的陶折肩盆相近。而沂水刘家店子的2件，其一自铭“黄大子伯克”，显为黄国器，器体满饰蟠螭纹（图三，23），与信阳地区同类盆[4]相同，当为交流结果。另一件（车马坑：3）当与崮河崖M1盆同类。

此外，莒县西大庄所出山字形器、人首铜大刀器形独特，未见于其他地区，当属本地文化因素。

C群　楚文化因素

仅见于四期，包括CⅢ式鼎及搭配组合之敦、壶、盘等（图三，24-26）。

即莒南大店M1所出CⅢ式鼎及与之搭配组合之Ⅳ式壶、敦等，为楚文化常见组合。

综上，本地区铜器从一期（西周晚期）至三期（春秋中期后段）均以周式器物为主流，基本组合具有周文化特征。从二期开始，出现少量本地特色的器物，但始终居于次要地位。春秋晚期始见楚式器物，三、四期之间器物不具演变序列，这种变化应是楚文

---

[1] 安徽省文物考古研究所：《霍邱堰台——淮河流域周代聚落发掘报告》，科学出版社，2010年，第255页。

[2] 王迅：《东夷文化与淮夷文化研究》，北京大学出版社，1994年，第115页。

[3] 禚柏红：《莒文化研究》，山东大学东方考古研究中心编：《东方考古》第6集，科学出版社，2009年，第200-232页。

[4] 信阳地区文管会、潢川县文化馆：《河南潢川县发现黄国和蔡国铜器》，《文物》1980年第1期，第46-50页。

化进入该地区后所引起的突变。莒南大店M1、M2中所见高柄浅盘陶豆，却具北方齐文化特征，说明春秋晚期该地区同时也受到了齐文化的影响。

四

学界一般认为今山东境内的夷人为东夷，更广泛的整个东方地区称为东夷集团，[1]不过周初金文所指东夷当限于今山东境内，例如塱方鼎、小臣謎簋，范围并没有那么大。塱方鼎铭[2]曰："隹周公于征伐东夷，豐、白、尃姑咸弋。公归，禦于周庙。戊辰，畲秦畲，公赏塱贝百朋，用乍尊鼎。"豐、白、尃姑为东夷邦国。此薄姑，当即徐中舒所说的东土蒲姑，地跨齐、鲁，都在奄。[3]小臣謎簋[4]铭曰："叡东夷大反，白懋父以殷八师征东夷。唯十又一月，遣自巖师，述东陕，伐海眉。雩氒复归，才牧师，白懋父承王令易师，逵征自五齵贝。小臣謎蔑历眔，易贝，用乍宝尊彝。"海眉，陈梦家释为海隅，[5]则白懋父征东夷已到了海滨，可见周人将齐、鲁以东直至海都称为东夷。

上述塱方鼎所记周公征伐东夷之事，即《史记·周本纪》所载："召公为保，周公为师，东伐淮夷，残奄，迁其君蒲姑。"在后世典籍记载中，也常用"淮夷"来称呼周初金文所指的"东夷"，后世典籍记载的"淮夷"与"东夷"的关系，清人胡渭在《禹贡锥指》中[6]有过讨论：

> 淮夷见经传非一处，即孔注《费誓》，亦云"淮浦之夷"。……淮南北近海之地，皆为淮夷。《书序》曰："武王崩，三监及淮夷叛。"又曰："成王东伐淮夷，遂践奄。"《费誓》曰："徂兹淮夷、徐戎并兴。"《诗序》："宣王命召公平淮夷。"《常武》曰："率彼淮浦，省此徐土。"又曰："截彼淮浦，王师之所。"《鲁颂》曰："奄有龟蒙，遂荒大东，至于海邦，淮夷来同。"《左传》僖十三年："淮夷病杞。"此皆淮北之夷在徐州之域者也。《江汉》之诗曰："江汉浮浮，武夫滔滔，匪安匪游，淮夷来求。"《春秋》昭公四年："楚子召诸侯及淮夷会于申。"此皆淮南之夷，在扬州之域者也。

---

[1] 徐旭生：《中国古史的传说时代》(增订本)，文物出版社，1985年，第48-56页。
[2] 陈梦家：《西周铜器断代》，中华书局，2004年，第17页。
[3] 徐中舒：《蒲姑、徐奄、淮夷、群舒考》，《四川大学学报》1998年第3期，第65-76页。
[4] 郭沫若：《两周金文辞大系图录考释》，上海书店出版社，1999年，释文23。
[5] 陈梦家：《西周铜器断代》，中华书局，2004年，第20-21页。
[6] 胡渭：《禹贡锥指》，上海古籍出版社，2013年，第133—134页。

经所称淮夷,乃淮北之夷。

胡渭明确说淮夷有南北之分,并列举了经传所指的地在徐州之域的淮北之“淮夷”。我们认为他所指的淮北之夷,即金文所指的“东夷”。而淮夷与东夷在金文中的区别是明确的,禹鼎铭文可以充分说明。其铭[1]曰“……乌乎哀哉!用天降大丧于下或,亦唯鄂侯驭方率南淮夷、东夷广伐南国、东国,至于历内。王廼命西六师殷八师曰:‘撲伐噩侯驭方,勿遗寿幼。’……雩禹以武公徒御至于噩,撲伐噩,休获厥君驭方……”。这里南淮夷、东夷并称,对应于伐南国、东国。由师雍父诸器及翏生盨、噩侯驭方鼎,我们已知淮河流域为南淮夷所在,[2]则此处东夷当另有所指,其方位在东。禹鼎年代在夷、厉时期,而其时东方齐、鲁立国已久,所叛东夷,必在齐、鲁境外。铭文中南淮夷、东夷能够在同一次反叛中被鄂侯统率,足见二者之间存在关联。这与我们在分析鲁东南沂沭河流域周代考古学文化面貌时得出的结论是吻合的:本地区周代遗存以周、鲁文化因素为主;另一方面,本地区出现折肩瘪裆鬲、折肩罐、钵等具有江淮地区器群特征的“淮式陶器”,当是由江淮地区传入的。此铭中的东夷,不同于胶东半岛那种以素面鬲、素面甗、矮足鼎、圈足簋为特征的狭义上的东夷,[3]经传也称之为淮夷。《诗·鲁颂·泮水》“狄彼东南”,郑笺:“东南,谓淮夷。”《左传》僖公十三年:“夏,会于咸,淮夷病杞故,且谋王室也。”此时杞在山东昌乐,所说淮夷,当在邻近的苏北、鲁东南地区,与郑笺所指相合。《春秋》僖公十四年“春,诸侯城缘陵”,杜注:“缘陵,杞邑。辟淮夷,迁都于缘陵。”《公羊传》:“城杞也。曷为城杞?灭也。孰灭之?盖徐、莒胁之。”故本铭东夷之地,推测在春秋时的徐、莒一带,铭文中与南淮夷分开表述,说明这两个地区之间的夷人当有所区别。徐、莒地处东方,为和南淮夷区别,故沿用周初东夷名称,实即胡渭所指的淮北之夷。

---

[1] 陈梦家:《西周铜器断代》,中华书局,2004年,第269页。

[2] 王峰:《淮河流域周代遗存研究》,安徽大学博士学位论文,2011年,第144-146页。

[3] 王迅:《东夷文化与淮夷文化研究》,北京大学出版社,1994年,第101-102页;王青:《海岱地区周代墓葬研究》,山东大学出版社,2002年,第186-201页。

临朐泉头村甲、乙二墓新识

徐倩倩[1]　孙　颖[2]
（1. 山东省文物考古研究院　2. 泰安市文物考古研究所）

1977年、1981年，临朐嵩山乡泉头村发现两座墓葬，报告称为甲、乙墓，甲墓出土铜鼎2、铜鬲5、铜盘1、铜匜1、铜舟1、铜戈1。乙墓位于甲墓东南，相距约3米，出土铜鼎3、铜鬲2、铜簠2、铜盘1、铜匜1、铜壶1，陶罐2，另外还有大量的玛瑙串珠、管饰及骨饰，其中有多件铭文铜器，如上曾太子鼎、齐趫父鬲等。发掘者根据两墓的形制、出土器物及铭文，判断为两周之际的夫妻墓。[1]

乙墓出土多件铭文铜器，但因作器者不同，引起较多学者释读和讨论。本文试在各位先生的研究基础上对于泉头村的甲乙二墓谈一些粗浅的认识，不当之处还请学者指正。

一、乙墓的铭文铜器及以往观点

鼎M乙：1，口径30.5、通高26.5厘米。方唇、平折沿、浅腹、近直壁、圜底、蹄形足、一足残缺。两附耳微外撇、耳两翼各有一铜柱连接口沿。腹部饰一周窃曲纹、耳内外分别是窃曲纹、重环纹。器壁有铭文：上曾大（太）子般殷，乃择吉金，自作鼎彝。心圣若虑，哀哀利锥。用孝用享，既和无测，父母嘉寺，多用旨食。此鼎上有多件方、圆或三角形的补丁，且使用痕迹明显（图一，4）。

鬲2件，两件鬲形制、大小、铭文均相同。M乙：4、5，口径17.5、通高11.0厘米。方唇、宽平沿微向外折、束颈、平裆、蹄形足腹部与足对应处各饰一扉牙，腹饰象首纹。铭

[1] 临朐县文化馆、潍坊地区文物管理委员会：《山东临朐发现齐、鄩、曾诸国铜器》，《文物》1983年第12期。文章中对于出土器物的详细描述也来源于此篇报告，不再赘述。

文为：齐趫父作孟姬宝鬲，子子孙孙永宝用享。

盘M乙：6，口径40.5、通高14.5厘米。折沿、附耳、浅盘、平底、圈足较高。耳外饰重环纹，腹饰窃曲纹，圈足饰垂鳞纹。铭文为：寻中（仲）子媵中（仲）女子宝盘，其万年无疆，子子孙孙永宝用。同墓所出匜的铭文与盘基本相同。

孙敬明等先生认为“孟姬”是齐趫父之妻、墓乙的主人；上曾太子鼎之上曾是山东姒姓曾，自称“上曾”是相对于河南东部之曾或者南阳盆地之曾；上曾太子鼎和寻仲盘（匜）是某种原因辗转到齐趫父之手，后被孟姬所用。[1]

李学勤先生认为“孟姬”是齐趫父的女儿，墓乙的两件鬲是齐姬姓贵族为其庶长女所作，盘、匜是寻仲为其次女所作陪嫁之器；上曾是文献中的姒姓鄫国，仲女子也为姒姓，所以寻仲盘（匜）铭文中提到仲女子时省略姓氏。[2]

王恩田先生认为上曾太子鼎为鄂北、豫南之曾国器物，器形和铭文写法为判定依据；甲墓为齐趫父墓，乙墓为其妻孟姬墓，鄩仲盘、鄩仲匜是齐趫父迎娶孟姬时，鄩人来媵时所作之器。[3]

通过以上的叙述可知，各位先生对于墓乙中出土的几件铜器的铭文的解读争议较多，争议的焦点是对于上曾太子鼎的解读。M乙中的随葬品包含的文化因素是多样化的：出土三件鼎，形制均不相同（图一，4；图二，5；图三，1）；一套寻仲盘、寻仲匜，提链小罐形制也较为特别。M甲随葬品表现出的来源也较为复杂。下面逐一进行分析。

二、对 比 分 析

王恩田先生曾经指出，上曾太子鼎的形制与湖北地区所出的曾国铜鼎形制相同，例如湖北京山苏家垄出土的鼎[4]以及上海博物馆所藏的曾子斿鼎。[5]这类鼎在山东地区目前仅见一例，但在湖北曾国地区出土很多，湖北枣阳熊集段营、[6]枣阳郭家庙[7]等墓地出土多件（图一）。

在泉头村M乙中，还出土一件鼎M乙：3，敛口、立耳、圆腹、三蹄形足，以腹部的

---

［1］孙敬明、何琳仪、黄锡全：《山东临朐新出铜器铭文考释及有关问题》，《文物》1983年第12期。
［2］李学勤：《试论山东新出青铜器的意义》，《文物》1983年第12期。
［3］王恩田：《上曾太子鼎的国别及其相关问题》，《江汉考古》1995年第6期。
［4］湖北省博物馆：《湖北京山发现曾国铜器》，《文物》1972年第2期。
［5］马承源：《记上海博物馆新收集的青铜器》，《文物》1964年第7期。
［6］杨权喜：《湖北枣阳县发现曾国墓葬》，《考古》1975年第7期。
［7］湖北省文物考古研究所：《曾国青铜器》，文物出版社，2007年。

图一　附耳鼎

1. 湖北枣阳郭家庙M6：1　2. 湖北枣阳段营曾子仲谖鼎　3. 湖北京县苏家垄1号鼎　4. 山东临朐上曾太子鼎M乙：1
（1-3图片取自湖北省文物考古研究所：《曾国青铜器》；4取自《中国出土青铜器全集·山东卷》）

一周凸棱为界，上下各有一周纹饰，上部为一周长、短重环纹交替分布，下部为垂鳞纹（图二，5）。此件鼎与长清仙人台M3：2[1]的形制与纹饰均相同，唯仙人台M3：2蹄形足更夸大、足跟明显（图二，6）。器形与此类似的鼎也见于湖北曾国地区，例如京山檀梨树岗的曾太师鼎（图二，1），郭家庙M01（图二，2）和曹门湾（图二，3）也有出土，[2]均是口微敛，鼓腹，圜底，三蹄形足，立耳，腹部以凸棱为界，上下分布两周纹饰，腹部纹饰稍有差别。京山檀梨树岗的鼎上部为一周长、短重环纹交替分布，下部为变体夔龙纹。郭家庙M01、曹门湾鼎的纹饰简化，上部纹饰均为顾首夔龙纹，下部为团身龙纹，尾巴突出。另外，泉头村M甲中也有一件类似的鼎M甲：2，纹饰与京山檀梨树岗的

[1] 山东大学考古系：《山东长清县仙人台周代墓地》，《考古》1998年第9期。
[2] 湖北省文物考古研究所：《曾国青铜器》，文物出版社，2007年。

1

2

3

4

5

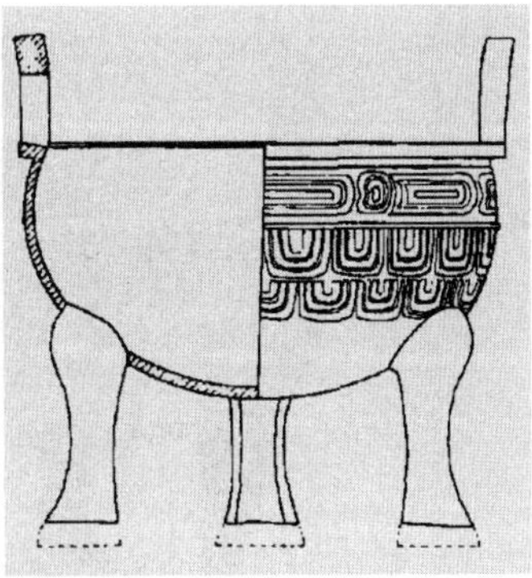

6

7

图二　立耳鼎对比图

1. 湖北京山檀梨树岗曾太师鼎　2. 湖北枣阳郭家庙M01∶01　3. 湖北随县曹门湾　4. 山东费县曾子鼎　5. 山东临朐泉头村M乙∶3　6. 山东长清仙人台M3∶2　7. 山东临朐泉头村M甲∶2

（1–3选自湖北省文物考古研究所：《曾国青铜器》；4选自《中国出土青铜器全集·山东卷》；5、7由山东临朐山旺古生物化石博物馆提供；6选自山东大学考古系：《山东长清县仙人台周代墓地》）

纹饰相同（图二，7），只是腹较深、较厚重。曾太师鼎是湖北曾国立耳蹄足鼎的代表形制，有研究者指出，曾国区域的立耳鼎多数是凸弦纹之下为团身的龙纹，颈部为重环纹或者窃曲纹，是从周式鼎发展而来。[1]泉头村M乙∶3虽与曾子鼎、曾太师鼎器形类似，但是还有一些区别，时代也较早。而泉头村M甲∶2则可能是来自湖北曾国的鼎，时代上应略早于曾太师鼎而略晚于泉头村M乙∶3。M甲还有1件鼎M甲∶1，半球形

［1］湖北省文物考古研究所：《曾国青铜器》，文物出版社，2007年，第7页。

腹,蹄形三足,腹部一周勾连雷纹,蹄足带扉棱。这件鼎的形制与山东地区春秋时期常见的鼎形制相同,[1]应当是山东本地的鼎。

鼎M乙:2,圆唇,小卷沿,有颈,鼓腹,圜底近平。颈部饰窃曲纹,兽面蹄足带扉棱。在东江墓地M2中出土5件,M3中出土3件,形制基本一致,带盖。只是泉头村的尺寸稍小,腹较浅,纹饰立体,时代较早一些(图三)。

M乙出土寻仲盘、寻仲匜一套。寻即鄩,即斟鄩,字本作寻,因为国邑,故作鄩。祝融后斟姓居之,故曰斟鄩,㜏姓,[2]今山东莱州府潍县西南五十里有斟城。[3]鄩仲盘、鄩仲匜应是鄩仲嫁女媵器。

1　　　　　　　　　　　　　　2

图三　泉头村与东江鼎对比

1. 泉头村M乙:2　2. 东江墓地M2:4

M乙出土的两件鬲与甲墓的5件鬲大小、形制、花纹、重量等都相同,唯乙墓的两件有铭文,7件鬲应是一同铸造,在甲、乙两墓下葬时分开。此7件鬲与邹城七家峪所出鲁宰驷父鬲、[4]枣庄东江M1所出郳友父鬲[5]形制基本相同,齐趫父鬲与郳友父鬲整体稍瘦高、裆部稍高、足稍显肥大,腹部的纹饰显得平面化,时代晚于鲁宰驷父鬲。齐趫父鬲应当是在本地铸造,且时代为西周晚期较晚的阶段,接近郳友父鬲的时代。

M乙出土一件提链小壶M乙:10,口径8、通高13厘米。盖钮为一小鸟,身盖对应

[1] 在长清仙人台及莒县天井汪、老龙腰、刘家店子等均可见。

[2] 孙敬明、何琳仪、黄锡全:《山东临朐新出铜器铭文考释及有关问题》,《文物》1983年第12期。

[3] 陈槃:《春秋大事表列国爵姓及存灭表譔异(三订本)》,上海古籍出版社,2009年,第1207页。

[4] 王轩:《山东邹县七家峪村出土的西周铜器》,《考古》1965年第11期。

[5] 枣庄市博物馆、枣庄市文物管理办公室:《枣庄市东江周代墓葬发掘报告》,《海岱考古(第四辑)》,科学出版社,2011年。下文东江墓地的资料皆引自此文。

处饰两环耳，以链环串联，矮圈足，遍体浮雕龙纹。此件小罐与枣庄东江M3：16[1]的小罐在形制、纹样风格上类似，仅盖有所区别，临朐的这件稍早。东江的小罐与东江M2、M3出土的鼎一样，应当是从临朐传入的。类似的提链小罐在山东出土多件，长清仙人台、[2]沂水李家庄、[3]枣庄徐楼[4]等，形制大都类似，器形不大，带盖，鸟作盖钮，带提链，是一种极具有地方特色的器物。这两件小罐上的器身上高浮雕纹饰的风格又与莒县刘家店子盘上的纹饰风格相同，[5]这种纹饰风格也不是刘家店子当地的特色，而是来源于黄国。M乙的这件提链小罐体现了本地文化因素与江淮文化因素的结合。

盘M甲：8与鲁故城M48：8[6]形制类似，只是后者耳上有卧牛，圈足上所附的三人形足稍有差异，鲁故城盘较浅，时代上晚于M甲：8。

三、泉头村甲、乙二墓的时代分析

由以上分析，M乙的出土器物包含文化因素众多，既有周文化系统的鼎，又有当地特色的鼎、小罐，包含江淮地区的文化因素，还有来自郳国之器。综合分析，我们认同王恩田先生的观点，此墓应当是齐趫父的来自姬姓曾国妻子的墓葬，上曾太子鼎本是上曾太子自作之器，后在孟姬[7]出嫁之时作为陪嫁带到此地。此器多圆、方或者三角形的补丁，使用时间较长，或为证明。而同墓出土的郳仲盘、郳仲匜或说明与此姬姓女子同时嫁给齐趫父应当还有一位郳国女子，是异姓相媵。孟姬去世早于齐趫父，M乙的埋葬时间早于M甲，所以M乙中的鼎M乙：3稍早于甲墓中的鼎M甲：1、M甲：2。鼎M甲：2的时代稍早于鼎M甲：1，因为前者是随孟姬从湖北曾国而来。孟姬去世时，齐趫父还将他为孟姬做的整套鬲中的一部分随葬。提链小罐应当是孟姬嫁到此处之后所铸，与齐趫父鬲时代相当而晚于鼎M甲：2及上曾太子鼎。至于为何M

[1] 枣庄市博物馆、枣庄市文物管理办公室：《枣庄市东江周代墓葬发掘报告》，《海岱考古（第四辑）》，科学出版社，2011年。

[2] 于海广主编，山东大学考古学系、山东大学博物馆编：《山东大学文物精品选》，齐鲁书社，2002年。

[3] 山东省文物管理处等：《山东文物选集（普查部分）》，文物出版社，1959年。

[4] 枣庄市博物馆、枣庄市文物管理委员会办公室、峄城区文广新局：《枣庄市峄城徐楼东周墓葬发掘报告》，《海岱考古（第七辑）》，科学出版社，2014年。

[5] 山东省文物考古研究所、沂水县文物管理站：《山东沂水刘家店子春秋墓发掘简报》，《文物》1984年第9期。

[6] 山东省文物考古研究所、山东省博物馆、济宁地区文物组、曲阜县文管会：《曲阜鲁国故城》，齐鲁书社，1981年。

[7] 上曾太子与孟姬最大可能是父女，但也有可能是兄妹。

乙中未见孟姬的其他媵器，则可能孟姬转赠他人或其他原因未随葬。

M甲的随葬器物时代稍有差异，M甲：2鼎、M甲：8盘时代较早，M甲：1鼎的时代最晚。上曾太子鼎与本文所列的湖北地区出土的同类的几件鼎相比，方唇明显、较厚，折沿明显、鼎腹稍深，时代稍早。M甲：8盘与鲁故城西周晚期M48：8盘形制类似，只是后者耳上有卧牛，圈足上所附的三人形足稍有差异，鲁故城盘较浅，时代上晚于M甲：8盘。山东临朐泉头村M乙的鼎（图二，5）与同类的鼎相比，腹较深，器形厚重，时代较早。临朐泉头村M乙：2鼎与东江墓地M2、M3出土的鼎，形制基本一致（图三，2）。只是泉头村的尺寸稍小，腹较浅，纹饰立体，时代较早一些。发掘者将两墓的时代定为两周之际，综上分析我们认为甲乙两墓时代为西周晚期。

四、山东地区周代与江淮、吴越地区交流路线分析

M乙墓主人来自江淮地区，所嫁之地临朐在西周晚期也位于齐国的东部边缘，墓主人生前就被多种文化风格的交流深深影响，M甲、M乙随葬品呈现多种风格，而这种影响不仅仅是个例，是当时一种社会现象的反映。考古发现证明从西周晚期开始，山东向南与江淮、吴越地区交流频繁。

滕州安上村出土孟弜父簋（《集成》3962-3963，西周晚期），铭文为：孟弜父乍幻伯妊宝簋八。孟弜父国别、姓氏不详，幻应为国名，文献中未见记载，姓氏不知。在郭家庙墓地GM1出土幻伯隹铜壶，发掘者认为"幻"读为弦，淮水流域的小国，在今河南潢川县西北，公元前655年灭于楚。"幻伯妊"之"幻"或与此同，[1]幻伯妊应是从幻国嫁到此处。

山东黄县庄头西周墓中发现1件束颈鼎、鲁故城M23中发现1件垂腹鼎，有学者认为是长江中下游风格的鼎，[2]与此类似的鼎在山东地区还有出现。1987年张店区山东铝厂宿舍301工地出土1件鼎，今藏于淄博市博物馆（图四，1）。这件鼎卷沿、垂腹、立耳，腹部两周凸棱之间有一周纹饰，为简化的卷曲夔龙纹，扉棱凸出；三柱状足、上粗下细，足根处有简化兽面纹。1976年平邑县地方镇邱上村出土一件鼎，现藏平邑博物馆（图四，2），略呈垂腹，腹部两凸棱之间有一周变形云纹，三蹄形足，足根有兽面，立耳外撇。

---

[1] 方勤、吴宏堂主编：《穆穆曾侯——枣阳郭家庙曾国墓地》，文物出版社，2015年，第12页。

[2] 陈小三：《长江中下游周代前期青铜器对中原地区的影响》，《考古学报》2017年第2期。

1

2

图四 淄博与平邑出土的两件鼎

1. 淄博张店出土 2. 临沂平邑邱上出土

（图片来自《中国出土青铜器全集·山东卷》）

费县博物馆馆藏一件南张庄乡黄崖村出土带铭文的鼎，器形纹饰均与京山檀梨树岗的相同，内壁有铭文“佳曾子□□吉金自作宝鼎子孙用享”（图二，4）。[1]根据形制和铭文，费县的曾子鼎也应是湖北曾国之鼎。

1963年肥城小王庄出土一组青铜器，其中有鼎2、鬲2、簠2、壶2、盘1、匜1件，根据壶上铭文可判断为陈国媵器，[2]其中的铜盘有学者指出具有长江中下游铜器的风格。[3]

刘家店子春秋墓出土黄太子伯克盆、陈大丧史钟，[4]黄国、陈国都位于江淮之间；刘家店子出土的缶和甗形盉有学者指出是群舒文化因素；栖霞吕家埠出土的素面扁腹缶，沂水李家庄、临沂中洽沟的双耳兽首鼎形匜也受到了群舒文化的影响。[5]临沂中洽沟的铜盘有学者指出是一件具有长江中下游风格的铜器。[6]

[1] 此三件鼎的资料见于刘延常主编：《中国出土青铜器全集·山东卷》，科学出版社，2018年。

[2] 齐文涛：《概述近年来山东出土的商周青铜器》，《文物》1972年第5期。

[3] 陈小三：《长江中下游周代前期青铜器对中原地区的影响》，《考古学报》2017年第2期。

[4] 山东省文物考古研究所、沂水县文物管理站：《山东沂水刘家店子春秋墓发掘简报》，《文物》1984年第9期。

[5] 郎剑锋：《山东沂水刘家店子春秋墓铜器三题》，《江汉考古》2016年第4期。

[6] 林巳奈夫：《关于长江中下游青铜器的若干问题》，《吴越地区青铜器研究论文集》，两木出版社，1997年；转引自陈小三：《长江中下游周代前期青铜器对中原地区的影响》，《考古学报》2017年第2期。

枣庄市峄城区沙河拓宽工程曾出土编织纹壶(图五,1)[1],烟台上夼[2]也出土2件类似器形的壶(图五,2),湖北随县熊家老湾[3](图五,3)也出土类似的壶。这种器形的器物并不多见,传世有一件京叔盨(《铭图续编》0900,西周晚期;图五,4)器形与这几件器物类似。京国有学者考证为山东地区的嬴姓国,在今山东肥城以西。[4]据此我们

1

2

3

4

图五　编织纹铜壶

1. 山东枣庄峄城区沙河　2. 山东烟台上夼　3. 湖北襄樊市博物馆收藏　4. 传世京叔盨

(1–2选自《中国出土青铜器全集·山东卷》;3选自湖北省文物考古研究所:《曾国青铜器》;4选自《商周青铜器铭文暨图像集成》)

[1] 资料现存于枣庄市博物馆。

[2] 山东省烟台地区文物管理委员会:《烟台市上夼村出土㠱国铜器》,《考古》1983年第4期。

[3] 鄂兵:《湖北随县发现曾国铜器》,《文物》1973年第5期。

[4] 陈秉新、李立芳:《出土夷族史料辑考》,安徽大学出版社,2005年,第257页。

推测，此种器物应是山东本地的特色器物，随县熊家老湾出土的壶是从山东流传而去。

1990年在淅川徐家岭9号墓中出土一件簠，[1]铭文为：穆穆曾媪孃朱（邾）姬之持。此件器物应为曾媪孃、邾姬两人所作媵器，为一器媵二女。作器者应为邾姬之父，省略国名，邾姬从邾国嫁到此处。

零星的考古发现表明在西周晚期到春秋时期，山东地区古国与江淮、吴越地区甚至更南的区域之间存在广泛的文化交流，线路如下：山东以南的诸古国文化到达山东南部的枣庄、临沂之后，进而分两条线路继续北上。一条是从枣庄向西北，绕着泰山余脉，到达济宁、泰安，一直到济南南部长清一带；而另一条就是沿着沂沭河一直北上，绕着山脉，到达潍坊，然后一直继续向东，到达胶东半岛地区。当然这条线路也是山东本地文化向外传播、本地的区域之间相互交流的通道。

---

[1] 河南省文物考古研究所、南阳市文物考古研究所：《淅川和尚岭与徐家岭楚墓》，大象出版社，2004年，第181-183页。

安丘商周古文化略论

李景法　刘冠军
（安丘市博物馆）

安丘历史悠久，迄今为止的考古发现表明，在距今六千多年以前，安丘先民就在这块土地上辛勤耕作，创造了灿烂的古代文化。经第三次全国文物普查，安丘现有169处不可移动文物保护单位，其中商周古文化遗存共有42处，[1]大多分布在浯水、汶河两岸以及其主要支流的冲积平原上。依据河流走向和地缘关系划分为三个区域：一是安丘南部浯水流域，在安丘市境内自上游向下，主要有东古庙遗址、姑幕城遗址、泥沟子遗址、临浯遗址群、景芝大小河北遗址等19处古遗址和1处周代墓群；二是安丘北部汶河流域，在安丘境内从与临朐、昌乐交界处自西向东主要有南逯遗址、田家楼遗址、郑家下庄遗址群、安丘故城遗址、庵顶遗址群、大朱旺遗址等17处古遗址；三是安丘中部区域，主要有辉渠镇峒峪遗址、李家河遗址群、金冢子镇中金堆遗址等5处古遗址。现略述如下（图一）。

一、安丘南部——浯水流域

浯水，即浯河，下游又称“渠河”。《水经注·潍水》载：“（潍水）又北，浯水注之，水出浯山，世谓之巨平山也。《地理志》曰：灵门县有高㞌山、壶山，浯水所出，东北入潍。今是山西接浯山。许慎《说文》言：水出灵门山，世谓之浯汶矣。其水东北径姑幕县故城东，县有五色土，王者封建诸侯，随方受之，故薄姑氏之国也……浯水又东北径平

[1] 安丘市第三次全国文物普查资料，现存安丘市博物馆。

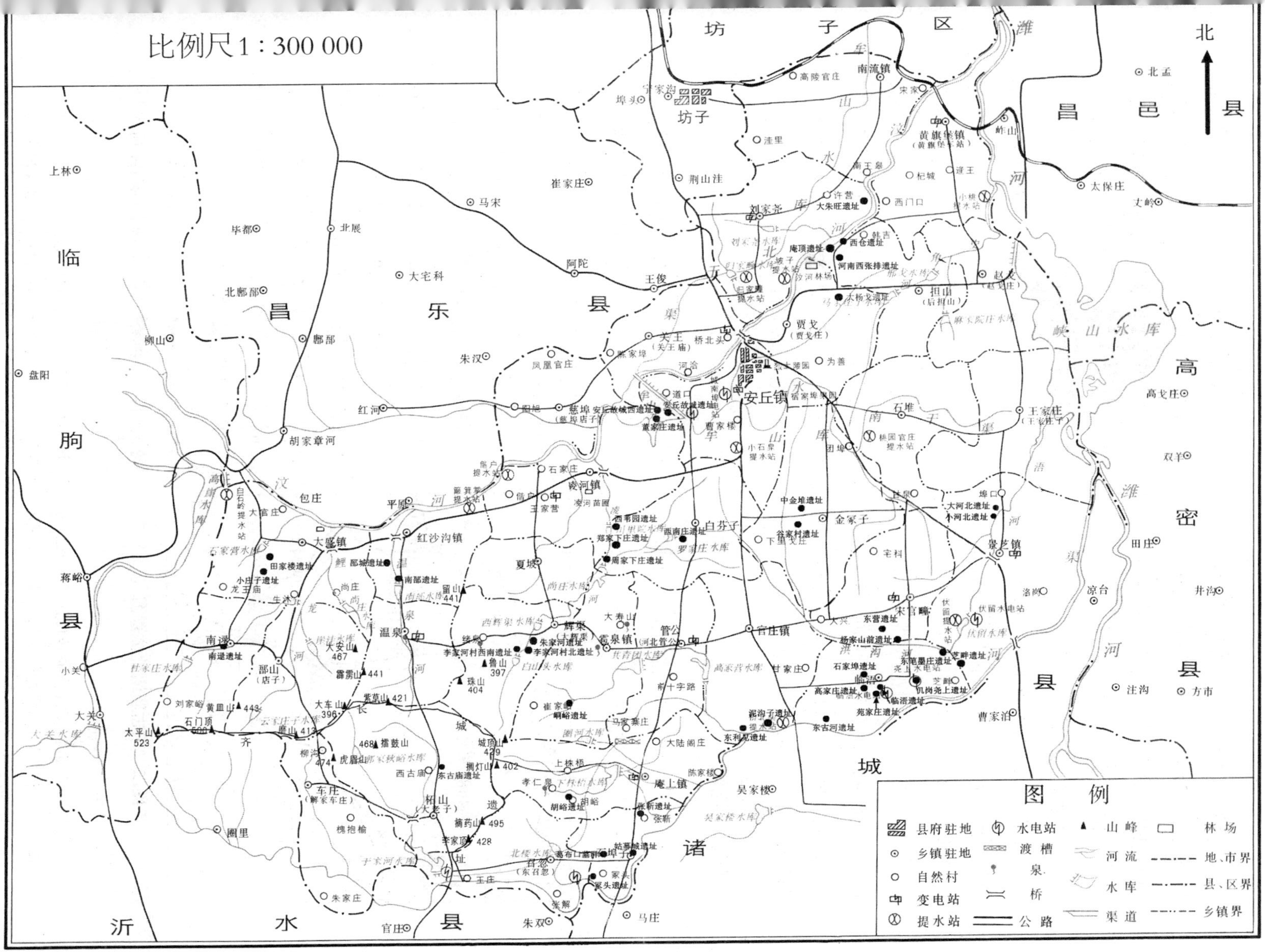

图一　安丘商周古文化遗址分布图（根据1985年安丘县水利交通地名图制作）

昌县故城北，古堨此水以溢溉田，南注荆水。浯水又东北流，而注于潍水也。”[1]浯水是潍河的重要支流，发源于临朐、安丘、沂水三县交界的“浯山”西麓，绕山南东流，穿过沂水县北端入县境，此为“浯水西源”。“浯山”，即太平山，山南侧旧有齐长城。“壶山”即虎眉山（又名胡米山），山东麓有秋峪河，山西侧有大苑河，是浯水两大支流发源地，此为“浯水东源”。

历史上，浯水因齐桓公“堰浯入荆”而改道，宋《太平寰宇记》引《三齐略记》云：“昔者堰浯水南入荆水，灌田数万顷。”[2]就在今安丘市景芝镇西古河村南。浯水改道后从西古河村至芝畔村段改称“运粮河”，从芝畔村至景芝段仍称“浯河”，洪沟河汇入后，经景芝镇区北流汇入潍河。自上而下在安丘境内的支流主要有大苑河、秋峪河、古庙河、孝廉河、清河、店子河、洪沟河、小浯河等，沿河台地上，分布有19处商周古文化遗址和1处周代墓群，尤其是临浯一带，遍布古遗址，形成临浯遗址群。现从浯水上游开始，将安丘境内的文化遗址以及与之相关的文化遗存依次介绍：

1. 东古庙遗址

该遗址位于村南高台地上，是两条小河的交汇处。遗址北侧有夯土城墙遗迹，北侧一条小河叫龙王沟，自东南经遗址北侧向西注入古庙河。西为古庙河，源出紫草山南麓，向南经东古庙村西，向南注入浯水（见图二）。

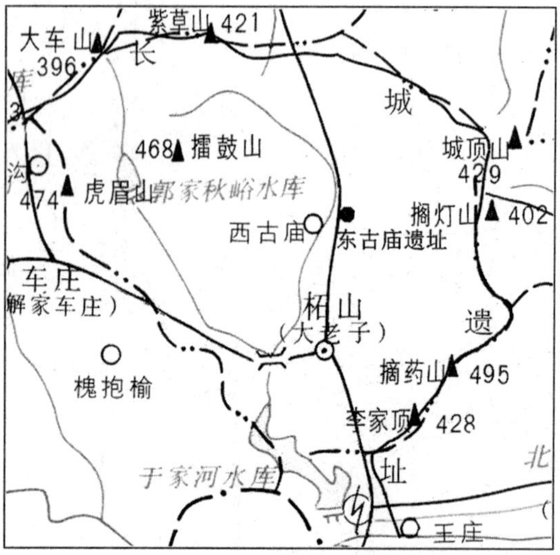

图二　东古庙遗址位置图

该遗址东西宽100米，南北长130米，总面积约12 823平方米，文化层厚约2米，遗址北部遍布瓦砾。遗址西部因砖厂取土被破坏，形成12米高的断崖。遗址西南有地块叫“将台子”、“练兵场”等，1994年砖厂取土曾发现春秋大墓，出土铜鼎5件、铜罍4件、铜鬲2件、铜觯2件、铜盘1件、铜匜1件以及铜削、铜凿、铜镞等文物229件，具有明显的莒国器物特征。[3]在砖厂取土场发现西周时期

[1]（北魏）郦道元著，陈桥驿校证：《水经注校证》，中华书局，2007年，第631—632页。

[2]（宋）乐史撰，王文楚等点校：《太平寰宇记》卷二十四“密州”，中华书局，2007年，第499页。

[3] 贾德民、辛保健、李志远：《安丘出土一批春秋青铜器》，《中国文物报》1994年9月18日第1版；安丘市博物馆：《山东安丘市柘山镇东古庙村春秋墓》，《文物》2012年第7期，第16—21页，第35页。

水井3处，[1]采集到龙山文化灰陶鬶鋬、灰陶鬶口沿、石斧，岳石文化蘑菇纽器盖，商代陶豆盘、豆柄、陶鬲足，周代陶豆柄、豆盘等，为龙山、岳石、商周文化遗址。

东古庙遗址地理位置极为重要，从此向北沿古庙河向北，过齐长城，再沿着温泉河向北可抵郚城；由此向东南沿龙王沟溯源而上，过华家宅石兰桥、摘药山北侧凤凰官庄，过齐长城，再向东南可达姑幕城，处于齐长城环抱之中，自古为兵家必争之地，应为商周时期莒国北部边陲重镇。

2. 姑幕城遗址群

该遗址群以姑幕城遗址为中心，包括姑幕城遗址、冢头遗址、张靳遗址、胡峪遗址四个古遗址和葛布口墓群。另外，胡峪遗址北侧2千米茅子埠村出土战国铜鼎，说明该村亦有周代遗址（图三）。[2]

姑幕城遗址位于安丘市石埠子镇石埠子村。该遗址东、南两面临浯河，南北最长1 050米、宽670米，总面积610 000平方米。整个村庄以及石埠子镇机关和直属事业单位占压在遗址上。镇区东北断崖处暴露的文化层厚约1.5米，有红烧土、灰土、陶片、瓦砾等。采集标本有莒国残刀币、弦纹板瓦、春秋豆柄、汉代灰陶盆口沿、汉代瓦当等，此处属于商周至汉代的古城，西汉设姑幕县，王莽时，樊崇赤眉军起义攻陷姑幕城，又称“樊王城”。民国《重修莒志》载：“姑幕城，在州北一百六十里，商侯国，为石埠之古城。”[3]该遗址对于研究商周时期的姑幕国以及汉代姑幕故城的变迁，具有重要意义。

图三　姑幕城遗址群位置图

胡峪遗址位于安丘市石埠子镇胡峪村西50米孝廉河南岸，南北最长320米，东西宽150米，面积57 000平方米，整个地势西北高，东南略低，东侧形成梯田，西北角有高台地。该遗址处在四面环山的小盆地上，土质灰褐松软，东侧紧邻胡峪村，西侧紧挨看水楼水库，北为孝廉河，南为胡峪南山，北侧由于河水冲刷形成断崖。文化层厚薄不一，北侧断崖

[1] 辛保健、贾德民、陈立兴：《安丘发现西周时期水井》，《中国文物报》1995年9月3日第1版。

[2] 徐新华、刘江：《山东安丘出土一件战国铜鼎》，《考古》1987年第12期，第1141页。

[3]《中国地方志集成·山东府县志辑·民国〈重修莒志〉》，卷十八《舆地志·古迹上》，凤凰出版社，2008年，第2页。

处文化层明显，有红烧土和灰坑。1957年冬，王思礼先生在结束景芝遗址的发掘工作后，对胡峪遗址进行了调查，撰写了《山东安丘峒峪、胡峪新石器时代遗址调查》报告，对胡峪遗址出土遗物进行了介绍，并对其文化特点进行了分析。[1]此后文物工作者又多次进行调查，采集到龙山文化红陶鬶足、灰陶鬶鋬、灰陶盆口沿，商代红陶鬲足，周代陶豆盘、豆柄等标本，二十世纪七十年代在孝廉河南岸修建引洪道时曾出土东周铜剑、铜镞若干，以及穿有铜镞的头盖骨。从采集标本来看，此处遗址文化内涵较为丰富，与安丘峒峪遗址、两城镇龙山文化遗存相近。铜剑、铜镞以及穿有铜镞头盖骨的发现，说明在东周时此处经历过惨烈的战争。

张靳遗址位于安丘市石埠子镇张靳村北100米，为商周文化遗址。该遗址地处平原，较为平整，地势西部略高，东部低，西侧紧挨安丘至孔家庄公路，南侧由于灌溉挖一条沟渠暴露了文化层，东侧为孝廉河。该遗址南北长260米，东西宽150米，面积40 500平方米，此处遗址没有受到盗扰和平整土地等破坏，暴露遗迹不是很明显。从南侧沟渠处看，文化层1.5米，有零星灰土，采集到商代夹砂灰陶罐残片，周代灰陶豆盘、褐陶豆盘口沿，汉代灰陶罐口沿等。

冢头遗址位于安丘市石埠子镇冢头村西南450米的高埠上，南500米为浯河，为大汶口龙山至商周文化遗址。该遗址现存东西长170米，南北宽70米，面积为12 200平方米，黄褐土。由于1975年将遗址东、南两面下挖约2米取土垫湾造田，使遗址造成严重破坏，现存面积仅为原来的三分之一，南面形成断崖，文化层厚约2米。暴露遗物以红陶、褐陶为主，灰陶、黑陶次之，采集到大汶口文化红陶鼎足、石铲，龙山文化灰陶鼎足，商代陶鬲，周代陶豆盘、灰陶罐残片等标本，此处遗址虽然遭到严重破坏，但采集标本特点明显，年代与诸城呈子遗址大略相同。

葛布口墓群位于石埠子镇葛布口村西侧700米的山岭上。此处丘陵，多为黄土，土质松软，遍布坟茔，当地叫"葛陂岭"，又叫作"驼尸岭"。发现了大型墓葬三座，均为东周墓葬。1号墓顶部较为平坦，南北长80米，东西宽50米，面积4 000平方米，因取土，东侧、南侧形成断崖，曾出土战国铜鼎、铜剑等物，该墓周围二十世纪五六十年代曾发现两处战国墓葬，因当时属于诸城县管辖，出土铜器等文物现存诸城市博物馆。[2]2号墓位于1号墓西南200米，黄土封土高7米，面积300平方米，北侧因取土向南挖进3米多，形成大陡崖。3号墓位于古墓1号西北520米，封土为黄土夹杂卵石，高10米，面积1 470平方米，曾被盗，上部长满杂草和荆棘棵。这三处墓葬成三角形分布，中间

---

[1] 山东省博物馆：《山东安丘峒峪、胡峪新石器时代遗址调查》，《考古》1963年第10期，第529-535页。
[2] 山东诸城县博物馆：《山东诸城臧家庄与葛布口村战国墓》，《文物》1987年第12期，第47-56页。

曾发现多处墓葬，应为东周墓葬群。

3. 官庄南部遗址

官庄镇南部浯河北岸有两处商周遗址，一是东利见遗址，一是泥沟子遗址，这两处遗址都位于浯河支流汇入浯河交汇处的河边台地上，距离浯河不足百米（图四）。

东利见遗址位于安丘市官庄镇东利见村西50米。地处河边台地，地势北部略高，南部低，土质为黄土，南侧店子河自西南向东北注入浯河，由于河水冲刷和挖沟渠，遗址南侧、东侧形成断崖。该遗址东西最长480米，南北最宽420米，面积145 560平方米，文化层厚2米。东侧断崖处有灰坑、红烧土。地表以下至1.2米为商周文化遗存，1.2米至1.6米有龙山文化遗存。采集到龙山文化夹砂红陶鼎足，商代灰陶鬲足，周代夹砂灰陶豆柄、灰陶豆盘、灰陶罐口沿等，为龙山、商周文化遗址。

泥沟子遗址位于安丘市官庄镇泥沟子村西南700米，地处浯河冲积平原，东西最长500米，南北最宽260米，面积147 000平方米，地势中间高四周低，北侧、南侧各有一条小河，在遗址东部交汇向南流入浯河，南侧、东侧由于河水冲刷形成断崖，文化层厚1.5米。断崖处有零星灰土、灰坑，采集到龙山文化夹砂灰陶鼎足、夹砂红陶鼎足，岳石文化蘑菇状纽器盖，商代夹砂灰陶鬲足、夹砂红陶鬲足，周代灰陶罐口沿等。南侧小河断崖上有路土痕迹，有窑址，从采集标本来看，为龙山、岳石、商周文化遗址。

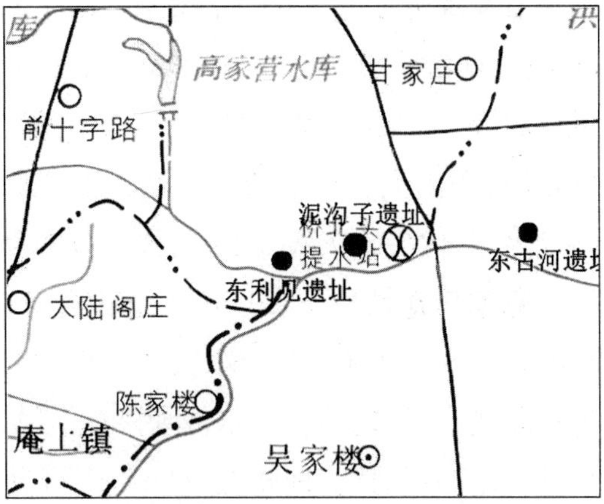

图四　官庄南部遗址位置图

4. 临浯遗址群

临浯，即以临近浯水而得名，原有临浯镇，2007年安丘市行政区划调整，并入景芝镇。地处浯水冲积平原，地势平坦，土质肥沃，水源充足，盛产粮食，为安丘南部的粮仓。临浯一带古文化遗址众多，分布在因齐桓公“堰浯入荆”而改道后的浯水故道两边，文化层较厚的就有十个。现概述如下（图五）：

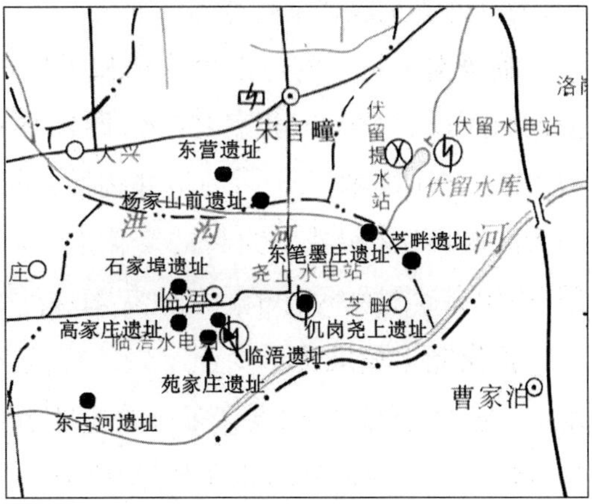

图五　临浯遗址群位置图

东古河遗址位于安丘市景芝镇东古河村。该遗址所在为一个高埠，东西长250米，南北宽200米，地势西北高，东南低。土质为黄土居多，西侧、北侧为浯河古道，遗址西南角因河水冲刷形成断崖，从断崖看，文化层厚约2.5米，断崖处出土陶片，以黑陶居多。此地曾出土亚腰形石斧、石镰等，采集到龙山夹砂黑陶甗、夹砂红陶鼎足，商代夹砂黑陶罐、红陶鬲足，周代夹砂红陶罐残片等标本，此处为一处保存较好的龙山、岳石、商周文化遗址。

高家庄遗址位于安丘市景芝镇高家庄村北。该遗址南北长350米，东西宽300米，北侧紧挨浯河故道，遗址北侧为断崖，因填浯河古道取土，耕土层下受到扰乱，从断崖看，文化层厚约1.5米。地势南高北低，有红烧土块，采集标本多见豆柄及黑而明亮的高柄杯陶片，有灰坑。采集到龙山文化夹砂灰陶鼎足、黑陶盆口沿，商代陶豆柄、陶罐口沿以及周代灰陶豆柄、豆盘等。从暴露遗迹及采集标本来看，为一处内涵较丰富的龙山、商周遗址。

石家埠遗址位于安丘市景芝镇石家埠村，村庄北半部压在遗址上。该遗址东西长500米，南北宽250米，面积125 000平方米，文化层厚约1.5米。地势较为平坦，北侧为洪沟河，南侧为浯河故道，处于两河中间。遗址中心偏西因常年取土形成土坑，今成村内水湾，曾出土玉器、石器等。采集的标本多为夹砂灰陶，红褐色次之，有龙山文化灰陶鼎足、商代夹砂灰陶鬲足、周代陶豆柄等，为龙山、商周遗址。

苑家庄遗址位于安丘市景芝镇苑家庄村东30米。该遗址南北长480米，东西宽400米，面积192 000平方米，文化层厚约1.2米。遗址地势东高西低，黄褐土，运粮河从遗址北侧自西向东流过，东侧紧挨贾岗村，东南角为水湾，因取土破坏，形成断崖。断崖处文化层不明显，地表以下50厘米可见周代文化层，有灰坑。遗址中部东西向生产路上堆积残砖瓦砾。采集到周代灰陶豆柄、陶盆口沿，汉代灰陶罐残片、灰陶瓮口沿等，为一处周至汉代文化遗址。

临浯遗址位于安丘市景芝镇和平村东南500米，古浯水南岸，属于河边台地。该遗址东西长150米，南北宽120米，面积18 000平方米，南侧为新开挖运粮河，北侧为浯河古道，北、西两侧由于古河道冲刷形成断崖。遗址西侧因建砖厂取土，对遗址造成相当大的破坏，面积减少约1/3，文化层厚约1.5米。采集有商代泥质红陶豆柄、褐色陶釜，周代夹砂陶豆柄、灰陶豆柄、灰陶豆盘等标本，为商周遗址。

仉岗尧上遗址位于安丘市景芝镇仉岗村西北15 00米、尧上村东南100米的高台地上，遗址地面高出周围许多。该遗址南北最长600米，东西最宽430米，面积208 200平方米。浯水故道从西北而来，围绕遗址西侧转而向北，再从东面转向东北，整个地势南高北低，南北略显狭长。由于河水冲刷及人为破坏，沿河处形成断崖，文化层深达2

米。遗址东南地势最高，为龙山、商周至汉代文化，地表以下60厘米为汉代文化层，60厘米至1米有商周文化遗存，1米至2米为龙山文化遗存，有灰坑、红烧土，采集到龙山文化石铲、夹砂褐陶鼎足，商代夹砂红陶鬲足，周代夹砂灰陶罐、泥质灰陶罐等标本。遗址北部及西部为商周文化区，在西部断崖处，暴露灰坑以及较多商周陶片，曾出土铜簋、铜剑，地表以下50厘米内有汉代及战国遗存，50厘米以下有商代遗存。在遗址西侧断崖处，2009年第三次全国文物普查时采集到豆柄标本，上有铭文"天"字。该文化遗址堆积较厚，内涵丰富，时代连续性强，应为古城址，并有岳石文化存在，是否为商周时期"兹"所在，有待考古工作的进一步发现。

东笔墨庄遗址位于安丘市景芝镇东笔墨庄村东北500米，洪沟河和运粮河（古浯水）交汇处。该遗址东西最长520米，南北宽450米，整个地势南高北低，土质黄褐，北侧由于洪沟河冲刷形成断崖，文化层厚约1.5米。该遗址遭受破坏较小，没有明显的断崖，仅在一条废弃的水沟边采集到大汶口文化红陶鬶鋬、夹砂红陶鼎足，龙山文化白陶鬶鋬、红陶鬶鋬、夹砂红陶鼎足、石斧，周代红陶鬲足、灰陶豆盘等，为大汶口、龙山、周至汉代文化遗址，文化内涵丰富。

芝畔遗址位于安丘市景芝镇芝畔村北，西侧300米为南北向的运粮河（古浯水）。该遗址东西长500米，南北最宽290米，面积135 390平方米，黄褐土，文化层厚约2米。上部为汉代文化层，下部为周代文化层。整个地势北部略高南部偏低，整体略有隆起，遗址南侧由于雨水冲刷和村民取土，形成断崖，遗址中部北侧也有取土坑，遍布瓦砾。采集到周代陶豆柄、汉代陶片等标本，为周、汉代文化遗址。

杨家山前遗址位于安丘市景芝镇杨家山前村西，九龙山南侧，属于古浯水下游的重要支流洪沟河边的古遗址。该遗址东西长270米，南北宽250米，文化层厚约1.2米，地势北高南低，灰褐土，黏度较大，一条东西向生产路将遗址分为南北两部分。遗址东侧南部为南北向狭长水湾，水湾西侧形成断面。有灰坑，内含龙山文化陶片，采集到龙山文化红陶鼎足、黑陶鼎足、夹砂黑陶甗残片，商代灰陶鬲足，周代灰陶豆柄、灰陶豆盘等，为龙山、商周遗址。

东营遗址位于安丘市景芝镇东营村东550米的自然高埠上，南距洪沟河2.5千米。该遗址东西长205米，南北宽200米，面积40 000平方米，中间高四周低，黄褐土，黏性较大，文化层0.8米左右。地面平坦，土层脊薄，地未深整，当地群众称此地为"黄埠顶"。因地无深整，又无断崖，仅从地表发现少量商周陶片，现场采集到龙山文化红陶鬶足，商代夹砂灰陶罐残片，周代灰陶豆盘、灰陶豆柄等，为商周文化遗存。

5. 景芝镇区古遗址

景芝镇区一带,也是古文化遗址比较密集的区域(图六)。尤其是景芝遗址的发掘,更是代表了景芝一带先秦史前文化的发达。1957年11月,山东省文物管理处王思礼、祝志成先生对位于浯河岸边霸王台的景芝遗址进行了小规模发掘,发现了新石器时代墓葬7座,出土器物74件,陶器64件,玉器10件,其中酒器占一半左右,最具代表性的是黑陶高柄杯,这些珍贵文物现藏国家博物馆。由于当时没有进行全部发掘,砖厂取土以及村民的建房,将景芝遗址破坏殆尽,造成的损失是永远无法弥补的。发掘景芝遗址是考古界对安丘先秦文化遗存第一次科学的系统性考古发掘,所得的材料弥足珍贵。[1]通过对该遗址的发掘,学术界认识到原来所认定的龙山文化中还包含着更复杂的因素,这对于后来提出大汶口文化的命名,确立山东新石器时代文化的基本序列,起到了重要的作用。在景芝镇区西侧,浯河向北流去,在大河北、小河北两个村落的河边高台地上,远古东夷居民又遗留了商周时期的古文化遗址。

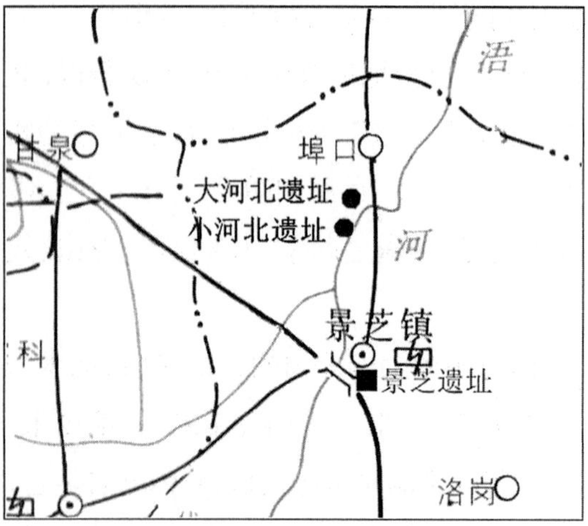

图六　景芝镇区古遗址位置图

大河北遗址位于安丘市景芝镇丰田村西50米。该遗址东西长250米,南北宽100米,面积25 000平方米,文化层1–2.5米,黄土。整个地势西高东低,西部为丘陵,东侧、南侧为断崖,各有一条小河沟,向东南注入浯河,南距浯河仅百余米。南侧小水沟内出土了新生代树木化石。据勘查在断崖处有少许陶片,未见灰坑,采集到商代夹砂红陶鬲足、泥质陶釜口沿,周代陶豆柄、陶豆盘等,为商周文化遗址。

小河北遗址位于安丘市景芝镇小河北村西50米,浯河岸边的台地上。该遗址东西最长215米,南北宽105米,面积22 570平方米,文化层厚1–1.5米,黄褐土。西侧为埠岭,整个地势西高东低,东侧由于河水冲刷和村民取土形成断崖,从断崖截面看,地表以下1米为积沙层,1米至1.5米为商周文化层,文化层厚薄不一,未见灰坑,出土器物有商代夹砂红陶鬲足、夹砂红陶鬲裆部残片、灰陶罐残片,周代灰陶罐口沿等,为商周文化遗址。

[1] 王思礼:《山东安丘景芝镇新石器时代墓葬发掘报告》,《考古学报》1959年第4期,第17–28页。

二、安丘北部——汶河流域

汶河，古称汶水，系潍河主要支流，其源出临朐县沂山东麓圣水泉。“汶水”之名，最早见于《汉书·地理志》：“琅琊郡……朱虚，凡山，丹水所出，东北至寿光入海。东泰山，汶水所出，东至安丘入维(潍)。”[1]沂山，古又称东泰山。郦道元《水经注》载：“汶水出朱虚县泰山。”[2]

汶河两岸为冲积平原，土质肥沃，沿河两岸古遗址、古墓葬众多，田家楼遗址、郚城遗址、南郚遗址，均为山东省重点文物保护单位。郚城一带，为商周纪国之郚邑，春秋时期为齐国侵占。汶河中游的牟山北有安丘故城遗址，夏商之际有少昊氏安丘国，后为根牟国占据，现该遗址已淹没于牟山水库水面之下。庵顶遗址一带为遗址群，为夏斟寻国地，后为淳于国、杞国属邑。现将安丘境内汶河流域的17处古文化遗存，略做介绍：

1. 南逯遗址

该遗址位于南逯村西侧50米，汶河上游支流乌鸦河北岸。该遗址南北长220米，东西宽200米，面积约40 000平方米，文化层2米。整个地势北高南低，中部略微隆起，土质黄褐。有灰土、红烧土，采集到大汶口文化石斧、夹砂灰陶鼎足，龙山文化夹砂红陶鼎足，商代红陶鬲足以及周代灰陶罐残片等，该处遗址出土标本特征明显，是一处保存较好的大汶口、龙山、商周古文化遗址。

2. 大盛镇古遗址

大盛镇区域，有两处商周时期古遗址，位于汶河上游支流大盛河边。一是田家楼遗址，是安丘西部地区比较大的先秦文化聚落中心。另一个则是小庄子遗址(图七)。

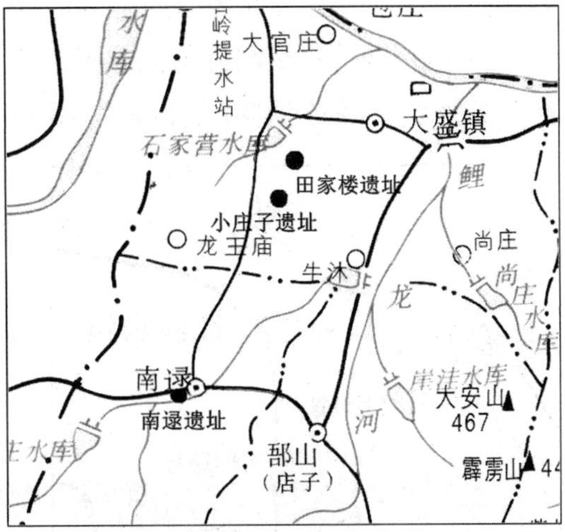

图七　郚山镇和大盛镇遗址位置图

[1] (汉)班固撰，(唐)颜师古注：《汉书》卷二十八“地理志上·琅邪郡”，中华书局，1962年，第1585页。

[2] (北魏)郦道元著，陈桥驿校证：《水经注校证》，中华书局，2007年，第629页。

田家楼遗址位于大盛镇田家楼村东北50米，属于大汶口、龙山至商周文化遗址。该遗址东西长600米，南北宽300米，总面积约138 000平方米，文化层厚约3米。遗址南、东两侧为大盛河，西部、北部略高于附近地面，遗址西部为大汶口文化遗存，有灰坑及红烧土。中部及东部为龙山、商周遗存，商周时期的文化堆积较薄。土质多为黄土，部分黑土。采集到大汶口文化红陶鼎足、红陶鼎口沿，龙山文化黑陶豆、黑陶鼎、蛋壳黑陶高柄杯残片，商代夹砂红陶鬲，周代灰陶鬲足、陶豆柄、豆盘等标本。该遗址延续时间长，面积大，具有鲜明的时代特征。

小庄子遗址位于安丘市大盛镇小庄子村西50米。该遗址南北最长420米，东西最宽330米，面积约115 000平方米。文化层厚薄不一，最深1.5米，地表及以下60厘米为汉代文化层，60厘米以下为商周文化层。整个遗址地势北高南低，依次向南渐低，遗址西侧、南侧为大盛河支流，土质肥沃而松软，为黄褐土，地表散落汉代陶片较多。采集到商代夹砂褐陶鬲足，周代灰陶豆柄，汉代灰陶勺残片、灰陶瓦当、圆瓦当等标本，为商周、汉代文化遗址。

3. 郚城遗址群

郚城一带，商周时属于纪国之郚邑，春秋时期为齐国侵占，周围村庄均以“郚”来命名。有南郚村，原称郚南庄，因位于郚城故城以南而得名；李家西郚、刘家西郚，原称郚西村，后冠以姓氏分村而立。北郚（今红沙沟村）、小北郚以位于郚城以北而得名。另有东、西纪庄，此地原为纪国地，相传纪亡之后，遗民不忘其国，称村名为“纪庄”。在郚城东侧，汶河支流温泉河自南向北流，向北流经郚城一带，又称为“迈步河”，因水流平缓易于涉水而得名。沿岸两个遗址，均为省级文物保护单位，一是南郚遗址，位于南郚村西；一是郚城遗址，位于李家西郚村东（图八）。

图八　郚城遗址群位置图

南郚遗址位于凌河镇南郚村西北50米，南北长600米，东西宽350米，面积210 000平方米，文化层厚约4米。该遗址为河边台地，西邻温泉河，西北隔温泉河与郚城遗址相邻。遗址西侧由于修建水库坝取土破坏严重，自西向东进深达40米，西侧形成大断崖。东侧开挖泄洪道，常年水流冲刷，两侧形成断崖，文化层较为明显，将遗址分为东西两部分。断崖处有灰坑，出土标本有大汶口文化残石斧、绳纹红陶鬶鋬,龙山文化白陶鬶鋬、红陶鼎足、兽面黑陶鼎足、黑陶罐口沿、玉钺,周代灰陶豆盘,汉代白陶罐等。陶质为泥质和夹砂,以黑灰为主,有红陶出现。遗址南部大汶口、龙山文化遗存较为丰富,遗址北部多为周代、汉代文化遗存。该遗址出土玉钺、玉铲等,为国家一级文物,今存安丘市博物馆。[1]

郚城遗址位于安丘市凌河镇李家西郚村东,河边高台地,南北长510米,东西宽290米,面积129 420平方米,遗址东部因砖厂破坏形成断崖,文化层厚4米,地表及以下2米为战国、汉代文化层,2米以下为商周、龙山文化层,底部夹杂大汶口文化层。有灰土、红烧土、兽骨、人骨等,土质为黄褐土。迈步河从遗址东南向东北流过,南500米为西郚南山。采集到大汶口文化石斧,龙山文化夹砂红陶鼎足,商代红陶鬲足、灰陶鬲足,周代灰陶豆柄、圆瓦当,汉代灰陶圆瓦当以及隋代青釉瓷罐口沿、青釉瓷豆盘等标本。此地出土战国铜蚕3件,对于早期丝绸文化的发展与演变,提供了重要线索。[2]此处遗址既是大汶口、龙山、商周古文化遗址,亦是春秋至隋代古城遗址,时代延续性强,对于纪国郚城的研究、齐国文化研究具有很高的价值。

4. 郑家下庄遗址群

郑家下庄一带,位于汶河支流凌河上游,河流两侧都是低矮丘陵,此段建有两个水库,一是尚庄水库,一是川里院水库,遗址群位于两个水库中间丘陵间的小块河边台地上。该处水源充沛,常年不断流,河流两边台地,多为黄土和黄褐土质,土壤肥沃。在河流东岸,自南向北分布着周家下庄遗址、郑家下庄遗址、西苇园遗址三个古遗址,均有商周时期遗存。在郑家下庄东侧5千米,有西南庄遗址,此处遗址位于浯水支流洪沟河上游,洪沟河发源于郑家下庄村东南寒登山,属于郑家下庄遗址文化圈(图九)。

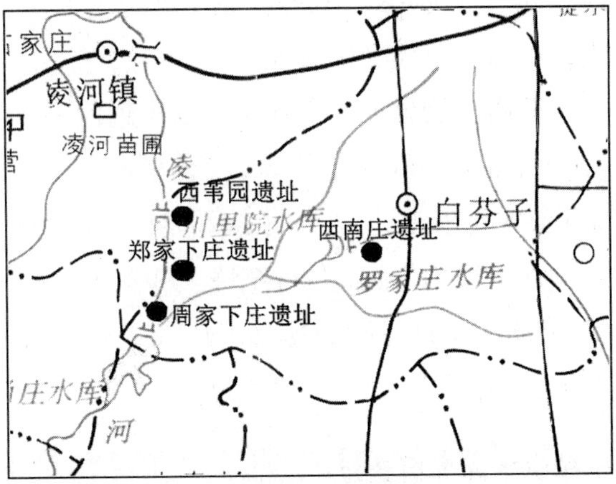

图九　郑家下庄遗址群位置图

周家下庄遗址位于安丘市兴安街道周家下庄村西高台地上。该遗址南北最长220米,东西宽200米,面积26 560平方米,文化层厚1米,土质为黄褐土。遗址中间高,四周低,南、西、

[1] 刘冠军等编著:《文物选萃》,栾成军主编:《安丘历史文化丛书》,山东人民出版社,2014年,第21—23页。

[2] 战国铜蚕3件,国家二级文物,今存安丘市博物馆。

北三面环水，由于河水冲刷形成断崖，断崖深6米，河流西侧为雷家沟西山，东侧为寒登山，南侧为银子崖山。由于村民在遗址中部取土，上部文化层几乎全部遭到破坏，出现较多灰坑和红烧土。采集到龙山文化夹砂灰陶鼎足、黑陶罐口沿、白陶鬶足，商代夹砂灰陶鬲足、夹砂红陶鬲足、夹砂红陶鬲残片，周代红陶鬲足等标本，为龙山、商周文化遗址。

遗址南侧河流两岸发生过惨烈的战争，修建尚庄水库时出土大量的铜镞、铜剑等。该村周金烈在村南挖土修路时，于地表两米处发现一古墓葬，挖出陶器四件，分别为鬲、釜、豆、罐，均保存完好，出土文物今存安丘市博物馆。经初步鉴定，这四件陶器的时代为春秋时期。[1]

郑家下庄遗址位于安丘市兴安街道郑家下庄村北，为大汶口、龙山和商周文化遗址。该遗址为河边台地，西侧、北侧为川里院水库。东西最长385米，南北最宽350米，面积65 260平方米，文化层厚3.5米，遗址北、西侧由于河水冲刷形成断崖，深可达10米。遗址南部为黄土，有灰坑及红烧土，北部靠近水库的地方为黑土，在遗址西侧为汉代文化遗存。采集到大汶口文化白陶鬶足、夹砂红陶鬶鋬，龙山文化夹砂红陶鼎足，商代夹砂红陶甗，周代夹砂灰陶罐等，从采集标本来看，该遗址延续时间长，出土文物价值高，是安丘西南川里院河流域先秦文化的中心区。

西苇园遗址位于安丘市兴安街道西苇园村南50米，南距郑家下庄遗址100米，仅有一条小河相隔。该遗址东西长240米，南北宽230米，面积46 680平方米。西侧紧邻川里院水库，南侧一条小河沟，北侧也有一条小河沟，东部为丘陵。整个地势东部高，西部低，由于河水冲刷，西、北、南三面形成断崖，文化层厚约2米。土质为黄土，南侧断崖处有灰坑，采集到商代泥质褐陶鬲足，周代灰陶豆、灰陶鼎、夹砂灰陶罐口沿等标本，为商周、汉代文化遗址。

西南庄遗址位于安丘市兴安街道西南庄村南。该遗址东西最长420米，南北最宽320米，面积90 600平方米，文化层厚2米。土质灰褐土，北侧为一条小河（洪沟河上游）自西向东流过，西侧紧挨蒿岭山，整个地势西部略高，东部低。从河流断崖上看，陶片标本较为丰富，并有红烧土和灰坑，采集到龙山文化夹砂红陶鼎足、夹砂灰陶鼎足、泥质灰陶拍，商代泥质灰陶鬲足、夹砂褐陶鬲足，周代灰陶罐口沿等标本，从采集标本来看，为龙山、商周文化遗址。

5. 牟山水库库区遗址

牟山水库库区遗址，指的是牟山水库蓄水区域存在的古遗址。此处旧有安丘故

---

[1] 辛保健、贾德民、陈立兴：《农民周金烈主动献交出土文物》，《中国文物报》1995年1月29日。按：该四件陶器年代应为战国时期，第一次全国可移动文物普查已进行更正。

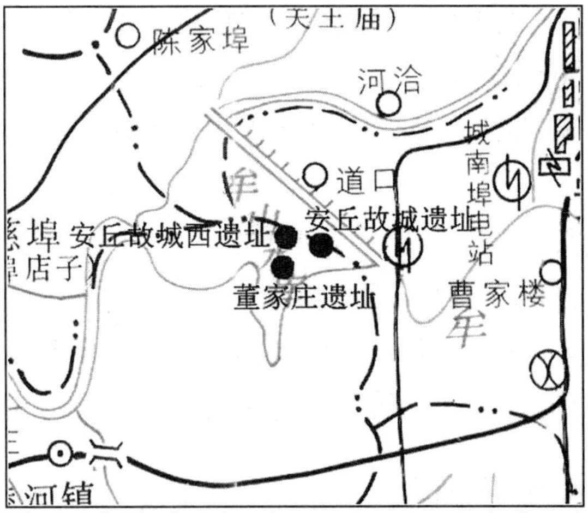

图十　牟山水库库区遗址位置图

城遗址，由于水库蓄水，遗址几乎全被水面淹没。2014年夏秋之际，连续三年干旱，牟山水库水面大面积缩水，几近干涸，库区遗址暴露出水面，不法分子乘机盗掘破坏。经潍坊市文物局批准，由潍坊潍水文化遗产保护中心和安丘市博物馆组织队伍，对该区域古遗址、古墓葬进行了考古调查勘探，并对暴露古墓葬进行了抢救性清理。[1]通过调查勘探，在牟山水库库区除安丘故城遗址外，还在安丘故城西侧发现了两处龙山至汉代古遗址，依据古遗址命名规则，分别命名为董家庄遗址和安丘故城西遗址(图十)。

安丘故城遗址位于牟山水库东北部金沟河东岸，南、西、北三面环水，当地称作“红罗县”。修建水库时故城遗址大部分被淹没，西北角因地势较高形成高台地，高于水库蓄水水面1-2米，面积约10 000平方米。由于二十世纪八十年代旅游开发，破坏较大，随处可见龙山、商周、汉代至明清时期的陶、瓷片，采集到龙山时期黑陶片，战国残陶豆盘、陶豆柄以及汉代莲纹瓦当残块等标本，此遗址为龙山、商周文化城址，汉为安丘侯国所在。西汉初年(公元前199年)，封将军张说为“安丘懿侯”，食邑三千户。[2]即此。

董家庄遗址位于凌河镇董家庄村旧址北侧北汶河南岸的高台地上，为龙山、周至汉代文化遗址。该遗址南高北低，地势相对较平，北部边缘为缓坡断崖，由于常年遭库水冲刷，地表暴露大量东周、汉代、魏、晋、隋唐时期的陶、瓷片等。以董家庄村庄旧址向北约60米处至河边有较密集的灰坑，耕土层下30-40厘米为淤土，淤土层下可见汉代、东周文化层堆积，厚约10至20厘米不等，汉代、东周文化层下有龙山文化堆积，厚约10厘米。在靠近遗址北边断崖处，龙山文化灰坑分布比较密集，灰坑一般深约1-2米不等。遗址南北长约300米，东西宽约160米，面积约48 000平方米。采集到龙山夹细砂红陶鼎口沿、夹砂罐口沿、磨光黑陶片，周代泥质罐口沿等标本。

---

[1] 资料来源于《山东安丘牟山水库库区遗址勘探调查报告》，笔者全程参与勘探调查，并撰写调查报告。报告今存于潍坊市文物局和安丘市博物馆。

[2] (汉)班固撰，(唐)颜师古注：《汉书》卷十六，中华书局，1962年，第592页。

安丘故城西遗址在安丘故城遗址西侧1 000米处。该遗址南北长300米,东西宽200米,面积约60 000平方米。遗址东部略高,西部为缓坡,地形属于原汶水河边台地,在西部缓坡处,由于库水的冲刷侵蚀,暴露出较多的文物遗迹,在遗址的西部缓坡断崖上暴露有龙山文化灰坑两处,汉代陶窑一个、汉代墓葬一座、清代墓葬一座,可惜灰坑、陶窑、墓葬均已被盗扰。由遗址地表及灰坑采集到一批龙山文化陶片标本,数量较多,主要是夹砂红陶鼎足、夹砂黑陶鼎口沿、鸟喙纹鼎足等。遗址靠近断崖处探出较多的龙山文化灰坑,龙山文化层暴露不明显,在20厘米的耕土层下有30厘米的淤土,其下可见汉代陶片与唐、宋时期的瓷片,仅发现少量的战国陶片。

6. 庵顶遗址群

庵顶村位于大汶河旅游开发区驻地东北5.3千米汶河南岸。庵顶旧称祈嗣崖,相传春秋杞王祈嗣得子而得名。此地为汶河下游冲积平原,土地肥沃,比较适宜人类居住,古文化遗址较多。以庵顶村为中心,东侧400米为西仓遗址,庵顶村东南有河南西张排遗址,东南3千米有大杨戈遗址,可作为遗址群进行看待。此地距离杞城大约7.5千米,在东周时期属于杞国的势力范围(图十一)。

庵顶遗址位于安丘市大汶河旅游开发区庵顶村西北300米的高埠上。该遗址地势西北高,东南低,东西最长300米,南北最宽270米,面积76 470平方米,文化层厚2米。由于河水冲刷,北、西两侧形成断崖,高达5-8米。断崖处发现灰土、红烧土,据现场勘查,地表以下60厘米内含商周陶片,60厘米以下发现龙山文化陶片。文化层十分明显,当为城址。采集到龙山文化陶鬶足、陶鬶鋬、陶盆,岳石文化亚腰石斧,商代陶鬲足,周代陶鬲足等标本。该处遗址内涵很丰富,为一处龙山、岳石、商周文化遗址,对于商周古国研究以及杞国文化研究具有较高的价值。

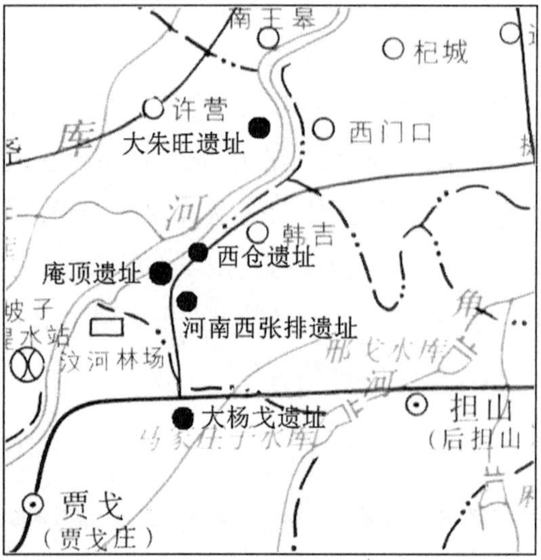

图十一　庵顶遗址群和大朱旺遗址位置图

西仓遗址位于安丘市大汶河旅游开发区西仓村西北汶河南岸。该遗址东西长300米,南北宽200米,从断崖来看,文化层厚1米。土质为黄土。遗址东、南、西三侧因砖厂取土,形成大坑。采集到周代陶豆柄、陶罐残片,汉代陶罐残片和陶罐口沿等标本,为周至汉代遗址。

河南西张排遗址位于安丘市大汶河

旅游开发区河南西张排村北。该遗址北距汶河1.6千米，南北宽300米，东西长450米，黄褐土，遗址西北紧挨庵顶村，东临河南东张排村，南即河南西张排村。遗址北部，二十世纪六七十年代因砖厂取土造成大面积破坏，形成断崖，暴露文化层，文化层厚约1.5米。采集到周代陶豆柄、陶罐口沿，汉代陶瓦残片、陶砖、陶罐残片等标本，此处应为周至汉代遗址。

大杨戈遗址位于安丘市大汶河旅游开发区大杨戈庄西。该遗址东西长300米，南北宽200米，面积60 000平方米，文化层厚1.5米。遗址位于山岭南坡，东西长，南北宽，呈方形，地势北高南低，东距史角河1 000米，西距古冢50米（传为晏婴冢），遗址南部有一条西北至东南流向的深沟，沟之两侧形成断崖，因长期农业生产，断崖的地层变化不很明显，土质为黄土，地表遗物较少，仅在断崖处发现了部分陶片。采集到商代夹砂红陶鬲足、鼎足，周代陶豆柄、豆盘、陶罐口沿等，此处为商周文化遗址。

7. 大朱旺遗址

该遗址位于安丘市经济开发区大朱旺村北100米，距离汶河800米，汶河自村南转向村东向北流去，遗址中间自西向东一条小河向东逶迤而过，东南入汶河。汶河东岸即为商周时期淳于国、春秋时期杞国故城遗址。该遗址东西长400米，南北宽300米，文化层厚2米，整个遗址位于小河两岸的高台地上，沿河两岸由于河水冲刷以及农田开垦形成断崖，土质为沙土，透水性强。采集标本较为丰富，有商代鬲足，周代豆柄、豆盘、罐口沿，汉代陶瓦残片等。从采集标本来看此处为一处商周至汉代文化遗址，对研究商周时期安丘东北淳于国、杞国等古国文化具有较高的价值。

三、安丘中部区域

中部区域指位于浯、汶二水之间的古遗址，大多在二条河流的支流上，由于地域关系，距离河流较远，按照地域分为三个部分，一是李家河遗址群，有李家河遗址和朱家河遗址；二是峒峪遗址（图十二）；三是金冢子镇遗址群，有中金堆遗址和谷家村遗址。

1. 李家河遗址群

李家河一带，四周为连绵不断的低矮丘陵，遗址分布在辉渠河冲积台地上。辉渠河是汶河重要支流凌河的上游部分，此处有李家河遗址和朱家河遗址，均位于辉渠河边台地上。

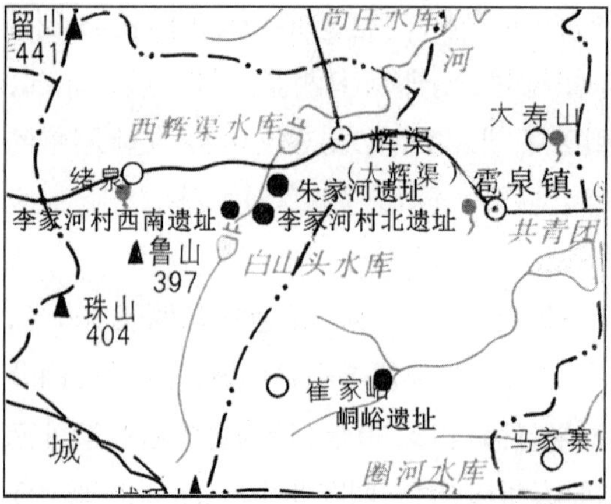

图十二　李家河遗址群和峒峪遗址位置图

李家河遗址位于安丘市辉渠镇李家河村辉渠河两岸的台地上，分为村北遗址和村西南遗址两部分。村北遗址南端压于村下，西侧紧邻辉渠河，地势南高北低，属于河边高台地，由于取土及河水冲刷，在西侧和南侧形成断崖。南北最长278米，东西最宽171米，面积38 073平方米，文化层厚3.5米，土质为黄土，有灰坑，采集到龙山白陶鬶残片、夹砂红陶鼎足，商代红陶鬲足、黑陶鼎、夹砂红陶鬲足等，为龙山、商周文化遗址。

村西南遗址位于李家河村西南300米辉渠河西岸，西侧200米为辉渠至柘山公路，再向西为白山。东西最长90米，南北最宽70米，四周为断崖，面积3 766平方米，文化层厚约2.5米，黄土，断崖处有零星灰土、红烧土、灰坑等，采集到商代红陶鬲足及周代黑陶罐残片等，为商周文化遗址。

朱家河遗址位于安丘市辉渠镇朱家河村东北100米，辉渠河东岸的高台地上，南距李家河村北遗址300米。遗址周长212米，东西最长75米，南北最长45米，面积2 500平方米，上部为黑土，底部为黄土，文化层厚4米，遗址南部因取土形成破坏，西侧、北侧河流冲刷水土流失严重。四周为断崖，从远处看，形似面积很大的古冢。有灰坑，红烧土块，顶部随处可见鼎足、鬶足、缸口沿等陶片，采集到龙山文化红陶鬶足、红陶鼎足、黑陶杯、石凿，商代陶鬲、夹砂灰陶罐及周代陶豆盘等，为龙山、商周遗址。

2. 峒峪遗址

老峒峪村建村较早，据《安丘县地名志》载，都氏明代由乐安县大王桥迁居峒峪里，因村近水环山、地势平坦有“石当山回水曲处”之地形，取名峒峪。[1]下峒峪、中峒峪立村后，改成老峒峪。村庄与遗址相重合，完全占压在古遗址上。该遗址东西长400米，南北宽300米，面积达120 000平方米，文化层为3.5米，遗址西部为高埠，当地称为“玉皇顶”。遗址地势西北高，东南低，南、西、北三面环山，东部较为平坦，为冲积小平原。遗址南侧为峒峪河，北侧有一条小河自西向东流过，由于河水冲刷，南侧、西侧形成断崖。有大片灰土、灰坑、红烧土、兽骨和人骨架等。村庄东南沿河由于砖厂取

[1] 安丘县地名委员会编:《安丘县地名志》,1988年,第105页。

土造成了严重破坏。

该遗址出土器物精美，龙山文化陶鬶、黑陶背壶、三牙璧等文物，具有典型的时代特征，与诸城呈子、寿光双王城等遗址相比较，分期大致相同，但又有不同的特征，对于古遗址的年代分期具有典型意义。关于对峒峪遗址的考古调查和研究一直在进行，1957年11月，王思礼先生在结束景芝遗址的发掘工作后，对该遗址进行了调查，并撰写《山东安丘峒峪、胡峪新石器时代遗址调查》，介绍了峒峪遗址的情况。[1]此后文物工作者又多次进行复查，收集了大量的玉器、陶器、骨器等出土器物，采集到众多标本。郑岩教授于1992年在《考古》发表了《山东安丘老峒峪遗址再调查》，对该遗址进行了全面系统的研究，认为该遗址延续时间较长，是一处以山东龙山文化为主，包含有大汶口文化、岳石文化及商周文化遗存的遗址。[2]采集到大汶口文化白陶鬶、夹砂红陶鬶，龙山文化夹砂红陶鬶足、泥质红陶鬶足、黑陶豆柄、泥质黑陶鼎、黑陶杯、石铲、石纺轮等文物百余件和标本若干。该遗址出土器物精美，价值极高，为大汶口、龙山文化城址，一直延续到商周时期，对于研究安丘南部一带大汶口、龙山时期的都城文化具有极高的价值。

3. 金冢子镇遗址群

金冢子镇区域有两处商周古遗址，一是中金堆遗址，一是谷家村遗址。但这两处遗址所在，位置比较特殊，既不属于浯水水系，也不属于汶河水系，周围没有大的河流。土层贫瘠，耕土层浅，土质较黏，大部分为黑土洼地，不太适宜居住（图十三）。

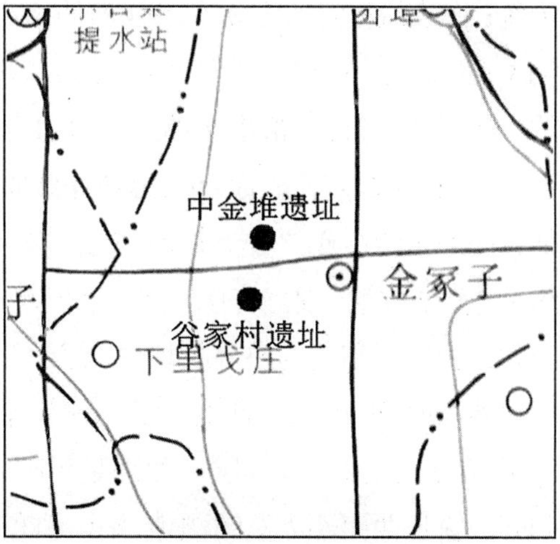

图十三　金冢子镇遗址群位置图

中金堆遗址位于安丘市金冢子镇中金堆村北100米的自然高埠上。该遗址最高处海拔最高点84米，南北长300米，东西宽250米，文化层不深，大约0.5米。出土龙山红陶鬶錾、褐陶鼎足，商代陶鬲足，周代陶豆柄等。自然条件较差，土层贫瘠，地表为红黏土，地表土0.6米以下为青山烂石，从采集标本来看，为龙山、商周文化遗址。

谷家村遗址位于安丘市金冢子镇谷

[1] 山东省博物馆：《山东安丘峒峪、胡峪新石器时代遗址调查》，《考古》1963年第10期，第529-535页。
[2] 郑岩、徐新华：《山东安丘老峒峪遗址再调查》，《考古》1992年第9期，第778-790页，777页。

家村南100米的自然高埠上，该遗址基本呈方形，中部略高，四周低，南北长250米，东西宽200米，有一条生产路从遗址中部穿过，将遗址分成南北两部分。文化层厚约0.8米，无断崖，地表出现少量的战国陶片。红褐土，黏性大，易板结。遗址西侧50米生产路交叉路口东南角有大口深井。从采集标本来看，为战国文化遗存。

四、结　　语

从安丘境域内42处商周遗址，以及考古所见商周文化遗存，见证了安丘古代文化的灿烂，商、周两代不仅创造了繁荣的物质文化遗产，而且创造了丰富的非物质文化遗产，哲学、宗教、文学艺术成果对我国后世产生了深远的影响，尤其是春秋时期的老子、孔门弟子公冶长和有子，以及春秋时期“召忽忠义”，更是在中华文明史上留下了浓厚的一笔。现约略如下：

夏、商之际，山东地区是以太昊氏、少昊氏为首的东夷族主要聚居地。安丘牟山一带则为少昊氏纪姓方国安丘国，由莒国部族一支所建立，后为根牟国占据。安丘东北则为斟寻国地，据明万历《安丘县志》引《竹书纪年》：“浇伐斟寻，大战于潍，覆其舟灭之。”[1]

商代初年，安丘地区则仍为东夷族莒国、根牟国势力范围，延续着山东岳石文化的传统；在政治上对商王朝有着强烈的离心倾向，时常兵戎相见。峒峪遗址出土了商代铜戈，正是这一时期频繁战争的见证。商代中后期，随着商王朝的对东夷部族诸方国的不断征伐，安丘一带逐渐纳入商势力范围。

周成王时，东方的徐、奄、薄姑等部族乘着管蔡叛乱之机起兵反周。周公旦率兵东征，平定东方诸国，“分土封侯”，藩屏王室。周公旦在“少昊之虚”建立鲁国，姜尚受封于“薄姑故地”建立齐国。齐、鲁东方，莒、莱、纪等较大的东夷古国，时有攻伐。周王朝又把安丘东北的斟寻故地封“淳于公”，都淳于，即淳于国。

春秋时期，周王室衰微，诸侯争霸，齐、鲁交兵，东夷小国多被蚕食。安丘境内分属淳于（杞）、莒、纪、齐等国。西部是纪国领地，今凌河镇郚城遗址曾是纪国的郚邑，后归齐。安丘西南部为莒国领地，柘山镇东古庙春秋墓出土五鼎、二鬲、四罍等精美铜器

[1]（明）熊元、马文炜：（明万历）《安丘县志》，《总纪上》第1页，南开大学图书馆藏明万历刻本。原文如下：“夏帝相二十七年甲子，浇伐斟寻，大战于潍，覆其舟灭之。出竹书纪年。斟寻，今县东北杞城一带是也。杜预曰：斟寻在平寿县东南。平寿在今潍县，故知淳于、平寿皆古斟寻之地。详见《水经》。”

是为实证。东北部有淳于国,公元前706年为杞国侵占。

战国时期,社会动荡不安,周王室名存实亡,大国争雄,战乱不休。战国初期,今安丘西部及西北部属齐国,西南部属莒国,南部属鲁国,东北部为杞国。公元前445年,楚国灭杞;公元前431年,楚国灭莒;公元前249年,楚国灭鲁。战国中后期安丘基本属齐国所有。公元前221年秦灭齐,建立了中国历史上第一个统一的封建专制主义国家,安丘属之。安丘商周时期的历史地理,大致如此。

附记:本文在写作过程中,多采用安丘市第三次全国文物普查调查资料,该资料未曾发表。部分资料已在《山东文物图集 · 山东分册》上著录,因古遗址的介绍文字多有变化,本次没有加以注释。本文初成,并请孙敬明老师斧正,在此表示最真挚的感谢!

日照地区周代遗存浅述

张启泽

日照文物古迹众多，文化遗存丰富。这里有世界文化遗产齐长城遗址，区域中心聚落两城镇遗址，以及国内外知名的尧王城遗址、丹土遗址、东海峪遗址等。近一个世纪以来，国内外文物工作者持续对日照地区进行了科学的调查、勘探、发掘、研究和考察。已初步建立起日照地区从旧石器时代到新石器时代和青铜时代早期的古代文化发展谱系和年代序列，也明确了历代日照地区的古文化面貌，研究工作和文物保护工作都取得了丰硕成果。日照市现共有不可移动文物总计1 236处，其中国家级文物保护单位7处，省级文物保护单位25处，市级文物保护单位64处，县级文物保护单位227处。上述遗址中，周代部分约有288处。

周灭商后，由于西周时期周王朝的政治中心远在中原地区，为统治东方，周王朝本着“封建亲戚，以藩屏周”的政策，分封了鲁国和齐国两个大国，并给予两国以征讨不庭的权力。但这两国仍未能控制远在数百里之外的鲁东南地区。从1995年开始的山东大学和美国耶鲁大学以及芝加哥自然历史博物馆，在日照地区进行的区域系统调查，所揭示的西周时期聚落形态分析，日照沿海地区至少存在两个地方政治实体。王献唐根据考古与历史文献资料的研究，指出西周时期周王朝始终未能有效控制山东东部地区，山东东部在西周时期是一个较为独立的区域，由若干古国分布其间。一些有着联合与竞争关系的古国如莒、莱、其、纪和向等，以往曾见诸历史文献和出土文字，这些政体相对独立于周王朝。由于北部和西部有五莲山与外部相隔，日照沿海地区在自然地理上相对独立，这些遗址一般分布在沿海及内陆的山间小盆地或靠近山前的缓坡地带，相当于附近河流的一、二级阶地，不但易守难攻，而且交通方便，利于获取外部物质和劳动力资源，可以与文献中的“顽敌”相对应。平王东迁洛邑后，诸侯争霸战争频仍，礼崩乐坏，历史进入列国纷争的春秋时代，莒国实力虽比不上大国，但作为一个中等强国，也参与了“无义战”的行列，攻城略地，入向灭鄫，攻伐杞、鲁，并周旋于齐、晋、楚诸大国之间，在众多东方诸侯小国中脱颖而出。史籍记载中也有“莒人入向”（《春秋·隐公二年》）、“莒人伐杞，取牟娄”（《春秋·隐公四年》）的重大历史史实。考古调查可以发现这时很多西周时期的小型聚落遗址被废弃，但更多遗址被建立了起来，比如两城镇和尧王城这两个核心聚落遗址有所扩大，就显示出了国家强力整合的迹象。这与鲁东南沿海地区被纳入莒国的版图，当地的东周遗存也被归入莒文化的范畴的史实是吻合的。春秋末年至战国初期，莒国国力衰微，屡为齐、楚、越等国侵蚀，公元前431年，北上扩张的楚国灭掉了莒国（一说为齐国所灭），莒国汇入了大一统的历史洪流之中。

周代遗存，包括周代遗物、遗址以及墓葬。日照市境内的周代文化遗物主要出自墓葬，部分为征集所得。1955年莒县龙山镇王家山出土一件铜鬲，1956年莒县出土一件铜鼎；1963年莒县天井汪出土了一批青铜器，有列鼎5、盖鼎1、罍2、壶1、匏壶1、盘1、鉴1等。[1]这些器物没有铭文，无从判断墓主人，但从其出土的铜罍、鼎的造型风格及器物组合特点，应属莒器无疑。1964年在莒县小店镇卢家孟堰清理一座墓，出土陶鼎、鬲、豆，另外采集了一件直耳、蹄形足、重环纹铜鼎。1964年在五莲县迟家庄盘古（牌孤）城北发现战国兵器和十三方铜玺。[2]1969年于莒城东南18千米的老营村南清理一墓，出土青铜器一组，有鼎3件，罍2件，盘、鬲、提梁壶各1件，据器形和纹饰分析属春秋时期遗物。[3]1975年在莒县中楼镇崔家峪出土一件铭文为“诸梓父作匜，其万年眉寿永宝用”的铜匜。1976年3月上旬，日照县文物工作者在崮河东岸、崮河崖村东南720米处之东岭（又名下林）发现一座西周时期墓葬，1983年3月20日在上述墓北10米处又发现一座西周时期墓葬，发现了一批莱国媵器。[4]1988年在莒城东南25千米的于家沟发掘春秋古墓1座，为南北6.5米、东西4.2米的土坑竖穴墓，墓内有两具殉人，出土器物21件，其中陶器有罍、豆、罐等，铜器有鼎、豆、盘、匏壶、敦各1件。其中莒大叔平匏壶的出土极为重要，该匏壶颈上刻有“莒大叔之孝子平……”铭文29字。[5]1988年在莒县二十里堡乡栗林村出土一件陶鬲。[6]1982年山东省文物考古研究所和莒县博物馆共同发掘了莒县钱家屯遗址，清理了西周和东周时期的50座小型墓葬，出土陶鬲、豆、盖罐、罍和铜剑等。[7]1990年日照松竹村曾发现两座西周时期的

---

[1] 齐文涛：《概述近年来山东出土的商周青铜器》，《文物》1972第5期。
[2] 孙敬明等：《山东五莲盘古城发现战国齐兵器和玺印》，《文物》1986年第3期。
[3] 苏兆庆等编著：《莒县文物志》，齐鲁书社，1993年。
[4] 杨深富等：《山东日照崮河崖出土一批青铜器》，《考古》1984年第7期。
[5] 苏兆庆等编著：《莒县文物志》，齐鲁书社，1993年。
[6] 苏兆庆等编著：《莒县文物志》，齐鲁书社，1993年。
[7] 苏兆庆等编著：《莒县文物志》，齐鲁书社，1993年。

小型墓，出土陶鬲、陶豆、铜戈、铜镞各一。[1]为配合丝绸大酒店的建设，1996年5月莒县博物馆清理了一座大型春秋墓，墓葬长10米，殉人12个。1992年中国社会科学院考古研究所山东队和莒县博物馆共同发掘了马庄遗址，清理了一批小型墓葬，出土陶鬲、豆、罐等。1983年山东省文物考古研究所和莒县博物馆发掘了杭头遗址，清理了3座小型周代墓葬，出土陶鬲、罐、瓮和罍等。[2]1993年莒县博物馆在东莞镇大沈刘庄清理了一座"凸"字形春秋墓，出土陶器有鼎、豆、壶、敦、扁壶，铜器有剑、戈、矛、带钩、车軎、马衔、盖弓帽，还有石贝等。[3]1996年莒县博物馆在店子集镇西大庄清理一座西周墓，出土铜器41件，有鼎3、鬲1、甗1、簋4、壶2、匜1、盘1、舟1、戈2及车马器构件。学者们普遍认为此为莒国贵族墓葬。[4]莒县博物馆1995年和1996年两次发掘了莒故城刀币铸造遗址，发现了许多春秋时期的"莒"刀币以及陶钱范。[5]

2009年7月16日，山东省日照市博物馆专业人员，奉上级指示，前往位于日照市东港区涛雒镇下元一村的"汤谷太阳文化源风景区"进行考古调查，征集到一件有铭文樊国青铜鼎残片。[6]五莲县潮河镇丹土村出土的陶鬲，鼓肩、弧裆，还有铜鼎、铜鬲；中至镇留村出土陶鬲、铜鬲；石场乡青山村出土陶鬲；街头镇罗家丰台出土陶鬲。[7]另外，莒县博物馆和日照博物馆还收藏了众多调查得到的实物资料（青铜器59件，有青铜鼎、鬲、壶、盘、剑、戈、镞、削、锛以及陶器等）。[8]

以上诸多周代文化遗物，诸多考古学家已对其中大多数做了长期而详尽的研究。

日照地区的诸多遗址中，都有着周代遗迹的分布。现撷取经过勘探与发掘的几个重要周代遗址和墓葬，试做浅析，以利于了解当时鲁东南及沿海地区的历史状况。

一、莒 故 城

莒国故城位于莒县城阳镇（图一）。属周代和汉代文化遗存。为春秋时期莒国的故城，秦置莒县，汉为城阳国都城，有外郭、内城、子城三重，平面呈重"回"字形，外郭

[1] 杨深富等：《山东日照市周代文化遗存》，《文物》1990年第6期。
[2] 山东省文物考古研究所等：《山东莒县杭头遗址》，《考古》1988年第12期。
[3] 张开学、刘云涛：《山东莒县大沈刘庄春秋墓》，《考古》1999年第1期。
[4] 刘云涛等：《山东莒县西大庄西周墓葬》，《考古》1999年第7期。
[5] 苏兆庆：《山东莒县出土刀币陶范》，《考古》1994年第5期。
[6] 王仕安等：《山东日照首次发现春秋时期樊国铭文青铜器》，《中原文物》2012年第4期。
[7] 郭公仕编著：《五莲文物志》，齐鲁书社，2013年。
[8] 杨深富等：《山东日照市周代文化遗存》，《文物》1990年第6期。

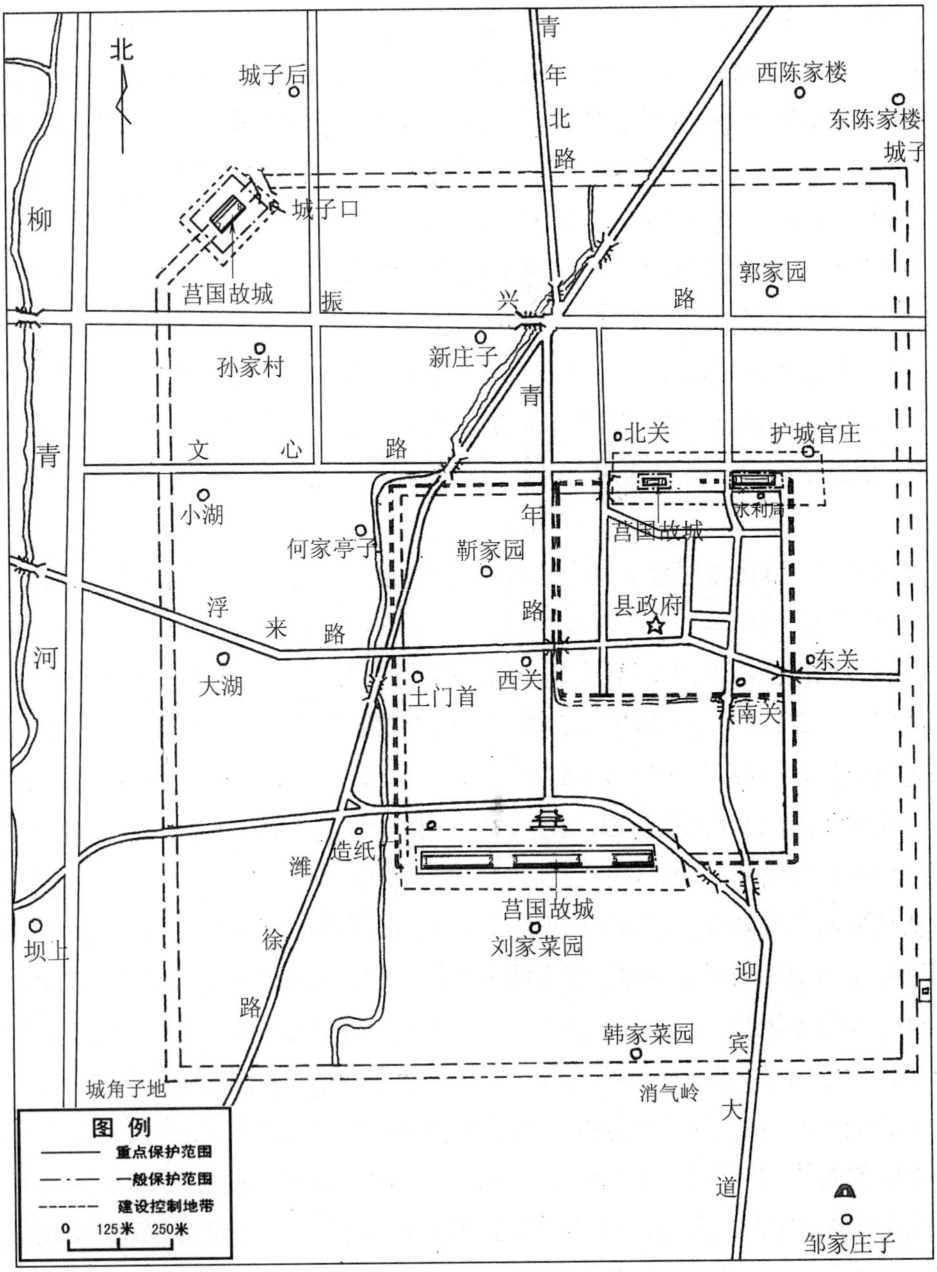

图一　莒国故城平面示意图

仅剩西北角，子城残存约500米，内城仅剩残长约100米的东北部。城外护城河长约12千米，城内发现有周代冶铜、铸钱、制陶和汉代铸钱遗址，对研究莒地当时城池格局等有重要价值。1977年成为省级文物保护单位。

莒国本为嬴姓，后改称己姓，一说曹姓。其地商为姑幕国。公元前11世纪，莒人助周灭商，并臣服于周。西周武王封少昊之后兹舆期于计（也称计亓，后人亦写作计斤，在今胶州市南关城子村），至春秋初迁都莒（今莒县），传23世，立国600余年，其中都计斤300年。春秋初从计斤迁莒后，不断与齐、晋、鲁等大国会盟，并与周边小国发生战争。春秋中后期内外矛盾加剧，公元前431年为楚国所灭（一说为齐国所灭），后来全境为齐国占领。莒国四方征战，折冲樽俎，与齐鲁鼎立。顾栋高《春秋大事表》叙述："莒虽小国，东夷之雄者也，其为患不减于荆、吴。"

据《莒县文物志》记载的莒国故城调查和勘探的材料可知，莒国故城东临沭河，西傍柳青河，西去浮来山九千米，东去屋楼崮山约十千米，处在一片平原地带之上。这是春秋诸侯国建都的普遍选择。正如《管子·乘马》篇所言："凡立国都，非于大山之下，必于广川之上。高毋近旱而水用足，下毋近水而沟防省。因天材、就地利，故城郭不必中规矩，道路不必中准绳。"可见莒国和其他侯国一样，在筑城规模上显现出更多的务实思想。

北魏郦道元的《水经注》记述莒城："其城三重，并悉崇峻，惟南开一门，内城方十二里，郭周四十许里。"

莒国故城面积颇大，旧城墙位于今莒县城的四周外围。平面呈"回"字形，由内城外郭两部分组成，因为对莒城未做大面积的勘探，城门数量难定，现今只发现郭城门有二，置于郭城南端和西北角处，内城门有二，置于内城墙南端和西南角处。[1]莒故城标准的内城外郭的"回字形"结构，对于《考工记》所谓"三里之城，七里之郭"的记载，恰是一个很好的例证，只是莒故城在形制规模上有所突破而已。

从莒故城本身来看，城内地势起伏，城内中部、南部和东北部地势较高，西部和西北部较低洼，大城地形东高西低，但全城地势较平坦。与不少都城诸如齐都临淄、燕下都等宫殿区内或其近旁都分布着若干手工业作坊一样，莒故城的郭城之内也是作坊分布众多，大量的作坊遗址在郭城以内，现已经发现周代铸铜、铸钱、制陶遗址各一处。从出土的铜镬范、钱范等实物分析，时代皆为春秋时期的遗物。制陶遗址之上采集到一带戳印的陶片，其文曰"莒市区"，可与旧著录的"莒市"陶文互证。尤其是铸钱遗址共出土200余块莒刀币范，全是陶制，并出土刀币范刻文、记符等，其中部分陶范的背文刻"莒冶丙"、"莒冶安"的字样，与旧所著录的所谓博山刀"莒冶化"之"莒"的形体相同，可见这一时期的官府手工业占有很大的比重。

1979年，莒县农民在莒国故城遗址发现钱范，轰动了古泉学界。其后，1995年12月和1996年6月，考古工作者两次在莒国故城钱范发现处进行调查，采集了大量的青铜刀形币。截至目前，已有200余块莒刀范出土，范有面范和背范两种，较多刻有"莒

[1] 苏兆庆等编著：《莒县文物志》，齐鲁书社，1993年。

冶丙”、“莒冶安”等字样。[1]

当时的城市特别是都城大多出于军事设防的战略考虑，以牢固和易守难攻而闻名，这也是莒国都城最为突出的地方。《战国策·齐策六》记载，公元前284年，燕将乐毅伐齐，“取七十余城，唯莒、即墨不下”。

值得一提的是，1996年5月，在今莒故城子城南垣以北原丝绸公司北侧（今祥云大酒店）发现一春秋时期大墓。县博物馆对该墓进行抢救性发掘。该墓为土圹竖穴木椁墓，方向90°。墓葬口大底小，东西10.36米，南北10.4米；墓底东西8.92米，南北9.2米，残深2.36米。墓内填土为五花土，且夹杂陶片、木炭块。清理时发现，在棺椁上部铺盖有竹席，且在其四周有12具殉人，均有葬具。大墓棺椁东西5.1米，南北4米。殉葬小棺长2.05米，宽0.54米；长2米，宽0.74米不等。在大墓北侧有一殉葬器物箱，长3.68米，宽3.12米。箱内殉葬动物骨骼、彩绘陶盖、豆、鬲、罐等。在整个大墓底部铺上一层厚0.3-1米的灰膏泥。

该墓由于早年遭到破坏，故所剩器物不多。铜舟、陶鬲、陶豆等器物的形制应属春秋晚期至战国早期的特征。该墓之大，殉人之多，在莒地考古发掘中属首见，对研究莒国政治、经济、文化提供了重要的实物资料，具有重要研究价值。

二、西大庄西周墓葬

莒县西大庄西周墓是1996年当地农民在取土时发现，莒县博物馆考古工作者赶到现场时，铜器已经出土，随后通过对现场的调查，确定是一座古墓，随即进行了抢救性发掘，“根据村民讲述，墓内的随葬遗物主要放置在二层台的北部、西部及墓底的东部。该墓出土和收集的青铜器、陶器、石器共计44件，其中主要的器物种类有礼器、生活用具、兵器、车马器等”。出土的容器有：鼎3件，鬲、甗各1件，簋4件，壶（图二）2件，匜、盘、舟各1件。[2]据中国社会科学院历史研究所苏辉先生等学者分析，都认为这是西周晚期莒国贵族的墓葬。

图二　西大庄墓葬出土铜壶

［1］ 苏兆庆：《山东莒县出土刀币陶范》，《考古》1994年第5期。
［2］ 刘云涛等：《山东莒县西大庄西周墓葬》，《考古》1999年第7期。

三、崮河崖遗址

崮河崖遗址位于日照经济技术开发区奎山街道崮河崖村东，崮子河东岸，遗址东西约300米，南北约650米，分布面积约19.5万平方米，为商周、汉代遗存。崮河崖遗址对研究日照地区商周古国以及汉代历史具有重要价值。2009年被日照市政府公布为市级文物保护单位。

1976年3月上旬，日照县文物工作者在崮河东岸、崮河崖村东南720米处之东岭(又名下林)发现一座西周时期墓葬。1983年3月20日在上述墓北10米处又发现一座西周时期墓葬。

M1为土圹竖穴墓，墓口呈长方形，东西向，长3.3、宽2.9、深1.3米。墓壁垂直，内填五花土，经夯实。葬具有棺椁，大部分腐朽。尸骸已腐朽无存。墓的南面有一斜坡形、上口宽的墓道。随葬品放置在墓葬右侧的棺椁之间。该墓出土了壶、鼎、鬲、盆、盘、匜等青铜器共14件。根据器物的形制和纹饰，判断这一墓葬的年代为西周晚期。在所有出土器物中，其中的4件鬲极具特色，也有着重要的历史价值。

这四件鬲形制大小相同。上有灰陶器盖，盖上有圆捉手。束颈、折沿、弧裆，与足对应的腹壁上各有一道扉棱，半圆柱形足。口沿下饰重环纹，腹饰环带纹。通高19.5、腹深9、口径16厘米，重1.5公斤(图三)。

青铜器古属礼乐象征，同时又是相当重要的财富。出土的鼎、鬲、壶、盂、盘、匜系模仿周人器物组合而有所损益。4件青铜鬲制作较为粗糙，是模仿周式风格自行铸造的，配以陶质器盖，显示出浓厚的区域特点。

日照本属东夷，这座墓葬墓主应该是属于当地东夷古国的。参考莒文化的青铜器，可以知道，莒文化的鼎、鬲、盆、壶等大都有盖，这种现象，反映出青铜器的一种地域特点。

崮河崖墓地M1出土的四件鬲，口沿上都有铭文，每个鬲的铭文有15个字："釐伯媵女子乍宝鬲，子子孙孙永宝用。"(图四)

据陈公柔先生见告："传世铜器铭文中之釐伯，皆作器者用以称颂其父祖。" 此处之釐伯，或与叔夷钟的釐都云云有关；孙诒让云："釐疑即莱，故莱国。" 这对于研究东夷文化和莱国的疆域提供了极其重要的实物资料。[1]

[1] 杨深富：《山东日照崮河崖出土一批青铜器》，《考古》1984年第7期。

图三　崮河崖遗址出土的铜鬲

图四　崮河崖墓地出土铜鬲铭文拓片

铭文中的"女子"联称正是山东东夷古国的习尚。这组铜鬲，当是西周晚期莱君嫁女于日照当地东夷古国贵族的媵器。经与1995年的中美联合考古区域系统调查证实，从西周时期的日照地区聚落形态分析，当地存在着至少一个或两个不见于正史记载的地方政治实体。西周时期，鉴于周人势力东侵，东夷国家可能通过联姻来保持联盟关系，以抵御周的势力，此组青铜鬲揭示莱国与日照地区精英阶层建立联盟的努力。而由两国通婚的事实，也可以看出，日照当地东夷古国在东方小国中有着一定的地位。

四、东灶子遗址

2013年3月至7月，为配合山西中南部铁路工程建设，日照市文物考古所发现并发掘东灶子周代遗址（图五）。东灶子遗址位于日照市涛雒镇东灶子村东南，遗址东向大海，地势较为平坦，中部略微隆起。遗址共发现周代墓葬61座，主要分布在发掘区的西南部，皆为中小型单人墓。布局有一定的规律，排列有序，极少有打破关系。墓向均向东或东偏南，在81°-120°之间。墓葬均为长方形土坑竖穴墓，一般墓口长1.2-2.9米、宽0.5-1.5米，墓底距地表0.5-0.9米，个别墓两端有生土二层台（图六）。均使用木质葬具，大多一棺，少数一棺一椁，皆朽，结构不清。骨架保存极差，可辨认的以仰身直肢葬为主，个别上肢微屈放在右胯部或两上肢相叠放在下腹部，面向上。随葬品多放置于棺一侧壁龛内，壁龛底面低于墓底0.05-0.15米，少数置棺上或棺椁之间，个别墓底有器物坑或腰坑（图七、图八）。随葬器物多为陶器，个别墓葬有陶纺轮、铜戈或铜饰件。陶器以泥质灰陶、黑陶、夹砂灰陶为主，另有少量泥质红陶和夹砂红褐

图五　东灶子墓葬群发掘现场

图六　东灶子墓葬群M11

图七　东灶子墓葬群M23

图八　东灶子墓葬群M58

陶。多饰绳纹，少量素面或饰弦纹。泥质陶多为灰陶，少量红胎黑皮陶，烧制火候不高。陶器制作规整，器物类型有鬲、罐、罍、盂、豆等。陶器大多配有器盖，少数用残陶片或豆盘作盖。墓葬内随葬品多寡不一，少者1件，多者3至18件（含器盖）不等。组合大多数为“鬲、罐”或“鬲、罐、罍”，少数是“鬲、盂、豆、罐”或“鬲、豆、罐”。灰坑有圆形、椭圆形和长条形等，多为直壁、平底；坑壁、坑底光滑规整；出土少量陶片，以泥质灰陶为主，另有少量夹砂灰陶和红褐陶，可辨器形有豆盘、盆、罐口沿、鬲足等。

该遗址文化遗存十分丰富，涵盖时代较长。墓葬除个别为西周晚期，其余集中在春秋时期。从墓葬规模、形制结构、棺椁及随葬品判断，为莒文化小型墓葬。此次发掘，是对鲁东南沿海地区周代墓葬群的首次发掘，对研究该地区莒国小型墓葬葬制葬俗提供了宝贵翔实的资料依据，对研究该地莒国的地望、族属和社会形态具有重要意义。

五、齐长城遗址日照段

齐长城遗址日照段位于莒县、五莲县境内。齐长城西起济南市长清区，途经济南、

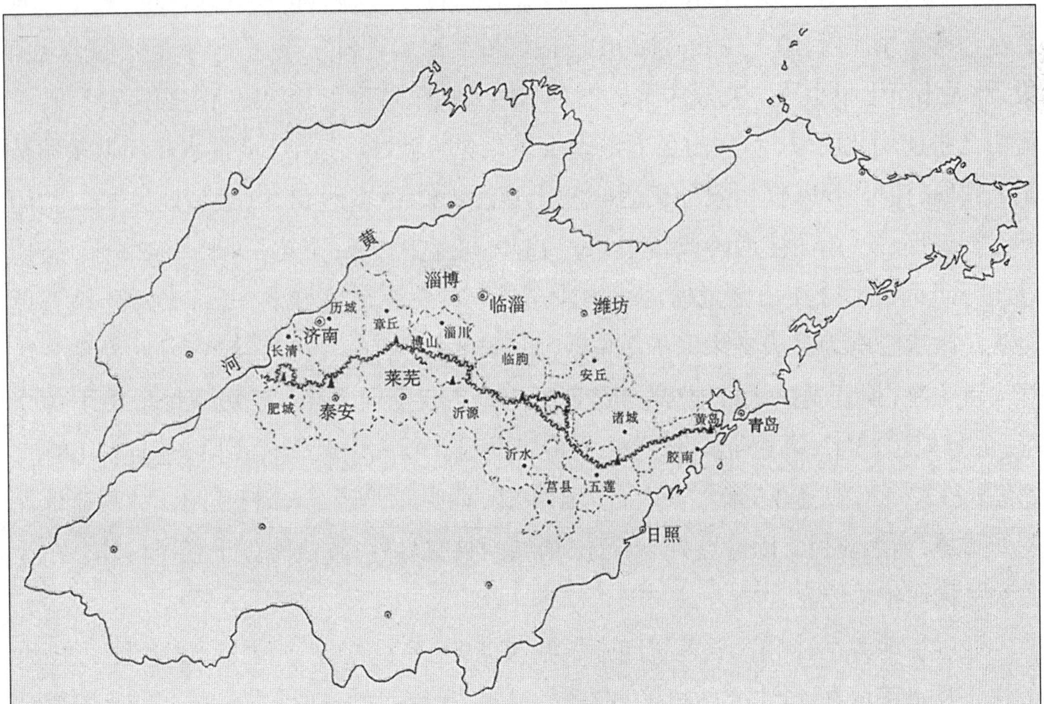

图九　齐长城段趋势图

泰安、淄博、莱芜、潍坊、临沂、日照、青岛8市，在青岛市的黄岛入海，东西蜿蜒千余里（图九）。经日照市的齐长城约76千米，其中，莒县段历经17座山头，全长约16千米，分为两段：西段呈东西走向，从沂水县垛庄东南沿莒沂边界入莒；北段呈南北走向，从光光山入莒。两段会合后呈西北至东南走向入五莲。五莲段全长约60千米，其汪湖镇东云门段、松柏镇前长城岭村段和张榜沟段长城遗址保存较好。

齐长城始建于春秋时期，完成于战国时期，是齐国为了抵御鲁、晋、楚的入侵，在齐鲁、齐莒边界绵延的山脉丘陵之上，"筑防以为长城"（《竹书纪年·周显王十八年》）。在南部边境地区修筑的以城墙为主体，包括关隘、城堡、烽燧和古交通要道的设施，是我国现存最古老的系统防御军事工程。1977年被公布为省级文物保护单位，1987年，齐长城被纳入世界文化遗产，2001年被国务院核定为全国重点文物保护单位。

齐长城日照（五莲）段的建筑特点：1. 因地制宜，充分利用地形山势。建筑材料就地取材，多数城墙系土石沙加盐水版筑，至今盐渍可见。版筑时每层约10-25厘米不等。2. 用险制塞。以悬崖峭壁代替城墙。如：马耳山东西主峰海拔680米和706米，山上多断崖绝壁，人极难攀登。故除西麓次峰有千余米遗址外，其他地段皆以山险代替。

（一）齐长城五莲段遗址。五莲境内可见长城遗址主要有九段，分别为：后泥牛村西段，墙夼水库大坝东端至东云门段，东云门至潘村段，西黄柏沟至邱村段，院上村东至水西河子水库段，山王庄西岭段，山王庄南岭至梁家坪村东段，分流山至张榜沟北山段，石人山至七泉山段。九段中又以墙夼水库大坝东端至东云门段，山王庄西岭段，分流山至张榜沟北山段，石人山至七泉山段保存现状较好。其中，墙夼水库大坝东端至东云门段，遗址时断时显，累计长达6里，上宽达8米，下宽达14米，最高处达4米，均为砂土混筑而成。山王庄西岭段，遗址长约3里，上宽3.5米，下宽6.5米，高2.5米，皆用砂土夯筑而成。分流山至张榜沟北山段是县境内保存最完好的一段，1977年被五莲县人民政府公布为县级文物保护单位。前长城岭村北有一古道，穿城而过，两侧各筑烽火台一座，遗址尚存。按地势分析，此处当是古代交通要冲。这段遗址全长达10余里，最宽处达13米，高达4米，多为土石混筑而成。石人山至七泉山段，遗址长4.6里，宽在8-12米间，高达3.5米。登上石人山主峰，西见马耳山，东望七泉山，故城遗址如苍龙腾越，宛然显目。因遗址处于五莲、诸城两县交界处，故诸城先于五莲将其公布为县级文物保护单位。

通过实地考察、测量，五莲境内齐长城横贯9个乡镇30余个村庄，91座山头，10余条河流及水库塘坝，全长约120里，占齐长城总长十分之一。现存长城遗址逐段累计长达约40里,占齐长城五莲段总长的38%。[1]

(二)齐长城莒县段遗址。莒县段遗址位于莒城北120里,东莞镇东莞村北8里处的杨廷山上。这里地势西高东低,沟壑纵横。长城随着山势起伏逶迤连绵于群岭之上,长16里,大多宽10米,高2-3米。或由黄黏土夯筑而成,或就地取材,以石砌筑。嘉庆《莒州志》载"州北120里,俗名长城岭,宣王乘山岭筑长城,西起济州,东至海,以备楚。长城之入莒者,自穆陵而东,历太平山40里,接高柘山转而南,绝浯水,过卧牛城又南傍高华岭入诸城县",与实地考察结果相吻合。齐长城两侧曾出土大量兵器。如在长城南侧沈刘庄春秋墓葬,其中一墓出土铜剑二、戈六、矛一等九件兵器。[2]长城北侧安丘郚山一带亦出土青铜剑、戈、矛、镞等。说明当时齐、莒两国均有重兵驻守齐长城,以借长城防御外来之敌。这也为考古发现所印证。1993年4月,东莞镇大沈刘庄村干部向镇县两级汇报该村西南发现墓葬棺木,墓内铜剑、铜戈等已被村民取出。经抢救性发掘,该墓为土坑竖穴墓,墓葬东南部已被群众破坏,棺木残露在外,呈长方形。墓圹平面略呈"凸"字形,圹内除有大型木棺外,其北、西另有两小棺木,但未发现人骨和随葬。墓圹长5、88、宽4.72、残深1.15米。墓向正东。墓壁光滑齐整,与墓底垂直,无墓道。墓内填有红烧土块和膏泥,据说随葬品主要放置在棺室北侧。墓圹内葬具遭到严重破坏。出土器物有陶器和青铜器,青铜器有铜剑2件、铜戈6件、铜矛1件、铜镦1件、铜带钩2件、铜辖4件、铜马衔4件、铜辔饰16件。[3]

齐长城比秦始皇时期修筑的万里长城早400余年,是中国最古老的长城。日照段齐长城遗址虽然若断若续,但仍具有较高的历史文化价值和文物研究价值。它真实地反映了春秋战国时代军事争战、争夺领土的混乱状况,也标志着日照地区五莲、莒县疆域的变更与归属,是研究齐、莒及楚文化和探讨日照历史的真实见证。

六、牌孤城遗址

牌孤城遗址位于五莲县街头镇迟家庄村东北,呈长方形,面积约7万平方米,文化层距地表约0.2米,文化堆积厚约0.5米-1.5米,为战国时期遗址。该遗址保存较好,遗址四周城墙为夯土筑成,出土有陶罐、瓦当、铜印、剑、镞等珍贵文物。地表采集有罐、

[1] 郭公仕编著:《五莲文物志》,齐鲁书社,2013年。
[2] 张开学、刘云涛:《山东莒县大沈刘庄春秋墓》,《考古》1999年第1期。
[3] 张开学、刘云涛:《山东莒县大沈刘庄春秋墓》,《考古》1999年第1期。

盆等陶器残片以及汉代砖瓦残块。1979年公布为县级文物保护单位，2006年被山东省政府公布为省级文物保护单位。

牌孤城，又名“盘古城”或“排古城”遗址位于群山环抱之中，北倚凤凰岭，南濒迟家河，东临“百将口”，西望盘古山。据清光绪《日照县志》载：“牌孤山有营垒遗址，传为李睦营。”

牌孤城是齐长城防线上重要的军事据点。据考古学者对此处出土的兵器、铜器、陶器等文物的考究，结合地理地势分析，这里应是齐国镇守东南海防要塞的主要屯兵地之一。

1964年曾在此发现战国时期铜玺13方，后又陆续出土铜剑、铜戈和铜镞等。铜玺现存八方，铭文为阳文“左桁（横）正木（玺）”，文字内容相同而结构互异，玺体下端近方形，稍上即变为圆筒状，筒之上端外周铸一凸箍。据孙敬明先生考证，这些铜玺为左横关卡收税使用的铜印。铜玺的出土地位于牌孤城的东侧，即著名的“北将山”。“北将山”东倚铁固山，西傍凤凰岭，居高凭险，传为战国时期李睦的营垒所在，是古代沟通南北沿海交通的咽喉。战国时期，齐国政治军事十分强大，交通便利，工商业十分发达。沿海一带鱼盐利饶，成为仅次于国都临淄的经济繁荣地区，在齐国经济中占有相当重要的地位。因此，凭借山川津渡的地理优势，在牌孤城设立征税机构是很自然的。

日照地区的周代遗存，无论在遗物还是遗址以及墓葬方面，都是一种广阔分散、局部集中的状态。这也是与东周和西周时期中原华夏文明东渐，以及鲁东南东夷古国逐渐整合甚至被兼并这一历史进程相一致的，也是两周时期整个中国由分裂到逐渐统一的一个历史缩影。

论春秋时期上马墓地的随葬青铜礼器组合*

印　群

（中国社会科学院考古研究所）

春秋时期贵族墓中经常随葬青铜礼器组合，这种器物组合是当时墓葬制度的一个重要组成部分。山西侯马上马墓地[1]是一处分布于黄河中下游地区的颇具规模的春秋时期墓地，该墓地发掘了1 300余座墓葬，其中有19座墓出土了青铜礼器。本文拟就上马墓地随葬青铜礼器组合中的器物种类与数量变化及其所反映出的问题予以探讨，以就教于各位方家。

一、上马墓地所发现的春秋时期随葬青铜礼器组合

在上马墓地所发掘的19座青铜礼器墓中，确定属于春秋时期的计15座，[2]再去掉两座随葬青铜礼器资料不确切的墓葬，[3]即余下的13座墓应是探讨春秋时期上马墓地随葬青铜礼器组合的典型单位。上马墓地所发掘的青铜礼器墓中皆有青铜鼎，根据随葬鼎制来划分，可分为三鼎墓以及三鼎以下墓的随葬青铜礼器组合。

---

* 本文是2017年度国家社科基金重点项目《东周墓葬制度研究》(17AKG003)的成果之一。

[1] 山西省考古研究所：《上马墓地》，文物出版社，1994年。

[2] 其中M5218、M4090、63H16M15、M1002的年代属于春秋战国之际，其余皆明确属于春秋时期，而这四座属于春秋战国之际的墓葬尚未确定属于春秋时期，故本文中不将它们作为该墓地春秋时期随葬铜礼器组合之典型单位。

[3] 通过将发掘报告正文与墓葬登记表逐一核对，这15座铜礼器墓里有两座墓(M1004、M4006)所随葬的铜鼎数记载得相互矛盾，所以这里宜剔除M1004与M4006，它们不宜作为春秋时期上马墓地随葬铜礼器组合的典型单位。

三鼎墓中既有列鼎墓也有非列鼎墓，三鼎以下墓包括1-2鼎墓。

（一）三鼎墓

1. 列鼎墓

1027号墓（M1027）是这13座墓里仅见的随葬青铜列鼎墓（列鼎3），也是春秋时期上马墓地随葬青铜列鼎的典型墓葬（表一）。

表一　春秋时期上马墓地随葬青铜列鼎典型墓葬简表[1]

墓名	墓葬规格结构	葬具葬式	墓向	随葬器物	年代	备　注
M1027	土坑竖穴墓。墓圹长4米，宽2.8米。有熟土二层台。铜礼器、陶器和部分玉饰品等放在棺椁间南部，有纺织品覆盖于铜礼器上。棺里置有漆器与装饰品，人骨面部覆有1件“冥面”，上面缀有玉石片，左、右手里分别握有1件握具	一棺一椁。椁长3.6米，宽2.56米；棺长2.15米，宽1.01米。墓主呈仰身直肢葬式	3度	铜器：（列）鼎3、盘1、匜1、舟1、敦2、罐1；骨器、漆器、玉石器及其他	春秋中期晚段	发现冥面。墓主：女，中年

2. 非列鼎墓

计4座，1284号、1287号、2008号、4078号墓（M1284、M1287、M2008、M4078），其中3座属于春秋早期，1座属于春秋晚期（表二）。

表二　春秋时期上马墓地随葬青铜鼎3（非列鼎）典型墓葬简表

墓名	墓葬规格结构	葬具葬式	墓向	随葬器物	年代	备　注
M1284	土坑竖穴墓。墓圹长3.73米，宽2.62米。铜礼器位于椁和外棺间的东北角，西北角置有兵器、车马器及陶器，内棺里死者耳部出土珥玦，口里有琀，胸腹部发现玉饰，填土里发现兽面饰1件	二棺一椁。椁长3.55米，宽2.5米；内棺长2米，宽0.68米至0.76米；外棺长2.34米，宽1.04米至1.08米。墓主呈仰身直肢葬式	348度	铜器：鼎3、盘1、匜1；车马器7；兵器3；饰件3。陶器：鬲1。玉石器及其他	春秋早期晚段	是3号车马坑的主墓之一。墓主：男，成年

---

[1] 表中铜器名称均按原发掘报告，以下同。

续　表

墓名	墓葬规格结构	葬具葬式	墓向	随葬器物	年代	备　注
M1287	土坑竖穴墓。墓圹长3.8米，宽2.58米。棺椁之间的西北处置有铜礼器与陶器；西部发现漆器、木器和竹编制品；北部出土车马器及石圭等；东部出土兵器、骨器、漆器和石圭等；椁盖顶置海贝一枚。棺里死者胸部置玉环，头部四周发现玉圭、玉玦及石片等	二棺一椁。椁长3.7米，宽2.48米。内棺长2米，宽0.62米至0.69米；外棺长2.4米，宽1.16米。墓主呈仰身直肢葬式	352度	铜器：鼎3、盘1、匜1；车马器5；饰件1；戈2、镞3。陶器：鬲1。玉石器及其他（含骨贝、骨镳等）	春秋早期晚段	墓主：男，中年，头朝北
M2008	土坑竖穴墓。墓圹长4.44米，宽3.1米。铜礼器、陶器和部分骨贝放在棺椁间东南部；兵器、车马器及工具等放在北部与西部。棺里人骨颈部、腰部和头骨附近置有玉石饰品。原棺盖上置一件銎斧，后因棺盖陷落掉进棺里	一棺一椁。椁长4米，宽2.26米至2.6米；棺长2.27米，宽0.96米。墓主呈仰身直肢葬式	3度	铜器：鼎3、盘1、匜1、舟1敦2、甗1、鍑1；矛1、戈1、镞26、镈2；车马器28；工具9；圭形饰3；环1。陶器：钵1、壶2。玉石器及其他（含骨贝779）	春秋晚期早段	墓主：男，中年，头朝北，面向南
M4078	土坑竖穴墓。墓圹长4.4米，宽2.95米。棺放在椁室略偏西处。棺椁之间的西南角置铜礼器；西侧中部置车马器；东侧置车马器与兵器；东南角发现陶鬲等。棺里在相当于死者耳部的部位发现耳玦及玉饰；颈部出土串饰二组；腰部发现腰带饰和石圭	一棺一椁。椁长3.6米，宽2.42米；棺长2米（残），宽0.6米。墓主呈仰身直肢葬式	350度	铜器：鼎3、盘1、匜1、簠2；戈3、镞18；车马器147；腰带饰1（组）。陶器：鬲1。玉石器及其他（含骨贝）	春秋早期早段	墓主头朝北

（二）一鼎至二鼎墓

一鼎至二鼎墓的典型墓葬有8座，其中一鼎墓6座（M1010、M1011、M1013、M1026、M2148、M4094），二鼎墓2座（M1006、M1015），其墓葬年代皆属于春秋中晚期（表三）。

表三　春秋时期上马墓地随葬1-2青铜鼎典型墓葬简表

墓名	墓葬规格结构	葬具葬式	墓向	随葬器物	年代	备注
M1006	土坑竖穴墓。墓圹长4.2米，宽2.83米。椁壁以长木板堆砌成，椁盖用数块木板横铺在椁室四壁之上，椁底是以数块木板横铺成。椁盖上发现覆席痕迹。死者身下铺垫有以方条木制成的“笭床”，床下和棺底间平铺有厚约0.3厘米的编织物，计八九层	一棺一椁。椁长4.1米，宽2.7米；棺长2.23米，宽1.1米。墓主呈仰身直肢葬式	4度	铜礼器、陶器和部分装饰品等放在棺椁之间东部。棺里人骨四周置有玉、石、骨饰等。随葬品具体包括铜器：鼎2、簋1、盘1、匜1、舟1；陶器：豆1、钵1；骨器(含骨贝)；玉石器及其他	春秋晚期早段	墓主：男，50至55岁
M1010	土坑竖穴墓。墓圹长4米，宽2.52米。椁外四周发现生土二层台，宽度为0.1到0.2米。随葬器物大多放在棺椁间，铜礼器位于南侧；兵器、工具及车马器等大多置于北侧。棺里死者腰部置带钩	一棺一椁。椁长3.64米，宽2.2米；棺长2.07米，宽0.55米。墓主呈仰身直肢葬式	358度	铜器：鼎1、盘1、匜1、舟1、簋1、甗1；戈1、镞9；车马器4；凿1、斧1、削1；带钩1；圭形饰1。陶器：鬲1、鍑1。玉石器等	春秋中期早段	据报告正文，陶鬲有1件
M1011	土坑竖穴墓。墓圹长3.1米，宽2.1米	一棺一椁。椁长2.7米，宽1.7米；棺长1.95米，宽0.85米。墓主呈仰身直肢葬式	357度	铜器：鼎1、敦1；陶器：鬲1；骨器等	春秋晚期早段	
M1013	土坑竖穴墓。墓圹长3.2米，宽1.75米	墓主呈仰身直肢葬式	5度	铜器：鼎1、簋1、舟1；镞2；车马器2。陶器：钵1。石器及其他	春秋中期晚段	
M1015	土坑竖穴墓。墓圹长3.85米，宽2.6米	一棺一椁。椁长、宽不详，高0.8米；棺长2.2米，宽0.85米。墓主呈仰身直肢葬式	350度	铜器：鼎2、盘1、匜1、舟1、敦2；车马器2。陶器：钵1。骨器和玉器等	春秋中期晚段	
M1026	土坑竖穴墓。墓圹长4.2米，宽2.85米。铜礼器、陶器等置于棺椁间西部；东南角置车马器与部分装饰品。棺里人头骨上及四周散见涂朱砂的穿孔蚌饰，或原缀在纺织品上用作“冥面”	一棺一椁。椁长3.79米，宽2.46米；棺长2.36米，宽0.9米。墓主呈仰身直肢葬式	10度	铜器：鼎1、盘1匜1、舟1、敦1；车马器6。陶器：鬲1、壶1。蚌器、玉石器及其他	春秋晚期早段	墓主：男，中年，面朝东

续　表

墓名	墓葬规格结构	葬具葬式	墓向	随葬器物	年代	备注
M2148	土坑竖穴墓。墓圹长3.1米，宽1.7米	一棺一椁。椁长3米，宽1.55米；棺长1.82米，宽0.55米。墓主呈仰身直肢葬式	8度	铜器：鼎1、敦1、舟1；戈1、镞1；车马器2。陶鬲1。骨器及石器等	春秋中期早段	墓主：男，成年
M4094	土坑竖穴墓。墓圹长3.14米，宽1.83米。椁壁上部略朝墓室四壁倾斜，稍敞口，椁四壁以木板紧靠墓壁并排围成，盖板用方木铺就，呈南北横向。在椁底没发现木构痕迹。漆案置于棺椁间之南部，上有铜鼎、陶罐、漆盒和马衔等。内外棺之间置有兵器与车马器等。石圭放在棺里人骨两侧	二棺一椁。外、内棺四角均以穿榫法构成。椁口长3.05米，宽1.65米；椁底长3米，宽1.5米；内棺长2.06米，宽0.6米；外棺长2.32米，宽1.02米。墓主葬式不明	5度	铜器：鼎1、舟鍪1；镞8；车马器8。陶器：罐1。玉石、漆器及其他	春秋中期早段	墓主：男，22至24岁，头朝北，面向西

二、上马墓地春秋时期随葬青铜礼器组合之比较

（一）上马墓地春秋早期3鼎墓随葬青铜礼器组合

M1284　铜器：鼎3、盘1、匜1；

M1287　铜器：鼎3、盘1、匜1；

M4078　铜器：鼎3、盘1、匜1、簠2。

表四　上马墓地春秋早期3鼎墓随葬青铜礼器基本组合表[1]

铜礼器组合等级	随葬铜礼器基本组合
3鼎墓	鼎3、盘1、匜1

（二）上马墓地春秋中晚期3鼎墓随葬青铜礼器组合

M1027　铜器：(列)鼎3、盘1、匜1、舟1、敦2、罐1；

[1] 礼器基本组合是由各墓均有的或者大多数墓所共有的礼器而构成(印群：《黄河中下游地区的东周墓葬制度》，社会科学文献出版社，2001年，第201页)。

M2008　铜器：鼎3、盘1、匜1、舟1、敦2、甗1、鍑1。

表五　上马墓地春秋中晚期3鼎墓随葬青铜礼器基本组合表

铜礼器组合等级	随葬铜礼器基本组合
3鼎墓	鼎3、敦2、舟1、盘1、匜1

（三）上马墓地（春秋中晚期）1-2鼎墓随葬青铜礼器组合

M1006　铜器：鼎2、簠1、盘1、匜1、舟1；

M1010　铜器：鼎1、盘1、匜1、舟1、簠1、甗1；

M1011　铜器：鼎1、敦1；

M1013　铜器：鼎1、簠1、舟1；

M1015　铜器：鼎2、盘1、匜1、舟1、敦2；

M1026　铜器：鼎1、盘1、匜1、舟1、敦1；

M2148　铜器：鼎1、敦1、舟1；

M4094　铜器：鼎1、舟鋬1。

表六　上马墓地（春秋中晚期）1-2鼎墓随葬青铜礼器基本组合表

随葬铜礼器等级	随葬铜礼器基本组合
1-2鼎墓	鼎1、舟1

三、结　　论

（一）上马墓地春秋早期3鼎墓随葬的青铜礼器基本组合与春秋中晚期3鼎墓[1]的青铜礼器基本组合相对比，前者仅5件，后者则为8件，具体来看，后者比前者多了2件敦和1件舟。由此，上马墓地春秋中晚期3鼎墓随葬青铜礼器基本组合在器物种类及功能上比春秋早期3鼎墓随葬的青铜礼器基本组合多出了盛食器（敦）和酒器（舟），也就是说，上马墓地春秋早期3鼎墓所随葬的铜礼器基本组合里除了鼎以外，仅见水器盘、匜，而该墓地春秋中晚期3鼎墓随葬青铜礼器基本组合中除了鼎之外，还有

[1] 包括列鼎墓与非列鼎墓。在上马墓地该时期3鼎墓中，列鼎墓与非列鼎墓之间的随葬铜礼器组合差别相当小，列鼎墓随葬9件铜礼器，非列鼎墓随葬10件铜礼器，其中二者完全相同的铜礼器多达8件。

盛食器敦和酒器舟及水器盘、匜。

（二）上马墓地春秋中晚期3鼎墓所随葬的青铜礼器基本组合（8件）与该墓地春秋中晚期1-2鼎墓所随葬之青铜礼器基本组合（2件）形成了鲜明对比。《礼记·曲礼下》:“无田禄者，不设祭器。有田禄者，先为祭服。”郑注:“祭器可假，祭服宜自有。”孔疏:“若无田禄者，但为祭服耳。……此明不得造者，下民也。若大夫及士有田禄者，乃得造器。”[1]所谓祭器即鼎、簋这类礼器。这里说有田禄之士可以造祭器，也就是指可以使用三鼎或者特一鼎的元士即上士。[2]上马墓地是族墓地，“同宗者，生相近，死相迫”。[3]使用三鼎的元士级贵族是属于可造祭器的有田禄之士，其随葬青铜礼器基本组合要高于其他士级贵族。

（三）从上马墓地士级贵族青铜器墓的年代来看，主要集中于春秋中期以后，该墓地13座随葬青铜礼器典型墓里，其中的一鼎至二鼎墓都集中于春秋中晚期，而5座三鼎墓里有3座属于春秋早期，余下的2座也属于春秋中晚期。上马墓地随葬青铜礼器组合的典型墓葬里的一鼎至二鼎墓皆属于春秋中晚期，似暗示出到了春秋中晚期，使用中下层士级贵族身份的墓主大量增加。

（四）春秋时期上马墓地以随葬鼎为核心的青铜礼器组合序列较完备，组合完整，等级严格，这种状况直至春秋晚期。至于随葬仿铜陶礼器的墓葬在该墓地出现于春秋晚期乃至春秋战国之交，总共才三座（M1007、M1014、M2159），而秦墓中的仿铜陶礼器墓则出现得早，陇县店子墓地[4]于春秋中期即出现了M122、215、252三座仿铜陶礼器墓，到春秋晚期已相当流行。洛阳中州路墓地[5]也在春秋中期就出现了仿铜陶礼器墓，到了春秋晚期，洛阳中州路墓地所发现的仿铜陶礼器墓已达到了近30座。不仅如此，洛阳中州路墓地春秋时期的墓葬数量为70余座，而上马墓地的墓葬数量是1 300余座，基本属于春秋时期，前者的数量远远少于后者，但后者在仿铜陶礼器墓数量上却比前者少了许多倍。由此，上马墓地仿铜陶礼器墓数量偏少且出现得晚，这似乎意味着其传统的随葬青铜礼器制度仍居于主要地位。因为随葬器用制度是墓葬制度的重要方面，而上马墓地居于主要地位的似仍为传统的随葬青铜礼器制度，所以这也在一定程度上似反映出其墓葬制度的传统性相对明显，保守性较强。

---

[1]《礼记·曲礼下》，引自《礼记正义》，《十三经注疏》（上），中华书局，1980年，第1258页。

[2] 湖北省宜昌地区博物馆、北京大学考古系：《当阳赵家湖楚墓》，文物出版社，1992年，第218页。

[3]《周礼·地官·大司徒》郑注，引自《周礼注疏》卷十，见《十三经注疏》（上），中华书局，1980年，第706页。

[4] 陕西省考古研究所：《陇县店子秦墓》，三秦出版社，1998年。

[5] 中国科学院考古研究所：《洛阳中州路》（西工段），科学出版社，1959年。

青铜兵器兴衰嬗变探究

吉树春
（潍坊市博物馆）

青铜器作为人类社会跨入文明时代的重要标志，在中国先民的生活和精神体系中占据着举足轻重的地位，并与华夏文明的初始进程血脉相连、同频共振，承载着厚重的历史底蕴与浩瀚广博的文化内涵，亦为后世考古学、历史学、文献学、古文字学等诸多学科的研究提供了丰富而鲜活的佐证。作为青铜器重要组成部分的青铜兵器，是中国古代使用最早的金属兵器，其不仅在历史的演进中成为推动社会发展的重要推力，也在生产力不断向前发展的递进中完成了自身的兴衰嬗变，并深刻地影响着当时的战争、生产关系与上层建筑。然而与青铜礼器的深入系统研究相比，业内对于青铜兵器的研究则多集中于个体研究及冶炼、铸造工艺等领域。今梳理其兴衰嬗变脉络，探究其与国家统治、军事战争、社会发展的关联，希冀可为相关研究以作良鉴。

一、青铜兵器烙印着原始战争的印记

青铜兵器萌芽于新石器时代晚期。原始先民在偶然发现和利用自然铜（红铜）的基础上，历经漫长的探索实践逐步掌握了青铜的开采、冶炼和铸造技术，并因其熔点低、易锻造，铸造器物具有硬度高、杀伤力强的特性，而开始应用于生产、生活、狩猎、战争等诸多领域，由此推动着人类社会由石器时代进入了铜石并用的时代。《越绝书》载："轩辕、神农、赫胥之时，以石为兵，断树木为宫室，死而龙臧。夫神圣主使然。至黄帝之时，以玉为兵，以伐树木为宫室，凿地。夫玉亦神物也，又遇圣主使然，死而龙臧。"[1]

---

[1]《文渊阁四库全书·越绝书》，第463册，台湾商务印书馆，1986年，第115页。

据考古发现，在新石器时代晚期的甘肃马家窑文化遗址里出土了中国最早的青铜兵器——马家窑青铜刀，其虽是青铜冶炼工艺的初级制品，但足以证明在中国最晚五千年前就已有青铜兵器的出现。

兵器的制造、使用和发展，反映着不同时期社会生产力的发展水平。新的生产力是军事上每一种新成就的前提，最先进的技术也常最先用于制作兵器。青铜兵器的出现是原始社会生产力发展的必然结果，并从出现伊始就烙印上了原始战争的印记。战争从本质上讲，是各方军事对抗下的各自生产力相抗衡的一种特殊表现形式，并在兵器上得以物化和彰显。“如果说，地球上第一件石器的出现，砸开了人类历史长河的源头，那么，金属的出现并有目的用于战争，则叩开了文明社会的大门”。[1]原始战争是人类文明开启的最大催化剂，其在造成巨大创伤与破坏的同时，也催生着青铜开采、冶炼、铸造技术的进步和青铜兵器的使用。可以说，青铜兵器作为人类社会使用最早的金属兵器，其既直接推动了战争的不断升级，又为社会的发展进步、民族的交流融合注入了特殊的动力，成为劈开人类跨入文明时代大门的利刃。

史书记载，蚩尤是中国金属冶炼的最早发明者，也是最早的金属兵器制造者，而最早的金属兵器就是青铜兵器。《管子·地数篇》载：“葛卢之山发而出水，金从之，蚩尤受而制之，以为剑、铠、矛、戟，是岁相兼者诸侯九。雍狐之山发而出水，金从之，蚩尤受而制之，以为雍狐之戟、芮戈，是岁相兼者诸侯十二。”[2]《吕氏春秋·荡兵篇》又载：“又曰蚩尤作兵。蚩尤非作兵也，利其械矣。未有蚩尤时，民固剥林木以战矣。”[3]《史记·五帝本纪》正义引《龙鱼河图》云：“（蚩尤）造立兵仗刀戟大弩，威震天下。”[4]《世本》《御览》等古书典籍中亦有蚩尤以金作戈、矛、戟、酋矛、夷矛等五兵的记录。从上述诸多记载看，蚩尤是中国金属兵器（青铜兵器）的最早发明者，而且发明铸造了剑、铠、矛、戟、戈、弩等不同种类的青铜兵器。

青铜兵器的发明及使用，赋予了蚩尤部落强大的战力，并在与炎帝部落、黄帝部落争夺资源及生存空间的战争中得以充分彰显。先秦《逸周书》载：“蚩尤乃逐帝（炎帝），争于涿鹿之阿，九隅无遗。赤帝（炎帝）大慑，乃说于黄帝，执蚩尤，杀之于中冀。”[5]此为第一次逐鹿之战，蚩尤部落凭借强大的军事实力大败炎帝部落。战败的炎帝则率部投奔了黄帝，并劝其兴兵讨伐蚩尤部落，最终斩杀了蚩尤。《史记·五帝本

[1] 王兆春：《中国古代兵器》，商务印书馆，1996年，第87页。
[2]《文渊阁四库全书·管子》，第729册，台湾商务印书馆，1986年，第247页。
[3]《文渊阁四库全书·吕氏春秋》，第848册，台湾商务印书馆，1986年，第325页。
[4]（汉）司马迁：《史记》，中华书局，1982年，第3页。
[5]《文渊阁四库全书·逸周书》，第370册，台湾商务印书馆，1986年，第43页。

纪》则载："轩辕之时，神农氏世衰。诸侯相侵伐，暴虐百姓，而神农氏弗能征。于是轩辕乃习用干戈，以征不享，诸侯咸来宾从。而蚩尤最为暴，莫能伐。炎帝欲侵陵诸侯，诸侯咸归轩辕。轩辕乃修德振兵，治五气，艺五种，抚万民，度四方，教熊罴貔貅貙虎，以与炎帝战于阪泉之野。三战，然后得其志。蚩尤作乱，不用帝命。于是黄帝乃征师诸侯，与蚩尤战于涿鹿之野，遂禽杀蚩尤。而诸侯咸尊轩辕为天子，代神农氏，是为黄帝。"[1]此处所载，先是黄帝于阪泉之野战败炎帝，随后又于逐鹿之野战胜蚩尤，此为第二次逐鹿之战。黄帝部落先击败炎帝部落，再打败蚩尤部落。上述两则史料记载交战原因及次序虽有异，但从战争结局看，炎帝部落无论是与蚩尤部落的战斗，还是与黄帝部落的争锋，皆为败北一方。分析其战败缘由，就军事而言，其中非常重要原因就在于炎帝部落在兵器制造及使用上的落后，最终显现为军事实力的相对弱势，从而极大影响了战争的结局。可以说，原始部落间的战争是先进生产力对落后生产力的战而胜之，并在兵器的优劣上呈现。《太白阴经》载："上古庖牺氏（伏羲）之时，剡木为兵；神农氏之时，以石为兵……黄帝之时，以玉为兵；蚩尤之时，铄金为兵，割革为甲；始制五兵，建旗帜，树夔鼓，以佐军威。"[2]《越绝书》则载："黄帝之时，以玉为兵。"[3]显然，以石制兵器为主要战斗武器的炎帝部落，在战争中自然难以抵抗最先以金属兵器（青铜兵器）装备军队的蚩尤部落。而随后，蚩尤部落在与黄帝部落的战争初期，依靠着相对先进的刀、戟、大弩等锋利的青铜兵器依然占据优势，九战九胜。《龙鱼河图》载："黄帝摄政时，有蚩尤兄弟八十一人，并兽身人语，铜头铁额，食沙石子，造立兵仗刀戟大弩，威震天下，诛杀无道，不仁慈。万民欲令黄帝行天子事，黄帝仁义，不能禁止蚩尤，仰天而叹。天遣玄女下授黄帝兵信神符，制伏蚩尤。"[4]黄帝与蚩尤初战接连不胜，最后在九天玄女的帮助下方才战胜蚩尤，并将其斩杀。

战争的结局颇有玄幻色彩，然探究黄帝真正战胜蚩尤的缘由，一方面应在于黄帝一向行仁义教化，远近归附者多，后又与炎帝部落形成联盟，整体实力胜于蚩尤部落。另一方面则是，原以玉制兵器为主要战斗武器的黄帝部落，在与蚩尤部落进行战争之前，其对于金属的认知、开采、冶炼、铸造已有初步掌握和运用。《管子·地数篇》载有黄帝与伯高谈论如何治理国家时谈话，伯高对曰"上有丹砂者下有黄金，上有慈石者下有铜金，上有陵石者下有铅、锡、赤铜，上有赭者下有铁，此山之见荣者也"。[5]而黄

[1]（汉）司马迁：《史记》，中华书局，1982年，第3页。
[2]《文渊阁四库全书·太白阴经》，第726册，台湾商务印书馆，1986年，第195页。
[3]《文渊阁四库全书·越绝书》，第463册，台湾商务印书馆，1986年，第115页。
[4]（清）黄奭：《黄氏逸书考·通纬·龙鱼河图》，第36册，第9-10页。
[5]《文渊阁四库全书·管子》，第729册，台湾商务印书馆，1986年，第247页。

帝部落此前也早已开始“极畋土、石、金、玉”，[1]并“习用干戈，以征不享”。[2]由此推断，在金属的开采、冶炼和青铜兵器制造上，黄帝部落虽暂落后于蚩尤部落，但已开始初步掌握，并运用于军事，而在与蚩尤部落的持续战争中，黄帝部落亦当积极汲取蚩尤部落先进的青铜兵器铸造技术，从而弥补了自身兵器装备上的差距，甚至到后期，很有可能已超过了蚩尤部落。

原始部落战争的频繁爆发，推动了黄帝部落、炎帝部落、蚩尤部落之间的相互碰撞及融合，由此逐步蕴育了华夏民族的核心主体，推动着中国原始社会开始由野蛮走向文明，并进一步催生着阶级和国家的形成。而青铜兵器在此过程中作为先进生产力在兵器上的物化与彰显，从一开始就烙印上了原始战争的印记，并在战争中成为推动原始社会跨入文明时代的特殊动力，进而在此后王权国家的形成、国家的统治、征战中发挥着更为积极的作用。

二、青铜兵器的发展兴盛

在由原始社会进入以“家天下”取代“公天下”的夏代后，中国社会正式由铜石并用时代进入了青铜时代。从夏商至战国早期，是青铜兵器不断发展并臻于至盛的时期。

战争是实现政治目的的工具，直接为政治服务并受政治支配。政治不仅能够导致战争的爆发，而且贯穿于战争的始终，影响战争的各个方面。统治者为稳固国家统治、维护阶级秩序、发动对外战争掠夺等，对于构建强大的军事力量有着强烈的现实需要。青铜兵器在铁制兵器出现并广泛运用之前，作为具有远超于木制兵器、石制兵器、骨制兵器、玉制兵器杀伤力的新式兵器，自然地成为统治者强化国家军事力量在武器装备方面的首选。同时，随着青铜开采、冶炼和铸造技术的不断进步，也为青铜兵器在种类、形制上的革新及数量、质量的提升提供了必要的前提，而王朝战争与列国征伐的频繁爆发，更赋予了青铜兵器发展的原始动力。

《左传 · 宣公三年》载：“昔夏之方有德也，远方图物，贡金九牧，铸鼎象物。”[3]《史记 · 封禅书》载：“禹收九牧之金，铸九鼎。”[4]《越绝书》又载：“禹穴之时，以铜为

[1]《文渊阁四库全书 · 大戴礼记》，第128册，台湾商务印书馆，1986年，第472页。

[2]（汉）司马迁：《史记》，中华书局，1982年，第3页。

[3]（春秋）左丘明著，刘利、纪凌云译注：《左传》，中华书局，2007年，第147页。

[4]（汉）司马迁：《史记》，中华书局，1982年，第1392页。

兵。”[1]从禹铸九鼎和以铜为兵可知，到夏禹之时青铜冶炼和铸造技术发展到了一定水平，而青铜兵器也在此基础上逐步成为装备军队的重要作战武器。在夏代中晚期都城遗址——河南偃师二里头文化遗址里，不仅出土了戈、刀、戚、锥、镞、斧、铲等种类繁多的青铜兵器，还出土了护甲、兵车等新式兵器。在众多的青铜兵器中，铜镞数量明显增多，部分铜镞的断面呈三角形，脊和两翼刻有血槽，制作技艺显著提高，极大增强了弓箭的杀伤力。在夏晚期的安徽巢湖三官庙遗址里也出土了钺、戈、剑、箭镞等青铜兵器。这些考古发现证明当时青铜兵器铸造技术的进步，并为商周时期青铜兵器铸造技术的进一步发展奠定了基础。

历经夏代四百七十余年的发展，青铜兵器在进入商朝，尤其是盘庚迁殷之后，与青铜礼器、乐器等同时得到了极大发展，并在铸造技艺、铭文、花纹、装饰等方面都表现出了高度的成熟和发达。殷墟自1928年考古发掘以来相继出土了大量的青铜器，包括礼器、乐器、兵器等，形成了以青铜礼器和兵器为主体的辉煌灿烂的青铜文明，并达到中国青铜时代发展的巅峰。殷墟出土了大量的戈、矛、钺、刀、镞等青铜兵器，并发现了多个大型铸铜遗址。其中，仅妇好墓就出土了多件青铜兵器，包括龙纹铜钺4件，青铜戈90余件。侯家庄1004号商王陵墓内也有大量青铜兵器出土，其中铜戈72件，铜胄141件，铜矛731件。殷王畿外，青州苏埠屯商代1号大墓出土的2件巨型铜钺，其中1件铸有“亚醜”铭文。这些考古发掘成果证明了殷商时期青铜兵器铸造业的兴盛。

商朝时期青铜兵器的发展与商王朝频繁的对内平叛和对外征战息息相关。商王朝曾历经九世之乱，国力衰弱，民心离向，周遭方国、部族纷纷反叛侵扰。武丁即位后，重整朝政，加强军备，为消除内忧外患，拓展疆土，掠夺人口、资源，对荆楚、巴方、土方、宙方等周边方国及部族进行了频繁征伐。据王宇信先生统计，商代各王征伐对象共计约136个。其中，武丁时81个、祖庚祖甲时2个、康辛康丁时17个、武乙文丁时28个、帝乙帝辛时8个。[2]而甲骨卜辞中除记载“丁酉贞，王作三师：右，中，左”[3]“丙申卜，贞，戎马左、右，中人三百”[4]外，还有“登人三千，呼伐土方”[5]“登妇好三千，登旅万，呼伐羌”[6]等多次军事行动记载。这些卜辞也可证明，商王朝不仅建立起了强大的三师

[1]《文渊阁四库全书·越绝书》，第463册，台湾商务印书馆，1986年，第115页。
[2] 王宇信、杨升南主编：《甲骨学一百年》，社会科学文献出版社，1999年，第498-499页。
[3] 郭沫若：《殷契粹编》，日本三一书房，1976年，第597片。
[4]（清）罗振玉编：《殷墟书契前编》第3卷，台湾艺文印书馆，1979年，第31页2片。
[5] 郭沫若：《甲骨文合集》，中华书局，1997年，第6407片。
[6] 郭沫若：《甲骨文合集》，中华书局，1997年，第39902片。

作为常备武装，并具有常规的军列配置，同时还能在对外战争中，少则投入上千人，多则上万人，这在当时的社会生产力水平条件下已展现出了强大的军事实力。

为确保战争的胜利，商朝统治者需要铸造数量更多且精良的青铜兵器以装备军队，而青铜兵器的铸造离不开铜、锡、铅等矿资源的开采和冶炼。然而在殷商时期安阳附近并无高品质铜矿及锡、铅矿。为满足庞大的青铜礼器和兵器铸造需求，当时的青铜冶炼与铸造应是分地域进行，需要在矿石原产地进行开采和粗加工，然后运至都邑再做熔炼并配制合金后铸造成器。在中国矿产资源分布上，丰富且高品质的铜矿多藏于江西、安徽等地，锡、铅矿则主要集中在江西一带。而这些区域当时并非殷商统治的核心疆域，这就决定了青铜原料的获取必然伴随着和平时期的朝贡和动荡时期的军事征伐掠夺。[1]商代对外战争频繁的一个重要的缘由就在于对矿产资源控制权的争夺，而因青铜原料掠夺爆发的战争及远途运输、护送等又催生着青铜兵器、车马器的不断发展。

商朝后期，车战成为战争的一种重要形式，由此推动着兵器铸造和兵制、战术的改革。据殷墟考古发掘可知，商朝军队编制为五车一组，二十五车为一大组，每车驾马两匹，车上有甲士三人，一人御车，一人持戈或矛，一人操弓箭。战车两侧和后面跟有步卒。“山东胶州西菴商代车马坑出土有四马所驾的战车，车舆内殉葬一持戟甲士。戟为戈矛合体，作‘卜’字形”。[2]此种战车配置，一直延续到周朝。此时作为主要格斗兵器的戈，在战斗中用于横击、钩杀和啄击，并已有曲内、銎内、直内等样式区分。周朝常备军的数量大大超过商朝，不仅有“西八师”“成周八师”，还有周王室的禁卫“虎贲”等。军队编制也有了伍、两、卒、旅、师、军之分，一军的兵力就达到了一万两千五百人。在西周时期，周王室内部及王室与周边强族间亦是战争不断。在对外征战，尤其是征伐东夷、南夷、犬戎、西戎、猃狁中，周王室对于青铜兵器的铸造有着更加强烈的需求，直接推动着青铜兵器的进一步发展。而青铜兵器被广泛装备于军队和应用于战争，不仅推动着战争的升级，加速着周王朝与诸侯列国的兴衰。同时，也以暴力的形式有力地推动着中原文明与周边方国、部族间的碰撞、交流与融合，促进了多民族国家的形成。

“国之大事，在祀与戎”。[3]春秋战国时期，礼崩乐坏，列国征战更加频繁。各国为富国强兵、争霸天下，厉行改革，普遍推行征兵制，齐、晋、楚、秦等千乘之国，带甲数万

---

[1] 华觉明、卢本珊：《长江中下游铜矿带的早期开发和中国青铜文明》，《自然科学史研究》1996年第15卷第1期，第1-16页。

[2] 山东省昌潍地区文物管理组：《胶县西菴遗址调查试掘简报》，《文物》1977年第4期。

[3]《春秋左传正义》卷二十七，《十三经注疏》，北京大学出版社，1999年，第755页。

至百万屡见不鲜。战争规模的空前扩大、军队数量的急剧增加、军制的锐意改革、战术的推陈出新等，对兵器铸造的数量、质量都提出了新要求，由此推动着青铜冶炼技术的高度发展，从而使得青铜兵器的铸造达到了登峰造极的水平。著名的花纹刃和铜柄钢剑是当时的代表之作。吴越地区的兵器铸造技术更是空前绝后，越王勾践剑、吴王夫差剑、吴王夫差矛等皆显示了此时期青铜兵器铸造技艺的精美和卓越。作为战车的配件，青铜车马器的生产也因西周至春秋时期车战的盛行达到了高峰。湖北随县战国初期的曾侯乙墓曾先后出土各式青铜器6 239件，重达10.5吨。其中，出土戈、矛、戟、殳、箭、盾、甲胄等青铜兵器4 777件（含4 507件箭镞），车马器1 127件。这充分反映了春秋战国时期青铜铸造的生产能力和技术水平。

同时，青铜兵器在社会生活中的地位也逐渐发生着改变，尤其是钺、戟、剑等青铜兵器逐渐削弱了自身的杀伐属性，而在煊赫的仪式中放大了自身作为权力等级的符号价值，开始成为社会等级区分、族群认同、禁忌和崇拜等精神意义的象征。如，在殷墟妇好墓中曾出土了4件铜钺，器身均铸有“妇好”铭文，这些铜钺是妇好集王后、祭司、军事统帅等多重身份于一身的权力象征，彰显着其地位的高贵。而在商周时期作为主要格斗兵器的青铜戟，则逐渐成为出行仪仗的重要组成部分，并在两汉时期发展为列戟，隋唐时期进而发展为门戟。在王勃《滕王阁序》即有“都督阎公之雅望，棨戟遥临”之句，戟已成为社会地位的象征。青铜剑在春秋后期也逐渐从作为实战的短兵器向王侯将相的佩饰过渡，其铸造也从注重实战功能转向了注重造型和纹饰，以彰显佩戴者的身份和地位。

三、青铜兵器的没落

青铜兵器没落于战国末年至秦汉时期，其逐渐为更为锋利和坚韧的铁制兵器所取代，这既是军事战争下的优胜劣汰，也是生产力发展的必然结果。

自商代晚期，中国先民既已发现并使用天然陨铁。但由于自然界陨铁稀少，其仅用于铸造兵器的刃部。在河北藁城台西村的商代遗址中曾出土了一件铁刃铜钺，即是用天然陨铁锻造成薄刃后，再与青铜钺身烧铸而成。西周晚期至春秋初期，冶铁技术有了初步发展。在河南三门峡虢季墓中，出土了迄今为止在中国发现的最早的一把铁剑，这也是中国最早的人工冶炼的铁制武器。但受冶炼和锻造技术的限制，此时期锻造的铁制兵器硬度并不足，难以媲美青铜兵器。《管子·小匡篇》载：“美金（青铜）以铸戈、剑、矛、戟，试诸狗马。恶金（铁）以铸斤、斧、钼、夷、锯、欘，试诸木土。”[1]

春秋中期至战国初期，随着块炼铁技术和块炼渗碳钢铁技术的相继应用，推动了铁器铸造的发展。此时期，青铜兵器虽依旧占据主导地位，但铁制兵器已逐步应用于军事领域。战国中后期，列国征战频繁，各诸侯国对于铁制兵器的认知和重视程度空前增强。《史记·范雎蔡泽列传》载：“(秦)昭王曰：吾闻楚之铁剑利而倡优拙。夫铁利则士勇……”[2]各诸侯国为强化装备，壮大军力，开始广泛设置专门的冶炼场所，委任官员管理，由工师、冶尹等官员主持冶炼和铁制兵器的铸造。在河北省易县战国后期燕下都遗址武阳台村中，曾出土79件铁器，内有矛、戟、刀、剑、匕首等兵器。经检测，皆是经过淬火处理后铸造而成的高硬度铁制兵器，其坚韧与锋利程度，已大大超过了青铜兵器。

秦汉时期，钢铁冶炼和铸造技术有了进一步发展。随着淬火技术、脱碳退火技术的推广应用，“百炼钢法”“炒钢法”的相继发明，铁官组织的正式设立等，铁制兵器的铸造数量和质量都得到了极大提升。铁制刀、矛、戟等逐渐取代青铜剑、戈、戟等，成为军队的主要武器装备。在考古发掘中，秦始皇陵兵马俑坑中曾出土了4万余件剑、戈、戟、矛、殳等青铜兵器，其数量之多、种类之齐、工艺之精湛，前所未有，但这当是秦朝统一前大规模、标准化、高水平青铜兵器生产的继承和延续，也是国家统一后集天下兵器于咸阳的遗存，更是青铜兵器在冷兵器时代最后的绝响。而考古学者在西安曾发现一座建于汉高祖毁于王莽时期的兵器库，内藏铁制刀、剑、矛、戟、箭镞及部分青铜兵器。其中，铁制兵器数量已远远超过了青铜兵器，生动地反映了此时期青铜兵器和铁制兵器的此消彼长。

魏晋南北朝时期，百炼钢技术已发展成熟，又发明了适应大规模生产的“灌钢法”。钢铁产量大大增加，钢铁兵器得以广泛铸造并普遍装备军队，青铜兵器最终退出了历史舞台。其在元明清时虽又有青铜火铳、火炮新兵器出现，并长时间应用，但步入近代以后，相对于列强的铁炮，已较为落后，并渐被历史淘汰。

纵观青铜兵器的发展史，其与中华民族的强弱兴衰及消长生息紧密相关。作为先进生产力在兵器上的物化和彰显，青铜兵器是中国古代使用最早的金属兵器，并从一开始就烙印上了战争的印记。其不仅在历史的演进中成为推动社会发展的特殊推力，也在生产力不断向前发展的递进中完成了自身的兴衰嬗变，并深刻地影响着不同时期的战争、生产关系与上层建筑。

---

[1]《文渊阁四库全书·管子》，第729册，台湾商务印书馆，1986年，第93页。

[2](汉)司马迁：《史记》，中华书局，1982年，第2418页。

参考文献：

1. 李学勤:《新出青铜器研究》,文物出版社,1990年。
2. 李伯谦:《中国青铜文化结构体系研究》,科学出版社,1998年。
3. 朱丹:《青铜兵器》,云南人民出版社,2005年。
4. 张光直:《中国青铜时代》,生活·读书·新知三联书店,2013年。
5. 许宏:《何以中国》,生活·读书·新知三联书店,2014年。
6. 郭妍利:《商代青铜兵器研究》,社会科学文献出版社,2014年。
7. 徐坚:《时惟礼崇:东周之前青铜兵器的物质文化研究》,上海古籍出版社,2014年。
8. 陈志达:《殷墟武器概述》,《庆祝苏秉琦考古五十五年论文集》,文物出版社,1989年。
9. 安志敏:《试论中国的早期铜器》,《考古学报》1993年第12期。
10. 韩建业、杨新改:《王湾三期文化研究》,《考古学报》1997年第1期。

读金识“亞”

——从造型学及文化人类学的视角分析*

张华堂

（潍坊学院）

在研究青州苏埠屯墓群青铜器的过程中，必须要涉及的一个问题就是“亞”形（字）的释意，它在商周青铜器铭文和甲骨文等不同形式的商周文字资料中的应用是异常重要的。“亞”字联缀铭文在河南之外，远到辽宁的多省都有出土，基本分布以安阳为中心向四周散射，但以河南和山东为多，在有铭青铜器中所占比重很大，故李白凤《东夷杂考》“释亞”有殷末周初东夷之器，多附氏族徽识于此“亞形图像”之中。[1]宋代张抡《绍兴内府古器评》云：“凡器之有亞形者，皆为庙器。”[2]庙器即祭器，实创始于莱夷。故通过读金来识“亞”是较为直接的，通过研究努力梳理构建“亞”在铭文中原始的理性秩序，还拜物与礼制以真实。

一、研究现状分析

商周历史研究、商周青铜器研究特别是铭文研究中，众多问题的探究都要讲到“亞”，所以自文献著述以来，“亞”作为一个造型简单辨识度比较强的框架符号，容易

---

* **基金项目**：国家社会科学基金（艺术学）青年项目“青州苏埠屯商墓青铜器研究”（14CF119）；山东省高等学校人文社科研究计划项目“弥河流域商周青铜器的调查与特点研究”（J15WF19）；山东省艺术科学重点课题“商周时期海岱地区的纪国青铜器研究”（1506306）；山东省教育科学“十三五”规划课题“学科渗透视野中的高校美术审美教育研究”（BCA2017012）的阶段性研究成果。

[1] 李白凤：《东夷杂考》，齐鲁书社，1981年，第151–156页。

[2] 张抡：《绍兴内府古器评》，刘庆柱、段志洪、冯时主编：《金文文献集成》，线装书局，2005年，第16册，第213–245页。

搜集资料，一直以来是重要的研究对象。“亞”在《战国策》和《左传》中都有连带语句，《说文解字》：“亞”，醜也，象人局背之形，贾侍中说以为次第也。[1]到北宋至清代中期，无论是图录类、款识类、藏品目录类、研究著作类、字典类等，上自王室下起文人争相搜寻、展示、探究。期间关于“亞”字解释比较单一，基本框架在“望文生义”、“望形生训”的基础研究阶段。清代中晚期成绩突出者当属其时的大儒，在清末民国日本及欧美的收藏家（汉学家）也加入到研究的行列，随着考古学在中国的兴起及考古工作者的培养，涌现出了一批“亞”及联缀铭文释读的拓展者，新世纪以来有一批博士生对“亞”字进行了较为详细的理顺和举例对比分析。只要打开有关商代的论著看不到“亞”字反而是新鲜的，总之众家研究虽然争议不休，倒是越来越接近其本质了。民国之前的释读相对比较简单，各家著录之中有少量提及或偶尔涉猎，近现代重复别人观点和只有少量创新。“亞”缀铭文的研究中关于“亞”字的论述，放在分类的各类观点之中。

《汉字的世界》（东洋文库）把不同的“亞”形做了较简单的罗列。[2]高田忠周《古籀篇》卷一·12-14和卷八·21-24对金文、甲骨文、石刻文中的“亞”字个体与亚字组合有较仔细的释读。[3]张光直《中国青铜时代》：论“殷代的‘亞形’”，可谓是“明堂”说中西材料的新解释。[4]艾兰通过人类学的角度，以条理清晰的逻辑推理出商人的宇宙观、拜物精神衍生出来的精神产物与新石器时代的宗教文化是一脉相承的，不可否认艾兰是张光直学说的延伸。[5]巴纳、张光裕《中日欧美澳纽所见所拓所摹金文汇编》683-721页集中了115铭“亞”形青铜器铭文，当是有意为之，并对“亚”统计后分7类进行了简单论述。[6]王心怡《古代图形文字艺术》用了三分之一的篇幅，采用《集成》、《总集》、《近出》、《新收》的材料对“亞部”青铜器铭文进行了统计罗列，还创作了书法作品。[7]

郑业敩《独笑斋金石文考》卷一·一四至卷一·一七，“释亞”一文是较早专文综合论述“亞”形的，总结了其前面学人的学说，提出并论证了好多新观点，信息量比

---

[1] 许慎：《说文解字（附检字）》，中华书局，2005年，第307页。

[2] 白川静：《汉字的世界》（东洋文库），平凡社，2000年。

[3] 高田忠周：《古籀篇》，刘庆柱、段志洪、冯时主编：《金文文献集成》，线装书局，2005年，第31册。

[4] 张光直：《中国青铜时代》，生活·读书·新知三联书社，2013年，第315-327页。

[5] 艾兰：《“亚”形与殷人的宇宙观》，《中国文化》1991年第4期，第31-47页。

[6] 巴纳、张光裕：《中日欧美澳纽所见所拓所摹金文汇编》，刘庆柱、段志洪、冯时主编：《金文文献集成》，线装书局，2005年，第26册，第235-245页。

[7] 王心怡：《古代图形文字艺术》，凤凰艺品中心，2009年。

较大。[1]于省吾《甲骨文字释林》"释亞"否定了宋前诸说，"亞"字象隅角之形，其为"阿"字的古文。[2]朱芳圃《殷周文字释丛》："亞"，火塘。西南民族有遗风，象征祖先神。"亞"为象形，"稚"为假借，"窨"为形声，三者一也。[3]王献唐认为亞音"tu"，是"徒"的借字，不是一种爵位，而是一般低级服役的徒众，其认为"亞"联缀铭文无实证解释，只能是一种特殊身份的标记。[4]孙亚冰《卜辞中所见"亞"字释义》通过对甲骨卜辞汇总，分析出七种意思，和金文"亞"字的研究正好进行互联互证，严志斌对其观点进行了简单分析，并借以进行了试比较。[5]李白凤《东夷杂考》"释亞"从古文献论述宗庙、社塘与"亞"的关系，认为它是宗教的产物，世袭的司职氏族标志。[6]

严志斌《商代青铜器铭文研究》"商代青铜器铭文中的职官——'亞'形问题"，归结为九种说法，对冯时的"小宗"说和"次第"说提出质疑。[7]雒有仓《商周青铜器族徽文字综合研究》认为"亞"联缀铭文是与职业有关的族徽。[8]王长丰《殷周金文族徽研究》"殷周金文带'亞'字族徽整理与研究"是一篇好文章，其突出点在于列举了大量的甲骨文资料与青铜器铭文相互印证，拓展了商代"亞"文字组合的数量，并对一些观点举证进行了推翻。但综合近40页的论述无非证明其一个观点："亞"是另立新宗庙的象征，"亞[某族徽]"形式的殷周金文族徽的内涵即是"亞"内的某族在五世之后另立新宗，成为新的宗庙始祖，"亞[某族徽]"是其后世子孙对他的称谓。[9]何景成《商周青铜器族氏铭文研究》"'亚'字的含义分析"，对前人的研究分六类进行了梳理，又从联缀铭文和考古发掘论证可能是属于诸侯一级的高级贵族职官，不一定全是武官，联缀是家族名号身份，后来是自豪的身份象征。[10]王进锋认为"臣、小臣与商史研究"给我们研究小臣与"亞"的关系提供了很多信息。以青铜器铭文内容中的官职来旁证"亞"属的性质，是字源考证中互证的途径。[11]

---

[1] 郑业敩：《独笑斋金石文考》，刘庆柱、段志洪、冯时主编：《金文文献集成》，线装书局，2005年，第18册，第12–34页。

[2] 于省吾：《甲骨文字释林》，中华书局，2009年，第337–338页。

[3] 朱芳圃：《殷周文字释丛》，中华书局，1962年，第16页。

[4] 王献唐：《山东古国考》，青岛出版社，2007年，第180–183页。

[5] 孙亚冰：《卜辞中所见"亞"字释义》，《纪念殷墟甲骨文发现一百周年国际学术研讨会论文集》，社会科学文献出版社，2003年，第228页。

[6] 李白凤：《东夷杂考》，齐鲁书社，1981年，第151–156页。

[7] 严志斌：《商代青铜器铭文研究》，上海古籍出版社，2013年，第157–176页。

[8] 雒有仓：《商周青铜器族徽文字综合研究》，黄山书社，2017年。

[9] 王长丰：《殷周金文族徽研究》，上海古籍出版社，2015年，第175–212页。

[10] 何景成：《商周青铜器族氏铭文研究》，齐鲁书社，2009年，第47–61页。

[11] 王进锋：《亚旨铜器、苏埠屯一号墓与小臣旨》，《中国国家博物馆馆刊》2011年第12期，第62–71页。

“亞”形联缀铭文的研究，传世铭文的新解释和考古发掘出土“亞”联缀铭文的释读，占了近几十年来“亞”形释读的绝大部分，“亞其”、“亞曩”、“亞”、“亞寞”、“亞址”、“亞若”、“亞若癸”、“亞启”、“亞醜”、“亞弓”、“亞禽（离）”、“亞旅”、“亞羌”、“亞戈”、“亞獏（犬）”、“亞豕”、“亞”等，对每一铭的研究少有几十人，多的达百以上人。

二、商周“亞”字的独立形式

（一）青铜器之外其他材料的“亞”形（从新石器到商代）

从符号“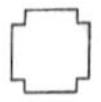”到造字之初“亞”作为一类文字，必然经历了从简单到复杂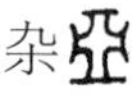再延伸到的过程，谈陶器的“亞”文字从渑池仰韶和西安半坡的似亞符号显得过于牵强，而马家窑文化青海柳湾有较多复杂的近似“亞”形符号，上海崧泽文化、安徽凌家滩、双墩文化陶器刻符，韩建业《再论丝绸之路前的彩陶之路》论述了公元前3500年左右的中亚阿尔丁特佩发掘彩陶的部分图案外形是典型的正方短边“亞”形，不可否认这是先人们对客观世界的总结，是一种特殊的表意图案，更是一种说明。吴城二期出土黑釉硬陶瓮肩部刻画“亞”字，安阳苗圃北地一件蚌饰片（84H14：11），磨制，亚字形，中穿孔。[1]亞形状的形成可能是因为四角的圆孔破损导致的，而非刻意为之，当以区别对待之。《郑州二里岗》图七·4商代陶豆的圈足上有“亞”字形镂空，可能是仿青铜器所做，艾兰认为是一种青铜器象征意义的表现，[2]“亞”形不是突然出现的而是漫长的文化总结，是一种综合意义的反映。

阿尔丁特佩　　阿尔丁特佩　　柳湾　　崧泽　　凌家滩

安徽双墩　　安阳殷墟　　西安老牛坡　　蚌饰片　　郑州二里岗

---

［1］郑若葵：《1982－1984年安阳苗圃北地殷代遗址的发掘》，《考古学报》1991年第1期，第91－123页。

［2］艾兰：《“亞”形与殷人的宇宙观》，《中国文化》1991年第4期，第31－47页。

(二)青铜器造型上的"亞"形孔

艾兰在其论文和专著中都谈到青铜器的"亞"形镂孔,不大不小的"十"字形孔是一种标准,非常大的可以称为"亞"字形孔,那非常小的就可以称为"甲"字形孔,这样可以给人"望文生象"的直接作用。纵观青铜器的这些镂孔位置基本一致,在腹的下部与腹足或圈足的交接处,从时间上从商代中期到西周中期,器物上的镂孔数量不等、大小不一,关于铸造的镂孔众家说法不一,从器形结构和范线来看似乎合乎铸造之说,数量上排第一是圆觚,图会给我们直观阐释(但有近半数觚没有镂孔),这些有镂孔的青铜器底部多有铃,孔会起到传声的作用,殷墟中期以后,镂孔缩小,还有一部分镂孔是方形的,比较下来还是"十"字形镂孔装饰性最强。圆尊次之,可能是因为部分觚、尊近似之故,《殷墟戚家庄东269号墓》中的Ⅱ式尊,腹足间饰凸弦纹一周及对称的两个假"十"字镂孔也是一种装饰体现。瓿的镂孔较多,簋、盘、豆、壶、杯、卣、俎、鼓、盂等镂孔较少,呈方形"亞"形更少,镂孔位置一般在圈足、腹足、器柄或底部,下图是部分青铜器镂孔的展示。特别是《新修泉屋清赏》101页的商代铜鼓,其底面为亚字形结构,是性能、祭祀属性、铸造等原因使然。

二651

台故铜000010N000000000

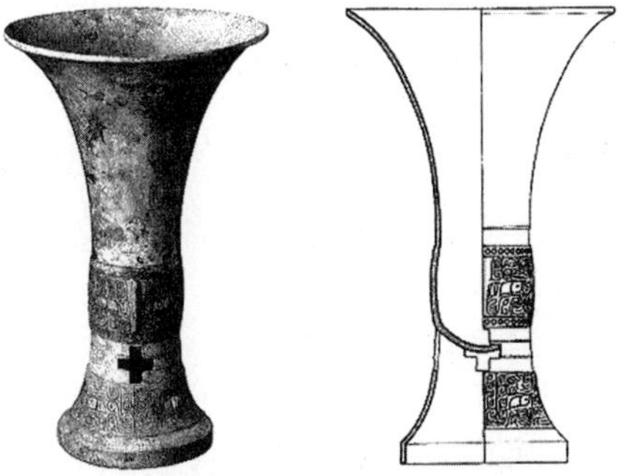

二653

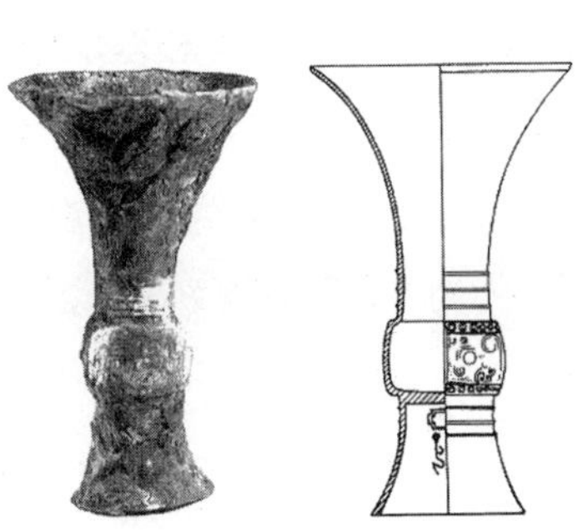

二652

台中铜000019N000000000

台R002013

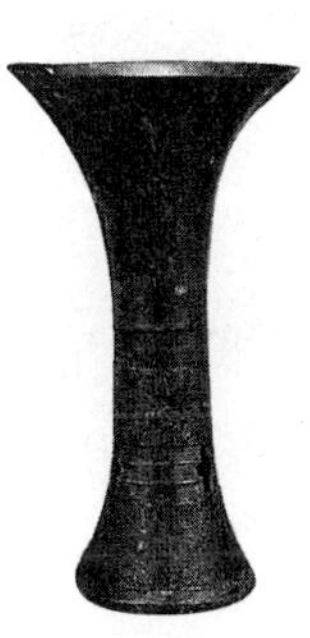

台中铜001600
N000000000

台中铜000783 N000000000

台78679-218-01a

台中铜000872 N000000000

台6921

台R001073BRZS_05

台R00207

故铜002298N000000000

研商87铃豆

研商122

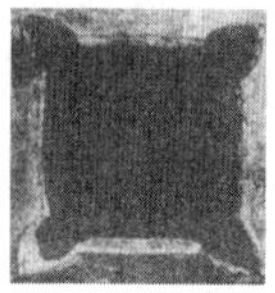

泉101页鼓底

（三）青铜器上独立的“亞”形铭文

关于“亞”形在青铜器上的出现，曹淑琴认为在殷墟一期，杨晓能根据妇好墓的资料认为当在殷墟二期，早期的“亞”形在图形文字的一侧、上方或下方，到殷墟三期开始包围图形文字，到殷墟四期出现了大“亞”形包围单篇铭文。殷墟三期前通常写作，殷墟三期（或更早）则演变为“”形。[1]关于青铜器“亞”之初始，下面我们主要以器上独立存在的“亞”铭进行探讨。

1. 一目了然的独立“亞”形

“亞”应该是方形的，各新石器时代的陶文刻符中多有近似形象，青铜器独立铭文中方形直角的“亞”才是它的本源。方“亞”形状的改变，在应用的时间和空间上造成了风格变异的形象，进而显示出不同的含义和更深层次的传达，特别是双亞和双层亞的形式并无几例，当有特殊的制器原因及独特的含义。“亞”到底是不是族名一直以来争议不断，“亞”铭青铜器以安阳出土为最多，其中《安阳殷墟花园庄东地商代墓葬》“亞长”矛有一部分只单面有“亞”铭，我们结合前面的分析认为“亞”是族名，近227河南正阳出土鼎“巫”“亞”同置。

[1] 杨晓能著，唐际根、孙亚冰译：《另一种古史：青铜器纹饰、图形文字与图像铭文的解读》，三联书店，2017年，第175-176页。

暨10904　成1147　暨8701　暨8851　近188

海3936　籀补14·8　成1145　成1145　成1144　近227

2. 在较短铭文中变化较大的"亞"形及几种特例

下列"亞"形除考5·8实为"言"外，其他都释为"亞"，高田忠周《古籀篇》在卷一和卷八对前八例进行了简单的分析，[1]2-4例较为相近，3例是2例的不准确摹写。从时间上来说摹1059属于周初，西10·8器似春秋，帖17属于战国，成10843戈的"亞"和联缀铭文出现在同一器物的两面上或两部分上，关于"双亞"的器物并不多，西10·8更是少有，我们认为此类"亞"形都有各其特殊的意义。

芳圃　博15·32　帖40　成7097　暨1818　古籀8·24　帖17

考5·8　摹1059　成10843戈　郁-献15·216　西10·8　成9007　古籀40

3. 在较长铭文中的变化及集中形式

下面这些特例各不相同，代表着一种类型，为研究"亞"提供不同佐证。下图陶3·26、成904、啸堂24的"亞"都在铭文的开篇，图成5287、成5287、故宫青铜器29商逦簋的"亞"都在铭文的末尾，图暨11738、二321西早亣鼎、成181、二324西晚訾鼎的"亞"都在铭文中的不同位置，其中的"亞祖"多有文章专门论述，"博11·18""曩"的外大亞形是"亞曩"身份的说明，此类在文章的最后也有说明。例12的"亞"不规

[1] 高田忠周：《古籀篇》，刘庆柱、段志洪、冯时主编：《金文文献集成》，线装书局，2005年，第31册。

则，极似“壶”字的下部结构，当读为“亞”，“亞”既有独立于世的个体意义，也有联缀各种铭文的组合意义，那到底有没有造字之初就有融入“亞”作为偏旁部首的组合字呢？在商代除室、壶（见钟57页、校784页等）之外，例13是类似“壶”字的组合字，在这种字中“亞”只留存了图形表意的作用。

陶3·26

成904

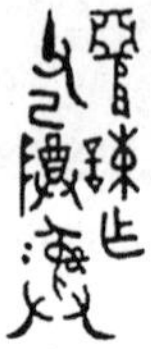
啸堂24

成5287

成5287

故29商逦簋

暨11738

二321西早亢鼎

成181

二324西晚訇鼎

博11·18西晚

例12

例13

（四）疑似“亞”形的铭文

“亞”字在商代后期，特别是到西周的中期，是可以和其他的一些外轮廓形状的符号是可以互相“置换”的，研究发现这些其他外轮廓形状符号组合的铭文，基本上涵盖在“亞”字组合之下的，这些往往被大家所忽视。近似“亞”形的铭文，见过以下不同种类的十几种组合，但每类铭文的器物并不多。

第一类铭文本身具备“亞”形图案，也和“亞”联缀表意，到底是图案，还是另有意思有待进一步研究；第二类具备“亞”结构元素，罗振玉云“亞”盖家族之家之最初文也，高田忠周也有此说，“室”“壶”之属实为象形之状；第三类有城垣之形，行字之释，部分可与“亞”缀表意，关系非同一般又有从属之意，李白凤认为“卝”字不得混为“亞”；第四类◇是一个经常独立出现的铭文，也经常与“亞”形的联缀铭文一块出现，当为族名，而非“亞”。第五类“介”之下的铭文大多与“亞”联缀过，当有“亞”字的应用属性；第六类“口”与第五类用法近似，特别的是“介”与“口”部分也能互置；第七类“卯”应该不是残“亞”，郑业敩《独笑斋金石文考》“释亞”以为两者最为接近，但研周147却似残“亞”，但这类情况并不多；第八类释为“宁”，属于应用范围很大外框形，又与“亞”的联缀铭文经常组合，“亞”与“宁”应该有同类级别属性，其中二809为殷墟戚家庄东出土，与二497同墓地但不是同一个墓葬，显现出外形的变化性。

成10699 成4841 成4841 海275页 总5320 研商329页 钟57页 钟57页

海1276页 校784页 西3·38 成792 成10745 成6829 成1425 成5093 成4779

成7187 二2·129 近387 台187844-350-4 近252 近944 成1851 成7181 总280

总3592 贞879页 成7805 校1972页 成7754 摹986 摹987 摹988 暨6918 总103

校993页 成7189 总104 成1864 二641 积2·3 台63782-052 研周147 敬13·19

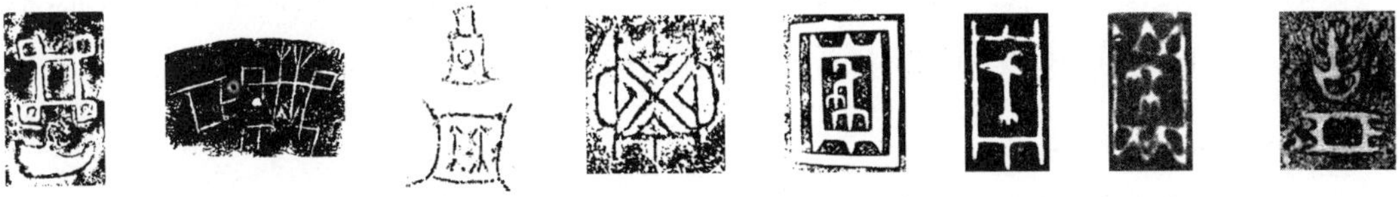

成4883 二809 二497 成6829 摹1079 成839 近946 台109906-051

三、“亞”说

本节包含不同阶段学人的研究成果，总结之后进行了分类说明和旁征，与第一节互为补充。

（一）界画说

郭沫若在《周代彝铭进化观》中认为图形文字以亞字形范之，亞字形者如后人之刻印章而加以花边。[1]《古籀篇》卷一·14亚字亦自兼藻文界画。[2]杜在忠认为外廓“亚”字与会意无关，[3]张富祥认为古人或曾将部族图腾绘在旗帜上，若在旗帜四角加装饰，即可形成此种“亚”形，[4]李学勤从卜辞可知“亞”是文字，不是装饰或符号。[5]杨晓能就在其专著中提出了质疑，而李日、郭春香一文专门论证是一种装饰性边栏，[6]董艳艳简单陈述了“亚”字的装饰和美化。[7]其观点并非空穴来风，因为清代的金石学家们的印章多有此边框，又三十年代多家著录铭文。为此我翻阅《中国书法全集92·先秦玺印》、罗福颐《古玺汇编》、[8]黄惇《先秦印风》，看了秦及两汉印章、封泥、陶文等近万枚，各期材质有别、形状不同、章法各异、风格多样，仅发现了几枚相同和近似的东周玺印。

玺459页“敬”，没称“亞敬”，说明见多识广的罗氏后人仅把它当成印章的边框。萧春源《方寸乾坤——珍秦斋藏历代玺印精品集》241页，[9]特像“亞”字形的墓葬形式，是表意的装饰。玺475页“鉨”，亞形边框，似李白凤“释亞”描绘的宫庙平面图。玺103页“长陞”，青铜器铭文有此外形，此处仅作外框装饰用。玺493页两印虽形状近似，方框之内实为一体也。由此可见虽然东周和汉代很多大墓还流行“亞”的结构形式，但由近2万枚印章来证实“亞”形内的铭文组合，自东周以后已经没有了商代西周时期“亞”字组合的特殊含义，变得流于花边而已。

何毓灵、岳占伟赞同肖像印说而非印模说，[10]按论述逻辑应该是家族族徽印章，而罗福颐、王人聪认为是铸造青铜器用的母范，我们把对应的铭文结合暨10392图，以先贤研究战国陶文与战国玺印、秦汉封泥与秦汉印章之间的联系印证，我们认为其有两种作用即印章和印模，但两者之间应所区别，有待考古发掘证明。秦孝

[1] 郭沫若：《青铜时代》，《郭沫若全集》，科学出版社，2002年，第280页。
[2] 高田忠周：《古籀篇》，刘庆柱、段志洪、冯时主编：《金文文献集成》，线装书局，2005年，第31册。
[3] 杜在忠：《杜在忠学术文存》，文物出版社，2014年。
[4] 张富祥：《逄国考》，《管子学刊》2010年第4期，第117-125页。
[5] 李学勤：《考古发现与古代姓氏制度》，《考古》1987年第3期，第253-257页。
[6] 李日、郭春香：《青铜器上的“亚”字考》，《古汉语研究》2000年第1期，第86-88页。
[7] 董艳艳：《金文中的“亚”字考》，《大理学院学报》2005年第2期，第41-48页。
[8] 罗福颐：《古玺汇编》，文物出版社，1994年。
[9] 萧春源：《方寸乾坤——珍秦斋藏历代玺印精品集》，人民美术出版社，2004年。
[10] 何毓灵、岳占伟：《论殷墟出土的三枚青铜印章及相关问题》，《考古》2012年第12期，第70-77页。

仪认为《国之重宝特展图录》20[1]"亞禽"印章中的"亞"在此不是作为界画存在，而是有特殊意义的联缀符号。

玺459页

方241页

玺475页

玺103页

玺493页

玺493页

暨10392

重20

(二) 拜物与祭祀的原始精神文化

1. 龟说与大地观

台187691-045-1

张光直的论述之中凸显这种观点，艾兰认为殷商人心目中中心象形四方观的土地之形为"亚"字形，[2]殷商至西周初期普遍存在于文字、器物与陵墓营造中的"亞"字形是古人心目中宇宙中心的象征，龟的腹甲也是"亞"形。赖炳伟认为"亞"本象龟腹甲之形，表示大地。[3]台187691-045-1的"亞"中，龟背纹饰呈"卝"形，确实有地极四方的象征属性，我们认为此龟是图腾属性的族徽，依然与"亞"联缀，显示出它的从属性。

2. 火塘说

朱芳圃认为"亞"，火塘也。象形。原始社会有祀火之俗，于室之中央砌一形之塘，燃火其中，昼夜不息，视为神圣之所，无敢跨越。亞为殷代宗彝中习见之图铭，盖所以象征祖先之神所凭依也。[4]李白凤在《东夷杂考》中不止一次的重复"亞"是巫祝司祭所守之"火塘"，乃露天而祭之"社"，乃"社"的象形字。"亞"者，社坛也。[5]王迅从字形推测亚与行的字意相反，其四方皆阻塞，不能通行，是火塘，称亞。[6]山大博士曹艳芳赞同此观点。

3. 祭祀仪礼说

《绍兴内府古器评》亚之为义，或主于献或主于器，[7]杨晓能认为"亞"是通用的

[1] 秦孝仪:《国之重宝特展图录》，台北故宫博物院，1994年。
[2] 艾兰:《"亞"形与殷人的宇宙观》，《中国文化》1991年第4期，第31-47页。
[3] 赖炳伟:《"亚框"寻踪——兼释"亚"字》，《寻根》1997年第5期，第522-523页。
[4] 朱芳圃:《殷周文字释丛》，中华书局，1962年，第16页。
[5] 李白凤:《东夷杂考》，齐鲁书社，1981年，第151-156页。
[6] 王迅:《东夷文化与淮夷文化研究》，北京大学出版社，1994年。
[7] 张抡:《绍兴内府古器评》，刘庆柱、段志洪、冯时主编:《金文文献集成》，线装书局，2005年，第16册，第213-245页。

成9958

但规格很高的祭祖仪式，使用这种仪式是某些权贵群体的特权，因此它又表示一个特定的社会阶层。一看到青铜上有“亞”形图形文字，就知道以“亞”表示的作器者的社会地位，或表示这种仪式已经举行过了。[1]李振言认为“亞”是二元系统宇宙意识的图像化表现，与之联缀的都是“绝地天通”的祭祀圣物和祭祀现场。[2]艾兰用自己的观点推算出“亞”与“天圆地方、绝地天通”玉琮形象相一致，是连接宇宙两级力量的通灵之物。[3]“成9958”的类似车马葬组合就是一种很好的说明。

（三）室、宗庙及建筑说

台187847-450-1

持此观点的古今中外学者众多，明堂的研究历史悠久，又有考古发掘的亞形城池、亞形建筑（房子、庙宇）、亞形墓葬、亞形棺椁作为证据支撑，阮元、吴荣光、徐同柏、郑业敩、林义光、王国维、罗振玉、高田忠周、于省吾、陈梦家、张光直、张凤、朱凤瀚、艾兰、王长丰等，影响力最为广泛。台187847-450-1（右图）像似妇好墓地下墓葬和地上建筑，“亞”上两笔象征灵魂的出入。

《说文》口部：“，宫中道。从口，象宫垣道上之形。”《绍兴内府古器评》曰凡器之有亚形者皆为庙器，盖亚形所以象庙室耳。商周束卑，夫亚者乃藏主石室之形。[4]郑业敩《独笑斋金石文考》介绍详细。《古籀篇》卷一·13载室字所从即与亚同，知亚为亚室义。[5]陈梦家认为天室、天位、天宗都是祭天的明堂。[6]《典台》中铜000609N000000000商亞鼎，后足之上鼎腹内壁，单铸一个特大的“亞”字，与其他器铭族徽之大小适中者迥异，为宗庙的象征。[7]朱凤瀚根据甲骨文和墓室、棺椁的亞形赞成庙室说。[8]刘正认为“亞”字有宗庙和“室”、寝的意义。“室”具有“庙”的性质（符合主流的“亞”字宗庙说）。[9]李白凤认为“宖”乃覆屋而成之居（庙、寝），又说古器之

---

[1] 杨晓能，唐际根，孙亚冰：《另一种古史：青铜器纹饰、图形文字与图像铭文的解读》，三联书店，2017年，第283页。

[2] 李振：《商周“亞”系图像的二元对应现象》，《齐鲁艺苑》2014年第3期，第4-8页。

[3] 艾兰：《“亞”形与殷人的宇宙观》，《中国文化》1991年第4期，第31-47页。

[4] 张抡：《绍兴内府古器评》，刘庆柱、段志洪、冯时主编：《金文文献集成》，线装书局，2005年，第16册，第213-245页。

[5] 高田忠周：《古籀篇》，刘庆柱、段志洪、冯时主编：《金文文献集成》，线装书局，2005年，第31册。

[6] 陈梦家：《西周铜器断代》，中华书局，2004年，第152-153页。

[7] http://catalog.digitalarchives.tw/item/00/10/b5/22.html，2016年8月12日。

[8] 朱凤瀚：《商周青铜器铭文中的复合氏名》，《南开学报》1983年第3期。

[9] 刘正：《金文庙制研究》，中国社会科学出版社，2004年。

亞形图像旧多作庙宇解,实未深达其旨,其认为清代之前诸说乃经生泥古之说也。[1]

(四)职业说、特殊的标识与记号

白川静把“亞”字推测成职业的标志。[2]高本汉搜集大量“亞”形青铜器铭文进行了比对,说明“亞”是商代的标准格式之一。

1. 一般服役者

王献唐认为“亞”的联缀族徽多表现出一定的社会职业性,与“旅”一样是一般低级服役者。[3]这种直接的形象在商代的青铜器部分铭文中有直接的传达,所以洪家义认为“亞”是职业世袭的徽号。[4]也有学者反对此说,王长丰以安阳郭家庄、刘家庄墓葬为例反证可谓抓住了关键。苏埠屯又是一个典型的例子,同墓出土的器物可谓丰富异常,“亞”联缀铭文中有七八种用绿松石进行了镶嵌,一般的服役者怎可能如此奢侈豪华,但我们认为独立存在的“亞”联缀铭文最初多数就是社会职务的体现。

2. 特殊的职业

王迅认为火塘称亞,后来引申义为火正职务。[5]山大博士曹艳芳从此说。[6]李白凤认为倘稽以金铭,似乎并不是周承殷制,而是一种远承原始社会的遗风旧贯,这种职务例由巫祝掌握,所以有“亞祝”之称,“亞”之起源由于宗教,其制为“社”,是职为“亞”。[7]单亞与巫是否可通用待思考。白川静在早期的研究之中,曾怀疑“亞”形可能代表服侍于商族的神职族氏,[8]刘正认为金文中的“巫”字基本就一种写法,[9]我们认为“亞”、“巫”、“癸”造型与组合有本质的区别不可通用。

(五)官爵说(爵称)

“亞”这个字,郭沫若解为:“殷有官职曰亞,周人延其制。”《周颂·载芟》:“侯主侯

[1] 李白凤:《东夷杂考》,齐鲁书社,1981年,第151-156页。
[2] 白川静:《金文通释》,刘庆柱、段志洪、冯时主编:《金文文献集成》,线装书局,2005年,第44册。
[3] 王献唐:《山东古国考》,青岛出版社,2007年,第180-183页。
[4] 洪家义:《从古代职业世袭看青铜器中的徽号》,《东南文化》1992年第Z1期,第93-97页。
[5] 王迅:《东夷文化与淮夷文化研究》,北京大学出版社,1994年。
[6] 曹艳芳:《山东出土商代青铜器研究》,山东大学博士论文,2006年。
[7] 李白凤:《东夷杂考》,齐鲁书社,1981年,第151-156页。
[8] 白川静:《金文通释》,刘庆柱、段志洪、冯时主编:《金文文献集成》,线装书局,2005年,第44册。
[9] 刘正:《金文庙制研究》,中国社会科学出版社,2004年。

伯,侯亞侯旅。"《书·牧誓》:"亞旅师氏。"《酒诰》:"百僚庶尹,惟亞惟服。"[1]董艳艳以《金文引得》载"亚"铭器分析"亚"最初的意义表示作器者家族中曾有人做过"亚"职的官,且级别较高,后来虚化成家世显赫的标志。西周以后官职发生变化,很多商代"亚"职的官名周代以后很少使用了,"亚"作为爵位和家世象征的意义也就趋于淡化了。[2]斯维至根据卜辞认为"亚"是职官。[3]金耀认为商王朝的"亞"官,是可以世袭的。[4]张富祥认为"亚"形外框可能是表示侯伯身份和官爵地位的,如同宗社祭坛和大型陵寝的"亚"形,具有特殊的政治含义。[5]李孝定、李雪山等学者认为亞与其他官职并用,当为爵称。王建军引冯时"小宗"说,认为"亚"字,如果解释为职官名应该是可取的。[6]何毓灵认为"亚"为一种"官职","长"应是家族姓氏。[7]"摹1079"、"校238页"等"亞"册三铭,更说明"亞"是一类高等官爵。

1. 武官说

陈梦家认为"多亚""亚"都是官名,亞的联缀者多为武官之职,这从一些出土武器较多的商代墓葬报告中可知,[8]曹定云进一步明确为诸侯中的武官,高于一般诸侯,[9]所以推测苏埠屯M1的身份甚高,严志斌专著中进一步阐述苏埠屯M1是商王外派的武官。张懋镕认为是与文职册对应的武官。[10]夏名采在谈苏埠屯青铜器时同意"亚为官职或爵位"说。[11]雒艳丽在论述"亞醜"钺时有此观点。[12]反对此说者有山大博士曹艳芳,而王长丰分四大项进行了反证。

2. 内服的诸侯

郭家庄伴随"亞"联缀铭文出土的其他铭文都没有亚字,但是这些无"亞"铭文都与"亞"字有单独的联缀组合形式。所以说亞有内外之分,是身份的象征,是一种商王

[1] 李白凤:《东夷杂考》,齐鲁书社,1981年,第151-156页。
[2] 董艳艳:《金文中的"亚"字考》,《大理学院学报》2005年第2期,第41-48页。
[3] 转引自何景成:《商周青铜器族氏铭文研究》,齐鲁书社,2009年,第47-61页。
[4] 金耀:《亚微罍考释——兼论商代孤竹国》,《社会科学战线》1983年第2期,第207-213页。
[5] 张富祥:《逢国考》,《管子学刊》2010年第4期,第117-125页。
[6] 王建军:《殷周时期的"举族"及其相关问题》,《考古与文物》2010年第1期,第57-62页。
[7] 转引自何景成:《商周青铜器族氏铭文研究》,齐鲁书社,2009年,第47-61页。
[8] 陈梦家:《西周铜器断代》,中华书局,2004年,第152-153页。
[9] 曹定云:《殷商考古论丛》,艺文印书馆,1996年。
[10] 张懋镕:《试论商周青铜器族徽文字独特的表现形式》,《文物》2000年第2期,第46-51页。
[11] 夏名采:《苏埠屯"亚醜"青铜器》,蔡凤书主编:《国宝发掘记》,齐鲁书社,2004年,第56-62页。
[12] 雒艳丽:《浅析山东博物馆馆藏亚丑钺的人面兽相纹饰》,《今传媒》2018年第1期,第156-157页。

血脉的远近关系的显现。李零说"亚"还演变为职服,亦兼内、外服而有之,一种是所谓"亚旅"一类军官,即《书·酒诰》所说的内服之"亚"。[1]丁山也认为"亞"的联缀者是内服的诸侯,反对此说者有山大博士曹艳芳。[2]

3. 外服的诸侯

李零认为一种与"侯"相似的"亚",属于外服之"亚",西周铜器提到"诸侯大亚"应是外服之"亚"。[3]杜迺松也持此种看法,认为具有"亚"铭族徽的物主人应是外服诸侯。[4]

(六)人名、族属与国族

宗族说在严志斌《商代青铜器铭文研究》160页论述很详细。牛济普的观点与异姓方国说正好相反,他直接提出:"亞"为商代以血亲分封的爵称,也可看作是商族的扩大和发展——出现新的氏族或氏名。[5]从出土"亞"形铭文墓地的考古发掘的综合分析来看这句话是有很大问题的。

冯时认为亞宪皇卣之"亞"为宗族中的小宗之称,知亞宪为孤竹小宗。[6]王长丰认为"亞"是另立新宗庙的象征,"亞(某族徽)"形式的殷周金文族徽的内涵即是"亞"内的某族在五世之后另立新宗,成为新的宗庙始祖,其后世子孙对他的称谓。[7]

刘节认为原先的"亚"恐怕还只能当作本族、"胞族","大亚"才是"部族"。[8]艾兰是支持这种观点的,特别是他运用墓葬、墓室、墓道、棺椁等证明身份的方式来显示与商王朝的远近关系。[9]凡有亞形图像的铜器,李白凤疑其始源于莱夷族。[10]"亚"是一种身份的象征和标识。

---

[1] 李零:《苏埠屯的"亚齐"铜器》,《文物天地》1992年第2期,第42-45页。

[2] 曹艳芳:《山东出土商代青铜器研究》,山东大学博士论文,2006年。

[3] 李零:《苏埠屯的"亚齐"铜器》,《文物天地》1992年第2期,第42-45页。

[4] 杜迺松:《全国铜器鉴定所见金文考察》,故宫博物院编:《故宫博物院十年论文选》,紫禁城出版社,2005年。

[5] 牛济普:《商代两铜玺刍议》,《中原文物》1993年第3期,第91页。

[6] 冯时:《堇鼎铭文与召公养老》,《考古》2017年第1期,第78-82页。

[7] 王长丰:《殷周金文族徽研究》,上海古籍出版社,2015年,第183页。

[8] 刘节:《中国古代宗族移殖史论》,正中书局,1971年。

[9] 艾兰:《"亞"形与殷人的宇宙观》,《中国文化》1991年第4期,第31-47页。

[10] 李白凤:《东夷杂考》,齐鲁书社,1981年,第151-156页。

1. 人名

好多学者认为“亞”即是族名，也是私名。我们结合前面青铜器的分析认为商代“亞”是族名，也是私名。

2. 族属与族徽

商亞鼎(《典台》中铜000609N000000000)，宗庙是家族信仰的中心，故“亞”字本义应解为家族方确，应只是用来标示本器乃家族之宗庙祭祀用器而已。[1]李零认为凡带“亞”的族氏大抵都是表示该国与商王间的一种宗法关系，可指血缘的分支或旁支。[2]王长丰说单独的一个“亞”应是族徽。[3]李白凤认为“亚，为族徽，以荣其祖。是以东夷各族多有以之铭器以示宗族显赫者”。[4]1991年葛应会讨论了“亞”形的图形文字系统，“亞”是子族分支的族徽。

3. 异姓方国说

李伯谦结合发掘和研究提出有“亞”的国族，至今未发现与商同姓者，不排除是受商王节制、与商王朝有着贡纳关系的异姓方国标志的可能。[5]王长丰认为殷周金文族徽中的部分“亞”正是方国、族、氏宗庙的象征。[6]

4. 婚姻关系

张亚初认为亞是婚亞之亞，凡与殷王朝有婚亞(娅)关系的国族，都可以用亞字表示。[7]李零论苏埠屯青铜器时也说“亞”可能与婚姻有关。[8]

(七)其他说

1. “亞”形非亞的几种释读

许慎说“亞”，醜也，象人局背之形。[9]宋代董逌说王存乂以“亞”为鸟，今考钟鼎

[1] http://catalog.digitalarchives.tw/item/00/10/b5/22.html，2016年8月12日。
[2] 李零：《苏埠屯的“亚齐”铜器》，《文物天地》1992年第2期，第42-45页。
[3] 王长丰：《殷周金文族徽研究》，上海古籍出版社，2015年，第175-212页。
[4] 李白凤：《东夷杂考》，齐鲁书社，1981年，第151-156页。
[5] 李伯谦：《中国青铜文化结构体系研究》，科学出版社，1998年。
[6] 王长丰：《殷周金文族徽研究》，上海古籍出版社，2015年，第175-212页。
[7] 张亚初：《从古文字谈胡、胡国与东胡》，《文博》1992年第1期，第17页。
[8] 李零：《苏埠屯的“亚齐”铜器》，《文物天地》1992年第2期，第42-45页。
[9] 许慎：《说文解字(附检字)》，中华书局，2005年，第307页。

铭“恶”或为“亞”，古人于书盖假借从声。[1]于省吾判断为“阿”字的古文。[2]朱芳圃认为“亞”为象形，“雅”为假借，“䆘”为形声，三者一也。[3]《秦书八体原委》说是古押字。[4]《积古斋钟鼎彝器款识》、《敬吾心室彝器款识》和《金文总集》部分“亞”形释为弜。郑业敩《独笑斋金石文考》载钱献之以为亞乃古黻字：《汉书·韦贤传》师古注曰绂画为弜文。弜，古弗字也。至若虎父丁鼎，其文作亞形。与两弓相背之弜迥别，何得掍而为一？岂见汉书误本韦贤传注，隋书何稠传，弜并伪亚，遂隐据之而为是说耶。盖惑于钱氏无稽之言，牵传经义以矜博奥，致蹈穿凿之失耳（陈左海辨弜字引王复斋款识，商弜木父丁爵，又引山左金石志孔庙孔亚尊，令复采两书实并作亚，陈盖明知弜亚，不可互通故改字以迁就其师说耳）。[5]

2.“亞”即夏说

何天行的《亚与夏》一下把“亞”字的时期推到了夏商之交，利用吴城二期刻画的“亞”分析了与夏的关系。[6]

3.“次”第说

《左传》《战国策》文中有“亞”作次第讲，贾逵也认为是次第。[7]陈梦家、牛济普都认为“亞”还有“次”（第二）之意，也是孙亚冰《卜辞中所见“亞”字研究》“亞”字七种意思之一。高田忠周《古籀篇》论“亚尊”按说文引贾侍中说以为次第也，此非亚字本意，朱骏声云：亚字训次也者，假借为叙也，余予亚古时皆在同部故也。“亚父丁爵”諲恶其实皆醜亚之转义，两者皆当以亚兼之矣。[8]杜迺松称“亚祖”表示其比再上一辈的“曾祖父”辈低一辈。[9]次第的实际意义应该从西周晚期或春秋初期独立出来，从部分青铜器铭文和其他材料可以佐证。

---

[1] 董逌：《广川书跋》，刘庆柱、段志洪、冯时主编：《金文文献集成》，线装书局，2005年，第16册，第185–212页，第209页。

[2] 于省吾：《甲骨文字释林》，中华书局，2009年，第337–338页。

[3] 朱芳圃：《殷周文字释丛》，中华书局，1962年，第16页。

[4] 转引自严志斌：《商代青铜器铭文研究》，上海古籍出版社，2013年，第157–176页。

[5] 郑业敩：《独笑斋金石文考》，刘庆柱、段志洪、冯时主编：《金文文献集成》，线装书局，2005年，第18册，第21–22页。

[6] 何天行：《亚与夏》，《江西历史文物》1982年第2期，第16–20页。

[7] 转引自许慎：《说文解字（附检字）》，中华书局，2005年，第307页。

[8] 高田忠周：《古籀篇》，刘庆柱、段志洪、冯时主编：《金文文献集成》，线装书局，2005年，第31册。

[9] 杜迺松：《论西周金文父祖宗亲辈分称谓》，《故宫博物院院刊》2010年第3期，第140–149页。

四、商周“亞”字联缀的组合形式
——以“亞醜”为例

“亞”字联缀铭文中绝大多数徽号包含在“亞”框内，少数置于“亞”框下或“亞”框上，还有“亞”框内“亞”框下均有徽号，而徽号形体并不相同，绝大多数为阴文，阳文较少。其中“亞醜”作为“亞”的联缀族徽铭文相对比较单纯，没有其他族属的介入，“亞”内较复杂的组合型铭文应该属于族徽铭文研究的范畴，又因为此类复杂组合铭文研究向来争议颇大，所以选择了“亞醜”铭文作为研究对象，较能接近“亞”形变化的本质。“亞”“醜”组合200多铭见表一，[1]仅有一件多铭方觥因铭文变化较大而存在争议外，它们是如此纯粹，这在当时是唯一的，这可能是因为其特殊的家族职责和地位而决定的。

表一　“亞醜”族徽铭文中的不同“亞”形一览表

青铜器类别	有铭器数	亞铭总数	正方直角	正方弧角	正方短边	竖长直角	竖长弧角	竖长短边	横长直角	横长弧角	横长短边	其他 正方弧角短边
鼎	39	38	17	2	—	15	2	2	—	—	—	1有亞醜未见
簋	14	16	6	3	—	7	—	—	—	—	—	1无亞
甗	5	6	4	—	—	—	1		1	—	—	—
敦	1	2	1	1	—	—	—	—	—	—	—	—
爵	13	15	5	—	1	7	—	2	—	—	—	—
角	2	4	—	2	—	2	—	—	—	—	—	—
斝	2	2	1	1	—	—	—	—	—	—	—	—
尊	30	34	18	4	—	10	2	—	—	—	—	—
彝	7	10	2	—	1	5	2	—	—	—	—	—
觥	6	12	12	—	—	—	—	—	—	—	—	—

[1] http://www.jrqzw.net/show-10-11270-1.html，2018年12月22日。

续 表

青铜器类别	有铭器数	亞铭总数	正方直角	正方弧角	正方短边	竖长直角	竖长弧角	竖长短边	横长直角	横长弧角	横长短边	其他 正方弧角短边
罍	10	17	11	6	—	—	—	—	—	—	—	—
卣	18	27	14	1	—	11	1	—	—	—	—	—
壶	3	3	—	—	—	2	—	—	—	—	—	1
觯	6	7	1	2	—	2	1	—	1	—	—	—
觚	15	15	3	2	2	6	—	—	1	—	—	1有亞醜未见
匜	2	2	2	—	—	—	—	—	—	—	—	1盖1器
盉	6	10	2	—	—	8	—	—	—	—	—	—
铙	3	3	—	—	2	—	—	—	1	—	—	—
斧锛	3	3	1	—	2	—	—	—	—	—	—	—
武器	19	23	22	—	—	—	—	—	—	—	1	—
不知器形	6	6	1	—	—	5	—	—	—	—	—	—
合计	210	256	123	24	8	80	9	4	4	0	1	无图三

一览表也包含了不同著录中的伪器、疑伪器、古仿器，但它们实际上都是仿照“亞醜”器之铭文铭刻的，在总数中所占比例并没有容庚后期评述中的那么多，刘雨先生做了后期的校正，严志斌的说法又多是怀疑，因为版本不同而可能重合者也就几件，所以基本不影响总体分析。方形“亞”155铭，占绝大多数，并且只有方形“亞”出现在每种器物上，暨01197亚醜父辛鼎也没有因为偏旁的省略而变成纵形而是保持了方形，长铭16铭中“亞醜”都在铭首，方形直角“亞”14铭，“亞”略竖长直角1铭（因为章法布局），“亞”略横长直角1铭。因铭文组合而变换“亞”形的有4器5铭，因“亞”形而改变字体的1铭，然仅竖长直角1铭。竖长直角“亞”93铭，受鋬、柄等书写空

间影响的仅有14铭，约占15%，所以书写位置对“亞”形有一定影响，但并不是主要的。横长方形“亞”不足2%仅能算是特例。一部分没有四角的“亞”铭占的比例并不大，大部分是故意为之，少数是四角边缘磨损。在“亞”形中连接外围直线的直角线和短弧线的关系中，直角220铭，弧线34铭，并且存在直角与弧线并用现象（这里有直角磨损造成的，但大部分是刻意为之）。竖形直角“亞”比例很大，不是因为器物形制、字形及形体变换等原因造成的（位置、空间有一定影响），其原因不好解释。大量例证说明，“亞”形变化并无太多的本体含义，“亞”当为方形之制，方形直角“亞”才是最基本、延续性最强的“亞”形格式，而“亞”形体现的天圆地方宇宙观说由此受到质疑。

五、“亞”形联缀铭文的比较分析

这部分与铭文造型关系较大，与铭文的释读也有关系，凡“亞”联缀铭文基本都能在“亞”形之外找到独立运用的文例，“亞”联缀铭文变化多样，联缀者以在“亞”形内为先。在判断“亞”联缀的相似铭文和不清晰铭文时，有的族徽铭文特点突出，一目了然区别于其他铭文，即使与多数铭文在一起也容易分辨。一部分铭文非常近似，实则并非同类。一部分差异巨大，实则为正体的简体或异写。要充分考虑全篇铭文相互之间异同点，部分邻近图片我们认为实为一字，其中又有一部分属于伪刻或伪器，所以去统计“亞”形联缀的具体数量及各所占的比例则显得毫无意义，故在此不做详细说明，有几例左右相排者实为一铭，在他人著述中释为不同内容，今也罗列以提示。其中组合变换多样不容易辨别源、流的，“亞”与多种族徽铭文的组合在特殊环境下是表意的，在文中一块罗列于其中两种铭文之旁。

（一）“亞”形与独立天干地支（先祖称谓）的组合

下列铭文的器物时间跨度较大，且数量很少，说是“亞”族所属过于牵强，其中“成7825”和“成7826”似乎应该属于族。“亞”形联缀铭文与此类铭文的组合占商代周初铭文的绝大部分。

成7105

成1703

成8405

暨10417

暨12038

成10521

成8631

台187744-0864

成7126

成7125

校1972页

成7844

成7825

成7826

暨9669

成9025

(二)“亞”形与整体人形的组合

商周铭文中围绕人形的表意字占很大比例,其中大部分会与器物组合以表达特定的意思,多是具象的,少是抽象的,侧面动式的居多,正面静式的为少,或立或屈变化丰富。“亞”形以正方直角为主,竖长直角为次,再者就是正方短边出现频率较高。

1.“亞”形与正面人形的组合

独立的正面人形还是有较大差异的,所以释文差异也很大,但是这类的组合并不多,“亞”形多因人形而变换,这类器物数量也较少。“文”字中间的纹饰是多样性的,籀补9·2的“亞”可能是一种纹饰的表现。

成1408

成9394

暨8033

摹1051

暨8027

成6375

成5751

摹1025

成9956

成1425

成3093

摹1050

摹1077

成9854

成8887

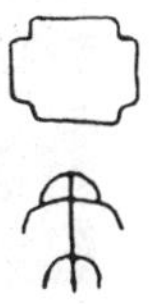
摹1052

成6157

成5746

摹1092

籀补9·2

2.“亞”形与侧面人形的组合

侧面全身人形因体形纵式,“亞”形内有此类铭文的竖长直角明显增多,与正方直角并峙,可以看出有些本该取纵式的还是尽量空余左右空间以取方形。

成7179　暨3656　总4053　成828　海3238　成1446　成4818

摹1020　暨6203　成7788　暨1695　成1415　西24·25　研商060

成2694　摹1079　成3235　暨10211　暨560　暨15910　成866

成9544　暨9841　暨1175　成9852　成7264　成9810　暨13739　成8852

成7243　成11114·1　二917　台187749-1201　成6976　成6371　暨10546

窸16·19　成11114·2　摹1027　西1·18　研商107　成8778　成4814　成9768

3.“亞”形与人体结构的组合

这类人体结构多体现其功能性，眼、耳、手、脚、舌（告）等这类“亞”联缀铭文多是方形，其中手、脚组合的延伸多根据内容组合造成的布局而多呈竖“亞”式。

寒62页　台78682-014-02b　成5865　暨13736　成5332　古籀12·16　成6482　成5569　成5079

新597　成5014　成6483　成6495　成7817　成7818　成741　成1416　成7815　积2·18

成9853　暨16585　成7801　暨13235　成1409　成1402　缀24·7

成1818　成11749　暨8296　摹1068　成1909　暨7033　暨561

(三)“亞”形与武器的组合

此类组合以戈和双弓为最多,而戈与其他带“亞”的铭文组合最是多样,“成9958”像极了车马殉葬坑发掘图,方“亞”更像是一种祭祀的圣物或神坛,最后四图显示出了族属的社会职业属性或职务。

成3298　暨2408　成2725　成9228　暨8786　成9958　成6992亞立刀　成7827

西8·8　暨8784　台187765-2134　宝113　成505　积1·19　暨1815　敬13·19

(四)“亞”形与植物的组合

植物的族徽铭文及复合氏名比较多,但是与“亞”的联缀组合却不多,可能是因为商周时期植物的神灵属性不再像新石器时代那样崇高。

成10837　成7181　成6403　成842　成7178　成5011　三补49

(五)"亞"形与动物的组合

动物分为野兽类、家畜类、禽类、水族类、昆虫类、圣灵类,不可否认前面的动物很多有图腾神灵崇拜的属性(虽然很多专家不认为中国有图腾),其中又包含了象形、指事、会意三种内涵。很多研究印章学的把肖像印溯源到商代是有一定道理的,安阳出土的三枚印章中有一枚"亞禽(重20)"朱文印,印章中左右两边的示是可以移出来的,与相同或相近的铭文进行对比研究,再参考先贤研究战国陶文与战国玺印、秦汉封泥与秦汉印章之间的联系,我们认为其具有青铜器铸造母模的身份。"成7805"是个特例,这只鹿形即作为"亞"联缀铭文存在,又作为装饰图案而存在,以突出和强化自己的族属。

成5147　暨1370　暨11035　校821页　成1820　一21页　成3393　暨1153

成1842　成7803　钟9·204　暨9667　成8850　摹991　成1401　成6983

成6465　暨11224　摹996　成8853　摹989　成7805　成1870

成8953　成2111　摹993　成1420　成9102　成7228　成6378　成5925

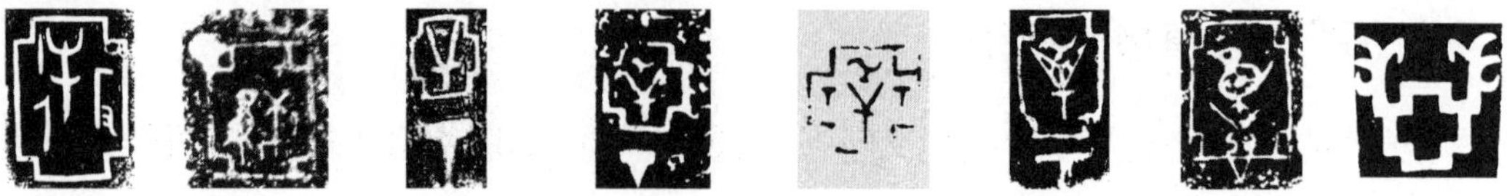

成6158　校754页　成8785　暨10392　重20　成9238　成9959　暨18499

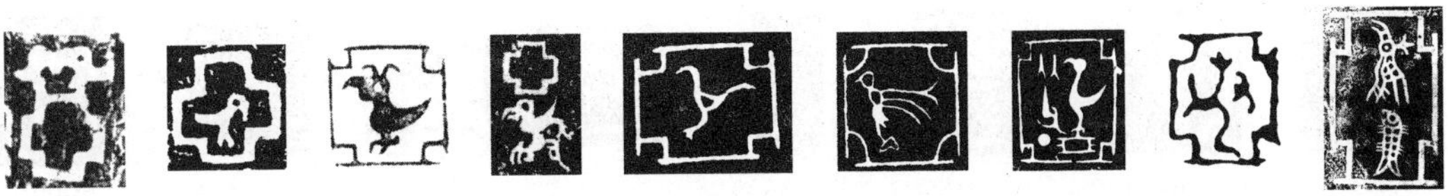

成7810　成7809　成1817　成6981　成5943　成3300　成9403　摹777　成1741

成5162　成8890　新597　成3330　摹990　成6988　台187766-2223　暨10391　成9078

成9375　二180　成1742　成5836　成5926　台187691-045-1　成968　成8782　成411

(六)“亞”形与造物(文字)的组合

本组非常丰富也异常复杂，一些能看出造物之形，更多能看出概括的文字属性，部分铭文的邻旁多为同一个铭文的不同造型，好多铭文学者还颇具争议或没有释读出来。暨11024、暨13509、二917三者为一铭。

摹1064　暨11231　暨8419　成3100　成5564　成9160　台187764-2079　成6414

古籀45·26　暨10953　成1872　摹1073　暨9756　成3308　成1406　成1407

成2594　成6379　成7830　积4·7　成2260　成7248　二113　成6484

成6163　成7184　成3655　成9807　成2014　成9011　成9015　台187771-2508

成9010　成6421　暨11024　暨13509　暨1817　摹1087　成3105　移1·3·36

暨8336　成1411　成455　成8788　成387　积2·3　成8035　乙2·4

续考1·20　成1414　台187732-0135　成1421　缀18·1　成5745　成7829　西10·12

暨19226　暨1811　摹1082　献18·348　西24·4　校1000页　暨12216　暨7559

成9478　暨10485　成6404　校238页　暨8034亚册舟

（七）"亞"形联缀铭文残缺者和不清晰者

这类铭文并不多，实因锈迹所掩或传世过程中损坏，少部分是铸造时就有残缺，我们对残缺留存的部位进行了认真仔细的分析，又对部分组合的铭文内容进行了比对，情况共分两种。

1. 残缺但能看出来局部的，与上面的列举铭文雷同者较少。

总4053　校1123页　摹1060　摹1023　摹1243　成1403　乙5·18

成9545　成1798　宁4·4(醜)　暨10571　暨9841　校680页

2. 残缺的连局部都看不出来的，有一部分可能是上述铭文的残缺者。

总297 暨3866 暨4015 摹1085 乙1·42 西4·17 三补518 摹390 成2374

乙1·42 成5368 成613 暨10325 成3301 摹1083 成8860 成2374 西28·15

(八) 以下四组是较为复杂的情况说明

1. 组成部分基本都有“亞”外轮廓形状

此组铭文与“亞”既能独立联缀又能组合联缀，每个个体及部分又都能独立于其他铭文中，这组铭文脉络清晰，传世量很大又有多地墓葬出土，分布地域极广，跨越时间近千年，所衍生的商周族属关系、部族迁徙与融合、复合式铭文的内部联系、内部的文化人类学因子等问题，尚有待进一步研究。

暨586 成4817 甲1·33 摹1017 成5078 成5924 总5369 成2702 博11·18

成1429 成1431 成6440 摹1070 成1423 成843 摹1012 暨11023

2. 苏埠屯“亞醜”铭文的变化

苏埠屯“亞醜”的醜字结构变化非常大，大的都不敢相信是一个字，其组成部分及近似字基本都有“亞”外轮廓形状（其、虎、犬、光等），苏埠屯亚醜器物铭文中存在着能与“亞”字联缀的其他族徽铭文。苏埠屯周边的商代青铜器铭文存在“亞”形联缀组合，其近似字也基本都与“亞”形联缀组合（己、其、并等）。

西1·14 三595页 成9766 台187681-007-2 苏10·1 礼505页 成5894 总538

暨 14619

暨 7065

暨 7558

礼 511 页

台 186809

海 676 页

台 52077-003b

古廿 25 页

台 187694-069-1

台金 0664

西 30 · 13

台 187687-006-6

西 24 · 23

3. 交叉变化、丰富多样的“亞”形联缀铭文及组合形式

在文章的结束阶段，应该寻找在研究上做进一步的思考和探讨的空间，下面的前4幅图片能够清晰地看清族徽组合的脉络，到5-7图就又添加了更多的元素构成了新的组合，透过不同族徽组合及变化，结合不同出土的地域及墓葬，可以很好地研究当时的族属交合和社会环境。

我们通过大量分析认为多个铭文放在一个大“亞”内的现象出现在殷墟三期晚段，一直持续到西周晚期，甚至到春秋中期，大“亞”的内容与不同时期铭文的数量增加呈同步性。

郁-献 15 · 215

成 3419

暨 1206

摹 1067

成 5911

郁-献 15 · 80

摹 1090

暨 3289

窸 7 · 16

暨 13280

暨 13289

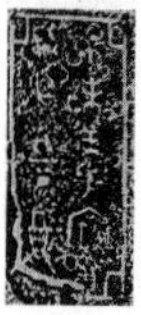
校 1270 页

表二　参考文献对照表

简　称	全　　称	简　称	全　　称
宝	《宝蕴楼彝器图录》	台	典藏台湾网
博	《博古图》	陶	《陶斋吉金录》
成	《殷周金文集成》	帖	《历代钟鼎彝器款识法帖》
二	《近出殷周金文集录二编》	西	《西清古鉴》

续 表

简 称	全 称	简 称	全 称
方	《方寸乾坤——珍秦斋藏历代玺印精品集》	苏	《海岱考古》第一辑《青州市苏埠屯商代墓地发掘报告》
古廿	《古物陈列所廿周年纪念专刊》	玺	《古玺汇编》
古籀	《古籀篇》	献	《金文文献集成》
故	《故宫青铜器》	校	《小校经阁金石文字(引得本)》
海	《海岱古族古国吉金文集》	新	《新出殷周青铜器铭文整理与研究》
寒	《寒金冷石文字》	续考	《续考古图》
积	《积古斋钟鼎彝器款识》	研商	《夏商周青铜器研究·夏商篇》
暨	《商周青铜器铭文暨图像集成》	研周	《夏商周青铜器研究·西周篇》
甲	《西清续鉴甲编》	一	《山东益都苏埠屯第一号奴隶殉葬墓》
近	《近出殷周金文集录》	乙	《西清续鉴乙编》
敬	《敬吾心室彝器款识》	移	《移林馆吉金图识》
考	《考古图》	郁	《郁华阁金文》
愙	《愙斋集古录》	贞	《贞松堂集古遗文》
礼	《故宫商代青铜礼器图录》	重	《国之重宝特展图录》
摹	《中日欧美澳纽所见所拓所摹金文汇编》	钟	《钟鼎款识》
宁	《宁寿鉴古》	籀补	《说文古籀三补》
泉	《新修泉屋清赏》	芳圃	朱芳圃《殷周文字释丛》
三	《三代吉金文存》	缀	《缀遗斋彝器考释》
三补	《三代吉金文存补》	总	《金文总集》

禽簋器主再议

胡　宁
（上海大学历史系）

禽簋（图一）是西周早期器，为侈口鼓腹铜簋。小侈口，圈足，腹略鼓，造型朴实无华，只在上腹部和圈足部饰有简单的云雷纹，有明显的早期作风，无论是造型上还是纹饰上，皆与殷墟四期铜簋极近。内底有铭文23字（图二），为：

王伐侯。周公某。禽，禽又。王赐金百寽。禽用作宝彝。

有争议的字，径用原拓。

图一　禽簋

图二　禽簋铭文

此器铭文之所以特别受到关注，是因为其中同时出现了“周公”和“禽”，研究者很自然会联想到周公旦和他的儿子鲁侯伯禽。而且，无论是“伐楚侯”还是“伐盖侯”，都无疑是西周早期的重大历史事件，且若是“伐盖侯”，则所征伐之地正是伯禽所封之地。然而，此器器主真的是鲁侯伯禽吗？笔者认为是值得商榷的。如果不带任何先入之见去探究此铭，不难发现其中的“禽”不可能是伯禽。而恰恰因为将与“周公”

同处一铭的器主视为伯禽，反而遮蔽了铭文本来所具有的历史价值。

一、从此器铭文看器主的身份

以下逐句讨论禽簋铭文。

（一）王伐侯

“伐”后的字，郭沫若释为“⿱林去”，并认为是“楚”的异文：“⿱林去即楚之异文，从林去声。旧多释‘無’，不知古‘無’字并不从林也。”[1]张政烺在对郭氏这段话的批注中提出了质疑，他说：“卜辞有楚字，与金文同，亦不如此。”怀疑应释为“盖”，列举了一些字形并说：“或是奄。惟称侯可异，或如三监之叛，未可知也。武庚之叛，奄助之，此盖克殷践奄时物。”[2]陈梦家也认为当释为“盖”，详论之曰：

> 所伐之国，疑即盖侯。盖即《墨子·耕柱篇》、《韩非子·说林》上所述周公征伐之“商盖”，《左传》昭九作“商奄”，昭元作“奄”。奄、盖皆训覆而古音并同，所以《吴世家》吴公子盖余《左传》昭廿七作掩余。盖侯即《孟子》所谓的奄君。《说文》“郁，周公所诛，郁国在鲁”，《续汉书·郡国志》“鲁国，古奄国”，《周本纪》《正义》引《括地志》云“兖州曲阜奄里即奄国之地也”，《集解》引郑玄曰“奄国在淮夷之北”。据《竹书纪年》，南庚迁于奄，盘庚自奄迁于殷，则奄旧为商都，所以《左传》定四说“因商奄之民，命以伯禽而封于少皞之虚”。《左传》昭元“周有徐、奄”，杜注云“二国皆嬴姓”，《正义》云“《世本》文也”。诸书都说周公伐奄，与此器合。[3]

唐兰的观点与陈梦家基本一致。[4]

郭沫若虽将此字释为“楚”，但在对令簋铭文的考释中说“楚即淮夷”，“此成王东伐淮夷践奄时器”。他这样说，是以《逸周书·作雒解》中一段话为依据，这段话是：“周公立，相天子，三叔及殷东徐奄及熊盈以略。……二年，又作师旅，临卫政殷，殷大

---

[1] 郭沫若：《郭沫若全集·考古编（第8卷）·两周金文辞大系图录考释》，科学出版社，1982年，第12页。

[2] 朱凤瀚等：《张政烺批注〈两周金文辞大系图录考释〉》，中华书局，2011年，第49页。

[3] 陈梦家：《西周铜器断代（上册）》，中华书局，2004年，第28页。

[4] 唐兰：《西周青铜器铭文分代史征》，中华书局，1986年，第38页。

震溃。……凡所征熊盈族十有七国，俘维九邑。”郭沫若说：“熊盈当即鬻熊，盈、鬻一声之转。熊盈族为周人所压迫，始南下至江，复西上至鄂。”[1]然而，“熊盈”是徐、奄等淮夷十七国的族名，《左传》昭公元年“周有徐、奄”，杜注：“二国皆嬴姓。”故杨宽说：“《逸周书》的熊盈族只指淮夷，并不包括熊氏的楚国在内。淮夷是嬴（盈）姓，楚国是芈姓，他们并非同族。”[2]

就此字字形来看，释为从林从㕣（去）并不误，但无论释为“楚”还是“盖”，都甚牵强，楚字从林从口从止，并不从去，郭沫若认为是异体，没有佐证。而“盖”，正如李孝定所言，古字形也不能说是从去的。《说文》：“盇，覆也。从血大。”小篆字形为。段玉裁注：“皿中有血而上覆之。覆必大于下。故从大。艸部之蓋从盇會意。训苫，覆之引伸耳。今则蓋行而盇废矣。”[3]朱骏声则曰：“今隶作盍，从去从皿，深得六书之意。疑篆本从去、皿，不从大、血也。”[4]西周彝铭中至今尚无可认定为“盖”的字形，战国时期的楚王酓忎鼎中作，确是从去从皿。但此字象器皿之上有盖覆之，则无可疑，所以下半部分的“皿”绝不可省，否则单凭“去”形无法识别为器盖。而且，此铭中的字形固然可言从“㕣（去）”，“大”形甚小，与“口”形距离又远，完全没有器盖之状。所以此字也不能轻易释为“盖”。在本文中，笔者暂且搁置在此字释读上的争论，仅将“王伐侯”理解为西周初年的一次周王亲征。

（二）周公某

唐兰说：“某读为谋，当是卜谋。奴隶主统治者最迷信，在决策时要问吉凶。《周礼·大卜》关于国家大事需要决定的有八项，其第四项是‘谋’。”[5]周时确有战前占卜之习，《尚书·大诰》所载成王时三监叛乱，成王欲征伐之，“用宁王遗我大宝龟”进行占卜，即是一例。但一者此铭文一开始即言“王伐侯”，则此次征伐已经决定；二者将战前占卜称为“谋”，文献中并无佐证，《周礼·大卜》中所言“谋”，据郑注引郑司农言，指“谋议”，即“事有疑难，卜以决之”，[6]并不仅限于戎事之谋。

张政烺疑“某”当释为“禖”，他说：“余久疑某为禖，而禖祭用于征伐，则不可通。

[1] 郭沫若：《金文丛考·金文所无考》，人民出版社，1954年，第44页。
[2] 杨宽：《西周时代的楚国》，《江汉论坛》1981年第5期。
[3] 段玉裁：《说文解字注》，上海古籍出版社，1981年，第214页。
[4] 朱骏声：《说文通训定声》，武汉市古籍书店，1983年，第711页。
[5] 唐兰：《西周青铜器铭文分代史征》，中华书局，1986年，第38页。
[6] 孙诒让：《周礼正义》，中华书局，1987年，第1937页。

然以文读之，则终疑为祺也。”[1]之所以未能肯定，是因为铭文前面说了军事行动（他认为是“伐盖（奄）”），而祺祭并非用于征伐。《说文》：“祺，祭也。”《玉篇·示部》：“祺，求子祭。”求子之祭当然不会用于征伐之事。后文言“禽，禽又”，字当释为“祝”（详后文）。当释为“脤”，《谷梁传》定公十四年：“脤者何也，俎实也，祭肉也。”则此处之“某”必指祭祀活动。

“某”字在金文中又见于西周中期的谏簋铭文：“女（汝）某否又（昏），母（毋）敢不善。”郭沫若说：“句法与《毛公鼎》‘余非（庸）又（昏）女毋敢妄宁’相同，知某乃读为靡。”[2]此说不可移易。则《禽簋》中的“某”不妨也读为“靡”，但此处显非表示否定的副词。《诗经·卫风·氓》：“三岁为妇，靡室劳矣。”《韩诗》曰：“靡，共也。”[3]王先谦曰：“言三岁之中，食贫同居，共室家劳瘁之事。”[4]案，诗中的“靡”，确应训为“共”，但并非共担、共饮之意，而是供役、供献。“靡室劳矣”，夫以妇为室，故《礼记·曲礼上》曰：“三十曰壮，有室。”故“室劳”是专指女性家务劳动而言，是无可与“共”的，“靡室劳”就是供室内之劳。“靡”可训为“共（供）”，正合“周公某”的语境，在铭文中应是指供献祭品。

（三）禽，禽又

，郭沫若、陈梦家皆释为“祝”。[5]唐兰释为“禓”：“为扬之本字。禓是祭名。”[6]此字当释为“祝”，祝字象人跪于示前有所祷祝之状，其中的人形，在甲骨卜辞中即有作双手上举之态的。[7]

，郭沫若释为敐，[8]陈梦家释为㲼。[9]唐兰则释为敒，认为“即角抵、角力之角”，在铭文中指“驱除强鬼”。[10]此字左半当为“辰”，陈梦家释为㲼不误，当通作

[1] 朱凤瀚等：《张政烺批注〈两周金文辞大系图录考释〉》，中华书局，2011年，第49页。

[2] 郭沫若：《郭沫若全集·考古编（第8卷）·两周金文辞大系图录考释》，科学出版社，1982年，第117页。

[3] 见于《易经·中孚》《经典释文》引《韩诗》、《列子·说符篇》注引《韩诗外传》。

[4] 王先谦：《诗三家义集疏》，中华书局，1987年，第297页。

[5] 郭沫若：《郭沫若全集·考古编（第8卷）·两周金文辞大系图录考释》，科学出版社，1982年，第12页；陈梦家：《西周铜器断代（上册）》，中华书局，2004年，第27页。

[6] 唐兰：《西周青铜器铭文分代史征》，中华书局，1986年，第38页。

[7] 于省吾：《甲骨文字诂林（第一册）》，中华书局，1996年，第345页。

[8] 郭沫若：《郭沫若全集·考古编（第8卷）·两周金文辞大系图录考释》，科学出版社，1982年，第12页。

[9] 陈梦家：《西周铜器断代（上册）》，中华书局，2004年，第27页。

[10] 唐兰：《西周青铜器铭文分代史征》，中华书局，1986年，第39页。

"祳",《说文》:"祳,社肉。盛之以蜃,故谓之祳。天子所以亲遗同姓。"典籍中多写作"脤",《左传》闵公二年:"帅师者受命于庙,受脤于社。"杜预注:"脤,宜社之肉,盛以蜃器。"又成公十三年,诸侯联军伐秦,"成子受脤于社,不敬。刘子曰:'……国之大事,在祀与戎。祀有执膰,戎有受脤,神之大节也……'",征伐之前受脤于社,正与此铭的内容相符。《诗经·大雅·绵》:"乃立冢土,戎丑攸行。"毛传:"冢土,大社也。起大事,动大众,必先有事乎社而后出,谓之宜。"可知在出行(包括出征)前宜社,至少可以追溯到太王时期。从甲骨卜辞来看,"土(社)的权能在商代晚期尚限于自然权能范围内,从不涉及人事"。[1]则战事之前祭社受脤,应是周人的传统。周人对社的重视,还可从《逸周书·克殷解》中看出,文中记载了周武王在商社中举行即位仪式的过程、参与人员和祝词。

由此可知,"禽祝,禽又脤祝",说的是禽在贡献祭品时祝告,又在受脤时祝告,两者皆是宜社的关键环节。从上文所引《左传·成公十三年》刘子之言来看,"受脤"与"执膰"一样是"神之大节",所以须再祝告一次。

此铭中的"禽"担任祝告之责,而西周早期器物中又有"大祝禽鼎"(见图三、图四),诸家皆认为两器中的"禽"是同一人。

图三　大祝禽鼎

图四　大祝禽鼎铭文

"大祝"当是禽所任的官职。

(四)王赐金百爰,禽用作宝彝

这是交代作器的直接原因:王赏赐了一百爰铜。由最后一句,可知作器者是禽。

通过以上的梳理,可将禽簋铭文译为:

---

[1] 朱凤瀚:《商人诸神之权能及其类型》,《尽心集》,中国社会科学出版社,1996年,第68页。

王征伐侯(出征前举行宜祭),周公贡献祭品,禽祝告,禽又在受脤时祝告,王赐给禽一百爰铜,禽用来铸造这个宝贵的礼器。

从此器和大祝禽鼎的铭文来看,禽在周初担任“大祝”一职,曾在周初某次周王亲征前的社祀中负责祝告。

二、“禽”非伯禽

此器器主禽,与“周公”同时出现,且从器物时代来看,应是第一代周公,即周公旦,而且器铭所言被征伐之国,若释为“盖(奄)”,则正是后来鲁国所封之地,所以学者皆将器主视为周公旦之子伯禽。字并不能肯定为“盖”,上文已言。从器铭内容来看,器主禽不可能是伯禽,主要理由有以下两条:

(一)伯禽是周公旦之子的字,而禽簋器主自称的“禽”是名

周代贵族的字,多采用“排行+字+甫(父)”的形式,如仲山甫、叔兴甫等。《礼记·檀弓上》:“幼名,冠字,五十以伯仲,周道也。”《仪礼·士冠礼》:“字辞曰:‘礼仪既备,令月吉日,昭告尔字。爰字孔嘉,髦士攸宜。宜之于假,永受保之,曰伯某甫。’仲、叔、季,唯其所当。”称呼时可以省去“甫”(父),如仲尼、叔向、季路等,也可以省去排行,如尼父、羽父等。出现于排行之后的只能是字,文献中找不到“排行+名”的称呼方式。伯禽,文献中或称“伯禽”,如《世本》:“鲁公伯禽卒。”“伯禽生炀公熙、考公就。”《礼记·曾子问》:“昔者鲁公伯禽,有为为之也。”《礼记·文王世子》:“(周公)抗世子法于伯禽。”《书序》:“鲁侯伯禽宅曲阜,徐夷并兴,东郊不开,作《费誓》。”《史记·鲁周公世家》:“公卒,子伯禽固已前受封,是为鲁公。”或称“禽父”,如《左传·昭公十二年》:“昔我先王熊绎,与吕伋、王孙牟、燮父、禽父并事康王。”杜注:“(禽父)周公子伯禽。”《今本竹书纪年》:“命鲁侯禽父、齐侯伋迁庶殷于鲁。”则“伯禽”之“禽”应是字,全称为“伯禽父”,不是名。

《礼记·曲礼上》:“君前臣名,父前子名。”祭祀等宗教活动中,于神明、祖先之前当然也称名。李学勤论甲骨文、金文中的人名时说:

> 在甲骨文、金文中,对神、祖先或王而言,其他身份的人总是称名而不称字。例如西周的录终卣,开头说“王命终”云云,接着说“伯雍父”对录有所奖赐,其实终是名,伯雍(读为壅)父是字,本为一人。又如令方尊、方彝,前面讲王“命矢

告于周公宫”，随后引周公的话，也说“今我唯命汝二人太及矢”，其他地方则称“令”或“作册令”。“矢”是名，“令”是字，提到王必用名，引周公本人也用名。类似的例子还有。[1]

“禽”在铭文中与“周公”并见，且受“王”赏赐（尽管“禽”没有出现在“赐”后，但这是为了节省篇幅的省略），如果是伯禽，则是在“君前”、“父前”皆称字，这是绝对不可能的。

至于“大祝禽”这一称呼，是职官＋名的形式。用职官称呼人时，职官后可以加名，也可以加字，文献中多有其例。

（二）伯禽不可能担任“大祝”一职

在文献中，我们找不到任何关于伯禽曾任大祝的信息。祝是负责祷祝的神职人员，既要出身高贵，又要具备灵性和渊博的知识，《国语·楚语》：“而后使先圣之后之有光烈，而能知山川之号，高祖之主，宗庙之事，昭穆之世，齐敬之勤，礼节之宜，威仪之则，容貌之崇，忠信之质，禋洁之服，而敬恭明神者，以为之祝。”作为祝者之长，大祝的地位在西周时期当然更是很崇高的。《周礼》中大祝的地位不高，仅为下大夫，这不符合西周的实际情况。穆王时期的长由盉铭文中有大祝，地位就相当高，铭文中说穆王“即井伯、大祝射”，“井伯就是穆王的嬖臣井利。大祝与井伯同时出现，地位当不低。”[2]所以郭沫若说：“此大祝自当为《曲礼》天官六大之一，而非《周官》所云下大夫也。”[3]一方面，当时尚很年轻的伯禽恐怕不具备担任大祝的资质。另一方面，如果伯禽担任过如此重要的官职，典籍中恐怕不会无迹可寻。《尚书·金縢》载周公因武王有疾而向先公祷告，“植璧秉珪，乃告太王、王季、文王。史乃册祝曰……”，以周公之“多才多艺，能事鬼神”，祝告之事尚不能自为而须专职之史，伯禽又焉能担任像“大祝”这样专业性极强的官职？

有的学者认为伯禽是以鲁侯的身份兼任大祝一职，这更不可能。《左传》定公四年子鱼曰：“祝，社稷之常隶也，社稷不动，祝不出竟，官之制也。君以军行，祓社衅鼓，祝奉以从，于是乎出竟。”日常祭祀活动都少不了祝的参与，大祝又怎么会由诸侯兼任？

---

[1] 李学勤：《先秦人名的几个问题》，《历史研究》1991年第5期。

[2] 张亚初、刘雨：《西周金文官制研究》，中华书局，1986年，第36页。

[3] 郭沫若：《金文丛考》，人民出版社，1954年，第74页。

三、周初重大仪式活动中的祝告者是作册逸

以前的研究者多从"禽即伯禽"的先入之见出发,推论伯禽曾担任过大祝。如上文所言,这个推论的前提是站不住脚的。合理的提问方式应该是:这个名"禽"、在周初重大祭祀活动中负责祝告的人应该是谁?我们不妨先看看传世文献中的相关记载:

《逸周书·克殷解》:"及期,百夫荷素质之旗于王前,叔振奏拜假。又陈常车,周公把大钺,召公把小钺,以夹王。泰颠、闳夭,皆执轻吕以奏王,王入即位于社,太卒之左。群臣毕从。毛叔郑奉明水,卫叔傅礼。召公奭赞采,师尚父牵牲。尹逸策曰:'殷末孙受德,迷先成汤之明,侮灭神祇不祀,昏暴商邑百姓,其章显闻于昊天上帝。'周公再拜稽首,乃出。"

《逸周书·世俘解》:"时四月既旁生魄越六日庚戌,武王朝至燎于周。维予冲子绥文。武王降自车,乃俾史佚繇书于天号。"

《尚书·洛诰》:"戊辰,王在新邑,烝,祭岁。文王骍牛一,武王骍牛一。王命作册逸祝册,惟告周公其后。王宾,杀,禋,咸格,王入太室祼。王曰:'公,予小子其退,即辟于周,命公后。'王命周公后,作册逸诰,在十有二月,惟周公诞保文武受命惟七年。"

这三则材料都出自公认可信的西周文献,所记载的都是西周初年的重大仪式活动。

第一则材料说的是周武王克商,在商社举行即天子位的仪式。参与者包括九位周初的重臣,其中说"尹逸策曰……",《史记·周本纪》作"尹佚册祝曰……","策"即"册祝"。可知在这次重大仪式活动中,负责祝告的是尹逸(尹佚)。

第二则材料说的是周武王克商后,回到宗周举行燎祭,"乃俾史佚繇书于天号",王国维指出"繇书"即"读书"。[1]顾颉刚说:"按《周礼·大祝》:'辨六号,一曰神号。'郑注:'神号,若云皇天上帝。'《尚书帝命验》:'帝者,天号也。'是此句之意为武王至周庙,命史佚向上帝朗诵书文。"[2]可知"繇书"即第一则材料中的"策"、"册祝"。也就

[1] 王国维《史籀篇疏证序》:"《说文》云:'籀,读也。'又云:'读,籀书也。'古籀、读二字同音同义。"见王国维:《观堂集林》,中华书局,1959年,第252页。

[2] 顾颉刚:《逸周书·世俘篇校注、写定与评论》,《文史(第二辑)》,中华书局,2006年。

是说，在这次燎祭中，负责祝告的是史佚。

第三则材料说的是周成王在洛邑举行烝祭，并且下达周公仍留洛邑的命令。“王命作册逸祝册”的“祝册”也就是“册祝”，可知在这次烝祭中，负责祝告的是作册逸。后文又言“作册逸诰”，可知宣读诰辞的也是作册逸。

尹逸（尹佚）、史佚、作册逸，所指的是同一个人，《左传》僖公十五年“且史佚有言曰”，杨伯峻注：“史佚即《尚书·洛诰》之‘作册逸’，逸、佚古通。《晋语》‘文王访于莘、尹’，注谓尹即尹佚。《逸周书·世俘解》‘武王降自东，乃俾史佚繇书’。《淮南子·道应训》云：‘成王问政于尹佚。’则尹佚历周文、武、成三代。”作册、史、尹，据前辈学者考论，是不同时代对史官的称呼。甲骨卜辞中即有“乍（作）册”之称，陈梦家有论述，并依据金文材料，谓此称发展到西周由作册而作册内史、而作册尹，到西周晚期为尹氏。[1]张亚初、刘雨的《西周金文官制研究》做了更细致全面的考察，指出在西周彝铭中“有关内史的材料有二十六条，除了裘卫鼎之内史是诸侯的史官外，其他都是指王室的史官”，“从现有材料的认识讲，内史是西周新增设的官职，而且是西周昭王以后才出现的。从西周中期以后，内史成了一种较为常见的职官。据铭文材料看，西周中期有十八条材料，西周晚期有七条材料”。[2]而“作册”见于各期卜辞和西周铭文，“大体上讲，作册始见于商代，盛行于西周早中期，消失于西周晚期。西周中晚期以后被内史及内史尹（尹氏）所代替”。[3]可知尹佚在周初应被称为“作册逸”，而“史佚”、“尹逸（佚）”是后世时用当时的官名追记，西周初年周王亲自参与的重大仪式活动中负责祝告者皆是此人。

四、《禽簋》中的禽就是作册逸

通过上文的论述，我们已知在西周武王、成王时期担任大祝并在重大祭祀活动中负责祝告的人是作册逸（尹佚、尹逸、史佚），在禽簋中，周王宜祭，祝告者却是“禽”。笔者认为这两者实为一人，依据有三：

（一）史官与祝官的职务重合

“作册”屡见于甲骨卜辞和商代金文，周代的“作册”是延续商代的官称，从西周

[1] 陈梦家：《殷墟卜辞综述》，中华书局，1956年，第518页。
[2] 张亚初、刘雨：《西周金文官制研究》，中华书局，1986年，第29页。
[3] 张亚初、刘雨：《西周金文官制研究》，中华书局，1986年，第34页。

金文材料来看，存在着同一时期几个“作册”并存的情况，如睘尊(卣)、益卣、折尊都是昭王时器物，这四件器上就出现了三位作册，即作册睘、作册益和作册折。张亚初、刘雨说：“同时存在几个作册之官，按情理讲，其中必有一个负主要责任的。例如康王时期的作册毕公，与当时的作册绝不会平起平坐的，其地位显然在其他作册之上。但是在西周早期的铭文中，迄今为止，还没有找到能显示出这种差别的材料。”[1]笔者认为这个问题可以换个角度思考，即着眼于“册”与“祝”的关系，白川静著有《作册考》一文，认为：“作册”的“册”字是象刍养牺牲的牢闲阑榩之形；而与“册”字相关的贞问“𠕋”字，原义当是把刍养侑荐的牺牲祝告神灵。后来凡是记录牲兽数目的簿书也叫作“册”了。原始的奉奏神灵的祝词，无疑都用最朴素的形态，以列举供物名称为主，因而“册”又演变为记载祝词的簿书之意。由此，便产生了“作册”这种掌管祝告之事的职官。[2]

白川静的观点是可以信从的，“作册”这一官称即应由掌管祝告之事而来，《尚书·洛诰》“王命作册逸祝册”，“作册”即制作册命文书，“祝册”即宣读册命文书，是祝告的两个过程，皆一人所为。至于后来又负责册命、参与赏赐等，应是原有执掌的延伸扩展。作册掌管祝告，上文所引有关尹佚的文献材料也能够证明这一点。然而，“祝”本身也是官名，见于传世和金文文献，《说文》：“祝，祭主赞词者。”显然与“作册”的执掌有重合。“作册”是“内史”的前身，而典籍中多见“祝史”一词，有的是祝官与史官的合称，如《左传》昭公二十年“祝史祭祀”是就齐国祝固、史嚚两人而言，显然是指祝官和史官；也有的是单指一种官称，最明显的是《左传》哀公二十五年记载卫国有“祝史挥”其人。清代学者胡匡衷认为祝史就是祝官，他说：

> 祝谓之史者，《周礼》大祝掌六祝之辞以事鬼神示，作六辞以通上下亲疏远近。《说文》：“祝，祭主赞词者。”古者通谓掌文辞之官为史，故祝称祝史，《聘礼》记云“辞多则史”，《金縢》云“史乃册祝”是也。[3]

唐兰也说“祝是史官之一，所以祝也可以称为史”。[4]杨伯峻在《春秋左传注》中则认为祝史挥是一人而兼祝与史两职。[5]无论按照哪一种解说，都说明祝官与史官之间密

---

[1] 张亚初、刘雨：《西周金文官制研究》，中华书局，1986年，第34页。

[2] 白川静：《作册考》，于省吾：《甲骨文字诂林》(第四册)，中华书局，1996年，第2966页。

[3] 胡匡衷：《仪礼释官(卷二)》，《续修四库全书·经部》(第89册)，上海古籍出版社，2002年，第335页。

[4] 唐兰：《略论西周微史家族窖藏铜器群的重要意义》，尹盛平等：《西周微氏家族青铜器群研究》，文物出版社，1992年，第115页。

[5] 杨伯峻：《春秋左传注》，中华书局，1981年，第1726页。

切的职守关联。那么,在周初草创之际,职官体系尚处于初步建设阶段,祝与史的界限理应更为模糊,作册逸以作册之长兼任祝者之长“大祝”,或者,在“作册尹”一职尚未出现之时,作册之长即是“大祝”为之,是很有可能的。文献中言及周初重大仪式活动中的祝告者,皆是作册逸,当时的“大祝”一职,能担任者只能是他。

(二)作册逸在周初的地位

如前所述,西周早期的大祝、作册之长,地位是很崇高的,而据典籍所载,作册逸是周初的辅弼重臣,《逸周书·克殷解》记载武王克商后之举措,曰:“乃命召公释箕子之囚,命毕公、卫叔出百姓之囚。乃命南宫忽振鹿台之财、巨桥之粟;乃命南宫伯达、史佚迁九鼎三巫;乃命闳夭封比干之墓。”将史佚与召公、毕公、卫叔、南宫忽、南宫伯达、闳夭并列,负责“迁九鼎三巫”这样带有宗教性质的事务。《大戴礼记·保傅》篇云:“道者,导天子以道者也;常立於前,是周公也。诚立而敢断,辅善而相义者,谓之充;充者,充天子之志也;常立於左,是太公也。絜廉而切直,匡过而谏邪者,谓之弼;弼者,拂天子之过者也;常立於右,是召公也。博闻强记,接给而善对者,谓之承;承者,承天子之遗忘者也;常立於后,是史佚也。故成王中立而听朝,则四圣维之。”将史佚与周公、太公、召公并列为“四圣”,说他的特质是“博闻强记,接给而善对”。这些都与大祝在周初所应具有的地位和所应具有的职责性质相符。

(三)古人命名取字的常规

古人的名与字一般有意义上的联系,其中包括“对文”一类,[1]即含义上有相对、相反的关系。以春秋时人名来说,晋狐偃字子犯,宋乐倾字夷父,郑公孙黑字子皙,卫端木赐字子贡,等等。春秋以前也有这样的例子,如陈胡公满,《左传》昭公八年“及胡公不淫”,李慈铭《越缦堂读书记》曰:“案不淫者,满之字也,淫者满也。《说文》:‘淫,浸淫随理也。一曰久雨曰淫。’浸淫即衍溢之意,淫雨亦作霪雨,亦言其久而满淫也。”[2]尹佚的名和字应该也属于此类,“禽”是“擒”的古字,表示擒获。而《说文》:“逸,失也。”《尚书·盘庚》:“佚,失也。”名禽字逸(佚),正是“对文”取字。

“逸(佚)”是字,“禽”是名。《逸周书》、《尚书》等文献中提及此人,是后人追叙他的作为,所以用字,从《逸周书·克殷解》所记武王在商社举行即位仪式一事来看,

---

[1] 王引之研究周秦名、字关系,提出“五体六例”的说法,以“通作”、“辨伪”、“合声”、“转语”、“发声”、“并称”为方法,得出“同训”、“对文”、“连类”、“指实”、“辨物”这五个取字原则。见王引之:《春秋名字解诂叙》,《经义述闻》(卷二十一),世界书局,1975年。

[2] 李慈铭:《越缦堂读书记》,上海书店出版社,2000年,第91页。

所列举的参与者中“师尚父”显然是称字的，我们由此可以推知“尹逸”也是称字。而禽簋、大祝禽鼎中的“禽”是器主自称，所以称名。

五、结　论

禽簋、大祝禽鼎皆与周公之子伯禽无关，器主禽应是周初重臣作册逸，禽是作册逸之名，而逸（佚）是字。禽簋铭文记述了周初一次周王亲征前举行宜社典礼的情况，禽（作册逸）在典礼中两次祝告，因此受到王的赏赐，故作此器。大祝禽鼎铭文则表明作册逸曾担任大祝一职。这两件器物对于研究西周早期礼仪、职官具有重要的价值。

浅释夨簋铭文中的“宜”与“夨”

张　敏
（南京博物院）

宜侯夨簋，又名俎侯夨簋，1954年出土于江苏丹徒烟墩山，内有铭文120余字，可读者110余字（图一）。

夨簋是长江下游西周青铜器中铭文字数最多的青铜器，在长江下游西周青铜器的研究中，夨簋无疑具有极为重要的引领作用；“宜侯夨簋的珍贵，正在于它是已发现的唯一详记‘封建’诸侯的金文”，[1]夨簋铭文的考释对于吴国青铜器和吴文化的研究，

图一　夨簋铭文拓片

[1] 李学勤：《宜侯夨簋与吴国》，《文物》1985年第7期。

无疑具有极为重要的指示性意义。

如何正确释读夨簋铭文，是长江下游西周青铜器研究和吴文化研究的重要内容之一。

今不揣浅陋，就夨簋铭文中的"宜"、"夨"二字谈谈一己之见，不当之处，尚祈方家先知斧正。

一、诸家的释读

自烟墩山青铜器见诸报道后，[1]诸多学者先后对夨簋铭文进行释读。

夨簋铭文的释读歧义颇多，其中尤以宜、夨二字为甚。

陈梦家先生认为"宜为国名"，"作器者夨亦见于洛阳出土的令方彝、令尊和令簋……此簋之父为父丁，与令方彝、令尊相同……此簋的宜侯夨和令方彝、令尊、令簋的作册夨令应是一人"。[2]

陈邦福先生释"宜"为"俎"，"俎在铭文中有五个，从文义上推测，可能是在洛邑边鄙几百里之间的一个地名"。[3]

郭沫若先生认为宜的"地望或即在今丹徒附近"，"往年曾出夨令簋与夨令彝，为周成王时器。彼夨令在夨令彝中亦单称夨，其父亦为父丁。然则此宜侯夨或虞侯夨与彼二器之作册夨令，当系一人"。[4]

唐兰先生认为"簋出土在丹徒，它在春秋时是'朱方'，正是吴国的地域。……簋铭所说的宜，可能就在丹徒或其附近地区"；"虞侯夨应该就是周章，'夨'和'周章'的声母是很接近的，周章在成武之间封为虞侯，隔三十多年到康王时封为宜侯"。[5]

其后，唐兰先生又改释"宜"为"俎"，并明确指出"在商周时，只读俎音"，"俎国即后来的吴国"。[6]

岑仲勉先生释"宜"为"胙"，胙在今延津以北、安阳之南，"是周公旦后裔的胙

[1] 江苏省文物管理委员会：《江苏丹徒县烟墩山出土的古代青铜器》，《文物参考资料》1955年第5期；江苏省文物管理委员会：《江苏丹徒烟墩山西周墓及附葬坑出土的小器物补充材料》，《文物参考资料》1956年第1期。

[2] 陈梦家：《西周铜器断代》，《考古学报》1955年第九册。

[3] 陈邦福：《夨簋考释》，《文物参考资料》1955年第5期。

[4] 郭沫若：《夨簋铭文考释》，《考古学报》1956年第1期。

[5] 唐兰：《宜侯夨簋考释》，《考古学报》1956年第2期。

[6] 唐兰：《西周青铜器铭文分代史征》，中华书局，1986年。

国”;“夨既是胙侯,则为周室懿亲”。[1]

谭戒甫先生释“宜”为“柤”,柤“在今邳县和沭阳的中间”;“康王灭柤,封给夨令……这可以说是后先合轨的”。[2]

陈直先生释“宜”为“俎”,“此簋出于镇江,推原其故……作器之夨,在成王灭武庚之后……即家于江淮,亦未可知”;夨簋与“令敦、令彝、令尊,皆为一人所造,夨是管理殷代顽民的重要人物之一”。[3]

刘启益先生认为“宜”在今江苏一带,“宜侯夨在没有徙封于宜之前,是姬姓的虞侯。康王时,虞侯夨被封到宜地,其子孙在此定居,建立了后世的句吴。……夨则是句吴在江苏地区的第一世”。[4]

黄盛璋先生认为“此宜当即后来之宜阳。宜阳当洛阳西往沿洛水通道之中”,“虞侯夨与父虞公皆为北虞君主,即春秋虞国祖先,国都在大阳之北五十里”。[5]

李学勤先生认为“宜的地理位置……在东南”,“宜是一座规模较大的(吴国)都邑”。[6]

董楚平先生认为“古无宜、俎之争。……说文之‘宜’,就是甲金文的‘俎’字”,“宜是吴的初名”。[7]

杨向奎先生认为“‘宜’肯定在吴,否则不能在丹徒出此铜器”。[8]

曹锦炎先生认为“宜侯夨簋决不是吴器,宜侯夨原封地为‘虎’,是由‘虎侯’改封为‘宜侯’的”,“宜侯夨簋铭文中的‘宜’地在东国,又与伐商之交通路线有关,与秦地之宜均属原周的王畿之地,方位相合,可能即为一地”。[9]

谢元震先生认为“‘宜’地中心位置即在仪征”。[10]

梁晓景、马三鸿先生认为“宜在今天的丹徒”,“始封于南方吴国的第一代君主本称虞侯夨”。[11]

---

[1] 岑仲勉:《“宜侯夨簋”铭试释》,《西周社会制度问题》附录一,新知识出版社,1956年。

[2] 谭戒甫:《周初夨器铭文综合研究》,《武汉大学学报(人文科学)》1956年第1期。

[3] 陈直:《考古论丛》,《西北大学学报(哲学社会科学版)》1957年第1期。

[4] 刘启益:《西周夨国铜器的新发现与有关历史地理问题》,《考古与文物》1982年第2期。

[5] 黄盛璋:《铜器铭文宜、虞、夨的地望及其与吴国的关系》,《考古学报》1983年第3期。

[6] 李学勤:《宜侯夨簋与吴国》,《文物》1985年第7期。

[7] 董楚平:《宜侯夨簋“虞”“宜”考释》,《江海学刊》1987年第3期;董楚平:《吴越文化新探》,浙江人民出版社,1988年;董楚平:《吴越徐舒金文集释》,浙江古籍出版社,1992年。

[8] 杨向奎:《“宜侯夨簋”释文商榷》,《文史哲》1987年第6期。

[9] 曹锦炎:《关于〈宜侯夨簋〉铭文的几点看法》,《东南文化》1990年第5期。

[10] 谢元震:《〈宜侯簋〉考辨》,《东南文化》1993年第4期。

[11] 梁晓景、马三鸿:《论強、夨两国的族属与太伯奔吴》,《中原文物》1998年第3期。

王永波先生认为“‘宜侯夨簋’出土于江苏丹徒烟墩山，地近吴国，成王、周公东征平叛后，把虞侯夨徙封于此，应该是为了辅助吴国，以加强周人在东南地区的势力”。[1]

王晖先生释“宜”为“俎”，“虞侯夨改封为俎侯，也就是以俎地为都”，俎应为“沭水与沂水之间的柤地”，西周时期为吴国国都。[2]

曹定云先生同意“宜即宜阳”之说，认为宜侯夨与乍册夨“是同一个人两种不同身份的反映”，“‘宜侯夨’即‘乍册夨’，‘虞侯夨’即‘夏夨’”。[3]

胡进驻先生认为“宜之地望似不应在宜侯夨簋出土地……此宜应在阜阳胡国左近，宜国西周晚至春秋早期与吴人发生过战斗，宜或被亡国，因此改封之重宝也被吴人掠去”。[4]

于薇女士认为宜即丹徒，“丹徒地处长江下游南岸，宁镇山脉东段的丘陵岗地间。……西周王朝将虞国徙封到这里，可能就是因此地特别重要”。[5]

此外，对夨簋进行释读和讨论的还有郭宝钧、[6]胡顺利、[7]马承源、[8]陆九皋、[9]刘建国、[10]沈长云、[11]顾孟武、[12]彭裕商、[13]袁志洪、[14]任伟、[15]王健、[16]刘凡超和李世宇、[17]张广志[18]等先生及《殷周金文集录》、[19]《商周青铜器铭文选》、[20]《商周金文录

---

[1] 王永波：《宜侯夨簋及其相关的历史问题》，《中原文物》1999年第4期。

[2] 王晖：《西周春秋吴都迁徙考》，《历史研究》2000年第5期。

[3] 曹定云：《古文“夏”字再考——兼论夏夨、宜侯夨、乍册夨为一人》，《考古学研究》(五)，科学出版社，2003年。

[4] 胡进驻：《夨国、虞国与吴国史迹略考》，《华夏考古》2003年第3期。

[5] 于薇：《西周封国徙封的文献举证——以宜侯夨簋铭文等四篇文献为中心》，《中国历史地理论丛》2013年第1期。

[6] 郭宝钧：《商周铜器群综合研究》，文物出版社，1981年。

[7] 胡顺利：《对〈宜侯夨簋考释〉一文的看法》，《江汉考古》1982年第2期。

[8] 马承源：《中国古代青铜器》，上海人民出版社，1982年。

[9] 陆九皋：《从夨簋铭文谈太伯仲雍奔吴》，《吴文化研究论文集》，中山大学出版社，1988年。

[10] 刘建国：《宜侯夨簋与吴国关系新探》，《东南文化》1988年第2期。

[11] 沈长云：《谈铜器铭文中的“夭王”及相关历史问题》，《考古与文物》1989年第6期。

[12] 顾孟武：《从宜侯夨簋论周初吴的战略地位》，《学术月刊》1992年第6期。

[13] 彭裕商：《宜侯夨簋与吴文化》，《炎黄文化研究》1995年第2期。

[14] 袁志洪：《宜侯夨簋与班簋的相关考述——附论“太伯奔吴”》，《东方文明之韵——吴文化国际学术研讨会论文集》，岭南美术出版社，2000年。

[15] 任伟：《西周封国考疑》，社会科学文献出版社，2004年。

[16] 王健：《从宜侯夨簋看西周王土的诸侯国化》，《陕西历史博物馆馆刊(11)》，三秦出版社，2004年。

[17] 刘凡超、李世宇：《“俎侯夨”与“作册夨”的关系考》，《前沿》2010年第20期。

[18] 张广志：《宜侯夨簋与吴的关系研究的历史回顾与再认识》，《叩问三代文明：中国出土文献与上古史国际学术研讨会论文集》，中国社会科学出版社，2014年。

[19] 徐中舒主编：《殷周金文集录》，四川人民出版社，1984年。

[20] 马承源主编：《商周青铜器铭文选》，文物出版社，1988年。

遗》[1]等金文集录,兹不一一列举。

以上所列诸家的释读,可谓见仁见智,众说纷纭,论争的具体内容可参阅王卫平先生的《半个世纪以来围绕"俎侯夨簋"的论争》。[2]

西周青铜器铭文的释读出现如此多的歧义,且60余年以来尚未能取得共识,夨簋当属特例。

二、文化背景的考察

青铜器铭文的释读,属金石学范畴;将古文字考释与历史考证并重,逐渐形成了古文字学;[3]自殷墟甲骨和流沙坠简的发现,古文字的释读已逐渐从金石学范畴进入了现代考古学的研究领域。[4]

考古学为青铜器铭文的释读提供了更广阔的空间,而文化背景的考察无疑为青铜器铭文的释读提供了更为合理的解释。

1. 考古学文化的考察

宁镇地区是一个相对独立的地理单元。

宁镇地区以宁(南京)镇(镇江)山脉为主体,东倚茅山,南临长江,西倚九华山,背靠峻峭的黄山、天目山,自新石器时代以来,宁镇地区与太湖地区成为长江下游两大考古学文化区(图二)。

青铜时代宁镇地区的考古学文化序列为夏时期的点将台文化、商时期的湖熟文化和西周春秋时期的吴文化,[5]烟墩山西周墓的年代属吴文化的范畴,吴文化的时间范畴即吴国自周章封国至句践灭吴。

吴封国的历史可上溯到周章。《史记·吴太伯世家》:"是时周武王克殷,求太伯、仲雍之后,得周章。周章已君吴,因而封之。……列为诸侯。"

丹徒属宁镇地区,即吴文化分布区,烟墩山西周墓属吴国墓葬。

---

[1] 于省吾:《商周金文录遗》,中华书局,2009年。

[2] 王卫平:《半个世纪以来围绕"俎侯夨簋"的论争》,《文博》2001年第5期。

[3] 唐兰:《古文字学导论》,上海古籍出版社,2016年。

[4] 陈星灿:《中国古代金石学及其向近代考古学的过渡》,《河南师范大学学报(哲学社会科学版)》1992年第3期;陆锡兴:《从金石学、考古学到古代器物学》,《南方文物》2007年第1期;查晓英:《"金石学"在现代学科体制下的重塑》,《中山大学学报(社会科学版)》2008年第3期。

[5] 张敏:《宁镇地区青铜文化研究》,《长江流域青铜文化研究》,科学出版社,2002年。

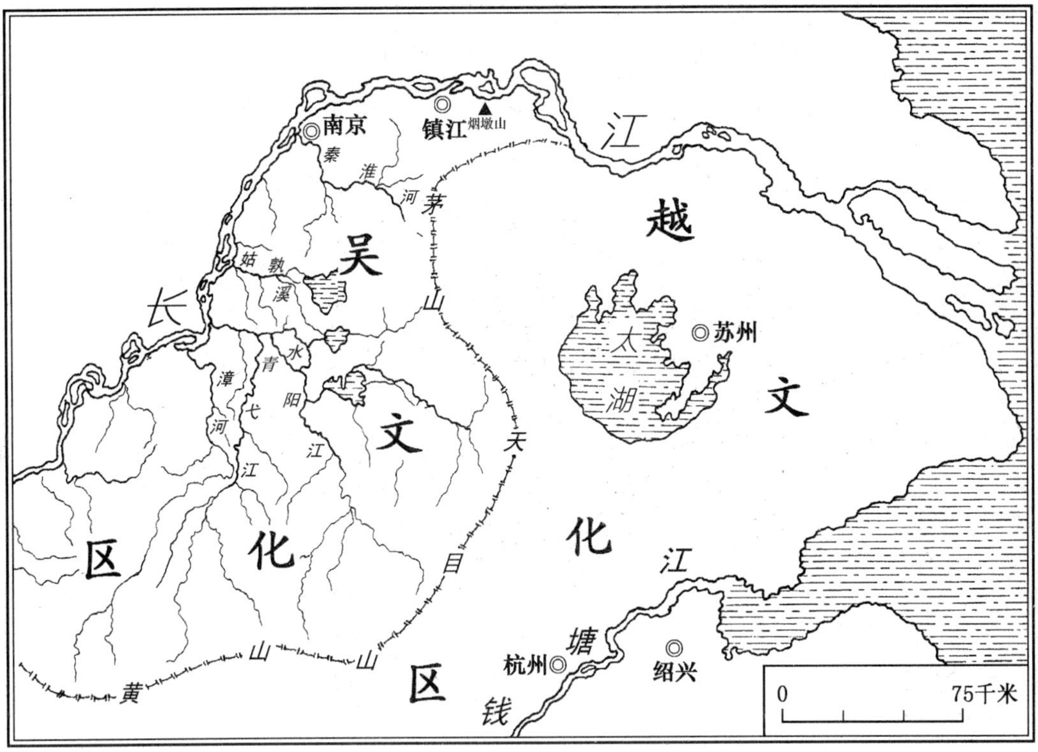

图二　西周时期吴文化分布示意图

2. 吴国贵族墓地的考察

丹徒的大港镇与镇江的谏壁镇是相邻的两个大镇。

大港与谏壁之间的沿江地带分布着连绵的低山丘陵，海拔50米以上的有北山(81.6 m)、粮山(76 m)、青龙山(74 m)、荞麦山(69.5 m)、烟墩山(51 m)，海拔50米以下的有王家山(30 m)、磨盘墩(16 m)、黄泥山(16 m)等，两周时期的吴国大型墓葬大多分布在沿江山岭的顶部(图三)，而大型墓葬的密集分布也暗示着附近存在着吴国的政治中心——都城。[1]

位于烟墩山顶部的西周墓，是大港至谏壁沿江山地发现的第一座墓葬。自烟墩山西周墓发现之后，在大港至谏壁之间的沿江地带先后发掘了粮山春秋墓、[2]磨盘墩西周墓、[3]荞麦山西周墓、[4]北山顶春秋墓、[5]王家山春秋墓、[6]青龙山春秋

[1] 张敏：《吴国都城初探》，《南方文物》2009年第2期。
[2] 镇江博物馆：《江苏丹徒出土的东周铜器》，《考古》1981年第5期。
[3] 南京博物院：《江苏丹徒磨盘墩周墓发掘简报》，《考古》1985年第11期。
[4] 镇江博物馆等：《江苏丹徒大港母子墩西周墓发掘简报》，《文物》1984年第5期。
[5] 江苏省丹徒考古队：《江苏丹徒北山顶春秋墓发掘报告》，《东南文化》1988年第3-4合期。
[6] 镇江博物馆：《江苏镇江谏壁王家山东周墓》，《文物》1987年第12期。

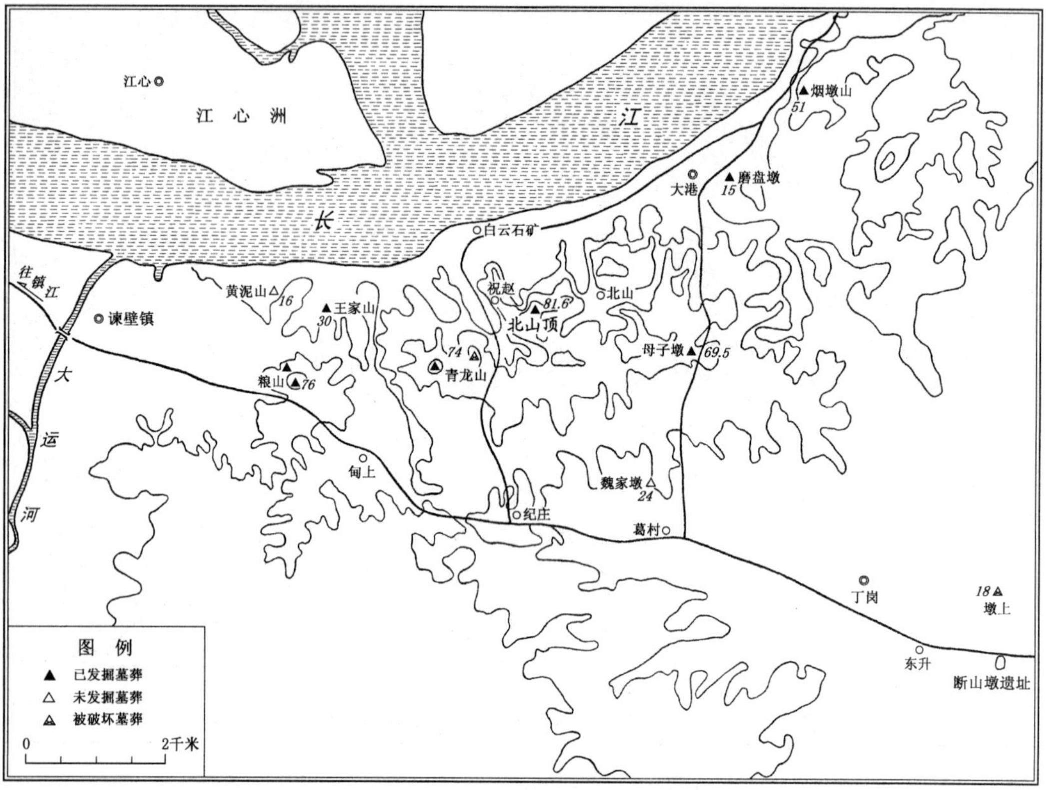

图三　大港谏壁之间两周墓葬分布示意图

墓[1]等。

通过对大港至谏壁之间的沿江地带大型墓葬的比较研究，烟墩山西周墓、荞麦山西周墓和北山顶春秋墓、青龙山春秋墓属最高等级的吴国贵族墓葬，墓主身份为吴国国君或吴王。吴国没有严格的用鼎制度，因此确定吴国最高等级墓葬的标志物是随葬的权杖。

荞麦山西周墓出土的“角杖”，青铜杖首与青铜杖镦呈直线，木质的杖已朽烂无存，全长1.83米(图四)。

北山顶春秋墓出土的鸠杖，木质的杖已朽烂无存，青铜杖首与青铜杖镦呈直线，全长2.29米(图五)。

北山顶春秋墓随葬的“甚六鼎”铭文中有“甚六……择厥吉金，作铸飤鼎。余以铸以饔，以伐四方，以从攻獻王”(图六)。

青龙山春秋墓因盗掘严重，仅出土与北山顶春秋墓相同的青铜鸠杖的杖首。

根据徐王之孙甚六赂吴王之鼎(“甚六鼎”)推知，分布于大港至谏壁间的大型墓

[1] 丹徒考古队:《丹徒青龙山春秋大墓及附葬墓发掘报告》,《东方文明之韵》,岭南美术出版社,2000年。

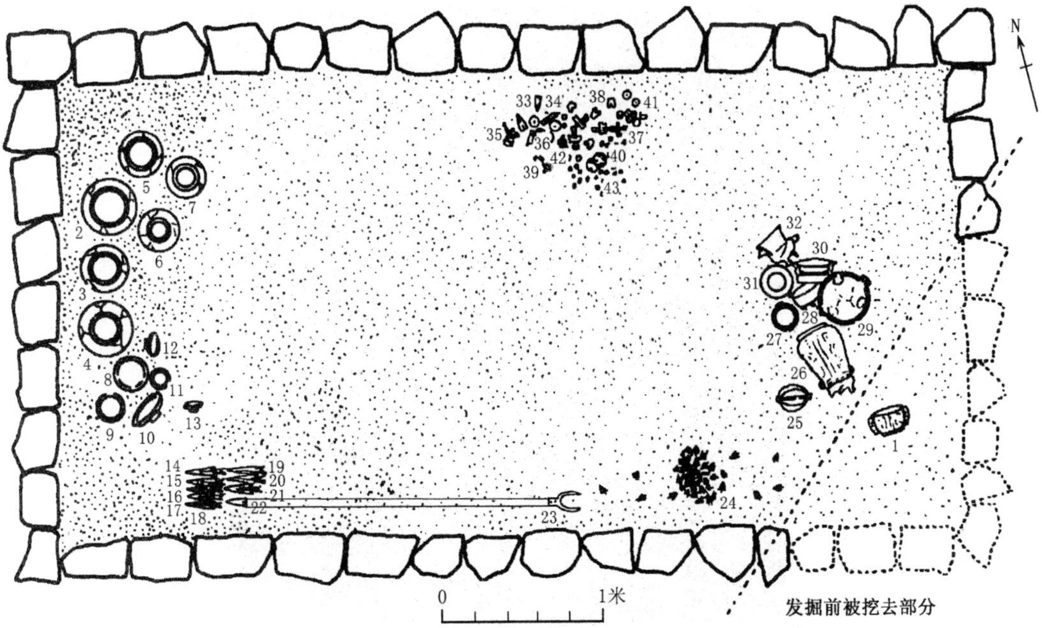

图四　荞麦山西周墓角杖的出土位置

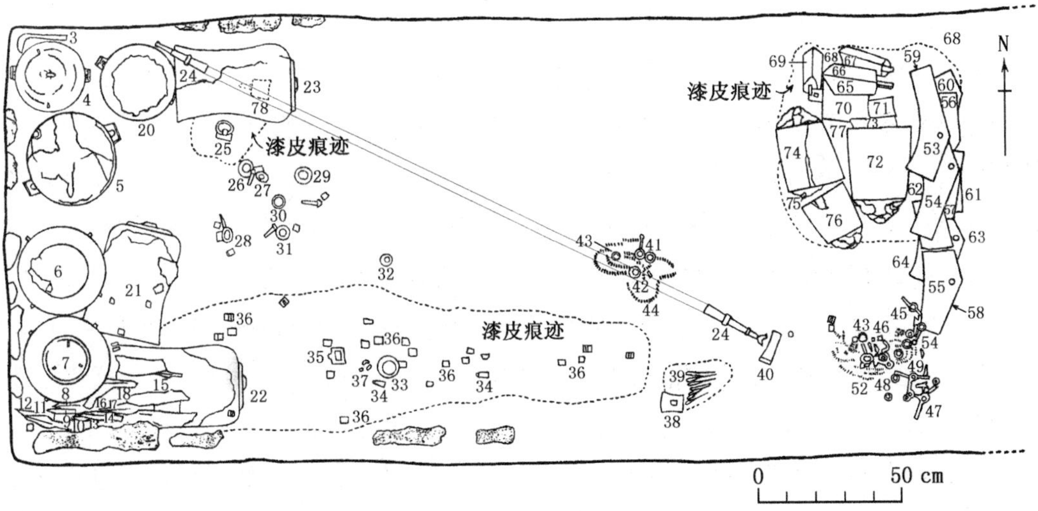

图五　北山顶春秋墓鸠杖的出土位置

葬为吴国贵族墓地，而随葬权杖的墓葬应为吴君之墓或吴王之墓。

烟墩山西周墓也随葬一件权杖，报告称之为"铜镈"。

烟墩山西周墓的权杖，杖首与杖镦均为半圆形銎，根据杖首饰卷曲的虬龙，称为"虬杖"。由于烟墩山西周墓是当地农民挖掘后进行清理发掘的，因此有必要对烟墩山西周墓进行简要的梳理与廓清。

报道称"（调查）小组勘查现场及了解首批铜器出土情况后，把原坑（即当地农民

图六　“甚六鼎”铭文

挖的坑）掘开检验，在表面扰土中拾到一些残余碎铜片。原坑南北宽1.2公尺，东西长1.3公尺，深0.44公尺。……小组在旧坑底部复清出破碎铜片，观察四周土质、土色，认为该坑真实边缘尚未掘到，遂向南北扩大成3公尺、东西3.6公尺的面积，不久在偏西部分发现甲泡、马饰（镳、衔、纶组、节约）、镈、玉杯（绿英石）、小玉饰等。更于大坑西北隅连续发现小坑两座，其一出小铜鼎、石器、人牙，另一出铜鼎和青釉陶豆及铜镈”。[1]

显然，当年的考古工作既不知墓坑的开口，也没有器物分布的平面图，更未厘清“大坑”与“小坑”之间的相互关系，便做出了“至于两个小墓和第一墓有无联系，我们暂以出土铜器的形制、位置和深度等条件初步推断，觉得很有可能是第一大墓的陪葬坑”的结论。

通过对大港至谏壁之间的沿江地带大型墓葬的比较研究，烟墩山西周墓与荞麦山西周墓、北山顶春秋墓、青龙山春秋墓属最高等级的吴国贵族墓葬，墓主的身份为吴国国君或吴王，最高等级贵族墓葬的标志物之一是“权杖”。[2]

根据杖首的形态，吴国“权杖”有“虬杖”、“角杖”和“鸠杖”。

[1] 江苏省文物管理委员会：《江苏丹徒县烟墩山出土的古代青铜器》，《文物参考资料》1955年第5期；江苏省文物管理委员会：《江苏丹徒烟墩山西周墓及附葬坑出土的小器物补充材料》，《文物参考资料》1956年第1期。

[2] 张敏：《吴国贵族墓葬的等级研究》，《李下蹊华——庆祝李伯谦先生八十华诞论文集》，科学出版社，2017年。

大港一带两周时期随葬青铜器的墓葬都有长方形或长方形带短墓道的墓坑，当地农民在挖铜器时挖了一个近似圆形的坑，这样便把原来的墓坑从中部挖开了。调查小组来发掘时，首先清理的"原坑"即当地农民挖的"圆坑"，而所谓的"小坑"即墓坑残留在"原坑"以外的部分，特别是青铜虬杖镦出土于大坑，而青铜虬杖首出土于小坑二（图七），虽然没有墓葬的平面图，但杖首与杖镦分别出土于"原坑"与"小坑"，也可证所谓的"原坑"与二座"小坑"是一座被人为划分为若干个遗迹单位的墓葬。[1]

图七　烟墩山西周墓出土的虬杖

（左：青铜杖镦；右：青铜杖首）

根据荞麦山西周墓和北山顶春秋墓的出土情况，杖首与杖镦之间的距离即杖长，由于烟墩山西周墓未发表墓葬平面图，故虬杖的长度不明。

通过吴国贵族墓葬的等级研究，西周时期的吴国贵族墓葬可分为四个等级。权杖是第一等级吴国贵族墓葬的标志性器物，在大港一带的吴国贵族墓葬中，随葬权杖的还有荞麦山西周墓、北山顶春秋墓和青龙山春秋墓，其墓主的身份为吴国国君或吴王。[2]

因此，烟墩山西周墓的墓主应为吴国国君。

3. 吴国青铜器的考察

吴国青铜器多出土于吴文化遗址或吴国墓葬，西周时期的吴国青铜器种类繁多，器形纹饰复杂，大致可分为礼器、乐器、兵器、车马器等。

通过西周青铜器的分期研究，夨簋的年代为西周早期，大致相当于周成王至周昭

[1] 张敏：《宜侯夨簋轶事》，《东南文化》2000年第4期。

[2] 张敏：《吴国贵族墓葬的等级研究》，《李下蹊华——庆祝李伯谦先生八十华诞论文集》，科学出版社，2017年。

王；[1]诸家根据铭文的释读，关于夨簋的年代有成王、康王和昭王三说，据铭文“王省武王、成王伐商图”推之，当以“康王说”为是。

通过对长江下游青铜礼器的构成研究，西周时期吴国青铜器可分为四个构成部分。

第一构成部分为“宗周器”。

宗周器当为西周王朝予以吴国贵族的分封赏赐之器。

第二构成部分为“吴器”。

吴器数量众多、器类繁杂，根据青铜器的造型、纹饰，可分为甲、乙、丙三组：甲组器为吴国特有的青铜器；乙组器的器形同中原青铜器，但在钮、耳、鋬等附件或纹饰上融入吴文化元素；丙组器的器形虽同中原青铜器，但对器形与纹饰都进行了改造。

第三构成部分为“干器”或具有干文化因素的青铜器。

第四构成部分为“徐舒器”或具有徐舒文化因素的青铜器。

夨簋属吴国青铜器中的“宗周器”。[2]

4. 吴国语言的考察

语言是人类最重要的交际工具，语言是民族的重要特征之一；文字也是交流信息的工具，文字是记录语言的视觉形式和符号体系，文字是再现语言的表达形式。因此，语言和文字都具有民族性，都是民族文化认同的基础。

吴国在两周时期称为“蛮夷”或“夷蛮”，[3]吴与周分属不同的民族，吴与周分属不同的语系，《左传》哀公十二年：“秋，卫侯会吴于郧。……吴人藩卫侯之舍。……大宰嚭说，乃舍卫侯。卫侯归，效夷言。”《史记 · 吴太伯世家》“太伯之奔荆蛮，自号句吴”，索隐：“颜师古注汉书，以吴言‘句’者，夷语之发声。”吴国语言被称作“夷言”、“夷语”，亦表明吴与周分属不同的语系。

在先秦两汉的历史文献中，几乎不见吴国语言的相关记载，但吴国语言可根据越国语言推知，因为越国语言在历史文献中有少量记载，主要有《说苑》记载的《越人歌》[4]和《越绝书》记载的《维甲令》，[5]《越人歌》有汉语与古越语的对译，《维甲令》有

[1] 张敏：《宁镇地区青铜文化研究》，《长江流域青铜文化研究》，科学出版社，2002年。

[2] 张敏：《长江下游西周青铜器构成研究》，《宝鸡文理学院学报（社会科学版）》2016年第6期。

[3]《左传》成公七年：“吴伐郯……季文子曰：‘中国不振旅，蛮夷入伐。’”《吴越春秋 · 吴王寿梦传》寿梦曰：“孤在夷蛮，徒以椎髻为俗，岂有斯之服哉！”

[4]（西汉）刘向：《说苑 · 善说》，向宗鲁：《说苑校证》，中华书局，1987年。

[5]（东汉）袁康、吴平辑录：《越绝书 · 吴内传》，乐祖谋点校本，上海古籍出版社，1985年。

汉语与古越语的互注。

据语言学研究，华夏语言与古越语分属汉藏语系的不同语族：华夏语言属汉藏语系的汉语语族，古越语属汉藏语系壮侗语族中的侗台语族。

《吕氏春秋·知化》：“夫吴之与越也，接土邻境，壤交通属，习俗同，言语通。”吴越既然“言语通”，《越绝书·纪策考》：“吴越为邻，同俗并土。”《吴越春秋·夫差内传》：“吴与越，同音共律。”可见吴越语言或相同，或相近，且可相通。

《越绝书·吴内传》“越人谓船为须虑”，《方言·卷九》：“舟……南楚江湘凡船大者谓之舸，小者谓之艖……东南丹阳会稽之间谓艖为欚。”

虑，来母鱼韵；欚，来母歌韵。“须虑”与“欚”当为缓读与疾读之异。

西汉的丹阳郡、会稽郡大致与吴国、越国分布范围相当，吴越故地“舟”皆谓之“欚”，可见吴越语言相同或相近。

“先秦时代江浙一带的地名原是用古越语来命名的，春秋以后始见于文献记载，当是华夏族用华夏语言同音字所记。……因而这些记音汉字的本身并没有实际的意义”。[1]

用文字记录不同语系地名、国名、人名多采用音译。因此夨簋铭文中的地名“宜”和人名“夨”，皆为“没有实际的意义”的音译。

尽管文字的训诂有形、音、义三端，但音译的地名、人名只可音训而不可义解，音训即以“因声求义”辨其文义，以“双声叠韵”别其通假。[2]

三、宜、夨浅释

“宜”在夨簋铭文中如下（图八）。

图八　夨簋铭文之“宜”

[1] 周振鹤、游汝杰：《古越语地名初探》，《复旦学报（社会科学版）》1980年第4期。

[2] 张敏：《鸠兹新证——兼论西周春秋时期吴国都城的性质》，《东南文化》2014年第5期；张敏：《浅谈先秦两汉时期的吴越地名》，《兵与礼》，文物出版社，2015年。

陈梦家、郭沫若、刘启益、黄盛璋、李学勤、杨向奎、曹锦炎、谢元震、梁晓景、马三鸿、王永波、曹定云、胡进驻、于薇先生释“宜”，陈邦福、唐兰、陈直、王晖先生释“俎”，岑仲勉先生释“胙”，谭戒甫先生释“柤”。

陈梦家先生认为宜为国名，陈邦福先生认为俎是洛邑边鄙几百里之间的一个地名，岑仲勉先生认为胙即胙国，在延津以北、安阳之南，谭戒甫先生认为柤在今邳县和沭阳的中间，黄盛璋、曹定云先生认为宜即宜阳，在洛阳西往沿洛水通道之中，王晖先生认为俎即沭水与沂水之间的柤地，西周时期为吴国国都，胡进驻先生认为宜在今阜阳的胡国左近，曹锦炎先生认为宜属原周的王畿之地，谢元震先生认为宜在仪征，郭沫若、梁晓景、马三鸿、于薇先生认为宜在丹徒，唐兰先生认为俎即吴国，刘启益先生认为宜在今江苏一带，即后世的句吴，李学勤先生认为宜的地理位置在东南，即吴国，董楚平先生认为俎是吴的初名，杨向奎先生认为宜在吴，王永波先生认为宜地近吴国。

《说文·宀部》:“宜，所安也。从宀之下，一之上，多省声。”《尔雅·释言》:“宜，肴也。”

《说文·且部》:“且，荐也。从几，足有二横，一，其下地也。”且，读若祖，《礼记·檀弓上》:“夫祖者，且也。”

《说文·且部》:“俎，礼俎也。从半肉在且上。”夨簋铭文中的“宜”字，正是两块肉置于且上之形，即“俎上鱼肉”之俎也。

《仪礼·乡饮酒礼》“宾辞以俎”，郑注:“俎者，肴之贵者。”《诗·郑风·女曰鸡鸣》“弋言加之，与子宜之”，毛传:“宜，肴也。”《尔雅·释言》“宜，肴也”，李氏注:“宜，饮酒之肴也。”俎、宜同训肴，可为一字之证。

《说文·肉部》“肴，啖也。从肉爻声”;《诗·小雅·頍弁》“尔酒既旨，尔肴既嘉”;《诗·大雅·凫鹥》“尔酒既清，尔肴既馨”;《楚辞·九歌·东皇太一》:“蕙肴蒸兮兰藉，奠桂酒兮椒浆。”

“俎”为“宜”的初文，俎、宜为一字。

俎是洛邑边鄙几百里之间的一个地名、胙即胙国、柤在今邳县和沭阳的中间、宜即宜阳、宜在胡国左近、宜属原周的王畿之地、宜在仪征等，多有望文生义之嫌；至于“俎即沭水与沂水之间的柤地，西周时期为吴国国都”，“沭、沂之间为郯，吴国国都设在郯国”，更是天方夜谭；宜为国名，在丹徒，不仅是因为夨簋出土于丹徒，而且夨簋铭文也反映了宜的地理方位和宜的地理环境。

吴国的国号为句吴，句吴的地望在丹徒一带，《世本·居篇》“孰姑徙句吴”，《世本·张澍稡集补注本》按:《诗地理考》引《世本·居篇》云:“孰徙丹徒句吴。”[1]

---

[1]《世本·张澍稡集补注本》,《世本八种》，商务印书馆，1957年。

俎为宜的初文，俎、宜为一字。历史文献中称吴国为句吴，吴国青铜器铭文中则自称工𫋹、攻𫋹、攻敔、攻吴，工、攻、句皆见母，𫋹、敔、吴皆鱼韵。

俎，庄母，鱼韵，庄、见旁纽，俎、𫋹、敔、吴皆鱼韵，俎与工𫋹声近韵同，俎即工𫋹的音译，金文俎和历史文献中的句吴，皆为工𫋹、攻𫋹、攻敔、攻吴的同名异译。

"夨"在夨簋铭文中如下（图九）。

图九　夨簋铭文之"夨"

陈梦家、郭沫若、谭戒甫、陈直、曹定云先生认为夨即作册夨令，岑仲勉先生认为夨即胙侯，黄盛璋先生认为夨是春秋虞国祖先，王永波先生认为夨是辅助吴国的虞侯，唐兰先生认为夨即周章，刘启益先生认为夨是句吴在江苏地区的第一世，李学勤先生认为夨是熊遂，梁晓景、马三鸿先生认为夨是始封于南方吴国的第一代君主。

"作册夨"与"宜侯夨"，两者不可同日而语；夨即"胙侯"或"春秋虞国祖先"，显然是推测之辞；"夨是辅助吴国的虞侯"，然江南并无吴、虞并存的记载；唐兰先生认为"夨即周章"，刘启益、梁晓景、马三鸿先生认为夨是"始封于南方吴国的第一代君主"，亦指周章，而李学勤先生认为"夨是熊遂"，将夨与熊遂进行联系似乎理由不足。

"夨"为人名，与"宜"一样，也是音译。唐兰先生认为"虞侯夨应该就是周章，'夨'和'周章'的声母是很接近的"。

《史记·吴太伯世家》"是时周武王克殷，求太伯、仲雍之后，得周章。周章已君吴，因而封之"，封周章当在武王之时，而夨簋为康王器，据《夏商周断代工程·西周年表》"武王在位4年，成王在位22年，康王在位25年"，[1]而唐兰先生推测"周章在成武之间封为虞侯，隔三十多年到康王时封为宜侯"，与夏商周断代工程推测的周王纪年基本一致。

通过考古学文化区的考察，烟墩山西周墓为吴国贵族墓葬；通过吴国贵族墓地的考察，烟墩山西周墓为吴国国君之墓；通过吴国青铜器的考察，夨簋为"宗周器"，是康王时期周王朝予以吴国国君的分封赏赐之器；通过对吴国语言的考察，夨簋铭文中的地名、人名皆为"没有实际的意义"的音译。

---

［1］夏商周断代工程专家组：《夏商周断代工程：1996-2000年阶段成果报告·简本》，世界图书出版公司，2000年。

完整记载吴国世系的主要见于《史记 · 吴太伯世家》:“太伯之奔荆蛮,自号句吴。……太伯卒,无子,弟仲雍立,是为吴仲雍。仲雍卒,子季简立。季简卒,子叔达立。叔达卒,子周章立。是时周武王克殷,求太伯、仲雍之后,得周章。周章已君吴,因而封之。……列为诸侯。周章卒,子熊遂立。熊遂卒,子柯相立。柯相卒,子强鸠夷立。强鸠夷卒,子余桥疑吾立。余桥疑吾卒,子柯卢立。柯卢卒,子周繇立。周繇卒,子屈羽立。屈羽卒,子夷吾立。夷吾卒,子禽处立。禽处卒,子转立。转卒,子颇高立。颇高卒,子句卑立。……句卑卒,子去齐立。去齐卒,子寿梦立。寿梦立而吴始益大,称王。”

武王封吴始于周章,周章以下是熊遂、柯相、强鸠夷、余桥疑吾等。夨簋为康王器,通过上古音的比较,成康之际的吴国国君只有周章与“夨”读音相近。

“夨”,庄母,职韵;“周”,章母,幽韵;“章”,章母,阳韵。夨与周的声部相近,夨与周章也属同名异译。

丹徒烟墩山西周墓出土的夨簋是唯一一件记载周王分封的西周青铜器,而吴国见诸史籍的受封者仅为周章,而康王再次封周章,于史无征,夨簋铭文可补史之阙。

“夨”见于西周夨簋,“周章”见于西汉《史记》,“夨”与“周章”是不同时期的不同音译,即同名异译,唐兰先生的推论确有一定的道理。

以上所做的文化背景的考察和夨簋铭文的音训,实际上是对唐兰先生的研究做了一点小小的补充。

在诸多学者的考释中,唯有唐兰先生对吴国地名、人名采用了音训,唯有唐兰先生的结论更接近史实。唐兰先生是浙江嘉兴人,可能对吴越语言有着更深层次的理解与感悟。

四、余　论

出土青铜器铭文的释读,不应局限于铭文本身,还应将其置于更广阔的空间内,对其文化背景进行梳理和考察,并利用相关的考古成果和研究成果对铭文进行综合研究,在此基础上得出的结论,可能更接近史实或更符合史实。

季姬方尊铭新释

吕全义
（太原师范学院历史系）

季姬方尊现藏河南省宜阳县文管所。铭文拓本自《文物》2003年第9期刊布以来受到学界的极大关注。现参考以往学者对季姬方尊铭文的研究成果，按原行款将铭文隶释、标点如下：

隹（惟）八月初吉庚辰，君命（令）宰茀
易（赐）𠂔季姬畋（畋、佃）[1]臣于空桑，
氒（厥）师夫曰丁，㠯（以）氒（厥）友廿又五家，
新易（赐）氒（厥）田。㠯（以）生马十又五
匹，牛六十又九㲃，羊三百又八十
又五㲃，禾二廪。其对扬王
母休，用乍（作）宝尊彝，其万[年]
[子][孙]永宝用。

研究者均主张季姬方尊属于西周穆王世器，并对其做了深入的考释和研究。[2]因

---

[1] 李家浩认为从田从又之字为“畮”的异体字。参李家浩：《战国官印考释两篇》，《著名中年语言学家自选集·李家浩卷》，安徽教育出版社，2002年，第142页。

[2] 蔡运章、张应桥：《季姬方尊铭文及其重要价值》，《文物》2003年第9期；李学勤：《季姬方尊研究》，《中国史研究》2003年第4期；董珊：《季姬方尊补释》，周秦文明学术研讨会，宝鸡，2003年10月；董珊：《季姬方尊补释》，《战国题铭与工官制度研究——附论新见铜器和简帛》，北京大学考古文博学院博士后研究工作报告，2004年；李家浩：《季姬方尊铭文补释》，《黄盛璋先生八秩华诞纪念文集》，中国教育文化出版社，2005年；严志斌：《季姬方尊补释》，《中国历史文物》2005年第6期；涂白奎：《〈季姬方尊〉铭文释读补正》，《考古与文物》2006年第4期；韦心滢：《季姬方尊再探》，《中原文物》2010年第3期；陈絜：《周代农村基层聚落初探——以西周金文资料为中心的考察》，朱凤瀚主编：《新出金文与西周历史》，（转下页）

铭文第四行第六字“生”之释对通篇铭文的把握至关重要，所以有必要对其做进一步讨论。下面将以往诸家对该铭文“生”字之释的三种意见列出并加以简要辨析。

第一，论者据马王堆帛书《周易》卒（萃）卦“用大生”在通行本为“用大牲”和《经典释文》释《论语·乡党》“君赐生”之“生”为“牲”，主张季姬方尊铭之“生”当释“牲”，但笔者认为：一是“生”字后边列举的马、牛、羊本身就是“牲”，毋庸特别指明；二是从句法来看，“牲”字虽然能够统摄其后的马，但统摄不了牛和羊，更涵盖不了马、牛、羊之后的“禾二稟”。

第二，“生”指其后的马、牛、羊是活的。北京大学藏秦木牍《泰原有死者》：“泰原有死者，三岁而复产。”[1]《说文》：“产，生也。”即“生”与“产”可以同义互训。“三岁而复产”即死后过了三年而复活。“产”在该秦木牍中确实可以释为“活”，用为动词。在“生马”中，“生”释为“活”，则用为形容词。不过，笔者认为此种释读恐不合金文辞例。原因之一是金文迄今未见特别指明赏赐的马牛羊是死是活。此外，论者所据中方鼎（《集成》2751、2752）之凤是观赏性鸟类，活着的凤具有观赏价值，若凤死则无观赏价值。就凤而言，有必要强调其是死是活，而马牛羊之功能与凤并不相侔。

图一　季姬方尊铭拓本（《二编》[2] 586）

第三，将“生”与“马”连读，释“生马”为未经调训之马。唐代杨倞注《荀子·臣道》之“朴马”为“未调习之马”，即未经调教之马称“朴马”而非“生马”。

基于以上已有诸说皆有未安之处，再细审尊铭拓本（图一），可以发现第四行第五字“以”与第六字“生”之间的字距甚大（见图一方框处）。此字距

（接上页）上海古籍出版社，2011年；袁金平：《季姬方尊铭“晦”字及相关问题考论》，《中国文字学会第六届学术年会论文集》，张家口，2011年7月；林沄：《季姬方尊铭文试释》，中国考古学会、沈阳市文物考古研究所编：《庆祝宿白先生九十华诞文集》，科学出版社，2012年；余森森：《季姬方尊“”字补释》，《中国文字研究》第十八辑，上海书店出版社，2013年；王晖：《季姬尊铭与西周兵民基层组织初探》，《人文杂志》2014年第9期；耿超：《性别视角下的两周宗妇》，《陕西师范大学学报》（哲学社会科学版）2015年第6期。

[1] 李零：《北大秦牍〈泰原有死者〉简介》，《文物》2012年第6期，第81页。

[2] 刘雨、严志斌：《近出殷周金文集录二编》，中华书局，2010年。

图二　季姬方尊铭照片(吴镇烽:《金文通鉴》11811b)

之大与该铭文其他字与字之间的距离迥异,即整篇铭文只有此二字之间的距离超大。这种现象在已刊金文拓本中实属罕见。笔者在电脑中尝试将季姬方尊铭文中的一些字随机剪截后置于这两字之间的空隙,确实可容纳一字。但也需要说明,并非该器铭文的所有字都可容纳于此空隙。笔者最初推测,可能是原器该部位本有一字,因锈蚀过甚,做拓本时未留下任何字迹;或者因为某种原因该字被铲去,加上锈蚀过甚而在拓本上未留下任何痕迹。笔者就此问题于2015年4月16日电话请教曾经目验过原器的蔡运章先生,蔡先生以手机短信的方式回复如下:"季姬方尊第四行第五、六字间的空间确实较大,但据当时目验原物,此处锈迹平整,没有发现有字的痕迹。这个看法,仅供参考!"结合该尊铭拓本公布之后又公布的尊铭照片(图二,图二应属器壁铭文尚未完全剔出时的照片)来看,蔡运章先生的看法是正确的。

有鉴于此,笔者认为这个超大空隙处应该是漏铸一字。为了讨论方便,下文暂以"□"处理。"以□生"之"□生"相当于张亚初先生在《西周铭文所见某生考》中划分的第一类"某生"。比照张亚初先生所划分的第一类"某生",此"生"字当读为"甥"。[1]

如何理解"甥"呢?

《诗经·大雅·崧高》:"王遣申伯……往近王舅,南土是保。……不显申伯,王之元舅,文武是宪。"《崧高》反映的是周宣王徙封其舅于今南阳作申伯的史事。《诗经·大雅·韩奕》:"韩侯取妻,汾王之甥,蹶父之子。韩侯迎止,于蹶之里。百两彭彭,八鸾锵锵,不显其光,诸娣从之,祁祁如云。韩侯顾之,烂其盈门。蹶父孔武,靡国不到。为韩姞相攸,莫如韩乐。"《韩奕》记载的是韩侯娶"汾王"之外甥女,诸娣陪嫁。韩姞之"韩"是夫族之氏,"姞"为父姓。《崧高》之"甥"指宣王,《韩奕》之"甥"指韩侯之妻,汾王(出奔彘之厉王)之外甥女。

[1] 张亚初:《西周铭文所见某生考》,《考古与文物》1983年第5期。

据《崧高》和《韩奕》,西周时期存在“舅”和“甥”这两种亲称,且“甥”既可以是男性,亦可以是女性。

《左传》庄公六年载:“楚文王伐申,过邓。邓祁侯曰:‘吾甥也。’止而享之。骓甥、聃甥、养甥请杀楚子,邓侯弗许。三甥曰:‘亡邓国者,必此人也。若不早图,后君噬齐。其及图之乎?图之,此为时矣。’”杜预注“吾甥也”曰:“姊妹之子曰甥。”杜预又注“骓甥、聃甥、养甥”曰:“皆邓甥仕于舅氏也。”《史记·十二诸侯年表》载:“邓甥曰,楚可取。”即骓甥、聃甥、养甥属于邓国邓氏之外甥。骓甥、聃甥、养甥在邓国任职,故邓人称他们为某氏之甥,骓、聃、养非舅氏而分别是三位邓甥之父氏。“甥”前加父氏以示区别。

据以上《左传》庄公六年之“骓甥、聃甥、养甥”,“某甥”之“某”当解为“甥”本人的父姓或氏名。

不过还有一种情况亦可称“甥”。《诗·齐风·猗嗟》:“不出正兮,展我甥兮。”毛传:“外孙曰甥。”即外孙亦可称甥。

《尔雅·释亲》:“姑之子为甥,舅之子为甥;妻之晜弟为甥,姊妹之夫为甥。”若据此来分析的话,“甥”的情况相当复杂。不过,《释亲》又谓:“谓我舅者,吾谓之甥。”汉末刘熙《释名》释“甥”字曰:“舅谓姊妹之子曰甥,甥亦生也。出配他男而生,故其制字,男旁作生。”即大部分学者认为姊妹之子为甥。

据以上大部分学者从传世文献获得的认识,在主张季姬方尊铭第四行第五字“以”和第六字“生”之间漏铸一字的情况下,对该篇铭文在吸收以往学者释读成果的基础上予以重新理解如下。

关于㢭季姬,㢭为丈夫之氏名,季为排行,姬为父姓。“㢭季姬”的称谓表明“季姬”已出嫁。关于“以□生”之“以”,郑玄笺《诗经·召南·江有汜》“之子归,不我以”之“以”为“犹与也”,据此,“以”可释为“与”。[1]“□生(甥)”属于㢭季姬所生,可以确定是姬姓之甥,可能是穆王之甥。若要补出此字的话,当补为“姬”,铭文释为“以[姬]生(甥)”。“君”当解为“昭王之后”,季姬生母。对于季姬生母而言,其女儿季姬的孩子,所谓外孙,按照前引《猗嗟》毛传,亦可以称“甥”。尊铭“以(与)[姬]生(甥)”之“甥”或男性或女性,均有可能。“以□生”之前的铭文讲赐给小女儿㢭季姬臣、师夫、友二十五家和田。田属于新赐,可见此前亦曾赏赐过㢭季姬田。这次的赏赐不言赐田之数量,说明将他们耕种的除上次赏赐之田以外的全部赐予了季姬。“以[姬]生”之后的铭文讲的则是赐给“[姬]生(甥)”马、牛、羊和禾若干。

---

[1] 李学勤:《季姬方尊研究》,《中国史研究》2003年第4期。

尊铭大意为：八月初吉庚辰这一天，季姬的母亲令宰名茀者赏赐女儿季姬和外孙。外孙是对“君”而言，对穆王而言，即“[姬]生（甥）”，换言之，均可称“甥”。“以[姬]生（甥）”之前属于对女儿的赏赐，包括在空桑这个地方的佃臣、名丁的师夫、友二十五家，还新赐他们耕种的田。“以[姬]生（甥）”之后属于对“[姬]生（甥）”的赏赐，包括马、牛、羊和禾若干。最后，季姬作尊，“对扬王母休”。铭文记载的内容似说明：季姬带着新生的儿子或女儿回娘家省亲，受到母亲的赏赐，于是铸器以作纪念。

前文笔者主张铭文漏铸一字，但也还可能是省铸一字。可能，因为帇季姬是穆王之姊妹，季姬之儿子或女儿当然是穆王的外甥，“生（甥）”前边应加之姓在当时属于众所周知之事，所以“生（甥）”字前面不需要加“姬”字大家也都能看懂，尤其是使用器物的器主季姬具有明确的线索指向。当然，还有一种可能，铭文中这个空隙超大是客观存在，但此处也确实无字，既不是漏铸，也不是省铸。即使属于此种情况，本文对该铭文的新释仍然可通：将“生”读为“甥”，指季姬的儿子或女儿，换言之，对季姬之母亲“君”而言，亦可称“甥”。

最后，将本文的观点撮述如下以清眉目：季姬方尊铭文第四行第五字“以”与第六字“生”之间的字距甚大，与整篇铭文的布局不相称，当漏铸或省铸一字，在做释文时于此处加“□”予以处理。“□生”之“生”当读为“甥”，系季姬的儿子或女儿，对于季姬之母“君”来说，也可称“甥”。若要将漏铸之字补出，应当是“姬”。“以[姬]甥”之前的铭文讲的是对季姬的赏赐，之后讲的是对姬甥的赏赐。这样理解铭文，文义更加顺畅，只是比以往学者的理解多出了一个人物，即季姬之儿子或女儿，季姬的母亲“君”之“甥”。赏赐的对象变成两个人，在西周赏赐铭文中并不多见。所以，季姬方尊的确是西周时期非常重要的一篇铭文。

文末，希望宝藏该器的宜阳县文管所能够将器铭用X射线探伤技术加以拍片并公之于众，以厘清是非。

新出金文所见早期丼氏

——兼论西周社会性别意识

韦心滢
（上海博物馆）

近年新著录的嫚鼎（《铭续》0214），[1]铭文内容涉及西周社会性别关系与家族制度，具有重要的学术价值。以下首先讨论器物所属时代暨铭文释读，在此基础上再试对铭文所涉及之相关问题进行探讨。

一、嫚鼎形制纹饰及其年代

嫚鼎窄平沿方唇、圜底垂腹、双立耳，三柱足，器腹上部饰涡纹和四瓣目纹相间饰带。从器形来看，与1971年扶风黄堆齐镇村M2出土的约属昭王时期的鼎、[2]1975年临潼南罗墓出土穆王时期的3号鼎与1954年长安斗门镇普渡村长由墓出土穆王时期的鼎（003）相似（图一）。[3]从纹饰来看，与2011年随州叶家山M15出土的西周早期叔遙鼎（M15：3）近似。[4]故嫚鼎器形约在西周中期，但纹饰仍具西周早期遗风，综合来说其所属年代应在西周早、中期之际，约昭王晚段至穆王初期。

[1]《铭续》为吴镇烽先生编著《商周青铜器铭文暨图像集成续编》的简称，本文引用吴镇烽先生之《商周青铜器铭文暨图像集成》青铜器著录编号时，采用（XXX），引用《铭续》时采用（《铭续》XXX）。

[2] 朱凤瀚：《中国青铜器综论》，上海古籍出版社，2009年，第1280页；陕西省考古研究所、陕西省文物管理委员会、陕西省博物馆：《陕西出土商周青铜器》（三），文物出版社，第67页。

[3] 赵康民：《临潼南罗西周墓出土青铜器》，《文物》1982年第1期，第90页；陕西省文物管理委员会：《长安普渡村西周墓的发掘》，《考古学报》1957年第1期，第81页。

[4] 湖北省文物考古研究所、随州市博物馆：《湖北随州市叶家山西周墓地》，《考古》2012年第7期。

1

2

3

4

图一　形制纹饰比较图

1. 嫚鼎　2. 齐镇M2出土的鼎　3. 南罗墓出土的3号鼎　4. 叔遂鼎

二、嫚鼎铭文考释

嫚鼎铭文共5行31字，其中有数个字写法特异，如首字“丁”，一般写作“”，为实心的椭方形，此处只剩下一笔画，其类似的写法仅见于周原甲骨文H11∶112。[1]又“退”字的写法，左半的“彳”一般写成“”，但此处写成“”。“嫚”的右半“受”的写法，上部应写作“”，此处的手形简略，或许是除锈时伤及字口所致（图二）。释文隶定如下：

[1] 曹玮编著：《周原甲骨文》，世界图书出版公司，2002年，第78页。

丁卯,退事于内宫。妫易(锡)嫚玄衣,曰:“唯女(汝)聿(律)井,嗣宗臣妾。”用乍(作)宝鼎,其万年用事宗。

图二　嫚鼎铭文

首句“退事”一词在金文中初见。“退”,《仪礼·士冠礼》“主人退”,郑玄注:“退,去也,归也。”“事”,《说文·史部》:“事,职也。”“退事”之意为“卸下职务”。“内宫”一词亦首见于金文。《周礼·天官·女史》“逆内宫”,贾疏云:“王之六寝为内宫。”《左传》成公十八年“齐侯使士华免以戈杀国佐于内宫之朝”,杜预注:“内宫,夫人宫。”由上引两条文献可知,“内宫”所指为“非外朝”的部分。则“退事于内宫”整句之意即从内宫退职。

而此处“内宫”一词所适用之对象,是否仅为王与诸侯国君所专用,则似乎尚有进一步讨论的空间。首先,在王畿任职受封的世家贵族们,其家内制度已见“仿王朝化”的趋势,可以家主对家臣的廷礼册命仪式为例。卯簋盖铭记述了焚伯册封赏赐卯之诰命,铭文如下:

隹王十又一月既生霸丁亥,焚季入右卯,立中廷,焚白(伯)乎(呼)令卯曰:䚄乃先且(祖)考死嗣焚公室,昔乃且(祖)亦既令乃父死嗣荞人,不盄(淑),𡙙我家宷,用丧,今余非敢梦先公又(有)㒼𢓊(遂),余懋爯先公官,今余隹令女(汝)死嗣荞宫、荞人,女(汝)母(毋)敢不善,易(锡)女(汝)瓚三、章瑴(瑴)、宗彝一𤔲(肆)、宝,易(锡)女(汝)马十匹、牛十,易(锡)于乍一田,易(锡)于𠂤一田、易(锡)于队一田,易(锡)于戠一田,卯拜手𩒨手,敢对扬焚白(伯)休,用乍(作)宝𬭚𣪕。卯其万年,子子孙孙永宝用。

小宗焚季担任右者、立中庭,焚伯呼令卯,并忆及先祖与其父皆终身服役于公室,因此焚伯又命卯承继祖、父之职,其后赏赐卯玉、礼器、牛马与土田。上述在贵族家族内举行的廷礼册命仪式与册命用语皆与周王册命王朝卿士时类同,可知西周中期以后,世族家族已有仿王朝的家朝与廷礼制度。

其次,传世文献所言及之贵族卿士之家朝就叙述的更加详细了,如《国语·鲁语下》“公父文伯之母如季氏,康子在其朝,与之言,弗应,从之及寝门,弗应而入。康子辞于朝而入见,曰:肥也不得闻命,无乃罪乎?曰:子弗闻乎?天子及诸侯合民事于外朝,合神事于内朝；自卿以下，合官职于外朝，合家事于内朝；寝门之内，妇人治其业焉。上下同之。夫外朝，子将业君之官职焉；内朝，子将庀季氏之政焉”所言。毛奇龄曾云："自卿以下，合官职于外朝，合家事于内朝，此言卿大夫家有内外朝也。其所以分内外者，外朝与私臣议公家之政事，故曰业官职。内朝与私臣议私家之政事，故曰庀家政。"[1]

既然西周中期以后贵族世家的家内制度已有"仿王朝化"的倾向，而文献中又清楚记述春秋时期的侯伯能称自己的寝宫为内宫，那么西周时期的贵族卿士极有可能亦能使用"内宫"一词。故"退事于内宫"可以解释成从周王内宫退职，亦可理解成从王朝贵族的内宫退职。

由"妫易（锡）嫚玄衣"此句，可知妫是嫚的上级，其身份应是井氏宗妇，具有处理家族内部事务与任命家臣的权力。"玄衣"为西周册命赏赐铭文中常见的命服。《说文》"玄，幽远也，黑而有赤色者为玄"，"衣"为上衣，"玄衣"即黑中带赤色的上衣。在册命铭文中，命服为受册命者等级身份之象征。

"聿"通律，《说文 · 彳部》"律，从彳聿声"，在此作动词。《书 · 舜典》"同律度量衡"，马融云："律，法也。""聿井"为"以法治井"之意。"嗣宗臣妾"相似的句式见于宰兽簋铭"嗣康宫王家臣、妾"（5377），"康宫"即康王庙，"王家臣妾"是指服役于康宫中王家男女奴仆，则"嗣宗臣妾"即指管理在井氏宗庙内工作的男女奴仆。"聿井，嗣宗臣妾"整句意思为"以法治理井氏家族事务，并管理在宗庙内工作的臣妾"。笔者认为由宗妇妫任命嫚以法治理之井，其实质内涵应限于井氏家内，属内家臣的性质。

"用事宗"即是将所作宝鼎供奉于宗庙内祭祀之意，与其语法接近者如生史簋铭"用事氒祖日丁，用事氒考日戊"（5076）。

通篇铭文大意为嫚从内宫退职，井氏宗妇妫赏赐她玄衣，并说：你要以法治理井氏家族事务，并管理在宗庙内工作的男女奴仆。嫚因之作宝鼎，万年供奉于宗庙祭祀。

三、嫚鼎铭文的启示

嫚鼎铭文言简意赅，却蕴含诸多值得深入探讨的信息。以下就两方面进行分析：

（一）以女性任职受赏自作器对西周社会性别意识的再思考

青铜器中有关女性作器的问题，学界多有讨论，主要关注焦点为女性在祭祀中的

[1] 毛奇龄：《论语稽求篇》，阮元编：《清经解》第1册，上海书店，1988年，第751页。

地位、女性在家族中拥有的经济能力、女性在家族中的职责等，虽然这些研究分别从宗教、经济、社会等不同的观点出发，但基本上都是将西周女性附属于所出父家或嫁随夫家之家族下进行研究，未见从女性个人自身为出发点进行探讨之例。本文以㛸鼎铭的主人翁为引子，试图讨论西周女性的独立人格及其社会认同。

一般女性自作器其作器者身份多为王后或宗妇，宗妇在家族中具有册命赏赐的权力，如蔴鼎"蔴来遘于妊氏，妊氏令蔴事保氒家"（2405）与次卣"公姞令次嗣田人"（13314）等。㛸鼎铭中出现两位女性，一是㚸，一是㛸，㚸是册命赏赐者，㛸是受命被赏之人，显而易见㚸的身份是宗妇，而㛸的身份是家臣。㛸鼎是一件以非王后或宗妇身份之女子自作器，且铭文内容为册命赏赐，这样的例子目前仅此一见。

目前所见西周时期妇女以担任职官获得赏赐，或以职官自称所作器，寥寥无几，器物铭文分述如下：

1. 保侃母簋、簋盖（4625、4624）：保侃母易（锡）贝于庚宫，乍（作）宝毁。

2. 保侃母壶（12300）：王㚸（姒）易（锡）保侃母贝。䄈（扬）㚸（姒）休，用乍（作）宝壶。

3. 保汝母簋（4658）：保汝母易（锡）贝于庚姜，用乍（作）旟彝。

4. 齐巫姜簋（4801）：齐巫姜乍（作）障毁，其万年子子孙永宝用亯。

5. 妊小簋（5118）：白（伯）莽父事（使）䅽𠭯尹人于齐自，妊小从䅽，又（有）䫋贝，用乍（作）妊小宝毁，其子子孙孙永宝用，⺄（支）。

保侃母簋、壶为同人器组。簋作侈口方唇，鼓腹，两半环形耳，耳下有勾状形小珥，高圈足。口沿下以目纹间以浮凸圆圈纹构成纹饰带，其上饰一道弦纹，其下饰两道弦纹。壶为圆腹壶，长颈鼓腹、高圈足、双贯耳，颈、足各饰两道弦纹。从簋、壶的形制、纹饰特征判断属于西周早期。

保为职官名，侃作私名，母为女性美称，王姒于庚宫赏赐保侃母贝，王姒应是周王后妃，庚宫应是内宫之一，可知侃母担任王官，"保"为保姆，[1]属内官之性质。保汝母簋下落不明，器形未能确知，从铭文内容来看，汝母亦是担任保职受赏贝而作彝簋。保侃母簋、壶与保汝母簋皆是侃和汝担任保职，照顾王室幼小成员有功，获得奖赏铭记所作之器，说明"保"职地位不低（当然不能与大保之职相提并论），女性能够因任"保"而自作铜彝。

齐巫姜簋敛口鼓腹、双兽首半环形耳、下有垂珥，圈足外撇，下接三兽首象鼻足，

[1] 张亚初、刘雨：《西周金文官制研究》，中华书局，1986年；曹兆兰：《保教的先驱——西周金文中的女"保"》，《教育理论与实践》2005年第3期。

失盖。口沿下饰中目窃曲纹，圈足饰垂鳞纹，余饰瓦纹。形制纹饰与宣王时期的颂簋类似，说明齐巫姜簋时代应属西周晚期。“齐巫姜”所指应是齐国任巫之姜姓女子，《说文》：“觋，能斋肃事神明也。在男曰觋，在女曰巫。”此簋是任巫的姜姓女子所作祭器，说明巫职因其特殊地位，女性能够独立作器。

妊小簋敛口鼓腹、双兽首半环形耳、下有垂珥，圈足外撇，下接三兽首扁足。口沿下饰窃曲纹，圈足饰斜角雷纹，余饰瓦纹。形制与幽王时期的善夫梁其簋接近，说明妊小簋的时代约属西周晚期。“妊小”的“妊”为姓，“小”为私名。“顯”《说文·页部》“顯，读若昧”，可训为“沫”。裘锡圭先生认为顯当读为美，沬可通眉，亦通美，[1]则“有顯贝”即“有美贝”之意。妊小跟随着䩛到齐自帮忙交付小牛给尹人有功，受到奖励而作此簋。然妊小具体担任何职官在铭文中并未体现，䩛是伯莽父家臣，而妊小是䩛的随从判断，应是较低阶的职位。但女性可以跟随男性外出公差，并因此获赏作器，足见西周晚期女性具有一定自主权。

上述五件器物共同特点是女子在工作中表现优异，获得奖励，以志纪念所作。而铭文叙述中最大的特色是女子皆在私名/姓前冠职官或仅自称，而未冠夫氏，显示作器时完全是站在个人立场，而非倚仗夫家或父家地位。此种现象显示女性除了依靠婚姻可以提高社会地位外，亦可透过职场上的努力，获得一定的社会认可。又从妊小随䩛前往齐自公差的情况推断，西周社会似乎对女性参与公共事务的接受度较高，并给予女性较大的自由与宽容。

西周时期因实行家国政治与血缘宗法制度，贵族妇女虽拥有较高的社会地位、经济能力与参政权力，但都是以王或宗子的名义代行，女性自觉自主的意识被模糊限制在僵硬的体制框架中，使人难以察觉。而嫚、保侃母、保彸母、齐巫姜与妊小这五位女子自作器，让我们窥见上古时期女性在婚姻、家族桎梏之外，体现出作为个人的存在与价值，也让我们重新思考西周社会对女性自主宽大与包容的另一面。

（二）透露畿内丼氏早期发展情况

从目前出土或传世留居畿内之丼氏自作器与提及丼伯相关青铜器来看，年代约集中在西周中期至晚期，未见西周早期器物。因此昭穆之际的嫚鼎是属于丼氏较早期器物。

穆王早期始见丼伯自作器（见丼伯甗，3253）。长安普渡村墓葬出土穆王晚期的

［1］ 裘锡圭：《燹公盨》铭文考释，《中国历史文物》2002年第6期，第19页。

长由盉（M15：9455，14796），[1]由铭文可见井伯担任大祝一职，[2]并参与王举办的射礼，显示此时井伯已担任王朝官职，并与周王亲近。另《清华简 · 祭公之顾命》中提及穆王时的三公为毕鴡、井利、毛班；[3]又《穆天子传》卷一："河宗之子孙鄘柏絮，且逆天子于智之口。先豹皮十、良马二六。天子使井利受之。"从时间点来看，井利很有可能即是穆王晚期青铜器铭文中提及的井伯。[4]

目前所见铭文中最早出现井叔的青铜器是季𩛥簋。清宫旧藏之季𩛥簋（4924），原物已佚，但曾著录于《西清古鉴》中，形制为侈口垂腹、双兽首半环形耳，下有勾状小珥，矮圈足外撇成阶。器腹饰对称垂冠顾首大卷尾花翎凤鸟纹，圈足饰两道弦纹。垂冠顾首大卷尾凤鸟纹普遍流行于西周早期晚段至西周中期早段，但加饰花翎者不多见。此种独特的纹饰，尚可见于同为井氏作器之井季㚤尊（11603）与井季㚤卣（13102）上。

井季㚤尊垂腹，腹部纹饰作垂冠顾首大卷尾花翎凤鸟纹，颈部装饰两对长卷尾鸟纹，圈足装饰两道弦纹。井季㚤卣直口垂腹，上承盖，盖上有圈足状捉手，两端突起犄角，矮圈足外撇成阶，提梁两端为貘首。盖面与腹部饰垂冠顾首大卷尾花翎凤鸟纹，器颈饰长卷尾鸟纹，圈足饰两道弦纹。尊卣为相同纹饰组合，应为同时制作之组器。季𩛥簋腹部纹饰与井季㚤尊、卣的对称垂冠顾首大卷尾花翎凤鸟纹如出一辙，且圈足同为简单两道弦纹的设计，或与井季㚤尊、卣为组器。（图三）

季𩛥簋铭文如下：

季𩛥肇乍（作）氒文考井叔宝障彝，子子孙孙其永宝用。

季𩛥已故之父为井叔，故知季𩛥是井氏，而季㚤亦是井氏之人。𩛥，从皀酉声；㚤，从皀史声。酉为幽部喻母，史为之部心母，心母为齿音，喻母为舌音，上古音中齿音多

---

［1］唐兰、陈梦家、刘启益先生皆认为长由盉属于穆王时器。见唐兰：《西周青铜器铭文分代史征（下）》，中华书局，1986年，第377页；陈梦家：《西周铜器断代》，中华书局，2004年，第141页；刘启益：《西周纪年》，广东教育出版社，2002年，第208页。

［2］大祝为官名。《周礼 · 春官宗伯》："大祝：掌六祝之辞，以事鬼神示，祈福祥，求永贞。"

［3］《清华简》第9简。

［4］李学勤先生认为井利即穆公簋盖与师遽方彝铭中的宰利，见李学勤：《清华简九篇综述》，《文物》2010年第5期，第55页。又李学勤先生认为穆公簋盖的凤鸟纹不分尾，与穆王时器的纹饰特征相符；师遽又见于盠驹尊铭，且与盠驹尊共出的尚有盠方彝，其造型特点为象鼻形双耳，与师遽方彝近似，三器年代应皆接近。见李学勤：《穆公簋盖在青铜器分期上的意义》，《文博》1984年第2期。韩巍先生认为井利是六师的长官，以井利的地位，不可能做"宰"这样低微的职官。并认为井利和井公是同一人，即长由盉铭文中的井伯。参韩巍：《西周金文世族研究》，北京大学博士学位论文，2007年，第146页。笔者亦赞同穆公簋盖与师遽方彝中提到的宰利虽是活动于约穆王时期之人，然"宰"一职在西周王官中地位并非很高，和三公之一的说法难以匹配。有关宰的地位在司徒之下的说法，可参见陈絜、李晶：《奔季鼎、扬簋与西周法制、官制研究中的相关问题》，《南开学报》（哲学社会科学版）2007年第2期。

1　　2　　3

图三　丼季夐尊、丼季夐卣与季鲁簋器形图

1. 丼季夐尊　2. 丼季夐卣　3. 季鲁簋

读为舌音，之、幽旁转。因此夐、鲁可能是一字异写，丼季夐和季鲁应是同人。从上述器形、纹饰特征判断，季夐应是穆王时人，[1]则其父丼叔约为昭穆时人，[2]有可能即为第一代丼叔。从时间节点观之，丼叔在昭穆之际从本家分出自立，穆王早期便出现第一代丼伯自作器，其原因一是丼氏于王朝发展得势，二是当为与丼叔氏有所区别。

又禹鼎铭中管理丼邦的禹称其先祖为穆公，而在丼叔采钟（15290）铭中亦见丼叔称其祖为穆公，两器所称“穆公”应是同人，[3]则禹与丼叔共祖。铭文记有穆公事迹与相关人物器物如下：

穆公鼎（1242）	穆公	
穆公簋盖（5206）	穆公	宰利
㦰簋盖（5289）	穆公	㦰
盠尊（11814）	穆公	盠
盠方彝（13546）	穆公	盠
尹姞鬲（3039）	穆公	尹姞
丼叔采钟（15290）	穆公	丼叔采

[1] 陈梦家先生将季鲁簋与井季夐尊、卣时代定在昭穆时期，彭裕商先生认为属穆王时期，刘启益先生则认为属昭王时期。韩巍先生则认为昭穆两说似都有可能，难以做更细的断代。参见陈梦家：《西周铜器断代》，中华书局，2004年，第180页；彭裕商：《西周青铜器年代综合研究》，巴蜀书社，2003年，第322—323页；刘启益：《西周纪年》，广东教育出版社，2002年，第155页；韩巍：《西周金文世族研究》，北京大学博士学位论文，2007年，第130页。

[2] 陈梦家先生认为井季夐之文考井叔为昭王世或其前。韩巍先生认为井季鲁之父井叔可能活动于康昭时期。参陈梦家：《西周铜器断代》，中华书局，2004年，第180页；韩巍：《西周金文世族研究》，北京大学博士学位论文，2007年，第130页。

[3] 昊生钟铭中虽见“用作穆公大镈钟”，然单昊生铺与单伯昊生钟铭显示昊生为单氏，因此所称穆公不可能与禹鼎铭中之穆公为同人。

禹鼎(2499)	穆公	武公	噩侯驭方
气盘(M2002∶5)	穆公	霸姬	

铭文中记穆公担任右者之器有㦰簋盖、盠尊、盠方彝；自作器为穆公鼎、穆公簋盖。穆公簋盖纹饰为垂冠顾首大卷尾花翎凤鸟纹，与前述丼季㚇尊、卣和季䰜簋同，又同为丼氏，时代接近，穆公与㚇应为从兄弟，则穆公为第一代丼伯氏，或即《清华简·祭公》所载之三公之一井利，亦即丼伯亲之文祖幽伯。[1]

尹姞鬲铭所显示穆公与尹姞之间的关系，过去多认为尹姞是穆公之妻，但随着新出土类似金文的深化认识，[2]对铭文内容似可做新的解读。铭文释读如下：

穆公乍(作)尹姞宗室于繇林。隹六月既生霸乙卯，休天君弗望(忘)穆公圣粦明㸒事先王，各(格)于尹姞宗室繇林，君蔑尹姞曆，易(锡)玉五品，马四匹，拜韻首，对𢞁天君休，用乍(作)宝䵼。

尹姞或为穆公之弟媳、或为子媳，因夫君早逝，故穆公为尹姞在繇林兴建宗室，以方便尹姞祭祀亡夫。穆公过世后，天君来到位于繇林的小宗宗室，赏赐尹姞五品玉、四匹马，尹姞感谢天君不忘大宗宗子穆公为先王效命之事。

气盘出土于山西翼城大河口2002号墓，此墓主人为霸国国君之弟霸仲。气盘铭文较长，共153字，内容记述霸姬向穆公状告气，要求气归还臣妾之事。发掘简报将M2002的年代定在穆恭之际，[3]显示气盘铭中担任仲裁者的穆公，应即穆公簋盖、尹姞鬲、禹鼎等铭中提及之穆公。

结合尹姞鬲铭、气盘铭与前述有关穆公铭文可知，穆公应为穆王时人，或于恭王早年过世。

由上知，丼伯氏第一代即穆公丼伯利，第一代丼叔氏为季㚇之父。昭穆时期的嫚鼎铭描述揭示的是丼氏尚未分家前的情况，生动地展现了丼氏未分家前贵族家族内朝的运作方式及西周早期贵族生活的面貌。

[1] 韩巍先生认为井利和井公是同一人，即长由盉铭文中的井伯，但非穆公。韩巍：《西周金文世族研究》，北京大学博士学位论文，2007年，第146页。

[2] 朱凤瀚：《宗人诸器考——兼及再论西周贵族家族作器制度》，《青铜器与金文》第二辑，上海古籍出版社，2018年，第18页。

[3] 山西省考古研究所、临汾市文物局、翼城县文物旅游局联合考古队，山西大学北方考古研究中心，中国人民大学出土文献与中国古代文明研究协同创新中心：《山西翼城大河口西周墓地2002号墓发掘》，《考古学报》2018年第2期。气盘、气盉的年代约在恭王早期，参见韩巍：《翼城大河口M1017、M2002两墓的年代及相关问题》，《青铜器、金文与齐鲁文化学术研讨会论文集》，待刊。

盠方彝、《祭公》与《召诰》诸篇体例研究

张怀通

（河北师范大学历史文化学院）

在今文《尚书·周书》、今本《逸周书》、清华简“书”类文献，以及《诗经》中，有许多以对话为文体特征的篇章，如虞夏书中的《尧典》、《皋陶谟》，商书中的《微子》，周书中的《召诰》、《雒诰》、《鄷保》、《祭公》、《厚父》，《大雅》中的《江汉》等。对于这些篇章，学者从字词、语言、史实、思想观念等方面，以注释或论文的形式，分别进行了研究，取得了一系列成果。[1]然而，到目前为止，笔者还未见从对话文体角度进行的研究。为此，本文尝试以西周时代盠方彝作参照，在对其文体特征进行分析的基础上，将盠方彝与《祭公》的文体进行对比，待总结出对话体文献的通例后，再对《召诰》诸篇的体例进行检验。

一、盠方彝文体的分析

盠方彝1956年3月出土于陕西眉县车站附近的坡地上，同时出土的还有方彝一、方尊一，马尊二（其中一件仅存盖），在《殷周金文集成》中的编号分别是16.9899、

[1] 代表性的著作有：杨筠如：《尚书覈诂》，陕西人民出版社，1959年；顾颉刚、刘起釪：《尚书校释译论》，中华书局，2005年；李学勤：《祭公谋父及其德论》，《古文献丛论》，上海远东出版社，1996年；黄怀信等：《逸周书汇校集注》（修订本），上海古籍出版社，2007年；清华大学出土文献研究与保护中心编，李学勤主编：《清华大学藏战国竹简》（壹），中西书局，2010年；清华大学出土文献研究与保护中心编，李学勤主编：《清华大学藏战国竹简》（伍），中西书局，2015年；程俊英、蒋见元：《诗经注析》，中华书局，1991年，第910-915页。

16.9900、11.6013、11.6011、11.6012，作器者都是盠，时代属于西周中期。两件盠方彝与盠方尊基本同铭，本文就以盠方彝铭文作为分析的底本。盠方彝云：[1]

唯八月初吉，王格于周庙。穆公佑盠，立于中廷，北向。

王册命尹赐盠：赤市、幽亢、攸勒。

曰：用司六师、王行、三有司：司土、司马、司工。

王命盠曰：总司六师罘八师设。

盠拜稽首，敢对扬王休，用作朕文祖益公宝尊彝。

盠曰：天子丕叚丕基，万年保我万邦。

盠敢拜稽首曰：烈烈朕身，更朕先宝事。

铭文记载了王对盠的赏赐与册命，以及盠对王与先祖的颂扬祝愿。从内容角度看，与其他西周青铜器铭文所载册命礼仪没有什么不同，但从册命礼仪的叙述方式角度看，除了时间、地点、人物等要素几乎完全相同之外，其他方面则存在较大差异。主要表现有如下三点：

首先，王对盠的赏赐与任命分三节表述。第一节是“王册命尹赐盠：赤市、幽亢、攸勒”，记载了王对盠的赏赐。第二节是“[王]曰：用司六师、王行、三有司：司土、司马、司工”，其中讲话的主体“王”，是根据语意所做的校补。该节记载王对盠本职的任命，“‘王行’疑为王族，犹公行之为公族”，“此三有司乃是六师王师的司土司马司工”。[2]第三节是“王命盠曰：总司六师罘八师设”，记载王对盠兼职的任命，[3]“即总管‘六师’及‘八师’（官长）之设置”。[4]

其次，盠的颂扬与祝愿也分三节表述。第一节是“盠拜稽首，敢对扬王休，用作朕文祖益公宝尊彝”，是册命礼仪中常见的颂扬祝愿之辞。第二节是“盠曰：天子丕叚丕基，万年保我万邦”，颂扬王建立牢固基业，保佑天下邦国万年永存。第三节是“盠敢拜稽首曰：烈烈朕身，更朕先宝事”，表达了赓续先祖功业、永远保守官职的美好愿望。

---

[1] 盠方彝等器物铭文的隶释与句读，综合采纳了郭沫若、陈梦家、张亚初等学者的观点。见氏著：《盠器铭考释》，《考古学报》1957年第2期；《西周铜器断代》，中华书局，2004年，第169-172页；《殷周金文集成引得》，中华书局，2001年，第149页。为了书写方便，本文对于青铜器铭文的隶释，尽量采用宽式。

[2] 陈梦家：《西周铜器断代》，中华书局，2004年，第171页。

[3] 郭沫若：《盠器铭考释》，《考古学报》1957年第2期；陈梦家：《西周铜器断代》，中华书局，2004年，第171页。

[4] 宁镇疆：《说清华简〈摄命〉的“奔告”——兼申毛公鼎铭文之“楚赋”当为职官》，《清华简〈摄命〉研究高端论坛论文集》，上海大学，2019年。

第三，王的赏赐册命与盠的颂扬祝愿存在一一对应的关系。二者的对应，不仅表现在各自都有三节，而且每节的内容与语气也相互吻合。现将其文本解构，重新编排，制成表格如下：

表一 解构后重新编排的王与盠对话表

对话组别	对　话　内　容
第一组	王册命尹赐盠：赤市、幽亢、攸勒。
	盠拜稽首，敢对扬王休，用作朕文祖益公宝尊彝。
第二组	[王]曰：用司六师、王行、三有司：司土、司马、司工。
	盠曰：天子丕暇丕基，万年保我万邦。
第三组	王命盠曰：总司六师眔八师设。
	盠敢拜稽首曰：烈烈朕身，更朕先宝事。

铭文开头交代的时间是“唯八月初吉”，地点是“周庙”、“中廷”，说明这次王命尽管有三部分，而且程序是先赏赐后任命，与一般册命礼仪有所颠倒，但应是一次性完成。

值得特别关注的是，盠的颂扬祝愿虽然一一与王命对应，但不必是册命礼仪现场所说的话，比如“用作朕文祖益公宝尊彝”、“烈烈朕身，更朕先宝事”，就应该是事后，或者是作器时，盠根据王命而自己拟补的对话。

为什么盠要拟补与王的对话，要制作一篇王命与自己的对话一一对应，而且王命为一组，自己的对话为另一组的长篇铭文呢？这是因为西周时代流行这种体例的对话文体。

二、盠方彝与《祭公》文体的比较

盠方彝的对话文体，与今本《逸周书》中的《祭公》最为接近。《祭公》是学者公认的西周中期文献，记载了穆王向已是耄耋之年且重病在身的祭公征询意见的史实，其性质是记录国家宿老嘉言懿行的惇史，反映了西周时代的敬老礼制。[1]清华简《祭公》的刊布，校正了《祭公》文本中一些字词语句的讹误。[2]现将《祭公》与清华简《祭公》对校之后的文本结构抄录于下：

[1] 张怀通：《〈祭公〉与惇史》，《〈逸周书〉新研》，中华书局，2013年。

[2] 清华大学出土文献研究与保护中心编，李学勤主编：《清华大学藏战国竹简》(壹)，中西书局，2010年。

王若曰……祭公拜手稽首曰……

王曰……王曰……王曰……

公懋拜手稽首曰……曰……公曰……公曰……公曰……曰……公曰……

开头一段只是一个序礼，穆王说明来意，祭公介绍病情，还没有进入征询的正题，所以对话是一对一的形式。后面的长篇对话，已是征询的正题，而此时穆王的问话与祭公的答话却被分成两组来分别集中编排。

既然是对话，在通常情况下就应是有问有答，话题也必定一一对应。因此可以将现有的穆王问话为一组而祭公答话为另一组的《祭公》文本解构，还原为一问一答的形式。[1]

表二　解构后还原为一问一答形式的穆王与祭公对话表

<table>
<tr><th>对话组别</th><th>对　话　内　容</th><th colspan="2">备　注</th></tr>
<tr><td rowspan="2">第一组</td><td>王若曰："祖祭公……公其告我懿德。"</td><td colspan="2" rowspan="2">序礼</td></tr>
<tr><td>祭公拜手稽首曰："天子，谋父朕疾惟不瘳……"</td></tr>
<tr><td rowspan="2">第二组</td><td>王曰："呜呼，公……我亦惟有若祖祭公，修和周邦，保乂王家。"</td><td rowspan="2">由于三公的靠近，祭公的回话用了两个"曰"</td><td rowspan="6">正礼</td></tr>
<tr><td>公懋拜手稽首曰："允哉！"乃召毕䎖、井利、毛班。
曰："三公。谋父朕疾惟不瘳，敢告天子……"</td></tr>
<tr><td rowspan="2">第三组</td><td>王曰："公称丕显德……"</td><td rowspan="2"></td></tr>
<tr><td>公曰："天子，三公，我亦上下譬于文武之受命……"</td></tr>
<tr><td rowspan="2">第四组</td><td>王曰："呜呼，公，汝念哉！逊措乃心，尽付畀余一人。"</td><td rowspan="2">祭公的回话针对穆王与三公轮流说，因而用了四个"曰"</td></tr>
<tr><td>公曰："呜呼，天子，丕则寅言哉……"
公曰："呜呼，天子，三公，汝念哉……"
曰："三公，事，求先王之恭明德；刑，四方克中尔罚……"
公曰："天子，三公，余惟弗起朕疾，汝其敬哉……"</td></tr>
</table>

每一组对话的形式、内容、语气，都很吻合，很显然这才是现实生活中穆王与祭公对话的原本样式。那么，为什么现实生活中的对话在《祭公》的文本中呈现出如此的结构状态呢？这是因为"穆王与祭公之间的对话，可能由两组史官分别记录；对话虽然是有问有答，问与答紧密相连，但当被不同组别的史官记录于册之后，就被割裂开来，形

[1] 张怀通：《清华简〈祭公〉解构》，《〈逸周书〉新研》，中华书局，2013年。

成我们现在见到的穆王问话是一组而祭公回话是另一组的清华简本与今本《祭公》的文本结构”。[1]这个推测，建立在对西周史官制度及其运行方式深入研究的基础上，值得信赖。

将盠方彝的命对部分与《祭公》的问答部分进行相比，可知二者在结构上，无论现有文本中将对话分为两组各自集中编排的形式，还是解构后还原为现实生活中一命一对或一问一答的形式，都基本相同。不同的地方主要表现在，盠方彝的内容较为简单，而且盠的对话可能是事后拟补，《祭公》的内容较为繁复，而且全部是史官的现场记录。

将盠方彝的整个文本与《祭公》的整个文本进行比较，可知二者叙述的线索都是礼仪，前者是册命礼，后者是敬老礼，[2]对话是全部礼仪的组成部分。所以盠方彝可以分为两章，前一章是序礼，后一章是正礼，王与盠的命对都集中在后一章之中。《祭公》将穆王与祭公的问答，依据礼仪程序——序礼与正礼——分为两个部分，序礼中每个人只有一句话，自然是一对一的形式，正礼中有多次往来问答，而问与答分为两组，不再采用一对一的形式，而是采用各自集中编排的形式。这样安排可以使局部服务于整体，以保障叙述主线的清晰。

一个是青铜器铭文，一个是传世文献，相互对比，彰显了各自的价值。盠方彝证明，西周时代确实存在像《祭公》一样的对话文体。《祭公》证明，以对话为文体特征的文献，整理自对话现场的记录。二者共同证明，由于记录的对象有些是礼仪活动，由此而形成的对话体文献的叙述主线多是礼仪，对话只是礼仪的组成部分，所以对话都缀联在相应的礼仪程序之中，由仪节隔开，而不必通篇贯联；由于记录史官依据对话在双方之间进行的原则而分为两组，所以对话体文献呈现了每个礼仪程序中的对话被分为命与对或问与答两组来分别集中编排的体例。

三、对《召诰》、《雒诰》体例的检验

确定了盠方彝、《祭公》的对话文体是西周时代的文体，归纳了西周时代对话文体的通例，现在就可以此为前提，检验《召诰》诸篇的体例。

[1] 张怀通：《清华简〈祭公〉解构》，《〈逸周书〉新研》，中华书局，2013年；张怀通：《“王若曰”新释》，《历史研究》2008年第2期。

[2] 张怀通：《〈祭公〉与惇史》，《〈逸周书〉新研》，中华书局，2013年。

《召诰》记载了雒邑营建过程之中，在完成了“卜宅”、“攻位”的工程之后，召公与周公的一次对话。从“大保乃以庶邦冢君，出取币；乃复入锡周公，曰”，到“欲王以小民，受天永命”，[1]是对话的主体部分。其中召公的话可依据语句中的四个“呜呼”分为四节，相应地周公的话也可分为四节。

将现有文本解构，重新编排为节与节对应的四组，每组都有一个核心内容。第一组讲的是周王受命、配天的问题。第二组讲的是成王敬德的问题。第三组讲的是以夏殷为鉴、敬德以保天命的问题。第四组讲的是成王是天子，应该敬德、祈天、保民，开一个亲政好头的问题。[2]

于省吾先生认为《召诰》都是周公的讲话，[3]这个看法不仅与题目抵牾，而且使得内容变得重复、混乱，显然不可取。现在按照召公与周公对话的形式，将《召诰》的文本解构，还原为节与节相对的四组，就顺畅地解决了《召诰》的一些话语，如“王其疾敬德”等，前后出现两次的问题。此其一。其二，召公讲话层次分明，有显著标志“呜呼”，说明对话的主导者是召公，记录史官的立场也是在召公的位置，这就照应了《召

[1] 杨筠如:《尚书覈诂》，陕西人民出版社，1959年，第203–209页。

[2] 按：下面是笔者按照对话原则重新编辑的《召诰》中召公与周公的对话（底本据杨筠如:《尚书覈诂》，陕西人民出版社，1959年，第203–209页）。

大保……曰：……呜呼！皇天上帝，改厥元子兹大国殷之命；惟王受命，无疆惟休，亦无疆惟恤。

旦曰：其作大邑，其自时配皇天，毖祀于上下。其自时中乂，王厥有成命治民，今休。

以上是召公与周公的第一组对话。

[大保曰：]呜呼！曷其奈何弗敬？天既遐终大邦殷之命；兹殷多先哲王在天，越厥后王后民，兹服厥命，厥终智藏鳏在；夫知保抱携持厥妇子，以哀吁天，徂厥亡，出执。

[旦曰：]王先服殷御事，比介于我有周御事。节性，惟日其迈。王敬作所，不可不敬德。

以上是召公与周公的第二组对话。

[大保曰：]呜呼！天亦哀于四方民，其眷命用懋。王其疾敬德！相古先民有夏，天迪从子保，面稽天若；今时既坠厥命。今相有殷，天迪格保，面稽天若；今时既坠厥命。今冲子嗣，则无遗寿耇，曰其稽我古人之德，矧曰其有能稽谋自天？

[旦曰：]我不可不监于有夏，亦不可不监于有殷。我不敢知曰：有夏服天命，惟有历年；我不敢知曰，不其延。惟不敬厥德，乃早坠厥命。我不敢知曰，有殷受天命，惟有历年；我不敢知曰，不其延。惟不敬厥德，乃早坠厥命。今王嗣受厥命，我亦惟兹二国命，嗣若功。

以上是召公与周公的第三组对话。

[大保曰：]呜呼！有王虽小，元子哉！其丕能諴于小民，今休。王不敢后，用顾畏于民碞。王来绍上帝，自服于土中。

[旦曰：]王乃初服。呜呼！若生子，罔不在厥初生，自贻哲命。今天其命哲，命吉凶，命历年，知今我初服宅新邑。肆惟王其疾敬德，王其德之用，祈天永命。其惟王勿以小民淫用非彝，亦敢殄戮用乂民，若有功；其惟王位在德元，小民乃惟刑用于天下，越王显。上下勤恤，其曰我受天命，丕若有夏历年，式勿替有殷历年。欲王以小民，受天永命。

以上是召公与周公的第四组对话。

[3] 于省吾:《双剑誃尚书新证》，中华书局，2009年，第159–165页。

诰》的题目。其三,更为重要的是,召公讲话为一组而周公讲话为另一组的分别集中编排的文本结构,符合由解析盠方彝、《祭公》而归纳的西周时代对话体裁文献的通例。从这一点看,《召诰》是一篇西周文献。

《雒诰》主要记载了周公与成王之间关于雒邑建成之后的政治形势与政治措施的对话。从“周公曰:王肇称殷礼,祀于新邑,咸秩无文”,到“王曰:……公勿替刑,四方其世享”,上承前文的“[王]拜手稽首诲言”,下启后文的“周公拜手稽首曰”,是对话的主体部分。[1]

其中成王的讲话开头有“王若曰”,中间有三个“王曰”,可以很自然地分为四节,相应地在此之前的周公讲话也可以分为四节。依据对话的原则,周公与成王的各自四节讲话,可以解构后重新编排为一一对应的四组。

第一组对话的主题是“以功作元祀”,周公讲话中的关键词语是“王肇称殷礼,祀于新邑,咸秩无文”,成王讲话中的关键词语是“惇宗将礼,称秩元祀,咸秩无文”。第二组的主题是如何治理群僚,关键词语分别是“明作有功,惇大成裕,汝永有辞”与“公功棐迪笃,罔不若时”。第三组的主题是如何识察方国诸侯,关键词语分别是“其敬识百辟享,亦识其有不享”、“凡民惟曰不享,惟事其爽侮”与“四方迪乱,未定于宗礼,亦未克敉公功”。第四组的主题是如何柔远能迩,关键词语分别是“汝往,敬哉!兹予其明农哉!彼裕我民,无远用戾”与“公定,予往已”、“公勿替刑,四方其世享”。[2]

需要深入辨析的是第三组。成王讲话的开头一句是“公,予小子其退,即辟于周,命公后”。所谓“命公后”,就是“命周公留守雒邑”。[3]乍一看,似乎与周公所讲依据享、仪、物、志协调一致的原则来识察诸侯是否诚心的方法,不太对应,所以朱骏声说:“或曰:此节当在‘王入太室祼’之下,错简于此。存参。”[4]其实,这句话与周公的话对应得很好。[5]

---

[1] 杨筠如:《尚书覈诂》,陕西人民出版社,1959年,第214—220页。按:“拜手稽首诲言”前面的“王”是笔者校补,依据是张怀通《〈祭公〉与惇史》(《〈逸周书〉新研》,中华书局,2013年)。

[2] 按:《雒诰》记载周公与成王对话的时间、地点,以及对话中一些语句的含义等,古今学者有很大认识分歧,为了避免细节的纠缠,本文用关键字语来概括对话的大意。请读者明鉴。

[3] 杨筠如:《尚书覈诂》,陕西人民出版社,1959年,第219页。

[4] 朱骏声:《尚书古注便读》,《四库未收书辑刊》(陆辑·贰册),北京出版社,1998年,第54页。

[5] 按:下面是笔者按照对话原则重新编辑的《雒诰》中周公与成王的对话(底本据杨筠如《尚书覈诂》,陕西人民出版社,1959年,第214—220页)。

周公曰:王肇称殷礼,祀于新邑,咸秩无文。予齐百工,伻从王于周,予惟曰庶有事?今王即命曰:记功宗,以功作元祀。

王若曰:公明保予冲子;公称丕显德,以予小子扬文武烈,奉答天命,和恒四方民。居师,惇宗将礼,称秩元祀,咸秩无文。惟公德明光于上下,勤施于四方,旁作穆穆。御衡不迷文武勤教。予小子夙夜毖祀。(转下页)

周公讲话的背景是,东方叛乱刚刚平定,一些方国未必诚服,因此周公嘱咐成王趁其朝贡时细心观察,而成王借此话题正好提出周公留守成周以经营东方的建议,其中的“其”字,是一个语气助词,说明成王的话有试探性。下文的成王为“周公后”而祭告文武、昭告天下,以及《多士》、《多方》中第二个“王若曰”领起文诰的发布,也可以印证此处的分析与判断有充分的理据。

周公谆谆教诲,成王虚心学习,一说一答,一呼一应,是生活中的对话情景,而《雒诰》的文本将周公与成王的对话分作两组,各自集中编排,与盠方彝、《祭公》的体例相同。另外,在本节分析的周公与成王的对话之前,有周公与成王的简短对话,之后有周公的简短答话,没有通篇编联在一起,而是根据礼仪程序——由“拜手稽首”隔开——各自组编,这样的叙述方式也与《祭公》相同。据此可以得出判断,《雒诰》是一篇西周文献。

四、对《微子》诸篇体例的检验

《微子》是商书中的一篇,记载了微子与父师的对话。微子的话由“微子若曰”和“曰”分别领起,可以分为两节,相应地父师的话也可以分为两节。

按照对话原则,将《微子》文本解构,还原为节与节相对的两组。第一组的内容是

(接上页)以上是成王与周公的第一组对话。

[周公曰:]惟命曰:汝受命笃弼,丕视功载,乃汝其悉自教工。孺子其朋,孺子其朋,其往!无若火始燄燄,厥攸灼,叙弗其绝。厥若彝及抚事。如予惟以在周工往新邑,伻向即有僚,明作有功,惇大成裕,汝永有辞。

王曰:公功棐迪笃,罔不若时。

以上是成王与周公的第二组对话。

公曰:汝惟冲子,惟终。汝其敬识百辟享,亦识其有不享。享多仪,仪不及物,惟曰不享。惟不役志于享。凡民惟曰不享,惟事其爽侮,乃惟孺子颁。朕不暇听,朕教汝于棐民彝,汝乃是不蘉,乃时惟不永哉!笃叙乃正父;罔不若予,不敢废乃命。

王曰:公,予小子其退,即辟于周,命公后。四方迪乱,未定于宗礼,亦未克敉公功。迪将其后监我士师工,诞保文武受民,乱为四辅。

以上是成王与周公的第三组对话。

[周公曰:]汝往,敬哉!兹予其明农哉!彼裕我民,无远用戾。

王曰:公定,予往已。公功肃将祗欢,公无困哉!我惟无斁,其康事;公勿替刑,四方其世享。

以上是成王与周公的第四组对话。

成王讲话的节奏有“王曰”作标志,说明对话虽然是由周公主导,但记录史官的立场在成王的位置,对应了题目《雒诰》。

痛陈商王朝的弊政与危机，第二组的内容是商量是否出走。[1]这样的体例与盠方彝、《祭公》相同，因而《微子》是一篇可信的文献。

《微子》是可信文献的确定，表明商代对话体文献与周代一样，也通行将长篇对话按照问与答而分别集中编排的体例，这为判断《尚书》中其他对话体篇章的可信性，又增加了一个支点。

《厚父》是清华简中的"书"类文献，记载了王向厚父请教"前文人之恭明德"的问题。《厚父》的性质与《祭公》一样，应是惇史，其对话体例也与《祭公》相近，呈现如下格式。[2]

表三　王与厚父对话表

<table>
<tr><th>对话组别</th><th>对　话　内　容</th><th>备　注</th></tr>
<tr><td rowspan="2">第一组</td><td>王若曰：厚父！……惟如台？</td><td rowspan="2">序礼</td></tr>
<tr><td>厚父拜手稽首曰：都鲁，天子！……</td></tr>
<tr><td rowspan="5">第二组</td><td>王曰：钦之哉，厚父！……惟如台？</td><td rowspan="2">正礼</td></tr>
<tr><td>厚父曰：于乎，天子！……</td></tr>
<tr><td>曰：民心惟本，厥作惟叶。……</td><td></td></tr>
<tr><td>曰：天监，司民。……</td><td rowspan="2"></td></tr>
<tr><td>曰：酒非食，惟神之飨。……</td></tr>
</table>

[1] 按：下面是笔者按照对话原则重新编辑的《微子》中微子与父师的对话（底本据杨筠如《尚书覈诂》，陕西人民出版社，1959年，第124–129页）。

微子若曰：父师少师！殷其弗或乱正四方，我祖底遂陈于上；我用沈酗于酒，用乱败厥德于下。殷罔不小大，好草窃奸宄；卿士师师非度。凡有辜罪，乃罔恒获，小民方兴相为敌雠。今殷其沦丧！若涉大水，其无津涯。殷遂丧，越至于今。

父师若曰：王子！天毒降灾荒殷邦，方兴沈酗于酒，乃罔畏畏，咈其耇长旧有位人。今殷民乃攘窃神祇之牺牷牲用，以容将食无灾。降监殷民，用乂雠敛召敌雠不怠。罪合于一，多瘠罔诏。商今其有灾，我兴受其败；商其沦丧，我罔为臣仆。

以上是微子与父师的第一组对话。

［微子］曰：父师少师，我其发出狂！吾家耄，逊于荒。今尔无指告，予颠隮，若之何其？

［父师］曰：诏王子出，迪我旧云刻子。王子弗出，我乃颠隮。自靖，人自献于先王，我不顾行遯。

以上是微子与父师的第二组对话。

由微子话语的节奏看，对话的主导者是微子，记录史官的立场在微子的位置，这都与题目《微子》相照应。

[2] 清华大学出土文献研究与保护中心编，李学勤主编：《清华大学藏战国竹简》（伍），中西书局，2015年。按：《厚父》的句读，笔者参考了马文增先生的观点，见氏著：《清华简〈厚父〉新释、简注、白话译文》，简帛网站，2015年5月12日。

《厚父》所载序礼中王与厚父的对话是一问一答，与《祭公》完全相同，正礼中的对话有所不同，主要是王的问话只有一句，厚父的回话共有四句，每句有一个主题，共同解答王所提大人之德与小人之德的问题。《厚父》与《祭公》在性质、体例上的大同小异，表明《厚父》是一篇可信的原始文献。

《江汉》是一首叙述宣王命令召伯虎征伐淮夷，胜利后宣王赏赐召伯虎，召伯虎答拜颂扬的诗篇。诗中两次出现“王命召虎”，之后是两次“虎拜稽首”，内容一一对应，形式却是宣王的命赐是一组，召伯的答拜颂扬是另一组，分别集中编排。这样的体例与盠方彝、《祭公》完全一样。有学者认为《江汉》与西周青铜器铭语句相类、文例相同，[1]这是很有见地的看法。因此说《江汉》是一首西周原始诗篇。

今文《尚书》之虞夏书中的《尧典》、《皋陶谟》；今本《逸周书》中的《酆保》、《大开武》、《酆谋》、《太子晋》、《殷祝》，也是对话体文献。[2]这些篇章中的对话，都是有问有答，有呼有应，一一相对，是生活中的对话形式，与盠方彝、《祭公》、《召诰》、《雒诰》、《江汉》、《微子》、清华简《厚父》所代表的商周对话体文献的通例不符。据此，可以较为肯定地说，这些篇章不是其文本所载人物时代的文献。

清华简《郑文公问太伯》也是对话体文献，[3]性质也是惇史，但所载礼制与《祭公》、《厚父》比，相对较为模糊，对话也是双方各有一句，相对较为简单。造成这种情况的原因，不应是春秋时代的敬老礼发生了变化，而很可能是该文为后世追记之作。[4]

《尧典》、《皋陶谟》的开头有“曰若稽古”，表明这些篇章是后世“稽古”的结果。清华简《郑文公问太伯》的“追记”性质，从某种意义上说，也是“稽古”。既然是稽古，材料或有其来源，因而有一定的可信性。对之正确的态度应该是，深入研究其内容，仔细甄别其材料，科学解释其形成背景及形成机制。

---

[1] 程俊英、蒋见元：《诗经注析》，中华书局，1991年，第910页。

[2] 今文《尚书》、今本《逸周书》、清华简书篇中的对话体裁篇章，除了正文所举之外，还有《西伯戡黎》；《小开武》、《宝典》、《寤儆》、《大聚》、《成开》、《大戒》、《本典》、《官人》、《伊尹朝献》；《尹至》、《尹诰》（《咸有一德》）、《说命》（上、中），这些篇章中的对话较为简单，本文不予讨论。

[3] 清华大学出土文献研究与保护中心编，李学勤主编：《清华大学藏战国竹简》（六），中西书局，2016年。

[4] 按：《郑文公问太伯》可能预示对话体例在春秋时代发生了变化，趋势是一命（问）一对（答）的形式开始出现。春秋晚期的叔尸钟（《集成》1.272-8）记载了齐侯任命官职、赏赐物品给叔尸，叔尸答谢颂扬齐侯，为此在齐侯与叔尸之间有三组对话。这三组对话是一命一对的形式，是一种新的对话体例。这种新体例出现的原因，笔者推测，可能是春秋时代的史官制度及其记言方式，与西周时代相比，已经发生了很大变化。

五、结　论

通过以上分析、对比、检验，可以得出如下几点结论。

一、西周中期的盠方彝对于王的赏赐任命与盠的颂扬祝愿的叙述，不是一命一对的形式，而是将命与对分为两组各自集中编排的形式，由此而形成的文本结构与今本《逸周书》中的《祭公》相同。这不仅再次证明《祭公》是可信的西周文献，而且还证明将人物对话按照命与对或问与答分作两组各自集中编排，是西周时代对话体文献的通例。

二、盠方彝与《祭公》证明，有些对话体文献的叙述主线是礼仪，对话是礼仪的组成部分，因此如果一场礼仪中有多次对话，就将每次对话分别编联在相应的礼仪程序之中，由仪节隔开，而不必通篇贯联，这也是西周时代对话体文献的通例。

三、由总结自盠方彝、《祭公》的西周时代对话体文献的通例，检验今文《尚书》、今本《逸周书》、清华简书类文献，以及《诗经》中的对话体篇章，可知周书中的《召诰》、《雒诰》，以及《大雅》中的《江汉》符合通例，是可信的西周文献；商书中的《微子》符合通例，是可信的原始文献。《微子》是可信文献的确定，证明商代的对话体文献也通行同样的文例。清华简《厚父》也符合通例，也是可信的原始文献。

四、虞夏书中的《尧典》、《皋陶谟》；今本《逸周书》中的《酆保》、《大开武》、《酆谋》、《太子晋》、《殷祝》；清华简中的《郑文公问太伯》不符合通例，因此不是其文本所载人物时代的文献。

五、《尧典》、《皋陶谟》、《酆保》、清华简《郑文公问太伯》诸篇是“稽古”之作，材料或许渊源有自，有一定的可信性。对之进行深入研究，揭示其形成的时代背景以及形成的机制，是学者今后面对的重要任务。

《逸周书·度邑》篇札记四则

章　宁
（北京师范大学文学院）

一、夷羊在牧飞鸿过野

《国语·周语上》内史过曰“昔夏之兴也，融降于崇山；其亡也，回禄信于聆隧。商之兴也，梼杌次于丕山，其亡也，夷羊在牧。周之兴也，鹫鹭鸣于岐山；其衰也，杜伯射王于鄗”。“夷羊在牧，飞鸿过野”句亦见于《度邑》。诸家多以《国语》本于《度邑》，并以此称《度邑》早出，今察之非是，乃试证如下：

其一，“过野”当作“满野”。故书向无“过野”之语例，而多见“满野”，如“伏尸满野”（《管子·地数》），“血流千里，暴骸满野”（《淮南子·本经》），《史记·周本纪》、《淮南子·本经》引此亦作“满野”，故“过”当作“满”。此二字古文字字形不类，古音也不相近，唯隶变之后，“咼”与“㒼”形近，可能发生讹误，故此讹误当是汉以后《逸周书》传抄所致。

其二，《国语》所言诸多神异，其地皆特指某处，并非泛指，故“夷羊在牧”之“牧”亦当如韦注指“牧野”一地。而《度邑》所言“夷羊在牧”之下，有“飞鸿满野”句，“飞鸿”即当如《史记》、《淮南子》读为“蜚”，则言“蜚”满野，则“野”必是泛指之郊野，后《史记》、《淮南子》引是句时，皆作泛指解之。

其三，“飞鸿满野”之说，不见于故书，“夷羊在牧”时见，且前后排比史事甚为清晰，故“飞鸿过野”或是由“夷羊在牧”附益而来。纯以《国语》“夷羊在牧”观之，“牧”应为特指；以《度邑》《史记》《淮南子》等语境观之，“牧”当与“野”对文，为泛指，二者矛盾。若《国语》袭自《度邑》，必不会在语境上无中生有；反之，若《度邑》撰述者曾见《国语》，则在上下语境清晰连贯前提下，不当“牧”解为泛称。故《国语》

之“夷羊在牧”不当本自《度邑》,《度邑》撰述者亦当未见《国语》,“夷羊在牧”或是当时关于周初史事的普遍传闻,《度邑》《国语》之撰者各自采入其说。以对“牧”的含义理解观之,《国语》所指确凿而《度邑》言多务虚,则《度邑》之说,似较《国语》为晚。故以《国语·周语上》所见“夷羊在牧”而言《度邑》早出,实不可取。

二、近饱于恤,辰是不室

饱,庄述祖读为“厌”,并指亦可读为“饬”,训为“劳”。读“劳”或是。

恤,忧也。前文言“久忧劳”,此言“近劳于忧”,前后呼应。此句与《皇门》言“有国誓(哲)王之不绥于恤”,或有相关。王引之言《皇门》此句当作“罔不绥于恤”,[1]非是。简本作“有国之哲王则不共于恤”,整理者读“共”为“恐”。魏宜辉言共、恐二字在楚文字中使用有别,“恐”多以“忑”为之,故不当读为“恐”,甚是。魏言《皇门》此句当参《大诰》“无毖于恤”读,伪孔传作“无劳于忧”,叔夷镈见“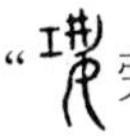劳朕行师”,“”从巩从女,魏言此字与“共”音近,以“工”、“共”、“句”三声符古音相近,故可通为“劬”,[2]“劬”即为“劳”之义。由此三处语例看,劳于恤、忧劳等或是当时习语,君劳于忧则有难,君不劳于忧则国安,故此或可依《大诰》《皇门》,读为“劳”之义。

近,庄述祖言作“迈”,甚是。《大雅·崧高》“往迈王舅”一作“往近王舅”,即是此用例。牛鸿恩破读为“已”,[3]恐未必是。王筠《说文解字句读》“娸……或曰读若近”注“近似迈之讹”。[4]段注言“是则已、忌、记、其、迈五字通用”,[5]则此字或可径破读为“其”,迈、其皆从丌得声,其犹“而”之义。[6]

“辰是不室”,辰,时也。“室”,可通为“节”。具体用例裘锡圭先生已具言之,可参看。[7]“时是不节”,犹《礼记·乐记》“天地之道,寒暑不时则疾,风雨不节则饥”。以

[1] 王念孙:《读书杂志》,江苏古籍出版社,1985年,第14页。

[2] 魏宜辉:《利用战国文字校读〈尚书〉二题》,林庆彰、钱宗武主编:《第二届国际〈尚书〉学学术研讨会论文集》,万卷楼图书股份有限公司,2014年,第361-363页。

[3] 牛鸿恩:《新译〈逸周书〉》,三民书局股份有限公司,2015年,第327-341页。

[4] (清)王筠:《说文解字句读》,中华书局,1988年,第492页。

[5] (清)段玉裁:《说文解字注》,上海古籍出版社,1988年,第199页。

[6] 裴学海:《古书虚字集释》,中华书局,2004年,第382-384页。

[7] 裘锡圭:《由郭店简〈性自命出〉的“室性者故也”说到〈孟子〉的“天下之言性也”章》,《裘锡圭学术文集》第2卷,复旦大学出版社,2012年,第378-380页。此外,《康诰》言“惟厥正人越小臣、诸节”,此“诸节”,亦即“诸室”,犹《大诰》所见“亦惟在王宫邦君室”,《立政》“乃有室大竟”之“室”。

其时令不节，故多忧劳。另《大匡》第十一“无粥熟，无室市”，亦当读为“无鬻熟，无节市”。

故“近饱于恤”，即“而劳于忧”之义，“辰是不室”即“辰是不节”之义。

三、惟二神授朕灵期

灵，朱骏声训为“落”，非是。周宝宏以为“灵”当读为“零”，即“令”字，并指出金文多以令表善之义，“灵期”即金文常见之“令终”。[1]此“灵期”即死期之隐晦说法。后文“告期付于朕身”之“告”，或当读为“造”，即遭逢、到之义。如此，则授武王死期之二神指代何神，便成为亟须解决的问题。

二神，庄述祖校为“帝神”，然索之金文，帝并无作“二”者。㝬钟虽见“皇上帝、百神”并称之例，然是语并无略作“帝神”者。“二”字形或近于“上”，然金文亦不见“上神”之称，故此处即当为“二神”。西周金文及文献中，“神”的指代大多特指祖先神。作册嗌卣（《集成》10.5427）“用乍大御于厥祖妣、父母、多申（神）”、䣄史展壶（《集成》15.9718）“用追福彔（禄），于兹先申（神）、皇祖”，皆将“神”与祖妣、父母连言，可见“神”应是祖先神，金文中所见“文神”、“大神”、“百神”由其辞例观之，亦皆当为祖先神。刘源先生指出西周金文中，祭祀者多向祖先神求取“眉寿”“令终”等福佑，[2]而追溯到商代，即便是不受重视的旁系先王，亦有庇佑祸福疾病的功能，[3]而《金縢》中周公为武王祷病的对象也是太王、王季、文王，沈子它簋亦是求祖先“用妥（绥）公唯寿，它用褱（怀）㕚我多弟子、我孙”。可见，祖先神左右武王之寿数，乃至授武王灵期，也可得到出土文献的证明。

具体到《度邑》中，若承认此部分为西周文献，则二神之所指，显然不是上帝，而应是祖先神，即下文所言之“皇祖”、“高祖”。陈逢衡认为二神即王季、文王，非是。考之武王及周公对文王的称谓，多称“文考”、“丕显考”，断无称“祖”者，周人称“祖”多指祖父及以上辈分者，而下文数言“高祖”、“皇祖”并无一语提及文王，故二神所指或即是“皇祖”、“高祖”。

皇祖，潘振以为即太祖，庄述祖、陈逢衡以为是后稷，其说或是受“皇皇后帝，皇祖

[1] 周宝宏：《〈逸周书〉考释》，社会科学文献出版社，2000年，第283页。
[2] 刘源：《商周祭祖礼研究》，商务印书馆，2004年，第302页。
[3] 常玉芝：《商代宗教祭祀》，中国社会科学出版社，2010年，第345页。

后稷”之说影响，而“高祖”，陈逢衡以为指太王以上的祖先。从西周金文看，皇祖、高祖虽然强调的侧重不同，但确乎存在互用者。其在使用中有三个特点：其一，使用时均指某一代祖先，不泛指多代；[1]其二，所指必是祖父辈及以上的祖先；其三，据史墙盘、逑盘等列举多代祖先的器物铭文，皇祖、高祖同时出现时，高祖略尊于皇祖；具体到《度邑》，皇祖、高祖的所指，必然是王季及其以上的某两代先祖，皇祖距武王关系略近一些。

然这种根据文意及西周文献对“神”的理解所推论出的指代，却与周人尤其是周初的实际观念存在显著差别。首先，从周初八诰所表现的观念看，周初时人不论在王位授予还是在日常行政中，文王之德或者效法文王都是极为重要的观念，如《大诰》《康诰》三篇中，言必称文王。若《度邑》中，武王临终对周公的面授机宜确乎出自武王之口，其绝口不提文王，甚不合时人观念。其次，在比《大诰》《康诰》三篇稍晚的《洛诰》《顾命》《立政》等篇中，常见文、武并称。其时成王在位或刚去世不久，其连称文武，反映了在周人追溯祖先功绩时，较之远祖，更加重视近祖。[2]西周金文中不论是祭祀还是作器对象，近祖如皇祖皇考，其地位皆重于远祖。《度邑》舍文王而言太王、王季乃至更远之远祖，殊不可解。其三，《度邑》文中所言远祖，存在是否配享上帝的问题。周人郊望之祭时，固然有以祖先配享的习惯，然其配享所止在于文王，对文王之前的先公崇拜较为淡漠。[3]

另据刘雨先生整理，西周金文中文王是第一个取得上帝地位者，[4]如天亡簋言“丕显考文王，事喜上帝”。在西周时人的观念中，文王之前的先公，与上帝之间并不存在高低宾配关系。由此便引发了一个矛盾，即从皇祖的亲称看，必不指文王，然从与上帝的关系看，皇祖又只能是文王。因此，只能认为《度邑》此观念来源于西周这个大前提不成立。

---

［1］吴镇烽先生指出高祖不是某代祖先的专称，其说不与本文所言矛盾，包括祖父在内的若干代先祖皆可称高祖，然高祖一般后接具体人名，所指具体，多不以高祖泛指多代。吴说见：《高祖、亚祖、王父考》，《考古》2006年第12期，第74页。

［2］西周时人对近祖的重视，其原因很大程度上当归于宗法制度的草创及逐渐严密。宗法制度草创之下，血缘纽带较为紧密，且家族、宗法关系相对简单，没有追溯远祖的必要。加之刘源先生指出，西周时人的政治地位多直接承袭于父、祖。这也说明其与近祖的关系较之远祖密切。原随着后代血缘渐疏，追溯远祖成为拉近关系的重要手段，故宗法制度所行越远，对远祖的地位也就越加尊降，未必尽如刘雨先生所言，有欲与周王室抗衡的意味。刘源说见：《商周祭祖礼研究》，商务印书馆，2004年，第80页。

［3］刘源先生认为《世俘》所见状况体现了周初祭祖仍包括世代较近的先公，然除文王外，皆不见于金文，且《世俘》述之之时，并无明确的直系、旁系之分，亦无对文王的特别重视，从其观念来说，恐不应系之周初。详细考证见第三章对《世俘》的考证，此暂不表。刘源说见：《商周祭祖礼研究》，第283页。

［4］刘雨：《西周金文中的祭祖礼》，《考古学报》1989年第4期，第519页。

对远祖的追溯行为，史墙盘、逨盘等器并不鲜见，可见西周晚期便已出现追溯远祖的倾向。这一行为，一方面固然是作器者试图拉近与历代周王的关系，故将祖先匹配于历代周王，另一方面其追溯上限，也仅止于文王，而不溯至更早。故追溯武王之皇祖、高祖的行为，较之西周晚期或当更晚。

这种追溯远祖的习惯在春秋时期青铜器中亦大量出现，然明确表述了远祖与上帝之间存在关系者，为《诗经·鲁颂·閟宫》。《閟宫》言"皇皇后帝，皇祖后稷，享以骍牺，是飨是宜。降福既多，周公皇祖，亦其福女"，此句一方面是对其远祖后稷的追溯，另一方面，也体现了上帝与后稷之间的并列关系。对太王、王季的祭祀祝祷，亦见于《世俘》《金縢》，故此二篇的最终成篇时代，恐也不应系之周初。尽管《度邑》所见之"皇祖"、"高祖"未见得如庄述祖、陈逢衡所言为后稷，但在亲称和追溯习惯上，《閟宫》以及春秋时期青铜器所言无疑与《度邑》近似。故《度邑》此观念来源的上限，应是春秋早中期。

四、"南望过于三涂"句

《度邑》有"我南望过于三涂，我北望过于有岳，丕愿瞻过于河，宛瞻于伊洛，无远天室"一句。此句"丕"，《周本纪》作"鄙"，属上读，"愿"作"顾"，"河"作"有河"，故王念孙谓当作"北望过于岳鄙，顾瞻过于有河"，甚是。

此前文言"南望、北望"，则"望"显非望祭，望、瞻皆"视"之义，望，朱骏声疑训远视，故书语例皆言远视之义，此"望、瞻"二字杨栋先生认为训"至"。[1]古书少见以方向加望表"至"之义者，且武王在克殷之后的活动相对清楚，并无所谓南至、北至之行动，而是径直归于宗周，故杨说恐非是。瞻，《说文》"临视也"，即近观之义。前文言望者为"三涂、有岳"，瞻者为"有河、伊洛"，则前者远而后者较近，此张怀通先生已为点明。[2]

三涂，《左传》昭公四年言"四岳、三涂、阳城、大室、荆山、中南，九州之险也"，服虔言"大行、轘辕、崤黾也"，昭公四年所举皆为山名，且"三涂"得与"四岳"并举，似也可能是三山合称，未必为一山。服虔所谓"大行"，即《左传》定公八年"乐祁归，卒于大行"，杜注："大行，晋东南山。"轘辕，又见于《左传》襄公二十一年"使候出诸轘

[1] 杨栋：《何簋与〈逸周书·度邑〉篇》，《中国典籍与文化》2012年第3期，第8页。
[2] 张怀通：《〈逸周书〉新研》，中华书局，2013年，第287页。

辕”，杜注“轘辕关，在缑氏县东南”，“崤黾”即崤山、渑池的合称。此三者当洛阳之东、西、南三处要道，故名“三涂”，涂，道也。然此三处似不尽在洛阳之南，言南望恐非指此“三涂”，此黄怀信已言之。[1]

《水经注·洛水》载“《周书》‘南望’之文或言宜为轘辕、大谷、伊阙”，然据《左传》昭公十七年“晋侯使屠蒯如周，请有事于雒与三涂”，杜注“在河南陆浑县南”，言“三涂”当为一山之名，恐未必是。《左传》并未明指“三涂”为一处，其每言“有事于”者，可指“文武”、“群望”，未必即指单一地望。《后汉书·皇甫嵩传》：“诏勑州郡修理攻守，简练器械，自函谷、大谷、广城、伊阙、轘辕、旋门、孟津、小平津诸关，并置都尉。”李贤注：“大谷、轘辕在洛阳东南。”伊阙，《左传》昭公二十六年称“阙塞”，杜注“洛阳西南伊阙口也”，可见三处皆在洛阳之南，嵩山之西南，且皆当要道，故可合称“三涂”，并言南望。

岳鄙，此“岳”在洛阳、嵩山之北，且临近黄河，显非后世“岱、华、衡、恒”四岳，故潘振、庄述祖等说非是。此“岳”，周宝宏、张闻玉从司马贞说，以为“太行”，而陈逢衡则指为“太岳”，在山西霍州西南之霍太山。“太岳”说近是。

“太岳”古有单称“岳”者。《尚书·禹贡》言“既载壶口，治梁及岐。既修太原，至于岳阳；覃怀厎绩，至于衡漳”，“岳阳”即“岳”之南，此句所列诸多地名，其分布大体顺黄河而下，故“岳”当在太原与“覃怀”之间。所谓“太原”，非古之晋阳，而当是今晋南运城、临汾盆地，顾颉刚说是。[2]覃怀，伪《孔传》言“近河地名”，《正义》言“覃、怀二字共为一地”，多信其为河内郡之怀县。

按此“怀”，即《左传》隐公十一年“苏忿生之田”中所见之“怀”。《尔雅·释言》“覃，延也”，取“长”之义以修饰“怀”。衡，通“横”，取“广”之义，以修饰“漳”。二句关系犹《周南·汉广》所见“汉之广矣”、“江之永矣”对举。《职方》篇言“河内曰冀州。其山镇曰霍山，其泽薮曰杨纡，其川漳，其浸汾、潞”，亦以此一组地名连用，怀县为河内之地，川为漳水，其地为汾水、潞水流域。则“岳阳”之岳当在黄河流域晋南运城、临汾盆地与怀县之间。《禹贡》“岳阳”之岳或即《度邑》所言之“岳”，二者皆临黄河，似是一处，亦即《职方》所言之“霍山”，即“太岳”。怀县（今河南省武陟县）在洛阳、嵩山西北，太行在怀县正北，然太行去河较远，并不临河，故岳阳之“岳”应非太行，而当指“太岳”。鄙，边也，故岳鄙即太岳之山边。

宛，诸家或读为地名、水名，即宛水、宛城，以为在今河南南阳。然其地去洛邑甚

---

[1] 黄怀信、张懋镕、田旭东撰：《逸周书汇校集注》，上海古籍出版社，2007年，第482页。

[2] 顾颉刚：《从古籍中探索我国的西部民族——羌族》，《社会科学战线》1980年第1期，第125-127页。

远，其说与《度邑》显不相符，且《度邑》以“顾瞻、宛瞻”并称，“顾”非地名，则“宛”亦当非地名。庄述祖读为“曲”，朱右曾读为“坐见”，张闻玉读为“婉”，训为“顺”，黄怀信亦读为“顺”，然“宛”训为委曲时，多为形容词，用作定语，并无作状语动词之用例。故不论读为“宛曲”还是“顺”，似皆于文义未安，似当另寻他诂。

宛，或读为“环”。[1]古书“宛”字多作“”，即“肙”，包山楚简所见地名“郿”，陈伟先生即读为“宛”。[2]上博简《孔子诗论》简3“多言难而悹怼者也”，有学者释“悹”为“怨”，清华简《尹诰》简2“作怨”之“怨”，即作“”形，从“肙”。古书从“肙”者多与从“睘”者通。《论语·子路》“必也狂狷乎”，《孟子·尽心下》引作“必也狂獧乎”。《说文》餶字，段注“嬛即餶字”，又言“甘而不餶”，一作“不嬛”。王念孙《广雅疏证》言：“梋者，《玉篇》音‘涓’，云‘椀谓之梋，盂属也’。《方言》云‘椀谓之梋柍，亦器之圆者也’，曹宪音‘沿’。《尔雅》环谓之捐，捐与梋亦同义。”[3]清华简《系年》简12“车斅高之渠弥”，[4]“斅”字作“”，其左侧所从者形即與“肙”相近，而不似从“睘”者，如簡129所见“還”字作“”。故“宛”字之“夗”，亦可代为“睘”，则字作“寰”，即“环”也。

前文言“自洛汭延于伊汭”，“汭”，《禹贡》“泾属渭汭”，伪孔传：“水北曰汭”，可见其所考察者为一片较大的地域。《召诰》言“惟太保先周公相宅”，《洛诰》言“我卜河朔黎水，我乃卜涧水东，瀍水西，惟洛食；我又卜瀍水东，亦惟洛食”，《左传》成公六年言晋国迁都事，亦考察了郇、瑕氏及新田等处，故言“环视”者，即环视洛汭至伊汭等处，亦符合古人相宅卜居之习惯。《墨子·三辩》言“汤放桀于大水，环天下自立以为王”，[5]即用此“环”之义。

《度邑》所无远之“天室”，叶正渤言即太室山，非金文习见之“天室”、“大室”，[6]

---

[1] 关于“宛”可读为“寰”、“县”等字的问题，赵平安先生已有梳理，并指出“睘和县声字、肙声字相通，而肙声字和宛声字相通”，见赵平安：《战国文字中的“宛”及其相关问题研究——以与县有关的资料为中心》，《新出简帛与古文字古文献研究》，商务印书馆，2009年，第143-154页。

[2] 陈伟：《包山楚简中的宛郡》，《武汉大学学报（哲学社会科学版）》1998年第6期，第105-109页。

[3]（清）王念孙：《广雅疏证》，中华书局，2004年，第85页。

[4]《左传》宣公十一年言“杀夏征舒，轘诸栗门”，既言“杀”，复言“轘”，则似非指车裂而杀之。《左传》桓公十八年言“齐人杀子亹，而轘高渠弥”，亦未必指车裂。按：轘，或读为“县”，表“悬”之义。“县”古作“还”、“环”，诸家早有所论，不具引。是句当读如《左传》僖公二十二年“邾人获公胄，悬诸鱼门”，伍子胥亦有“悬目于东门”之说。《克殷》言将纣之首级“悬诸大白”，《墨子·明鬼下》作“折纣而系之赤环，载之白旗”，“赤环”即“赤悬”也，《方言》卷五言：“胡以县㮰，关西谓之𦈡，东齐海岱之间谓之𦃼，宋魏陈楚江淮之间谓之䌊，或谓之环。”不必如赵光贤先生所读通“缳”。《系年》所见“车轘”，或亦当读为“车悬”。赵光贤说见《亡尤室文存》，北京师范大学出版社，2001年，第92页。

[5]（清）孙诒让：《墨子间诂》，中华书局，2001年，第40页。

[6] 叶正渤：《〈逸周书·度邑〉“依天室”解》，《古籍整理研究学刊》2000年第4期，第40-41页。

甚是。然《度邑》言望、瞻者，则未必在太室山上为之。张怀通先生欣从前贤，以天亡簋之“天室”为太室山，而又以《天亡簋》“王凡三方”证《度邑》“顾瞻过于有河”，[1] 似是循环论证，未必可信。《天亡簋》所言诸事及其与太室山之关系，并不能说明武王度邑的地点即在太室山巅，此“南望、北望”、“顾瞻、宛瞻”者，大致勾勒了伊洛盆地的范畴，未必由太室山观之而来。

综上，“我南望过于三涂，我北望过于有岳，丕愿瞻过于河，宛瞻于伊洛，无远天室”当读为“我南望过于三涂，我北望过于岳鄙，顾瞻过于有河，宛瞻于伊洛，无远天室”。“三涂”即伊洛盆地南缘之“轘辕、大谷、伊阙”三条要道，非以“三涂”为一山之名，“岳”为紧邻黄河之“太岳”而非“太行”;“宛瞻于伊、洛”意为环视洛汭、伊汭;“天室”即“太室山”，然非谓武王度邑即在太室山进行。

[1] 张怀通:《武王伐纣史实补考》,《中国史研究》2010年第4期，第67-68页。

商周东土吾族地望新证

朱继平

(上海大学历史系)

春秋时期今山东境内有两个郚邑,分属齐、鲁二国。其一,《春秋》庄公元年经“齐师迁纪郱、鄑、郚”,古本《竹书纪年》亦载其事。[1]据杜注,郚邑原属纪,齐灭纪后入齐,可称齐郚。杜预注“郚在朱虚县东南”,齐郚故地在清安邱县西南六十里。[2]今潍坊安丘西南李家西郚村东有一处面积约5万平方米的古代遗址,为齐郚故城。[3]其二,《春秋》文公七年经“取须句,遂城郚”,为鲁邑,可称鲁郚。杜注“卞县南有郚城”,鲁郚故地在今泗水东南之“郚乡故城”。[4]《说文》载,郚“从邑,吾声”。郚为吾之后起字,上述春秋二郚当由商周吾族发展、演变而来。此东土吾族源流,钟柏生先生较早从字形、读音出发,结合卜辞同版地名关系,指出䲅、郚音近可通,晚商上䲅当与上述鲁郚对应。[5]近年陈絜先生也重申此说。[6]

晚商有䲅族,卜辞、金文习见,[7]作为族名,偶有叠加泉字的形体。[8]卜辞与商金文中的上䲅,在小子𦉢簋(《集成》04138)中乃作器者伐夷方时之受赏地,可证上䲅与征夷方相关,其地应是商人经略东土的一个重要据点,战略位置十分突出,故探讨其地

[1]《史记》卷6《秦始皇本纪》“纪季以酅,《春秋》不名”下《正义》引,中华书局,1982年,第294页。

[2](清)穆彰阿、潘西恩等撰修:《大清一统志》卷171,上海古籍出版社,2008年,第4册,第398页上栏。

[3]国家文物局主编:《中国文物地图集·山东分册》(下),中国地图出版社,2007年,第338页。

[4]穆彰阿、潘西恩等撰修:《大清一统志》卷166,第4册,第301页上栏。

[5]钟柏生:《殷商卜辞地理论丛》,艺文印书馆,1989年,第59-62页。

[6]陈絜:《〈四祀𠨘其卣〉与晚商东土交通》,北京大学出土文献研究所编:《青铜器与金文》第一辑,上海古籍出版社,2017年,第83-85页。

[7]刘钊主编:《新甲骨文编》(修订本),福建人民出版社,2014年,第572页。

[8]严志斌编著:《商金文编》,中国社会科学出版社,2016年,第229页。按,商周金文中有与“䲅”构形关联的其他字形,因与东土吾族地望问题关涉不大,本文暂不涉及。

望对深入剖析晚商东土政治地理格局具有重要价值。然上引⿱⿰皀五酉、上⿱⿰皀五酉对应鲁部一说，虽有字形、读音为据，仍不足以否定⿱⿰皀五酉、上⿱⿰皀五酉对应齐部之可能，有资料可为后说提供佐证。基于此，本文拟从相关地缘关系入手，重探商周吾族地望。不足之处，祈请方家赐正。

一、鲁部说述评

⿱⿰皀五酉从皀、五、酉，清人已将其与《说文》魯字关联。[1]孙诒让指出，与魯相比，⿱⿰皀五酉省吾为五，又增酉形，[2]当从吾得声。[3]后唐兰提出⿱皀泉从泉、皀声，当与《说文》集字读若薄同，[4]郭沫若在其说基础上指出⿱⿰皀五酉当从皀得声，并结合诅楚文所见叶韵用字，证皀、吾古音相近，进一步论证⿱⿰皀五酉"读如吾"。[5]因此，将与征夷方相关的⿱⿰皀五酉、上⿱⿰皀五酉对应春秋时期的山东部邑，与⿱⿰皀五酉字构形与音义是相符的。但可否将⿱⿰皀五酉、上⿱⿰皀五酉地望以对应鲁部而置于今泗水东南，并断然否定齐部说，却未见得。

历来各家关于⿱⿰皀五酉、上⿱⿰皀五酉的考察，主要基于《合集》36537所见同版地名关系：

> 癸巳卜，在[illegible]，贞王旬亡咎。在五月，王送于⿱⿰皀五酉。
> 癸卯卜，在㯻，贞王旬亡咎。在六月。王送于⿱⿰皀五酉。
> 癸丑卜，在[illegible]，贞王旬亡咎。在六月。王送于上⿱⿰皀五酉。
> 癸亥卜，在向，贞王旬亡咎。在六月。王送于上⿱⿰皀五酉。
> 癸酉卜，在上⿱⿰皀五酉，贞王旬亡咎。在七月。
> 癸未卜，贞王旬亡咎。在七月，王征叕，践商，在爵。
> 癸巳卜，在上⿱⿰皀五酉，贞王旬亡咎。在七月。

其中所见地名组合亦部分见于黄组卜辞（《合集》36850、36851）。较早董作宾先生据上引卜辞，指出⿱⿰皀五酉、上⿱⿰皀五酉与向地邻近，并由文献所载春秋向邑地望推测⿱⿰皀五酉、上⿱⿰皀五酉或

---

[1] 徐同柏：《从古堂款识学》卷12，刘庆柱、段志洪、冯时主编：《金文文献集成》第10册，线装书局，2005年影印，第266页；吴大澂辑：《说文古籀补》，《说文古籀补三种》（附索引），中华书局，2011年，第78页。

[2] 孙诒让：《古籀拾遗》中册，刘庆柱、段志洪、冯时主编：《金文文献集成》第10册，第209页。

[3] 孙诒让撰，雪克点校：《籀庼述林》卷7，中华书局，2010年，第239—241页。

[4] 唐兰：《周王㝬钟考》，《唐兰全集》第2册，上海古籍出版社，2016年，第474页。

[5] 郭沫若：《金文丛考》，人民出版社，1954年，第377—380页；《卜辞通纂》，科学出版社，1983年，第475—476页。

在山东或在安徽。[1]及至80年代后期，钟柏生先生亦据《合集》36537由向地考订上𩰫，提出其地当对应春秋鲁部说，渐成学界主流认识。

按，先秦文献载有数处“向”地，于是何者可对应卜辞之向成为解决问题的关键。林泰辅、郭沫若皆以卜辞向地在今河南境，[2]岛邦男则以之在泰山西南。[3]钟先生在比较此三说后，指出岛邦男说较合适，进而在《春秋》经传所见郑、莒、鲁所辖三个向地中，选择了位于殷东的鲁邑“向城”。从其上下文可知，钟先生之所以排除郑、莒二向，主要是由于他事先已主张《合集》36537所见地名当分布在淮水以北至今商丘一线。因此，要确认𩰫、上𩰫故地是否在鲁部，须先追问他为何会有此立论前提？

纵观《殷商卜辞地理论丛》一书，钟先生在讨论商末征夷方地理时，是以其中所见“淮”指今淮河为基本点的。因此，该书所拟商王征程所涉地域皆偏在今临淄以南—鲁南—苏北—淮河南北两岸，丝毫未涉鲁北今潍河一线。[4]于是，在论述《合集》36537所见向、上𩰫地望时，他先将向地推定为今临沂西南的鲁国“向城”，接着以𩰫、部古音相同，从而迳直将上𩰫与鲁部对应。显然，在这一分析过程中，钟先生是从对商末征夷方地理的整体判断出发，直接排除了偏在鲁北潍水上游的齐部。

然而，曾居主流的卜辞“淮”指淮水一说，随着近年卜辞新资料的发现与重缀，已受到严峻挑战。自上世纪90年代后期起，李学勤先生推出系列文章，以潐在临淄西、醜（应为“酉”，[5]下同），与苏埠屯“亚酉”族关联等可信基点为依据，对帝辛十祀征夷方的发端、行程及结果进行了细致复原，得出夷方应活动在鲁北潍水流域，卜辞“淮”实指潍水等认识。[6]至今响应者日多。[7]近年亦有学者从字形上对商代已有“淮夷说”进行了有力质疑，[8]也可为此提供旁证。因此，尽管对卜辞“淮”的理解仍有诸多

---

[1] 董作宾：《殷历谱》，《董作宾先生全集 · 乙编》第1册，艺文印书馆，1977年，第620页。

[2] [日]林泰辅著，闻宥译：《甲骨文地名考》，《国立中山大学语言历史学研究所周刊》第9集第104期（1929年），第3页；郭沫若：《卜辞通纂》，第497页。

[3] [日]岛邦男著，濮茅左、顾伟良译：《殷墟卜辞研究》，上海古籍出版社，2006年，第719页。

[4] 钟柏生：《殷商卜辞地理论丛》，第218-219页及第152页图二六。

[5] 酉字释读，参见董珊：《释苏埠屯墓地的族氏铭文“亚醜”》，李宗焜主编：《古文字与古代史》第四辑，中研院历史语言研究所，2015年，第337-368页。

[6] 李学勤：《重论夷方》，陈梧桐主编：《民大史学》第1期，中央民族大学出版社，1996年，第1-5页；《夏商周与山东》，《烟台大学学报》（哲学社会科学版）2002年第15卷第3期，第335页；《论新出现的一片征人方卜辞》，《殷都学刊》2005年第1期，第1-3页；《商代夷方的名号和地望》，《中国史研究》2006年第4期，第3-7页；《帝辛征夷方卜辞的扩大》，《中国史研究》2008年第1期，第15-20页。

[7] 蓝野：《商周夏杞夷杞考》，王尹成主编：《杞文化与新泰》，中国文联出版社，2000年，第83-84页；方辉：《从考古发现谈商代末年的征夷方》，《海岱地区青铜时代考古》，山东大学出版社，2007年，第357-383页；李凯：《帝辛十祀征夷方与商王巡狩史实》，《中国历史文物》2009年第6期，第40-47页；陈立柱、吕壮：《古代淮河多种称谓问题研究》，《史学月刊》2011年第11期，第37-47页。

[8] 鄢国盛：《“卜辞淮夷说”商兑》，《中国史研究》2011年第2期，第21-28页。

细节尚待厘清，但新资料及新研究已表明，钟先生在“淮”指淮水基础上推导而得的上鬳即鲁部说，确有进一步讨论的可能。

陈絜先生对鬳、上鬳地望的考察，是在讨论四祀𠨘其卣（《集成》05413）地理问题时提出来的。四祀𠨘其卣载：“乙巳，王曰隮文武帝乙宜，在𨛓大庭，遘乙羽（翌）日。丙午鬳，丁未。己酉王在梌，𠨘其易（锡）贝。在四月，唯王四祀羽（翌）日。”这里的鬳字，早先李学勤先生隶为𩰲，指将食物倒入他器的祭祀动作；又读为“煮”，指“煮而献之上帝鬼神”的祭仪。[1]陈先生则以鬳、二字作地名，其中鬳地指鲁部。

今按，四祀𠨘其卣铭之鬳，构形同于前述卜辞、金文中用作地名的鬳，陈先生以之为地名，并无不可。但字则不然，其字从匕、肉、鬲，与《说文》鬻字写法一致，汉简中有其省形作鬳。[2]目前，春秋金文、战国简文中多见从鬻的字。如徐王𦡱鼎铭“用（鬻）鱼腊，用饔宾客”（《集成》02675）。又，上博简《曹沫之阵》简12“居不袭文，食不贰”。[3]其中所见、，构形上皆从鬻，用法亦均与烹煮食物、宴请宾客相关。[4]同理，四祀𠨘其卣中从鬻的，用法上当与烹煮、宴飨行为有关，可证李先生将之解为祭祀动作当更合宜。以此反观“丙午鬳，丁未”，鬳、二字对仗工整，可知鬳在用法上亦当与类似。其实，商卜辞中有祭名作“𩰲”，如《合集》31159“戊申……𩰲……三牢”。[5]此片虽残，然“三牢”表明其文意当与祭祀有关。辞中𩰲字乃鬳字下部所从，故二者音近可通，可证四祀𠨘其卣之鬳确有解为祭祀动作名之可能。可见，李先生的解读不仅于语法和铭意两谐，更与两字构形一致，应是可信的。

另一方面，若以作地名，指春秋诸邑，又与商周诸族之“诸”字构形不符。传世有同人作“者姛”器，[6]凡见尊2（《集成》05935-05936）、觥2（《集成》09294-09295）、罍2（《集成》09818-09819）、爵（《集成》09090）、甗（《集成》00917）。其中者姛尊铭

［1］李学勤：《郯其三卣与有关问题》，胡厚宣主编：《全国商史学术讨论会论文集》，《殷都学刊》增刊，1985年，第457页。

［2］马王堆汉墓帛书整理小组编：《五十二病方·治瘻》，文物出版社，1979年，第128页。

［3］马承源主编：《上海博物馆藏战国楚竹书》（四），上海古籍出版社，2004年，第102页。

［4］石小力：《东周金文与楚简合证》，上海古籍出版社，2017年，第16-20页。

［5］于省吾主编：《甲骨文字诂林》，中华书局，1996年，第3268页。

［6］裘锡圭：《说“姛”（提纲）》，李宗焜主编：《古文字与古代史》第二辑，中研院历史语言研究所，2009年，第117-121页。

载“者姒大子尊彝。亚酌”，年代为殷墟四期。[1]者、诸可通，[2]这里“者姒大子”当可读为“诸姒大子”，其人应与诸族有关。铭中“诸”与“亚酌”同时出现，诸、亚酌二族当有紧密关联，或存在分族或婚媾关系。目前，晚商亚酌族铜器已集中发现于青州苏埠屯墓地，学界一般以苏埠屯即亚酌族活动地，那么与亚酌族联姻的晚商“者（诸）”族，从地缘上考虑指商代诸族的可能性很大，故地在鲁诸邑、汉诸县故城。[3]此外，上海博物馆藏“者□鼎”（《集成》01757）、陕西岐山出土“□者方鼎”所见复合氏名中的“者”，[4]亦可能与东土诸族有关。[5]这些晚商诸族器铭可证，诸族之“诸”构形简洁，鲜见繁复为的情形。这说明，以为诸族说在字形上并无实据，由其进一步引申而来的上𩐁在鲁部说可信度亦当有限。

二、四组地缘关系视域下的齐部说

上节对钟、陈二说的回顾与分析表明，目前学界主张的晚商𩐁、上𩐁地望对应鲁部的流行说法，确有不妥。这可令本文对𩐁、上𩐁地望的分析回到这样一个原点：若仅从文字构形与读音出发，山东境内的齐部、鲁部皆可对应𩐁与上𩐁。至于孰是孰非，仍需讨论。因此，有必要将视线重新回归到《合集》36537等同版地名体系所见地缘关系上来。对此，可从以下四组地缘关系着手。

（一）第一组地缘关系

如前所述，向、上𩐁同版而地近，这是学界公认用以探讨𩐁、上𩐁地望的一组地缘关系。钟先生即由此出发，主张上𩐁对应鲁部。其说最直接的依据是，鲁部南有“向城”。其实据文献记载，齐部亦有与之对应的古“向邑”。

山东境内的向国，较早见载于《春秋》隐公二年，本为姜姓小国，乃莒国姻亲。后向国被灭，沦为莒、鲁所争之邑。[6]对此向国、向邑之所在，杜预有两种说法。他在

[1] 严志斌：《商代青铜器铭文研究》，上海古籍出版社，2013年，第567页。

[2] 王辉编著：《古文字通假字典》，中华书局，2008年，第102页。

[3] 穆彰阿、潘西恩等撰修：《大清一统志》卷171，第4册，第398下栏–399页上栏。

[4] 刘少敏、庞文龙：《陕西岐山新出土周初青铜器等文物》，《文物》1992年第6期，第76–77页。

[5] 张亚初：《商周金文姓氏通考》，中华书局，2016年，第119页。

[6] 向邑史事，见《春秋》僖公二十六年“公会莒子、卫宁速盟于向”，及《春秋》宣公四年：“公伐莒，取向”。

《春秋》隐公二年“入向”下注:“譙国龙亢县东南有向城。”此向城当指《汉书·地理志》沛郡向县,故地在今安徽怀远。在《春秋》僖公二十六年“盟于向”下,他又注道:“莒邑。东海丞县东南有向城。”即于钦《齐乘》所谓沂水西南之向城,故地在今苍山县向城镇向城村西。[1]对此,顾炎武曾以怀远向城距鲁、莒过远而赞同于钦说,黄汝成同。[2]此沂水西南之向城,正是目前学界用以证鲁郜说的依据。

不过,《太平寰宇记》密州莒县“向城”条载:

> 春秋时向邑,故城在今县南七十五里。

又同卷莒县“椑”条云:

> 《汉志》注云:“夜头水经椑南至海。”又《舆地志》云:“向水南至海。”夜头、向水盖异名,旧地理书皆失其所在,其椑盖在今县南七十里故向城。[3]

此“故向城”,大致在今莒县东南。[4]“夜头水”,见《汉书·地理志》琅邪郡椑县原注:“夜头水南至海。”[5]上引所及《舆地志》乃南朝顾野王所撰地理书,宋代已散佚。[6]由《寰宇记》所引此条可知,《舆地志》原文当是在汉椑县下云“向水南至海”,恰与《汉志》班注“夜头水南至海”句对应。故《寰宇记》推论:夜头水与向水当指同一水名,汉椑县旧地在北宋莒县南七十里之“故向城”,即同卷“向城”条所云“春秋时向邑”。此说后为赵一清所本,王先谦在《汉书补注》中征引赵说,并结合《清一统志》“故城在今莒州南,亦曰向城”进一步论之。[7]《春秋地理考实》则据《寰宇记》,以为较之杜注东海丞县东南“向城”,“故向城”更近莒,可对应《春秋》隐公二年之向国。[8]

今按,前引杜注东海丞县“向城”,亦见《通志·氏族略》:“祁姓,附庸之国。今沂

[1] 于钦撰,刘敦愿、宋百川、刘伯勤校释:《齐乘校释》,中华书局,2012年,第328页。

[2] 顾炎武著,黄汝成集释,栾保群、吕宗力校点:《日知录集释(全校本)》卷31,“向”条,上海古籍出版社,2006年,第1785–1786页。

[3] 乐史撰,王文楚等点校:《太平寰宇记》卷24,河南道,密州莒县“向城”、“椑”条,中华书局,2007年,第502、503页。

[4] 周振鹤编著:《汉书地理志汇释》,安徽教育出版社,2006年,第245页。

[5]《汉书》卷28上《地理志上》,中华书局,1962年,第1586页。

[6] 顾野王著,顾恒一、顾德明、顾久雄辑注:《舆地志辑注》,前言,上海古籍出版社,2011年,第1–14页。

[7] 王先谦:《汉书补注》卷28上,书目文献出版社,1995年影印版,第728页下栏。

[8] 江永:《春秋地理考实》卷一,隐二年“向”条,《景印文渊阁四库全书》第181本,台湾商务印书馆,1986年,第252页。

州古向城是也。"[1]可知，两宋时人确信今山东境内有二向并存，且由郑樵祁姓向城说知，这两处向地分别对应的古向国在族姓上亦有不同。如此，就距离远近可得出两组对应关系：其一，临沂西南"古向城"与鲁部邻近；其二，莒县东南"向邑"与齐部邻近，有《舆地志》"向水"为证。从距离上看，江永以后者即作为莒国姻亲的姜姓向国，似更合理一些。

可见，无论是鲁部还是齐部，皆有与之对应的"向城"、"向邑"，从而均可与《合集》36537中𩰫、上𩰫与向同版地近的关系吻合。这说明，由向地论𩰫、上𩰫地望时，确实不可轻易否定齐部说。

（二）第二组地缘关系

见于黄组卜辞《合集》36893：

己未[卜]，[在上]𩰫[贞]，王这□，往[来]亡[灾]。
[辛]酉卜，[在]□贞，[王]涉河，□于……

郭沫若先生旧以上𩰫为上虞，即吴，地属江浙。[2]李学勤先生结合春秋晚期庚壶(《集成》09733)"庚率百乘舟入鄘从河"句指出，当释膚，也就是鄘，即典籍所见莒国之莒。又据《水经·沭水注》沭水"又东南过莒县东"，以"河"为沭水，得出上𩰫地近今莒县的看法，[3]即上𩰫近莒。

今按，上述卜辞之"河"从𣥪，从可声，乃黄组卜辞"河"字的特定写法，[4]李先生释"沭"不确。，今多隶为盧。[5]王国维指出盧、筥(即莒)本一字，筥侯即金文鄘侯。[6]于省吾亦谓"从盧从膚一也"，[7]多有文献证之。[8]因此，李先生读为膚指莒国一说，可从。

---

[1] 郑樵撰，王树民点校：《通志二十略》卷2，氏族略二，周异姓国"向氏"条，中华书局，1995年，第64页。

[2] 郭沫若：《卜辞通纂》，第480-481页。

[3] 李学勤：《论商王廿祀在上𩰫》，《夏商周年代学札记》，辽宁大学出版社，1999年，第59-60页。

[4] 裘锡圭：《殷墟甲骨文考释四篇》，《裘锡圭学术文集·甲骨文卷》，复旦大学出版社，2014年，第440-443页。

[5] 如于省吾主编：《甲骨文字诂林》，第1640-1644页；李宗焜主编：《甲骨文字编》，中华书局，2012年，第604页；刘钊主编：《新甲骨文编》(修订本)，第307-308页。

[6] 王国维：《观堂集林》(外二种)，河北教育出版社，2001年，第558-559页。

[7] 于省吾主编：《甲骨文字诂林》，第1640-1641页。

[8] 于省吾：《甲骨文字释林》，中华书局，2009年，第30-31页。

关于《合集》36893，郭先生曾在“酉”前补一“辛”字。[1]若从其说，则该条是说：己未日在上鲁，卜问商王至某地是否顺利，第三天辛酉日占卜地有阙，卜问商王涉河至莒地是否顺利。在此可确认，上鲁与辛酉日卜问阙地之间的行程约为2日。但涉河后，商王是否前往莒地？上鲁距莒地行程究竟耗时几日？仅由该条卜辞则无法判定。因此严格来说，仅由《合集》36893论上鲁近莒，并不充分。但西周金文所见莒、吾邻近，可为之提供佐证。

西周中期有史密簋：“王令师俗、史密曰：东征。敆(合)南夷膚、虔会杞夷、舟(州)夷，雚(讙)不所(质)，[2]广伐东国，齐师、族土(徒)、述(遂)人乃执鄙宽亚。”[3]铭载南夷膚、虔联合杞夷、舟夷为乱东国、侵扰齐国南鄙，周王因命师俗、史密东征。这里的膚，学者或释为南方之“盧”。[4]结合盧、膚构形关系及史密簋战事所涉齐师、齐鄙的战略地理分析，此字当以膚指东方莒国为宜。[5]至于南夷的另一支虔，过去各家多隶为“虎”，以为金文“虎方”[6]或文献“夷虎”。[7]然结合先秦虔字构形、用法来看，二说皆不确。

史密簋虔字从人从虍。[8]宽泛地讲，过去各家隶为“虎”并不误。然甲骨、金文中，“虎”有象虎形与从人、虍两种形体。[9]在卜辞中，两种形体的虎字在用法上略有差异，其中从人形者皆用为方国名、人名，当隶“虔”，[10]故史密簋此字隶作“虔”当更

[1] 郭沫若：《卜辞通纂》，第480-481页。

[2] 质字一说，参见陈剑：《说“慎”》，《甲骨金文考释论集》，线装书局，2007年，第45页。

[3] 李启良：《陕西安康市出土西周史密簋》，《考古与文物》1989年第3期，第7-9页；张懋镕：《史密簋发现始末》，《文物天地》1989年第5期，第47-48页。

[4] 张懋镕：《史密簋与西周乡遂制度——附论“周礼在齐”》，《文物》1991年第1期，第26页；陈全方、尚志儒：《史密簋铭文的几个问题》，《考古与文物》1993年第3期，第79-80页；张永山：《史密簋铭与周史研究》，吴荣曾主编：《尽心集——张政烺先生八十庆寿论文集》，中国社会科学出版社，1996年，第192-193页。

[5] 李仲操：《史密簋铭文补释》，《西北大学学报》1990年第1期(第20卷)，第118页；孙敬明：《史密簋铭笺释》，《故宫学术季刊》1992年第九卷第四期，第85页；陈秉新、李立芳：《出土夷族史料辑考》，安徽大学出版社，2005年，第195-196页。

[6] 李启良：《陕西安康市出土西周史密簋》，第9页；李仲操：《史密簋铭文补释》，第118页；张懋镕：《卢方·虎方考》，《文博》1992年第2期，第19-22页；王辉：《史密簋释文考地》，《人文论丛》1991年第4期，第101-102页；孙敬明：《史密簋铭笺释》，第85页。

[7] 李学勤：《史密簋铭所记西周重要史实考》，《中国社会科学院研究生院学报》1991年第2期，第6页；张永山：《史密簋铭与周史研究》，第194-195页；沈长云：《由史密簋铭文论及西周时期的华夷之辨》，《河北师院学报》(社会科学版)1994年第3期，第24页。

[8] 张天恩主编：《陕西金文集成》15.1784，三秦出版社，2016年，第251-253页。

[9] 李学勤主编：《字源》，天津古籍出版社，2012年，第436页。

[10] 于省吾主编：《甲骨文字诂林》，第183页；李宗焜主编：《甲骨文字编》，第597页；刘钊主编：《新甲骨文编》(修订本)，第295页。

确切。

关于虍字用法与形体演变，从虍、壬的虘字颇需重视。汤余惠先生曾例证，部分古字所从“人”形，时有变写为“壬”的情形。[1]针对战国楚简、玺印中“虘”每每读为“吾”或“乎”的现象，黄德宽先生据汤说指出，虘之“壬”由“人”演化而来，可释为虎，在曾姬无卹壶铭中假为人称代词吾。他还指出虘读为吾、乎属同音假借，用法与金文䖍用为人称代词吾同理。[2]这里要说的是，既然虘所从“壬”由“人”而来，那么严格来说，战国文字中假为吾的虘应由虍字演变而来，即虍有假为吾的用法。

有学者已指出，历组二类、何组及出组卜辞所见“寤”字，从人、爿，五声，宾组三类卜辞中有其异体，从虍、爿，虍亦其声，如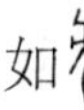（《合集》17445）。[3]吾、虍皆可作“寤”之声符，可知商代已见虍、吾同声互用。陕西凤翔秦公一号春秋中期秦景公（公元前576年－公元前537年）大墓所出石磬残铭有“鈘虎载入”一句，其中“虎”字从人从虍，[4]实即虍字。孙常叙先生指出“鈘虎”即“鉏鋙”，乃《吕氏春秋·仲夏纪》“柷敔”初文，[5]为学者所从。[6]又春秋晚期器徐□尹钲鋮铭中亦有从人、虍、口之字（《集成》00425），从口表乐器可发声，与上引磬铭“鈘虎”之“虎”用法一致。类似用法也见于《上海博物馆藏战国楚竹书·采风曲目》。[7]这些研究表明，虍或从虍之字假为吾或从吾声之字的现象在东周十分常见。

以上辞例表明，上至殷商卜辞，下至战国古文，皆有虍、吾同声相假。故此，史密簋之“虍”完全可读为“吾”，指商周时期的东国吾族。吾与莒既可联合“广伐东国”，且被周人并称为“南夷”，他们当相距不太远，正与前引李先生由卜辞论莒、上𩛥地近一说不谋而合。不过，李先生以卜辞莒地在春秋莒国今莒县一说，则与传世文献和考古发现不符。

春秋莒国故地在今莒县县治，概无疑义。然商、西周时的莒国中心在何处，传世文献另有说法。《汉书·地理志》琅邪郡“计斤”县下，班固注：“莒子始起此，后徙莒。”

---

［1］汤余惠：《略论战国文字形体研究中的几个问题》，《古文字研究》第15辑，中华书局，1986年，第37页。

［2］黄德宽：《曾姬无卹壶铭文新释》，《古文字研究》第23辑，中华书局，2002年，第102－103页。

［3］王子杨：《甲骨文字形类组差异现象研究》，中西书局，2013年，第86页。

［4］王辉：《论秦景公》，《史学月刊》1989年第3期，第19－21页。

［5］孙常叙：《“鈘虎”考释》，《孙常叙古文字学论集》，上海古籍出版社，2016年，第372－377页。

［6］王辉、焦南峰、马振智：《秦公大墓石磬残铭考释》，《中研院历史语言研究所集刊论文类编·语言文字编·文字卷》，中华书局，2009年，第3398－3399页；亦见王辉编著：《古文字通假字典》，第84－85页。

［7］谭步云：《释“柷敔”》，《古文字研究》第26辑，中华书局，2006年，第500页。

颜师古注:“即《春秋左氏传》所谓介根也。”[1]《春秋》隐公二年“莒人入向”下,孔颖达《正义》引杜预《世族谱》亦云:莒“初都计,后徙莒,今城阳莒县是也”。按,“计”即“计斤”,见于《左传》襄公二十四年,莒邑,为齐所侵,故地在今胶州西南。[2]今人何浩先生即据《世族谱》认为莒族曾迁徙,春秋前都于胶州,后迁于莒县。[3]不过计今说出自汉晋文献,且内容简略,故有考古学者以为不足为凭。[4]

按,考古发现表明,在今胶州市西南铺集镇西皇姑庵、逄家沟等地发现具有较强本地文化特色的商周遗址和西周早中期贵族墓葬,[5]显示晚商至西周早中期这里应是一处非常重要的高等级聚落。与之相对,以今莒县为中心的沂沭流域不仅商代遗存发现较少,且聚落规模较小,[6]周代遗存年代也多集中于西周晚期及以后。[7]两相对比,西皇姑庵、逄家沟相关遗存,年代、规模正与上述卜辞、金文所见莒地、莒族吻合。因此,商、西周时期的莒族中心地当在今胶州市西南一带,西周晚期前后方迁至今莒县。汉晋时人以计今为莒族早期活动地的说法当有所本,不可轻易否定。

由此观之,以和晚商莒地邻近的鸒、上鸒及西周中期的吾族对应安丘西南的齐部,当更合理。[8]

(三)第三组地缘关系

见于《合集》36875、《英》2532:

(1) 癸亥[卜],[在上]鸒,[贞王]旬亡[咎]。
癸未卜,[在]𢧵,贞[王]旬亡咎。
……旬…… (《合集》36875)

[1]《汉书》卷28上《地理志上》,第1586-1587页。

[2] 穆彰阿、潘西恩等撰修:《大清一统志》卷174,第4册,第480页上、下栏。

[3] 何浩:《楚灭国研究》,武汉出版社,1989年,第275-276页。

[4] 张学海:《莒史新探》,中国先秦史学会、政协莒县委员会编:《莒文化研究文集》,山东人民出版社,2002年,第114页。

[5] 山东省昌潍地区文物管理组:《胶县西庵遗址调查试掘简报》,《文物》1977年第4期,第63-71页;国家文物局主编:《中国文物地图集·山东分册》(下),第91页。

[6] 刘延常、赵国靖、刘桂峰等:《鲁东南地区商代文化遗存调查与研究》,《东方考古》第11集,科学出版社,2014年,第454、487页。

[7] 王青:《海岱地区周代墓葬研究》,山东大学出版社,2002年,第168页;禚柏红:《莒文化研究》,《东方考古》第6集,科学出版社,2009年,第215页;毕经纬:《海岱地区出土东周铜容器研究》,《考古学报》2012年第4期,第423-466页。

[8] 史密簋铭文战争地理问题,详见拙文《史密簋战争地理综合研究》(未刊稿)。

(2) 癸丑卜,在上𩰫,贞王旬亡咎。
癸亥卜,在𩰫,贞王旬王咎。
癸酉卜,在𩰫,贞王旬亡咎。
癸未卜,在𫹳,贞王旬亡咎。
癸巳卜,在缶,贞王旬王咎。 (《英》2532/5)

这两条卜辞可证,𫹳与𩰫、上𩰫同版地近。西周金文中,𫹳多用为胡,𫹳当从古得声。[1]又,𫹳在鱼部匣纽,与同在鱼部帮纽的"夫"字古音极近,可相通假。[2]《汉书·地理志》琅邪郡有"䒀"县,颜师古注:䒀"音夫,又音扶"。故地在今胶州西南,与汉梧成县(即齐部邑)相邻。[3]"𫹳"、"䒀"二字音近可通,表明卜辞中上𩰫近𫹳,与《汉志》琅邪郡䒀、梧成二县相邻,恰相一致。这说明,卜辞所见𫹳与𩰫、上𩰫地近这组地缘关系,亦可为𩰫、上𩰫对应齐部说提供佐证。

(四)第四组地缘关系

关于𩰫与上𩰫,还有一个问题争论较多。在前引《合集》36537等卜旬卜辞中,𩰫、上𩰫并见。它们究竟是一地还是两地?李学勤先生曾将二者等而视之,[4]陈絜先生则主张宜将两者区别对待,并从部族迁徙角度认为两地邻近。[5]究竟哪一种说法更合理呢?

上世纪90年代,针对西汉潍水一线高密、密乡、下密诸地名与古密水之关系,辛德勇先生曾论述道:

按照一般规律,在这三个地名当中,应当是先有密乡,以后可能随着密乡的部族居民分别向密水(即潍水)上、下游地区迁徙,相继出现了高密和下密这两处聚邑。高密与下密,是相对于故地密乡来说,这两处聚邑分别位于密水上、下游河段而言,故有"高"、"下"之别。从另一角度来看,相对于旧地密乡,高密和下密又都是一个新的、非正宗的密邑,所以又可以称之为"假密"。除了"高"、"下"对称之外,古时称谓这类相互对应的一组地名,更多地是用"上"、

[1] 唐兰:《周王𫹳钟考》,《唐兰全集》第2册,第477—478页。

[2] 王辉编著:《古文字通假字典》,第91、87页。

[3]《汉书》卷28上《地理志上》琅邪郡"梧成"条,第1585页。"梧成"即部城,参见王先谦:《汉书补注》卷28上,第727页上栏。

[4] 李学勤:《论商王廿祀在上𩰫》,第57页。

[5] 陈絜:《〈四祀𠨘其卣〉与晚商东土交通》,第84页。

“下”对称，因此高密也自然可以称为“上假密”、下密则相应地可称之为“下假密”。[1]

参照辛先生所论由“密乡”而衍生出“高密（亦名‘上假密’）”、“下密”等地名的发展关系，可推知卜辞地名“鬳”与“上鬳”间的关系应可按类似路径来理解。只是密乡、高密、下密诸地可借古密水来关联，那么是否也有一条“鬳”水能关联起鬳与上鬳呢？

前文已论，鬳从吾得声，乃东土族名。春秋时期东国有郚邑，构形、地望皆可与卜辞鬳族呼应。西周金文史密簋中假为“吾”的南夷之“虍”，恰可补足晚商至春秋间的史料缺环。因此有理由相信，晚商卜辞、金文所见鬳族发展到后来，应该就是西周、春秋时期的吾夷、郚邑。而考之文献典籍，齐郚附近恰有“浯水”和“浯山”。

《汉书·地理志》载琅邪郡下辖有“梧成”、“灵门”二县，班固注曰“有高臬山。壶山，浯水所出，东北入淮”，颜师古注云“浯音吾”。[2]《说文》亦载：“浯水出琅邪灵门壶山，东北入潍。从水吾声。”其说与《汉志》基本一致，知浯水乃潍水支流。《水经·潍水注》篇记潍水“又北，浯水注之，水出浯山，世谓之巨平山也”，并详载浯水流路。对此，杨守敬疏云：清末浯水流路“自莒州北，东北流，经诸城县，至安丘县东南，入淮河”。[3]至于《潍水注》所云“浯山”，后世亦名“峿山”，齐郚故城即在此山之顶。[4]

由上述汉魏文献相关记载可知，浯水、浯山来源当不会太晚，它们在地理位置和称名上，皆可与故地在今安丘西南的春秋齐郚对应。从现有资料看，先秦吾族、郚邑与浯水、浯山孰早孰晚虽难以断定，但浯水、浯山的存在，表明确可遵循上引辛先生分析理路，来理解鬳、上鬳之间的地名关联。即它们应是与商周吾族相关且位置相邻的两个地名，可证前引陈絜先生的解读是有见地的。因此，齐郚与浯水、浯山的对应，当是佐证鬳、上鬳对应齐郚说的第四组地缘关系。

---

[1] 辛德勇：《韩信平齐之役地理新考》，《历史的空间与空间的历史——中国历史地理与地理学史研究》，北京师范大学出版社，2005年，第151-152页。

[2]《汉书》卷28上《地理志上》琅邪郡“灵门”下，第1586-1587页。

[3] 郦道元注，杨守敬、熊会贞疏：《水经注疏》卷26，江苏古籍出版社，1989年，第2272-2273页。杨疏谓“淮河”即今潍河。

[4] 顾祖禹撰，贺次君、施和金点校：《读史方舆纪要》卷35，中华书局，2005年，第1646页；穆彰阿、潘西恩等撰修：《大清一统志》卷170，第4册，第388页下栏。

三、结　　论

综上所述，我们从卜辞䣘、上䣘与向、莒、䤶同版地近，以及汉晋文献所记齐郚与浯水、浯山系联等四组地缘关系，论证了晚商䣘、上䣘当对应故地在今安丘西南李家西郚村一带的春秋齐国郚邑。从中，亦可大致勾勒出商周吾族的发展脉络。

䣘从吾得声，卜辞与商金文所见䣘族发展到后来，成为西周金文、春秋文献所见之吾夷、郚邑。迟至晚商时期，䣘已是东土众多国族中的一员，与商人关系密切。在商人征夷方事件中，䣘与上䣘战略意义十分突出，商王曾多次在此驻跸、巡行，并前往周边的向、莒、䤶诸地而行卜问。商周鼎革后，亲商之吾成为周人征伐对象，直至西周中期仍被周人视为"南夷"之属。此后，吾族势力渐趋湮没。《春秋》庄公元年"齐师迁纪郱、鄑、郚"，杜预注"齐欲灭纪，故徙其三邑之民而取其地"，说明西周晚期前后吾地曾一度入纪。随着春秋初年齐灭纪，吾地、吾人分别成为齐国所辖的城邑和民人。商周吾族这一历史沉浮，当可代表周代东土众多国族由敌对到臣服、最终融入周人及其地方诸侯国的一般过程。

此外，商周金文中还可见"䣘侯"、[1]"䣘男"（《集成》03848）、"𩨨侯"（《集成》02820）、"𩨨夷"（《集成》04288、04321）等。它们与东土䣘族有何关系，相关问题还涉及䣘、𩨨字形及所涉文本的深入考辨，应是今后考察的对象。囿于主旨，在此不便展开，容文另述。

2019年1月2日初稿

2019年5月16日改定

附记：本文为国家社科基金重大招标项目"周代汉淮地区列国青铜器和历史、地理综合整理与研究"（15ZBD032）阶段成果，得到上海市教委高原学科（上海大学中国史）建设计划、国家社科基金项目"海岱地区先秦时期考古学文化互动与族群变迁研究"（15BKG002）资助。本文写作，曾参考中研院历史语言研究所"殷周金文暨青铜器数据库"（http://app.sinica.edu.tw/bronze/qry_bronze.php）与"小学堂文字学资料库"（http://xiaoxue.iis.sinica.edu.tw/）。徐倩媛同学曾协助收集资料，又蒙赵燕姣女史诸多赐正。谨致谢忱。本文原载《东岳论丛》2019年第11期。

---

[1]《保利藏金》编辑委员会编：《保利藏金》，岭南美术出版社，1999年，第57-58页。

过甘敦鼎铭与商周东土过族*

陈 絜

（南开大学历史学院）

山东章丘摩天岭一带，曾发现周代郜甘敦铜鼎1件（图一，1），其形制、纹饰等均显西周晚期特征，器内壁所铸铭文，其"寿"字已经具有明显的齐鲁地方特色，故该鼎之年代大致应在两周之际。铭文首字从冎、从言、从邑，就造字一般规律判断，其中的冎无疑是该字声符之所在，此前研究者将之与西周早期过伯簋相联系，[1]窃以为可取。不惟如此，这一郜氏，其实还可以进一步追溯至晚商时期。此于我们考证商周过族地望、族系等问题，颇有意义，对夏文明探寻等重大问题的探讨，亦有帮助。今不揣谫陋，试述相关问题如下。

郜甘敦鼎内底铸有铭文4行20字（含重文2字；图一，2），曰：

郜甘敦肈作尊鼎，其万年眉寿，子子孙孙永宝用享。

铭文内容很是简单，其中"郜甘敦"为器主之名，即郜为族名，甘敦为私名。其余毋须解释。考虑到"寿"字写法具有典型齐鲁特征，故可确定，这里提到的郜氏，必为东土古族无疑。结合郜字声读考虑，极有可能便是见诸传世文献的东土妊姓过氏。

据《世本·姓氏篇》记载，周代妊姓之族有"谢、章、薛、舒、吕、祝、终、泉、毕、过"诸氏。[2]这一由东周时人总结追记的诸妊，多数能够得到商周出土资料与传世文献的印证，而且相关族体基本聚集在今山东省境内。

---

* 本文为国家社科重大项目"出土先秦文献地理资料整理与研究及地图编绘"（18ZDA176）的阶段性成果。

［1］常兴照、宁荫堂：《山东章丘出土青铜器述要兼谈相关问题》，《文物》1989年第6期。

［2］《左传》隐公十一年孔疏引。

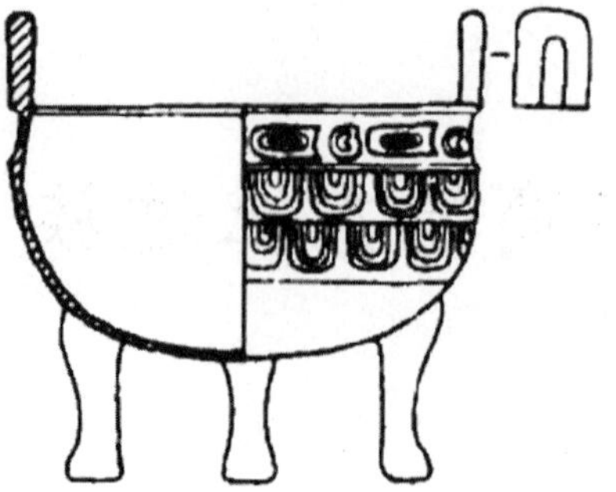

1

2

图一　过甘敦鼎及其铭文

1. 过甘敦鼎线图(《文物》89·6)　2. 过甘敦鼎铭文拓本(《文物》89·6)

例如山东邹城七家峪墓葬曾出土射南簠,[1]器主殆与鲁国孟孙氏家臣谢息有关,谢氏出自奚仲,实为诸妊之族,当时其族居地在今曲阜、邹城之间。[2]另宾组卜辞《合集》6618占卜商王派员讨伐莱芜一带的羌(羌)方,备选的征战人员有郭、射(谢)二族。其中郭氏居住于曲阜东南的漷水沿岸,我们依照一般情形推测,射氏去漷似应不远,所以见诸武丁时期卜辞中的射,显然便是春秋邹城七家峪一带的妊姓谢氏之前身。

诸妊章氏,当与卜辞征人方经由地"商"有关,相应的铜器资料有晚商时期的子商甗(《集成》886),其族居地在今东平县接山镇郭城村一带。这一问题此前已经论述,[3]故不再展开。

薛氏为东土诸妊之核心,自其始祖奚仲始,主要盘踞于今滕州及其邻近区域。如《左传》定公元年记薛宰追忆本国发迹史,谓:"薛之皇祖奚仲,居薛以为夏车正。奚仲迁于邳。仲虺居薛以为汤左相。"其中的邳地,或即今之徐州邳县。也即说,奚仲曾率族南迁。[4]但到了商初,仲虺再次率众回归故里。自此以降,薛族居地基本固定于今滕州薛河附近。就《合集》6827、8984等宾组卜辞材料看,武丁时期的薛族一定是在东土活动。据滕州前掌大墓葬资料可知,[5]商周之际的薛族依然盘踞在其最早的发迹地。入周后,薛族归顺有周,成为东土重要的异姓封国,直至最终为田齐所吞并。两周薛族的活动,薛国故城出土的薛族器以及《春秋》经传中的相应记载均有比较清晰的

[1] 王轩:《山东邹县七家峪村出土的西周铜器》,《考古》1965年第11期。
[2] 陈絜:《射子削、射南簠与谢氏族姓及地望》,《古文字研究》第31辑,中华书局,2016年。
[3] 陈絜:《射子削、射南簠与谢氏族姓及地望》,《古文字研究》第31辑,中华书局,2016年。
[4] 西周薛国西北向另有一邳邑,或亦可作为"奚仲迁邳"之备选。
[5] 中国社会科学院考古研究所:《滕州前掌大墓地》,文物出版社,2005年。

交代，毋需烦言。

吕氏或即《左传》成公八年“晋侯使申公巫臣如吴，假道于莒”之莒，与临朐齐趫仲墓所出之郘仲匜（《集成》10266）“中女吕子”之吕，亦相牵扯，其地可能在洙泗之间。[1]

祝，文献与周金文中亦作铸，个别作寿、畴或墪，音近假借故也。[2]据《吕氏春秋》等文献记载，周初“武王胜殷，未下舆，命封黄帝之后于铸”。这个黄帝之后所封的铸国，其立国之封土就在汶水流域的商代铸族故地。[3]而目前所见出自山东地区的两周之际的数量众多的铸器，实乃妊姓铸国之遗存。当然，东土封建是周公东征后的产物，妊姓铸国之封，恐怕与齐、鲁立国同时，甚至稍晚，断不会早至武王克商之年。铸国妊姓还见于《国语·周语中》及《潜夫论·志氏姓》文献，更为确凿的证据则见诸周代金文，如山东齐东县出土的铸公簠盖，其铭文（《集成》4574）曰：“铸公作孟妊东母媵簠，其万年眉寿，子子孙孙永宝用。”其中“寿”字作“”，具有明显的东土文字风格，与器物出土地所含的地理信息密合。这一点，与过甘敦鼎是一致的。据考证，周代铸地在今泰安南境的汶水沿岸，与宁阳堽城镇一带的犅地隔河相望。

周代毕氏大家熟知者为西土姬姓毕氏，属毕仲之后。但东土实际另有一毕族，如山东省枣庄市山亭区东江古墓群2号墓中曾出土一件毕仲弁簠，[4]器盖对铭，曰：“毕仲弁作为其北（？）善（膳）簠，其万年眉寿子子孙孙永宝用之。”无论从其字体（如“寿”字）还是赗赙助丧制度的等级性考虑，这个毕仲弁一定不能是西土姬姓毕族之成员。进一步结合殷墟卜辞可知，毕仲弁之毕，实际上是延续晚商东土毕族而来，其族居地或在鲁中或鲁西南一带，去小邾国似应不远。商周东土毕族的存在，也验证了《世本》毕氏妊姓之说并非向壁虚造。

此外，东土诸妊还有《世本》失载的秦氏与挚氏。其中秦氏妊姓见诸小邾国墓地所出的郳庆诸器，[5]郳庆（又作郳庆）称其配偶为“秦妊”，说明当时有一妊姓的秦氏存在。这一秦地当与甲骨及周初塱方鼎铭（《集成》2739）中的“饮秦饮”之秦相联系，殆坐落在嬴汶流域的今泰安与莱芜之间。[6]

[1] 陈絜：《郘氏诸器铭文及其相关历史问题》，《故宫博物院院刊》2009年第2期。

[2] 李晶：《铸国史事辨疑》，《南方文物》2016年第3期。

[3] 卜辞与周初以前的金文，铸字多作“函”或“亞”，当时铸与后来所封的妊姓之铸族系不同。参陈絜：《甲骨金文中的“函”字及其相关问题之检讨》，载《青铜器与金文》第3辑，上海古籍出版社，2019年。

[4] 枣庄市政协台港澳侨民族宗教委员会、枣庄市博物馆编著：《小邾国遗珍》，中国文史出版社，2006年，第42-50页。

[5] 李光雨、张云：《山东枣庄春秋时期小邾国墓地的发掘》，《中国历史文物》2003年第5期。

[6] 陈絜：《塱方鼎铭与周公东征路线初探》，《古文字与古代史》第4辑，中研院史语所，2015年。

挚氏姒姓见诸《诗经》与《国语》，其中《诗·大明》追述王季之妻、文王之母大妊之来历，有“挚仲氏任，自彼殷商，来嫁于周”之语，说明先周时期东方有一妊姓的挚氏。《周语中》则曰：“昔挚、畴之国也由大任。”而商末黄组卜辞《合集》36536有伐夷伯、伐先（莘）、伐瑴的对贞记录，其中夷族在淄水上游一带，先即文献经常提及的诸姒之一有莘氏，按照传统的说法是在聊城莘县一带，实际可能更接近于济南。所以，与夷、莘处于对贞关系的瑴族，亦当坐落于东方。瑴、挚二字皆以执为谐声偏旁，自可通用，故卜辞瑴族应该就是《大明》、《周语中》之挚氏，大致应坐落于鲁中或鲁中南。

综上可知，目前先秦诸妊之族，其可考定者均集中盘踞在今山东境内。藉此推测，出土于济南章丘的东土器过甘敦鼎，与《世本》所记载的妊姓过氏相关的可能性应该极大。这一东土过氏事实可以上溯至晚商。因为卜辞曾多次言及过族，且晚商时期的过同样盘踞于东土，惟过字写法有所区别。

据殷墟卜辞记载，武丁及祖庚、祖甲时期，东土有一冎族，例如：

1. ……刚令冎逄（会）叀子画。（《缀合》57，即《合集》32901+《屯南》134+《合集》32770，历组）

2. 癸丑贞：王令刚、冎。（《屯南》912，历组）

3. 庚……冎、刚……辰其……于子……亡……（《合集》3236，宾组）

上引诸辞中的“冎”皆写作，本义是指胫骨等直骨类骨骼，也就是大家比较熟悉的骨字通行写法，在这里悉作人名。商周族、地与族体首领之私名三位一体，私名往往亦涵盖相应的族与地，这一点目前应该算是共识。以上三条卜辞其最为突出的相通点，就是刚与冎的关系非常紧密，由此似表明两个族体之间应该有某方面的内在联系，譬如地缘上的密迩相接。晚商犅地，据商末“敦阴美”战争卜辞及周初犅劫组器（《集成》5383、5977）可知，殆可与《史记·秦本纪》秦昭襄王“三十六年，客卿灶攻齐，取刚、寿”之刚相联系，具体坐落在今山东宁阳县堽城镇一带。[1]又，例1所记之“子画”，同样是东土之人，其族居地在今临淄以西，这是大家比较熟悉的。所以笔者推测，与犅经常一起出现的冎族，大概亦属汶水流域一带的东土故族。考虑到过字以冎为谐声偏旁，故卜辞冎族应该就是周代活跃于东土的妊过之族。

［1］郑杰祥：《商代地理概论》，中州古籍出版社，1994年，第185页；裘锡圭：《犅伯卣的形制和铭文》，载《保利藏金（续）》，岭南美术出版社，2001年，第245-249页。此说更早可以追溯至林泰辅所作“龟甲兽骨文地名图”，详钟柏生：《殷商卜辞地理论丛》，艺文印书馆，1989年，第10页。

此外，历组卜辞《合集》32912[1]同样应予关注，其辞曰：

令眔（逮）䢅（部）示（视）卜。

按“”字殆为表示肩胛骨之骨的专字，[2]从读音看，自然与冎、过通。“部”为东土部族之首领，结合晚商四祀𠨘其卣（《集成》5413）推测，其族居地大致是在今山东莱芜、泰安之间。此处“示”字读作“视”，侦视、检视之谓也。“卜”字殆指占卜行动。[3]该卜辞主要是讲商王命令过、部一起检视占卜，似有监工的味道。这里的过，同样又与东土人物共事，似能进一步佐证过族为东土故族的推论。

晚商卜辞尚有“取过任”之记录，恰恰可以比较清晰地指明过族族居地的范围所在。例如：

贞：叀龟令。

……

贞：呼取（过）、任。（《合集》7859，宾组）

此中“过任”二字过去联读处理，训“任”为爵位之“男”，解释作过氏首领在武丁时期曾出任商王朝的“任”职，也就是所谓的男爵。[4]但笔者以为，我们完全可以把过与任视作两个不同族名的并辞联称，故应该用顿号断开。卜辞有妇妊（《合集》21556－21558），有子玊（任）（《合集》14938，宾组），依照我们对商代称名形式与性质的理解，当时有一以“任”为名的族氏组织。[5]所以，将“取骨任”断读作“取骨、任”，完全能够成立，实际上，亦更为顺畅合理。又上引骨版其首辞为“隹龟令”之占卜，龟族在今山东省泰安、莱芜与新泰之间，[6]故同版所记的这一“任”族，或即《左传》僖公二十一年“任、宿、须句、颛臾，风姓也，实司太皞与有济之祀”之风姓任氏。杜注曰：“任，今任城县也。”也即说，任氏族居地就在今济宁市任城区

[1] 按：《合集》34057与此同，为重复著录，当删去。

[2] 《合集》17628有“妓视四屯㞢（又）一骨”之纪事刻辞，其中的骨字作“”，骨面上的笔画方向与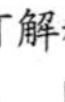略异，但已足以证明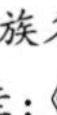字释骨之旧说不误，无须改释。另卜辞习见“旬亡猾”之辞，“猾”即如“蛮夷猾夏”之猾，当读作“祸”，其从从犬之形构，恰能佐证“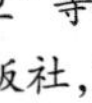”实为“骨”字的异写。

[3] 按历组卜辞《合集》32968有“丁丑贞：王于卜伐”之辞，其卜字或地名或族名，故“视卜”之卜也可解释为地名或族名。

[4] 裘锡圭：《甲骨卜辞中所见的“田”、“牧”、“卫”等职官之研究——兼论“侯”“甸”“男”“卫”等几种诸侯的起源》，《裘锡圭学术文集》卷5，复旦大学出版社，2012年，第165－167页。

[5] 陈絜：《商周姓氏制度研究》，商务印书馆，2007年。

[6] 陈絜、田秋棉：《卜辞“龟”地与武丁时期的王室田猎区》，《故宫博物院院刊》2018年第1期。

一带。[1]商王命令同时征取财物于过、任二族，准诸常理，过氏与任氏在地理位置上应该邻近，将之归入东土故族问题似乎不大。即便破读为“男”，一样不存在解释上的困难，完全可以把它与《史记 · 夏本纪》所讲的诸姒之一的“有男氏”联系在一起。依照商周夏遗主要分布在河济之间判断，[2]同属夏遗的有男氏，恐怕也应该坐落在东土范围内。

结合上文所述，过曾与㣙(宁阳)、郚(莱芜、泰安间)等东土人物一起共事，亦曾在鲁北画地出没等情况做综合判断，似可认定，晚商过族的族居地极有可能是在鲁中南或鲁西南一带。[3]而两周时期的东土过族，显然与晚商东土过族一脉相承。

勾画先秦东土过族历史，还有一些商周铜器铭文可资利用，例如：

1. 亚过。(爵，《集成》7815，商末)
2. 过文。(簋，《资料库》NA1839，商周之际)
3. 过伯作彝。(爵，《集成》8991，商周之际)
4. 过伯从王伐反荆，俘金，用作宗室宝尊彝。(簋，《集成》3907，西周早期)

以上器物均无明确出土地点，但说它们与上文所讨论的东土过族有联系，似乎不难令人接受。如以“亚某”形式为族氏铭文者，乃商文化系统的主要特质，而东土过族在晚商时期恰恰服属有商，甚至可以说是商王朝势力的有机组成部分，故有“亚过”之铜器遗存。再则，东土地方族氏首领往往以“伯”为称，如过伯爵铭中的“过伯”，亦符合这一称名习俗。此中最为重要的当然是昭王时期的过伯簋，不妨再简单说上几句。

据著录信息，过伯簋曾先后在刘鹗、邹安及罗振玉诸家间辗转易手，后正式入藏辽宁旅顺博物馆，但出土地点不明是其缺憾。器内壁铸铭文3行16字，记录过伯追随周王南征反荆，故学界多以为是昭世器，且认为过伯之过即《左传》“处浇于过”(襄公四年)、“遂灭过、戈”(哀公元年)之过。[4]窃以为这种判断是可信的。表面上看，东土旧族追随周昭王南征荆楚，其事稍显突兀。但从现有金文资料判断，昭王南征实际上是

[1] 按：东土诸风之宿、须句二族目前材料较多：其中涉及宿族的甲骨资料有《合集》8904、8905，金文资料则有曹伯狄簋盖(《集成》4019，宿㛐)、晋侯苏编钟(《资料库》NA0871-0880，宿夷)等；与句须相关的铜器有句须簋(《集成》3034)，此外如句它叔盘(《集成》10141)、句监鼎(《资料库》NA1149)也可能与句须有关。据《左传》僖公二十一年杜注，诸风之封国悉在古济水流域。

[2] 王国维：《殷周制度论》，《观堂集林》，中华书局，1959年；杨向奎：《夏民族起于东方考》，《禹贡》第7卷第6、7合期；沈长云：《夏后氏居于古河济之间考》，《中国史研究》1994年第3期。

[3] 《花东》35、548“巛(淄)甘剐(过)”三地联称，《花东》295则曰“甘巛(淄)剐(过)”，足以证明过在汶水流域一带。

[4] 唐兰：《西周青铜器铭文分代史征》，《唐兰全集》卷7，上海古籍出版社，2015年，第292页。

一个由各种新旧势力多方参与的重大军事行动，经由成康二世和昭王早期的前后数十年的经营，新顺服的东土故族，早已是西周王朝军事外拓的重要联合力量。昭王南征行动中，东土旧族亦不乏参与者，[1]比较典型而确凿的有泰安一带的鸿叔(诲鼎，[2]《集成》2615)。而著名的“随州六器”也可能是东土旧族参与南征的实物留存，惟形势所需或所迫，器物主人在南征后留在了随枣走廊一带发展。所以，同属东方土著势力代表的过族，追随昭王南征之行为也不难理解。这种大致肇始于昭世的联合东土力量抵御或征讨南方势力的王朝军事模式，[3]似乎亦贯穿西周一代，直至西周晚期，依然有类似的军事行动见载于寻伯边鼎(《集成》2734)等铜器铭文。[4]

至此，我们可以将商周时期东土过族的发展历史做一扼要描述：东土过族最早见载于武丁时期的卜辞资料中，结合传世文献相关记载可知，晚商过氏当为东方诸妊之一，其族居地或在鲁西南或鲁中南一带，当时认同有商的统辖，是有商政治与军事势力的有机组成部分。周公东征以后，过族顺服有周。昭王时期，则参与南征并立有战功。目前看来，妊姓过族在东土的活动至少延续至两周之际，章丘所出过甘敦鼎，是其重要物证。而过伯簋等传世器，也可能出自山东。

唐兰先生曾将金文过氏与《左传》襄公四年“处浇于过”相结合，恰恰揭示了研究甲骨、金文过族的重要性。若本文上述梳理工作还有些许合理之处，则又能为夏族起源问题的讨论，提供一点地理上的新线索。不当之处，祈请同道、师友不吝赐教！

---

[1] 唐兰：《西周青铜器铭文分代史征》，第292页。

[2] 其铭文曰：“鸿叔从王南征，唯归，唯八月，在皕𠀠(居)，诲作宝鬲鼎。”其中的鸿族族居地或可与《春秋经》“蒐于红”相牵涉。

[3] 陈絜：《作册旂组器中的地理问题与昭王边域经营策略》，《南方文物》2019年第2期。

[4] 陈絜：《“仲催父鼎”补释及其相关历史问题》，《古文字研究》28辑，中华书局，第212-217页。

莱本族(团)名说

王守功[1]　魏泽华[2]

(1. 山东省文化和旅游厅　2. 山东省水下考古研究中心)

莱,古代文献中较早见于《禹贡》“海岱惟青州,嵎夷既略,潍、淄其道……莱夷作牧”。[1]关于莱人历史的记载,西周时仅知齐建国时“莱侯来伐,与之争营丘”。[2]自此之后,莱人的活动大多与齐国的“伐莱”、“侵莱”、“攻莱”、“制莱”等相联系,至齐景公(公元前547–前490年)时,卒为齐灭。至于莱人活动的地域,大约在今胶东半岛地区,其东至于海,已为大多数专家所公认,最西则到营丘。[3]从公元前十一世纪至公元前六世纪五百年左右时间里,在这片广阔土地上,莱人的历史和与他国的关系是怎样的?莱作为族名有怎样的演变?哪些是莱人创造的物质文化?莱人的物质文化的源头是什么?笔者试就目前已有的文献及考古资料,对以上有关莱人的历史问题加以考证,不到之处,尚望大家方正。

一、莱与莱夷族团

与莱夷有关的“莱”字,最早见于《禹贡》“莱夷作牧”,但“莱”之本意如何为莱夷并不明晰,现就“莱”字做一考证。

1. 莱之本意

“莱”字的本意,为“草”,为“荒”,为“野”,为“郊野”。

---

[1] (汉)孔安国传,(唐)孔颖达疏:《尚书正义·禹贡》,北京大学出版社,1999年,第141–142页。

[2] (汉)司马迁:《史记·齐世家》,中华书局,1982年,第1480页。

[3] 《史记·齐世家》曰“营丘边莱”。

《毛诗·南山有台》"南山有台,北山有莱",疏曰:"莱为草之总名,非有别草名之为莱。陆机《疏》云:'莱,草名,其叶可食。今兖州人烝以为茹,谓之莱烝。'"[1]

《礼记·王制》:"居民山川沮泽……沮,谓莱沛。"何胤注:"草所生曰莱。"庾注:"草也。"[2]

《诗·楚茨》"田莱多荒",正义曰:"田废生草谓之莱,自然多荒,而并言之者,《周礼》以田易者为莱,若使时无苛政,则所废年满亦当垦之,今乃与不易之田并不艺种,故言多荒也。"[3]

《越绝书·吴内传》:"莱,野也。"[4]

《周礼·县师》:"而辨其夫家、人民、田莱之数……莱,休不耕者,郊内谓之易,郊外谓之莱,善言近。"疏曰:"田莱见田及荒不耕者之莱。"注曰:"云'莱,休不耕者',《诗》云'田卒污莱',注云'下者污,高者莱'是莱谓草莱之莱,若上地莱五十亩之类也。云'郊内谓之易,郊外谓之莱,善言近'者,郊外言莱,即此经田莱,据郊而言,《遂人》亦云莱五十亩百亩之类,是莱为草莱秽污之称也。"[5]

以上"莱"之含义显示,在古人心中,"莱"为野外荒废之地,这与《尚书·禹贡》"莱夷作牧"的描述相符。

2. 有关莱为族名、国名的记载

文献中,对于"莱"的注释,有不少直接释作国名、地名。

《穀梁·宣公七年》:"公会齐侯伐莱。"注:"莱音来,国名。"[6]

《尚书·禹贡》:"莱夷作牧。"注:"莱夷,地名。"[7]

《国语·齐语》:"莱莒徐夷吴越。"注:"莱,今东莱也。"[8]

《水经注》引旧说云:"齐灵公灭莱,莱民播流此谷,邑落荒芜,故曰莱芜。《禹贡》所谓莱夷也。夹谷之会,齐侯使莱人以兵劫鲁侯,宣尼称夷不乱华是也。"[9]

---

[1] (汉)毛亨传,(汉)郑玄注,(唐)孔颖达疏:《毛诗正义》,北京大学出版社,1999年,第614页。
[2] (汉)郑玄注,(唐)孔颖达疏:《礼记正义》,北京大学出版社,1999年,第397页。
[3] (汉)毛亨传,(汉)郑玄注,(唐)孔颖达疏:《毛诗正义》,第809页。
[4] (汉)袁康、吴平辑录:《越绝书》,上海古籍出版社,1985年,第26页。
[5] (汉)郑玄注,(唐)贾公彦疏:《周礼注疏》,北京大学出版社,1999年,第342-343页。
[6] (晋)范宁集解,(唐)杨世勋疏:《春秋穀梁传》,北京大学出版社,1999年,第193页。
[7] (汉)孔安国传,(唐)孔颖达疏:《尚书正义》,第142页。
[8] 上海师范大学古籍整理组:《国语·齐语》,上海古籍出版社,1978年,第242页。
[9] (北魏)郦道元著,陈桥驿校证:《水经注校证》,中华书局,2007年,第621页。

3. 莱为国名或族名的各种写法

传世文献中，莱字的形象比较确定，“莱”有时亦作“釐”，两者在古籍中有时为一字。“莱”，《说文》释作“蔓华”，《尔雅 · 释草》中亦将“釐”释作“蔓华”。《说文》中“赉”作“赐也”，同时《诗 · 江汉》释“釐”为“赐”等等。不仅如此，《晏子春秋 · 内篇》载“景公伐斄（釐），胜之。问晏子曰：‘吾欲赏于斄（釐）何如？’……于是，破斄（釐）之臣，东邑之卒，皆有加利”，[1]孙星衍云：“斄（釐）即莱也。”

但文献中“莱”“釐”毕竟是两个字形，《史记》中“莱人争营丘”为“莱”，《晏子春秋》中齐景公“伐釐”为“釐”。自齐太公就国，至春秋齐景灵时，齐莱长期拉锯，齐人不会不知莱之写法与含义，为何在此将“莱”作“釐”呢？显然齐人没有将“莱”与“釐”等同视之。

翻检商周时期青铜器，将胶东地区出土的青铜器特别是莱自作器与其他地区出土青铜器进行对比，其上的“莱”铭文可为我们研究这一问题提供重要线索。

商周时期金文释作“莱”的可见“莱、来、棶、釐、斄”等几个字形，约有一百多个，根据时代，可以划分为商代晚期、西周早中晚期、春秋早中晚期、战国早晚期；根据字形和语境，可以划分为釐（斄）字的自称（釐作器及釐用作器）、他称（考釐、公侯鸟釐、釐都、釐仆）及祈福词组和莱（来）字为族名、人名共八类。通过分析不同时期不同字形不同语境的莱字，结合出土信息，可以找出一些规律。

“釐（斄）”作自称的“釐作”和“釐用作”器，“釐”字字形基本一致，为“、、、”，[2]他称的“皇考釐、文考釐及公侯鸟釐、釐都、釐仆”的字形也比较一致，为“”。[3]唯一例外是“伯大师釐作器”，[4]此处“釐”应为自称，但采用了他称的写法。商周时期，“釐”字在自称和他称不同情况下的字形各自保持稳定。

西周早期“莱（来、棶）”字为族名、人名的字形并不稳定，从黄县莱阴出土器物则证明，有麦无里，无论有无虎头，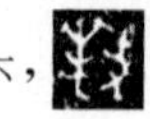、、均为“莱”，[5]平顶山应国墓地发现的莱

---

［1］ 孙彦林、周民、苗若素：《晏子春秋译注》，齐鲁书社，1991年，第124页。

［2］ 中国社会科学院考古研究所：《殷周金文集成》，中华书局，2007年，第2067、3588、9585条；钟柏生、陈昭容、黄铭崇、袁国华：《新收殷周青铜器铭文暨器影汇编》，台北藝文印書館，2006年，第79条。

［3］《殷周金文集成》第2800条。

［4］《新收殷周青铜器铭文暨器影汇编》第1450条、《殷周金文集成》第4404条。

［5］ 莱伯鼎、旅鼎，见于《黄县志稿 · 金石目》，清末发现于黄县归城鲁家沟古墓，参见王锡平、孙敬明：《莱国彝铭试释及论有关问题》，《东岳论丛》1984年第7期；《殷周金文集成》第2044、2728条。

字证明,有麦有里,无论有无虎头,、均为“釐”,[1]从这里看出,,即“麦”,是代表莱族的关键字形。“莱(来)”字为族名、人名的字形多为“、”这一情况从商代晚期一直延续到战国时期。[2]

了解字形变化后,我们结合器物的出土地点进行分析。首先是字形表现为“来”、“秾”、“莱”形的“莱”字,最集中的出土地点是黄县莱阴,据山东黄县王新道所撰《黄县志稿 · 金石目》载,光绪二十二年,在黄县归城鲁家沟古墓中发现青铜器十余件,其中六件有铭文,即莱伯鼎、旅鼎等,其时代为周初成王时期。莱伯鼎及旅鼎上有三种莱的写法。[3]周昌富《东莱新说》中提到,“旅鼎”(旧称“大保鼎”)中之莱,马承源先生隶定为来上加一撇,为“旅”之族名,即《说文》中的“秾”。[4]黄县器从铭文内容看,为莱人自作器,而且出土于公认的莱人的活动区域——胶东,说明莱人对自己的族名,是写作以“”为基础的和。日照崮河崖出土莱伯鬲上的,[5]也证明自称莱是以“”为核心。以莱伯鼎和旅鼎为代表的族团,和以莱伯鬲为代表的族团,两者族名不同,可能是两支不同的莱夷。目前考古发现所见的龙山文化时期炭化小麦遗存,分布最密集的即在山东,且已远远脱离了栽培小麦的起源阶段,这里我们不讨论小麦的起源和传播,但龙山时期山东地区小麦种植应当是比较发达的。[6]莱人族名以“”为核心,当与胶东半岛小麦的种植有关。

与此同时,形釐出土于陕西西安、安康、扶风,河南平顶山,湖北浠水等地。这些他称釐,主要出土于非胶东地区,说明主要是他族对莱族的称呼。在齐故城出土的春秋晚期釐都、釐仆铭文器物,表明莱的近邻齐对莱的称呼也是,[7]这也证明他称用而非是一个比较普遍的行为。

从不同铭文的出土情况来看,存在他称“莱”和自称“莱”字形不同的情况。而我们分析同一时期的不同字形,可以看出西周早期是“莱”字最为复杂的时期,除黄县器

[1] 河南省文物考古研究所、平顶山市文物管理局:《平顶山应国墓地》,大象出版社,2012年。

[2] 这里“来”作为动词的情况并未计入统计。

[3] 王锡平、孙敬明:《莱国彝铭试释及论有关问题》,《东岳论丛》1984年第7期。

[4] 周昌富:《东莱新说》,《东夷古国史研究》(第1辑),三秦出版社,1988年,第154-162页。

[5] 莱伯鬲——1976年,出土于日照崮河崖M1,见杨深富:《山东日照崮河崖出土一批青铜器》,《考古》1984年第7期。

[6] 靳桂云:《中国早期小麦的考古发现与研究》,《农业考古》2007年第4期。

[7] 叔尸钟——《殷周金文集成》第281条,宋代出土于临淄齐故城。

的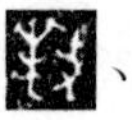、、外，还有师寰簋的、，[1]祖乙告田彝的等等。[2]这可能与周王朝新立、统治力不足，不能"书同文"有关。但是，目前相当一部分字形是自铭，莱人内部应当不存在族名文字不统一的情况，因此这些不同字形还应当与莱夷内部的不同部族有关。

在青铜器铭文中，释作"莱"的各个铭文字形并不一致，应是他族对莱的称呼以及莱夷族团内不同部族的自称或他称导致的。从文献和青铜铭文来看，西周时期有"莱""秾"，也有"釐"，说明这一时期莱的指代并不统一，或者"秾"和"釐"同为莱夷集团中重要的部族，与中原或齐人交流；进入春秋时期记载多为"釐"，这些文献可能表达了同一支"釐"与外族进行了交流，或者外族对莱夷族团中所有部族统一了称谓。青铜铭文及文献记载的关于莱的种种不同写法，原因在于莱夷族团内部不同部族的自称或外人对其不同部族的他称。在齐人东渐的过程中，对于"齐东野人"总体以"莱"称之，我们统称之"莱夷族团"。

二、齐 莱 关 系

传世文献并没有专门记载莱的历史，莱仅有零星与齐、周的互动见于传世文献和出土铭文，这些记载反映出的是一部莱的征伐兴衰史。

商代晚期""铭器物的出现，[3]可能与"海岱惟青州，嵎夷既略，潍、淄其道……莱夷作牧"的记载有关，[4]可惜目前所见器物均无出土地点，仅能作旁证，证明此时的莱人实力较强，为周初时与齐人争营丘埋下伏笔。

西周时期，莱实力雄厚，势力范围广大，在周王朝对外征伐中十分活跃，与齐国关系比较缓和。《史记·齐太公世家》载："封师尚父於齐营丘……莱侯来伐，与之争营丘。营丘边莱。莱人，夷也，会纣之乱而周初定，未能集远方，是以与太公争国。"[5]齐太公初封于营丘，即紧邻莱，说明当时整个胶东半岛都属于莱的控制范围，莱实力雄厚，齐无力压制莱。史密簋载"师俗率齐师、遂人左伐长必，史密右率族人、釐伯、僰、

[1] 师寰簋——《殷周金文集成》第4313条。

[2] 祖乙告田彝，又称祖乙觶侯彝——《殷周金文集成》第3711条；《愙斋集古录》（第七册），见周昌富：《莱国姓氏与地望考》，《齐鲁学刊》1984年第1期。

[3]《殷周金文集成》第9894条。

[4]（汉）孔安国传，（唐）孔颖达疏：《尚书正义·禹贡》，第141－142页。

[5]（汉）司马迁：《史记》，中华书局，1959年，第1480页。

夷周伐长必”,[1]师寰簋载“王若曰:师寰父……今余□命汝,率齐币莱□□左右虎臣征淮夷”,两者均记载了莱参加周王朝的对外征伐。西周时期的莱,频频出现在中原王朝的政治舞台,师寰簋中莱更与齐并列,说明此时周王朝在“未能集远方”的情况下,默认莱的存在,并利用莱的力量进行其他地区的征伐。这一时期的莱,因其实力雄厚,周、齐在东方的力量尚弱,处于政治上的巅峰期。前面我们梳理了莱的字形,可以发现西周时期,有大量纪念某莱的器物见于陕西西安、安康、扶风、陇县,河北顺义,河南平顶山应国墓地,湖北浠水;同时,“纯鲁多釐”作为祈福词语被频繁使用,也证实了西周时期莱人的繁荣。不过由于中原莱器出土并不具有独立性,因此我们还不能判断是否中原存在一支“釐”。

春秋早期,莱、齐处于和平期。《管子 · 小匡》载“桓公……伐谭莱而不有也,诸侯称仁焉。通齐国之鱼盐于东莱”,[2]这一时期,莱、齐互通商贾,齐将所产鱼盐销往莱地。釐作为祈福词语大量出现,侧面证明莱此时依旧繁荣。

春秋中期,莱再次出现在史书中,已不见西周时期的辉煌,只剩下逐渐被齐国征伐吞并的衰败。公元前602年“公会齐侯伐莱”,[3]前600年“齐侯伐莱”,[4]前571年“齐侯伐莱”,[5]至公元前567年,“齐侯灭莱”。[6]《左传》中详细记载了齐灵公灭莱的史实,“十一月,齐侯灭莱,莱恃谋也。于郑子国之来聘也,四月,晏弱城东阳,而遂围莱。甲寅,堙之环城,傅于堞。及杞桓公卒之月,乙未,王湫帅师及正舆子、棠人军齐师,齐师大败之。丁未,入莱。莱共公浮柔奔棠。正舆子、王湫奔莒,莒人杀之。四月,陈无宇献莱宗器于襄宫。晏弱围棠,十一月丙辰,而灭之。迁莱于郳。高厚、崔杼定其田”。[7]《水经注》载:“齐灵公灭莱,莱民播流此谷,邑落荒芜,故曰莱芜。《禹贡》所谓莱夷也。夹谷之会,齐侯使莱人以兵劫鲁侯,宣尼称夷不乱华是也。”[8]庚壶载“齐三军围釐……赏之以邑司衣裘车马”,[9]叔尸钟载“汝肇敏于戎功,余赐汝釐都□□其县三百……徒四千……车马戎兵釐仆三百五十家”,两器均记载了齐灵公灭莱后分其土地、兵士、人口的历史,与史书记载相符。从齐惠公到齐灵公,齐国通过四次征伐,

[1]《新收殷周青铜器铭文暨器影汇编》第636条,出土于陕西安康。
[2](唐)房玄龄注,(明)刘绩补注,刘晓艺校点:《管子》,上海古籍出版社,2015年,第156页。
[3]《春秋穀梁传 · 宣公七年》。
[4]《春秋穀梁传 · 宣公九年》。
[5]《左传 · 襄公二年》。
[6]《春秋 · 襄公六年》。
[7] 李学勤主编:《春秋左传正义》,北京大学出版社,1991年,第848—849页。
[8](北魏)郦道元著,陈桥驿校证:《水经注校证》,中华书局,2007年,第621页。
[9]《殷周金文集成》第9733条。

最终消灭了东部大患——莱。与“迁莱于郳”十分符合的是，山东地区发现一件“郲来”作器，[1]时代为春秋时期，郳为小邾，这件器物的铭文与莱的消亡有十分密切的联系。

春秋晚期，灭莱后的莱还一息尚存，但已十分衰弱。《晏子春秋》记载，灭莱侯后齐景公再次伐莱大胜。[2]被迁族后的莱实力大减，在夹谷之会时，齐“使莱人以兵劫鲁侯”，[3]由此来看，莱此时已沦为齐的附庸。与史事十分吻合的是，春秋早期以后，“釐”作为祈福词语急剧减少，春秋晚期，“釐”见于齐国铭文的只与被征伐有关。

从相关记载来看，西周初年，莱实力强盛，在与齐争营丘后，莱、齐一度是周王朝征伐大军中的一员，共同参与了周王朝的对外征伐，莱、齐之间则保持和平，还能互通商贾。春秋时期，随着齐国国力增强，莱国已经无力与之抗衡，最终为齐所并。

三、莱人地望

西周以前莱人的活动区域地望，见于《禹贡》，“海岱惟青州，嵎夷既略，潍、淄其道……莱夷作牧”，[4]此时莱人主要生活在淄河潍河流域。

西周时，《史记》载莱与齐“争营丘”“营丘边莱”，说明莱人活动最西到营丘。莱人在胶东半岛活动，已为大家所公认，但是最西的营丘由于存在争议，使得莱的边界仍不清晰。

《汉书·地理志上》颜师古注曰：“黄，有莱山松林莱君祠……㡉，有百支莱王祠……长广，有莱山莱王祠。”[5]说明至唐时，莱人仍有遗痕在今山东半岛地区。

史籍所记与莱相关的地点有“棠”“郳”“祝其”“东莱”“不夜”“壮武”等，现试做分析。

1. 棠

对于当年莱国的都城和莱共公最后被齐军俘虏的地点棠邑的地理位置，史学家历

[1]《殷周金文集成》第670条。

[2] 孙彦林、周民、苗若素：《晏子春秋译注》，齐鲁书社，1991年，第124页：“公伐蘩（釐），胜之，问晏子曰：‘吾欲赏于蘩（釐）何如？’……于是破蘩（釐）之臣，东邑之卒，皆有加利。是上独擅名，利下流也。”

[3]《春秋左传正义》，第1587页。

[4]《尚书正义·禹贡》，第141–142页。

[5]（汉）班固撰，（唐）颜师古注：《汉书·地理志》，中华书局，1964年，第1585–1586页。

来看法并不一致。对莱国都城，南北朝时宋裴骃的《史记集解》认为："服虔以为东莱黄县是。"此后长期以来史家多取此说。但到现代，许多学者对"莱都在今黄县"的看法提出异议，至今已有莱都在今莒县、昌乐、临朐境内诸说。[1]

《春秋大事表》载："襄六年，齐灭莱，莱共公奔棠。杜注'棠，莱邑'，今胶州即墨县南八十里有甘棠社。襄十八年，齐灵公将走郵棠，即此。"[2]晋朝的即墨县属北海郡，其辖境包括今平度东南部和今即墨北部，县城在今天平度朱毛村一带。《春秋地名考略》中，高士奇也采用了杜预的考证，认为"棠即莱棠也，今胶州即墨县南八十里有甘棠社，即古棠乡"。[3]清人洪亮吉的《乾隆府厅州县志》，也认为"棠，在今平度东南"。谭其骧先生在《中国历史地图集》也是同意杜预、洪亮吉之说，把"棠"字标在沽水之西的即墨。棠在即墨，是比较通行的观点。

《路史·国名纪》载："(齐)大夫棠公邑。襄六年，晏弱围棠。预云：国也。今莱之即墨有棠乡，与鲁棠异。"[4]棠可能是莱国最后的生存之所。

2. 郳

《春秋释例·氏族谱》载"夷父颜有功于周，其子友别封为附庸，居郳"，夷父颜为邾国国君，此邾国一般称大邾国，郳称小邾国。非常有意思的是，山东地区曾发现一件"郳来"作器，[5]时代为春秋时期，郳为小邾，这件铜器上的铭文与史实十分相符。最近发掘的大韩村墓地，发现了较多的东夷文化现象，可能也与"迁莱于郳"有关。

3. 祝其(夹谷)

《山东通志》卷二十三《山川》记："夹谷峡，在县西三十里，接新泰界，左为龙门崖，右为凤凰山。"顾炎武《肇域记》："春秋定公会齐侯于夹谷，莱人以兵劫鲁侯即此。"《莱芜县志》卷七《古迹》亦记："旧志谓即县治西南三十里，连新泰县界之夹谷峪，《春秋》定公十年'公会齐侯于夹谷'即此……"根据文献，夹谷可能在今莱芜附近。

---

[1] 参见《齐鲁学刊》1984年第1期，《古莱国初探》《莱国姓氏与地望考》《纪、曩、莱为一国说》《东夷与东夷文化》。

[2] (清)顾栋高：《春秋大事表》，中华书局，1993年，第691页。

[3] (清)高士奇：《春秋地名考略》卷十四，《钦点四库全书》，第20页。

[4] 陈槃：《不见于春秋大事表之春秋方国稿》，上海古籍出版社，2009年，第224页。

[5] 《殷周金文集成》第670条。

4. 东莱

东莱一词，最早见之于《管子》。《管子 · 小匡》："桓公知天下小国诸侯之多与已也，于是又大施惠焉，可为忧者为之忧，可为谋者与之谋，可为动者为之动，伐谭莱而不有也，诸侯称仁焉。通齐国之鱼盐(于)东莱……"《晏子春秋集释》："晏子名婴，谥平仲，莱人。莱者，今东莱地也。"[1]刘师培《校补》云："案《世说新语注》一引刘向《别录》云'晏平仲婴，东莱夷潍人……'据彼引……《史记 · 鲁仲连传 · 索引》亦云'晏子为莱之夷潍人'是其证。"

齐灵公灭莱在前，景公伐莱在后，说明在灭莱之后，除了郧莱之外，还有一莱。《左传 · 昭公二十年》晏子对齐景公谈论齐国的疆域时说："聊、摄以东，姑、尤以西。"《晏子春秋 · 内篇》有相同的记载。姑即大姑河，尤即小姑河。因此，公元前522年以前，齐国东部边境在今平度市东部。由此可见，景公所伐之莱，应为今龙口市之莱，[2]非齐灵公所伐之莱。

5. 不夜

荣成市不夜城位于埠柳镇不夜村。距山东最东端成山十八千米。《汉书 · 地理志》颜师古注曰"《齐地记》云，古有日夜出，见于东莱。故莱子立此城，以不夜为名。"[3]不夜村遗址还出土了周代鼎、壶，现藏荣成博物馆。

6. 壮武

《左传 · 隐公元年》载："八月，纪人伐夷。"注曰："夷国在城阳庄(壮)武县。"[4]壮武应在今青岛城阳附近。

7. 营丘、长必、淮夷

西至营丘之所在，关于营丘的具体地望自东汉以来就多有争议。目前有临淄齐城、昌乐营陵、青岛台西、寿光呙宋台、青州藏台、张店昌城等诸家之说，[5]由此可见，在

[1] 吴则虞：《晏子春秋集释》附录二传记，中华书局，1962年，第574页。

[2] (清)顾栋高：《春秋大事表》，中华书局，1993年，第592页，"今山东登州府黄县东南二十里有莱子城。宣七年见，襄六年灭于齐"。

[3] 谭其骧主编：《汉书地理志汇释》，安徽教育出版社，2006年，第236页。

[4]《春秋左传正义》，第61页。

[5] 魏成敏：《陈庄西周城与齐国早期都城》，《海岱考古(第4辑)》，科学出版社，2011年，第419页。

西周初期,莱人活动的西部范围至少到达昌乐一带。

史密簋载“师俗率齐师、遂人左伐长必,史密右率族人、釐伯、僰、夷周伐长必……”,可见长必一地是当时所伐敌人的重要据点,其地当与莱、齐等都相距不远,有昌邑、[1]莱芜[2]说。

师寰簋载:“王若曰:师寰父……今余□命汝,率齐帀莱□□左右虎臣征淮夷。”其中的淮夷屡见于金文记载,大体分布于淮河以南地区,对周王朝叛服无常。

从文献记载来看,莱人活动在今胶东地区,但其活动范围早已走出山东。由于文献所见地名现在多已不存,因此具体划定莱人的活动地区,还需要未来更多研究的支持。

四、莱夷的物质文化

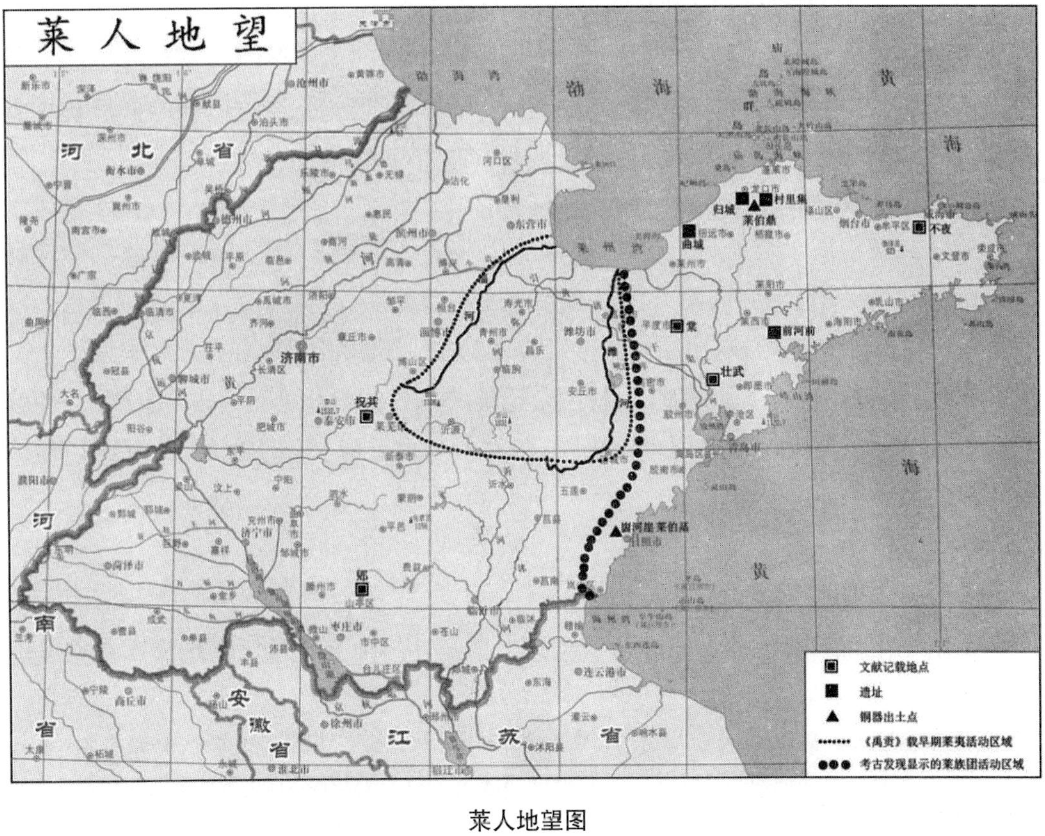

莱人地望图

[1] 陈秉新、李立芳:《出土夷族史料辑考》,安徽大学出版社,2005年,第197-198页。

[2] 李仲操:《史密毁铭文补释》,《西北大学学报》1990年第1期。

（一）莱夷的物质文化面貌及影响

从前面的古文献记载及考古发现来看，莱人主要分布在胶莱河流域附近及以东地区，早期可能靠近淄河和潍河流域。下面梳理一下莱夷族团活动范围内的考古学文化。

1. 前埠下类型

在距今8500-7500年的后李文化时期，前埠下遗址后李文化有其独特的特点，前埠下遗址的陶器与之后胶东原始文化十分相似，尤其以钵、碗，以及菌状把手罐为典型器物。

2. 白石村类型

胶东地区早于龙山文化的遗存，如烟台白石村遗址、[1]邱家庄遗址等，文化面貌独特，被称作“白石村类型”。白石村类型的遗址共发现近40处，[2]分布于胶东半岛地区曾经是海边或距海很近的河口两岸，多为贝丘遗址，陶器多夹砂陶、夹云母陶、夹滑石陶和泥质陶四种，陶色以红褐和灰褐为主，器表以素面最多，与同时期大汶口文化不同；遗址中还出土较多的海鱼类骨骼，人们依赖海和河的程度较高，从而形成胶东早期新石器文化的特色。[3]

淄河流域的傅家遗址和五村遗址，是鲁北地区大汶口文化代表遗址，这两个遗址及周围遗址的器物，与鲁西南大汶口文化遗址器物差异较大，如镂空装饰和黑色陶较少，制作粗糙，器形单调，以泥质和夹砂红褐陶为主，陶器的器耳、錾和彩绘更发达。墓葬分层埋葬，随葬品较少。傅家、五村两个遗址所代表的鲁北地区考古学文化，与西侧同时期的其他类型大汶口文化也不相同，虽然没有白石村类型明显的海洋色彩，但仍然相对简单。[4]

3. 龙山文化

龙山文化杨家圈类型主要分布于胶东半岛及其沿海岛屿地区。杨家圈类型发现

---

[1] 烟台市文物管理委员会：《山东烟台白石村新石器时代遗址发掘简报》，《考古》1992年第7期。

[2] 严文明：《胶东原始文化初论》，山东省《齐鲁考古丛刊》编辑部：《山东史前文化论文集》，齐鲁书社，1986年，第63-95页。

[3] 栾丰实：《东夷考古》，山东大学出版社，1996年，第82-92页。

[4] 李振光：《山东广饶县傅家遗址的发掘》，《考古》2002年第9期；张爱美：《傅家遗址群落——黄河尾闾的古老文明》，《中国石油大学胜利学院学报》2013年第2期；栾丰实：《试析海岱龙山文化东、西部遗址分布的区域差异》，《海岱考古》（第9辑），科学出版社，第402页。

的建筑遗存,四周挖有基槽,深度有的在2米以上,非常独特。在大口遗址发现的墓葬,在人骨架上压有石块,也与西面山东其他地方不同。

4. 岳石文化

岳石文化照格庄类型分布在胶莱河以东的胶东半岛及沿海岛屿地区。[1]墓葬人骨架上填一层马蹄螺,有的骨架上还压有石块,与其他地区不同。生产工具以半月形双孔石刀和扁薄单面刃石铲最具特色。陶器中,夹砂陶多加云母,也有加云母和滑石两种材料,器物多素面。

岳石文化郝家庄类型生产工具以半月形双孔石刀和扁薄单面刃石铲最具特色。陶器以素面为主。其他区域多见的锥状足鼎、短柱形甗足、舟形器、圈足尊等少见。

5. 芝水二期

芝水二期文化是介于岳石文化、珍珠门文化之间的过渡文化遗存,[2]陶器以夹云母陶为主,其次为夹砂陶,陶色不纯正,以红褐色为主,不见灰陶和黑陶。器表以素面为主,平底器底部常处理成类似假圈足形制。

6. 珍珠门文化

珍珠门文化遗存在胶东半岛及其沿海岛屿分布比较普遍,如烟台芝水遗址、长岛珍珠门、[3]老虎山汇泉庄[4]等。珍珠门遗址位于长岛县北长山岛西北角的山坡上,遗址西、北侧为悬崖,西侧崖下为珍珠门水道。珍珠门遗址出土的与岳石文化相袭的遗存,是胶东半岛独具特色的器物。

7. 周代山东文化

两周时期,胶东半岛地区的考古学文化中,夷人文化保留较多,如乳山南黄庄、[5]

---

[1] 中国社会科学院考古研究所山东队、烟台市文物管理委员会:《山东牟平照格庄遗址》,《考古学报》1986年第4期。

[2] 王锡平:《胶东半岛夏商周时期的夷人文化》,《北方文物》1987年第2期;严文明:《胶东考古记》,《文物》1998年第3期;刘延常:《珍珠门文化初探》,《华夏考古》2001年第4期。

[3] 北京大学考古实习队、烟台地区文管会、长岛县博物馆:《山东长岛县史前遗址》,《史前研究》1983年第1期;张江凯:《长岛县珍珠门遗址》,《中国考古学年鉴1984》,文物出版社,1984年,第119页。

[4] 魏峭巍:《试论鲁北地区的珍珠门文化》,《中原文物》2015年第4期。

[5] 北京大学考古系、烟台市文管会、乳山县文管所:《山东乳山县南黄庄西周石板墓发掘简报》,《考古》1991年第4期。

龙口归城、莱阳前河前、海阳嘴子前等。乳山南黄庄墓地位于胶东半岛东南部，又称为南斜山墓地，墓葬均用石板砌成，多数在石室内置木棺，少数则直接葬人。随葬品以陶器为主，陶器以夹砂和夹云母红褐陶为主，手制，陶质较疏松，器物以素面为主，器形多大敞口宽折沿。南黄庄墓地出土器物与周文化器物不同，为当地特有。

周以前的胶东地区的考古学文化带有明显的地方色彩，与西面的文化传统多有差异，淄河潍河之间的考古学文化具有较明显的过渡色彩，与文献里“潍淄其道”及之后的东移比较符合。周代之后，胶东地区考古学文化逐步被西部所同化。文献上，周以后的莱人随着灭国也消失了。

（二）重要城址

1. 莱阳前河前遗址

莱阳前河前遗址位于莱阳市中荆乡前河前村南200米，地处五龙河下游冲积扇一隆凸的台地上。遗址东西200–250米，南北250–300米，据当地百姓讲，当年曾有城墙残迹，中心部位有大土丘，因历年取土耕作现在已荡然无存。[1]

该遗址常见夹云母、夹蚌壳红褐陶，制法极原始、拙笨，可辨器形有鬲足及簋、罐之类的口沿，应当属于当地的土著文化。1981年村民发现的有铭陶盉，盉的颈部、腹部、流的两侧均有阴刻图像符号，从陶器风格分析，该盉属莱人的遗物，这些符号应是莱夷部族的文字。[2]此外，乳山南斜山类型发现的陶鬲上的铭文，[3]龙口市徐村西周墓中铜鼎上的铭文，[4]长岛大钦岛西周墓中发现的铜舟上的铭文，[5]都说明莱人存在自己的文字。

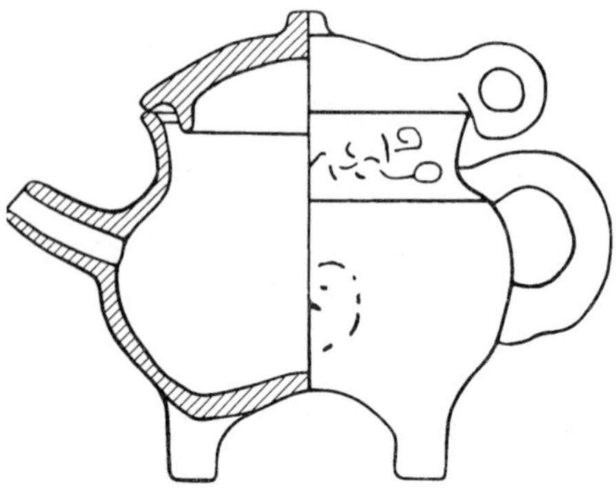

莱阳前河前遗址出土陶盉

［1］李步青：《山东莱阳县出土己国铜器》，《文物》1983年第12期；杨治国：《莱阳前河前墓地及有铭陶盉试论》，《文物世界》2011年第1期。

［2］俞伟超：《东夷系统的已佚古文字》，《揖芬集——张政烺先生九十华诞纪念文集》，社会科学文献出版社，2002年，第139–146页。

［3］严文明：《胶东原始文化初论》，《山东史前文化论文集》，第63–95页。

［4］1985年黄县徐村出土西周铜器，资料现藏龙口博物馆，简报待刊。

［5］宋成钧等：《胶东史前文化与莱夷的历史贡献》，《东岳论丛》1984年第1期。

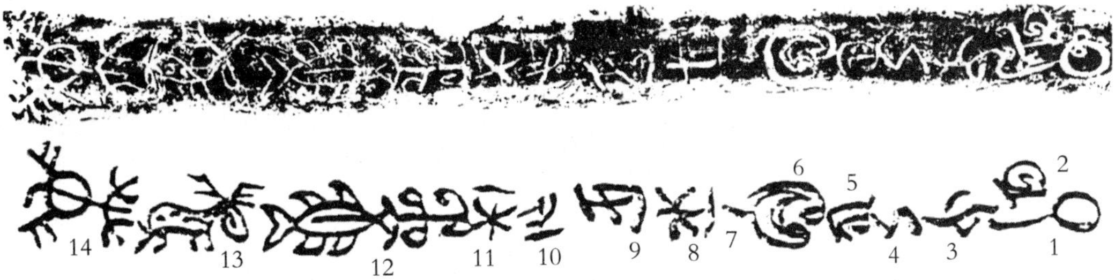

莱阳前河前遗址出土陶盉上的刻画文字

2. 曲城遗址

城址位于招远城西偏北30千米处的蚕庄镇东曲城村南。城三面环山，一面平缓。城址东西950米，南北宽约200米，总面积约19万平方米，在城址内地表、断崖上发现有较多的陶片，文化内涵极为丰富。1973年东南城取土时在地下发现夯土城墙一段。1958年，曲城村出土了一批西周时期的青铜器，器类有鼎、盆、壶、簋等。[1]1980年，曲城东部的洼子村出土青铜器；1987年文物复查时清理了几十件西周时期的陶器。此外，在东南城的断崖上发现十余座战国至汉代的墓葬。从出土遗物看，曲城为周—汉代时期重要的遗址。

3. 归城城址

遗址位于山东省龙口市东南6.5千米的文基乡，地处胶东丘陵莱山北侧的一个小盆地上，为龙口平原通往东南山区的交通要道。归城城址分内城和外城。内城略呈长方形，南北长780米、东西宽450米。外城沿周围山顶围筑，周长约10千米，现地面残存3处墙体。文化堆积以内城区最为丰富，据不完全统计，三十年代以来，在归城附近先后出土西周和春秋时期的青铜器400余件。据《黄县志稿》记载，清光绪二十二年(1896)，归城东南约5千米的鲁家沟村古墓中，出土了四件西周早期的有铭铜器，其中一件鼎上有铭文曰："莱伯作旅鼎。"[2]

4. 村里集古城

蓬莱市村里集古城址，位于黄水河支流西岸的高台平地上，与归城仅一山之隔，是一个西周早期至春秋时期的城址。城址南北长600米，东西宽500米，现存高3米左右的城墙，墓葬集中分布在城外的东南部，从已发掘的殉人墓及车马坑看，应是一个贵族

[1] 李步青、林仙庭、杨文玉:《山东招远出土西周青铜器》,《考古》1994年第4期。
[2]《殷周金文集成》第2044条。

墓区，出土许多青铜器，但未见铭文。村里集古城与归城的关系尚不清楚。

五、结　　语

通过对莱夷族团文献及考古资料分析，不难得出以下基本史实：

（一）在青铜器铭文及传世文献中，释作“莱”的各个铭文字形并不一致，应是他族对莱的称呼以及莱夷族团内不同部族的自称或他称导致的。莱是对生活在山东半岛东部区域具有共同文化特征部族的称谓，有关莱夷族团的记载主要是通过齐人文献和他族铭文的零星记录而保留下来。

（二）莱夷族团是居住在山东半岛东部古老居民的统称，西周以前其活动的地域主要集中在淄河以东地区，西周早期，齐太公就国时，莱曾与之争营丘。春秋中期，随着齐惠公、齐灵公对莱夷的征伐，莱夷族团在淄潍地区的势力受到打击，退缩至胶莱河以东地区。春秋晚期，齐景公再次对胶东地区的莱夷进行大规模征伐，还大量迁莱民至莱芜、郳一带，一些莱人还作为工匠、仆人被齐侯赏赐给征战过程中的有功之臣。胶东地区逐步纳入齐国版图。

（三）在前后数千年的历史进程中，莱人创造了具有自身特点的物质文化。在距今8500-7500年的后李文化时期，前埠下遗址后李文化有其独特的特点。大汶口文化时期，以白石村类型为代表的贝丘遗址显示了其独特的文化特征。龙山文化杨家圈类型及之后的岳石文化、珍珠门文化（潍坊汇泉庄遗址）、烟台芝水二期文化、南斜山类型，都显示了该区域独特的文化特点。春秋中晚期至战国时期，莱夷文化逐步被齐文化所同化。

（四）从史前时期开始，山东可以分为三个大的族团，分别是鲁南地区的太皞族团，鲁北的夷羿族团和胶东的莱夷族团。

太皞族团大致在鲁南、苏北、豫东一带，在大汶口中晚期发展至洛阳一带，是东夷集团最早进入中原的族团，因此其古史传说得以被记载，是山东地区保存古史传说和历史记载最多的部族。

鲁北地区史载较早的应是后羿。结合夷羿曾上射十日、下灭民害的种种传说，可知夷羿的早期活动应在大汶口文化晚期。文献中对夷羿族团在夏代前后的活动有较多的追述，这就是所谓的“后羿乱夏”。关于太皞族团和夷羿族团在夏商文明中的作用，笔者曾有文章详论，兹不赘述。[1]

---

[1] 王守功：《夷羿族团的衍变与考古发现辩证》，北京大学中国考古学研究中心、北京大学古代文明研究中心：《古代文明》（第一卷），文物出版社，2002年，第153-179页。

莱夷族团生活在胶东地区，由于位置较为偏僻，文献中缺少这一地区古史传说的记载。西周以前，莱夷族团在淄河与胶莱河之间（淄潍地区）活动，由于这一地区“昔爽鸠氏始居此地，季荝因之，有逄伯陵因之，薄姑氏因之，而后太公因之”，所以可能历史上还存在莱夷与夷羿族团交错居住的情况，“莱”随周王南征铭文的出现，也有可能是部分莱夷随夷羿族团迁徙至中原地区，参与中原王朝军事行动的证据。出于这一历史渊源，周代，随着齐国对东方的经营，淄潍地区属于后羿族团的一些诸侯国贵族，如㠱等，纷纷逃亡到胶东地区。西周以降，莱夷族团在淄河以东地区创造了具有自身特点的史前文化，也产生不同的方国。通过对莱夷族团物质文化和历史进行研究不难发现，从新石器时代至东周，莱夷族团居住在淄河以东广袤的区域，他们与太皞族团、夷羿族团一道，共同创造了海岱地区的东夷文化和齐鲁文化。

《遂公盨与宁阳》补征

孙敬明[1]　慈文德[2]

（1. 潍坊市博物馆　2. 麓台文化博物馆）

此前拙文《遂公盨与宁阳》，忝刊《中国文物报》2018年8月21日第7版，时因仓促成篇，资料未全，现作补征。

十六年前，保利艺术博物馆征集到国之瑰宝——西周中期遂公盨（图一），该器底铸铭文十行，凡九十八字（图二、图三）。其较之同时代长篇之铭，尽管字数不算太多，但是通篇之中出现“监德”、“唯德”、“明德”、“懿德”、“好德”与“兹德”等。若与铭文字数相较，此乃迄今所见，商周金文中出现“德”之频率最高的一篇。

对于器物性质之鉴定、铭文之释读，我们十分赞同李学勤先生之观点。先生隶定铭文曰：

天命禹敷土，随山濬川，迺
差地设征，降民监德，迺自
作配享民，成父母。生我王

图一　遂公盨器形

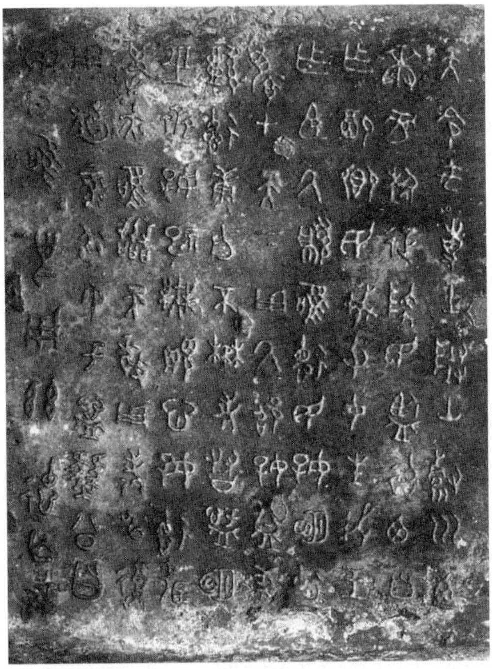

图二　遂公盨铭文

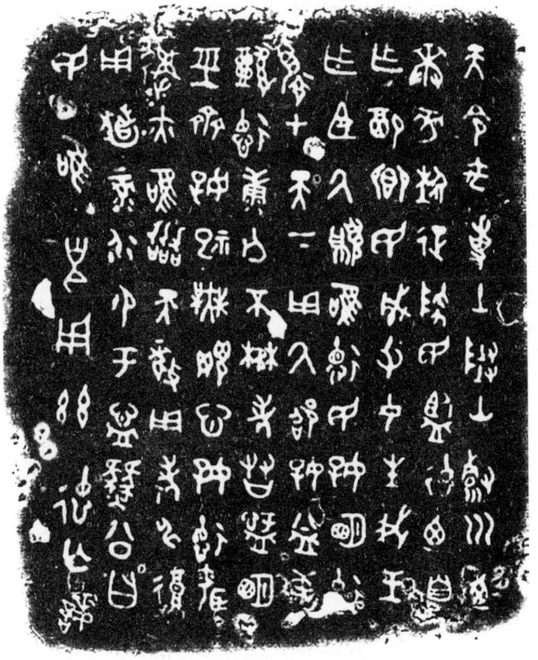

图三　遂公盨铭文拓本

作臣，厥贵唯德，民好明德，
顾在天下。用厥绍好，益干
懿德，康亡不懋。孝友，訏明
经齐，好祀无废。心好德，婚
媾亦惟协。天釐用考，神复
用祓禄，永御于宁。遂公曰：
民唯克用兹德，亡悔。

李先生已经指出，铭文之“遂公”，乃遂国之君。遂国在今山东宁阳西北。《春秋》庄公十三年（公元前681）：“夏六月，齐人灭遂。”杨伯峻注：“据昭三年及八年传，遂为虞舜之后，《世本》亦云：‘遂，妫姓。’其地当在今山东省宁阳县西北，与肥城县接界。然《齐世家》云：‘（桓公）五年伐鲁，鲁将师败，鲁庄公请献遂邑以平。’与《左传》有异。”《史记·齐太公世家》：桓公“五年（公元前681），伐鲁，鲁将师败，鲁庄公请献遂邑以平。桓公许，与鲁会柯而盟。”《集解》引杜预曰：“遂在济北蛇丘县东北。”《左传》昭公三年（公元前539）晏子追述齐国陈氏之祖，称：“箕伯、直柄、虞遂、伯戏，其相胡公、大姬已在齐矣。”杜注：“四人皆舜后，陈氏之先。”杨伯峻注：“遂见八年传，余人无可考。”《左传》昭公八年（公元前534），晋侯问史赵关于陈国灭亡的事情，史赵称“舜重之以明德，置德于遂。遂世守之”。杜预注：“遂，舜后。盖殷之兴存舜之后而封遂。言舜德乃至于遂。”杨伯峻注：“遂，亦见三年传，曰虞遂。”由此遂公盨铭文，六次出现“德”字，正可与《左传》所记“舜重之以明德，置德于遂。遂世守之”互征。从舜帝至西周中期已经绵历相当漫长之岁月，然而作为舜帝之后的遂国，仍是绵延长风，明德监德，修好懿德而世守祖训。

陈梦家言：“西周初中期金文曰敬德、正德、经德；中晚期曰哲厥德、明德、秉德；东周金文则曰为德。”[1]甲骨和金文的“德”字，从早到晚意义有差异。最初应该是表示有所得，逐渐上升至道德的层面。惟东周金文“为德”之“德”，与春秋时孔子所谓：“天生德于予，桓魋其如予何？”其“德”之意义与今天者近同。

遂公盨铭“永御于宁”之意蕴，诸家解释大致是“永保安宁”。以往对于金文“御”字释说诸种，郭沫若云：“本铭御字，即《曲礼》‘上御食于君’之‘御’。郑注‘劝侑曰御’。”许进雄称引郭沫若关于御字之解读，曰：“御者，《大雅·崧高》‘王命传御’，《毛传》云：‘御，治事之官也。’故‘贮用宫御’乃谓锡用宫中之执事者。……颂壶、颂簋：监司新造，宾用宫御……虢叔钟……秉元明德，御于厥辟……皇考威义御于天子……齐侯壶：用御天子……遹簋：王飨酒，遹御亡遣……申鼎：以御宾客……攻吴王夫差鉴：自作御鉴。”[2]西周邿季鬲铭文：“邿季作孟姬宽母御鬲，其万年子孙用之。”(《海岱古族古国吉金文集》[以下简称《海岱》]1641)春秋鲁正叔盘铭文：“鲁正叔之家作铸其御盘，子子孙孙永寿用之。”(《海岱》2665)春秋滕侯昃敦：“滕侯昃之御敦。”(《海岱》3160)滕太宰得匜：“滕太宰得之御匜。”(《海岱》3174)就上所称引铜器铭文与“御”相关之词组，而揣摩遂公盨铭文——其初在于追述夏禹的功德，再则表示自己的治国临民之理念等，最后则称：“天釐用考，神复用祓禄，永御于宁。”其意义显然是苍天降赉祖考，神灵给予福禄，这件盨永远在宁地使用。凡此亦类似金文篇尾所恒见“子子孙孙永宝用享”之语句。

殷商甲骨文有“宁”字，陈梦家认为在河南修武、获嘉境内；张秉权认为宁地在今山东定陶一带，或在殷都东南的田猎区域中。[3]而今宁阳地望，亦与张说相契合。传世商代宁母方鼎铭文“宁母父乙”。宁母方鼎铭文“宁母又母斟”。宁母鬲“宁母”。西周早期宁簋器盖对铭“宁肇諆作乙考尊贵簋，其用各百神，用绥多福，世孙子宝”。西周早期宁遹簋铭文“宁遹作甲姛尊簋”。(《海岱》2362-2367)《史记·高祖功臣侯

[1] 周法高主编：《金文诂林》卷二，香港中文大学，1975年，第988页。
[2] 周法高主编：《金文诂林》卷二，香港中文大学，1975年，第1028-1034页。
[3] 参见孟世凯：《甲骨学辞典》，上海人民出版社，2009年，第617页。

者年表》:“甯。《索隐》:‘汉表甯阳属济南郡。’以舍人从起砀,入汉,以都尉击臧荼功,侯千户。(高祖)八年(公元前199)辛(卯)〔酉〕,庄侯魏选元年。四年(公元前153)侯指坐出国界,有罪,国除。”从高祖至景帝此甯侯国存世46年。《史记·建元已来王子侯者年表》:“宁阳。《索隐》:‘表在济南。’鲁共王子……(元朔)三年(公元前126)正月壬戌,侯刘遇元年。”

《汉书·地理志》载:泰山郡,高帝置。属兖州,辖县二十四,其中有“肥城、蛇丘。隧乡,故遂国。《春秋》曰:‘齐人歼于隧’也”;“宁阳,侯国,莽曰宁顺”。《后汉书·地理志》载:东平国,景帝分为济东国,宣帝改,辖七城,其中有“宁阳,故属泰山”。

由甲骨文与文献互征,“宁”应为先秦地名,而至西汉则称“宁”或“宁阳”,王莽时期则或称“宁顺”。汉代宁阳得名于宁,遂国位于宁阳之境。由遂公盨铭或可推断,当时之“宁”应为遂国之重要城邑,或者是其国都之名。

(此蒙山东大学栾丰实先生之雅,禅备泰安电视台采访,遂成短笺)

新出金文所见齐胡公史事订补*

李秀亮**
（山东师范大学齐鲁文化研究院）

现有传世文献记载，自建国之日起，齐国就受到周王室特殊的礼遇。齐国历代国君不仅被周天子授权，可随意征伐“东至于海、西至于河、南至于穆陵、北至于无棣”范围内的“五侯九伯”（《左传》僖公四年），而且包括姜太公在内的前五世齐国君主，在去世之后，都可以归葬于宗周，享受王室重臣的高规划待遇，所谓“比及五世，皆返葬于周”（《礼记·檀弓》）。

据《史记·齐太公世家》所列齐国世系，姜太公之后的第五位国君为齐哀公，他因纪侯进谗言而被周天子烹杀。其弟吕静继任，是为齐胡公。因此，齐胡公当为第一位不能“反葬于周”的齐国君主，他在周齐关系发展史上，正处在承前启后的转折点上。他以“兄终弟及”的方式夺得君位，虽然严重破坏了周人“父死子继”的继承制度，却深得周天子信任和支持。不但在周王室军事武装的扶助下夺得大位，更在其帮助之下离营丘，迁薄姑，另立新都，从而在较长一段时间内稳定了齐国政权。

虽然在数年之后，齐胡公仍然被其同族兄弟吕山（后来的齐献公）率众攻杀，其新都薄姑也随即被敌军攻陷而废弃，但齐胡公毕竟在齐国历史上留下了浓墨重彩的一笔。由他参与的这次君权之争，前后延续数十年，是发生于齐国早期历史上的重大政治事件。除《史记》外，《春秋公羊传》、《古本竹书纪年》等对此也有些许记载，但都内容简略，难知详情。后世学者在提及齐胡公及其史事时，也只能泛泛论之，无法做更深入研究。

---

* ［基金项目］山东省社科规划项目（20CLSJ05）；教育部人文社科重点研究基地十三五规划项目。

** ［作者简介］李秀亮（1983-　），男，历史学博士，教育部人文社科重点研究基地山东师范大学齐鲁文化研究院讲师，山东省泰山学者（儒学）江林昌教授团队核心成员，研究方向：出土文献与先秦史。

庆幸的是,近年来新出土的几件西周青铜器铭文,却为齐胡公其人其事,保存了弥足珍贵的资料依据,从而使我们可以更深入地了解其历史真相。现分别论述如下。

一、由引簋、五年师旋簋考论齐胡公继位的社会背景

齐国爆发的这次君位相争之乱,《史记·齐太公世家》略载其过程:

> 哀公时,纪侯谮之周,周烹哀公,而立其弟静,是为胡公。胡公徙都薄姑,而当周夷王之时。哀公之同母少弟山怨胡公,乃与其党率营丘人袭杀胡公而自立,是为献公。献公元年,尽逐胡公子,因徙薄姑都,治临菑。

从中可知,周王室在这次动乱中起着决定性作用。烹哀公、立胡公的,都是周天子。可以说,正是由于周天子的大力扶持,齐胡公才可以战胜"哀公之同母少弟山"(即后来的齐献公)的政治势力,顺利继位,并完成迁都薄姑之举。很多学者据此指出,周天子的权威在西周时期是不可动摇的,王权对各级诸侯国,有绝对的控制权。

但遗憾的是,司马迁并没有交代,周王室是如何支持齐胡公的?为确保其顺利继位,周天子采取了何种措施,又如何对付吕山的政治势力?未有只言片语,以致后世学者只能对此略而不谈。

对此,山东高青陈庄遗址出土的引簋铭文,却给我们提供了许多信息,足可以弥补文献记载的不足。

引簋出自陈庄遗址的35号大墓,墓葬规格极高,不但带一条墓道,墓道内殉葬两车,墓室内还葬有鼎、簋、盘、匜、戈、矛等10余件青铜器,体现了墓主人生前高等级贵族的身份。引簋共2件,皆有70余字的长篇铭文,彼此内容相同。先将铭文摘录如下:

> 隹正月壬申,王各于龏(共)大室。王若曰:"引,余既命汝更乃祖䊷司齐师,余唯䌛(申)命汝,则汝彤弓一、彤矢百、马四匹。敬乃御,毋败敼。"引拜稽手,对扬王休,同陕追,俘兵,用作幽公宝簋,子子孙孙宝用。

龏大室,周共王的宗庙,说明器物制作于周共王之后。既命,之前的任命,申命,重申前命。䊷司,管理。齐师,或认为是齐国的军队,[1]或认为是周王室的军

[1] 方辉:《高青陈庄铜器铭文与城址性质考》,《管子学刊》2010年第3期;朱凤瀚等:《山东高青陈庄西周遗址笔谈》,《考古》2011年第2期。

队。[1]但周王明显拥有对齐师的绝对指挥权，引的身份为率领齐师的高级军事将领。彤弓一、彤矢百，又见于应侯见工钟、宜侯夨簋，后两器都是对诸侯的赏赐。败赦，败绩。《左传》庄公十一年“大崩曰败绩”，指战争时的大溃败。同，聚合。陕，读为随，训从。同陕追，句例与不其簋“我大同从追汝”类似。俘兵，俘获兵器，说明战争以胜利告终。幽公，引的先祖。[2]

铭文大意是说，周王在共王的宗庙里，亲命引统率齐师出战。引不负王命，大胜而归，并多有俘获，从而为其先祖幽公作器以报功。但与“齐师”交战的对象，铭文隐而未提。铭文制作的背景，李学勤、李零等先生都指出，当与西周中期周齐关系恶化，周天子烹齐哀公、立齐胡公之史实有关。[3]

据此铭文，我们能获得的一个重要信息是，周王室为全力扶立齐胡公继位，重新赐命并大力赏赐引，命其统率齐师鼎力相助，并要确保“毋败绩”。为完成使命，引带领齐师应该与齐胡公政敌的军事力量发生了数次交锋。铭文的“同陕追”，即是对战争过程的具体交代，而“俘兵”，则暗指本次战役的结果是齐师大获成功。

前文已交代，引簋在体例与其他军事铭文最大的不同是，铭文并未交代战争的对象，“周王命令了半天，赏赐那么大，末了……没说打的是谁”，“从来也没见打一仗不知道对象是谁”。[4]通过分析才知是与齐人作战，再具体点，是与反对齐胡公继位的以“哀公同母少弟山”为首的政治势力。铭文之所以隐而不提，是因为引也是齐人。据陈庄遗址M17、M18所出丰器可知，引的先祖丰自称是“甲祖齐公”的后人，而“甲祖齐公”即是齐太公。[5]故丰、引都是齐太公的直系后裔，更与齐哀公不辰、齐胡公静、齐献公山等同宗共祖。故引可能感觉与族人作战，虽胜不荣，故只交代战争结果，不提作战对象。

可以说，正是因为有周天子及所命齐师的大力支持，齐胡公才能顺利夺权，并可在迁都之后稳定政局。代表周王室利益的齐师，成了齐胡公对抗政敌的坚强后盾。

可与引簋内容相较的，还有1961年出土于陕西长安张家坡的五年师旋簋(《殷周

[1] 李零:《读陈庄遗址出土的青铜器铭文》,《海岱考古》第四辑，科学出版社，2011年，第370−377页；魏成敏:《陈庄西周城与齐国早期都城》,《管子学刊》2010年第3期。

[2] 铭文关键字词的释读，主要依李学勤先生的意见，详见氏著:《高青陈庄引簋及其历史背景》,《文史哲》2011年第3期。

[3] 李学勤:《高青陈庄引簋及其历史背景》,《文史哲》2011年第3期；李零:《读陈庄遗址出土的青铜器铭文》,《海岱考古》第四辑，科学出版社，2011年，第370−377页。

[4] 李学勤等:《山东高青陈庄西周城址专家北京访谈会纪要》,《甲骨学暨高青陈庄西周城址重大发现国际学术研讨会论文集》，齐鲁书社，2014年。

[5] 李学勤:《论高青陈庄器铭“文祖甲齐公”》,《东岳论丛》2010年第10期。

金文集成》4216-4218)，其铭文曰：

> 惟王五年九月既生霸壬午，王曰：师旋，令汝羞追于齐，侪汝十五，易登盾：生(青)皇画内，戈：琱㦰歇必(柲)彤沙(緌)，敬毋败速(绩)。旋敢扬王休，用作宝簋，子子孙孙永宝用。

此簋与陈庄引簋“形制、纹饰相同，都属于西周中期后段，铭文内容相近，应属于同一时事”。两器制作的背景，应该都与齐国内乱有关。所谓“羞追于齐”，即指周王室对齐国的作战。[1]

依此，引簋与五年师旋簋所记载的，应该都是周天子为支持齐胡公继位，先后命令王臣率军出征，全力扫除一切敌对势力。两人所讨伐的主要对象，应该都是以吕山为首的抵制胡公继位的军事武装。另外，从两人最后都作器铭功看，出征顺利，大获而归。

可以说，正是得利于周王室的这两次军事出征，齐胡公才可能在诸弟争位的混乱局面中最终胜出，并成为齐哀公后的新任国君。

齐国内乱发生的时间，《史记·齐太公世家》记载比较简单：“哀公时，纪侯谮之周，周烹哀公，而立其弟静，是为胡公。胡公徙都薄姑，而当周夷王之时。”似将烹杀哀公、扶立胡公以及献公夺权等事都放在周夷王时期。

与此不同的是，《春秋公羊传》庄公四年徐彦疏曰：“郑氏云懿始受谮而亨(烹)齐哀公是也。”郑玄《诗谱》亦指出：“哀公政衰，荒淫怠慢，纪侯谮之于周懿王，使烹焉。”都明确将烹齐哀公之事归之到周懿王时期。

对此分歧，孔颖达《毛诗正义》认为，《齐世家》既说胡公在周夷王时被献公所杀，则其继位自在夷王之前。“受谮烹人则是衰闇之主，夷王上有孝王，《书》《传》之文不言孝王者有大罪去国，《周本纪》云：懿王立，王室遂衰，自懿王为始，明懿王受谮烹矣”。清人陈立《公羊义疏》则进一步补充孔说：“《顾命》‘齐侯吕伋逆子钊’，《左传》楚子言‘吕伋事康王’，则齐丁公伋与康王同时。康王后，历昭穆共懿凡四王，丁公后，历乙癸及哀，仅四君，较其世次，以哀值懿犹为疏也，不应更后矣。又《史记·三代世表》亦以哀公当共王世，胡公当懿王世，此皆证据显然。”[2]李学勤、李零等先生亦考证，《史记》的记载与齐国的世系明显不符。这里的夷王，应为懿王之误，《春秋公羊传》所言可信。[3]

---

[1] 李学勤：《高青陈庄引簋及其历史背景》，《文史哲》2011年第3期。

[2] 陈立：《公羊义疏》卷十八，影印皇清经解续编本，鼎文书局，1973年。

[3] 李学勤：《高青陈庄引簋及其历史背景》，《文史哲》2011年第3期；李零：《读陈庄遗址出土的青铜器铭文》，《海岱考古》第四辑，科学出版社，2011年。

综合上述考证可知，齐哀公应该是被周懿王所烹杀，之后哀公诸弟争立，群龙无首，至胡公继位后，仍无法稳定政局，只能迁都以避之。其后齐献公杀胡公自立时，已经到了周夷王时期。

齐胡公在位的时间，《史记·齐太公世家》载："哀公之同母少弟山……杀胡公而自立，是为献公……九年，献公卒，子武公寿立。武公九年，周厉王出奔，居彘。"可知，齐胡公被杀18年后，周厉王才出奔于彘。据《夏商周断代工程年表》，厉王在位37年。[1]也就是说，周厉王19年之前，齐胡公一直担任齐国国君。若学者所证齐胡公被周懿王所立之说可信，则其一生先后经历了周懿王、孝王、夷王、厉王四世。据《夏商周断代工程年表》，周懿王在位8年，孝王6年，夷王8年，再加厉王的19年，齐胡公的在位年数已超过30年。李零先生也认为胡公"应该活到前859年，厉王在位的大部分时间，他都在世。古代谥法，胡是寿考之称……胡公活得比较长，故以胡谥"。[2]另外，与胡公同辈的齐献公，既然为"哀公之同母少弟"，无疑应比哀公、胡公年幼的多。但他在杀胡公继位为君后，仅在位9年便过世，说明其即位时年龄已不小。以之来推算齐胡公，被杀去世时已是晚年无疑。他一生中的大部分时间，应该都在齐国国君的职位上。

二、由引簋考论齐胡公迁都的深层原因

高青陈庄引簋除提供齐胡公继位的史实外，还给我们提供了齐胡公迁都的有关信息，这也是以往文献所缺载的。

前文已指出，虽有周王室的强力支持，但新上任的齐胡公却无法平定营丘城内的混乱局面，尤其是以齐哀公同母少弟吕山为首的政治势力。而且，由于长时间的武力争斗，营丘城内可能已多显残破之势。故齐胡公继位后的首件大事，便是迁都，由营丘迁至薄姑，成立了新的临时国都。

由于《史记》等典籍中仅记载哀公的烹杀起因于纪侯的谮言，齐胡公又曾与吕山争夺君位，故以往学者在探讨胡公迁都薄姑的原因时，基本上皆围绕纪国和吕山做解释。其观点不出以下三种。

其一，为躲避吕山势力的迫害而迁都。

---

[1] 夏商周断代工程专家组：《夏商周断代工程1996-2000年阶段成果报告（简本）》，世界图书出版公司，2000年。

[2] 李零：《读陈庄遗址出土的青铜器铭文》，《海岱考古》第四辑，科学出版社，2011年。

李零先生认为:“哀公死,诸弟争立,胡公先立,徙都薄姑,徙都是为了避祸。”[1]郑同修先生同意此说:“胡公迁都薄姑乃不得已而为之,实为避祸仓促之举,且时间很短。”[2]

其二,为躲避纪国之逼而迁都。

王树明先生认为“齐胡公为齐君之后,或因于近邻纪国之逼而徙都薄姑”。[3]魏成敏先生同意此说,“齐哀公因纪侯谗言而被夷王所烹,胡公为防患纪侯而迁都避之。纪为齐国东邻,地处淄河以东,胡公为避纪自应由东西迁,也即从营丘向西退让”。[4]

其三,为躲避吕山和纪国双重迫害而迁都。

张国硕先生指出,“从文献看,胡公迁都薄姑的原因可能与避开纪侯的诬陷、迫害以及营丘哀公残余敌对势力有关”。[5]张学海也认为“胡公实为由东西迁,避开纪国锋芒及哀公势力”。[6]

彼此虽有分歧,但基本上都认为齐胡公是被迫迁都,实属无奈之举。仔细玩味诸说,似有一个问题无法解释:如果吕山和纪侯一定要致胡公于死地,即使其迁都,也一定会追而杀之,以除后患。而事实是,齐胡公迁都后,便基本坐稳了国君之位,让吕山和纪侯却对其无可奈何。这就透露出,胡公的迁都,还有其他更重要的动机。

今陈庄遗址引簋的出现,才最终让我们知晓了此动机的真相,原来齐胡公之所以要迁都薄姑,主要是为了寻求引及其所率齐师的军事庇护。

引簋所在的陈庄城址,具有很强的军队驻扎地的特征。首先,城址仅南墙中部一座城门,“其余三面城墙经密探后没有发现缺口”,[7]与一般的居邑有别。其次,墙垣外侧四周有壕沟环绕,墙垣与壕沟间相距2-4米,具有明显的军事防御的特征。再次,靳桂云等先生利用植物考古法,从灰坑等遗迹中提取炭化植物遗存,经鉴定,城内非农作物中,黍亚科和豆科(不包括大豆和野大豆)植物的数量各占40%,另外还有野大豆、藜科、苋科等植物种类,这些都属于军队中饲养战马的食料。最后,城址内多座墓葬中发现戈、矛等兵器,还发现5座马坑和1座车马坑,体现了墓主生前为军事人员的身份。根据这些特征,方辉、靳桂云、王青等先生都认为陈庄城址属于一处军事城堡和军事重

[1] 李零:《读陈庄遗址出土的青铜器铭文》,《海岱考古》第四辑,科学出版社,2011年。

[2] 郑同修:《高青陈庄遗址发掘的主要收获及相关问题》《海岱考古》第四辑,科学出版社,2011年。

[3] 王树明:《山东省高青县陈庄西周城址周人设防薄姑说》,《管子学刊》2010年第4期。

[4] 魏成敏:《陈庄西周城与齐国早期都城》,《管子学刊》2010年第3期。

[5] 张国硕:《高青陈庄西周遗址性质分析》,张光明、徐义华主编:《甲骨学暨高青陈庄西周城址重大发现国际学术研讨会论文集》,齐鲁书社,2014年,第43-45页。

[6] 张学海:《陈庄西周城址管窥》,《海岱考古》第四辑,科学出版社,2011年。

[7] 山东省文物考古研究所:《山东高青县陈庄西周遗址》,《考古》2010年第8期。

镇。[1]李零先生通过分析引簋铭文，也认为齐师的性质属于周王室“驻屯东方的一支不可忽视的军事力量”，由周王室直接管辖。[2]结合诸说可知，引及其所率领的齐师，长期屯驻于高青陈庄城周围，直接听命于周天子指挥，随时准备出兵讨逆，有相当强大的战斗力。

因此，“齐师”既然在齐胡公夺权过程中充当其坚强后盾，那么，当齐胡公打算迁都，远离营丘这个政治漩涡时，首选之地，便是与“齐师”所在的高青陈庄相近的薄姑城，以便寻求其庇佑和保护。

从地理位置上看，高青陈庄城址位于临淄故城的西北方约50千米处。古薄姑城的位置，据郦道元《水经注·济水》载：“薄姑故城在临淄县西北五十里，近济水。”《左传》昭公九年杜预注：“乐安博昌县北有薄姑城。”《后汉书·郡国志》：“博昌县有薄姑城。”学者多从之。汉代的博昌县故地位于今天的山东博兴县，西北距临淄40余千米。薄姑城与高青陈庄都远离吕山所在的营丘城，更远于齐东境的纪国，又彼此距离相近，既便于齐胡公与齐师的联络，更可以受其直接保护。

总之，听从周天子号令的齐师首领引，与体现周天子意志的齐胡公，因有着共同的利益追求，一度结成了稳固的政治联盟。而这些因素，才是齐胡公迁都时所考虑的最主要动因。

三、由晄簋、史密簋等推测齐胡公覆亡的历史契机

据司马迁记载，齐胡公继位数年后，齐哀公同母少弟吕山率众袭杀胡公，自立为君，废薄姑，迁临淄，“尽逐胡公子”。时间大约是在西周中期后段的周夷王时期。另外，据考古学者勘探，陈庄城址也是在“西周中期偏晚阶段被破坏，此后没有再修补”。[3]可知，吕山在攻杀齐胡公、尽逐其子的同时，也将作为胡公后盾的齐师的首领、引的族人一并剿杀，将引的宗族所在的高青陈庄城彻底毁坏。

很明显，吕山攻杀周天子扶立的齐胡公，并毁坏齐师首领所在的陈庄城，这既是

[1] 方辉：《高青陈庄铜器铭文与城址性质考》，《管子学刊》2010年第3期；靳桂云、郑同修等：《西周王朝早期的东方军事重镇：山东高青陈庄遗址的古植物证据》，《科学通报》2011年第35期；魏成敏：《陈庄西周城与齐国早期都城》，《管子学刊》2010年第3期。

[2] 李零：《读陈庄遗址出土的青铜器铭文》，《海岱考古》（第四辑），科学出版社，2011年，第370–377页。

[3] 山东省文物考古研究所：《山东高青县陈庄西周遗址》，《考古》2010年第8期。

对周王室利益的直接破坏,也是对周天子号令的公然违抗。在宗法礼制森严的西周社会,是很难令周天子接受的,所谓"犯王命,必诛之"。[1]

如,周宣王时期,周人违背长幼之制,强立鲁武公少子戏为鲁君,是为鲁懿公。九年后,鲁武公长子括之子伯御联合鲁人攻杀懿公,自立为君。周宣王怒而攻鲁,诛杀伯御,选立鲁孝公继位。正如《史记·鲁周公世家》中大臣樊仲山父所言,鲁国的这次政局的动荡,周宣王才是罪魁祸首。正因宣王公然废嫡立幼,才引起鲁武公长子括及其子伯御的愤恨。从伯御能联合鲁人共同诛杀鲁懿公来看,鲁懿公的继位并未得到鲁国人的响应。但周宣王仍然在懿公被杀后,毅然征兵伐鲁,并诛伯御以泄恨。司马迁虽然记载周宣王此举有自掘坟墓之嫌,"自是后,诸侯多叛王命"。但却也说明了一个不可否认的事实是,直至西周晚期,周王室的权威仍旧不可侵犯,尤其是不可受到分封诸侯的挑衅。但文献中却未见周王室对齐献公有任何反对行为,且齐献公一支还一直延续下来,成为后来齐公室的正宗,继续绵延后世。另据《诗经·大雅·烝民》:"王命仲山甫,城彼东方。"毛传:"古者诸侯之居逼隘,则王者迁其邑而定其居,盖去薄姑而迁临淄。"依此,周天子还曾令中山甫协助齐献公迁都临淄,好像齐献公杀胡公而自立,是得到周室认可和支持后进行的。

其中的原因,传世典籍并未有哪怕只言片语的交代,以往学者也未做过深入解析。但新出䀇簋、史密簋等青铜铭文,却给我们提供了些许信息。

1. 由䀇簋所载西周纪年看齐胡公的灭亡

简言之,齐胡公既然由周天子亲自扶持继位,其灭亡就很可能是失去周天子扶持后的结果。如果周天子打算重新扶持齐献公吕山,那么上述问题便能迎刃而解。换句话说,齐胡公被杀害,可能与周王室内的王位更替有直接关系。

与齐胡公同时的西周中期的周天子,有周懿王、孝王、夷王、厉王等。据《史记·周本纪》所列周朝世系,共王去世后,其子懿王即位。懿王去世时,并没有遵循嫡长子继承制,传位于子。而是由周共王的弟弟、周懿王的叔叔继任天子之位,是为周孝王。周孝王去世后,再次破坏嫡长子继承制,由前任周懿王的儿子继位,是为周夷王。周夷王死后传位于子,是为周厉王,嫡长子继承制始重新得以延续。因此,周孝王的继位与传位,都严重破坏了周代王位继承制度。对此,崔述《丰镐考信录》已深表怀疑:"懿王之崩,子若弟不得立而立孝王。孝王之崩,子又不得立而仍立懿王之子。此必

[1]《史记·鲁周公世家》樊仲山父语。

皆有其故,史失之耳。"[1]这里的"皆有其故",依我们推测,应该是激烈的政治斗争造成的。

据《夏商周断代工程年表》,周懿王在位8年,周孝王6年,周夷王8年。在位时间都很短。但2012年新公布的晄簋却提供了新的纪年资料。摘相关铭文如下:[2]

> 唯十年正月初吉甲寅,王在周(般)大室……王乎乍册尹册命晄……今朕不显考龏(共)王既命女更乃且考事,乍司徒……

据朱凤瀚先生考证,铭文既称"不显考共王",知器作于周懿王时无疑。铭文既称王年为"十年",则懿王在位的时间必不会少于10年,《夏商周断代工程年表》推断周懿王为8年的结论便需要修订。朱文利用近年新出的大量纪年铭文,力证周懿王应在位20年,孝王仅3年,夷王7年,并认为"孝王是共王弟,共王执政如达三十余年,其子懿王又有二十年,则至孝王及位时,其年岁必已高,在位年数短应该是可能的"。[3]

依此,懿王即位20年去世时,其嫡长子姬燮(即周夷王)业已成年,按礼制又是王位的合法继承人,理应继位为君。而孝王此时已接近60岁,年龄过大,又违背礼制,似无必要再继大统。但孝王仍坐了天子之位,很可能是武力抢夺的结果。《史记·周本纪》载"懿王之时,王室遂衰",说明孝王很可能是借朝政衰败之际而夺位。孝王在位仅3年,时间如此之短,既显示其继位并未全得人心,又说明周夷王的不满和争夺一直未曾停止。很可能在懿、孝、夷之间,周王室为争夺王位,已发生过数次激烈的政治斗争。周孝王的即位以及周夷王的夺位,应该都是激烈内斗的结果。

对周夷王的继位,《史记·周本纪》载:"孝王崩,诸侯复立懿王太子燮,是为夷王。"又《礼记·郊特牲》:"下堂而见诸侯,天子之失礼也,由夷王以下。"郑玄注:"夷王……时微弱,不敢自尊于诸侯。"我们从中至少能看出两层意思:其一,周夷王的继位并非一帆风顺,而是诸侯力争的结果,周夷王屈尊降礼、下堂而见的,只能是扶立其继位有功的诸侯;其二,在孝、夷争斗的过程中,王室内外的各级诸侯也分属孝、夷之党,各相依附,彼此争斗。《史记·楚世家》所谓:"当周夷王时,王室微,诸侯或不朝,相伐。"所说应是对此史实的直接反映。

就齐国而言,很可能齐哀公及其同母少弟吕山是维护嫡长子继承制,坚决支持太

---

[1] 崔述:《崔东壁遗书·丰镐考信录》,上海古籍出版社,1983年,第234页。

[2] 吴镇烽:《商周青铜器铭文暨图像集成》,上海古籍出版社,2012年,此簋编号05386。本文采用朱凤瀚先生的释文和断代,见朱凤瀚:《关于西周金文历日的新资料》,《故宫博物院院刊》2014年第6期。

[3] 朱凤瀚:《关于西周金文历日的新资料》,《故宫博物院院刊》2014年第6期。

子周夷王的，但齐胡公吕静则很可能支持周孝王的。齐哀公的行为应该是惹怒了势力强大的周孝王一党。很可能在周懿王晚年时，趁着纪侯进谗言的机会，孝王党徒便迫使周懿王杀掉了齐哀公，而立亲附自己的齐胡公为君。其后，因周孝王顺利继位，齐胡公也进一步坐稳了齐君的位置。但等到周懿王太子夷王重新夺得王位后，便对齐胡公心存怨恨，而对齐哀公、献公一党暗存支持。吕山应该正是看准了周夷王的心思，才在隐忍数年之后，毅然率众袭杀胡公，自立为君。从文献中既然看不出周王室对其举动的反对态度，很可能是默许了此行为。

若此说不误，则齐胡公的被杀，齐献公的继位，应该都是伴随着周夷王的夺位成功而发生的。

2. 由史密簋等所载淮夷伐周看齐胡公的灭亡

除周王室内部的争斗外，导致齐献公公然杀害齐胡公的，还应该有另外一个很重要的原因是，这一时期，位于淮水流域下游的淮夷部族，正持续不断的侵犯周王室的东部属国，从而迫使周王室只能全力伐淮夷，靖东土，而无暇顾及其他。

据顾颉刚等先生考证，淮夷本属东夷的一支，起源于山东地区。西周初年时因多次与王室为敌，而遭到周人残酷剿杀。[1]后被迫南迁至淮水流域。西周中期穆王始，淮夷再次兴起，屡次进攻周朝的东部边境，甚至一度攻入王畿腹地。[2]周人虽多次发兵征讨，却一直不能彻底平息。直至西周灭亡，淮夷始终未停止对周朝的进攻，使周王室疲于应付。

对此史事，青铜器铭文中多有反映。其中最典型的，当属1986年出土于陕西安康的史密簋。先录其铭文如下：[3]

> 唯十又二月，王令师俗、史密曰：东征。敆南夷卢、虎会杞夷、舟夷，雚（讙），不□（[illegible]），广伐东国。齐师、族土、述（遂）人乃执啚（鄙）宽亚（恶）。师俗率齐师、遂人左［周］伐长必；史密右率族人、釐伯、㚇居（[illegible]）周伐长必，获百人，对扬天子休，用作朕文考乙伯尊簋，子子孙孙其永宝用。

师俗、史密，代周王出征的军事将领。南夷，南淮夷，位于淮水中下游的夷族。卢、虎，南淮夷的两支，卢位于今安徽庐江西南，虎在安徽长丰。杞夷、舟夷，配合卢、虎侵犯周

［1］《史记·周本纪》："召公为保，周公为师，东伐淮夷。"《尚书序》："成王东伐淮夷。"

［2］《后汉书·东夷列传》："徐夷僭号，乃率九夷以伐宗周，西至河上，穆王畏其方炽。"

［3］释文引自周宝宏：《近出西周金文集释》，天津古籍出版社，2005年，第114页。

东土的夷族。齐师、族土、遂人、釐伯、僰、眉([illegible]),为师俗、史密统率的诸参战武装。齐师,一般认为指齐国的军队。族土,指齐国贵族的宗族武装。遂人、釐伯、僰、眉,分别指齐周边诸小国的军队。长必,双方作战地点,不详所在。[1]据铭文可知,面对南淮夷的入侵,周王室所征调的主要军事力量,就是齐师及齐周边小国的军队,其中又以齐国军队为主。

史密簋制作的时代,王健定在共懿孝时期。[2]李启良、[3]吴镇烽、[4]张永山[5]定为共懿时期,“特别是定在懿王之世比较合适,其下限晚不会晚于夷王之世”。李学勤定为周孝王时期。[6]张懋镕定为周宣王时期。[7]彼此虽有分歧,但主要还是限定在西周中期后段为多。这与齐胡公、齐献公的争斗基本处于同一时间段。

除史密簋外,记载淮夷入侵周王室的,还有如下诸器:

夷王时器:敔簋(《铭图》5380)

厉王时器:虢中盨盖(《铭图》5623)、翏生盨(《铭图》5667-5669)、禹鼎(《铭图》2498、1499)、噩侯驭方鼎(《铭图》2464)、伯䧹父簋(《铭图》5276、5277)、应侯视工鼎(《铭图》2436)、应侯视工簋(《铭图》5231)、㝬钟(《铭图》15633)

宣王时器:师寰簋(《铭图》5366、5367)、兮甲盘(《铭图》14539)、驹父盨盖(《铭图》5675)

据此可知,自西周中期开始,当周王室内因王位之争而致政局动荡时,盘踞于淮水中下游的淮夷部族又屡次入侵,兴兵作乱,威胁王室统治,从而使周人疲于应付,自顾不暇。在此情况下,周天子既无更多精力插手齐国的内政,又亟须齐国稳定,尤其需要齐师的全力配合,以征伐淮夷,稳定东土。学者已考证,周朝出征淮夷时的一条主要路线,即“是从山东临淄一带出发,大致沿着现在的京沪线或以东而一路南下”,其中的主力军,“基本上是以东土诸侯尤其是齐国及其邻近的封国、附庸为主”。[8]在此情况

---

[1] 此考释依李学勤:《史密簋铭所记西周重要史实考》,《中国社会科学院研究生院学报》1991年第1期。

[2] 王健:《史密簋铭文与齐国的方伯地位》,《文物天地》1989年第5期。

[3] 李启良:《陕西安康市出土西周史密簋》,《考古与文物》1989年第3期。

[4] 吴镇烽:《史密簋铭文考释》,《考古与文物》1989年第3期。

[5] 张永山:《史密簋铭文与周史研究》,《尽心集——张政烺先生八十庆寿论文集》,中国社会科学出版社,1996年。

[6] 李学勤:《史密簋铭所记西周重要史实考》,《中国社会科学院研究生院学报》1991年第1期。

[7] 张懋镕、赵荣、邹东涛:《安康出土的史密簋及其意义》,《文物》1989年第7期。

[8] 陈絜:《“仲催父鼎”补释及其相关历史问题》,《古文字研究》第28辑,中华书局,2010年。

之下,齐国的稳定与配合,便成为周伐淮夷成功的关键所在。

在此背景下,齐献公或许正是抓住此历史契机,果断发动军事暴动,杀胡公,灭陈庄城。对此,周天子为求其支持,也只能默许其举动,认可其行为。

当然,以上两点,所引铭文并不直接涉及齐国史事,多属旁证,能否成立,还需更多直接资料的佐证。在此权当提供一研究思路,以补文献记载的不足。

四、小　　结

综上所述,从新出青铜器铭文中,我们可以对文献记载比较简略的齐胡公史事,有这样几点新的认识:

第一,在支持齐胡公继位的过程中,周王室起着决定性作用。周天子曾先后册命、赏赐并派遣引与师旋两位军事将领,使其统率军队,坚决打击齐胡公的政敌吕山及其军事武装,从而力保胡公顺利继位。

第二,齐胡公迁都的原因,除了躲避吕山和纪国的迫害之外,还有一个更重要的是,要寻求引的家族及其所率领的齐师的军事庇护。胡公新迁的薄姑城,与引的齐师所在的高青陈庄城位置相近,便很能说明这一问题。

第三,胡公继位数年后,齐献公之所以敢公然将其杀害,主要是看准了两个历史契机:其一,周王室内部在一番权力斗争后,支持齐胡公的周孝王已经去世,而同情齐哀公一党的周夷王重夺王位,默许齐献公所为;其二,由于淮夷的持续侵犯,周室既疲于应付,无暇东顾,又亟须东土稳定以共同对抗淮夷,故只能对齐献公的夺权听之任之。

新见楚王克莒戈及相关问题研究

张志鹏[1]　乔保同[2]

（1. 河南师范大学历史文化学院　2. 南阳市文物考古研究所）

今河南南阳市区一带曾是周宣王所封南申国的所在地，楚文王灭南申后，以之为县称申县，秦改曰宛县，莽新更名为南阳县。位于山西的吕国与湖北的鄂国，后来也迁徙至此。历年来该地区出土了不少商周有铭铜器，如南申国太宰仲再父鼎、簋与申伯戈，楚国申公彭氏家族铜器群、鄂国公室铜器群、蔡国诸器等，涉及多个国族，如南申、楚、鄂、蔡、番、许、养、都等。由于多方面的原因，许多有铭铜器资料未能及时公布。前不久，该地多年前出土的一件楚王所作有铭铜戈得以公布，对楚国铜器断代、莒国之亡、莒县归属的变迁，以及中子化盘的再认识，均具有十分重要的价值。本文将从介绍此戈的形制、纹饰、铭文入手，结合相关考古资料、金文资料以及传世文献，在判定其年代的基础上，对上述莒国之亡、莒县归属的变迁，以及相关的中子化盘诸问题进行探讨。不妥之处，敬请指正。

一、楚王克莒戈的年代

2008年南阳市卧龙区名门房地产公司M46出土一件有铭铜戈（《吉金墨影》[1] 155），现藏南阳市文物考古研究所。通长29.6、内长6.8厘米。长援微上扬，尖锋，中胡，援胡交角大于90°，胡下端为直角，援根部有一个半圆形穿，阑侧有两个长方形穿，

[1] 南阳市文物考古研究所、河南盘古天地文化交流有限公司：《吉金墨影——南阳出土青铜器全形拓》，河南美术出版社，2016年。

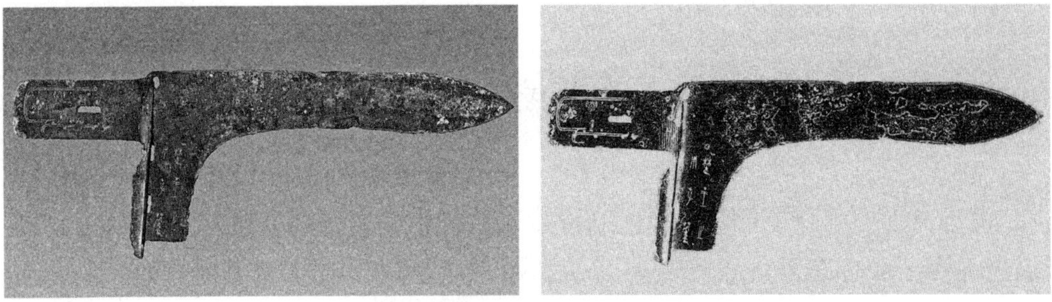

图一　楚王克莒戈器形和拓片

长内上有一长方形穿，正反两面有变形鸟喙形双线勾连纹（图一）。该戈胡上有阴文铸铭“楚王之用，克莒”6字；内上有阴文铸铭“铸之元戈”3字，最后1字为合文。胡部和内部均有铭的戈（戟）不多见，如淅川下寺墓地M2出土倗戟。参照倗戟铭文的读序，再结合铭文内容，此戈的正确读序应是：“楚王之用，克莒，铸之元戈。”（图二）从戈铭来看，此戈是楚王因“克莒”而作，应命名为楚王克莒戈。

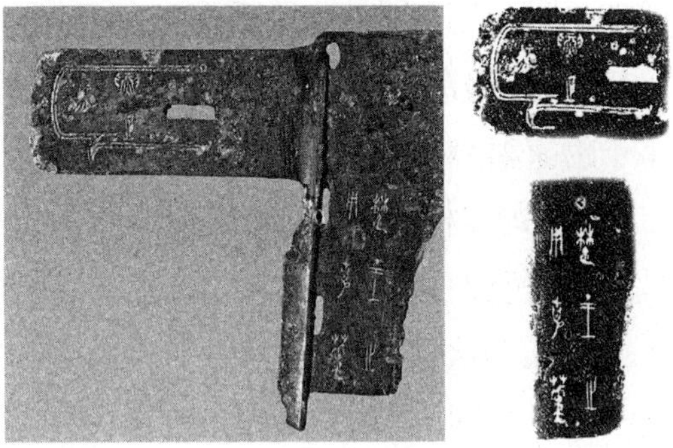

图二　楚王克莒戈铭文

铭文显示此戈为楚王所作，显然是楚戈无疑。从器形来看，也属于比较典型的楚戈，戈锋呈弧线形，无折角，与井中伟先生《早期中国青铜戈·戟研究》所划分的楚文化区铜戈中的Ba型Ⅱ式铜戈相类，属于楚文化区第三期铜戈，年代约当春秋晚期至战国早期；至于内部所饰的变形鸟喙形双线勾连纹，也应晚于楚文化区铜戈中第二期约当春秋中期的Bb型Ⅱ式铜戈内部所饰的鸟喙形双线勾连纹。[1]与之相类的楚国铜戈有南阳楚国申县彭氏家族墓地M38出土的春秋晚期射戈（M38：73）[2]等。笔者也曾以此戈器形、铭文图片向井中伟先生请教，蒙井先生赐告：“单就器形而言，应属于春秋晚期，下限或进入战国早期早段（以公元前453作为春战分界）。”无论如何，综合器形、纹饰特征来看，此戈的制作年代应处于春秋晚期后段至战国早期前段，也即春秋战国之际，是可以确定的。

［1］　井中伟：《早期中国青铜戈·戟研究》，科学出版社，2011年。
［2］　南阳市文物考古研究所：《河南南阳春秋楚彭射墓发掘简报》，《文物》2011年第3期。

二、楚王克莒戈铭与莒国之亡

海岱莒国旧都介根（又称计斤，在今山东胶州市西南），后大概因齐国扩张，被迫南迁，建都于今山东莒县莒国故城。而莒国旧地后入齐，成为齐国莒邑，也即《左传》所载鲁昭公三年（公元前539年）"齐侯田于莒"、[1]十年（公元前532年）田桓子"请老于莒"之"莒"。清咸丰七年（1857年），在今属胶南市的灵山卫古城出土有名的战国早期"陈氏三量"，其中子禾子釜（《集成》[2]10374）铭文还提及"莒市"。综合来看，今胶州市、胶南市一带应是莒国旧地即后来齐国莒邑所在地无疑。传世器西周晚期的莒小子䣄家簋（《集成》04036－04037）应是在莒国南迁之前所作。而诸城市马庄乡臧家庄（今名龙宿村）墓出土的战国早期莒公孙潮子编钟、编镈各一套，[3]应属齐国莒邑，是齐国莒邑大夫"莒公"之孙"潮子"所作。

进入春秋时期，以今莒县一带为中心重新立国的莒国，实力渐强，或伐，或盟，或与别国互通婚姻，"争衡齐鲁，雄踞东夷"。鲁隐公二年（公元前721年）："夏五月，莒人入向。"此"莒"即齐公子小白（即齐桓公）出奔的位于今山东莒县一带的莒国。从鲁宣公四年（公元前605年）鲁伐莒取向开始，莒国先处于齐、鲁的夹伐之中，后又处在晋、楚相争的夹缝之中。面对内忧外患，疆土日削、国力日衰的莒国，不可避免地走向灭亡。关于灭莒之国，学界存在齐与楚的争议，一直未能定论，而楚王克莒戈的发现为该问题的解决提供了条件。

传世文献中关于楚伐位于今山东莒县一带之莒国的记载有两次，第一次是在晋楚争霸的背景下发生的。"为归汶阳之田故，诸侯贰于晋"。鲁成公九年（公元前582年）春，"晋人惧，会于蒲，以寻马陵之盟"。"是行也，将始会吴，吴人不至"。并且"楚人以重赂求郑，郑伯会楚公子成于邓"。于是，"秋，郑伯如晋。晋人讨其贰于楚也，执诸铜鞮"。"栾书伐郑，郑人使伯蠲行成，晋人杀之，非礼也"。在这种情况下，"楚子重侵陈以救郑"。此时，面对一系列不利情况，晋国已有与楚和解之意。"晋侯观于军府，见钟仪……重为之礼，使归求成"。此后发生的情况应该更是推进了晋国与楚和解的进程。冬十一月，楚公子婴齐（子重）自陈伐无备的晋与国莒，相继攻破其渠丘、莒、郓

---

［1］ 杨伯峻：《春秋左传注（修订本）》，中华书局，1990年。文中引文凡以鲁国纪年的，均引自本书。
［2］ 中国社会科学院考古研究所：《殷周金文集成》（修订增补本），中华书局，2007年。以下同。
［3］ 山东诸城县博物馆：《山东诸城臧家庄与葛布口村战国墓》，《文物》1987年第12期。

三邑。同时，“郑人围许”，向晋施压以求归其君。楚国也有和解之意，“十二月，楚子使公子辰如晋，报钟仪之使，请修好结成”。晋国积极回应，鲁成公十年（公元前581年），“十年春，晋侯使籴茷如楚，报大宰子商之使也”。看到晋楚均有和解之意，鲁成公十一年（公元前580年）冬，“善于令尹子重，又善于栾武子”的宋国大夫华元“如楚，遂如晋，合晋、楚之成”。

据以上分析不难得知，此次楚伐晋与国陈、莒的目的是为救郑，而非灭莒，且晋与楚均有和解的意向，最终也达成了第一次弭兵盟约。又，鲁成公八年（公元前583年），申公巫臣使吴假道于莒时，曾与莒渠丘公朱探讨莒国城防之事，莒渠丘公朱已在位。鲁成公十四年（公元前577年），“春王正月，莒子朱卒”。也就是说，此次楚伐莒连克其三邑后，莒渠丘公朱仍在位，莒国仍存。综合可知，公元前582年楚虽伐莒大胜，但并未灭莒。

楚第二次伐莒在战国早期前段。《史记·楚世家》载：“（楚）简王元年，北伐灭莒。”[1]《汉书·地理志》城阳国“莒”县条自注云：“（莒）三十世为楚所灭。”[2]《管子·小问》也载，楚伐莒，莒求救于齐，齐桓公不救而莒亡于楚。[3]尽管其所记时间有误，但莒亡于楚是明确的。又，楚于惠王四十二年（公元前447年）灭下蔡，四十四年（公元前445年）灭杞。在此期间，楚又灭位于今凤阳、蚌埠一带的钟离国。[4]也就是说，楚的灭国路线应该是沿淮水东进，并沿泗水向北推进，相继灭蔡、钟离、杞、莒诸国。这样来看，楚简王中元年（公元前431年）楚灭莒国的记载应该可信。

结合这些史实来看，楚王克莒戈铭所记“克莒”应与传世文献所载的公元前431年楚“灭莒”为同一事。从戈铭来看，此戈应是楚简王为纪念“克莒”之事而作。这也与据器形、纹饰得出的此戈年代为春秋战国之际相合。倘若以上所论无误，此戈应为楚简王中于灭莒后不久所作，可以作为楚简王时期（公元前432年至公元前408年在位）铜戈的标准器，也是目前明确所知的唯一一件楚简王中所作有铭铜器。

楚王克莒戈铭文与传世文献中楚灭莒的记载相合，由于此戈的发现，完全可以确定楚简王中元年（公元前431年）楚灭莒国的史实。楚国素有灭国置县的传统，如申、息等，均是以所灭之国设置，灭莒后亦应以其故地置莒县。

---

［1］司马迁：《史记》，中华书局，2014年，第898页。
［2］班固：《汉书》，中华书局，1962年，第1635页。
［3］黎翔凤、梁运华：《管子校注》，中华书局，2004年，第968-969页。
［4］张志鹏：《〈春秋〉经传所见“钟离”为三地考》，《古籍整理研究学刊》2011年第5期。

三、莒县归属的变迁

《史记·六国年表》载，齐宣公四十四年（公元前412年），齐“伐鲁、莒及安阳”。[1]《田世家》却载，齐“伐鲁、葛及安陵”。[2]《后汉书·方术列传·赵彦》载：“彦为陈‘孤虚’之法，以贼屯在莒，莒有五阳之地，宜发五阳郡兵，从孤击虚以讨之。”自注“五阳”曰：“城阳、南武阳、开阳、阳都、安阳，并近莒。”[3]“安阳”即“安陵”，[4]“葛”应是“莒”之误。此次齐所伐之“莒”无疑应是楚属莒县。楚虽于公元前431年灭莒置县，但此次据有莒县的时间并不长。魏惠王三十年（公元前340年），外黄徐子谓魏太子申曰：“太子自将攻齐，大胜并莒，则富不过有魏，贵不益为王。”[5]说明至迟在公元前340年之前，莒已经属齐。

又，齐愍王十七年（公元前284年），燕、秦、韩、赵、魏五国攻齐，败齐于济水之西，后燕军独入，取齐都临淄，克齐七十余城，唯莒、即墨二县未服。齐闵王出奔后，经卫、邹（邾）、鲁等国，最终无奈归国走莒县，任用率兵来救的楚将淖齿为相却被杀，后淖齿被齐王孙贾所杀。流落民间的齐愍王之子法章在莒县被拥立为王，是为齐襄王。在即墨坚守的田单积极备战，用“反间计”、“火牛阵”大破燕军，并最终驱走燕军收复失地，于齐襄王五年（公元前279年）到莒县迎接齐襄王回到齐都临淄。这也说明至迟公元前284年之前，莒县已经属齐。

综合这些记载来看，大概由于当时莒县距楚国本土太远，齐很快就凭借地利之便，于公元前412年以战争手段夺取了莒县，莒县由楚入齐。这应是后世出现莒灭于齐之说的重要原因。

齐虽于公元前279年得以复国，但经此沉重打击，国力大衰。与此同时，齐襄王四年（公元前280年），秦国水陆并进，大举攻楚，占领楚巫郡、黔中郡，迫楚割上庸及汉水北岸等地，并乘胜深入楚国，占领鄢、邓二城。齐襄王五年（公元前279年），秦军先攻取郢都外围的安陆，后攻破郢都，以之为中心建立南郡。楚顷襄王出逃成阳，后定都于

---

[1] 司马迁：《史记》，中华书局，2014年，第857页。

[2] 司马迁：《史记》，中华书局，2014年，第2286页。

[3] 范晔、李贤等：《后汉书》，中华书局，1965年，第2732页。

[4] 孙敬明：《考古发现与齐币探索——铸造、流通两论》，《海岱古钱新解》，齐鲁书社，2016年，第77-78页。

[5] 司马迁：《史记》，中华书局，2014年，第2231页。

陈城。于是，东保陈城的楚国，乘齐国国力衰落之机，不久就从齐人手中夺回了莒县。

《战国策·韩策三》载，或谓山阳君曰："秦封君以山阳，齐封君以莒。齐、秦非重韩则贤君之行也。今楚攻齐取莒，上及不交齐，次弗纳于君，是棘齐、秦之威而轻韩也。"[1]据缪文远先生考证，"楚攻齐取莒"之事发生在公元前273年之后。[2]又，楚考烈王八年（公元前255年），楚"取鲁，封鲁君于莒。"[3]如此，说明在公元前273年至公元前255年之间，莒县又为楚所取。到楚王负刍五年（公元前223年），秦破楚兼并其地，莒县自然又由楚入秦。

四、中子化盘再认识

中子化盘为传世器，现今下落不明，器形也不存。虽先后经吴荣光、[4]郭沫若、[5]张亚初、[6]李零、[7]李瑾与曾昭岷、[8]刘彬徽、[9]邹芙都、[10]陈絜、[11]刘彬徽与刘长武、[12]熊贤品[13]诸位学者研究，但关于该盘的国别与年代以及铭文内容的理解，学者间分歧很大，还有进一步探讨的空间。而楚简王中所作楚王克莒戈的发现，也为我们重新认识中子化盘铭文（《集成》10137，图三）提供了条件。

参考以往学者的研究成果，中子化盘铭应隶定为："中子化用保楚王，用征梠（莒），用择其吉金，自作浣盘。"上提子禾子釜（《集成》10374）铭文中有"梠（莒）市"，应即齐国莒邑之市。《左传》鲁昭公十年载，陈、鲍二氏分栾、高二氏之室后，听从晏平仲（晏婴）之言，"（陈）桓子尽致诸（齐景）公，而请老于莒"，"公与桓子莒之旁邑，辞"。杜预注："莒，齐邑。"结合子禾子釜（《集成》10374）铭文来看，齐国莒邑后应为田（陈）

---

[1] 刘向集录，范祥雍笺证，范邦瑾协校：《战国策笺证》，上海古籍出版社，2006年，第1626页。

[2] 缪文远：《战国策考辨》，中华书局，1984年，第288页。

[3] 司马迁：《史记》，中华书局，2014年，第898页。

[4] 吴荣光：《筠清馆金文》卷四，《金文文献集成》，第28–29页。

[5] 郭沫若：《两周金文辞大系图录考释》，科学出版社，1957年，第167–168页。

[6] 张亚初：《论鲁台山西周墓的年代和族属》，《江汉考古》1984年第2期。

[7] 李零：《楚国铜器铭文编年汇释》，《古文字研究》第13辑，中华书局，1986年，第374页。

[8] 李瑾、曾昭岷：《楚器〈中子化盘〉作器年代管窥——青铜器楚史资料研究之二》，《湖北省考古学会论文选集（一）》，武汉大学学报编辑部，1987年。

[9] 刘彬徽：《楚系青铜器研究》，湖北教育出版社，1995年，第293–294页。

[10] 邹芙都：《楚系铭文综合研究》，巴蜀书社，2009年，第4页。

[11] 陈絜：《中子化盘铭文别释》，《东南文化》2008年第5期。

[12] 刘彬徽、刘长武：《楚系金文汇编》，湖北教育出版社，2009年，第4页。

[13] 熊贤品：《中子化盘年代研究平议》，《出土文献》第十一辑，中西书局，2017年，第90–101页。

图三　中子化盘

氏所有。作为田氏之后，田和所作量器子禾子釜铭文中涉及莒邑之市，自然顺理成章。中子化盘铭中的“梠”字，与此“梠市”之“梠”字仅有正反书之别，字形相同，也应隶释为“莒”。盘铭所记“征莒”与戈铭所记“克莒”应为同一事之先后，即中子化盘在“征莒”前所作，楚王克莒戈为记“克莒”之功而作。盘铭中的“楚王”也应是楚简王中。如此，中子化盘的具体制作年代应是楚简王即位当年（公元前432年）或元年（公元前431年）。尽管该盘铭文呈现西周风格，[1]但整体呈现东周时期常见的反书，且不少字形主要见于春秋时期。[2]尤其值得注意的是，盘铭中的“莒”字与战国早期后段的子禾子釜铭中的“莒”字，字形一致，年代也应相近。因此，该盘的制作年代晚到战国早期也是可能的。此外，也不排除此盘的制作有复古倾向的可能，又或因偏离周文化中心区而造成的器物文化特征呈现滞后性。至于中子化的具体所指，现在还无法确知。

综合中子化盘和楚王克莒戈的铭文内容来看，中子化与楚简王中应该亲自参与了征莒之事，并最终克莒。也许正因为如此，中子化和楚简王中才在克莒前后各自作器以铭记此事。

五、结　　语

楚王克莒戈应是楚简王中在楚灭莒后不久所作，具体制作年代应是公元前431年至公元前430年之间。而传世器中子化盘的具体制作年代应是楚简王即位当年（公元前432年）或元年（公元前431年）。两器铭文所记应为同一事。

莒国旧都介根，后因齐国扩张，被迫于两周之际南迁于莒，旧地成为齐国莒邑。楚灭南迁的莒国之后，以其故地置莒县。莒县设立后不久就由楚入齐，后又由齐入楚，终入秦。

附记：拙文已发表于《出土文献》第十三辑（中西书局，2018年）。

---

［1］ 邹芙都：《楚系铭文综合研究》，巴蜀书社，2009年，第4页。

［2］ 熊贤品：《中子化盘年代研究平议》，《出土文献》第十一辑，中西书局，2017年，第90-101页。

也谈陈侯因𬯀敦铭中的“高祖黄帝”*

赵燕姣
（山东社会科学院）

陈侯因𬯀敦铭中的“高祖黄帝”是目前所见出土材料中有关黄帝的最早记载，至于齐威王明确称黄帝为其“高祖”，学界主要有如下几种观点：一种认为田齐确为黄帝之后，丁山、王晖等先生均持此说。他们认为商、周以前的古史传说中虽有许多错误、重复、分化、演变，但传说总有若干史实为素地，田齐为黄帝之后实为不可摇撼之说。[1]第二种说法虽承认黄帝为有虞氏之后陈氏的远祖，但这是从战国中期黄帝才由天帝演变为人王的。童书业先生认为黄帝“人王化”受了邹衍五行相生历史观的影响。[2]第三种观点认为田氏世系与黄帝无从联系。此处的“高祖黄帝，迩嗣桓文”，是齐威王祖述“黄帝之术”和“齐桓晋文”的霸业。[3]愚以为诸说中最后一说或更接近历史，但尚不够全面，或可进一步论证。

---

* ［基金项目］本文为国家社科基金重点项目“北方海上丝绸之路史研究”(19AZS014)、国家社科基金一般项目“西周王朝经营南国史事考”(17BZS039)、山东省社会科学规划重点研究项目“西周时期的‘东国与南国’研究”(16BLSJ02)的阶段成果，并得到山东社会科学院博士资金项目的经费资助。

［1］ 丁山：《由陈侯因𬯀敦铭黄帝论五帝》，《历史语言研究所集刊》第3本第4分，1933年，第517-536页；王晖：《出土文字资料与五帝新证》，《考古学报》2007年第1期。

［2］ 童书业先生认为“黄帝之名始见于陈侯因𬯀敦铭。敦为齐威王时器，而曰‘绍緟高祖黄帝’。‘高祖’者，远祖也，是黄帝确为有虞氏后之陈氏之远祖，此黄帝本为虞帝之确证。邹衍为齐威宣时之齐人，作‘终始大圣之篇’，‘先序今以上至黄帝’，黄帝之人王化盖始自战国中叶”。详参氏著：《春秋左传研究》，中华书局，2008年，第5页。今按：钱穆先生考证邹衍的生卒为公元前305-公元前240年，而此敦约制于公元前375年，彼时邹衍尚未出生，此说时间不符。详参氏著：《先秦诸子系年考辨》，上海书店，1992年，第103页。

［3］ 郭沫若：《十批判书》，人民出版社，2012年，第121页；马承源：《商周青铜器铭文选》4，文物出版社，1990年，第561页；周生春、孔祥来：《田齐“高祖黄帝”考辨》，《浙江社会科学》2012年第12期。

一、陈侯因資敦铭补释

陈侯因資敦原为陈介祺、刘体智庋藏，今不知所踪，为著名的“陈侯四器”[1]之一。器体呈球形，器盖同形，器作子口，惜盖失。三环足，两环耳，通体光素，形制同于陈侯午敦及临淄辛店M20、[2]淄博隽山M1[3]出土的敦(图一)。此类球形敦起源于楚文化核心区襄樊——南阳地区，春秋晚期后段流传至齐文化区。[4]齐国约自战国早期中叶始即流行双环耳、三环钮、三环足的球形敦，此种形制的敦，还有齐器中提梁鹰嘴圆壶，盖口带直边的方椭圆形的鉶，折腹、圈足盘等造型亦均是非常有区域特色。[5]

图一

1. 陈侯因資敦(《铭图》06080)
2. 陈侯午敦(《集成》4647)
3. 淄博辛店M20 : 31
4. 淄博隽山M1P2 : 19

[1] 陈侯四器：陈侯簋一、陈侯午敦二、陈侯因資敦一。

[2] 王会田、李民:《山东淄博市临淄区辛店二号战国墓》,《考古》2013年第1期。

[3] 山东省文物考古研究所、淄博市文物局:《山东淄博隽山战国墓发掘简报》,《文物》2016年第10期。

[4] 郭龙:《青铜球形敦研究》,2018年陕西师范大学硕士论文,第44页。

[5] 敦作为古代一种盛放黍、稷的食器，滥觞于春秋中期，盛行于春秋晚期至战国晚期，秦后渐趋消亡。自宋代以来学者多将铜器中本应是“簋”的字误释为“敦”，至清代钱坫始将二者从音韵上区分开来，后徐中舒先生又提出敦之命名盖与其器形相关，至此聚讼千年的簋敦之分有了定论。详参朱凤瀚:《中国青铜器综论》,上海古籍出版社,2009年,第2018页。

此器制于陈侯因資即位初年，《史记》载齐威王二十六年称王，[1]此敦为齐威王葬父桓公后所作的祭器，据徐中舒先生考证约公元前375年所制，[2]属战国中期偏早器，是极为珍贵的田齐铜器中的标准器。壁内铸铭8行79字，现依其行款隶定铭文如下：

隹正六月癸未，陈侯因資
曰：皇考孝武趄(桓)公，恭哉！大
慕(谟)克成。其惟因資扬皇考，
卲(绍)练(缅)高祖黄帝，侎嗣趄(桓)、文，
淖(朝)昏(问)诸侯，合(答)扬厥德。诸侯
寅荐吉金，用乍考武趄(桓)公
祭器敦。台(以)登台(以)尝，保有其
邦，世万子孙永为典尚(常)。

器铭经诸多先贤考释，[3]已大致清晰。器主即陈侯午之子齐威王，《史记·田敬仲完世家》及《六国年表》称“田齐”，《战国策·赵三》作“婴齐”。資字从次得声，“次”字清母脂部，“齐”字从母脂部，二者韵母相同声母相近，古音相通。《仪礼·少牢馈食礼》“资黍于羊俎两端”，郑玄《注》“今文资作齋”，又《易·旅》“得其资斧”，陆德明《经典释文》：“资，子夏及众家本皆作齐。”[4]陈侯因資即陈侯午之子齐威王因齐(或婴齐)，铭称“皇考孝武桓公”即田齐桓公午。[5]

“卲练”，承继，嗣承之意。“卲”即“绍”，《尔雅·释诂》“绍，承继。《汉书·叙传下》‘汉绍尧运，以建帝业’”。“练”容庚先生读为“缅”，[6]或为“踵”的通假字，朱骏声《说文通训定声》：“踵，追也。……《史记·太史公自序》‘有司靡踵’，《索隐》曰：‘踵，继也。’《汉书·刑法志》注‘踵，因也’，《武帝纪》注‘踵，接也’，《司马相如传》注‘踵，蹈也’。”

[1]《史记·田敬仲完世家》：“(威王二十六年)于是齐最强于诸侯，自称为王，以令天下。”

[2] 徐中舒：《陈侯四器考释》，《历史语言研究所集刊》1933年第03本第4分，后收入氏著：《徐中舒历史论文选辑》上册，中华书局，1998年，第405-446页。

[3] 郭沫若：《两周金文辞大系图录考释》(二)，《郭沫若全集·考古编8》，科学出版社，2002年，第459-460页；徐中舒：《陈侯四器考释》，《历史语言研究所集刊》1933年第03本第4分，后收入氏著：《徐中舒历史论文选辑》上册，中华书局，1998年，第405-446页。马承源：《商周青铜器铭文选》4，文物出版社，1990年，第561页。

[4] 马承源：《商周青铜器铭文选》4，文物出版社，1990年，第561页。

[5]《史记·田敬仲完世家》：“齐侯太公和立二年，和卒，子桓公午立。……六年，救卫。桓公卒，子威王因齐立。”

[6] 容庚编著，张振林、马国权摹补：《金文编》，中华书局，2003年。

"淖昏",可读为"朝问",即诸侯间的邦交往来。《周礼·春官宗伯·大宗伯》"时聘曰问",《公羊传》庄公四年:"古者诸侯必有会聚之事,相朝聘之道。"又《周礼·秋官司寇·大行人》:"凡诸侯之邦交,岁相问也。"即此朝问之意。"典尚",尚假为常,即典常。《易·系辞》:"初率其辞而揆其方,既有典常。"孔颖达《疏》:"《易》虽千变万化,不可为典要,然循其辞,度其义,原寻其初,要结其终,皆唯变所适,是其常典也。"《周礼·天官冢宰·大宰》"常建国之六典",郑玄注:"典,常也,经也,法也。"[1]

敦铭大意或可译为:"六月癸未这一天,陈侯因資(即齐威王)在器铭上铸:'我孝武双全的父亲桓公(即陈侯午),你的兴邦大计能够实现,我引以为豪!(我愿意)承嗣远祖黄帝,并效法齐桓公(此为春秋五霸之一'齐桓公')和晋文公的霸业,大会诸侯,以彰扬祖先的美德。诸侯敬献了纯好美铜,我以它为孝武双全的父亲桓公铸造这件祭祀时用来盛饭的敦。'此敦可供秋冬祭用,愿祖先庇佑我保有齐国的强大,使万世子孙,永远引为典范。"

二、"黄帝"与早期文献

陈侯因資敦铭中的"高祖黄帝"是目前所见出土材料中有关黄帝的最早记载,后世虽习称周人为黄帝之后,然春秋之前的文献追溯上古史事却并未提及"黄帝",诸如:

《易·归妹卦》:"帝乙归妹,其君之袂不如其娣之袂良。"

《易·泰卦》:"帝乙归妹,以祉元吉。"

《尚书·多方》:"有夏诞厥逸……天惟时求民主,乃大降显休命于成汤,刑殄有夏。……以至于帝乙,罔不明德慎罚,亦克用劝。"

《尚书·多士》:"我闻曰:上帝引逸,有夏不适逸;则惟帝降格,向于时夏。……乃命尔先祖成汤革夏,俊民甸四方。自成汤至于帝乙,罔不明德恤祀。"

《尚书·立政》:"古之人迪惟有夏,乃有室大竞……今文子文孙,孺子王矣!其勿误于庶狱,惟有司之牧夫。其克诘尔戎兵以陟禹之迹,方行天下,至于海表,罔有不服。"

《尚书·吕刑》:"若古有训,蚩尤惟始作乱,延及于平民……皇帝清问下民鳏

[1] 马承源:《商周青铜器铭文选》4,文物出版社,1990年,第561页。

寡有辞于苗。……乃命三后，恤功于民。伯夷降典，折民惟刑；禹平水土，主名山川；稷降播种，农殖嘉谷。三后成功，惟殷于民。”

《逸周书·商誓》：“在昔后稷，惟上帝之言，克播百谷，登禹之绩，凡在天下之庶民，罔不维后稷之元谷用蒸享。”

《诗经·小雅·信南山》：“信彼南山，维禹甸之。畇畇原隰，曾孙田之。”

《诗经·大雅·文王有声》：“丰水东注，维禹之绩。四方攸同，皇王维辟。”

《诗经·大雅·韩奕》：“奕奕梁山，维禹甸之，有倬其道。韩侯受命，王亲命之。”

《诗经·鲁颂·閟宫》：“赫赫姜嫄，其德不回。……是生后稷。降之百福。黍稷重穋，稙稚菽麦。奄有下国，俾民稼穑。有稷有黍，有稻有秬。奄有下土，缵禹之绪。”

《诗经·商颂·长发》：“浚哲维商，长发其祥。洪水芒芒，禹敷下土方。……有娀方将，帝立子生商。”

《诗经·商颂·殷武》：“昔有成汤，自彼氐羌，莫敢不来享，莫敢不来王。……天命多辟，设都于禹之绩。”

上引篇章均为同时代文献史料，[1]价值极高。据上可知，春秋之前的周人在追溯上古史事时多提及始祖后稷，商王成汤、帝乙，部落首领伯夷、禹，而止于蚩尤。细绎此时的文献却发现一个奇怪的现象：即周人自称黄帝之后，却对禹推崇备至，甚至连其始祖后稷的丰功伟绩也被认为是“缵禹之绪”，这一点同时也得到了大量出土材料的证实。

王恩田先生曾耗时多年，深耕卜辞研究，据他统计：甲骨文中祭祖的辞条多到难以数计，“帝”字在甲骨文中更是出现80次以上，但没有一条“黄帝”，也没有黑帝、白帝、赤帝等其他带颜色的“帝”。这当然不会是殷商民族数典忘祖，而是殷商民族根本不知“黄帝”为何物。不宁惟是，在商周众多的铜器中同样也未见“黄帝族徽”。[2]保利艺术博物馆征集的豳公盨，句首即曰“天命禹敷土，随山濬川”，此盨属西周中期恭王时器或稍晚。[3]时代稍晚些的叔夷钟（《集成》0285春秋）、秦公簋（《集成》4315春

[1] 王玉哲先生曾将上古史料分为四类，并依其史料价值排列如下：即古文字与考古实物资料；同时代的文献资料；战国时人所追述春秋以前史事的记载；汉时人所记有关夏、商、周事。详参氏著：《漫谈学习中国上古史》，《历史教学》1984年第1期。

[2] http://blog.sina.com.cn/u/2641357467。

[3] 详参裘锡圭：《豳公盨铭文考释》，《中国历史文物》2002年第6期；李零：《论豳公盨发现的意义》，《中国历史文物》2002年第6期；朱凤瀚：《豳公盨铭文初释》，《中国历史文物》2002年第6期。

秋)均提及禹,或谓“虩虩成汤,有嚴在帝所……咸有九州,处禹之堵”,或谓“丕显朕皇祖,受天命鼏宅禹迹,十又二公,在帝之坏”。另需补充一点的是,西晋太康二年间(281年)汲郡战国古墓出土的《古本竹书纪年》,所载史事始于夏迄于魏襄王之二十年(公元前299年),其书亦不载“黄帝”史事。

据上可知,无论是出土材料亦或是早期文献中均未见黄帝,稍晚些成书的《周礼》虽有“三皇五帝之书”的说法和祭五帝之礼,但未举其名称,甚至孔、孟在追溯道统时,也仅始自尧舜,竟“无一言及于黄、炎者”。故而顾颉刚先生于1923年发表《与钱玄同先生论古史书》中,提出了他的“层累地造成的中国古史”说,在这封信中他指出“周代人心目中最古的人是禹,到孔子时有尧舜,到战国时有黄帝神农,到秦有三皇,到汉以后有盘古等”。[1]

或有疑者提出黄帝之名在古文献中可能出现得还要早些,其主要依据是《逸周书·尝麦》篇云:“赤帝大慑,乃说于黄帝,执蚩尤,杀之于中冀。”[2]刘起釪先生认为:《尝麦》所记礼制与《顾命》相近,保存了西周原有史料,为成王亲政后的记录文献,其文字写成可能在春秋时。[3]张怀通先生将《尝麦》与青铜器铭文、《左传》、《国语》等记载的职官与职官系统进行了比较,也认为《尝麦》最初当成于西周早期。[4]然《逸周书》编成后屡遭劫难,长期以来真赝相淆,其史料价值难免打折,即便《尝麦》篇果真成于周初,考虑到在其初创、流传、定型的过程,其具体文字不可避免地受到了后世的影响,且仅此一例,或有“孤证不立”之弊,故暂不讨论。

三、“黄帝”的族姓

周人姬姓,殆无疑义。然有关黄帝的族姓文献所载并不一,《史记·五帝本纪》言:“黄帝者,少典之子,姓公孙,名轩辕。”据苏秉琦先生考证,五帝时代其上限应不早于仰韶时代后期,即大约相当于公元前3500年以后的事。[5]公孙即公之孙,五千年前尚处中华文明起源之初,彼时尚未有“公”爵,更遑论“公孙”,此说错之显矣。

目前学界多认可黄帝姬姓说,此说的最早记载应见于《国语·晋语四》:

---

[1] 详参《顾颉刚古史论文集》第一册,中华书局,1988年,第102页。

[2] 王晖:《出土文字资料与五帝新证》,《考古学报》2007年第1期。

[3] 刘起釪:《尚书学史》(订补本)第三章第四节之(二)“逸周书篇目情况”,中华书局,1989年。

[4] 张怀通:《〈尝麦〉新研》,《社会科学战线》2008年第3期。

[5] 苏秉琦:《远古时代》,《中国通史》(第2卷),上海人民出版社,1994年,第18页。

昔少典娶于有𫏨氏，生黄帝、炎帝。黄帝以姬水成，炎帝以姜水成。成而异德，故，黄帝为姬，炎帝为姜，二帝用师以相济也，异德之故也。

这是一种典型的因生息地而得姓的形式，同时我们还应注意典籍中的不同记载：

武王胜殷，入殷，未下舆，命封黄帝之后于铸，封帝尧之后于黎，封帝舜之后于陈。（《吕氏春秋·慎大览》）

武王追思先圣王，乃褒封神农之后于焦，黄帝之后于祝，帝尧之后于蓟，帝舜之后于陈，大禹之后于杞。（《史记·周本纪》）

两处均载武王克商之初为巩固政权曾大封先圣之后，其中封黄帝之后于铸（或祝）。[1]有关铸国，文献有姬姓、已姓、任姓、姜姓诸说，幸而出土材料的发现为我们的研究另辟良径。铸公簠（《集成》4574，春秋早期）为传世器，有铭曰：“铸公作孟妊东母媵簠，其万年眉寿，子子孙孙永宝用。”这是铸公为嫁女所做的媵器，根据两周时期女子的称名习俗，“孟妊东母”之称，由排行＋父家族姓＋名或字构成，据此可知铸当为妊姓之国。[2]铸既为黄帝之后，那么此处黄帝的族姓或为妊姓。

实则考证黄帝的族姓是一个很复杂的问题，而非简单的是姬非妊，或是妊非姬。《说文》曰“姓，人所生也”，此语虽道出“姓”之血缘本质，然由于成文较晚，故而学者将眼光转向较早的文献。《国语·晋语四》载：

黄帝之子二十五人，其同姓者二人而已，唯青阳与夷鼓皆为己姓。青阳，方雷氏之甥也。夷鼓，彤鱼氏之甥也。其同生而异姓者，四母之子别为十二姓。凡黄帝之子，二十五宗，其得姓者十四人，为十二姓。姬、酉、祁、己、滕、箴、任、荀、僖、姞、儇、依是也。唯青阳与苍林氏同于黄帝，故皆为姬姓。

上引文献歧义迭出，诸如：青阳、夷鼓的族姓，时而为已姓，时而为姬姓；至于“凡黄帝之子，二十五宗，其得姓者十四人，为十二姓”之语，清儒崔述曾言其“诬古圣而惑后儒”，[3]前贤对此曾有不同的解释，其中影响最大的当推与母系姓族的从母姓制度有

---

［1］此处载武王克商后即大封先圣之后，恐与当时的情形不符，愚以为周初的分封或在成王东征后。“铸”即“祝”，铸古音章母幽部，祝古音章母觉部，二者声母相同韵母相近，二字可通。

［2］王国维：《铸公簠跋》，《观堂集林》，中华书局，第889页；陈槃：《春秋大事表列国爵姓及存灭表譔异》，上海古籍出版社，2009年，第855—856页；陈絜：《商周姓氏制度研究》，商务印书馆，2007年，第311—312页。

［3］（清）崔述：《考信录·补上古》，《崔东壁遗书》，上海古籍出版社，1983年，第36页。

关。[1]然既从母姓，“四母之子”怎么又可能产生“十二姓”。或有学者为调和此说，提出所谓的从母姓与从父姓并存的现象，[2]可即便如此也不可能产生十二姓。陈絜先生认为数字上的出此入彼并不是问题的关键，我们只要能抓住问题的实质就可以了。结合民族学与文化人类学的研究成果可知，随着氏族的分化，新的氏族会通过各种途径来获取氏族名号，老氏族名号可能为其中的一支所继承，但也有可能被彻底抛弃，有多少个新氏族就会有多少个新的氏族名号也即姓，所以“一父四母十二姓”的现象其实并不奇怪。[3]至此，有关“一父四母十二姓”的谜团释然而解。

结合前文所述，我们或可做出如下推论：在战国时人的观念里，黄帝本为远古时期的一位杰出的部落首领，至于“帝”的称谓，则是其后人在祭祀他们的时候冠在这些祖先头上的尊称。[4]其活动区域主要集中在今西北陕、甘两省。他曾与炎帝大战于阪泉之野，后与炎帝结盟战蚩尤于涿鹿之野，并擒杀了蚩尤。随着黄帝族的不断繁衍与强大，势必会带来分化，从而形成新的十二姓氏族（姬、酉、祁、已、滕、箴、任、荀、僖、姞、儇、依），任或为其直系后裔，而周人为了自抬身份，自然需要与黄帝同为姬姓。实则，从传说时代至有夏，为古代姓氏制度的肇始阶段。在此阶段，某些氏族之间，尽管其氏族名号各不相同，但并不表示它们之间没有共同的先祖与单侧血缘关系，我们通常所说的“异姓”是由于异居所造成的，这是史前时期氏族分衍的自然结果；至西周、春秋中期，严格意义上的先秦姓氏制度才逐渐形成。[5]愚以为，《国语·晋语四》所载黄帝族“一父四母十二姓”的现象与其说产生于远古黄帝时期，不如说是夹杂了周人姓氏观念的远古时期正常的氏族分衍。

值得一提的是：一些学者在探讨周人族源时经常引用《国语·周语下》“我姬氏出自天鼋”[6]一语，其依据是郭老曾将献侯鼎铭“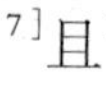”隶为天鼋，[7]且认为天鼋“即轩

[1] 袁业裕：《中国古代氏姓制度研究》，商务印书馆，1936年，第35页；杨希枚：《〈国语〉黄帝二十五子得姓传说的分析》，《中研院历史语言研究所集刊论文类编·历史编·先秦卷》（全三册），中华书局，2009年，第1003—1024页。

[2] 雁侠：《中国早期姓氏制度研究》，天津古籍出版社，1996年，第85页。

[3] 陈絜：《商周姓氏制度研究》，商务印书馆，2007年，第30—31页。

[4] 沈长云：《华夏族、周族起源与石峁遗址的发现和探究》，《历史研究》2018年第2期。

[5] 陈絜：《商周姓氏制度研究》，商务印书馆，2007年，第467—469页。

[6] 王曰：“七律者何？”对曰：“昔武王伐殷，岁在鹑火，月在天驷，日在析木之津，辰在斗柄，星在天鼋，星与日、辰之位，皆在北维。颛顼之所建也，帝喾受之。我姬氏出自天鼋，及析木者，有建星及牵牛焉，则我皇妣大姜之侄、伯陵之后，逢公之所凭神也……”（《国语·周语下》）

[7] 王恩田先生提出“天鼋”应读作大黾，是被周公东征灭掉的奄国族徽。见http://blog.sina.com.cn/s/blog_9d6fea9b0101idsq.html。

辕也,《国语·周语下》‘我姬氏出自天鼋’,犹言出自黄帝”。[1]刘桓先生认为郭老对此句理解不当,这句话很有历史文化内涵,主要讲的是周武王伐殷时的天象及相关传说,“天鼋”即十二次之玄枵,玄枵所对应的齐地有殷代逄(逢)伯陵的后人大姜嫁与周大王(古公亶父),因为周人从此兴起,故有此说法。此句并不是谈周人的族源所出,也不是说周人的族徽。[2]结合此句的上下文和韦注,刘先生此说可谓精辟。文中诸如“七律者何”、“岁月鹑火”、“月在天驷”等语都是在讨论天象,而上古先民很重视天象与人事的关系。在先周历史上,先妣大姜又是一位非常重要的人物,原为殷诸侯逄伯陵之后,入周后为大王之后妃、王季之生母,又恰逢周族崛起“实始翦商”(《诗经·鲁颂·閟宫》),故而在追溯早期发家史上不可避免地要提及“我姬氏出自天鼋”。

四、齐侯因資敦铭称“高祖黄帝”原因蠡测

战国七雄中齐是最后一个被秦所灭的国家,但目前所见的齐器数量并不多,在传世的铜器中尤以陈侯四器中的“陈侯因資敦”为著,器主因資即齐威王,是田齐历史上最为杰出的君主,在位长达38年,[3]敦铭提及的“高祖黄帝”是目前所见出土材料中有关黄帝的最早记载,或有学者据此认为田齐确为黄帝之后。[4]然田齐的先祖在早期的文献记载中实为颛顼、妫姓,与黄帝或“一父四母十二姓”黄帝后裔无关。今略揭数端,列述如下:

> 陈公子完与颛孙奔齐……齐侯使敬仲为卿……初,懿氏卜妻敬仲,其妻占之,曰:“吉,是谓‘凤皇于飞,和鸣锵锵,有妫之后,将育于姜。五世其昌,并于正卿。八世之后,莫之与京。”(《左传》庄公二十二年)
>
> 陈,颛顼之族也。……且陈氏得政于齐而后陈卒亡。自幕至于瞽瞍无违命,舜重之以明德,置德于遂,遂世守之。及胡公不淫,故周赐之姓,使祀虞帝。(《左传》昭公八年)

---

[1] 郭沫若:《郭沫若全集·考古编第8卷·两周金文辞大系图录考释上编》,科学出版社,2002年,第31页;王晖:《出土文字资料与五帝新证》,《考古学报》2007年第1期。

[2] 刘桓:《商周金文族徽“天黾”新释》,《历史研究》2010年第1期。

[3] 有关齐威王在位年代文献记载不一,今从钱穆先生说,详参氏著:《先秦诸子系年考辨》,上海书店,1992年,第214-215页。

[4] 丁山:《由陈侯因資敦铭黄帝论五帝》,《历史语言研究所集刊》第3本第4分,1933年,第517-536页;王晖:《出土文字资料与五帝新证》,《考古学报》2007年第1期。

卫庄公……又娶于陈，曰厉妫，生孝伯，早死。其娣戴妫生桓公，庄姜以为己子。(《左传》隐公三年)

陈胡公满者，虞帝舜之后也。昔舜为庶人时，尧妻之二女，居于妫汭，其后因为氏姓，姓妫氏。……周武王克殷纣，乃复求舜后，得妫满，封之于陈，以奉帝舜祀，是为胡公。(《史记·陈杞世家》)

此外，大量的出土材料亦表明陈为妫姓：

陈侯作王妫媵簋，其万年永宝用。(陈侯簋《集成》03815西周晚期)

陈侯作季妫媵鬲，其萬年子子孫孫永用。(陈侯鬲《集成》0705春秋早期)

唯正月初吉丁亥，陈侯作铸妫囧母媵鼎，其永壽用之。(陈侯鼎《集成》02650春秋早期)

陈侯作妫橹媵壶，其万年永用。(陈侯壶《集成》09633春秋早期)

陈伯鸙之子伯元作西孟妫婤母媵匜，永壽用之。(陈伯元匜《集成》10267春秋早期)

陈子子作庴孟妫榖母媵匜，用旂眉寿，万年无疆，永壽用之。(陈子匜《集成》10279春秋早期)

陈侯作王仲妫緐媵簠，用祈眉寿无疆，永壽用之。(陈侯簠《集成》04603春秋中期)

上引诸器均为陈侯(或陈伯、陈子)为嫁女所作的媵器，这一类的称名形式虽繁简不同，但不可否认的是，周代的陈国必定是妫姓之国。再结合前举文献可知，陈的远祖应为颛顼，自幕、瞽瞍后，为帝舜的直系子孙，入周后虞阏父因制陶技艺精湛，故得到了周王的器重，将长女大姬配于胡公且封于陈，为陈国的始封君，至陈公子完(田齐之祖)奔齐，八世后齐威王威震天下。

然司马迁撰《史记·五帝本纪》曰：

嫘祖为黄帝正妃，生二子，其后皆有天下。其一曰玄嚣，是为青阳，青阳降居江水，其二曰昌意，降居若水。昌意娶蜀山氏女，曰昌仆，生高阳。高阳有圣德焉。黄帝崩，葬桥山，其孙昌意之子高阳立，是为帝颛顼也。帝颛顼高阳者，黄帝之孙，而昌意之子也。……虞舜者，名曰重华。重华父曰瞽叟，瞽叟父曰桥牛，桥牛父曰句望，句望父曰敬康，敬康父曰穷蝉，穷蝉父曰帝颛顼，颛顼父曰昌意，以至舜七世矣。

《大戴礼记·帝系》亦言："黄帝产昌意，昌意产高阳，是为帝颛顼。颛顼产穷蝉，穷蝉产敬康，敬康产句芒，句芒产蟜牛，蟜牛产瞽叟，瞽叟产重华，是为帝舜。”如此一来，舜又成了黄帝的后裔，陈的远祖又变成了黄帝。《国语·晋语》又曰“昔少典取于有蟜氏，生黄帝、炎帝。黄帝以姬水成，炎帝以姜水成，成而异德，故黄帝为姬，炎帝为姜”。此处黄帝、炎帝又成了兄弟，少典氏则成为天下共祖。实则，这种诸姓同出一系的观念无非是用“谎话来收拾人心，召唤统一”，[1]利用共祖同源来为政治服务。天下诸姓同出一系的血缘世系观，可以帮助我们理解周代的政治模式和民族观，诸如此类的族源追述方式，它很可能是周人出于大一统的目的，利用当时人对血缘的认同感而悬拟的谱系，[2]并非历史真相。

在“国之大事，在祀与戎”（《左传》成公十三年）的时代，各部族所祭祀的神祇都有着严格的规定，对祖先神的祭祀尤为神圣。《左传》僖公十年曰“神不歆非类，民不祀非族”，即神灵是不会享用他族的牺牲，民众也不会去祭祀他族的祖先。《祭法》曰“非此族也，不在祀典”，《国语·鲁语》亦言“非是族也，不在祀典”，究其根本原因或为“异姓则异德，异德则异类”（《国语·晋语》）、“非我族类，其心必异”（《左传》成公十三年）的心理作祟。孔子曾言“非其鬼而祭之，谄也”（《论语·为政》），《礼记·曲礼下》更是明言：“非其所祭而祭之，名曰淫祀，淫祀无福。”既然淫祀无福且有谄媚之嫌，齐威王又为何要祭祀黄帝呢？愚以为，或有如下几方面原因：

其一，春秋战国之际社会已发生了剧烈变革，其最重要的变化表现在地缘社会逐渐取代了血缘宗亲。周人推行分封制，遂在空前广阔的地域内打破了古代部族间的血缘壁垒，使不同种族、不同文化、不同语言的共同体更深刻地实现了文化与血缘的碰撞，各部族之间也由最初的相争相对转为相亲相融。春秋早期姜戎氏言“我诸戎饮食衣服不与华同，贽币不通，言语不达”（《左传》襄公十四年），及至战国时今日华夏大地上黄河上下游或南或北各族经过长期激荡交糅终于融合成新的统一的华夏族，同时姓族与表示其族源的远祖概念均已淡化。[3]由于周人独特的煊赫地位，其远祖黄帝也就自然而然地被尊奉为华夏族的始祖，开始接受各族的祭祀。与此同时，各族原先的始祖也被人为地编排为黄帝的后裔，从而构成了一个整齐划一的悬拟的血缘谱系。沈长云先生曾言“所谓‘五帝’原本都是各地方古老部族或部族集团的首领，是他们各自

[1] 顾颉刚：《古史辨》第四册“序”，上海古籍出版社，1982年。

[2] 陈絜：《商周姓氏制度研究》，商务印书馆，2007年，第43页、第224页。

[3] 顾炎武《日知录》卷13“周末风俗”谈春秋战国差异“春秋时犹论宗姓氏族，而七国则无一言之矣”、“春秋时犹严祭祀，而七国则无其事矣”、“春秋时犹严祭祀，而七国则无其事矣”。转引自沈长云：《华夏族、周族起源与石峁遗址的发现和探究》，《历史研究》2018年第2期。

奉祀的祖先,后来才成为华夏族的祖先",[1]可谓一语中的。

其二,齐威王因齐是田齐历史上最有作为的君主,在位约38年,齐侯因資敦约制于公元前375年,[2]属战国中期偏早器,彼时齐威王初即位。据《史记·田敬仲完世家》载:"齐威王元年,三晋因齐丧来伐我灵丘。三年,三晋灭晋后而分其地。六年,鲁伐我,入阳关。晋伐我,至博陵。七年,卫伐我,取薛陵。九年,赵伐我,取甄。"可知齐威王即位初期政局十分动荡,内临新丧,外有强敌不断来袭。此时承嗣"高祖黄帝"更像是树立一个榜样来激励自己,鞭笞自己,结合下句"侎嗣桓文"(此处的"桓文"即春秋五霸之"齐桓公"与"晋文公"),这种旨趣就更为明显。随着两周古史系统的变革及战国诸子百家尤其是黄老道家学说的推崇,至战国黄帝已被赋予成"理想王者"。[3]黄帝作为君王之楷模,其事迹已非止于早期文献所载的"战于阪泉"、"杀之于中冀"的显赫武功,还有"成命百物,以明民共财"(《国语·鲁语》、《大戴礼记·五帝德》、《周易·系辞》)、"明台之议"(《管子·桓公问》、《吕氏春秋·本味》)等功绩,后世更有甚者还将一些重要的发现诸如建立官制、创制律吕、始制衣冠、建舟车、制音律、创医学等的发明都归功于他。

五、小　　结

赵世超先生曾指出"既有历史上的黄帝,又有文化史上的黄帝,更有作为民族统一象征的政治化的黄帝",[4]本文的研究更侧重于历史上的黄帝。和世界上诸多的民族一样,我们的历史同样经历了一个从口耳相传到文字记述的漫长过程,在其传承、撰写的过程中,难免出现错漏虚夸、增删篡改,甚至出现"神话的历史化"[5]或"历史的神话化"[6]的现象。具体到黄帝而言,"历史的神话化"成分可能更多些。黄帝或为远古

[1] 沈长云:《华夏族、周族起源与石峁遗址的发现和探究》,《历史研究》2018年第2期;《人文始祖——黄帝》,《光明日报》2018年11月24日。

[2] 徐中舒:《陈侯四器考释》,《历史语言研究所集刊》1933年第03本第4分,后收入氏著:《徐中舒历史论文选辑》上册,中华书局,1998年,第405-446页。

[3] 刘晓:《黄帝神话传说的形成》,陕西师范大学2018年博士论文,第154-157页。

[4] 赵世超:《拨不开的迷雾》,《中西早期历史比较研究》,科学出版社,2016年,第49-100页。

[5] 以茅盾先生为代表的神话学家多持此说,详参氏著:《中国神话研究初探》,上海古籍出版社,2011年。

[6] 常金仓:《〈山海经〉与战国时期的造神运动》,《中国社会科学》2000年第6期;卫崇文:《黄帝神话新论》,《晋东南师范专科学校学报》2002年第6期。

时期的一位杰出部落首领，其活动区域主要集中在今西北陕、甘两省。黄帝可能不止一世，而是十世，甚至更久。随着黄帝族的不断繁衍与强大，必定会带来分化，从而形成新的十二姓氏族，任或为其直系后裔，而周人为了自抬身份，自然需要与黄帝同为姬姓。《国语·晋语四》所载黄帝族“一父四母十二姓”的现象与其说产生于远古黄帝时期，不如说是夹杂了周人姓氏观念的远古时期正常的氏族分衍。

陈侯因資敦为著名的“陈侯四器”之一，从器形、纹饰、铭文等因素综合分析，为典型的齐器，属战国中期偏早。敦铭所言“高祖黄帝”是目前所见出土材料中有关黄帝的最早记载，极为珍贵。田齐的先祖在早期的文献和出土材料中均为颛顼、妫姓，与黄帝或“一父四母十二姓”黄帝后裔并无关系。然春秋战国之际社会已发生了剧烈变革，其最重要的变化表现在地缘社会逐渐取代了血缘宗亲。今日华夏大地上黄河上下游或南或北各族经过长期激荡交糅终于融合成新的统一的华夏族，同时姓族与表示其族源的远祖概念均已淡化。由于周人独特的煊赫地位，其远祖黄帝也就自然而然地被尊奉为华夏族的始祖，开始接受各族的祭祀。随着两周古史系统的变革及战国诸子百家尤其是黄老道家学说的推崇，至战国时期黄帝已被赋予成“理想王者”。齐威王此时承嗣“高祖黄帝”更像是树立一个榜样来激励自己，鞭笞自己，然所有的这一切，并不意味着田齐为黄帝之后。

本文原载《东岳论丛》2019年第11期

安丘商周古国述略

李景法
（安丘市博物馆）

在三四千年前的商、周时期，山东境域内方国众多。据文献记载和考古遗迹，商、周时期安丘境域内有斟寻、安丘、根牟、州（淳于）、杞、姑幕、兹、纪国（郚城）、齐等古国，在不同时期或存或亡，有的则很早就被灭国，转而以邑、县等名称存续。现将与安丘地域有关的古国情况简述如下，不全面追寻古国的由来根源，只记载商、周时期与安丘现在地域相关的古国存续情况。

1. 斟寻国

山东姒姓古国，夏之同姓，《史记·夏本纪》记载有“斟寻氏”。其地在今潍坊市南部，今安丘县城东北一带，属于其辖地。据咸丰《青州府志》卷二沿革表记载：在夏代，“安丘，斟寻氏国地。《左传》杜注：平寿东南有斟亭。《汉书·地理志》：斟县，故斟寻国，西北去灌亭九十里”。而同时记载，“寿光，斟灌氏国，《左传》：使浇用师灭斟灌及斟寻氏。杜注：乐安寿光东南有灌亭”。[1]从孙敬明先生《后羿二斟三寒考略》考证，其都应在今潍城西南20里浮烟山以西。[2]

有关斟寻，《夏本纪》语焉不详，唐司马贞《史记索隐》和唐张守节《史记正义》加以考证阐发，才知其约略大概。据《史记·夏本纪》：“《索隐》曰：‘昔有夏之衰也，后羿自鉏迁于穷石，因夏人而代夏政。恃其射也，不修人事，而信用伯明氏之谗子寒浞。浞杀羿，烹之，以食其子，子不忍食，杀于穷门。浞因羿室，生浇及豷。使浇灭斟灌氏及斟寻氏，而相为浇所灭，后缗归于有仍，生少康。有夏之臣靡，自有鬲收二国之烬以灭浞，

[1]（清）毛永柏修，（清）李图、刘燿椿纂：《青州府志》卷二“沿革表·安丘”，清咸丰九年刻本，第3页。
[2] 孙敬明：《后羿二斟三寒考略》，《潍坊古代文化通论》，齐鲁书社，2009年，第257页。

而立少康。少康灭浇于过，后杼灭豷于戈，有穷遂亡。'《正义》曰：'寒浞袭有穷之号，因羿之室，生奡及豷。奡多力，能陆地行舟。使奡帅师灭斟灌、斟寻，杀夏帝相，封奡于过，封豷于戈。恃其诈力，不恤民事。初，奡之杀帝相也，妃有仍氏女曰后缗，归有仍，生少康。初，夏之遗臣曰靡，事羿，羿死，逃于有鬲氏，收斟寻二国余烬，杀寒浞，立少康，灭奡于过，后杼灭豷于戈，有穷遂亡也。按：帝相被篡，历羿、浞二世，四十年，而此纪不说，亦马迁所为疏略也。……《括地志》云：商丘，今宋州也。斟灌故城在青州寿光县东五十四里。斟寻故城，今青州北海县是也。故过乡亭在莱州掖县西北二十里，本过国地。……寒国在北海平寿县东寒亭也，伯明其君也。'"[1]

根据唐司马贞《史记索隐》、唐张守节《史记正义》等史料，结合潍坊一带出土文物情况，斟寻存续大致如下：潍坊南部有斟寻国，夏禹之同姓。夏后太康被后羿驱逐，后羿立太康之弟中康为夏后，"因夏人而代夏政"。中康死后，其子相继位，势益衰微。后羿又驱逐了相，迁都于穷石，登夏后位，称作"太康失国、后羿代夏"。帝相出亡，依同姓诸侯之斟寻氏及斟灌氏。后羿"恃其射也，不修人事"，信用谗子寒浞，后被寒浞所杀。寒浞是伯明氏后代，其族地为寒国，即今潍坊寒亭。斟灌在今潍坊寿光，斟寻在今潍坊南，均与寒国相邻。寒浞夺权，袭有穷之号，翦除亲夏势力，派浇灭斟灌、斟寻。少康中兴之际，曾联合了斟灌、斟寻的残余势力，灭掉寒浞及浇、过等，恢复了夏后氏政权，斟寻等随之复国。商代初年，斟寻仍是一个势力较大的方国，潍坊市坊子区后邓村出土铭文"寻犬门父辛"铜觯即为实证。[2]潍坊市坊子区院上附近眉村、朱里一带亦曾出土商代晚期的青铜器，潍河东岸昌邑塔耳堡出土商代晚期"邓共盉彝"铜盉，[3]峡山区王家庄街道马家庄（原属安丘）出土商代石镰，[4]充分说明了在商代后期，斟寻国地才逐渐纳入商朝势力范围。明万历《安丘县志》引《竹书纪年》："浇伐斟寻，大战于潍，覆其舟灭之。"[5]记载的就是"浇伐斟寻"之战，地点即在今安丘东北潍水一带，也是中国历史上第一次有记载的水战。

2. 安丘国

安丘国，为东夷少昊后二十八方国之一，纪姓，在夏、商之际，有迹可循。《路

---

[1]（汉）司马迁撰，（宋）裴骃集解，（唐）司马贞索隐，（唐）张守节正义：《史记》（点校本二十四史修订本）卷二"夏本纪"，中华书局，2014年，第105-107页。

[2] 潍坊市博物馆：《坊子区院上遗址发现商代青铜器》，《海岱考古》第一辑，山东大学出版社，1989年。

[3] 孙敬明等：《山东昌邑出土商代邓共盉稽考》，《于省吾教授百年诞辰纪念文集》，吉林大学出版社，1996年。

[4] 刘冠军等编著：《文物选萃》，《安丘历史文化丛书》，山东人民出版社，2014年，第25页。

[5]（明）熊元、马文炜：《安丘县志》，"总纪上"第1页，南开大学图书馆藏明万历刻本。

史·国名纪二》记载:"安丘,纪姓国。安丘,汉县,隶北海。今隶密,有安丘亭。西南十二里有汉安丘城(《寰宇记》云即渠丘邑)。安丘望之(嵇康《高士传》持老子不仕)。"[1]《路史·后纪七》记载:"而置莒后舆期于始都计,二世兹丕归莒,至纪公复纪姓。历世三十,楚简并之。有莒氏、万氏、莒子氏……渠丘、著丘、安丘、且于、务娄、无娄……"[2]《山东省志·建置志》总结如下:"夏商时期今山东地域范围的方国为数不少。据治山东古国史的学者研究,仅文献上有记载,且能查到地望的就有130多国。其中……东夷族氏族部落演进为国者100多个……少昊后国有穷桑、兖、缗、蔑、偃、绞、鬲、郦、嬴、运、掩、菟裘、密如、徐、淮夷、兹、时、郯、葛、讧、莒、渠丘、计、安丘、无娄(牟娄)、且于、犁比、林闾等28国。……它们是后世政区的胚胎。"[3]从上述史料,安丘国为纪姓莒国后裔所建。

少昊后裔建立了二十八方国,但立国却有先有后,安丘国的建立时间相对来说是比较晚的,存续时间也比较短,大约在夏末商初。夏代初期,潍坊一带被斟灌、斟寻、寒国等占据,寒浞杀后羿夺权后,为稳固实力,翦除亲夏势力,派浇灭掉夏之同姓斟灌氏和斟寻氏。少康中兴,联合斟灌、斟寻的残余势力,灭掉寒浞及浇、过等,恢复了夏后氏政权,斟寻等随之复国,但斟灌、斟寻的势力却大大的削弱了。随着夷夏交恶,在夏王朝王师征伐中,少昊后裔莒国部族被迫逃散避难,改姓氏另立方国,部分部族迁徙至今安丘牟山一带,建立了"安丘国"。其时北有斟寻、东北有斟寻州邑、南有根牟国、西为斟灌国地,其地约在今安丘东部以外的中西部地区,都在今牟山西侧安丘故城遗址。

安丘二字,究竟是何含义?据《常用古文字字典》解释:安,"《说文》:'安,静也,从女在山下。'用作安宁之义"。丘,"《说文》:'丘',土之高也,非人所为也,人居在丘南故从北。……按甲(骨)文不从北从一,象二山峰之形,是小山也……卜辞中作方国名,如'勿于丘商'"。[4]从字面意思来看,安丘,就是在两座小山峰之侧,一处安宁的静土。"安丘",既是国名,又是国都名,也是姓氏名,它还是安丘国带标志性的山的名字。清咸丰《青州府志》记载安丘县时:"《太平寰宇记》同《元丰九域志》:'安邱有安邱山。'《金史》亦有之。今安邱无此山,或曰即牟山也。"[5]清光绪《安邱县乡土志》亦

---

[1]（宋）罗泌撰:《路史》卷二十五"国名纪二",国学大师网站(http://skqs.guoxuedashi.com/941t/618992.html)。

[2]（宋）罗泌撰:《路史》卷十六"后纪七",国学大师网站(http://skqs.guoxuedashi.com/941t/618710.html)。

[3] 赵延庆主编:《山东省志·建置志》,山东人民出版社,2003年,《概述》第5-6页。

[4] 王延林编著:《常用古文字字典》,上海书画出版社,1987年,"安"第430页;"丘"第471页。

[5]（清）毛永柏修,（清）李图、刘燿椿纂:《青州府志》卷二十一"山川考·安丘·牟山",清咸丰九年刻本,第29页。

沿用此说法，并对牟山周围连绵相连的小山峰进行介绍。[1]“安丘山”，即牟山。安丘国的存续时间不长，国灭后，其地为牟族占据，“安丘山”改称牟山，是牟族占领原安丘国地并长时间统治的结果。安丘国灭后，以邑为氏，称“安丘氏”。至于安丘氏后世信息，存留甚少，春秋战国之际，无从考据。到了汉代，却确确实实出现了安丘氏名人“安丘望之”。逄振镐《山东古国与姓氏》介绍“安丘氏”称：“安丘氏，本纪姓。莒纪姓国安丘之后，称安丘氏。安丘，复姓。汉有安丘望之。《尚有录》：‘安丘望之，字仲都，少治《老子》。’《古今姓氏书辩证》：‘安丘，耿弇父况与王莽从弟伋共学《老子》于安丘先生。嵇康《圣贤高士传》曰：安丘望之，字仲都，京兆长陵人。少持《老子经》，恬静不求仕宦，号安丘丈人。成帝闻，欲见望之。望之辞不肯见，为巫医，隐于人间也。’”[2]安丘望之这位安丘国的后世子民，大概是“安丘”历史上第一位知名人士。

3. 根牟国

牟族势力遍及山东各地，贾德民《牟山得名与牟族文化辨析》中称：“牟山为古代牟族聚居之地。……各游牧民族迫于生计，迁徙无定，每至一处，如原有人群居住，早有地名，则地名从主，仍以旧名呼之；如原为旷野，向无名称，新族一至，即以新族之名名之。这一古代地名公例，一直沿袭至今。……由此推知，古代牟族原居之地名牟，其新迁之地亦名牟乡、牟山。凡此一带，皆为牟族聚居之处。”[3]此说法沿用王献唐《山东古国考》有关牟族的观点，有针对性的对安丘牟山之牟族进行了详细论证。关于牟族，王献唐《山东古国考》论断如下：“诸城有牟山、牟乡，安邱亦有牟山、牟乡，在县西南十三里，隋就牟乡城置牟山县，寰宇记谓即古根牟国地也。诸城有牟娄，安邱亦有牟娄山，齐乘谓在县南二十里，今讹作朦胧山。安邱西北之寿光，复有牟城，或谓即春秋之牟子国；而牟子国所在，通常谓在莱芜，皆由氏族得名者也。氏族名由地起，亦以氏族名地，互为因果，迁徙无方。……古代山东牟族，固甚普遍，诸城安丘一带，其势力中心也。所谓牟者，即古代东夷之一，实山东土著也。”[4]安丘西南有牟山，隋代有牟乡

---

[1] 马步元纂：《安邱县乡土志》卷十二“山·牟山”，清光绪三十一年安邱萃华石印局石印本，第5页。原文如下：“牟山在城西南十五里，因以名社。旁西一峰曰‘洪陀’，又曰‘红桃’。东连一山曰‘松山’，又东曰‘小山’。《元丰九域志》安邱县有‘安邱山’，《金史》亦有之，县盖因此得名。今安邱无此山，或曰即牟山也。隋于其北置牟山县，今故城犹有遗址。汶水径故城北东北流，金沟河径洪陀西麓北流。”说明牟山一带是以牟山为主峰，一片绵延的低矮丘陵，这也与古代“丘”字的含义相一致。

[2] 逄振镐著：《山东古国与姓氏》，山东人民出版社，2006年，第279页。

[3] 贾德民撰：《牟山得名与牟族文化辨析》，戴维政主编：《文博研究（第一辑）》，潍坊新闻出版局，2000年，第49-53页。

[4] 王献唐著：《山东古国考》，齐鲁书社，1983年，第248-249页。

城、牟山县,盖因牟族聚居而来。

有关牟族所建立的方国与相关姓氏,逄振镐在其《山东古国与姓氏》一书中,牟族有牟国、根牟国,二者均为高阳氏后国。

牟国,“曹姓,祝融之后,子爵,故地在今山东省莱芜市东。《春秋·桓公十五年》:‘邾人、牟人、葛人来朝。’杜注:‘牟国,今泰山牟县。’《春秋左传注》同年注:‘牟,今山东省莱芜县东二十里有牟城,当即其国。’”牟氏,“牟子国后,子孙以国为氏,称牟氏。……《元和姓纂》:‘牟,《风俗通》云,牟子国,祝融之后。汉有太尉牟融。’《古今姓氏书辩证》:‘牟,出自祝融之后。有牟子国,后以为氏。其地太山牟县是也。汉太尉牟融,字子优,北海安丘人,长子麟,为郎。’”[1]

而根牟国,则为“颛顼之裔,曹姓,子爵。故地在今山东省沂水县南之牟乡。《世本·氏姓篇》:根牟,‘出自东夷,根牟小国’。《春秋·宣公九年》:‘秋,取根牟。’杜注:‘根牟,东夷国也。今琅邪阳都县东有牟乡。’根牟,古东夷小国,历夏、商、周,春秋灭于鲁。”根牟氏,“根牟国之后,以国为氏,称根牟氏。……《古今姓氏书辩证》:‘根牟,出自东夷。根牟小国,在琅琊阳都县东之牟乡。《春秋·鲁宣公九年》取其国,子孙氏焉。六国时,有根牟子著书,见《风俗通》。’”[2]

汉时有太尉牟融,《后汉志》载为北海安丘人也。[3]而《山东古国与姓氏》引《元和姓纂》记载:“牟,《风俗通》云,牟子国,祝融之后。汉有太尉牟融。”[4]牟子国在莱芜,距离安丘甚远,《后汉志》将牟融记载为北海安丘人,意指其里籍在北海安丘。而《元和姓纂》将牟融归为牟子国人,不知从何而据。牟族势力遍及山东各地,实际上莱芜东之牟国与安丘没有太大的关联,当时东夷部族方国林立,莱芜东之牟国,穿越众多方国到达古安丘地,实在是不可想象。而根牟国则在安丘南境,安丘、诸城一带是他们活动的重要区域,而莱国势力在昌乐、临朐一带,牟与莱为同姓,根牟族被莒部族侵袭威逼,其部族一支向北迁徙,依托莱国势力聚居,占据原安丘国地,山、国都则以姓氏命名,而“安丘山”,也被“牟化”,称为“牟山”。

《太平寰宇记》载:安丘县,古根牟国城,汉为安丘县,属北海郡。……隋开皇十六年分昌安县于牟乡城置牟山县,牟乡城即古根牟国也。大业二年省昌安县,改牟山县为安丘县,取汉旧名;三年移于汉平昌城内。唐武德六年移于今理。[5]意思是说,安

[1] 逄振镐著:《山东古国与姓氏》,山东人民出版社,2006年,第131页。
[2] 逄振镐著:《山东古国与姓氏》,山东人民出版社,2006年,第130页。
[3] (宋)范晔撰,(唐)李贤等注:《后汉书》,中华书局1965年,第915页。
[4] 逄振镐著:《山东古国与姓氏》,山东人民出版社,2006年,第131页。
[5] (宋)乐史撰,王文楚等点校:《太平寰宇记》卷二十四,中华书局,2007年,第497页。

丘县治所在，为古根牟国城，在牟山。隋初有牟乡城，说明在南北朝时牟乡城即已存在，隋开皇十六年（596年）于牟乡城置牟山县，隋大业二年（606年）又改称安丘县，取汉旧名；大业三年县治搬迁到汉代的平昌城去了，唐武德六年移于今理。“今理”在哪儿，不敢确指，但肯定不在称作“牟山县”的地方，亦不在汉代的平昌城，唐改为辅唐县。北宋开宝四年（971年）复置安丘县，沿袭至今。对于安丘县名，后世追根溯源，反反复复，这也充分说明了安丘国与根牟国的关系。

4. 州国（淳于国）

关于州国，王献唐《山东古国考》考证比较明确：“春秋经之‘州公’，左传作‘淳于公’，杜注谓淳于为州都。以都系爵，古无是例，如齐都临淄，不能称临淄侯，鲁都曲阜，不能称曲阜侯；州盖淳于之合音，淳于即州。州音古隶幽部，淳于合音为诸，隶鱼部，音近通转，犹洲亦为渚也。此一国名，当时缓言为淳于，急言为州，经用急言之州，传用缓言之淳于。……而水经汶水注，明言淳于为国名。前引之括地志同，知国名之淳于，亦即国名之州矣。”[1]并从《水经注》的“汶水条”加以佐证，“《水经·汶水注》曰：‘淳于，故夏后氏之斟灌国也。周武王以封淳于公，号曰淳于国。’据知州乃武王封国，前时为斟灌；续山东考古录谓灌为寻伪，乃斟寻氏，无论斟灌斟寻，皆姒姓也。史记夏本纪言，夏之后，有斟寻氏，斟戈氏，斟戈即斟灌，集解引世本如此；左襄四年传正义，史记吴世家索隐，并引世本，谓斟寻为夏同姓，事皆可见。斟寻之地名，亦祗称斟。……斟寻在夏代为强国，区域甚广，入后式微。周初，其淳于一部分，别易他姓……武王所封者，仍称淳于，称州”。[2]由此可知，州，原为斟寻国州邑，周武王灭商后，以州邑封淳于，位享公爵，称“淳于公”。因国都在州邑，又称“州公”。

关于州国，文献记载很少。其姓氏及其根源，则见诸《世本·氏姓篇》和唐司马贞《补三皇本纪》。《世本·氏姓篇》云：“许、州、向、申，姜姓也，炎帝后。”“州国、姜姓。”[3]司马贞《补三皇本纪》载：“炎帝神农氏，姜姓。……其后有州、甫、甘、许、戏、露、齐、纪、怡、向、申、吕，皆姜姓之后，并为诸侯，或分四岳。”[4]《通志·氏族略·以邑为氏》：“淳于氏，谓之州公，其后亦为州氏，姜姓，春秋时小国也。”[5]关于州和淳于，逄

[1] 王献唐著：《山东古国考》，齐鲁书社，1983年，第251页。

[2] 王献唐著：《山东古国考》，齐鲁书社，1983年，第252页。

[3] （汉）宋衷注，（清）秦嘉谟等辑：《世本八种》，商务印书馆，1957年，第15页。

[4] （汉）司马迁撰，（宋）裴骃集解，（唐）司马贞索隐，（唐）张守节正义：《史记》（点校本二十四史修订本），司马贞《三皇本纪》，中华书局，2014年，第4053页。

[5] （宋）郑樵撰：《通志》卷二十七“氏族略·以邑为氏·州氏”，国学大师网站（http://skqs.guoxuedashi.com/931r/603462.html）。

振镐著《山东古国与姓氏》结论如下:“据上所述,州与淳于说法不一,有一国说,两国说。但州与淳于一国说,似不确,当以两国说为是:初为州国,都淳于;周灭商后,武王封为淳于国,都不变,仍在淳于。”[1]逄振镐认定州和淳于是两国的说法是比较准确的。而王献唐《山东古国考》关于斟寻、诸的论断中也说明夏、商之州与周武王所封之州不是同姓一脉相承之国,仅是国名相同而已,“以淳于言之,初为姒姓,入州为姜姓,入杞复为姒姓。……易姓之后,其国名仍不可改,寒浞代羿,袭有穷之号,田氏篡姜,亦号为齐;则诸以易姓沿称为诸,又无足异。……此诸、安一带,古代类皆姒姓封国也”。[2]由此可知,州,初为斟寻国州邑,为夏之同姓,姒姓。至周灭商后,以州地封淳于国,则为姜姓。到杞都淳于的时候,则又为姒姓统治。

州都淳于在哪儿呢?据《括地志辑校》:“淳于国在密州安丘县东北三十里,古之州国。周武王封淳于国。”[3]于钦《齐乘·古迹》载:“淳于城,安丘东北潍汶二水交处,古有此城。”[4]州国都城淳于,在今山东省安丘市黄旗堡镇杞城一带,2007年划归潍坊市坊子区。因淳于国日渐衰微,国小力弱,为杞国威逼,朝夕不保,随时有覆国之危,故“淳于公如曹,度其国危,遂不复”。[5]春秋初年(公元前706年),淳于为杞吞并。

5. 杞国

杞国与安丘相关,当在春秋时期杞都淳于时。清初安丘张贞撰《杞纪》二十二卷,搜集“有关于杞者”之典籍记载,以证杞国之历史。[6]贾德民、李景法撰《张贞与杞史研究》,对安丘张贞对杞史的研究进行了简单的介绍。[7]杞,原是夏商古国,其封地在今河南杞县。司马迁曰:“杞小微,其事不足称述。”[8]说明杞为小国也,其国小,其事亦少,不足称述。《史记·夏本纪》记载有:“禹为姒姓,其后分封,用国为姓,故有夏后氏、有扈氏、有男氏、斟寻氏、杞氏……斟戈氏。”[9]说明杞与夏同姓,与斟寻、斟戈(灌)亦为同姓。斟寻在今潍坊南,其地辖昌乐、坊子、安丘东北一带,春秋时期杞国能在安丘

---

[1] 逄振镐著:《山东古国与姓氏》,山东人民出版社,2006年,第67页。

[2] 王献唐著:《山东古国考》,齐鲁书社,1983年,第254页。

[3] (唐)李泰撰,贺次君辑校:《中国古代地理志丛刊·括地志辑校》,中华书局,1980年,第138页。

[4] 《钦定四库全书·齐乘》,文津阁本商务印书馆影印本,2008年,卷四《古迹·淳于城》,第9页。

[5] (晋)杜预集解:《春秋经传集解》,上海古籍出版社,1988年,第86页。

[6] (清)张贞撰:《杞纪》,清康熙五十五年刻本,安丘市博物馆藏复印本。

[7] 贾德民、李景法撰:《张贞与杞史研究》,王振民主编:《潍坊文化三百年》,文化艺术出版社,2006年。

[8] (汉)司马迁撰,(宋)裴骃集解,(唐)司马贞索隐,(唐)张守节正义:《史记》(点校本二十四史修订本),《陈杞世家》,中华书局,2014年,第1916页。

[9] (汉)司马迁撰,(宋)裴骃集解,(唐)司马贞索隐,(唐)张守节正义:《史记》(点校本二十四史修订本),《夏本纪》,中华书局,2014年,第109页。

东北斟寻之州邑（淳于），以及昌乐缘陵建都，亦与杞跟斟寻为同姓有关，此地原为姒姓国地，杞人回归姒姓旧土而已。另据《史记·陈杞世家》记载："杞东楼公者，夏后禹之后苗裔也。殷时或封或绝，周武王克殷纣，求禹之后，得东楼公，封之于杞，以奉夏后氏祀。"[1]《史记》既曰"殷时或封或绝"，说明商代曾封禹后，但在殷商末期绝祀了。周武王以东楼公封于杞"以奉夏后氏祀"，说明东楼公亦为禹之后，但断非河南杞国直系一支，亦即我们通俗讲的"过继"，以"东楼公"为夏禹后杞国的继承人。关于杞国所在，王献唐《山东古国考》记叙如下："至于杞国氏族，是夏代后裔姒姓，为周武王所封。但在商代是否也有杞国，也是姒姓？大戴礼记少闲篇：'成汤卒受天命……乃放夏桀，散亡其佐，乃迁姒姓于杞。'殷敬顺列子天瑞篇释文引世本：'殷汤封夏后于杞，周又封之。'……周代封的杞国，最初在今河南杞县，见世本宋衷注（《史记·陈杞世家》集解引）、续汉书郡国志诸书。"[2]从此论断可看出，既然殷时"放移夏桀，散亡其佐，乃迁姒姓于杞"，说明杞的地盘不会太大，以防夏势力死灰复燃；其地也距商都不会太远，便于随时监视。既然周封于河南杞县，就地重封，说明商代杞国亦在河南杞县。

既然杞国在河南杞县，那又与安丘有什么关系呢？这需要从杞国东迁开始。西周初年，周武王以东楼公封杞"以奉夏后氏祀"，但杞国为周王朝庇佑，其地虽小，无人敢讨伐。但到了西周末年，王室衰微，无力掌控全国。杞国小微，在中原一带，邻近有陈、卫、郑、宋诸国，郑国最为强大。杞国被何国吞并，限于史料，今不可知，但在西周末年受邻国的侵逼，有灭国之危，被迫举国东迁。

杞国东迁，为何东迁？王献唐《山东古国考》认定："杞迁必因失国，幽厉之际，王纲废坠，兼并所不能免。……失国不足异，失而别迁于千里外之山东东部建国，则至可异。……以今考之，盖东楼公未封杞前，早在山东之诸城，自有其国。封杞之后，旧国仍在；迨杞不守，其后嗣仍回本土耳。"[3]

关于其东迁年代，今从王献唐《山东古国考》论断："周代杞县一带的杞国，后又迁往山东。春秋隐公四年经：'莒人伐杞，取牟娄。'自后经传所记杞事，统在山东，左氏传杜注、史记索隐以下，俱云后迁，其迁当在春秋以前。"[4]从其推断，杞国东迁时间当为春秋以前。

那又迁往何方呢？杞国东迁最初落脚之地，盖迁于今诸城之牟娄一带。王献唐

[1]（汉）司马迁撰，（宋）裴骃集解，（唐）司马贞索隐，（唐）张守节正义：《史记》（点校本二十四史修订本），《陈杞世家》，中华书局，2014年，第1914页。

[2] 王献唐著：《山东古国考》，齐鲁书社，1983年，第62页。

[3] 王献唐著：《山东古国考》，齐鲁书社，1983年，第241-242页。

[4] 王献唐著：《山东古国考》，齐鲁书社，1983年，第63页。

根据“莒人伐杞，取牟娄”[1]推断如下：“牟娄初为杞邑，既见春秋隐公四年经，必在春秋以前，已早属杞。后夺于莒，于昭公五年，随牟夷归鲁，更为鲁邑。……路史国名纪云：‘娄，楼也，本作偻，商所封，即牟娄，曹东之地，一曰无娄。密之诸城有娄乡，牟夷国也。’罗书牟娄下，注云‘隐四，莒伐杞取之者’，是明指诸城牟娄。……今但知所谓牟娄者，初本名娄可耳。罗氏谓娄即楼，古文有娄，未见楼字。东楼公之后，有娄氏，见唐书宰相世系表，路史夏后纪，其字古盖作娄，楼为后起字，所谓东楼公者，即东娄公。周初河南之杞祀断绝，别求禹后于东土娄地，得而封之，后嗣因号东娄公。迨子嗣位，以已迁封西土，又号曰西娄公；东西之名由此，娄其原籍之国号也。”[2]并以此断定：“商代所封之杞，在河南杞县，殷末祀绝，周初别求禹后，就地重封之。山东诸城，时有妘姓宗室之国名娄，武王从以求得东楼公，使奉夏祀，仍沿旧名曰杞。以娄言之，事犹后世之出嗣，其国仍自存在，并不因出嗣而断绝，迨后杞在幽厉之间，为他国兼并，乃率其公室族类，东回旧土，就原有区域，别立杞国。先时之娄，入后似为合组，为其一邑，即春秋之牟娄也。杞在河南亡国之后，不远千里，展转而至东方者，回其本土也。彼在诸城之娄国一带，能托庇立足，且能再建杞国者，本为所出之宗邦，唇齿相依故也。”[3]

而杞都又在哪儿呢？杞国东迁，初回山东故土，断不会立即占据原娄国都牟娄，毕竟娄尚有其妘姓后人，只是依附娄国托庇立足，而缓缓发展势力，另谋图之。有关杞国东迁后都城，史无明文，但《左氏春秋》曾记杞国迁都二次。

一是在鲁僖公十四年，即公元前646年，迁都缘陵。

据《春秋经传集解·僖十四年经》：“（僖公）十有四年春，诸侯城缘陵。注曰：缘陵，杞邑。辟淮夷，迁都于缘陵。”《春秋经传集解·僖十四年传》：“十四年春，诸侯城缘陵而迁杞焉。不书其人，有阙也。注曰：阙，谓器用不具，城池未固而去，为惠不终也。澶渊之会，既而无归，大夫不书，而国别称人，今此总曰诸侯，君臣之辞，不言城杞，杞未迁也。”[4]

迁都原因有二，一是因为“辟淮夷”，即远避淮夷侵略；二是因为原都城“器用不具，城池未固”。缘陵，即营陵，[5]在今昌乐县东南十余里。

二是在鲁襄公二十九年，即公元前544年，城杞。

---

[1]（晋）杜预集解：《春秋经传集解》，上海古籍出版社，1988年，第24页。

[2] 王献唐著：《山东古国考》，齐鲁书社，1983年，第245-246页。

[3] 王献唐著：《山东古国考》，齐鲁书社，1983年，第247-248页。

[4]（晋）杜预集解：《春秋经传集解》，上海古籍出版社，1988年，第285-286页。

[5]（汉）班固撰，（唐）颜师古注：《汉书·地理志》第六册，中华书局，1962年，第1584页。《北海郡·营陵》注解：“臣瓒曰：‘营陵，春秋谓之缘陵。’”

《春秋经传集解·襄公二十九年经》:“二十九年,仲孙羯会晋荀盈、齐高止、宋华定、卫世叔仪、郑公孙段、曹人、莒人、滕人、薛人、小邾人城杞。”[1]

《春秋经传集解·襄公二十九年传》:“晋平公,杞出也,故治杞。六月,知悼子合诸侯之大夫以城杞,孟孝伯会之。郑子大叔与伯石往。子大叔见大叔文子,与之语。文子曰:‘甚乎! 城杞也。’子大叔曰:‘若之何哉? 晋国不恤周宗之阙,而夏肄是屏。其弃诸姬,亦可知也已。’诸姬是弃,其谁归之? 吉也闻之,弃同即异,是谓离德。注曰:‘周宗,诸姬也。夏肄,杞也。肄,余也。屏,城也。《诗传》云,斩而复生曰肄;《方言》云,枿,余也,秦、晋之间曰肄。’”[2]

“晋侯使司马女叔侯来治杞田,弗尽归也。晋悼夫人愠曰:‘齐也取货。先君若有知也,不尚取之!’……叔侯曰:‘……杞,夏余也,而即东夷。鲁,周公之后也,而睦于晋。以杞封鲁犹可,而何有焉? 鲁之于晋也,职贡不乏玩好时至,公卿大夫相继于朝,史不绝书,府无虚月。如是可矣。何必瘠鲁以肥杞? 且先君而有知也,毋宁夫人,而焉用老臣?’注曰:‘悼夫人,平公母,杞女也。’”[3]

此次城杞,为晋平公发动,治杞田,为杞筑城,皆因其母悼夫人为杞女也。晋侯使司马女叔侯来治杞田,鲁未尽归,晋悼夫人甚愠。但叔侯以“杞为夏余,而鲁为周公之后且进贡而睦于晋,即使‘以杞封鲁犹可’,‘何必瘠鲁以肥杞?’”,游说了晋平公,以致鲁国占据的杞田未能全部归还。

但这次城杞,是在哪儿呢?《春秋经传集解·昭公元年传》:“祁午谓赵文子曰:‘……子相晋国以为盟主,于今七年矣! 再合诸侯,三合大夫,服齐、狄,宁东夏,平秦乱,城淳于,师徒不顿,国家不罢,民无谤讟,诸侯无怨,天无大灾,子之力也。’注曰:城淳于,襄二十九年城杞之淳于,杞迁都。”[4]从这个记载来看,城杞,就是“城淳于”,这次杞国第二次迁都,即又迁到了“淳于”。

淳于,为周武王所封姜姓国,因所封地为夏之斟寻国州邑,其国君称“淳于公”,亦称州公。州国亦为小国,在春秋时期,国小力衰,朝不保夕,随时能亡国。《春秋经传集解·桓公五年经》:“冬,州公如曹。”[5]《春秋经传集解·桓公五年传》:“冬,淳于公如曹,度其国危,遂不复。注曰:‘淳于,州国所都,城阳淳于县也。国有危难,不能自安,故出朝而遂不还。’”[6]《春秋经传集解·桓公六年传》:“六年春,自曹来朝。书曰‘寔

[1] (晋)杜预集解:《春秋经传集解》,上海古籍出版社,1988年,第1111页。
[2] (晋)杜预集解:《春秋经传集解》,上海古籍出版社,1988年,第1117—1118页。
[3] (晋)杜预集解:《春秋经传集解》,上海古籍出版社,1988年,第1119页。
[4] (晋)杜预集解:《春秋经传集解》,上海古籍出版社,1988年,第1172页,注在1175页。
[5] (晋)杜预集解:《春秋经传集解》,上海古籍出版社,1988年,第82页。
[6] (晋)杜预集解:《春秋经传集解》,上海古籍出版社,1988年,第86页。

来'，不复其国也。注曰：亦承五年冬传淳于公如曹也。言奔则来行朝礼，言朝则遂留不去，欲变文，言实来。"[1]从此来看，鲁桓公六年的时候，即公元前706年，淳于公"不复其国"，遂致国灭。

那到底是哪个国家导致淳于国"国危"呢？《春秋经传》没有注明。现据《春秋经传集解·桓公四年经》："四年春，王二月，莒人伐杞，取牟娄。注曰：'无传。书取，言易也。例在襄十三年。杞国本都陈留雍丘县。推寻事迹，桓六年，淳于公亡国，杞似并之，迁都淳于。牟娄，杞邑，城阳诸县东北有娄乡。'"[2]从杜预注来看，推测"淳于公亡国，杞似并之，迁都淳于"，意思是说因为杞国的威逼，导致淳于公"度其国危，遂不复"而灭国，其说为后世所沿用。

从上述资料，杞国东迁后的历程逐渐明晰，现将其都城以及疆域变更约略如下：

杞国东迁，当在春秋以前，其最初落脚之地，为今诸城之牟娄，依附牟娄托庇立足。因娄为周初东楼公之旧土，杞在河南亡国之后，不远千里，展转而至东方者，回其本土也。

东迁后杞国后定都于何处，今不可知。但周围莒、莱、纪、淳于等诸国环伺，另有齐、鲁两国，屡受攻伐，生存空间极其有限。

鲁隐公四年，即公元前719年，"莒人伐杞，取牟娄"，[3]牟娄为杞邑，为莒占领。鲁桓公二年，即公元前710年，"秋七月，杞侯来朝，不敬。杞侯归，乃谋伐之。九月，入杞。讨不敬也"。[4]杞侯前往鲁国朝觐，因为"不敬"而遭到鲁国派兵讨伐。鲁桓公三年，即公元前709年，"公会杞侯于郕，杞求成也。注曰：二年入杞，故今来求成"。[5]从上述三则史料，可以看出杞国之艰难，南有莒国虎视眈眈，先是被莒侵占了牟娄，又因到鲁国朝觐"不敬"被讨伐，不得不委曲求全"求成"，可见生存之艰。杞国受莒威逼，只得北迁，占有安丘东北淳于国地，导致"淳于公如曹，度其国危，遂不复"。[6]鲁桓公六年，即公元前706年，"淳于公亡国，杞似并之，迁都淳于"。[7]

鲁僖公十四年，即公元前646年，杞迁都缘陵。为何迁都缘陵？杜预注曰："缘陵，杞邑。辟淮夷，迁都于缘陵。"[8]另据《春秋经传集解·僖公十三年经》："十有三年，公

[1]（晋）杜预集解：《春秋经传集解》，上海古籍出版社，1988年，第87页。
[2]（晋）杜预集解：《春秋经传集解》，上海古籍出版社，1988年，第24-25页。
[3]（晋）杜预集解：《春秋经传集解》，上海古籍出版社，1988年，第24页。
[4]（晋）杜预集解：《春秋经传集解》，上海古籍出版社，1988年，第73页。
[5]（晋）杜预集解：《春秋经传集解》，上海古籍出版社，1988年，第79页
[6]（晋）杜预集解：《春秋经传集解》，上海古籍出版社，1988年，第86页。
[7]（晋）杜预集解：《春秋经传集解》，上海古籍出版社，1988年，第25页。
[8]（晋）杜预集解：《春秋经传集解》，上海古籍出版社，1988年，第285-286页。

会齐侯、宋公、陈侯、卫侯、郑伯、许男、曹伯于鹹。”《春秋经传集解·僖公十三年传》云:“夏,会于鹹,淮夷病杞故,且谋王室也。”[1]迁都原因就是“淮夷病杞”。

鲁襄公二十九年,即公元前544年,城杞。杞国又迁都回到淳于。此次城杞,为晋平公发动,治杞田,为杞筑城,皆因其母悼夫人为杞女也。此后杞国国都一直未变,直到楚惠王四十四年,即公元前445年,楚惠王灭杞。[2]

杞国几经迁徙,国微力弱,处在齐、鲁、莒、莱等大国的裹胁下,屡遭攻伐,深感亡国之恨、受辱之痛、迁徙之苦,时时以亡国自警。开展婚姻外交,与晋、鲁等国结亲以寻求庇护;采取结盟与国策略,周旋于列国之间。鲁国认为杞就东夷,用夷礼,是“不敬”,《春秋》关于杞的记载多有嘲讽之辞,这恰恰说明了杞设身处地、实事求是的生存方式。《列子·天瑞》有“杞国有人,忧天地崩坠,身无所寄,废寝食者”的寓言,考诸杞国历史,“杞人忧天”有其历史意义,也有现实教育意义。

6. 姑幕国

姑幕国,嬴姓,其辖地在今莒县东北、诸城西部、安丘南部一带,其都在今安丘市石埠子镇石埠子村,有姑幕城遗址存焉。姑幕城遗址所在,原属莒县,建国后划归安丘。此地村庄犬牙交错,互为“插花地”,为安丘、诸城、莒县三县交界地带。据1988年《安丘县地名志·石埠子乡》记载:“解放前,孝河口、张靳、北孙家庄和后庄4个村属安丘县,楼子、崖头2个村属诸城县,其余属莒县。1943年解放后属诸莒边县,1945年改为莒北县,1949年划属诸城县。1965年8月划归安丘县,称石埠子公社。”[3]另据《安丘县地名志》庵上镇和召忽乡记载,原庵上镇有5村,召忽乡有16村属莒县。[4]由于安丘市行政区划调整,2000年召忽并入石埠子镇,2007年庵上镇并入石埠子镇,现其地为安丘市石埠子镇所辖。

“姑幕”之名,最早见于史书,是在《汉书·地理志》:“琅邪郡,秦置。……县五十一……姑幕,都尉治。或曰薄姑。莽曰季睦。”[5]另据清雍正《莒县志》载:莒

---

[1] (晋)杜预集解:《春秋经传集解》,上海古籍出版社,1988年,第283页。

[2] (汉)司马迁撰,(宋)裴骃集解,(唐)司马贞索隐,(唐)张守节正义:《史记》(点校本二十四史修订本)“陈杞世家”,中华书局,2014年,第1915页。

[3] 安丘县地名委员会编:《安丘县地名志》,潍坊市报刊图书登记证潍出字(1988)第18号,1988年,第205页。

[4] 安丘县地名委员会编:《安丘县地名志》,潍坊市报刊图书登记证潍出字(1988)第18号,1988年,第127页、第271页。

[5] (汉)班固撰,(唐)颜师古注:《汉书》卷二十八地理志上·琅邪郡,中华书局,1962年,第1585-1586页。

地“唐虞以前无考，商（属）姑幕国。此侯国也，殷爵列三等，而姑幕实侯此土，仅见之汉史中”。[1]而清嘉庆《莒州志·古迹》则直言：“姑幕城，在州北一百六十里，商侯国。《博物志》：城东有公冶长墓，去锡山不远。《后汉·刘盆子传》：‘莒人逄安等从樊崇攻莒不下，转掠姑幕，遂入青州。’据文自莒而姑幕，而青州，道里相合，其为石埠之古城无疑。”[2]民国《重修莒志》载：“姑幕城，在州北一百六十里，商侯国，为石埠之古城。”[3]清顾祖禹《读史方舆纪要·山东青州府诸城县》载：“姑幕城，县西四十里。《通典》：古蒲姑氏国，汉置姑幕县，属琅邪郡。武帝封郝炎为众利侯食邑于姑幕是也。……《寰宇记》：莒州东北百六十里有姑幕故城，在密州境内，盖与莒州接界。”[4]另据逄振镐《山东古国与姓氏》则考证为“姑幕国为商世侯伯之国，即商代的侯爵、伯爵之国。据《路史·国名纪六》载，商世侯伯之国共56国。其中在今山东者8国”。其中“姑幕国。商侯国，地在今莒县东北、诸城西南”。[5]

姑幕，商代时为侯国，清雍正《莒州志》不知从何所本，或从《汉书·地理志》中“或曰薄姑”推测而来，嘉庆《莒州志》、民国《重修莒志》多沿用此说法。汉时，设立郡县，多沿用秦置，秦设郡县，亦不会凭空而来，说明早在秦之前即有“姑幕”这个地名。《水经注·潍水》亦云：“浯水……其水东北径姑幕县故城东，县有五色土，王者封建诸侯，随方受之，故薄姑氏之国也。阚骃曰：周成王时，薄姑与四国作乱，周公灭之，以封太公。是以地理志曰：或言薄姑也，王莽曰季睦矣。应劭曰：左传曰，薄姑氏国，太公封焉。”[6]在周代，是否存在姑幕国，未见史载，只知薄姑与四国作乱，周公灭之以封太公（齐）。但在姑幕城遗址周围分布有众多的商周时期古遗址、古墓葬等文化遗存，仅在安丘市境域内，以姑幕故城遗址为中心方圆2千米，有冢头遗址、张靳遗址、胡峪遗址等商周遗址和葛布口战国墓群。二十世纪五六十年代在葛布口村西侧山岭上曾发现两处战国墓葬，因当时属于诸城县管辖，出土鼎、罍、提梁炉、罐、匜等铜器文物，现保存在诸城市博物馆，笔者论证“葛布口1965年出土铜器大多器壁较薄，造型轻巧，具有战国晚期铜器风格。1956年出土的直耳小器，器小而厚重，年代应较早”。而在

---

［1］本引用文献未能查证清雍正《莒县志》，引自莒文化网：《美丽而古老的莒国》，引用网址：http://www.juwenhua.com/lishizonglan/2012/0623/15.html。

［2］（清）许绍锦等纂修：嘉庆《莒州志·卷五古迹考》，1976年，成文出版社影印本，第195—196页。

［3］庄陔兰纂：民国《重修莒志》，《中国地方志集成·山东府县志辑》，凤凰出版社，2008年，卷十八古迹上第2页。

［4］（清）顾祖禹撰：《读史方舆纪要·山东青州府诸城县》，清光绪二十七年图书集成局铅印本，卷三十五第15页。

［5］逄振镐著：《山东古国与姓氏》，山东人民出版社，2006年，第160页。

［6］（北魏）郦道元著，陈桥驿校证：《水经注校证》，中华书局，2007年，第630—631页。

浯水东岸诸城臧家庄村(今为龙宿村)亦出土了青铜编钟等青铜重器,并有铭文器,笔者论证为田齐公孙朝子的墓葬。[1]从出土器物和商周文化遗存来看,说明此处自古以来就是经济发展和政治中心区域。

《汉书·地理志》中既然记载"姑幕……或曰薄姑",有关姑幕与薄姑的关系,孙敬明先生《东夷方国——姑蔑两考》一文中则论证姑幕则由薄姑迁徙而来,解决了《汉书·地理志》中"或曰薄姑"的问题。其记载如下:

> 殷商时期今山东北境的最强大的东夷古国薄姑,其是少昊之后,与莒、郯等国同姓。……薄姑氏因其为殷商诸侯,故国力强大,文化发达,自然不满于周灭商,更不堪忍受周人的统治,故其与殷商旧国奄和其他东夷方国部族,借机反周,因而受到周公的征伐,结果是"残奄"或"践奄","迁其君薄姑"和"丰伯、薄姑咸哉"。……文献明言"践奄"之后,"迁其君薄姑"。至于将"薄姑"又是如何处理的呢,文献并无明言,但律之常理,在薄姑受到重创之后,也是被迁离旧地的。正如上节所称引《汉书·地理志》、《后汉书·郡国志》以及《水经注》等文献,他们明知在博兴县有薄姑国,缘何又言姑幕为薄姑国呢?这其中既有不争的史实,更有薄姑由旧地新迁至此的原因。有趣的是商奄与薄姑两国,周成王把奄君迁到了薄姑,是由南向北迁,其地在齐之监视下;薄姑则由北向南迁,正好又在鲁国的监视下。……故鲁占奄地,奄君由齐监视;齐占薄姑地,薄姑君则由鲁监视也。[2]

薄姑迁徙,必然远离原薄姑故地博兴一带,亦不会迁至鲁都曲阜附近,周封鲁,因曲阜一带为奄之旧地,必远迁边远之地。姑幕近莒,又与莒同为少昊后,孙敬明先生考证薄姑初迁之地为姑幕,其说可信也。据孙敬明先生考证:

> 文献中所谓姑幕为薄姑国,是正确的。其正是薄姑由旧地南迁第一地的国名。薄姑地名有多种书体,上节已开列,古者迁国不但民人、财产,而且连地名也一并迁徙。律及商奄,简作"奄","薄姑"例可简称"薄"或"姑",其由旧地南迁,新地国名"姑幕",是取其"薄姑"第二字"姑",而原留旧地则取"薄姑"第一字"薄",而作"博(薄)昌"。而此易名"姑幕",以志南迁也。由薄姑而改称姑幕,其读音仍无甚变化。山东古国邾,其有时作邹、作邾或作郰,或作邾娄,可为互证。[3]

[1] 山东诸城县博物馆:《山东诸城臧家庄与葛布口村战国墓》,《文物》1987年第12期,第47-56页。

[2] 孙敬明:《东夷方国——姑蔑两考》,孙敬明著:《考古发现与齐史类征》,齐鲁书社,2006年,第579-580页。

[3] 孙敬明:《东夷方国——姑蔑两考》,孙敬明著:《考古发现与齐史类征》,齐鲁书社,2006年,第580页。

另据《史记·陈杞世家》:“杞东楼公者,夏后禹之后苗裔也。殷时或封或绝,周武王克殷纣,求禹之后,得东楼公,封之于杞,以奉夏后氏祀。”[1]周武王既以东楼公封于杞“以奉夏后氏祀”,不让夏后氏祭祀断绝,周成王东征蒲姑、奄等十七国叛乱,“践奄”、“迁其君薄姑”,亦会迁薄姑于外地,削弱其反叛势力,亦会同商初“成汤卒受天命……乃放夏桀,散亡其佐”[2]一样,分散迁民、迁其君、散亡其佐,便于统治。薄姑氏南迁,定会分而迁之,故有安丘南之姑幕、泗水之姑蔑等,均为薄姑氏后迁之地。

综上所述,推断如下:薄姑氏为殷商侯国,地在今山东博兴。周初奄、薄姑等国叛乱,周成王东征,践奄、迁薄姑,薄姑氏一支迁至今安丘、诸城、莒县、沂水交界地带,其地近莒,能得同姓莒国势力庇佑,称为“姑幕”。但在周代,因其叛乱,迁薄姑后以其旧地封齐,自不会再封其为侯国。又据《春秋经传集解·昭公五年经》:“夏,莒牟夷以牟娄及防兹来奔。杜预注曰:‘城阳平昌县西南有防亭,姑幕县东北有兹亭。’”[3]牟娄旧为娄国,为夏禹之同姓,杞国东迁后为杞邑,与防、兹等,后被莒国占领,后归鲁国,而姑幕在兹的西南,更近莒国,西侧今沂水县一带属莒,约在春秋时期,则姑幕为莒之属邑也。安丘“姑幕”在商周时期大抵如此。

7. 兹国

有关兹,见诸史籍,最早则是在鲁昭公五年,即公元前537年。《春秋经传集解·昭公五年经》记载:“夏,莒牟夷以牟娄及防兹来奔。杜预注曰:‘城阳平昌县西南有防亭,姑幕县东北有兹亭。’”[4]此处之“兹”,指莒国之兹邑,是说原属莒国的牟夷,以牟娄、防、兹投奔鲁国。在此之前,则为独立的小方国兹,后为莒国的兹邑。莒国的侵袭,是从鲁桓公四年,即公元前708年,据《春秋经传集解·桓公四年经》:“四年春,王二月,莒人伐杞,取牟娄。”[5]是指在公元前708年,莒国伐杞占有了牟娄,何时占有兹,无从考证。但到奔鲁时则是在公元前537年,期间跨越170年,兹并于莒,则在期间。

逄振镐《山东古国与姓氏》一书中,认为:“兹国有二:其一是姬姓兹。《通志·氏族略·以名为氏》:‘兹氏,姬姓,鲁桓公之孙公孙兹之后。’属春秋时期古国。……

---

[1] (汉)司马迁撰,(宋)裴骃集解,(唐)司马贞索隐,(唐)张守节正义:《史记》(点校本二十四史修订本)“陈杞世家”,中华书局,2014年,第1914页。

[2] (汉)戴德撰:《大戴礼记》“少闲”第七十六,国学大师网站(http://www.guoxuedashi.com/a/1482n/3347b.html)。

[3] (晋)杜预集解:《春秋经传集解》,上海古籍出版社,1988年,第1256页。

[4] (晋)杜预集解:《春秋经传集解》,上海古籍出版社,1988年,第1256页。

[5] (晋)杜预集解:《春秋经传集解》,上海古籍出版社,1988年,第24-25页。

二是嬴姓国兹。《春秋 · 昭公五年》载:‘莒牟夷以牟娄及防、兹来奔。’”[1]有关姬姓兹,据《通志》,即是“兹氏”来源于鲁桓公之孙公孙兹。而嬴姓国,则指为“莒牟夷以牟娄及防兹来奔”之兹国。据《山东省志 · 建置志》载:“少昊后国有穷桑、兖、缗、蔑……淮夷、兹……无娄(牟娄)、且于、犁比、林闾等28国。”[2]由此可知,兹,亦为少昊后二十八方国之一。而《路史 · 国名纪二》亦认为兹为嬴姓国也。[3]

而兹国,究竟在哪儿呢?从上述典籍记载可以看出,兹,附近有牟娄、防;从杜预注,则有平昌、防亭、姑幕。牟娄在今诸城西,防、平昌在诸城西北,而姑幕则在今安丘西南,既然兹在姑幕东北,则“兹”之所在,即在今安丘与诸城交界地带,距离平昌、姑幕不远。从《中国文物地图集 · 山东分册》标注来看,[4]标于渠河北侧,结合安丘发现古遗址资料,安丘市仉岗尧上遗址所在,处于古浯水河边台地,三面环浯水,易守难攻,周围土地肥沃,适宜人类居住。该遗址面积大,约208 200平方米,为河边高台地。东南地势最高,为龙山、商周至汉代文化,地表以下60厘米为汉代文化层,60厘米至1米有商周文化遗存,1米至2米为龙山文化遗存,有灰坑、红烧土,采集到龙山文化石铲、夹砂褐陶鼎足,商代夹砂红陶鬲足,周代夹砂灰陶罐、泥质灰陶罐等标本。遗址北部及西部为商周文化区,在西部断崖处,暴露灰坑以及较多商周陶片,在遗址西侧断崖处,2009年第三次全国文物普查时采集到豆柄标本,上有铭文“天”字。[5]其地又在汉平昌城北,南距平昌10里;亦在汉姑幕县东北,可以从《水经注 · 潍水》来佐证:“其水东北径姑幕县故城东,县有五色土,王者封建诸侯,随方受之,故薄姑氏之国也。……浯水又东北经平昌县故城北,古堨此水以溢溉田,南注荆水。浯水又东北流,而注于潍水也。”[6]此处古遗址应为春秋时期兹之所在(图一)。

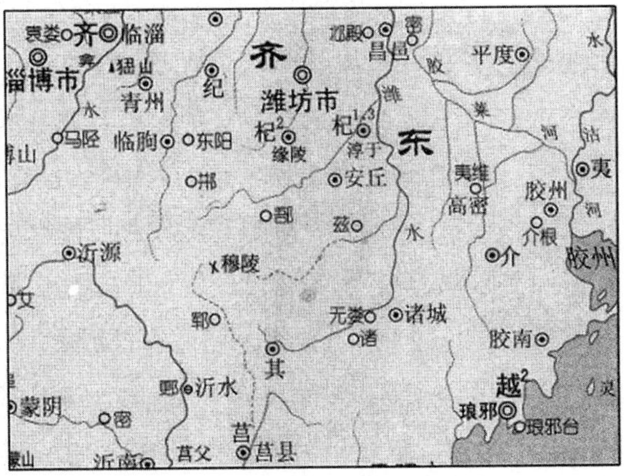

图一　春秋时兹国所在

(采自《中国文物地图集 · 山东分册》)

---

[1] 逄振镐:《山东古国与姓氏》,山东人民出版社,2006年,第112-113页。

[2] 赵延庆主编:《山东省志 · 建置志》,山东人民出版社,2003年,《概述》第5-6页。

[3] (宋)罗泌撰:《路史》卷二十五“国名纪二”,国学大师网站(http://skqs.guoxuedashi.com/941t/618989.html)。

[4] 国家文物局主编:《中国文物地图集 · 山东分册》序图春秋,中国地图出版社,2007年,第33页。

[5] 仉岗尧上遗址,山东省级文物保护单位,档案资料在安丘市博物馆。

[6] (北魏)郦道元著,陈桥驿校证:《水经注校证》,中华书局,2007年,第630-631页。

8. 纪(郚城)、齐、莒等国

东周时期,安丘西部属纪国,后属齐;齐灭纪后,安丘大部分属齐国。安丘西南柘山镇一带,属莒国。安丘东部,杞被楚灭后,属于楚。今约略记之。

纪(郚城): 今安丘市西部红沙沟一带,有纪国之郚邑。纪国,主要在寿光一带,与安丘之涉,在春秋时期。《春秋经传集解·庄公元年经》载:"'齐师迁纪郱、鄑、郚。'杜预注:'无传。齐欲灭纪,故徙其三邑之民而取其地。'"[1]是年为公元前693年。郱、鄑、郚为纪国的三个城邑,郱在今山东省临朐县东南,鄑在今山东省昌邑市西,而郚则在今山东省安丘市西南红沙沟一带,其城邑所在为郚城遗址。《春秋经传集解·庄公四年经》载:"纪侯大去其国。杜预注:'以国与季,季奉社稷,故不言灭;不见迫逐,故不言奔。大去者,不反之谓。'"[2]《春秋经传集解·庄公四年传》载:"纪侯不能下齐,以与纪季。夏,纪侯大去其国,违齐难也。"[3]纪国为齐所灭。

齐: 安丘与齐之涉,大概是从齐襄公时期开始的。首先是齐襄公五年(公元前693年),齐国征伐纪国,"齐师迁纪郱、鄑、郚"。其次是公元前686年,齐国内乱,公子纠与公子小白回国争位,并派管仲率军在莒国通往齐都临淄的必经之道上拦截,管仲箭射小白,小白诈死,日夜兼程得以先入齐,夺得君位,是为齐桓公。管仲请囚,召忽忠君自杀而死。《春秋经传集解·庄公九年经》和《春秋经传集解·庄公九年传》所记此事甚详,[4]在《史记·齐太公世家》中亦有详细记载。[5]召忽为齐人,死后葬于今安丘市石埠子镇召忽村,说明在当时今安丘西南石埠子镇一带已属于齐国。三是安丘齐长城的修建。齐长城是春秋战国时期齐国为防备鲁、莒、楚国的侵扰而修建的著名防御工事,安丘段齐长城修建于战国时期,是千里齐长城的重要组成部分。明万历《安丘县志》载:"(县治西南)八十里曰太平山,有长城岭。"[6]清嘉庆《莒州志》载:"长城,在州东北一百二十里,俗名长城岭。《齐记》:'宣王乘山岭筑长城,西起齐州,东至海以备楚。'长城之入莒者,自穆陵东历太平山四十里,接高柘之岭转而南,绝浯水,过卧牛城,又南傍高华岭入诸城界。"[7]1992年《安丘县志》载:"长城在县境内的一段约百里,西接临

[1] (晋)杜预集解:《春秋经传集解》,上海古籍出版社,1988年,第130页。

[2] (晋)杜预集解:《春秋经传集解》,上海古籍出版社,1988年,第134-135页。

[3] (晋)杜预集解:《春秋经传集解》,上海古籍出版社,1988年,第137页。

[4] (晋)杜预集解:《春秋经传集解》,上海古籍出版社,1988年,第146-147页。

[5] (汉)司马迁撰,(宋)裴骃集解,(唐)司马贞索隐,(唐)张守节正义:《史记》(点校本二十四史修订本)"齐太公世家",中华书局,2014年,第1798-1799页。

[6] (明)熊元、马文炜纂:明万历《安丘县志》卷三"山水考",南开大学图书馆藏明万历刻本,第7页。

[7] (清)许绍锦等纂修:嘉庆《莒州志·卷五古迹考》,1976年,成文出版社影印本,第197页。

朐县穆陵关，入境后自西向东经太平山、石门顶、紫草山、峰山、城顶山，再转南至摘药山渡浯水入沂水县境。”[1]从此来看，莒北境之齐长城从太平山向东，经高柘山，过浯水、卧牛城，与安丘西南之齐长城是一条线路。只因齐长城所在，自古以来即是县域分界线。

莒：安丘西南部为莒国属地，此处位于齐长城以南，柘山镇东古庙春秋墓出土五鼎、二鬲、四罍等精美铜器是为实证，[2]公元前431年（楚简王元年），莒为楚所灭。[3]而安丘东部及东北，则先属淳于国，后归杞国，公元前445年（楚惠王四十四年），杞为楚所灭。[4]而南部兹，先归莒，后属鲁国。另外，考古调查发现在安丘市辉渠镇老峒峪村等地，存留着商周时期的夯土城墙遗迹，这说明可能存在过其他一些小方国，还有待于田野考古工作的新发现。

本文写作过程中，自忖才疏学浅，不胜惶恐，不敢乱言，兹依王献唐先生《山东古国考》、逄振镐先生《山东古国与姓氏》、孙敬明先生《潍坊古代文化通论》及《考古发现与齐史类征》等书，以作纲目，并参考诸位商周考古名家之说，草成此文，敬请批评指正！

---

[1] 山东省安丘县地方史志编纂委员会编：《安丘县志》，山东人民出版社，1992年，第560页。

[2] 安丘市博物馆：《山东安丘柘山镇东古庙村春秋墓》，《文物》2012年第7期，第16—21页、第35页。

[3] （汉）司马迁撰，（宋）裴骃集解，（唐）司马贞索隐，（唐）张守节正义：《史记》（点校本二十四史修订本）“楚世家”，中华书局，2014年，第2073页。

[4] （汉）司马迁撰，（宋）裴骃集解，（唐）司马贞索隐，（唐）张守节正义：《史记》（点校本二十四史修订本）“楚世家”，中华书局，2014年，第2072页。

曹国史三题

刘卓异

(北京师范大学历史学院)

曹国是两周时期的姬姓小国，位于今山东省菏泽市定陶区一带。曹国虽然不大，但在《春秋》、《左传》中有不少记载，且在《史记》中有“世家”。《曹世家》附于《管蔡世家》之后，曹国的基本历史脉络得到相对完整的保存。尤其是曹国的始封、世系和灭亡，史籍中的记载是较为明确的，这对于一个小国而言是很难得的。随着金文材料的不断丰富，曹国青铜器也层出不穷，但有些青铜器是否能够作为研究曹国历史的资料，尚需细致辨析；同时，历代学者也在先秦典籍中找到一些与《左传》、《史记》中的记载有所歧异的蛛丝马迹，尤其是对曹国灭亡的时间，产生了一定的争议。笔者在学习前人论著时偶有所得，在曹国的世系与灭亡等问题上有一些稍异于前贤的观点，姑妄言之，以求方家指正。

一、姬窦母豆与曹国世系辨

姬窦母豆宋代已有著录，据说出土于陕西扶风，今仅存摹本。其铭曰：“姬窦母乍(作)大(太)公、𦝢(庸)公、□公、鲁中(仲)臤(贤)、告白(伯)、孝公、静公豆，用祈眉寿，永命多福，永宝用。”(《铭图》6159)1992年在陕西扶风县巨浪海家村出土了一件师盂钟，所载世系与姬窦母豆，可以对读，其铭曰：“师盂自乍(作)朕皇且(祖)大(太)公、𦝢(庸)公、𦓐公、鲁中(仲)、富(宪)白(伯)、孝公，朕剌考……□龢钟，用喜侃(侃)歬(前)䱷永命(令)义孙子……”[1]二器均出自扶风，且所载世系基本一致，姬窦

[1] 高西省：《扶风巨良海家出土大型爬龙等青铜器》，《文物》1994年第2期。

母为女子而师盂为男子，二人有可能是夫妻关系，至少也是同一家族中同一代的男子与妇人。[1]

二器铭文所不同者有三：其一，姬奂母豆铭文“章（庸）公”与“鲁中（仲）臤（贤）”之间的“□公”脱失一字，摹本阙如，据师盂钟可补作“玐公”；其二，姬奂母豆铭文之“告白（伯）”，师盂钟作“富（宪）白（伯）”，“告”、“富”金文字体相近，当为摹本误摹；其三，姬奂母豆铭文最后一代世系为“静公”，而师盂钟最后一代世系称“剌考”，综合来看最后一代世系当为作器者之父，谥号“静公”。三处不同均非本质差异，而可相互补充。综合来看，姬奂母与师盂家族的八代世系为：太公、庸公、玐公、鲁仲臤、（告）宪伯、孝公、静公、师盂。

刘雨先生认为，姬奂母豆与师盂钟所见之世系，当即姬姓曹国之世系。[2]其证如下：《史记·管蔡世家》所附之《曹世家》所载世系与姬奂母豆、师盂钟所见世系非常相似。《世家》载曹叔振铎之子为“太伯脾”，可对应铭文世系第一代之“太公”；《世家》太伯之子“仲君平”，可对应铭文世系第四代“鲁仲臤”；《世家》仲君之子“宫伯侯”，可对应铭文世系第五代“告伯”，可能是宋人将“宫”误摹作“告”；《世家》宫伯侯之子“孝伯云”，可对应铭文世系第六代“孝公”；《世家》孝伯之子“夷伯喜”，虽与铭文世系第七代“静公”无法对应，但怀疑是《世家》脱漏静公一代，夷伯当为铭文世系第七代静公的下一代。《世家》载曹国世系，自曹叔振铎始封，到共和以前，仅有太伯、仲君平、宫伯、孝伯、夷伯五代先君，当有脱漏。安普义在其硕士论文《周代曹国考》中赞同刘雨先生之说，并采用了刘雨先生重新修订的曹国世系（见下）。[3]

叔振铎——太公脾——墉公——┬封公鲁
　　　　　　　　　　　　　└仲盂平——宫伯侯——孝公云————静公————夷伯喜

成王———康王———昭王——穆王————————恭王———懿王———孝王——夷王———厉王

笔者以为，刘雨先生此说恐难以成立。金文所见有八代世系：太公、庸公、玐公、鲁仲臤、宪伯、孝公、静公、师盂；《世家》所见西周晚期之前曹国六代世系：曹叔振铎、太伯、仲君平、宫伯、孝伯、夷伯。两种世系体系差异明显，并非如刘雨先生所说的如此相近。

---

[1] 关于姬奂母与师盂有兄妹和夫妻两种观点。李学勤先生、耿超先生均以为二者为夫妻关系，比较有道理，胜过兄妹之说（详见李学勤：《论周王朝中的齐太公后裔》，《烟台大学学报》2010年第4期；耿超：《浅议姬奂母豆与师盂钟作器者关系及族姓》，《考古与文物》2011年第1期）。

[2] 刘雨：《两周曹国铜器考》，《中原文物》2008年第2期。此文又见于刘雨《金文论集》（紫禁城出版社，2006年），题为《师盂钟与姬奂母豆》，行文有所差异但观点与《两周曹国铜器考》基本相同。

[3] 安普义：《周代曹国考》，重庆师范大学硕士论文，2012年。

其一，姬寏母豆与师𡩜钟铭文追述祖先，最早只到“太公”；而曹国的始封君是曹叔振铎，倘姬寏母豆与师𡩜钟所见世系确为曹国世系，何以追溯祖先反而漏掉最重要的始封君？

其二，刘雨先生认为共和以前曹国只有六代国君，《世家》应当有所脱漏，故将金文世系中不见于《世家》的第二代“庸公”、第三代“𢦏公”和第七代“静公”均解释为《世家》缺漏，这只是没有任何依据的推测。从目前的材料看，没有证据可以确证《世家》所载世系有所缺漏。自周初到共和，曹国只有六代国君，这并无不妥，蔡国自蔡叔、蔡仲到共和时期的武侯也只有六代国君，陈国自始封君胡公到共和时期的幽公同样是六代国君，晋国自唐叔到共和时期的靖侯也是六代国君。自周初到共和，约两百年时间，以六代国君计，平均在位时间三十年出头，完全在常理的范围之内。

其三，姬寏母豆传出于扶风，师𡩜钟则确出土于扶风，两位作器者的家族在扶风，当无疑问。而曹封于定陶，自封至灭，未见迁移。两地一在王畿，一在外服，风马牛不相及，恐难以混为一谈。

其四，曹为诸侯国，其君称“曹伯”，而师𡩜钟作器者称“师𡩜”，显为王朝师职官员，二者身份有别，亦不可混同；倘将之解释为曹国公室小宗在王朝任职者，则亦不可通：首先，王朝自有世官，诸侯公室小宗在王朝任职之例非常罕见；其次，按照周代祭祀的原则，分支小宗只可上祭其所出之国君，而不能祭祀更早的先君，师𡩜向上祭祀七代先君，定然不是小宗。

其五，上文已言，姬寏母与师𡩜很可能是夫妻关系，姬寏母为姬姓无疑，根据周代“同姓不婚”的原则，知师𡩜必非姬姓，而曹为姬姓，师𡩜定然不是曹国公族成员，其家族也与曹国无涉。

其六，刘雨先生将金文世系第五代“(眚)宪伯”对应《世家》中的“宫伯”，并解释作宋人误将“宫”摹作“眚”，恐属臆测。据师𡩜钟铭文，宋人摹作“眚”之字，当为“𡩜(宪)”字。文献中用作谥号的“宫”字，当即金文中常见用作谥号的“𡧍”字，“宫”“𡧍”金文字形与“眚”“𡩜”相差甚远，宋人古文字学水平纵然有限，不至于误摹至此；而“眚”、“𡩜”皆从“目”，字形确实较为接近，的确很有可能误摹。参考下表字形，一目了然。金文中的“𡩜(宪)伯”，与《世家》中的“宫伯”，无从对应。

宫		𡧍		眚		𡩜	

瘋钟	颂鼎	羌鼎	师酉簋	豆闭簋	扬簋	史墙盘	戎生钟

综上所论，姬奞母豆与师盉钟所见世系与《世家》所见曹国世系，确有部分相似之处，即“太公”与“太伯”、“鲁仲”与“仲君”、“孝公”与“孝伯”；但更多的是差异，《世家》中的曹叔振铎、宫伯不见于金文世系，而金文世系中庸公、𫠆公、宪伯、静公均不见于《世家》。两种世系差异处居多，相似处较少，且有诸多矛盾，不当混同。曹国世系，目前仍当以《管蔡世家》所附《曹世家》为最系统的材料，姬奞母豆与师盉钟所见世系不当认为与曹国有关。

二、《孟子》“曹交”释疑

《春秋传说汇纂》云：“虞不书灭者，晋存其祀而不以灭告也。宋之入曹，或亦当然。孟子时犹有曹交，为曹君之弟，则战国之世曹尚未亡。盖灭而复存，如陈蔡许之类。”[1]沈钦韩以为“此说似可通”。[2]惠士奇以为：“曹灭于哀之八年，复见于哀之十四年‘宋向魋入于曹以叛’。杜注‘曹，宋邑’，非也。曹，伯爵而当甸服，故曰曹为伯甸，其国虽小，岂徒一邑哉？盖宋虽灭曹，仍为附庸于宋，故至战国而尚有曹君，赵岐注《孟子》曰‘曹交，曹君之弟’。”[3]阎若璩：“安知曹灭于宋在春秋哀八年，下到孟子居邹时已一百七十余年，不更有国于曹者？交为其介弟，观其言愿因邹君假馆舍，备门徒，俨然滕更挟贵之风，孟子则麾而去之，故赵岐以为曹君之弟，非无谓也。”[4]并举若干灭国之后又有国于此地之例为证。赵佑《四书温故录》云：“注曹交，曹君之弟。有疑曹亡于宋，孟子时不应尚有曹君。解之者曰：‘复也。’春秋时国有灭而复者，陈蔡而外，如定公年之书‘郑灭许’而哀元年复见许男，可知其为复也。曹之复事，在春秋后耳。赵氏盖当有所案据。”[5]焦循《孟子正义》亦赞同此说。[6]

《孟子》仅见“曹交”，赵岐注曰“曹君之弟”，本不知其所据。纵然有所本，“曹君”也未必是曹国之君。战国时称“君”者已不局限于国君，凡有采邑封地，皆可称“君”。此“曹君”，很有可能只是宋国内部的一个采邑主。据此判断曹国尚存，理由并不充足。

或曰此“曹交”系邹国公族之人。如江永《群经补义》云“春秋之末，曹已为宋

---

[1]（清）王掞等：《春秋传说汇纂》卷三十七，文渊阁四库全书本。

[2]（清）沈钦韩：《春秋左氏传补注》卷十二，清功顺堂丛书本。

[3]（清）惠士奇：《半农春秋说》卷七，文渊阁四库全书本。

[4]（清）阎若璩：《四书释地续》，《皇清经解》卷二十七。

[5]（清）赵佑：《四书温故录·孟子四》，《续修四库全书》经部第166册，上海古籍出版社，2002年，第618页。

[6]（清）焦循：《孟子正义》卷二十四，中华书局，1987年，第811页。

所灭，曹交非曹君之弟，或是曹国之后，以国为姓；或是邹君之族人，邹本郲国，郲本姓曹”。[1]赵绍祖《读书偶记》云：“今案，曹交虽不知何国人，当是邹之远族而与邹同姓者。”[2]此说恐难成立。先秦男子称氏而不称姓，“曹交”必不能是曹姓名交之人。《孟子》中的“曹交”，或即《困学纪闻》所云：“孟子时曹亡久矣，曹交盖以国为氏者。”[3]

三、《墨子》“曹公子”释疑

《墨子·鲁问》有：“子墨子出曹公子而于宋。”[4]梁学昌述梁玉绳说曰：“是别封曹国之一证。”[5]陈槃先生云：“战国时复有曹国之说，以梁氏所引曹公子一事证之，则其说通矣。”[6]

此说亦有漏洞。其一，称“公子”者，虽多指国君之子，但到了春秋战国之际，“公子”“公孙”之称亦偶有非确指国君之子孙者，如《左传》哀公七年有“曹鄙人公孙强”，既然是“鄙人”，自然不会是公室成员，虽称“公孙”，但并非国君之孙，有可能只是其氏或某种尊称。春秋战国之际曹国既然有不是国君之孙的“公孙”，未必不能有不是国君之子的“公子”。其二，纵然这里的“曹公子”就是曹国国君之子，仅据“曹公子”一词推断战国时曹国复国，也不能成立。只要是曹君之子，即可称“曹公子”，纵然曹国灭亡，也不影响其与生俱来的身份。宋灭曹伯阳于鲁哀公八年（公元前487年），而钱穆先生考证墨子生年“当在周敬王之末年，或犹及孔子之未死也”，[7]当属可信。孔子死于鲁哀公十六年，即宋灭曹伯阳之后八年。从时间上算，曹伯阳之子是完全有可能与墨子处于同一时代的。曹伯阳之子或稍长于墨子，但相差当不甚远。因此，《墨子》中的“曹公子”纵然确有其人，从时间上讲也完全有可能是曹国末代国君曹伯阳之公子，并不必然是战国时复国的曹国国君之公子。

从目前的材料看，《左传》、《史记》均明确记载曹国灭亡的时间，战国文献中也见不到曹国在战国时仍然存在的证据，出土曹国青铜彝器最晚也只到春秋晚期。以谨慎的态度，曹国灭亡的时间仍当以传统说法为准。

---

[1]（清）江永：《群经补义》卷五，文渊阁四库全书本。

[2]（清）赵绍祖：《读书偶记》卷四，《丛书集成续编》第21册，新文丰出版公司，1997年，第489页。

[3]（宋）王应麟：《困学纪闻》卷八，上海古籍出版社，2001年，第1001页。

[4] 吴毓江：《墨子校注》，中华书局，1993年，第737页。诸本作“子墨子曰出曹公子而于宋”，“曰”字衍。

[5]（清）梁学昌：《庭立记闻》卷二，清嘉庆刻清白士集本。

[6] 陈槃：《春秋大事表列国爵姓及存灭表譔异》，上海古籍出版社，2009年，第19页。

[7] 钱穆：《先秦诸子系年》，九州出版社，2011年，第91页。

关于潍坊市博物馆所藏的三件商代青铜器的情况介绍

张　然
（潍坊市博物馆）

潍坊地区的商周遗迹丰富，根据八十年代发表的《山东潍坊地区商周遗址调查》显示商周遗址300余处，主要分布在白浪河流域的昌乐和坊子、寒亭区，弥河流域的临朐、寿光和青州。本文中的三件商末周初青铜器于1985年出土于坊子院上地区的一处商周时代文化遗存。

此三件青铜器为一件爵、一件卣、一件觯。入藏潍坊市博物馆已经有30多年，期间由于出土时的破坏和保存条件的限制，器物出现不同程度的损坏。为了保护和继续挖掘其文物价值，经馆领导研究决定并上报有关部门批准，对其进行保护修复工作。

一、文物的基本情况

铜爵腹径6.3 cm、腹深8.5 cm、足高约9.5 cm、残高17.1 cm。此爵深腹、圜底，流与尾已经残缺，仅存一柱，柱帽为伞菌状，上有漩涡纹，出土时尚有三足，但后来一足遗失，为三棱锥足，腹饰带状菱形雷纹，四乳钉，腹侧一鋬与一足上下相对应。鋬内腹侧有铭文“□門”。出土已残损严重，器物口沿大面积缺失，通体粉状锈，锈蚀严重并有黄色硬结物，一柱一足缺失，一柱断裂。多处孔洞，主要病害为粉状有害锈、层状堆积与表面硬结物。

铜卣通高15.6 cm、宽15.5 cm、口径11.5 cm、底径12.3 cm。此卣为子母口，上有盖，根其形制推测，盖顶应有一钮，口与盖已经锈住，无法开启。椭圆形扁鼓腹，腹部下

三件铜器修复前

垂，底部为圈足。提梁卣的肩两侧设环钮，套铸绳索形提梁。子母口下饰一周约两厘米宽的带状菱形雷纹，器身两侧各饰浮雕小羊头。盖上纹饰与器身大致相同，圈足饰有两圈弦纹，但由于锈蚀严重表面纹饰已经不清。器盖在出土时已经残破不堪，提梁已经残缺，与其相交环钮也残破，器物遍布黄褐色表面硬结物，局部层状堆积，多处有粉末状浅绿色锈蚀物，器物整体矿化严重，腹下部有一漏孔并多处裂隙。盖内与器物底部有对铭，其铭文为“丂門”。这件文物整体规整大气，纹饰精美，铸造技术复杂，但腐蚀损坏严重。

铜觯腹径8.1 cm、高13.4 cm、口径7.4 cm、足径6.9 cm。此觯侈口束腰，鼓腹下垂，圜底，高圈足，腹径略大于口径。颈部饰一周饕餮纹与云雷纹，圈足饰云雷纹与夔纹。器物腹底有五字铭文“[illegible]丂門父辛”，是三件中铭文最多的。本件器物出土时腹部残破严重，底部圈足与器身分离。器物存在黄褐色表面硬结物，层状堆积，内部有粉末状浅绿色锈蚀物。腹部上有一漏孔，并有多处裂隙。本器有一弧形盖，盖顶有蘑菇状钮，现存放在博物馆库房，不在本次修复工作范围内。

这三件文物器身均有铭文，其中丂和門，同时在三件文物中出现，一字无意义，一字与門字相似但也无准确表示意义，推测此二字可能是这三件青铜器拥有者的家族族徽。同时在一件青铜觯内部铸有“[illegible]丂門父辛”五字铭文，其中除了作为族徽理解的“丂門”外，还可识读出“父辛”二字。资料显示商代贵族有以天干命名的习惯，比如沃甲、仲壬、武丁等，所以“辛”可能是此件青铜觯的享用者的名称。而“父”字与祖、母、兄等在商代青铜器铭文中一般是用来标记祭祀者与被祭祀者关系的称谓，比如父戊方鼎，司母辛鼎等，所以“父”字应该是祭祀者对“辛”的称谓。至于“[illegible]”字仅在一件青铜觯中出现，并且未见相关著录或有相似铭文参考释义故暂无解释。由此可知，结合出土情况这三件青铜器可能出自一个名为“丂門”家族，是其祭祀祖先的礼器，其中的青铜觯是专门祭祀一个名为“辛”的先祖而制作的。

青铜觯的病害局部

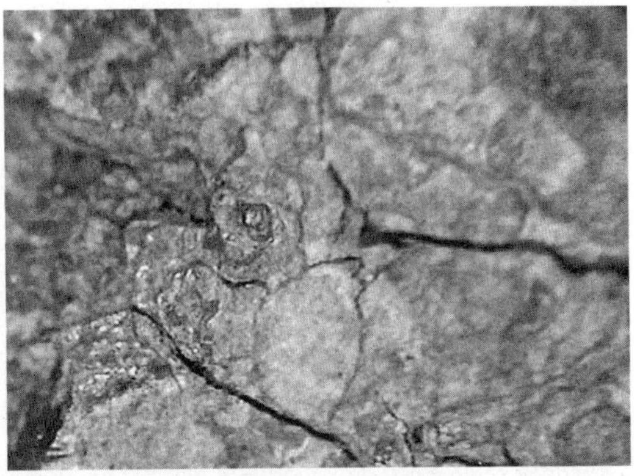

青铜卣的病害局部

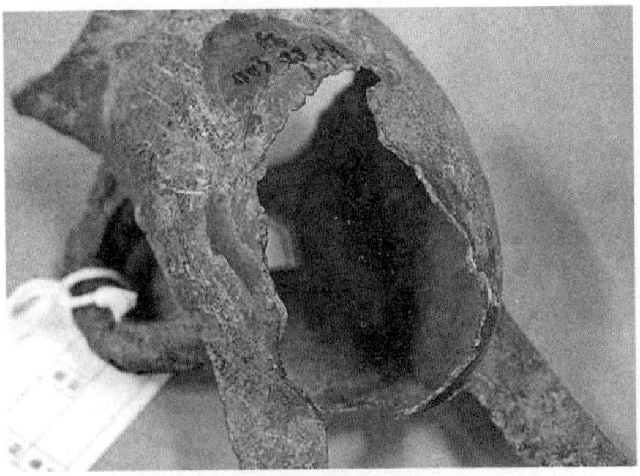

青铜爵的病害局部

青铜觯内部铭文

青铜爵鋬部铭文

青铜卣内部铭文

二、修复情况

使用超声波清洗机去除青铜卣表面的浮土

根据基本情况所述，三件器物的主要病害有所不同，所列的修复计划不同，故修复重点也不相同，但是其修复的程序基本相同的。现将修复的基本情况列于下。

1. 清理：用洁牙机和超声波清洗机清理三件器物表面的浮土。

2. 清洗：在三件器物上各选择一小块隐蔽处做清洗实验，用棉签蘸取丙酮和乙醇的混合溶液湿润软化后，用竹签、手术刀等将酥松的锈蚀物、土锈等去除。观察清理效果及局部器物颜色，器物表面基本无变化，可以逐步清理。铜卣的器物底部和器盖、铜爵的錾部内侧、铜觯的内侧底部在出土时已经发现了铭文，但是由于锈蚀严重字迹不清，此次清理将各处铭文基本显现出来。

3. 除锈：通过对三件器物锈蚀样品定性分析，发现三件器物器壁尤其是铜卣上的表面锈蚀物有氯离子存在。采取机械除锈与化学除锈相结合。采用手术刀、洁牙机等工具，机械除锈。将锌粉与10%的氢氧化钠溶液混合调成糊状，敷在器物锈蚀的部位上，经过半小时以上时间反应后用蒸馏水反复擦洗干净。清洗完成后将器物放置于培养箱内，湿度控制在80%以上，经一段时间再观察。确认无新的锈蚀物产生再进行下一步。由于铜卣的器盖和器身的连接处被锈住，所以在除锈时，铜卣器盖与器身分离

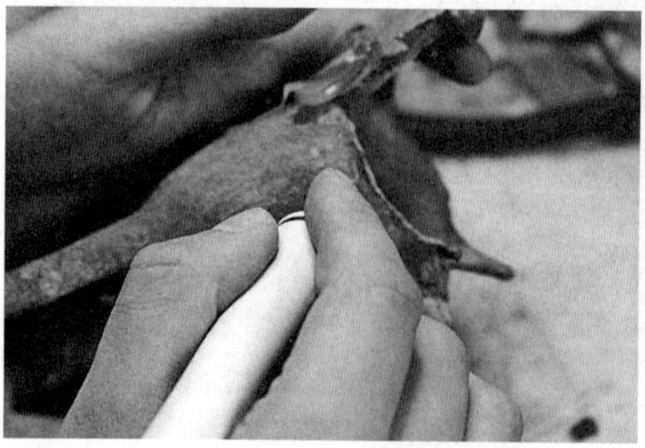

使用洁牙机为青铜爵机械除锈

使用化学药剂为青铜卣的器盖和口沿处去锈

成为除锈工作重点，先用洁牙机震荡酥松的锈蚀，再使用打磨机对坚硬的锈蚀部分进行清除，对于深处的无法触及的部分进行化学药剂除锈，再逐步取下器盖。

4. 补配：(1) 在铜爵的断裂部位用热熔胶将其固定后，滴入树脂黏合剂进行渗透加固。然后用A、B双组份环氧树脂补配材料填补抹平，待其完全凝固后，用打磨机将其打磨平整，使之与器物本体协调一致。再用蜡片翻制口沿部和残缺足部的模具对缺失部位进行补配，将混合好的双组份环氧树脂补配材料填补在缺失部位，参照器物本体塑形。(2) 在铜觯的裂隙部位用A、B双组份环氧树脂黏合剂进行加固。器物孔洞和缺失部位用双组份环氧树脂修补材料进行补配，将蜡片固定在器物内部作支撑，把混合好的修补材料填补在缺失部位，使上下相连接。凝固后打磨平整。(3) 将铜卣的碎片进行黏接，在顶部和腹部的缺损处，用A、B双组份环氧树脂补配材料填补抹平，待其完全凝固后，用打磨机将其打磨平整。对提梁部分使用A、B双组份环氧树脂黏合剂进行黏接加固，并与口沿的环钮相连接。器盖顶部根据相关资料复原了顶部的钮。

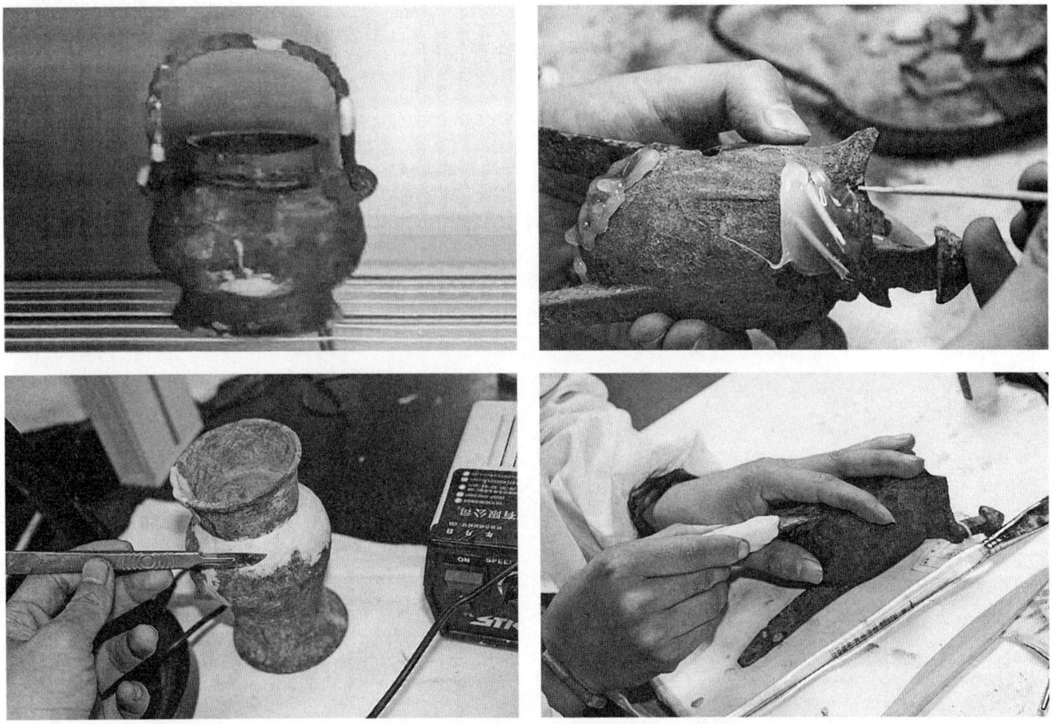

对三件文物的缺损部分加固和补配

5. 缓蚀：用毛笔将3%的BTA乙醇溶液均匀的刷涂在三件铜器的表面。

6. 作色：对三件铜器补配处作色处理。对补配处、涂抹了化学药剂处用矿物颜料进行随色，边随色边观察与周围颜色是否协调，并根据实际情况对作色处进行弹、崩等传统技法随色处理，直到与周围颜色相互协调。

7. 封护：将2%的B72丙酮溶液用毛笔刷涂在器物表面上2-3次，观察封护效果，防止液体有流淌及炫光出现。以提高三件铜器的抗腐蚀能力。以上步骤结束后还要将三件铜器进行自然通风静置，以去除修复过程中使用化学药剂而产生的异味。

修复后的三件青铜器

修复过程中遵循相关原则，探索将传统修复方法与现代修复方法相结合，基本还原了器物的原貌，去除了相关病害，延长了文物寿命，达到了预先的保护目的。接下来，将对修复好的文物善加利用，继续挖掘其背后埋藏的历史价值，借以丰富商周时期潍坊地区历史文化内涵。

临朐出土的商至春秋晚期青铜器概述

衣同娟
（山东临朐山旺古生物化石博物馆）

临朐，古称骈邑，西汉武帝置县，几经兴废，迄今已2 000余年历史。临朐自新石器时代开始，就出现了人类文明，出土北辛文化、龙山文化及各时代的文物遗存颇多，留下了众多的宝贵财富。

山东临朐山旺古生物化石博物馆（简称临朐县博物馆）馆藏文物众多，藏品总量9.8万件（套）。在这些藏品中，青铜器不但在数量上占有一定比重，且种类丰富。其中，1973年临朐县东城街道下卜落沟村出土的商晚期亚明疑铜爵，是目前临朐出土时代最早之青铜器。特别是1977年10月和1981年4月，在嵩山泉头村先后两次出土了级别较重的西周晚期至春秋早期之青铜器，共出土青铜器21件，其中包括不同国别的铸铭铜器6件。这些青铜器的出土不仅对山东地区西周至春秋时期之历史文化有了新的认识，且为研究曾国之历史和古之斟鄩的延续及与齐国之间的关系，增添了新的史料。分述如下：

一、商代青铜器

商晚期亚明疑铜爵　1973年临朐县东城街道下卜落沟村出土，目前是临朐县博物馆馆藏时代最早之青铜器。通高19.3、腹径6、后尾4、腹深8.8、二菌柱高3厘米，重量600克。此铜爵口流残损，尖长尾，柱较高，一菌柱歪向一侧，腹呈圆筒形，卵圆底，三棱形实心尖足，足略外撇。腹饰云雷纹衬地的饕餮纹。带状半圆形鋬，鋬内腹壁铸有篆书阳文三字“亚明疑”（图一，1、2）。

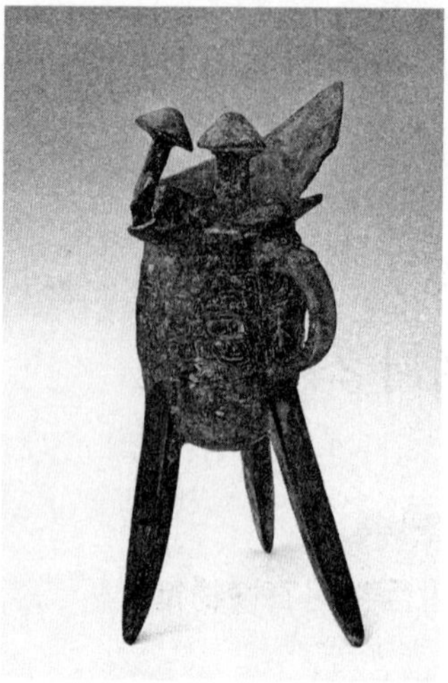

图一　商晚期亚明疑铜爵

临朐出土的这件商晚期亚明疑铜爵铭文应为氏族族徽，未见著录。

在商晚期和西周初期青铜器上，“只有一个或几个字的铭文，文字的象形性则特别强”，[1]有的甚至象图画。容庚先生《商周彝器通考》认为此种铭文就是古代民族之“族徽”。[2]在商铜器族徽铭文中经常会出现“亚疑”与“曩”之合文。如“亚曩侯疑”(《父乙簋》,《集成》3504)、“亚曩疑”(《母辛尊》,《集成》3689)等。“这种复合型族徽不同于习见的单字族徽，它是族氏铭文中独特的形式”。[3]张懋镕先生《关于探索“复合族徽”内涵的新思路》，文中从探讨商周族徽的古姓方面切入，认为复合族徽“所包含的两个单一族徽同属一古姓，即可说明两者之间有血缘关系，属于同族，或者说其中的一族是另一族的分支”。[4]学界比较认可的看法是它表示一个氏族的分支，此分支将其氏名附在自身族氏名号之上，这不仅为了表示与所属部族的区别，而且也为了标明自己的出身。

“亚曩”是商较著名的氏族，在一些青铜器上有这个族名，且出土地遍布中原及周边地区。上世纪七十年代在北京房山琉璃河一带、辽宁喀左县、陕西扶风等地区都出土了带有“亚疑”族徽的“曩”器。“曩为商代贵族曩侯所在地名，亦为氏族名，传世曩器甚多”。[5]这说明“亚曩疑”在商王室是重臣，有大量“亚疑”的贞人为器主的铜器

[1] 林沄:《林沄学术文集》,中国大百科全书出版社,1998年,第60-68页。
[2] 容庚:《商周彝器通考》,哈佛燕京学社,1941年。
[3] 张俊成:《商代曩国及其相关问题》,《内江师范学院学报》2009年第1期,第65页。
[4] 张懋镕:《关于探索“复合族徽”内涵的新思路》,《古文字研究》第27辑,中华书局,2008年。
[5] 喀左县文化馆等:《辽宁喀左县北洞村出土的殷周青铜器》,《考古》1974年第6期,第369页。

出土，这位贞人可能就是"亚㠱疑"一族的先祖。这就说明"亚㠱疑"与"亚疑"族有着血缘上的关系，"亚㠱疑"就是"亚疑"族的一个分支，他们把各自分支的名号赘于"亚疑"之上，一方面表明了自己同"亚疑"族的族源关系，另一方面也可区别其他部族之分支，但他们都是从"亚疑"部族中分化出来的，存在着血缘上的渊源。那么，在临朐出土的这件带有"亚明疑"铜爵，可能就是由"亚疑"族分化衍生出来的一个分支的器物。

临朐出土的这件商晚期亚明疑铜爵，或须证明"亚明疑"一族当时就在临朐下卜落沟村一带居住或生活过，也可能在此活动过，还有一种可能就是此族之人由此地经过遗留下来的。但是，不管怎样，由于在临朐出土这件商晚期亚明疑铜爵地点比较明确，这对研究商"亚疑"族之地望及活动范围等均具有重要的考古价值。同时，也希望在今后的工作中，能在下卜落沟村一带发现更多、更好的商代青铜器和遗存。

二、西周青铜器

1977年10月和1981年4月，在临朐县嵩山泉头村东通往九杰村的乡间公路北侧，村民在一断崖的墓坑中发现了一批铜器，共21件，其中6件带有铭文，涉及齐、鄩、曾三国，这些文物的出土对研究齐、鄩、曾国的有关历史等，提供了极为宝贵的实物资料。现选取数件，分述如下：

西周晚期鄩仲盘　通高14.3、口直径42、底径28.2厘米，重7.81千克。折沿、附耳、浅盘、平底，圈足较高外侈。两耳内、外两侧各饰重环纹，腹饰窃曲纹，圈足环列一周垂鳞纹。底有裂缝和两个小破孔，外附铜片，两端用铜钉铆牢。盘内底中心部位铸有铭文三行二十字："鄩仲媵仲女子宝盘，其万年无疆，子子孙孙永宝用。"（图二，1、2）

西周晚期鄩仲匜　通高23.5、流鋬长43、腹径18.9厘米，重5.24千克。整个器身呈瓢形，前有长流，后有屈兽为鋬，鋬作兽首，兽尾卷起，口衔器沿，兽身饰重环纹，背饰凸棱。器身下有四只扁形兽足，兽头顶器底，卷尾向后卷曲触地。口沿外壁饰窃曲纹，腹饰瓦纹。匜内底中心部位铸有铭文三行二十字："鄩仲媵仲女子宝匜，其万年无疆，子子孙孙永宝用。"（图三，1、2）

西周晚期齐趫父鬲（出土2件，完全相同）　通高11.9、口径17.4、内口径12.3厘米，重1.48千克。宽平沿微向外折、束颈、平裆、足半实，足下端作阔蹄形，腹部与足对应处各饰一扉牙，腹饰象首纹。口沿面铸有铭文十六字："齐趫父作孟姬宝鬲，子子孙孙永宝用享。"（图四，1、2）

图二　西周晚期郭仲盘

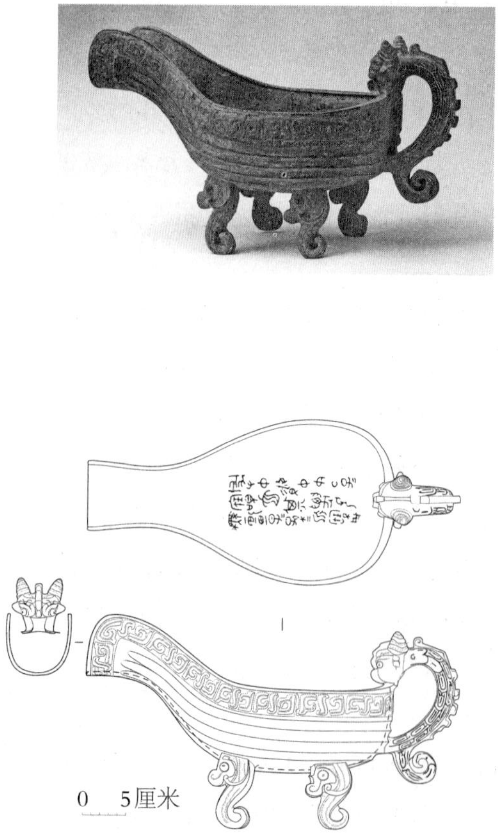

图三　西周晚期郭仲匜

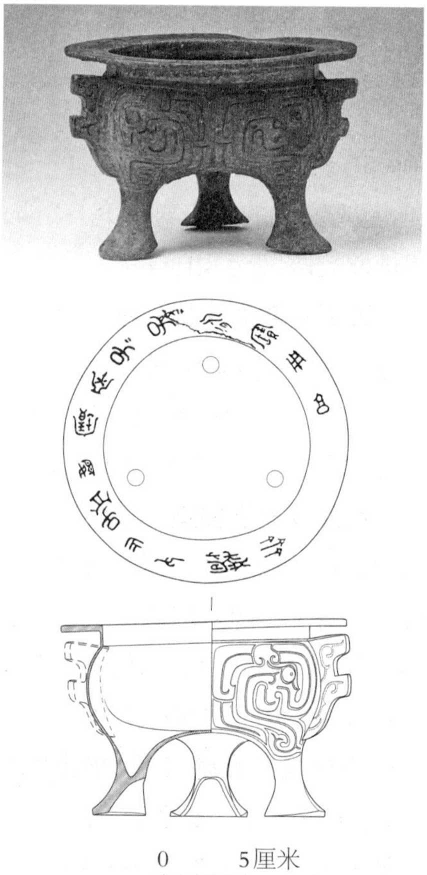

图四　西周晚期齐趞父鬲

西周晚期上曾太子般殷鼎　通高26.9、口径30.7厘米，重6.98千克。平沿外折、附耳微向外撇，耳两翼各有一铜柱连接口沿，半球形腹、圜底、蹄形三足，其一足下部残缺。耳内外分别饰窃曲纹、重环纹，腹饰窃曲纹、凸弦纹，鼎内壁一侧铸有铭文五行三十八字："上曾太子般殷，乃择吉金，自作𩰫彝，心圣若虑，哀哀利锥，用孝用享，既和无测，父母嘉之，多用旨食。"（图五，1、2）

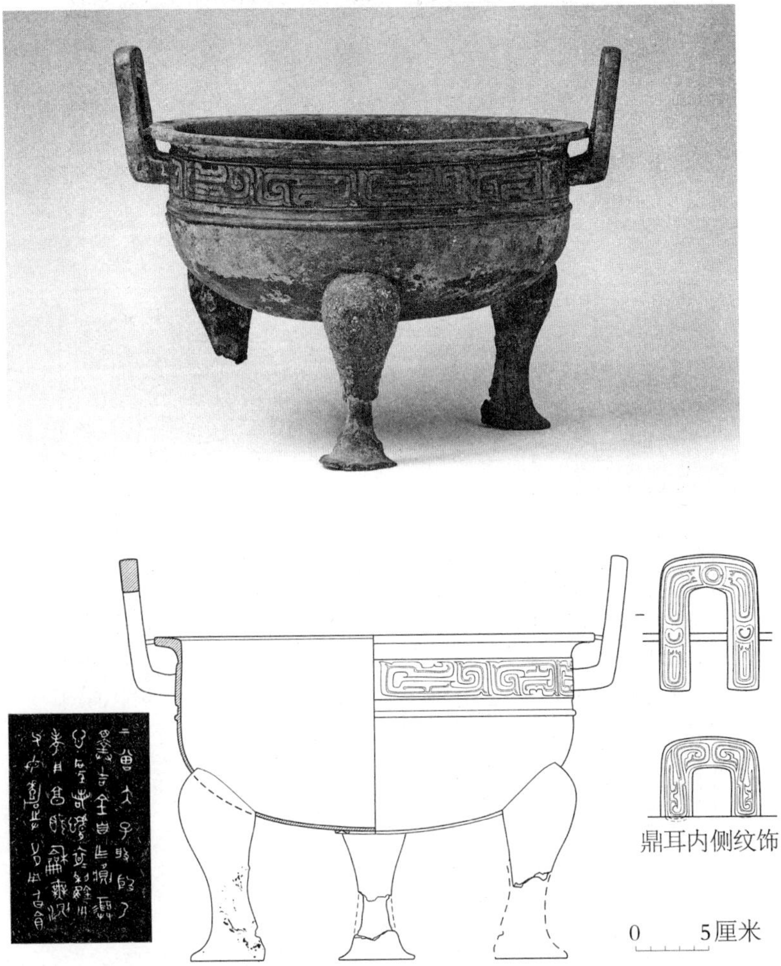

图五　上曾太子般殷鼎

西周晚期铜簠　通高14.5、器长29.7、器高8、盖高6.9、盖长30厘米，器重2.08、盖重1.505、总重3.585千克，口呈长方形，腹向下斜收，平底，四角有外侈的矩形圈足，足四边中间各有一缺口，腹部两侧各饰一兽形环耳，器口沿中部有突出兽钮，器盖平口对合。盖面、器身均饰窃曲纹，器底素面。该器多处裂损。盖缺失一部分，器身基本完整（图六，1、2）。

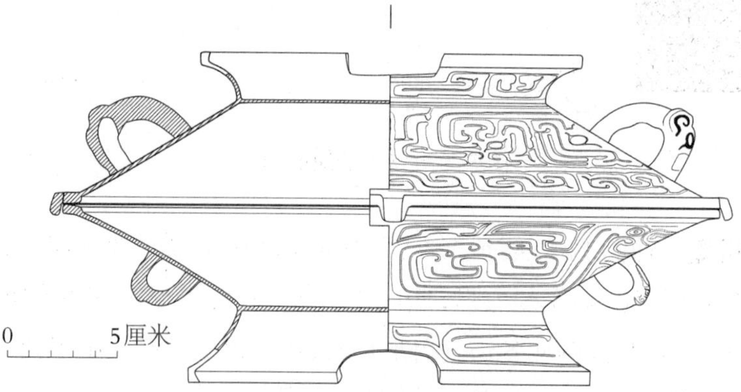

图六 西周晚期铜簠

在临朐泉头村出土的这两批西周晚期青铜器中，根据齐趫父鬲、鄩仲盘、鄩仲匜、上曾太子般殷鼎等四件铜器之铭文分析，该批青铜器的主人可能是齐趫父和孟姬。孙敬明先生等《山东临朐新出铜器铭文考释及有关问题》：[1]

乙墓虽出有上曾太子般殷鼎和寻仲为其女儿所作之媵盘。然山东之曾与寻均为姒姓，古同姓不婚。同墓另一件有铭之器是"齐趫父作孟姬宝鬲"。这段铭文的内容与郜伯鼎和郑义伯匜等铭文的内容相似。郜伯鼎铭云："郜伯肇作孟妊膳鼎。"郭老说："此郜伯为其妻所作器，盖郜与妊姓之国为婚姻也。与郜相近之国薛、祝均妊姓，不知孰是。"郑义伯匜铭云："郑义伯作季姜宝匜用。"郭老指出："郑义伯犹称郑井叔，义伯乃作器者之字，盖郑之大夫，娶姜姓女而为作御器也。"准此，"齐趫父作孟姬宝鬲"则是齐趫父娶姬姓女而为之作器。此鬲为孟姬所用。我们认为，此墓的墓主如在曾、寻、齐三者之间推测，最有可能为齐趫父之夫人孟姬。上曾太子般殷鼎有修补痕迹，与寻仲匜很可能是由于某种历史原因辗转到齐趫父之手，为孟姬生前所用，后来随葬入墓。如果甲乙墓是夫妇墓，那么，墓主就可能是齐趫父和孟姬。

这批铜器的铭文涉及齐、鄩、曾诸国之史实。特别是曾、鄩铜器在临朐出土，这为研究曾国之历史文化、古之斟鄩的延续及与齐国的关系等，增添了新的史料。同时，铭文中有的文字尚属首见，这也为古文字研究提供重要了资料。

三、春秋青铜器

春秋晚期铜提梁壶 临朐县杨善西朱阳村出土。通高32、口径8.8、底径11.2、腹径19.8、链长59厘米，重3.03千克。该提梁壶口微侈，长颈圆腹，矮圈足外撇，有提链将颈耳与盖环贯连在一起。腹饰弦纹两道，腹一侧有环鼻（图七，1、2）。

临朐出土的这件提梁壶，与1963年在临朐杨善公社一水利工程中出土的春秋晚期公孙灶壶，从器形和尺寸上都完全相同，只是不知是否出自同一地点，所不同之处，公孙灶壶在颈外阴刻铭文六行三十九字："公孙灶立事岁，饭者月公子土折乍子仲姜□

[1] 孙敬明、何琳仪、黄锡全：《山东临朐新出铜器铭文考释及有关问题》，《文物》1983年第12期，第13页。

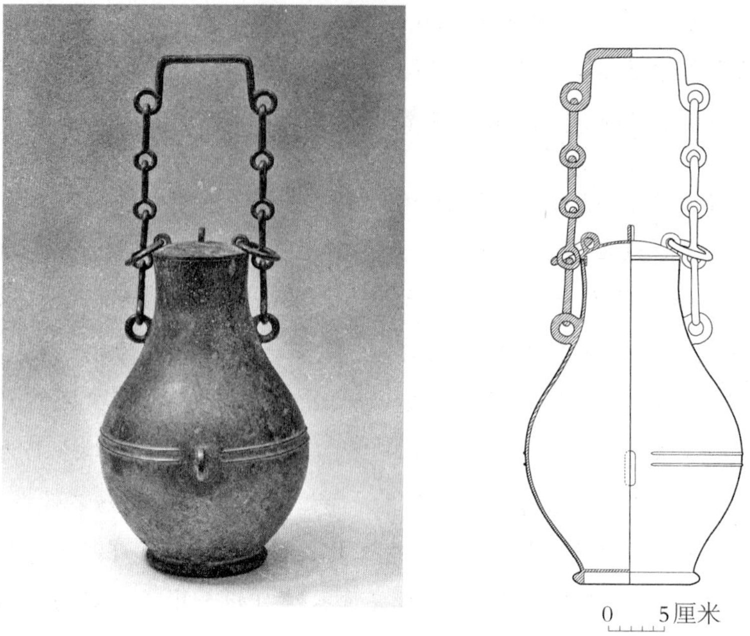

图七　春秋晚期提梁壶

之般壶，用祈眉寿万年，永保其身，子子孙孙永保用之。”[1]其大意为公孙灶做齐国执政时（公元前545-前539年），公子土折为出嫁之女仲姜制作的陪嫁用壶，希望这件重器能安保其身，福寿万年，也希望子孙后代永远享用。

由此，根据公孙灶壶可以推断，临朐出土的这件提梁壶其年代应为春秋晚期，特别是带有铭文的公孙灶壶，更为确定这件铜器的年代提供了可靠的依据。

春秋铜编钟　1973年临朐县寺头镇寺头村出土，共一组9件。依次通高为18、16.5、15.6、14.5、12.5、12.4、11.5、10、8.05厘米，最大重量1.3、最小重量0.582、总重7.388千克，该组编钟形制相同，大小相次，扁椭体，弧形口。绹索状钮，钮均呈长方形，饰套索纹，横截面作椭圆形。舞饰环绕套索纹，两面通体饰蟠螭纹。篆部素面。9件编钟中除最小件的钮缺失外，其余均保存完好（图八，1、2、3）。

临朐发现出土的这组春秋中晚期编钟未见著录。

1977年冬，沂水县院东头公社刘家店子大队村西墓葬，出土了一组9件编钟，形制相同，大小相次，扁椭体，弧形口，绹索状钮。通体饰蟠螭纹。栾和鼓面铸有铭文二十三字：“陈大丧史中高作铃钟，用祈眉寿无疆，子子孙孙永宝用之。”[2]该组编钟与临朐出土的这组编钟从器形上完全相同，只是临朐这组没有铭文而已。根据陈大丧史

[1] 齐文涛：《概述近年来山东出土的商周青铜器》，《文物》1972年第5期，第12页。

[2] 山东省文物考古研究所等：《山东沂水刘家店子春秋墓发掘简报》，《文物》1984年第9期，第9页。

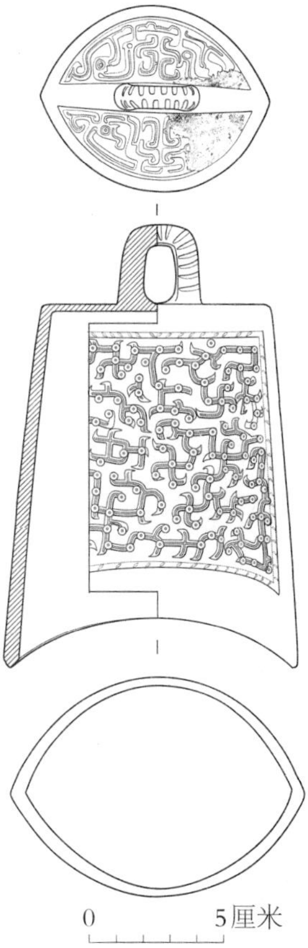

图八　春秋编钟

铃钟推断,临朐这组编钟年代应为春秋中晚期,特别是这件陈大丧史铃钟带有铭文,更为确定临朐出土的这组编钟之年代提供了可靠的依据。

临朐出土的这组编钟,不仅丰富了春秋时期的文物考古资料,且对研究春秋时期乐器之发展提供了丰富的实物资料,也为春秋时期音乐考古和历史研究提供了极其重要的实物资料。

总之,从临朐的历史遗迹看,境内南部是泰沂山脉腹地,齐长城遗址就横亘在这崇山峻岭之上,其境内遗址长达近60千米,更有多处关隘遗址。在春秋战国时期,临朐南端的穆陵关就是通往南方诸国之重要关隘,也是当时齐国的南大门。《左传》僖公四年春(公元前656年)管仲曰"赐我先君履,东至于海,西至于河,南至于穆陵"[1]即是指此。所以,在临朐发现并出土这么多商至春秋晚期青铜器也就不足为奇了。另外,临朐出土这么多商至春秋晚期青铜器,这对研究当时的历史文化等提供了极其珍贵的实物资料,也为古文字研究提供了重要的资料,且具有很高的文物研究价值。

摄影:王书德　孙名昌
线描:毕道传　孙名昌
拓片:孙名昌

[1] 英和、黄钺:《钦定春秋左传读本·卷五》,清同治八年江苏书局刻本,第6页。

临沂后明坡錞于的时代分析及相关问题

任晓琳[1]　徐倩倩[2]

（1. 山东省石刻艺术博物馆　2. 山东省文物考古研究院）

1972年山东临沂后明坡村民张希亮送交临沂市博物馆1件青铜錞于，《中国音乐文物大系・山东卷》曾有著录，书中将此件文物的时代定为汉代。[1]笔者在工作过程中有幸接触到此件錞于，对于其时代有不同认识，现以小文分享，不当之处还请专家指正。

1. 临沂后明坡錞于概况及时代分析

此件錞于圆首，平顶略凹，顶置圆形钮，盘沿极低微，圆肩外鼓，束腰，底口微外侈。腰部饰有垂鳞纹带和倒立三角纹带，三角纹内填变体云纹，纹饰磨损严重。器身稍有残缺。通高34.7厘米，口径19.6-12.7厘米（图一，1、2、3）。此件錞于未见同出器物，且同类器物出土数量不多，时代的断定确有一定难度。

沂水刘家店子M1曾出土錞于两件，形制与此类似。圆首，弧顶，无盘，圆肩，束腰，侈口，顶部有绹索状环钮，素面。通高49、口径19-26厘米（图四，1）。[2]发掘者将M1的时代判断为春秋中期，且认为沂水刘家店子錞于的出土佐证了徐中舒、唐嘉弘先生“山东半岛一些地区似为錞于的重要原生地，其主人可能即为东夷”的观点。[3]

---

［1］《中国音乐文物大系》总编辑部：《中国音乐文物大系・山东卷》，大象山版社，2001年，第132页。

［2］ 山东省文物考古研究所、沂水县文物管理站：《山东沂水刘家店子春秋墓发掘简报》，《文物》1984年第9期；文物照片还见于刘延常主编：《中国出土青铜器全集5・山东》，科学出版社，2018年。

［3］ 罗勋章：《刘家店子春秋墓琐考》，《文物》1984年第9期；徐、唐二人观点见于徐中舒、唐嘉弘：《錞于与铜鼓》，《社会科学研究》1980年第5期。

1　　　　　　　　2　　　　　　　　3

图一　临沂后明坡錞于

1. 錞于　2. 錞于顶部　3. 纹饰拓片

后明坡錞于与刘家店子所出錞于形制相似,只是后明坡錞于平顶,有极浅的盘沿,前者腰部有纹饰而刘家店子錞于素面。后明坡錞于口径小于肩宽,刘家店子錞于口径与肩宽基本相同。刘家店子的錞于体形较大较厚重;后明坡錞于体形小,器壁薄稍,造型古朴原始。后明坡錞于时代应稍早但两者时代应当差距不大。

后明坡錞于纹饰为上下两组。上为一组垂鳞纹,下为一组三角纹,纹饰浅,较为平面化,磨损严重。垂鳞纹是周代青铜器上的常见纹饰,西周晚期常作为主体纹饰居于器物的重要部位,如仙人台鼎M3∶2,单个垂鳞较大且作为主体纹饰位于鼎腹部;又如仙人台壶M6∶B29,从颈部到腹部满饰垂鳞纹。[1]西周晚期到春秋时期开始,一部分器物上的垂鳞纹变小,不再作为主体纹饰,而是作为簋、壶、盘等圈足或壶盖沿纹饰,例如莒县西大庄出土的铜壶、铜簋等均可见。[2]此件錞于上的垂鳞纹与上述器物所见的垂鳞纹略有不同。单个垂鳞形体小,长、宽仅1厘米余,整体呈双线"U"形,可称为"双线垂鳞纹",上下连续四层组成垂鳞纹带。三角纹位于垂鳞纹之下,由连续的倒三角纹排列而成,每个三角纹内填变体云纹。三角纹也是青铜器上常见的几何装饰纹样,其起源或与蕉叶纹有关。

与此件錞于相同的纹样在山东莒南县岭泉镇彭家墩后村出土的一件铜舟上可见(图二,1、2、3)。[3]此件舟椭圆体,侈口,窄折沿,浅鼓腹,平底,腹部有单环耳及小环钮。腹上部饰一组垂鳞纹,是由四层双线垂鳞纹组成。下饰倒立三角纹,内填云纹;云纹的细部与后明坡錞于三角纹内所填云纹有所差别。此形制舟在山东地区春秋时期常见,出土数量较多。根据学者对于青铜舟的研究,莒南彭家墩后村出土的这件舟

[1] 山东大学考古系:《山东长清县仙人台周代墓地》,《考古》1998年第9期。
[2] 莒县博物馆:《山东莒县西大庄西周墓葬》,《考古》1999年第7期。
[3] 莒南县博物馆编:《莒南县博物馆青铜器选粹》,上海古籍出版社,2019年。

1

2

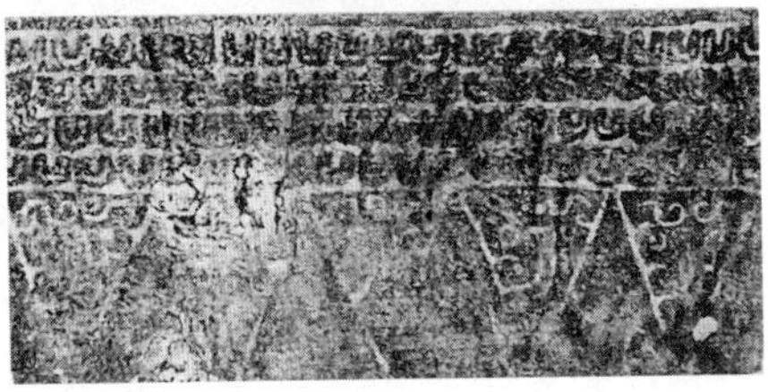
3

图二　莒南彭家墩后村出土舟

1. 铜舟　2. 纹饰照片　3. 纹饰拓片

为典型的春秋早期器物。[1]

类似的垂鳞纹在沂水刘家店子M1出土的铜鉴上可见(图三,1、2)。[2]此件铜鉴的纹饰分为三组,中间一组是五层双线垂鳞纹组成,上、下均为变体龙纹。发掘者将M1的时代定为春秋中期。

蓬莱柳各庄M4出土两件铜舟,形制相同,仅大小有差别。两件舟的形制与上述莒南出土的铜舟基本一致,纹饰稍有区别。柳各庄M4∶55腹部两周纹饰,上一周为不规则涡纹,下一周为三角纹,内填云纹。[3]根据M4中同出陶器,可以确定M4时代为春秋早期。

海阳嘴子前M2出土的铜舟M2∶20上也有类似纹饰,腹部两周纹饰,上一周纹饰为扁体龙纹,下一周纹饰为三角纹,内填云纹(报告称为"三角勾线纹")。发掘者将M2的时代定为春秋早中期。[4]

后明坡錞于上的纹饰种类、布局与上述几件器物相同或类似,时代应相同或相距不远;后明坡錞于时代又稍早于沂水刘家店子所出錞于,所以我们推断后明坡錞于的

[1] 王青、刘延常:《铜枳(卮)起源的初步研究》,见于吉林大学边疆考古研究中心:《新果集(二):庆祝林沄先生八十华诞论文集》,科学出版社,2018年,第208–225页。莒南彭家墩后村这件舟应属此文中的Ⅱ式铜枳(卮),时代为春秋早期。

[2] 刘延常主编:《中国出土青铜器全集·山东》,科学出版社,2018年。

[3] 烟台市文物管理委员会:《山东蓬莱县柳各庄墓群发掘简报》,《考古》1990年第9期。

[4] 烟台市博物馆、海阳市博物馆:《海阳嘴子前》,齐鲁书社,2002年。

1

2

图三　刘家店子铜鉴

1. 铜鉴　2. 纹饰局部

时代应为春秋早期至春秋中期偏早,更接近于春秋早期。

2. 考古发掘所见其他同类錞于

陕西韩城梁带村春秋早期墓葬M27曾经出土过1件錞于,M27∶398,圆首,弧顶,宽肩,束腰,微侈口,口径小于肩宽。顶端正中铸有一半环钮。通体素面。口径22、通高38.9厘米(图四,2)。[1]

山东地区还出土过两件类似的汉代錞于。一件是1978年淄博市临淄大武乡窝托村汉初齐王墓3号随葬器物坑出土,圆首,无盘,束腰,顶有半环钮,素面。通高49.5、口径24.7-27.2厘米(图四,4)。[2]另外一件是2002年洛庄汉墓14号陪葬坑出土,P14B∶1,圆肩,弧顶,无盘,束腰,顶端有一环形钮。前后面分别饰浮雕鹰图案,鹰为一笔画,甚是罕见。通高49.1,口部长20.9-24.7厘米[3](图四,3)。

海昏侯刘贺墓出土1件錞于M1∶1236,顶部圆形稍鼓,半环形粗钮,圆肩,束腰,截面为圆形。肩下、腰部、口部各饰一周凸起的宽带纹。通高77.1、口径31.3厘米。[4]

这几件錞于的时代为春秋早期到汉代,形制基本一致,均椭圆形筒体,圆首、圆肩、无盘,顶有环形钮,束腰,直口或微敞口,直立椭圆筒形,除海昏侯刘贺墓出土的形体较大之外,其余通高34-50厘米之间,除后明坡、梁带村M27錞于高度在40厘米以

[1] 陕西省考古研究院、渭南市文物保护考古研究所、韩城市文物旅游局:《陕西韩城梁带村遗址M27发掘简报》,《考古与文物》2007年第6期。

[2] 山东省淄博市博物馆:《西汉齐王墓随葬器物坑》,《考古学报》1985年第2期。

[3] 济南市考古研究所、山东大学考古系、山东省文物考古研究所、章丘市博物馆:《山东章丘市洛庄汉墓陪葬坑的清理》,《考古》2004年第8期。

[4] 江西省文物考古研究所、中国人民大学历史学院考古文博系:《江西南昌西汉海昏侯刘贺墓出土铜器》,《文物》2018年11期。

1　　2　　3　　4

图四　发掘所见其他錞于

1. 沂水刘家店子　2. 陕西梁带村 M27　3. 洛庄汉墓　4. 临淄大武汉墓

下，其余几件錞于高度较为一致，均在49厘米左右。后明坡和梁带村M27的錞于口径小于肩宽，其他錞于口径与肩宽基本相同。目前出土錞于的数量全国总计有150余件，[1]这种造型简洁鲜明的圆首、圆肩、环形钮的直立椭圆筒体的錞于仅出土6件，山东就有5件，且从春秋延续到汉代，形制变化不大，具有明显延续性，与山东以外出土的錞于有较大差异，具有强烈的地域特色。

早就有学者进行过錞于的研究。徐中舒、唐嘉弘有"春秋时州国都城名錞于，大概是由于他们擅长制作錞于而得名"[2]的论点，认为錞于起源于山东。文献记载有两个州国，其中一个是西周姜姓小国，在今山东安丘一带，建都淳于。[3]在泰安市曾经发现淳于公之御戈、淳于左造铜戈、[4]淳于右造戈。[5]有学者研究认为，淳于城曾经迁于泰安地区。[6]以上资料与研究均表明淳于城应在山东。朱凤瀚先生根据考古发现认为錞于可能最初使用于北方中原及山东地区。[7]我们分析上述几例出土材料认为这种形制的錞于应是山东地区的特色器物，海昏侯刘贺有长期的在山东生活的经历，刘贺墓出土的錞于也是山东地区风格，或因墓葬级别较高，出土的錞于形体较大。有学

[1]　陆斐蕾：《錞于及其文化区系研究》，中国艺术研究院硕士论文，2007年。

[2]　徐中舒、唐嘉弘：《錞于与铜鼓》，《社会科学研究》1980年第10期。

[3]　牛武成编著：《春秋百国探微》，中州古籍出版社，1991年，第75页。

[4]　魏国：《山东新泰发现淳于戈》，《中国文物报》1990年3月1日。

[5]　王丽娟：《泰安市博物馆收藏的一件"淳于右造"铜戈》，《文物》2005年第9期。

[6]　魏国、马天成：《从考古材料看淳于地望》，《青铜器与山东古国学术研讨会论文集》，上海古籍出版社，2017年。

[7]　朱凤瀚：《中国青铜器综论》，上海古籍出版社，2009年，第383-387页。

者对此件錞于分析时也有类似观点，认为其民族属性与东夷人有关。[1]

山东地区在春秋早期就应该有錞于，推测在西周晚期应该就已经出现，只是暂未发现。早期的錞于器形稍小，高度在35厘米左右，口径小于肩宽，器壁较薄。作为军中打击乐器，在使用过程中器形有所变化，体形渐大并最终确定在高50厘米左右，器壁渐厚以耐敲击，口稍大以便于声音扩散。

3. 梁带村M27錞于来源推测

M27出土錞于形制与山东地区錞于相同，我们认为这件錞于形制受到山东地区錞于的影响或者自山东流传而来。为何在陕西地区会出现此类的錞于？

梁带村M27、M26为芮国国君及夫人墓，M27的铜簋上有铭文"芮公作为旅簋"，M26的铜鼎上有铭文"仲姜作为桓公尊鼎"，铜簋、铜壶、铜甗上的铭文与此类似，3件铜鬲上有铭文"芮太子白作为万宝鬲……"。[2]另外还有1件鬲的铭文为"芮太子白作为□父宝鬲……"，[3]发掘者判断M26的主人即为《左传·桓公三年》中记载的"芮伯万之母芮姜恶芮伯之多宠人，故逐之，出居魏"之"芮姜"。周亚等先生也撰文进一步分析之后也认为"仲姜"即"芮姜"。[4]文献中对于"芮姜"没有更多的记载。M26中出土多件芮姜为其丈夫桓公所作铜器，夫人为夫大量作器的情况并不多见，直接说明作器者芮姜拥有较强的政治影响力和对财富的支配能力。这种影响力和支配力可能是因为其夫死亡时间早于芮姜造成，但更大的可能是因为芮姜来自姜姓大国，母国势力强大，芮姜才可以驱逐芮伯万，且在芮国无君的情况下保持芮国的稳定。M26、M27未见表明芮姜母国的文字信息，文献中也没有记载。根据M27出土的錞于，笔者大胆推测，芮姜可能来自山东地区的姜姓大国，最大可能是齐国，因母国地位较高，所以芮姜在芮国政治上、经济上有较高的地位，是否真是如此，今后还需要更多的证据。

---

[1] 后晓荣、胡婷婷：《南昌海昏侯墓出土青铜錞于属性等相关问题讨论》，《南方文物》2019年第6期。

[2] 陕西省考古研究所、渭南市文物保护考古研究所、韩城市文物旅游局：《陕西韩城梁带村遗址M26发掘简报》，《文物》2008年第1期。

[3] 上海博物馆、陕西省考古研究院：《金玉华年——陕西韩城出土周代芮国文物珍品》，上海书画出版社，2012年。

[4] 周亚、葛亮：《芮太子白鬲铭文的释读与梁带村M26、M27墓主的身份》，《两周封国论衡——陕西韩城出土芮国文物暨周代封国考古学研究国际学术研讨会论文集》，上海古籍出版社，2014年，第32-38页。

章丘大站水库东北出土青铜器及相关问题

李　芳
（济南市章丘区博物馆）

一、概　　述

章丘大站水库位于枣园办事处大站村东，西巴漏河上。北距102省道约1.5千米。自上世纪六十年代开始，在大站水库基础建设、清淤工程中就陆续发现数件青铜器，有鼎、剑、戈、尊等，且出土地点比较集中，大多出土于大站水库东北部（图一），时代约在商周至汉代。现对其中三件铜鼎做简要概述，并对相关问题进行探讨。

二、铜鼎及铭文

（一）"郭甘"铜鼎

1件（标本ZD：01）（图二）。春秋时期，1973年大站水库东岸地下6米出土。口径25.5、高24.2厘米。侈口，平唇，方立耳，耳外部饰弦纹，弧腹，圜底，三蹄形足，三足中空，二足内侧未封闭，可见其中填充的红烧土。器物合范处痕迹明显。腹部近口处饰重环纹，中部饰重鳞纹，两种纹饰以凸棱相隔。腹内壁阴刻铭文20字，重文2字。铭曰："鄙甘辜肇乍隣鼎，其万年眉寿，子子孙孙永宝用享。"（图三）

（二）"軙巽"铜鼎

1件（标本ZD：02）（图四）。春秋时期，1974年大站水库东北五里许（大约乐盘古城位置）出土。长27.2、宽88、高25厘米。口微敛，双立耳，弧腹。下三兽蹄足。圜底，

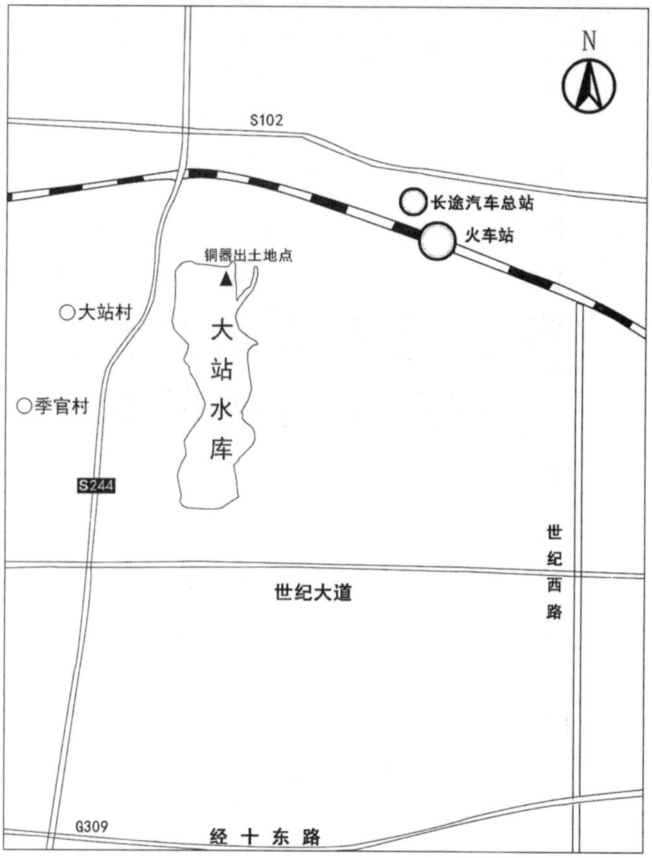

图一　大站水库东北位置示意图

图二　“郭甘”铜鼎（ZD：01）

图三　“郭甘”铜鼎铭文及拓本

图四　“軙巽”铜鼎（标本ZD：02）

图五　“軙巽”铜鼎铭文及拓本

鼓腹处有一圈弦纹，弦纹以上饰以兽目交连纹，弦纹以下饰以鳞纹。三兽蹄足粗大，足内可见暗红色范土。器物合范处痕迹明显。腹内壁有阴刻铭文11字：“軙（毅）巽（兵）自作鼎，其子子孙孙用。”（图五）

（三）无铭文铜鼎

1件（ZD：03）（图六）。年代为春秋时期。1974年清基工程中发现。口径24.4、高28.8厘米。侈口，平唇，口上有双立耳，弧腹，圜底，下承三蹄足，足内侧不封闭，露出砖红色范土。鼎上腹部一周饰以夔纹，下有一圈凸弦纹，弦纹下有一圈窃曲纹。

图六　无铭文铜鼎（ZD：03）

三、关于“郭甘”铜鼎

“郭甘”铜鼎（标本ZD：01），从造型和纹饰看，时代为春秋时期。内壁铭文为：“郜甘辜肇乍障鼎，其万年眉寿，子子孙孙永宝用享。”

“郜”同“過”，通“郭”，郭通“虢”。“甘”应为人名，作器者名。辜为享，享在金文中的字形像盛食物的器皿，是进献的意思。肇（肇）也为“啓”，开始，初始，创建的意思。《书·仲虺之诰》：“肇我邦予有夏。”《书·酒诰》：“乃穆考文王，肇国在西土。”眉寿，长寿。眉毛长属于长寿的象征，故称为“眉寿”。《诗经·豳风·七月》：“为此春酒，以介眉寿。”《仪礼·士冠礼》：“眉寿万年，永受胡福。”

《穀梁传》昭公元年会于“郭”，《左传》作“虢”。《新唐书·宰相世系表》：“周武王封文王弟虢叔于西虢……平王求虢叔裔孙序，封于阳曲，号曰郭公。"《春秋》庄公二十四年："赤归于曹，郭公。" 西汉刘向《新序》："昔者，齐桓公游于野，见亡国故城郭氏之墟，问于野人曰：'是为何墟？' 野人曰：'是为郭氏之墟。' …… '其所以为墟者，何也？' 野人曰：'善善而不能行，恶恶而不能去，是以为墟也。' " 据此，可见郭国可能在齐国附近，春秋时早已灭亡。[1]

郭氏之墟，旧志或云在聊城，《太平寰宇记》卷54聊城县："郭城，《隋图经》云，郭城即亡国郭氏之墟。" 但《水经注 · 河水》云："黄沟承聊城郭水……自城东北出径清河城南，又东北径摄城北。《春秋》所谓聊摄以东也。俗称郭城，非也。" 从上揭齐桓公游于野而得见郭氏之墟推断，其地望应该就在当时齐国都郊野。聊、摄为春秋晚期齐之西界，齐桓公之时似乎还没达到这一带。《左传》庄公十年："冬十月，齐师灭谭，谭子奔莒。" 十三年："会于北杏以平宋乱，遂人不至，夏，齐人灭遂而戍之。" 北杏之会是桓公图霸之首会，其地约在今平阴东阿镇一带。看来，桓公之初的重要活动，多在谭、遂一带，济水之东。这里也是其后南征伐楚，西征攘白狄之地的重要通道。郭氏之墟也可能在这一带。此件铜鼎所出的地点距谭国故城不远，因此郭氏之墟，可能就是郚氏之墟，[2]可能在大站水库附近，乐盘古城一带。

四、关于"軗巽"铜鼎

"軗巽"铜鼎（标本ZD : 02），自1974年大站水库出土以来，因锈蚀、水锈严重，当时未发现铜鼎上有任何文字的迹象。2016年，章丘博物馆与国家博物馆文物修复中心对馆藏青铜器开展修复工作，清理后在铜鼎内壁发现有9字铭文，非常有研究价值（图七）。

图七　"軗巽"铜鼎铭文拓本（ZD : 02）

现对铭文隶释如下：对第一个字，王恩田先生认为"从東从殳"为"軗"，读音不明；严志斌先生认为，此字"从東从攴或从殳"。"攴"，象形，篆体象以手持杖或执鞭。本义是指轻轻地击打。"殳"，shu，金文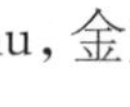。象形，甲骨文字形，象手持一种长柄勾头似的器具，可以取物，可以打击乐器，后成为兵器。《说文》段注："杖者，殳用积竹而无刃。"《周礼》："殳以积竹、八觚，

[1] 常兴照、宁荫棠：《山东章丘出土青铜器述要兼谈相关问题》，《文物》1989年第6期。
[2] 常兴照、宁荫棠：《山东章丘出土青铜器述要兼谈相关问题》，《文物》1989年第6期。

长丈二尺，建于兵车。”《左传·昭公二十三年》：“执殳而立于道左。”《诗·卫风·伯兮》：“伯也执殳，为王前驱。”古时候殳是古老的武器，当远古人类还没使用金属时，狩猎和战争前，要手持殳舞蹈，这既是动员练习，又是祭神和鼓舞士气。

孙敬明先生认为此字可能“从柬或車、从攴或殳；也可能为‘專’之异体，或‘鄟’初字”，通“敹”(lian)、“軙”(chen)、“毄”(shu)。“敹”字，《类篇》：择也。《康熙字典》中“敹音煉”。“毄”是一个汉语词语，意思是车竿。

查阅大量文献资料，笔者认为或为“軙”，《广韵》作敶，古同陈、阵。《说文解字》卷十四“阜部”：“陈，宛丘，舜后妫满之所封……臣铉等曰：陈者，大昊之虚，画八卦之所，木德之始，故从木。”段注：“毛传謚曰陈者、大皞虙戏氏之墟。帝舜之胄。有虞阏父者，为周武王陶正。武王赖其利器用。与其神明之后。封其子妫满于陈。都于宛丘之侧。是曰陈胡公。按今河南陈州府治是其地。许必言宛丘者，为其字从𠂤也。毛传曰：四方高中央下曰宛丘。即释丘之宛中曰宛丘也。陈本大皞之虚正字。俗假为敶列之敶。陈行而敶废矣。”以上可知“軙”通“敶”，亦古文“陈”。

对铭文中的第二个字，严志斌先生认为可能是“巽”(xun)。“巽”金文大篆为，其意一为八卦之一，画作☴，代表风。《易·说卦》：“巽为木，为风。”如：巽地(吉利的地方)；巽二(古时传说中的风神名)。或为东南方，如巽方(东南方)；巽地(东南方位)；巽风(东南风)，古有八卦主八风之说；巽隅(指东南角)。另外，“巽”古同“逊”，谦让恭顺。《尚书尧典》：“汝能庸命，巽朕位。”《论语·子罕》：“巽与之言，能无说乎？”《唐·韩愈·答魏博田仆射书》：“位望益尊，谦巽滋甚。”《易·蒙》：“童蒙之吉，顺以巽也。”《周易正义·蒙》曰：“顺者心不违也，巽者外迹相卑下也。”

冯峰先生则认为为“兵”。兵，金文，大篆。会意，从廾，从斤。甲骨文字形，上面是“斤”，是短斧之类；下面是“廾”(gong，双手)，象双手持斤。本义兵器、武器。

笔者认为此字或为“巽”、“兵”，“巽(兵)”是作器者的私名。前面第一个字“軙”是作器者的氏，应该是其封邑名。其余字则没有异议，全文应该识读为：“軙巽(兵)自作鼎其子子孙孙用。”

五、说“軙”

笔者认为或为軙，古同“陈”，《广韵》作“敶”。陈字大篆为，从阜，阜作左边偏旁,楷书写成“阝”,本义指“土堆”,转义指“土埂”。从东,“东”本义为“五谷生长之方”,转义为“生长五谷”,指“五谷”、“粮食”(甲骨文“东”字为上下束口的粮囊之形)。“阜”与“东”联合起来表示“土埂围成方块形的田,里面种植五谷”。所以“陈”字本义是五谷整齐排列的方形田块。故“陈”通“田”。另外,陈与田二字在古代互通,因为“田”本义就是“树立五谷的方形土块”,田块所长五谷象方阵中列队的军士。

上世纪七十年代,在章丘小董家遗址曾出土一件陶罐,口颈下阴刻三组图形符号,其中一组构图比较复杂,整体呈网格状(图八)。初释其为田,推测应即古代田里地制的一种具体摹画,更可能是一种族徽,其源出可能与其祖先服田司农之职事有关。《白虎通义·姓名》:“所以有氏者何?所以贵功德、贱伎力,或氏其官;或氏其事;闻其氏即可知其德,所以勉人为善也。”以职事为族名,这是我国古代氏族名号的重要来源之一。田氏因其祖先服司田事而用田作族徽,应是完全可以理解的。

图八　小董家遗址出土陶罐图形符号拓本

田氏之族是有商一代的重要集团。王献唐先生在《炎黄氏族文化考》一书中引《殷墟书契后编》两条骨文刻辞,指为田族之最早记录。其一,“甲辰贞,又伐于田”;其二,“甲辰贞耒,甲寅又伐田”。[1]卜辞“于”字之后,一般为名词,指地名或人名等,如是则“田”字或指田方、田国。上述事实说明,殷周时期,确乎存在着一个田方或田国,其因“田”之为氏,聚居之为族,比“田”而为徽也就顺理成章了。济南地区可能是田氏之族主要分布范围。而陈、田互通,在《史记·田敬仲完世家》有记载:“敬仲之如齐,以陈字为田氏。”《史记集解》引徐广曰:“应劭云始食菜地于田,由是改姓田氏。”《史记索隐》:“据如此云,敬仲奔齐,以陈田二字声相近,遂以为田氏。应劭云‘始食菜于田’,则田是地名,未详其处。”《史记正义》曰:“敬仲既奔齐,不欲称本国故号,故改称陈字为田氏。”田字通陈,田敬仲即陈敬仲,这是史家公认的事实。齐国田氏之兴,虽处春秋晚期,战国时成为七雄之一,仍称霸百年之久。但临淄所出齐器所铭陶文之类却均作陈而不作田,可见陈田并非随意署之。今由小董家遗址出土田族祭器推而证之,田陈之所以可通,可能与陈氏如齐之后所食之邑称有关。齐地范围内的章丘地区可能分布田族势力或田国旧址,或即证明应劭云“敬仲始食菜于田”并非虚造。应劭为东汉人,献帝时任泰山太守,其对泰山周围的历史、地理、风土人情十分了解,其言应

[1] 王献唐:《炎黄氏族文化考》,齐鲁书社,1985年,第290页。

是可信的。

研究证明，齐国重臣在济南、章丘一带有颇多封邑，其如宁戚、管仲、鲍叔牙等。田敬仲之食于田，田在小董家是完全可能的。特别是该遗址堆积丰富，规模宏大，包含有北辛、大汶口、龙山、岳石文化、商周等不同时期的文化遗存，历史悠久，展示出其古代之灿烂与繁荣，是或表明，此即商代田国故址亦不无可能。[1]

六、乐盘古城

这批青铜器出土地点在乐盘古城遗址范围内，位于章丘季官庄东北350米处。东接巴漏河床，西靠大站水库西河堤，为一处高台地，现存面积约400平方米。现存部分只有水库堤内土台保存完好，当地群众传说的名称有"鹿角台"、"乐家台"。《齐乘》记载："乐盘山章丘南二十七里。齐记云下有乐盘城，即平陵王与章丘侯饯送之地。"据《章丘县志》记载，乐盘城在"县治南二十七里乐盘山下"，其余再无更多记载。自六十年代开修水库与村民整地时发现灰陶鬲、黑陶片、鼎足、石斧等；并采集到青铜车饰品、小铜铃、铜马衔、铜鼎等。八十年代，北京大学考古系等在该遗址进行发掘工作，揭露总面积115平方米。所出遗物属于大汶口、龙山、岳石文化及商文化。文化层堆积较薄，多数文化层厚度不及1米。从鬲的形态看，其年代大致属殷墟文化早期偏晚阶段，证明乐盘遗址在商代是一处面积较大的居住生活区域。[2]

七、其　他

另外，铭文中的字可能为"專"之异体，或"鄟"初字。古文字中，"郱"通"齐"，"鄫"通"曾"，"阝"是"邑"的意思。查"鄟"，夏商之际有"鄟"国，是沭水边原始社会时期的古鄟部落，后成为小国。西周初期是一个独立的诸侯国，后来在春秋中期被鲁国完全侵占，成为它的鄟邑。鄟国非常弱小，所以现在很少有史料提及这个国家。但《穀梁传》记载，鲁成公于在位的第六年（公元前585年）灭掉了鄟国："成公六

[1] 常兴照、宁荫棠：《论山东章丘县小董家所出陶罐及其刻画符号》，《北方文物》1995年第3期。
[2] 1981年山东省第二次文物普查时登记表，李予迅、任遵绪、胡定南。

年……二月辛巳，立武宫。立者，不宜立也。取鄟。鄟，国也。卫孙良夫帅师侵宋。”《春秋》：“成公六年（公元前585年）春王正月，公至自会。二月辛巳，立武宫。取鄟。”《左传》：“取鄟，《春秋》言易也。”《春秋公羊传注疏》：“取鄟。鄟者何？邾娄之邑也。曷为不系于邾娄？讳亟也。讳鲁背信亟也，属相与为虫牢之盟，旋取其邑，故使若非虫牢人矣。”《春秋》还记载：“昭公二十有六年，秋，公会齐侯、莒子、邾子、杞伯，盟于鄟陵。”根据《中国历史地图集》和王献唐先生的“邾国三分疆域图”所示的鄟国地理相对位置，鄟国可能就在枣庄地区以东，今临沂地区附近。此件铜器上的铭文若为“鄟”，可能是鄟国嫁女或赠礼到乐盘古国，所以在此地才会有鄟国的器物。

八、结　语

总括全文，可以看出，这批青铜器出土在乐盘古城附近，但由于文献资料的缺乏，与乐盘古国的关系并不甚清楚。据考证，与商代“郭”国、田氏之族或田国有一定关联，章丘龙山谭国故城附近可能是郭氏之墟，也可能就是历史上的“鄠”氏之墟；田为商代的重要氏族势力，其族以田形为徽，济南地区可能就是田族的重要分布范围；乐盘古城商代与鄟国可能存在密切的来往。上述猜测所涵盖的历史内容是非常巨大的。对于“鄠”氏之墟、田族或田国或鄟国历史的探讨，这里仅仅是点到为止。揭示其本来历史面貌，还有待于更多考古资料和更深入的研究。殷切期望专家和同行能就上述问题不吝赐教，共同探讨，促进学术研究的进一步深入。

附记：本文铜鼎铭文释读曾经山东博物馆王恩田、中国社会科学院考古研究所严志斌、中国国家博物馆冯峰和潍坊市博物馆古文字研究专家孙敬明先生指教，在此谨致衷心谢意。

淄博市博物馆藏两件铭文铜戈

张　冲
（淄博市博物馆）

淄博市博物馆馆藏有两件铭文铜戈，一件铭为"陈宾造戈"，四字铭文反映了此铜戈为春秋战国之际田齐家族陈氏贵族"宾"所监造的铜戈，另一件铭为"叔孙氏监戈"，此件铜戈真伪近来受到了质疑，本文对其进行了重新探讨。

（一）陈宾造戈

此铜戈于淄博市张店区付家公社黄家砖厂出土。戈通长19.9、内宽13.3、援长11.8、阑长10.6厘米，短援上扬，长胡饰三穿，长方形内。内上饰一钥匙形穿，内部铸四字铭文"陈宾造戈"（图一、图二）。从形制看，其与济南左家洼M1∶15[1]相似，年代为春秋战国之际，从铭文看，"陈"字不加"土"的构形方式也是在春秋战国之交，所以，把此件铜戈的年代定为春秋晚期至战国早期是比较恰当的。

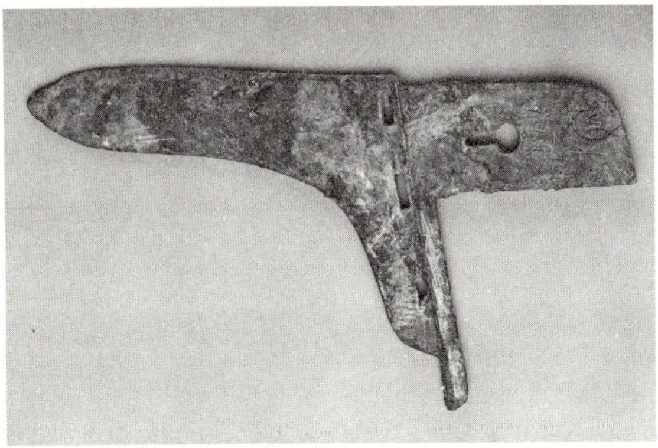

图一

图二

[1] 济南市文物局文物处等：《山东济南市左家洼出土战国青铜器》，《考古》1995年第3期。

戈铭中“陈”字从阜、从东，右边“东”字中间一横漏铸，与陈丽子造戈（《集成》11082）中字一致。郭沫若先生曾指出，“陈国之陈均作敶，而敬仲之后在齐为田氏者，均作塦”，[1]齐系文字的“陈”字加“土”的构形方式是从春秋战国之交开始的，可作为判断田齐器物的有效依据，[2]如春秋晚期的陈卯造戈（《集成》11034）、陈子山造戟（《集成》11084）、陈逆簠（《新收》1781）等，战国时期的陈卿圣孟造戈（《集成》11128）、陈侯因咨造戈（《集成》11081）、陈纛造戈[3]等。

“宾”字从宀、从贝、从人，王国维《观堂集林》载“(卜辞)上从屋，下从人，从止，象人至屋下，其义为宾”，“金文及小篆易从止为从贝者，乃后起之字。古者宾客至，必有物以赠之，其赠之之事谓之宾，故其字从贝”，[4]可见“宾”字从贝乃是金文字形。此戈之“宾”字与传统金文写法有所不同，主要表现在宀旁写法随意，这可能与春秋战国时期中国语言文字大分化、大发展有很大关系，特别是兵器的大量制造，其内容简单、刻写潦草、地域差异极大，《说文解字 · 序》曾载这一时期文字“言语异声，文字异形”。从“宾”字的位置来看，当系人名无疑。

“造”字从彳、从止、从告，本意为到访、到达，引申为监造、制造之意。根据《齐系文字研究》的统计，齐系文字的“造”字有13种不同形体的写法，其中既有假借字，也有异体字，集中体现了齐系文字内部用字的差异性。[5]齐系铭文一般为“物勒主名”，此处“造”为监造之意。

“戈”字为兵器自铭，齐国兵器铭文中“戈”字常加“金”旁，写作“鈛”，此戈未加，可能与年代稍早有关。齐国兵器铭文中还有自铭为“戟”的，有的也加“金”旁，也很有地方特色。

综上所述，戈铭为“陈宾造戈”，“陈”为田齐之陈，“宾”为田齐家族陈氏贵族，戈为陈宾监造之戈，陈宾为戈的所有者，体现出“物勒主名”之意。齐戈铭文可分为以地名为主和以监造人名为主两类，其中后者以田齐家族陈姓氏题名最多，其次为某子，如高子、羊子、子禾子等。[6]笔者搜索现有资料，共搜集到“陈 × × 戈(戟)”格式的齐系铭文共计30件（详见附表），其中有些人名见于史籍，如“陈侯因咨”即齐威王

[1] 郭沫若：《两周金文辞大系图录考释》卷八，上海书店出版社，1999年，第214页。

[2] 何琳仪：《战国文字通论（订补）》，江苏教育出版社，2003年，第86页。

[3] 魏国：《山东新泰发现一件齐国铜戈》，《考古与文物》1991年第2期；张振谦：《齐系兵器考释两则》，《考古与文物》2017年第1期。

[4] 王国维：《观堂集林》，河北教育出版社，2003年，第17页。

[5] 张振谦：《齐系文字研究》，安徽大学博士学位论文，2008年，第126页。

[6] 井中伟：《早期中国青铜戈 · 戟研究》，科学出版社，2011年，第211页。

因齐，[1]但更多的陈氏诸侯并不见于史籍，我们馆藏的“陈宾造戈”即是如此。

我馆馆藏的“陈宾造戈”，为研究春秋战国时期齐国的历史、文字提供了又一重要的实物资料。

附表：

“陈××戈（戟）”格式的齐系铭文

序号	著　　录	铭文内容
1	《殷周金文集成（修订增补本）》[2]10816	陈
2	《殷周金文集成（修订增补本）》10963	陈散戈
3	《殷周金文集成（修订增补本）》10964	陈冢邑
4	《殷周金文集成（修订增补本）》11031	陈□车戈
5	《殷周金文集成（修订增补本）》11033	陈贝散戈
6	《殷周金文集成（修订增补本）》11034	陈卯造戈
7	《殷周金文集成（修订增补本）》11035	陈余造戈
8	《殷周金文集成（修订增补本）》11036	陈[illegible]散戈
9	《殷周金文集成（修订增补本）》11037	陈豫车戈
10	《殷周金文集成（修订增补本）》11038	陈子翼造□
11	《殷周金文集成（修订增补本）》11081	陈侯因咨造
12	《殷周金文集成（修订增补本）》11082	陈丽子造戈
13	《殷周金文集成（修订增补本）》11083	陈御寇散戈
14	《殷周金文集成（修订增补本）》11084	陈子山造戟
15	《殷周金文集成（修订增补本）》11086	陈子翼徒戈
16	《殷周金文集成（修订增补本）》11087	陈子翼造戈
17	《殷周金文集成（修订增补本）》11126	陈子皮之造戈
18	《殷周金文集成（修订增补本）》11127	陈胎之右户戈
19	《殷周金文集成（修订增补本）》11128	陈卿圣孟造戈

[1] 黄盛璋：《燕、齐兵器研究》，中国古文字研究会、中华书局编辑部编：《古文字研究》十九辑，中华书局，1992年，第1-65页。

[2] 中国社会科学院考古研究所：《殷周金文集成（修订增补本）》，中华书局，2007年。

续　表

序号	著　　录	铭 文 内 容
20	《殷周金文集成(修订增补本)》11129	陈侯因咨之造
21	《殷周金文集成(修订增补本)》11260	陈侯因咨造·夕昜右
22	《古文字研究》十九辑第83页[1]　威海	陈戠戟
23	《山东金文集成》[2]第832页　临淄皇城镇	陈𡨦散戈
24	《山东金文集成》第833页　临淄皇城镇	陈𡨦散戈
25	《山东新泰发现一件齐国铜戈》[3]　新泰南涝坡村	陈□造戈
26	《介绍山东乳山县文物管理所藏四件铜戈》[4]　乳山县	陈尔徒戈
27	《山东沂水县近年发现的几座战国墓》[5]　沂水马家庄M7∶2	陈发乘戈
28	《山东淄博市临淄区孙家徐姚战国墓地》[6]　临淄孙家徐姚	陈□造戈
29	《新见六件齐、楚铭文兵器》[7]	陈侯因咨造陵左
30	《新收殷周青铜器铭文暨器影汇编》[8]1780	陈侯因咨作南吕戈奉于大宗

(二)叔孙氏监戈

此件铜戈于1996年入馆,为淄博市博物馆与桓台县文管所交换所得,通长18.7,援长12.5,内长6,内宽2.9,胡长9.9厘米。援较短,微上扬,援胡饰三穿长方形内,内饰长条形穿,胡部铸铭文“叔孙氏监戈”五字,可命名为“叔孙氏监戈”,年代为春秋晚期(图三)。

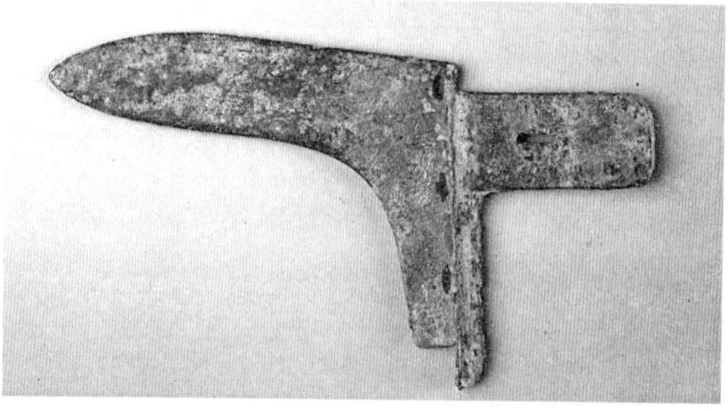

图三

[1] 李步青、王锡平:《建国来烟台地区出土商周铭文青铜器概述》,中国古文字研究会、中华书局编辑部编:《古文字研究》十九辑,中华书局,1992年,第66-84页。

[2] 山东省博物馆编:《山东金文集成》,齐鲁书社,2007年,第832页。

[3] 魏国:《山东新泰发现一件齐国铜戈》,《考古与文物》1991年第2期。

[4] 乳山县文物管理所:《介绍山东乳山县文物管理所藏四件铜戈》,《文物》1993年第4期。

[5] 山东沂水县博物馆:《山东沂水县近年发现的几座战国墓》,《考古》2001年第10期。

[6] 淄博市临淄区文物局:《山东淄博市临淄区孙家徐姚战国墓地》,《考古》2011年第10期。

[7] 韩自强:《新见六件齐、楚铭文兵器》,《中国历史文物》2007年第5期。

[8] 钟柏生、陈昭容、黄铭崇、袁国华编:《新收殷周青铜器铭文暨器影汇编》,台北艺文印书馆,2006年,第1204页。

此戈最早发表于《管子学刊》1999年第1期,[1]其后又收录于《山东淄博文物精粹》[2]《海岱古族古国吉金文集》。[3]近来傅修才在《齐系兵器铭文研究(四则)》一文中指出"淄博市博物馆藏的叔孙氏监戈的铭文为伪作无疑",[4]我们认为,此观点是值得商榷的,有必要重新探讨一下。

傅文认为我馆的叔孙氏监戈在铭文内容、布局和风格方面都体现出对《小校经阁金文》著录的叔孙氏监戈(图四)的模仿,作伪者将戈铭"监"字所从"臣"旁也写作"𠂤"形,更是明显的作伪痕迹。而《小校》所收叔孙氏监戈文字布局极不协调,字体纤细拙劣,"监"字所从"臣"旁更是误写作"𠂤"形,无疑为伪作,这一点黄盛璋先生在《燕、齐兵器研究》[5]一文中早已指出,故而《小校》所收戈铭文伪作无疑。然而,细观我馆的叔孙氏监戈(图五),"监"字从"人"、"臣"、"皿",不存在"臣"旁作"𠂤"形的情况,且整体布局工整严谨、字体精细柔和,显非伪作。傅文的结论与其看到的铭文拓片模糊不清(图六)有直接关系。

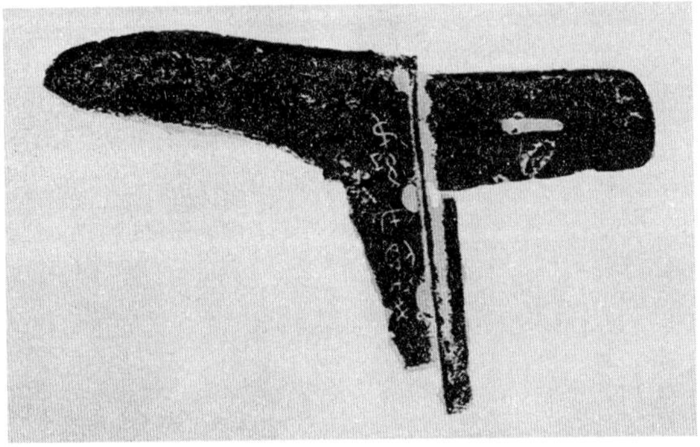
图四

图五

图六

叔孙氏为春秋战国时期鲁国三大世族之一,与季孙氏和孟孙氏并称为"三桓",《左传》载"庄公三十二年(公元前662年)公疾,问后于叔牙。对曰:'庆父材。'问于季友,对曰:'臣以死奉般。'公曰:'乡者牙曰,庆父材。'成季使以君命命僖叔,待于鍼巫氏,使鍼季酖之。曰:'饮此,则有后于鲁国;不然,死且无后。'饮之,归,及逵泉而

[1] 李鸿雁:《叔孙氏及其铜戈》,《管子学刊》1999年第1期。

[2] 张连利等编:《山东淄博文物精粹》,山东画报出版社,2002年,第101页。

[3] 陈青荣、赵缊:《海岱古族古国吉金文集》,齐鲁书社,2011年,第2668页。

[4] 傅修才:《齐系兵器铭文研究(四则)》,《古籍研究》编辑委员会编:《古籍研究》,凤凰出版社,2017年,第192-195页。

[5] 黄盛璋:《燕、齐兵器研究》,中国古文字研究会、中华书局编辑部编:《古文字研究》十九辑,中华书局,1992年,第1-65页。

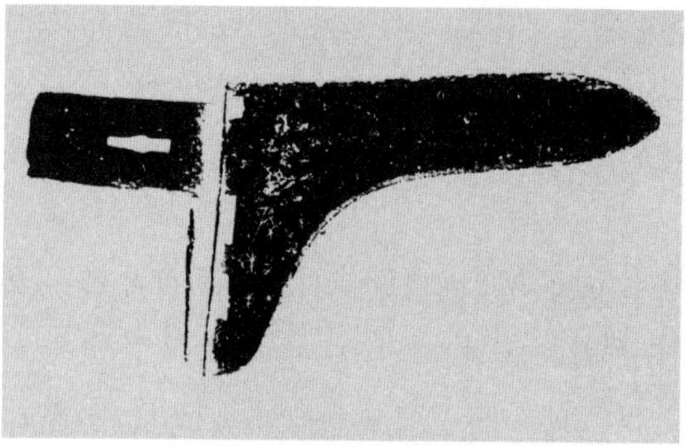

图七

卒。立叔孙氏”，[1]叔牙的后代皆为叔孙氏。戈铭“叔孙氏监戈”当为叔孙氏监造之戈，体现“物勒主名”之意。目前所见“叔孙”铭兵器数量极少，除此件外还有一件“叔孙殺戈”[2]（图七），通长18，内长5.5厘米，长方形内，与援近平直，自称“殺戈”，即“诛戈”，此“叔孙”亦即鲁国叔孙氏，两件叔孙氏戈的字体书写方式一致。

[1] 杨伯峻：《春秋左传注（修订本）》，中华书局，1995年，第254页。

[2] 陈青荣、赵缊：《海岱古族古国吉金文集》，齐鲁书社，2011年，第2675页；同时收录于《三代吉金文存》19.37.1、《殷周金文集成》11040、《金文总集》7394、《商周金文资料通鉴》15050。

潍坊市博物馆藏汉唐铜镜简论

王琳琳　邢永超　魏茜茜
（潍坊市博物馆）

中国古代青铜文化辉煌灿烂，铜镜铸造源远流长，从史前齐家文化至晚清有4 000多年历史。学术界对铜镜的研究由来已久，不仅有系统专著还有很多专门性研究文章。孔祥星、刘一曼《中国古代铜镜》、《中国铜镜图典》，管维良《中国铜镜史》等将不同时代铜镜做了分析研究。区域性著作如山东省文物考古研究所编《鉴耀齐鲁——山东省文物考古研究所出土铜镜研究》、洛阳博物馆编《洛阳出土铜镜》等为区域研究提供借鉴。另外还有一些专门性研究文章，如孔祥星《关于金代铜镜上的检验刻记》、周亚《铜镜使用方式的考古资料分析》、张丹《汉代铜镜铭文研究概况及文字编》、孙磊《中国古代铜镜中道教因素的流变——以纹饰为例》等，都从不同方面分析研究铜镜制作、使用及流传情况。目前对铜镜本身的时代演变规律研究已渐成熟，对铜镜出土情况及镜铭、纹饰所反映出的当时葬俗及社会经济、文化状况的研究越来越多。

潍坊市博物馆藏镜年代跨度较大，起自西汉早期终于明清，并且形制多样，发展脉络清晰，但从未进行系统整理，2016年出版的《潍坊市博物馆馆藏选粹（综合卷）》以及王宝姝、黄杰的《以铜为镜可正衣冠——潍坊市博物馆藏精品铜镜》都是选取几面精品铜镜进行简单介绍。本文在对馆藏铜镜资料进行首次系统梳理的基础上，选取铸造工艺精湛、镜形多样、纹饰优雅美观的汉唐铜镜做具体探讨。拟按时代顺序做品类统计、形制描述及分析比较，以期总结出馆藏汉唐铜镜类型和特点，为区域铜镜研究提供翔实资料。

潍坊市博物馆藏铜镜共计298件，汉唐铜镜138件，约占馆藏1/2。按时代可划分为汉代、三国六朝时期、隋唐三个时期。

一、汉　代

汉代为铜镜发展的鼎盛期，铸造工艺精良。馆藏共计101件，约占总数的1/3。均为圆形，镜钮绝大部分为半球形或圆钮，西汉早期一枚蟠螭纹镜为三弦钮，后期出现的星云镜中出现连峰钮。这一时期采用失蜡法铸造，纹饰生动自如，清晰流畅，铭文字体清丽，内容以相思、吉语为主。两汉时期铜镜合金成分主要是铜、锡，属于高锡低铅镜，镜体比较亮白，质地坚硬，但相对也难以保存，容易出现损伤。馆藏断裂残缺9件，约占总量的1/10，与其他时期相比，比例较高。汉镜纹饰繁杂，根据镜形、纹饰及铭文等将馆藏汉镜分为蟠螭纹镜、家常富贵镜、日月昭明铭文镜、四乳四虺镜、草叶纹镜、星云镜、神人瑞兽画像镜、博局镜、连弧纹镜、乳钉纹禽兽镜、变形四叶对凤镜等等。

1. 蟠螭纹镜

1件。藏品号01301，直径11.5 cm，重138.4 g。圆形，三弦纹钮，伏螭（双龙）钮座。外围两个圆圈带内有铭文："愁思甚，悲欲见，毋说相思愿毋绝。"铭文外为两圈索状纹，外为蟠螭纹。主纹外一周索状圈带，窄高卷边。从形制、纹饰及铭文看此类镜年代为西汉早期。（图一）

图一　愁思甚蟠螭纹镜

2. 家常富贵镜

共3件。根据缘的形制可分为两型。

A型。连弧纹缘，1件。藏品号01317，直径15.4 cm，重512.2 g。圆形，圆钮，并蒂十二连珠纹钮座。座外一周短斜线纹及一周内向十六连弧纹，外围一周云雷纹及一周短斜线纹之间为八连珠座四乳钉纹，乳钉间"家常富贵"四字铭相间排列。内向十六连弧纹缘。

B型。窄素缘，共2件。藏品号01418，直径7.8 cm，重76.8 g。圆形，圆钮，圆钮座，座外一周弦纹圈带。两周短斜线纹间四枚圆座乳钉，乳钉之间各一铭文，铭文为"家常富贵"。素缘。（图三）

图二　A型家常富贵镜

图三　B型家常富贵镜

3. 连弧铭带镜

馆藏连弧铭带镜共27件，又分“日光连弧铭带镜”和“昭明连弧铭带镜”两种形制。日光镜铭文有“见日月心，勿夫毋忘”、“见日之光，长毋相忘”、“见日之光，天下大明”、“内日月心，忽夫不泄”、“日月心忽夫……长勿相忘”等内容。昭明镜铭文有“内清以昭明，光夫日月”、“内清以昭明，光象夫日月……”、“内清以……不泄”等内容。

A型。日光连弧铭带镜，共13件。以下选取典型标本逐一介绍。

藏品号07089，直径8.1 cm，重140.2 g。圆钮，圆钮座，座外一周内向八连弧纹。两周短斜线纹之间为铭文带，字间有字符间隔，铭文为“见日之光，天下大明”。宽素缘。(图四)

藏品号01497，直径6.8 cm，重45.4 g。圆钮，圆钮座，座外一周内向八连弧纹，钮座与连弧纹之间、连弧之间均有简单线条装饰。两周短斜线纹之间为铭文带，字间有字符间隔，铭文为“见日月心，勿夫毋忘”。窄素缘。(图五)

藏品号01412，直径8.1 cm，重100.7 g。圆钮，圆钮座，座外一周内向八连弧纹，钮座与连弧纹之间有简单线条装饰。两周短斜线纹之间为铭文带，字间有字符间隔，铭

图四　日光连弧铭带镜

图五　日光连弧铭带镜

文为“内日月心，忽夫不泄”。宽素缘。(图六)

藏品号01369，直径12.6 cm，重267.1 g。圆钮，并蒂十二连珠纹钮座，座外一周凸圈带和一周内向八连弧纹，凸圈带与连弧纹之间有简单线条装饰。两周短斜线纹之间为铭文带，字间有字符间隔，铭文为“日月心忽夫毋之忠□，忽长勿相忘”。窄素缘。(图七)

图六　日光连弧铭带镜

图七　日光连弧铭带镜

B型。昭明连弧铭带镜，共14件。以下选取典型标本逐一介绍。

藏品号01424，直径9.9 cm，重303.9 g。圆钮，圆钮座，座外一周内向八连弧纹，钮座与连弧纹之间有简单线条装饰。两周短斜线纹之间为铭文带，字间有“而”字符间隔，铭文为“内清以昭明，光夫日月”。宽素缘。(图八)

藏品号01338，直径12 cm，重359.1 g。圆钮，圆钮座，座外一周凸圈带和一周内向八连弧纹，凸圈带与连弧纹之间有简单线条装饰。两周短斜线纹之间为铭文带，字间有“而”字符间隔，铭文为“内清以昭明，光象夫日月不泄”。宽素缘。(图九)

藏品号01375，直径9.5 cm，重137.6 g。圆钮，圆钮座，座外一周内向八连弧纹。两周短斜线纹之间为铭文带，铭文为“内清以日月心忽夫扬□□□塞夫不泄”。宽素缘。(图十)

图八　昭明连弧铭带镜

图九　昭明连弧铭带镜

图十　昭明连弧铭带镜

4. 圈带铭文镜

共8件，又可分为日光圈带铭文镜和重圈铭文镜两种形制。

A型。日光圈带铭文镜，5件。

藏品号01382，直径6.9 cm，重65.7 g。圆钮，圆钮座，座外一周凸圈带。两周短斜线纹之间为铭文带，铭文之间有字符间隔。铭文为“见日月心，勿夫毋□”。窄素缘。（图十一）

B型。重圈铭文镜，3件，日光昭明重圈铭文镜1件、昭明重圈铭文镜1件，另1件铭文不清。

日光昭明重圈铭文镜，1件。藏品号01330，直径9.6 cm，重149.3 g。圆钮，圆钮座。座外两周凸圈带。圈带间为内圈铭文，两周短斜线纹之间装饰外圈铭文，素缘。内圈铭文为“见日之光，天下大明”，外圈铭文为“内清……”。（图十二）

图十一　日光圈带铭文镜

图十二　日光昭明重圈铭文镜

昭明重圈铭文镜，1件。藏品号01328，直径14.7 cm，重720 g。圆钮，连珠纹钮座。座外两周凸圈带，内圈凸圈带内外各一周短斜线纹。圈带间为内圈铭文，外围两周短斜线纹之间装饰外圈铭文，素缘。内圈铭文为“内清以昭明日……忽夫扬忠然雍塞不夫泄”，外圈铭文为“……夫不为日月心扬忠然雍塞不泄”。（图十三）

5. 星云镜

2件。藏品号01331，直径13 cm，重297.6 g。连峰钮，圆钮座，座外一周内向十六连弧纹。在内外凸弦纹之间装饰主纹，四枚八连珠纹底座的乳钉将主纹分为四区，每区内各有八枚弧线相连的乳钉，内向十六连弧纹缘。（图十四）

图十三 昭明重圈铭文镜

图十四 星云镜

6. 四乳四虺镜

15件。根据钮座形制分为三型。

A型连珠纹钮座,2件。藏品号01311,直径14.6 cm,重566.6 g。圆钮,连珠纹钮座,座外一周短斜线纹及一周凸圈带。两周短斜线纹之间为四乳四虺相间环绕。四乳带圆座,四虺成勾形躯体,身躯两侧各有一简化鸟纹。宽素缘。(图十五)

B型圆钮座,12件。藏品号01360,直径10.4 cm,重318.7 g。圆钮,圆钮座,座外一周凸圈带。两短斜线纹之间为四乳四虺,纹饰与A型一致,宽素缘。(图十六)

C型四叶纹钮座,1件。藏品号01383,直径14.2 cm,重526.4 g。圆钮,四叶纹钮座,座外一周凸圈带。两短斜线纹之间为四乳四虺,纹饰与A型一致,宽素缘。(图十七)

图十五 A型四乳四虺镜

图十六 B型四乳四虺镜

图十七 C型四乳四虺镜

7. 草叶纹镜

2件,形制不同。

A型。日光对称连叠草叶镜。藏品号01474,直径13.8 cm,重378.9 g。圆钮,四叶形钮座,座外细线小方格,再外围以凹弧面大方格和细线方格,四角各为两个对称三角形组成的正方形,每边两字铭文,方格外四枚乳钉两侧饰二叠式草叶纹,四外角各伸出一花苞二叶花枝纹。内向十六连弧纹缘。铭文为“见日之光,长毋相忘”。断裂,进行了修复。(图十八)

B型。五乳草叶纹镜。藏品号01357,直径7.9 cm,重86.2 g。圆钮,圆钮座,钮座外两周凸弦纹之间为主体纹饰,五枚带座乳钉与五草叶纹相间分布。主体纹饰外为一周短线纹及一周锯齿纹。近三角缘。除锈。(图十九)

从形制、纹饰等看,A型年代为西汉中晚期,B型可能是东汉时期。

图十八 日光对称连叠草叶镜

图十九 五乳草叶纹镜

8. 乳钉纹瑞兽镜

馆藏乳钉纹瑞兽镜共13件,根据乳钉数量可分为三型:A型四乳瑞兽镜,B型五乳瑞兽镜,C型七乳瑞兽镜。

A型。四乳瑞兽镜,共10件。又可分为四乳龙虎镜、四乳八禽镜、四乳羽人兽纹镜和四乳四神镜。

四乳龙虎镜。2件。藏品号01428,直径11.9 cm,重373.8 g。圆钮,圆钮座,座外一周凸圈带。两周短斜线纹之间四乳与龙虎相间环绕。宽素缘。断裂,锈蚀。(图二十)

四乳八禽镜。4件。藏品号01471,直径8.8 cm,重183.2 g。圆钮,圆钮座,座外有四组回旋线条纹。两周短斜线纹之间四乳与八禽相间环绕。宽素缘。锈蚀严重。(图二一)

四乳四神镜。1件。藏品号01406,直径11 cm,重215.7 g。圆钮,圆钮座,座外四乳钉与青龙、朱雀等瑞兽相间环绕,外围一周铭文带,一周短斜线纹及两周锯齿纹。三角缘。铭文为“上方作镜真大好,青龙白虎□子孙”。断裂。(图二二)

图二十　四乳龙虎镜

图二一　四乳八禽镜

图二二　四乳四神镜

图二三　四乳羽人兽纹镜

四乳羽人兽纹镜。3件。藏品号01343，直径13.9 cm，重444.2 g。圆钮，四叶纹钮座，钮座外一周凸圈带。两周短斜线纹间均匀分布四枚四叶纹座乳钉，乳钉间兽与羽人相间环绕，虎鹿一组，羽人与龙一组，兽作奔跑状。宽缘，中间宽凹圈带上饰双线波折纹。（图二三）

B型。五乳瑞兽镜。

2件。藏品号01430，直径15.4 cm。圆钮，圆钮座。座外五枚内向连弧纹座乳钉与鹿、虎等瑞兽相间环绕，之外一周铭文带及一周短斜线纹。外围两周锯齿纹之间有一周双线波折纹。三角缘。铭文为“……上有仙人不知老，渴饮玉泉饥食……”。残缺。（图二四）

C型。七乳瑞兽镜。

1件。藏品号01427，直径14.6 cm，重343 g。圆钮，圆钮座，钮座外两周弦纹，钮座与弦纹之间有回旋纹及短线纹。七枚乳钉与鹿、虎等瑞兽相间环绕，之外有一周铭文带及一周短斜线纹。外围饰两周锯齿纹。三角缘。铭文为“……富贵莫大工□□……”。残缺。（图二五）

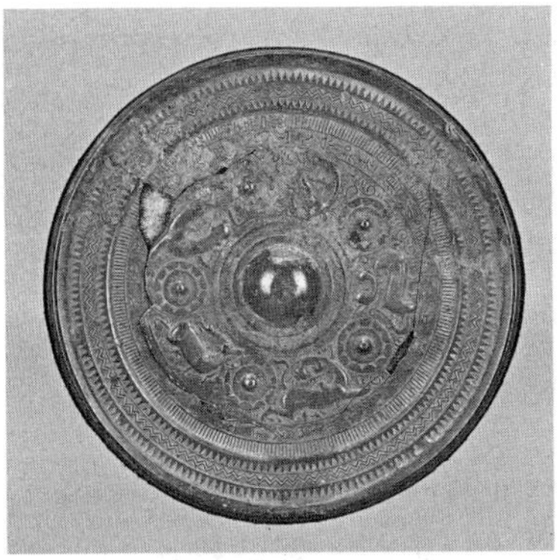

图二四　五乳瑞兽镜

图二五　七乳瑞兽镜

9. 博局镜

馆藏博局镜共15件。可分为四神博局镜、禽兽博局镜及简化几何纹博局镜三种类型。

A型。禽兽纹博局镜,8件。

方格禽兽博局镜。藏品号01314,直径15.3 cm,重535.7 g。圆钮,圆钮座,钮座外细线小方格内四角各有一简化草叶纹,外双细线方格内有十二乳钉间以十二地支。方格外八枚连弧纹座乳钉及博局纹将内区分为四方八区,分别配置禽兽等纹饰,外一周栉齿纹。三角锯齿纹及云气纹缘。除锈。(图二六)

善铜禽兽博局镜。藏品号01365,直径11.6 cm,重290 g。圆钮,圆钮座,座外双细线方格。四乳钉及博局纹分割的四方内各配置一禽鸟一瑞兽,外区有铭文及一周栉齿纹。三角锯齿纹及云气纹缘。铭文为"新有善铜出丹阳,和以银□□且明,左龙右虎"。除锈。(图二七)

图二六　方格禽兽博局镜

图二七　善铜禽兽博局镜

图二八　泰言禽兽博局镜

泰言禽兽博局镜。藏品号01348，直径13 cm，重401.2 g。圆钮，圆钮座，座外八乳钉、山行纹相间分布并间以“长宜子孙”铭文。四乳钉及博局纹将纹饰分为四区，配置禽兽等纹饰，外围为铭文带及一周短线纹。云气纹缘。铭文为“泰言之已镜先始，仓龙居左虎在右□□”。断裂。（图二八）

B型。四神博局镜，5件。

尚方四神博局镜。藏品号01341，直径15.8 cm，重356.5 g。圆钮，四叶纹钮座，座外双线方格。方格外八乳钉及博局纹分割的四方八区内配以白虎、玄武等四神，外区两周弦纹内为铭文，之外有一周短线纹。宽缘上饰三角锯齿纹及双线波折纹。铭文为“尚方作镜真大好，上有仙人不知老，渴饮玉泉饥食枣”。（图二九）

C型。简化几何纹博局镜。

2件。藏品号01319，直径10.6 cm，重238.6 g。圆钮，圆钮座，座外双线方格纹，钮座及方格之间填充勾纹及短线纹。内区博局纹间填以勾纹及短线纹，外围一周短斜线纹。宽缘上饰有一周三角锯齿纹和一周双线波折纹（图三十）。藏品号01421，直径7.8 cm，重56.2 g。主体纹饰为简化博局纹，三角缘。

图二九　尚方四神博局镜

图三十　简化几何纹博局镜

10. 连弧纹铜镜

共6件，分连弧纹镜及连弧云雷纹镜两型。

A型。连弧纹铜镜，3件。有君宜高官、君宜子孙等铭文。

藏品号01363，直径10.7 cm，重188.3 g。圆钮，四叶纹钮座，钮座外一周内向八连弧纹。宽素缘。四叶纹之间有“君宜高官”铭文。锈蚀。（图三一）

B型。连弧云雷纹镜，3件。

藏品号01334，直径15.5 cm，重412.9 g。圆钮，柿蒂纹钮座，四叶之间有“长宜子孙”四字铭文。座外有一周短斜线纹及一周凸圈带，凸圈带之外有一周内向八连弧纹，连弧之间有变形山字纹。外围两周短斜线纹之间为八组云雷纹，云雷纹由圆涡纹及对置的双重三角纹组成。宽素缘。锈蚀。（图三二）

图三一　连弧纹铜镜

图三二　连弧云雷纹镜

11. 龙凤镜

馆藏龙凤镜、双龙镜、双虎镜各1件。

龙凤镜。藏品号01359，直径8.4 cm，重161.4 g。圆钮，圆钮座。座外浮雕龙凤相对。主纹外一周短斜线纹及一周锯齿纹。三角缘。残缺。

双龙镜。藏品号01352，直径9.5 cm，重230.4 g。圆钮，圆钮座。座外浮雕双龙夹钮首尾相连，外有一周短斜线纹。外围一周锯齿纹一周双线波折纹。近三角缘。锈蚀。（图三三）

二虎对峙镜。藏品号01473，直径10.1 cm，重223.6 g。圆钮，圆钮座。座外浮雕二虎夹钮对峙，作弓背匍伏状，外一周铭文带及一周短斜线纹。外围一周锯齿纹一周双线波折纹。近三角缘。铭文为“三羊作镜真……”。锈蚀。（图三四）

图三三　双龙镜

12. 变形四叶对凤镜

1件。藏品号01273，直径10.2 cm，重140 g。圆钮，圆钮座，其外围以弧线四方形连接宝珠状四叶纹。四方委角内各一字，为“长□□□”，弧边外亦各有一字，合为“□至三公”。四叶间各一组图案化的对凤纹，内向十六连弧纹缘。（图三五）

图三四　二虎对峙镜

图三五　变形四叶对凤镜

13. 神人画像镜

共5件,形制有所不同。

图三六　神人神兽镜

神人神兽镜。藏品号01431,直径15.8 cm。圆钮,钮外一圈小乳及线条相间的图纹组成连珠纹钮座。内区四组神人及四兽(龙)相间环绕,其中两组神人为正面端坐形态,帔帛飘举,另两组神人为侧坐态,两侧各有一侍人,四兽(龙)突出头部,高浮雕的头部比神人还要明显。外区半圆方枚相间排列,每方枚中四字,铭文不清,半圆中饰涡状云纹,其外一周锯齿纹。镜缘纹饰为内一周禽兽纹带,外一周连续菱形纹图案。断裂缺失。(图三六)

君宜三段区段式神人镜。藏品号01340,直径12.9 cm,重226.5 g。圆钮,圆钮座。两条夹钮的平行线条将镜背分为上中下三段。上段中部一龟,龟背顶起一华盖,华盖柱右侧一个身躯较大的正面端坐神像,左右两侧各一侍神,内侧身向主神,一坐龟背上,一跪立。柱左侧四侍,手均执物,面向主神。中段两座大的主神夹钮对置,均头朝钮端坐。下段二神相对,端坐于环绕相交的枝两侧。从整个镜背神像排列看,上下段神像头朝外,形成此两组神像首尾倒置,而中段神像头部朝里。主纹外为十一个方枚与十一个半圆相间环绕,方枚内各一个字,合为“君宜高官位至三公大□□”。短斜线外有缠枝纹带,素缘。(图三七)

神人龙虎画像镜。藏品号01313,直径15.8 cm,重680 g。圆钮,圆钮座。四枚圆座乳钉将主纹分成四区,两区为龙虎,另两区各一神人。其一神人两侧各一侍人,一神人身后两侍人。主纹外一周铭文带,一周短斜线纹。铭文为“吾作明镜,幽澜三商,

图三七　君宜三段区段式神人镜

图三八　神人龙虎画像镜

□□□道，□□万疆，增年益寿，子孙□昌”。外区两周锯齿纹中间一周双线波折纹。三角缘。锈蚀。（图三八）

二、三国六朝时期

三国六朝时期铜镜铸造进入中衰期，铜镜质量下降，品类也不多，大多沿用东汉中晚期镜种，如变形四叶纹镜、画像镜等。

这一时期馆藏铜镜共3件，均为直行铭文镜，其中直行铭文双夔镜1件，双凤镜2件。

君宜高官直行铭文双夔镜。藏品号01385，直径8.4 cm，重84.2 g。圆形，圆钮。钮上下各两条平行的短粗线将纹饰分为左中右三区。中区为“君宜高官”四字铭文，左右各一夔纹，身躯作S形卷曲。其外为一周短斜线纹。宽素缘。（图三九）

位至三公直行铭文双凤镜。藏品号01402，直径8.2 cm，重63.8 g。圆形，圆钮。钮上下两道竖线内分别有“位至”和“三公”铭文。竖线左右两侧各一凤纹。两周弦纹外有较长斜线纹带。宽素缘。（图四十）

图三九　君宜高官直行铭文双夔镜

图四十　位至三公直行铭文双凤镜

三、隋　　唐

隋唐时期是中国铸镜史上又一鼎盛期，镜体厚实，铜质相较汉代更加细密，多呈银白色。镜形繁多，在圆形镜的基础上又创新出葵花形、菱形、方形镜等。镜钮多为圆形，新出现龟钮、伏兽钮。铜镜纹饰繁杂多变并且立体美观，新出现生肖镜、瑞兽葡萄镜、雀绕花枝镜、宝相花镜、狩猎镜等等。此时期更是出现了金银平脱镜、螺钿镜、贴金银镜等特殊工艺镜。因此，唐镜堪称铜镜鼎盛期的杰出代表。

馆藏隋唐铜镜共34件，与汉镜合金比例相同，锡含量高，不易保存，其中8件断裂残缺。下面根据不同纹饰做一简要介绍。

1. 瑞兽镜

共14件。其中瑞兽葡萄镜13件，占隋唐镜总数约三分之一，另有瑞兽团花镜1件。

瑞兽葡萄镜。藏品号01261，直径11.8 cm，重470.5 g。圆形，兽钮。高凸棱圈带将主题纹饰分为内外两区。内区四瑞兽同向在葡萄蔓枝间作奔驰状，外区十二只或飞翔或栖立的小鸟相间分布，缠枝葡萄纹蔓延内外两区。花枝纹缘。(图四一)

瑞兽团花镜。藏品号01271，直径13.5 cm，重390.1 g。圆形，半球形钮，连珠纹钮座。座外四团花与四瑞兽相间环绕。窄素缘。(图四二)

图四一　瑞兽葡萄镜

图四二　瑞兽团花镜

2. 雀绕花枝镜

共9件。又分为菱花形和葵花形两种形制。其中菱花形7件，葵花形2件。主体纹饰一致。

藏品号01241，径9.3 cm，重470.5 g。八瓣菱花形，圆钮，高齿纹圈带将主题纹饰分为内外两区。内区四雀飞绕小花枝，外区四雀飞绕大花枝，八雀均同向。大花枝枝条卷曲，生出叶瓣。边缘各瓣中均有一组花叶纹。这些禽鸟被认为是凫雁。（图四三）

3. 双鸾双兽镜

馆藏共计3件，形制纹饰各不相同。

双鸾双狮镜。藏品号01242，径13.6 cm，重660 g。八瓣菱花形，圆钮。主题纹饰为双鸾双狮相间分布，双鸾作回首翘尾状，双狮作昂首翘尾奔跑状，双鸾双兽间以花枝纹。边缘各瓣中四蜂蝶与四流云相间。镜面光亮，制作精美。（图四四）

双鸾天马狻猊镜。藏品号01281，径16.5 cm，重740 g。八瓣葵花形，圆钮，花瓣形钮座。主纹双鸾对峙，上有天马行空，下有瑞兽狻猊。（图四五）

双鸾双雀镜。藏品号01283，径12.1 cm，残缺，修复。八瓣菱花形，伏兽钮。主题纹饰为双鸾双雀相间分布，间以四花枝。边缘各瓣中四花枝与四流云纹相间分布。（图四六）

图四三　雀绕花枝镜

图四四　双鸾双狮镜

图四五　双鸾天马狻猊镜

图四六　双鸾双雀镜

4. 仙骑镜

1件。四仙骑镜。藏品号01469,径12 cm,重311.4 g。八瓣菱花形,圆钮。主纹为四仙人骑兽跨鹤,腾空飞翔,同向绕钮。仙人头戴冠,帔帛穿过两胁向后飘拂。其中两仙人跨仙鹤,两鹤展翅伸颈,作疾飞状。另二仙人骑瑞兽,二兽四肢奔腾,作迅跑状。花枝蜂蝶纹缘。(图四七)

5. 狩猎镜

1件。二骑狩猎镜。藏品号01280,径12.5 cm,重620 g。八瓣菱花形,圆钮。钮两侧二骑手猎装紧身,其一满弓射鹿,一骑手执长矛刺一猛兽,其间点缀花草。边缘八瓣中花枝、蜂蝶环绕。(图四八)

图四七　四仙骑镜

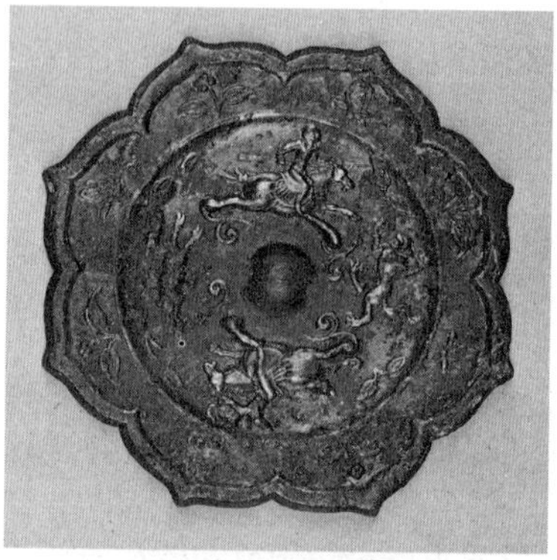

图四八　二骑狩猎镜

6. 花叶镜

共5件,可以分为3种类型。

写生大串枝镜。藏品号01286,残缺,修复。径15.6 cm。八瓣葵花形,圆钮。主题纹饰为四种不同的大花枝,皆并蒂两枝,一为肥大的绿叶,一为花朵。花朵有初绽的花蕊,有盛开的花瓣。素缘。(图四九)

缠枝葡萄镜。藏品号01258,直径9.3 cm、厚0.66,重154.3 g。圆形,圆钮,八花瓣钮座。内区环绕五串葡萄枝蔓,外区一周缠枝花。三角缘,缘上纹饰不清。(图五十)

团花铭带镜。藏品号01257,直径15.9 cm、重508.7 g。圆形,圆钮,连珠纹钮座。一周凸圈带将纹饰分为内外两区,内区分布六团花,外区一周铭文带,窄素缘。铭文模糊不清,隐约可见"□形神冶,□□良工……"。(图五一)

7. 素方镜

1件。藏品号01296，正方形，圆钮。横径10 cm，重351.8 g。镜体较厚，做工精良，白色皮相。（图五二）

图四九　写生大串枝镜

图五十　缠枝葡萄镜

图五一　团花铭带镜

图五二　素方镜

结　　语

潍坊市博物馆藏汉唐铜镜体量大、种类多、年代连续性强。从战国时期延续到西汉早期的三弦钮蟠螭纹铜镜，西汉中晚期的家常富贵镜、连叠草叶纹镜、星云镜、日光昭明镜、四乳（四乳四虺、四乳八禽）镜，东汉时期的博局镜、连弧云雷镜、多乳禽兽镜、龙虎镜、画像镜、变形四叶镜等以及唐代铜镜的典型之作瑞兽葡萄镜、雀绕花枝镜、宝相花镜均有收藏。本文对馆藏汉唐铜镜的梳理纠正了之前的一些认识错误，为区域汉唐铜镜研究提供了翔实资料，但一些具体问题还有待于进一步深入探讨。

参考文献：

1. 孔祥星、刘一曼：《中国铜镜图典》，文物出版社，1992年。
2. 孔祥星、刘一曼：《中国古代铜镜》，文物出版社，1984年。
3. 管维良：《中国铜镜史》，重庆出版社，2006年。
4. 林乾良：《镜文化与铜镜鉴赏》，西泠印社出版社，2012年。
5. 山东省文物考古研究所编：《鉴耀齐鲁——山东省文物考古研究所出土铜镜研究》，文物出版社，2009年。
6. 淄博市临淄区文物管理局编：《山东临淄战国汉代墓葬与出土铜镜研究》，文物出版社，2017年。
7. 何林：《故宫藏镜》，紫禁城出版社，2008年。
8. 旅顺博物馆编：《旅顺博物馆藏铜镜》，文物出版社，1997年。
9. 洛阳博物馆编：《洛阳出土铜镜》，文物出版社，1988年。
10. 姜保国：《山东即墨市出土汉代铜镜》，《考古》2006年第12期。
11. 王会田：《山东临淄出土汉代铜镜》，《文物》2017年第4期。
12. 董雪：《山东临淄出土战国彩绘铜镜》，《文物》2017年第4期。
13. 宋新潮：《中国早期铜镜及其相关问题》，《考古学报》1997年第2期。
14. 魏泽华：《商至西周时期铜镜的几个问题》，《江汉考古》2017年第2期。
15. 范淑英：《隋唐墓出土的"古镜"——兼论隋唐铜镜图文的复古问题》，《故宫博物院院刊》2010年第6期。
16. 樊海军：《隋唐铜镜浅论》，《文物春秋》2008年第5期。
17. 田敏：《汉代铜镜铭文研究》，河北师范大学硕士学位论文，2011年。
18. 张丹：《汉代铜镜铭文研究概况及文字编》，吉林大学硕士学位论文，2013年。
19. 翟春丽：《山东地区东汉铜镜研究》，山东大学硕士学位论文，2013年。
20. 刘梅梅：《陕西出土汉代铜镜纹饰及其文化内涵研究》，西北大学硕士学位论文，2017年。

陈介祺研究绪论

孙敬明
（潍坊市博物馆）

陈介祺在中国金石学、考古学与博物馆学之学术发展史上，是不可逾越的里程碑式的人物；其无论对中国历史的认识补苴，对文物的收藏、研究与信息的传布，还是在传统经学到金石学再发展至新兴考古学演进过程中的卓越贡献，应是“前无古人，后无来者”的。

但是，历史认知之路又往往是漫长而曲折的，在陈介祺身后百数十年间，学术界对其关注与研究，由于历史客观环境和条件的拘囿，在经历了上百年的冷清寂寞之后，出现了明显的转机。这是因为社会的稳定发展和人们对历史事物认识的逐渐客观，尤其是大量的考古新发现，涉及当初陈介祺的收藏与研究，甚至探本溯源有的考古与古文字研究专项科目则是由陈介祺所创立的。而陈介祺的学术贡献，是历史发展传承所使然，所以陈介祺研究课题的选择与立项亦是历史发展之必然。

本课题的研究进展，一直受到国家省市各级领导和专家的关怀与支持，得到国内外有关文物收藏研究单位、学术团体和个人无私援助与鼎力襄赞。尽管由于历史的原因，课题的立足点选择潍坊，但是学术界热情相应，积极参与。所以该文是承普天之下许多关怀和诸位学者辛勤努力的结果。因此笔者怀着对前贤大德的景仰之忱，和对同时代学者无限崇敬之心在文章开篇予以致谢。

一、研 究 概 况

对于陈介祺的研究可分三个阶段，第一阶段应该属于陈氏故去的半个多世纪，即清代晚期至新中国成立之前。当时拘囿社会条件，人们很难对陈氏有着基本客观的认识。偶见断片散简式的文论，亦多是对陈氏曾经收藏某件文物进行考释研究。最初陈氏收藏文物门类广繁，数量浩博，在当时条件下整理研究极费周章；值逢社会动荡，国家内外交困，风雨飘摇，大厦欲倾；且陈氏对文物研究著作出版俱是追求精审完美，遂致其生前身后正式系统的著作出版较少；而洎今经星散云逸留存公私藏馆的陈氏文物、尺牍、手札、钱币、镜鉴可谓之遍布海内外。陈氏生前尤其归里潍县之后，几乎只与国内数位著名的金石学家间进行信札交流，尽管在此学术圈内备受推崇，但毕竟又是阳春白雪，和者盖寡。所以在其去世半个多世纪中，间经王朝鼎革，动荡兵燹，而对其本身与之藏品进行综合研究者，可谓寥若晨星。

由于印学的应用与普及，社会对陈氏的初步认识，往往又从其著作《十钟山房印举》开始。1916年6月至9月间，王国维致函远在日本的罗振玉，其中有18通中提及《印举》，当王国维将新购此书越洋寄与罗振玉时，其信札云："原书（敬明按：此为《十钟山房印举》）分装百册。首古鈢、次汉以后官印、次私印。私印之中复以'革带印'、'私印'、'之印'及'无印字'等分类，而各类中又以韵为姓之次第，极有条理……簠斋印此，分类排印，实其生平一大事业。而流传于世者，只有此本，实为可叹。"[1]

民国七年（1918）邓实风雨楼影印《簠斋吉金录》，褚德彝、章炳麟为之制序，褚序云："陈氏因过于矜慎，及身竟未将藏器编辑成书，好古家以为憾事。"章序曰："陈氏所集纸墨非拓工精矣，稍附考订而不敢恣其释。将所谓多见阙殆，慎言其余。"后来罗振玉编著《三代吉金文存》，其中收录陈氏旧藏三代有铭青铜器数量较多。1924年梁启超称："山左金石学最富。自顾亭林来游，力为提倡，厥后黄小松（易）宦斯土，搜剔益广。斯土学者亦笃嗜之，有以名其家者。海丰吴子苾（式芬）、诸城刘燕庭（喜海）、潍县陈簠斋（介祺）、黄县丁彦臣、福山王莲生（懿荣），皆收藏甚富，而考证亦日益精审。故咸同光间金石学度超前古，而山东学者为之魁。"[2]

解放之前，山东博雅之士王献唐先生主政山东省图书馆，极为注重海岱区域金石文物与善本古籍的征集与研究，并且王氏十分推崇潍县陈介祺与日照许瀚。王献唐称陈介祺："此老精研金石，对于鉴别、考释、椎拓……无不从潜心阅历中得来，当时如潘伯寅、吴清卿、王廉生、鲍子年、李竹朋、吴平斋等，莫不推挹备至，其得名不虚

[1] 吴泽主编：《王国维全集·书信》，中华书局，1984年，第118-119页。据罗继祖《跋观堂书札》称："从一九一五年（民国四年）起，到一九二六年（民国十五年）即王先生逝世的前一年止，总共一百六十五通，其中我自藏的共一百〇四通。以一九一六、一七两年数量最多，因为这两年祖父客日本京都，王先生居上海，两地睽隔，所以通信频繁，以后随着踪迹的变化而变化，自然就少了。"参《王国维全集·书信》，第474页。

[2] 梁启超：《近代学风之地理的分布》，《清华学报》1924年第1卷第1期。

也。”[1]1930年，王献唐复傅斯年札：“以此事在山东方面，为陈簠斋、刘燕庭之金石，王箓友、桂未谷、许印林之于小学，丁以此之于古韵，皆卓绝一世，尤应先表扬。”[2]王献唐对陈氏收藏的陶文、玺印、青铜器等都曾谋划征集，并亲到潍县进行调查走访，甚至更想入藏国之重宝毛公鼎，但时值社会动乱，当道者不学无术，最终使毛公鼎辗转波折留存台湾。同时王献唐还主持让馆内同仁，对陈介祺堂从弟陈介锡曾经收藏的皇皇巨著百余册《桑梓之遗》进行探索研究。1933年商承祚先生发表文章称：“提起笔来写这篇文字之先，我就想到一位老先生，是我平生最佩服的。恐怕不仅是我，凡是研究古文字的人都是一致的。何以呢？因为他的眼光太好了，他一生收藏的铜器等不下几千件，没有一件是假的。他的论调和批评，不但高出当时同辈一等，简直可以‘前无古人，后无来者’。这人是谁？就是山东潍县陈介祺寿卿簠斋他老先生。”[3]张政烺、唐兰先生曾经对齐国临淄及其周近出土的陈氏立事岁陶文撰写专门文章；而周进则有汇集陶文的《季木藏陶》，黄宾虹则编著《陶钵文字合证》专书。与之同时，郭沫若的《两周金文辞大系图录考释》，则对陈氏收藏的青铜器铭文进行分国断代研究，而对陈氏三量以及战国齐威王所作铜敦的考证，则从陈氏之处受到启发。容庚1941年出版的《商周彝器通考》，对毛公鼎、纪侯钟做细致研究，尤其对纪侯钟的各部位名称印证《周礼·冬官·考工记》而饶有发明。

第二阶段新中国成立，金石考古文物研究逐渐复兴。上世纪五十年代陈梦家在《考古学报》连续发表系统文章《西周铜器断代》，其中多处论及陈介祺曾所收藏的西周有铭青铜器。1955年香港《东方研究》曾刊载张煊《十钟山房印举纂例考》，这是当时所见的数量极少的研究文章。1958年容庚、张维持在1941年出版《商周彝器通考》之基础上，扩编为《殷周青铜器通论》出版，书中称清代青铜器辨伪：“其时辨伪最严的莫如陈介祺。他本人收藏了很多金石砖瓦，年老阅历多，学识更丰富，鉴别力益精，自编有《簠斋藏器目》。”同时本书对陈介祺长期实践总结出的青铜器辨伪的五条依据一一罗列。[4]在《青铜器著录书籍的评价》容庚称：“清光绪以前的印刷术是用刻石和雕版刊印图书，工料浩繁，非官方及士大夫不易为……陈介祺给鲍康的信里说：‘今人论书必推许氏。然许书已非真本，岂能如钟鼎为古文字庐山真面……好古家刻书，每患已见之陋而沮。愚谓刻摹精审，则天下后世皆得借吾刻以考证，又何必因噎而使错过失时。惜乎燕翁（刘喜海）不明乎此，而徒以玩物毕一生之精力而一无所传也……

[1] 参见李勇慧：《一代传人王献唐》，山东教育出版社，2012年，第79页。
[2] 参见李勇慧：《一代传人王献唐》，山东教育出版社，2012年，第105页。
[3] 商承祚：《古代彝器伪字研究》，《金陵学报》1933年第3卷第2期。
[4] 容庚、张维持：《殷周青铜器通论》，科学出版社，1958年，第136－137页。

刻书之事不能不望有力而在都会者，无友无工，惟有浩叹。’”[1]1959年李学勤于《文物》7至9期发表《战国题铭概述》连贯长文，对陈氏所藏东周陶文、玺印、兵器、量器等进行综合研究，这在当时也属于开风气之先的。1964年陈育丞于《文物》第4期刊布《簠斋轶事》，讲叙陈氏收藏研究故事。

对于陈介祺所收藏的毛公鼎，因其字数最多，内容丰富，所以学界关注研究的人亦最多，如徐同柏、吴大澂、孙诒让、郭沫若、唐兰、陈梦家等。[2]清代有人怀疑毛公鼎为赝品，如官宦名人张之洞，“每挟好辩之才，把真器毛公鼎、盂鼎、董武钟、齐女鉼四器都作为伪器论列”。鲍康批评他说：“学力过人，具有辩才，未免扬九天抑九渊。”[3]对张之洞之谬说，陈介祺致书潘祖荫谓：“闻成见或有偏处，此只是考古人之字，而未深求古人作篆之法。多见而深求之，真与伪自可信与心矣。文人、才人，香涛足以当之。”[4]解放以后，寓居台湾的卫聚贤以及澳大利亚的巴纳等也曾给陈介祺和毛公鼎泼诬，但是经过台北故宫博物院器物典藏部主任张光远先生仔细观摩、悉心研讨并结合现代化透视手段进行综合研究，为毛公鼎辩诬；还有香港中文大学张光裕教授，亦对毛公鼎的仿制、铭文版式与真伪等做全面探讨，还毛公鼎国之瑰宝的真面。

文物出版社1981年出版罗福颐《古玺汇编》，其中大量收录陈介祺旧藏玺印，并提及对陈氏关于东土六国与秦文字有所区别的认识。《齐鲁学刊》1982年第5期发表李学勤《山东陶文的发现和著录》，对陈介祺发现收藏和研究陶文给予极高的评价。1984年出版《古文字研究》第九辑所载，由徐自强、张亚初、刘雨合撰《北京图书馆所藏青铜器铭文拓本汇编序》中称：“据不完全统计，我国历代出土的传世的和解放以来出土的有铭文的青铜器，见于著录者，在一万件左右。这是研究我国古代历史的极其重要的第一手资料。北京图书馆自京师图书馆以来，通过几十年的工作，从公私藏家手中收集了数量十分可观的铭文拓本。其中仅商周战国时期的青铜器和铭文拓本就达两千余纸（战国以后的尚不计在内）。这次我们仅整理了其中的一部分。这些拓本包括了原属公藏的：故宫博物院藏器拓本，宝蕴楼藏器拓本。原属私藏的：潍县陈介祺（簠斋）的拓本，庐江刘体智（善斋）拓本，浭阳端方（陶斋）拓本，北平孙壮（雪园）拓本，闽侯陈宝琛（澂秋馆）拓本，上虞罗振玉（雪堂）拓本，以及黄濬（伯川）、王辰（铁庵）、吴式芬（子苾）、陈淮生、张致和、张玮等人所藏拓片。其中数量较多的首推簠斋、善斋、陶斋、雪园、雪堂、澂秋馆和故宫博物院等几批。在这些拓本中，有不少是海内罕

[1] 容庚、张维持：《殷周青铜器通论》，科学出版社，1958年，第139页。
[2] 参见陈梦家：《西周铜器断代》，中华书局，2004年，第292–302页。
[3] 容庚、张维持：《殷周青铜器通论》，科学出版社，1958年，第136页。
[4] 陈介祺著，陈继揆整理：《秦前文字之语·前言》，齐鲁书社，1991年，第27页。

与其匹的精拓、佳拓。例如‘十钟山房’所传拓的楚公冢钟(钤‘十钟山房藏钟’、‘海滨病史’、‘簠斋’等印)、纪侯钟、者尸钟、𫓰钟等几件钟;陈介祺所藏,上虞罗振玉为陈淮生写了题跋的毛公鼎拓本;从古堂徐同柏考释、尤晋珊传拓的晋公盦(钤‘尤晋珊手拓’印)等,都是知名的国宝重器和难得的精良佳拓。”[1]由此亦可见,无论藏器的数量、质量和铭文传拓之精良,均当首推陈介祺;并且上所罗列藏家,有几位还是清末民国人物,此可看出陈介祺之富藏博纳还是超越时空的。1984年中国古文字研究会第五届年会在西安召开,孙敬明提供论文《齐陶新探》,开篇即称:“战国时期,齐国都城周围官私经营制陶业的基本情况如何?其乡间各级行政机构设置及其组织制度如何?这些问题对古史研究至关紧要,而文献记载却甚寥寥,长期以来,如同迷宫一般摆在人们的面前。陶文是当时‘物勒工名’制度的产物,其为促进齐国商品经济的发展做出贡献,还为大家提供了打开迷宫之门的钥匙。第一个对齐国陶文进行搜集、鉴定和整理的是清末山东潍县著名的金石学家陈介祺先生。尔后,有关学者为此也付出辛勤劳动并取得可喜成果。新中国成立以后,对有关陶文进行研究者当首推李学勤先生。”孙敬明于《文物》1987年第1期发表《“车大夫长画”戈考》云:“山东省潍坊市治所旧称潍县,是清代著名金石学家陈介祺先生的故里。潍坊市创建博物馆时,陈氏后裔将陈介祺先生生前珍藏的金、石、玺印欣然捐赠,‘车大夫长画戈’是其中之一。”最初由于铭文属于刻款,为锈色所掩,故释为:“□庶长画戈”(《奇觚室吉金文述》10·28)、“□庶长戈”(《周金文存》6·34后)、“长画戈”(《三代吉金文存》19·36·2)、“□□长画戈”(《小校经阁金文拓本》10·13)、“□长画戈”(《金文著录简目》6740)。1989年中华书局出版高明《古陶文编》,收录陈氏所藏齐、鲁、邾国都城及近郊出土的战国陶文,对文字的释读多处采纳陈氏观点。1989年中华书局出版何琳仪《战国文字通论》,是当时专门研究战国文字分域、断代的空前之作,其依据陈氏东土六国与秦文字不同的识见,进而遵循李学勤关于战国题铭概述的观点,对普天之下的战国文字分为秦、齐、楚、燕与三晋五大体系,文中称引陈氏曾经庋藏的青铜礼器、兵器、陶文、玺印与杂项等众多资料,传承旧学,立论新颖,属于承前启后的重要著作。陈介祺六世嫡长孙天津师范学院(今名天津师范大学)教授陈继揆先生,秉承家风,以数十年之期,整理先祖陈介祺所著《秦前文字之语》,列入山左名贤遗书,1991年由齐鲁书社出版。[2]1995年罗宏才《新发现的两通陈介祺书信》于《文物》第一期发表。

[1] 徐自强、张亚初、刘雨:《北京图书馆所藏青铜器铭文拓本汇编序》,《古文字研究》第九辑,中华书局,1984年,第439-440页。

[2] 陈介祺著,陈继揆整理:《秦前文字之语·前言》,齐鲁书社,1991年,第5页。

1996年潍坊市文化局举办潍坊历史文化名人展，事后将相关资料编辑成《潍坊历史文化名人》一书，由齐鲁书社出版，其中有陈介祺故居纪念馆赵益民撰写陈介祺的篇章。

第三阶段，盖从2000年开始，由此前的零散研究，逐渐向专题系统化研究转变。裘锡圭称："陈介祺不但是大收藏家，也是极重要的金石学家，可惜迄今为止尚未看到能全面而深入地介绍他的学术成就的文章。"[1]孙慰祖《陈介祺年谱·序》："对于陈介祺学术思想与成果的梳理研究，是近代学术史上一个被滞后的课题。"[2]2003年全国艺术科学规划课题（编号03EA096）《潍坊文化三百年》，以专著形式结集，其中第三章为金石学，孙敬明撰《陈介祺与中国金石学》、《潍县仿古铜器研究》两篇十万字文章，对陈氏世家、藏古、考古、传古首次进行较为系统的研究。《潍坊文化三百年》则于2006年，由文化艺术出版社出版。2004至翌年文物出版社陆续出版陈继揆编著《簠斋论陶》、《簠斋鉴古与传古》、《簠斋金文题识》与《簠斋金文考》等著作。李学勤为之作序称："簠斋对青铜器精于鉴别，正由于他于此见多识广，不仅有丰富的经验，而且提高到理论的认识。例如他在《复潘祖荫笔记》中说：'同一三代之器，文与制皆可别其先后，多见自能知之。相形自别。王朝与诸国异文异制，亦多见自知。'所谓'文'即纹饰，'制'即形制。用形制和纹饰作为标准，来区别青铜器以及其他器物的年代、国别，这已经可以说是类型学方法的萌芽了。"[3]陆明君在吉林大学读硕士时，即开始对陈介祺进行研究，2004年其将由硕士而至博士的论文增补修订为《簠斋研究》，2005年由荣宝斋出版社出版。书后内容简介云："本书以清代著名金石学家簠斋为研究对象，在簠斋研究阙如的情况下，对其生平、收藏、鉴古辨伪、传古、考释、书学印学思想、著述、学术成绩及影响等，进行了较全面的考察，可谓簠斋研究的奠基之作。"[4]2005年7月由潍坊市政府、山东书法家学会与西泠印社印学理论与社史研究室等联合召开"陈介祺学术思想及成就研讨会"，会议收到来自海内外的专家学者所提交论文29篇，内容涉及陈氏对中国金石学贡献之伟大成就，并分别对陈氏关于陶文、玺印、印学思想、传古方法，以及陈氏与刘喜海、王懿荣、苏氏兄弟等人的交游。大会论文集《陈介祺学术思想及成就研讨会论文集》，于2005年6月由西泠印社出版社出版。

2009年齐鲁书社出版孙敬明《潍坊古代文化通论》，第一章总论指出潍坊文化的特点：一海洋文化的内涵；二先秦时期的高峰值；三汉代经学极盛；四清代金石学与

[1] 裘锡圭：《裘锡圭学术文化随笔》，中国青年出版社，1999年，第361页。
[2] 陆明君：《陈介祺年谱》，西泠印社出版社，2015年。
[3] 李学勤：《〈簠斋鉴古与传古〉序》，《簠斋鉴古与传古》，文物出版社，2004年，第2-3页。
[4] 陆明君：《簠斋研究》，荣宝斋出版社，2005年，封三。

文学艺术的繁荣；五清代世家望族文化传承绵延数代。第三章金石学，讨论金石学的起源与潍坊清代陈介祺在金石学界的核心地位，专论陈氏对中国金石学的伟大贡献，还有《郭麐与〈潍县金石志〉》、《潍县金石学仿古铜古董行与甲骨学》以及《潍县仿古铜研究》等。2012年8月潍坊市人民政府、西泠印社、台湾玄修印社、山东印社主办，中共潍坊市委宣传部、潍坊市委台办、潍坊市文联、潍坊市文广新局、潍城区人民政府承办的“海峡两岸著名金石学家文物收藏展暨学术研讨会”在潍坊市政府办公楼召开，来自海峡两岸的近百位专家学者参观在潍坊市博物馆举办的陈介祺收藏文物展，并对陈介祺的收藏理念、文物藏品、传古思想、书法艺术等进行研讨。2013年10月，由中共潍城区委宣传部、潍城区文化广电新闻出版局、陈介祺研究会、潍州书法家协会举办的“纪念著名金石学家陈介祺诞辰200周年座谈会”在陈氏里籍潍城区举行，来自全国各地的近百位专家学者出席。陆明君从山左金石文化区域，推阐陈介祺当时的学术文化环境与其传承弘扬传统金石学领域的影响。陈介祺集藏古、鉴古与传古于一身，可谓冠盖一时。孙敬明认为陈介祺是桑梓之先贤，金石学之大旗，其学问之大就像汪洋大海，涵泳万象，并且架起了由金石学通向考古学的桥梁，为考古学之先驱。同时国家艺术核心期刊《中国书画》在2013年第9期隆重推出“陈介祺纪念专题”。

2013年10月国家社会科学基金项目“陈介祺研究”正式立项。

2013年10月刘三强编著《金石大寿——纪念陈介祺诞辰二百周年》文物藏品图册，孙敬明为之序云：“潍县陈氏自幼天机清妙，深得阮元之激赏……惟其藏古并非视同珍宝珠玉，而是视文物为历史信息之载体，长篇铭文堪比《典》《谟》。藏古之旨在于传古，传古大道则在于传古文字之著述。”由天津古籍出版社出版。2013年11月潍坊市文广新局、潍坊市博物馆举行纪念陈介祺诞辰200周年，同时举办“陈介祺研究”开题论证座谈会。故宫博物院秦明、国家图书馆卢芳玉、南京大学范毓周、烟台大学江林昌、中国文化遗产研究院刘绍刚、中国艺术研究院陆明君、山东石刻艺术博物馆杨爱国等30多位知名专家学者出席。孙敬明将其此前陆续发表之有关山左区域经学、金石学以及关于陈介祺、郭麐、丁树桢、王懿荣等研究论文二十余篇结集为《陈介祺与中国经学金石学及考古学研究类稿》，提交大会；潍坊市博物馆编印《金石千秋——纪念陈介祺诞辰二百周年藏品选》。2015年4月陆明君新著《陈介祺年谱》由西泠印社出版社出版。2014年王增山《李佐贤生平著述考》，齐鲁书社出版，孙敬明为之作序称：“山左原为金石学之肇源与核心，洎今数千百年、迭历沧桑，虽学科细分、门类旨归，经史研究，炳彪齐鲁；然于学术发展史之追溯探研或有遗缺，尤其对清代金石学家群体之研究方兴未艾，知者已有陈介祺、许瀚、王献唐之专门研究著述刊行。此则踵出，可列在金石学研究之文苑矣。”书中涉及李佐贤与陈介祺金石之交与姻娅关系。[1]

课题负责人孙敬明籍贯潍县，先于吉林大学考古专业毕业，旋再受业吉林大学于省吾、罗继祖先生门下，于先生每每论及陈介祺总是称之：“目光如炬，心细如发，了不起！”罗先生则谓：“山东潍县清代有著名金石学家陈介祺，当代则还有日照的王献唐。”1984年于先生主办之全国古文字讲师研究班结业，孙敬明得以与老师同学在国内实习，当其时在北京聆听胡厚宣、张政烺、李学勤、裘锡圭先生讲授古文字学，他们对陈介祺都是推崇不已，尤其张政烺先生到过潍县，与潍县丁氏世家有旧谊，对陈介祺更是心怀敬意。1984年孙敬明赴西安出席中国古文字研究会第五届年会，得便拜见与会学者柯昌济先生，先生祖籍胶州，然从父祖辈即侨寓潍县，对潍县感情极深，一再询问陈氏故居保存与陈氏后裔情形。1986年陈继揆应邀归里出席十笏园建园一百周年座谈会，孙敬明得以追随左右，随时请教，并到即墨故城与平度天柱山考察，1988年陪同陈继揆、杜在忠先生到蓬莱、长岛出席山东古国史第四次学术讨论会。行前陈继揆先生先由天津到潍坊，客居其二叔陈君藻先生家，晚上得与陈氏世家贤哲雅集，聆听高见而受益匪浅，交往期间承蒙陈继揆先生惠贶王国维《水经注校》、罗福颐《古玺汇编》，以及陈先生所著研究陈簠斋系列丛书多种。在《秦前文字之语》甫送齐鲁书社，孙敬明曾陪陈继揆先生到齐鲁书社与有关专家研讨出版情况，并蒙陈先生厚意借予关于陶文书稿，供孙敬明抄录笔记。由于受到国内著名古文字与考古学家和陈氏后裔的启迪教诲，孙敬明对同有桑梓之谊先贤陈介祺产生无限仰敬之忱。

2015年6月，孙敬明怀虔敬之心，沉潜编撰2013年国家社会科学基金项目《陈介祺研究》提纲，凡上、下、附三编，胪列二十四章，章下再分课题研究、框架构思与资料重点提示等，全篇近万字。提纲甫就，广求明教，荷承清华大学李学勤，复旦大学裘锡圭，复旦大学出土文献与古文字研究中心主任、长江学者特聘教授刘钊博士，中山大学古文字研究所所长、中山大学传统文化研究中心主任陈伟武博士，中国钱币博物馆原馆长、中国人民银行参事黄锡全教授，山东省博物馆馆长郭思克研究员，中国文化遗产研究院刘绍刚研究员、台北中研院蔡哲茂研究员与陈簠斋七世嫡长孙陈进等先生等给予诸多教益，再做修订。俟后即举办提纲研讨和有关章节分工会议。为使课题研究广博而有深度，特邀请故宫博物院、国家图书馆、中国文化艺术研究院、中国文化遗产研究院、山东省博物馆、青岛市博物馆、黄岛新区博物馆、苏州市博物馆、青州博物馆、潍坊市地方史志办公室、潍坊学院、台北中研院等单位有关专家教授承担相关章节。

经过数年联合攻关，形成180余万字《陈介祺研究》，这应是迄今所见在中国金石

---

[1] 王增山：《李佐贤生平著述考》，齐鲁书社，2014年。

学发展史研究中，以陈介祺典型个案研究最为前沿和全面的阶段性成果。我们强调科学严谨，以马克思主义为指导，坚持辩证唯物主义和历史唯物主义的观点。重视资料基础，上穷碧落下黄泉，寻寻觅觅，广搜远绍，甄选鉴别，在占有雄厚资料的基础上，集思广益，开阔学术视野，加大研究深度。追求学术品位，遵循王国维的二重证据法，传世与出土资料相结合，以前所未有的新体例对陈介祺的世家繁衍、姻娅友朋、学术传承、文物收藏、类项典型、鉴定辨伪、传古理念、椎拓照相、著作刊布、诗词文学、书法艺术、学术贡献与后世影响，以及其在中国经学与金石学到考古学转变过程中的作用，在中国博物馆学发展史上的贡献和在传统学术发展史上的地位等，进行全面系统的综合性研究。在填补陈介祺研究空白的同时，又是对中国金石学尤其清代发展史研究的一次大推动。

二、金 石 世 家

明末至清季，山东潍县有郭、陈、张、丁四大著名家族。陈介祺之潍县先祖，可追溯到元代末年陈大观。据《陈氏支谱》(清光绪本)称：潍县陈氏，始祖大观，原籍直隶沧州人，明初以先世知潍州，遂隶籍焉。至陈介祺祖父陈祥桂已是十五世。陈介祺父陈官俊，嘉庆十三年(1808)二甲二名进士。陈继揆《秦前文字之语·前言》谓“以名翰林入值上书房，后为上书房总师傅，道光帝师，并授皇长子读。历任四部：工部、兵部、礼部、吏部尚书，累官协办大学士，道光二十九年卒于官。”陈介祺道光二十五年(1845)四月进士二甲三名。进士朝考，钦取一等第十名，五月由内阁中书改为翰林院庶吉士。后因厌倦官场，并因清朝逼捐巨额银两助剿捻军，遂于咸丰四年(1854)以病托辞，归老潍县。

陈介祺之父陈官俊曾以著名金石学家阮元为师，其为掖县翟云升《隶篇》作序，云：“时予承乏铨曹，公冗少暇，退食之顷，辄一翻阅，卷既终，持谓怡堂曰：善哉！此书之体例乎，以部领字，如枝附干。而笔迹各异者，易于对观也。以摹代临，如景随形，而楷式所存者，期于曲肖也。此为从前所未有，即为后来所不可无矣……去年夏五月遣工抵莱……晨夕考诚，并校舛误，越年余而工告竣，为书简端以志不朽。道光十八年(1838)夏五月，平寿伟堂陈官俊序。”。并对书中摹录隶书本体与演变以及正经补史的意义等均有深湛的识见。是年陈官俊官礼部右侍郎，由此可见，陈官俊尽管平生位处封疆或庙堂，几无少暇研讨金石之学，但是从其与阮元交往，支持其子陈介祺收藏文物与金石学界名家交往，并将其荐之阮元门下，得到阮师“天机清妙”之赞誉。同时陈官俊及其三弟陈官侨还有中表弟谭怡堂等都对翟云升编纂《隶篇》多所助益。试想陈介祺少年即搜集文物，颇费银两，凡此必须得到其父之嘉许。从《许瀚日记》获知，当时如许瀚、王筠等人到北京经版库陈家参观文物，探讨学术，或不时见到陈官俊。由此可见早在陈介祺的父辈即能通晓金石之学。

陈介祺从堂弟陈介锡亦是著名金石学家，平日收藏文物以古代书画为主，最著名的是其辗转收藏由胶州高凤翰、即墨郭根莽陆续所辑海岱先贤书画手迹七十余巨册。并在此基础上，与陈介祺相与考订增补，广罗天下与齐鲁相关之名人书画手迹，署名曰《桑梓之遗》，竟至百余巨册。光绪十二年（1886）王懿荣在登州张允勷处，获观"《桑梓之遗》目录，于齐鲁先哲手迹搜求略备。知原册曾存潍县陈晋卿（介锡）处，旋为势家豪夺以去，公思踵其意收集《海岱人文》"。[1]

陈介祺长子陈厚钟去世较早，惟次子陈厚滋能随之传承金石之学，协助陈介祺整理文物、编写文稿，如同治十二年（1873）八月廿九日陈介祺致书鲍康称："《印举》后十部已成十余本，每部竟至八十本，所费不意过多……凡例目录已命次儿厚滋创稿。"陈介祺长孙陈阜，是一位颇有乃祖之风的人物，这与陈介祺当年悉心培植有着密切关系。陈阜不但对金石学有较好的素养，而且急公好义，每逢灾荒瘟疫都能协助其祖创办粥厂，亲临施舍；同时协助王懿荣办登州团练抵御倭寇、在潍县组织家族成员协助潍县县令靳昱坚守城邑，遂使捻军不能进入县城，宗庙典籍、金石文物得以保存。陈介祺四世嫡长孙陈文会传承金石之学，斋号"海隅逸氏"、"续祖印斋"等，在北京参入冰社，与柯劭忞、罗振玉、丁佛言、黄侃等有学术交往。陈文会五弟陈文璘，字秉忱，早年参加革命工作，先供职于军队，解放后不久调中共中央办公厅工作。其家学渊源，金石学基础深厚，当时田家英等人于文物收藏，从其处受益良多。选编出版《毛泽东手书古诗词选》等文集，并且有的还由其手书题签。当年陈介祺曾孙媳妇郭祖珍捐献曾伯霥簠和迟簋，即是经陈秉忱等人动员事成的。陈介祺五世嫡长孙陈元章，字君善，幼承家学，饱读诗书。陈介祺所藏玺印大都辗转归其保管，后全部捐献故宫博物院，同时陈介祺鉴定收藏用印70余方一并捐献。陈君善曾任故宫博物院研究员。二弟陈君藻，曾任山东省文物管理委员会委员，与王献唐等有学术交往，精于金石篆刻与书法。六世嫡长孙陈继揆，受家庭影响早年参加革命，曾任天津师范学院图书馆长、历史系党委书记、教授。由于时代条件与社会环境，陈继揆先生对陈氏金石之学之继承与弘扬颇具典型。其自称："余为簠斋六世孙，惜生也晚，陋于闻见，先是曾受命于秉忱叔祖暨君藻二叔，搜集整理先人遗著，余虽不敏，敢不黾勉从事，以观厥成。今应齐鲁书社之约，整

[1] 吕伟达主编：《王懿荣集》，齐鲁书社，1999年，第476页。

理簠斋先生遗著数种。先检家藏书札底稿，及《秦前文字之语》手订本，参以影印本，稍加整理。”[1]俟后，陈继揆又对其先祖簠斋传古、鉴古、藏陶与玺印等进行逐项研究，由文物出版社出版著作多种。七世孙陈进，绍承家门之学，秉承祖训，活跃于国内外关乎陈介祺研究之学术圈，整理出版陈介祺以及潍县金石学家的著作数种。由此可见，陈氏一门，祖孙八代，绵延二百年之长风，不忘初心，砥砺前行。

在潍坊区域从事金石之学的大多是名门世家子弟，因为要进行金石文物的研究，首先得占有金石文物第一手资料，而当时的国内风气之盛，影响所及，遂使一般文物的价值亦为昂贵，所以寒素之士欲治此学，多因财力而却步。再者当时收藏亦或当成是一种聚敛财富的手段，而真正爱好与研究者，则收集文物倾其心血，所有藏品护若头目。由此而影响到昆仲子孙，往往是一门声气相类，兄弟、父子互为切磋、鉴赏析疑，从而形成一些所谓的金石学世家。此点正与传统的经史之学，亦有世家传承而弘扬的现象相类似。如陈官俊、陈介祺、陈厚滋、陈阜、陈文会、陈君善、陈继揆以及陈进嫡传八代，尤其前两代陈介祺与陈厚滋父子，最有成就。后世各代由于社会的变故、家道中落为生活所迫，而不能保守住文物，使之陆续散佚。而第五代陈君善虽因故将“万印”抵债，但其爱先祖文物之心未泯，尚能从中斡旋，遂使“万印”绝大部分保存于今故宫博物院。而这种道德质行，亦与其家门传承父祖影响有关，也是金石学之魅力所在。

三、姻娅友朋

金石之学既可以祖孙绍继，又可以欣结姻娅友朋。陈官俊夫人丁氏，潍县世家望族浙江台州府守备丁治平之女，兵部武库司郎中丁廷华与永春直隶州知州、台湾凤山县知县丁廷琛之胞妹。丁家晚清时期乃潍县之首富，丁廷华、廷琛之宗兄弟丁廷珍三子丁善宝、丁善庆、丁善长，俱是文人名士，丁善长著作《圜币浅说》四卷。丁善宝家有十笏园，是山左文人名士雅集之所，子丁毓庚传承家学，孙丁锡田，为禹贡学会会员，搜集出土文物，征乡邦文献，与顾颉刚、王献唐、张政烺等人交往密切，并随王献唐到齐国故都临淄进行考古调查。丁锡田子丁伟志为中国社会科学院常务副院长，著名历史学家；孙丁一川北京大学历史学教授。

陈介祺岳父诸城李璋煜，早年与陈官俊相识，交往甚笃。李璋煜与胞兄李仁煜同有金石之好，既是绍继乡风，远承宋代东武赵明诚、李清照夫妇之学术；亦是同道朋友

[1] 陈介祺著，陈继揆整理：《秦前文字之语·前言》，齐鲁书社，1991年，第5页。

气味相投。于是，父辈有金石之好，子女辈才有李璋煜之爱女嫁归陈介祺为妇之美缘。

诸城徐会沣，同治七年（1868）进士，翰林院编修，累官礼部、工部、吏部侍郎、兵部尚书。为陈介祺外甥女婿。陈介祺两姊一妹，大姊、小妹俱早亡，惟二姊生女嫁归徐会沣。光绪六年（1880）五月徐夫人染恙，致书徐会沣称："闻甥女有恙，殊为焦灼……家姊处若一闻此语，过七十人必及挂念矣。"[1]徐会沣供职京师，与王懿荣、吴大澂等金石学家多有交往，且精于诗词书法。陈介祺与之通札最多，纵论金石陶文，兼及国家大事。其亦或到潍县省亲，彼此间虽是姻亲，但是又存更多的金石学之情谊。

潍县清代有郭、陈、张、丁四大世家，凡此四门豪族之间姻娅如网，错综复杂，有时遂致夫人在娘家与婆家的辈分倒转数辈；通常世家联姻看重的是门当户对，而陈氏世家同时还注重金石之学的缘分。如陈介祺玄孙女陈君绮嫁归郭味蕖为妇。

郭梦龄为陈介祺表兄，进士，累官陕西按察使，河南按察使，署河南布政使，山西布政使，署山西巡抚。咸丰三年（1853）陈介祺为缴纳清朝廷逼捐之四万银两，而辗转河南、山西省筹措。当时郭梦龄在山西布政使任上，得其从中斡旋方得从银号、当铺中收取银两。郭味蕖乃郭梦龄之嫡传玄孙。郭味蕖自幼受家乡金石学影响，喜好收藏，因社会时局动荡不已，遂致陈氏旧藏部分文物散出，郭味蕖不忍心陈氏文物散佚境外。在其夫人的协助下，而倾资收集。其对三代青铜器造型、纹饰从新的美学角度进行研究，对铜镜的造型、花纹与寓意以及对全国考古所见的古代城址、阙观碑碣等进行综合的研究。

陈介祺与潍县金石学家郭麐交情至好，郭麐为郭味蕖之先祖辈。郭氏编著《潍县金石志》，陈介祺将自己所藏有关金石资料悉数赠送，并亲自为之拟定体例，修订校对，命其次子厚滋与助手王石经襄赞玉成其事。并托请王懿荣、潘祖荫为之制序。陈氏卒于光绪十年（1884）七月二十日，七月初仍在校订《潍县金石志》。

利津李佐贤道光十五年（1835）进士，居国史馆修史多年，后简放汀州知府，为官清廉。李氏平生喜好古钱学，著有《古泉汇》、《续泉汇》与《续泉说》，同时还收藏大量古人书画。道光十五年供职都门后，得与陈介祺交往，后陈氏归里，直至同治九年（1870）复再书翰往来，李佐贤致书陈介祺称："廿余年渴别，忽奉手书，如获良觌，为之狂喜者累日……承惠范拓六十四种，不啻百朋之锡，感铭奚似。"[2]并于同年秋到潍县拜访陈介祺。陈介祺赠送其众多珍贵钱币资料，如此厚意激励之下，遂使李佐贤有《续泉汇》之举。俟之同治十二年（1873）九月李佐贤长子李枚卿之女嫁归陈介祺长孙

[1] 陆明君：《陈介祺年谱》，西泠印社出版社，2015年，第371页。

[2] 王增山：《李佐贤生平著述考》，齐鲁书社，2014年，第205页。

陈阜为妇，陈介祺喜作联语“富俭贵勤直德妇，理明辞达是文人”以劝勉。李佐贤之子李韦卿绍承家学，与陈氏交往长久。

海丰（今无棣）吴式芬，出身名门望族，科举兴家，道光十五年（1835）进士，入值翰林院，后任广西南安知府、江西建昌知府、河南按察使、直隶布政使、陕西布政使、内阁学士署礼部侍郎等职。从政之余，喜好金石之学，收藏三代青铜器数量较多。早年与陈官俊交好。撰著《捃古录》、《金石汇目分编》、《捃古录金文》、《双虞壶斋藏器目》、《陶嘉书屋钟鼎彝器款识目录》等，还与陈介祺合编《封泥考略》。道光二十七年（1847），吴式芬到京拟赴河南按察使新任，作为知己至交，当与陈介祺多有聚叙。吴重憙为吴式芬次子，咸丰九年（1859）陈介祺长女陈厚培嫁归吴重憙为妇。此人既有很好的学问，同时又受外舅指授而深谙政治，同治元年（1862）吴重憙中举人，八九月间来潍县暂居，得以问学于陈簠斋先生。俟后转入官场，累官河南陈州知府、江宁布政使、直隶布政使、直隶总督兼北洋大臣、江西巡抚、刑部右侍郎和左侍郎等。因其在朝廷，得以师事潘祖荫，同治九年（1870）正月曾上函陈介祺，代其师潘祖荫求赐潍河中出土汉碑，称：“兹敝老师潘伯寅先生函来，云吾外舅处有新得残汉碑三、四种，命婿务为求拓本一份。敢祈分赐一本，千万千万！婿或可得其副，非所敢望也。”[1]同治九年（1870）十月，吴重憙来潍县，据其于《簠斋藏古册目》跋文称：“十月到潍度岁……此《金文目录》约是庚午冬下帏时所写。并写陈氏收诸城刘氏（燕廷方伯）、诸城李氏（方赤方伯）、利津李氏（竹朋太守）、日照许氏（印林先生）各藏拓本，亦可谓大观矣！余以三日工夫写此本，寿老颇勖其勤，曾抄一份寄予。此册又是耑抄陈氏藏器，以寄吴平斋先生者，今归茗理长兄。出以属题。既属金石同好，因详记寿老与予家金石至交，并予与寿老家往来踪迹。事隔五十年，予亦在告了岁，因思寿老犹得见予出守陈州，我堂上二亲并不及见予成立，并遗稿之成书，则又含毫而伤感者也。丁巳（1917）三月初五日，八十寿吴重憙题。”[2]此跋文追忆五十年前旧事，而其对外舅与父母双亲之敬跃然纸上。自从与陈厚培结缡之后，吴重憙多次省亲潍县，为陈介祺整理金石文物，抄写书稿。陈介祺子侄辈，当以仲子陈厚滋与女婿吴重憙于之金石事业助益良多，而陈介祺对这位女婿亦是甚为赏识，与友人通札中经常提及这位“小倩”。

王懿荣为山东福山世家望族，有清一代王氏家族考取文武进士者二十七名，家门兴旺注重学术，父祖辈即为官游历天下，搜集金石文物。九世祖王骘累官户部尚书，祖父王兆琛官至山西巡抚，父王祖源官至四川按察使。父祖数代，均有著作传世。王懿

---

［1］ 陆明君：《陈介祺年谱》，西泠印社出版社，2015年，第181页。
［2］ 陆明君：《陈介祺年谱》，西泠印社出版社，2015年，第185-186页。

荣光绪六年(1880)进士,三任国子监祭酒,亦曾奉命在家乡创办团练抵御倭寇。王氏最大之学术贡献在于其发现甲骨文,这与其自身学术修养和其跟陈介祺的深切学术交往密不可分。光绪二年(1876)四月,陈介祺致函王懿荣称:“年来万事不如古文字,而海内唯如君者良朋数人,不胜仰企,唯垂念之。”[1]王懿荣光绪六年(1880)进士,同年十一月归里省墓,光绪七年正月返途京师沿路访古,在潍县陈介祺府上盘桓三日,尽观陈氏庋藏,又在潍县著名金石学家高庆龄家住一日,俟后则到寿光,参谒其高祖母之娘家李宗丞祠。三月则为高庆龄《齐鲁古印捃序》。《秦前文字之语》收录陈介祺致函潘祖荫44通、王懿荣58通、吴云25通、吴大澂35通。由此亦可见陈氏与王懿荣之至好交情。[2]

同治三年(1864),陈介祺外孙吴重憙次子吴崶生。光绪八年(1882)王懿荣遣嫁次女崇嫫为吴崶之妇。吴崶累官江苏江安督粮道、至署两淮盐运史。光绪十五年(1889)王懿荣长子崇燕娶河北丰润张人骏之女张允淑,庚子之乱与其翁姑王懿荣、谢氏一同殉国。张人骏同治戊辰(1868)科进士,官至两江总督协办大学士。丰润张氏亦是金石传家,后世子孙如河北省文物考古研究所研究员张守中,对侯马盟书、中山王厝铜器铭文之摹写研究贡献巨大。张人骏姻亲如广东商衍鎏、商承祚、商志谭祖孙三代,俱是著名金石学家。商衍鎏之女嫁归张人骏之孙张象昀为妇。还有一女,嫁归罗振玉之子罗福颐为妇,罗振玉之女则是王国维的儿媳妇。由此可见金石学家之间的姻娅关系既密且好。王懿荣平生著述十数种,如《汉石存目》、《南北朝存石目》、《六朝石存目》、《攀古楼藏释文》、《古泉选》、《天壤阁杂记》及《福山金石志》等。光绪二十六年(1900),八国联军掳掠京城,王懿荣壮烈殉国。

阮元为陈介祺父辈之师长,陈介祺年轻时得以谒见,知其喜好古文字,阮元遂以“天机清妙”赞誉之,并手书论钟鼎彝器石鼓许氏文字之诗文馈赠。如此对陈氏激励甚大。

翟云升,莱州掖县人,进士,与陈介祺之父交往至深,陈介祺则执礼师尊,并为其《隶篇》提供大量资料。对此翟云升《隶篇》自序称:“助之成书者谓蒙古奎榆邨观察昌。钱塘吴仲云观察振棫。石棣方友山司马熙。海昌许珊林刺史梿。元和张六琴巡政禄卿。汉阳叶润臣名沣。道州何子贞绍基、何子毅绍业,海丰吴子苾式芬。日照许印林瀚。安邱王菉友筠。诸城刘燕庭喜海、李月汀璋煜。蓬莱葛瀛宾元昶、栖霞牟农星房、潍县谭怡堂均赞、郭次虎熊飞、刘徽五文典、陈敬堂官侨、陈寿卿介祺,胶州张不

[1] 陆明君:《陈介祺年谱》,西泠印社出版社,2015年,第329页。
[2] 参见陈介祺著,陈继揆整理:《秦前文字之语》,齐鲁书社,1991年。

群群雁、孙贻亭荣曾、孙云舫荣炅、傅铁峦赓岩、柯康侯名晋、孙渥田既堂、张小云祖樾，同邑吕筠庄延庆诸君子也。”

许瀚，日照人，精于小学与金石之学，得山东学政何凌汉赏识，曾随其在浙江杭州为之校书。与介祺交往至好。据《许瀚日记》载录其在京师，数次到经版库陈氏府上与陈介祺、王筠、张士保、何绍基等人切磋学问，陈介祺亦不时到许瀚下榻处访谈。晚年为吴式芬校订金石文字著作。同治六年（1867）许瀚病殁。陈介祺为之挽联曰：“经训古康成，更释迈薛阮，韵订顾王，文而又儒真不愧；字学今叔重，惜桂版燹焚，吴编病辍，人犹有憾竟云亡。”许氏身后，部分遗稿转交陈介祺，陈氏力倡为之刊行，作《日照许氏金文册目释》，并校订其《攀古小庐砖瓦文字》、《攀古小庐古器款识》等著述。[1]

诸城刘喜海、王锡棨，安丘王筠都是知名金石学家，他们三人都曾到京师经版库陈氏府上雅集论文，且之间于金石拓本互有馈赠。王筠研究《说文》，能以西周金文形体纠正许氏错误。刘喜海身后诸多藏品转归陈介祺，陈氏每每摩挲研讨之，则思念旧时金石之交情。益都孙文楷应是清代山东最晚的金石学家，其获得铸国青铜鼎彝并对铭文进行释读，得到陈介祺之首肯。

陈介祺与潘祖荫的金石友情之交往。潘祖荫祖孙父子世代高官，其咸丰二年（1852）殿试一甲三名进士，累官工部、刑部、吏部、户部侍郎、工部尚书。其自幼即有金石文字之好，收藏文物门类广泛，如青铜、碑版、陶文、字砖，最知名者则是收藏陕西出土大盂鼎。潘陈两家，本是世交，先生之祖与簠斋之父同官中枢，先生之父、叔父季玉与簠斋早年相识，同治十三年（1874）经因鲍康绍介，二人遂成文字交。他们二人通札讨论文物真赝、铜器分类，以及整理方法、传拓技术、选纸用墨与刊书传古文字等，尤其潘祖荫在陕西获得大盂鼎，陈介祺欣喜异常，多次通札潘氏，不厌其烦详细秘嘱关于这件大型青铜器的包装、运输、运费，甚至挑选何等人，如何进京等，无不缜密周详。[2]

鲍康，安徽歙县人，髫龄即喜好古钱币，道光十九年（1839）举人。咸丰三年（1853）晋京，与刘喜海、李佐贤多所交往。中途短暂为官，后则专心金石学。“先生品格高亮，重友情，施于人而无求于人，严于取与，有古人风。簠斋所藏六泉十布有缺者，先生慨然为之补足。簠斋方集秦斯文字，先生欣然借予秦量。先生著《泉说》、《续泉说》，簠斋读后为之作注几十则，先生分别刊刻之”。[3]陈氏与鲍康相识与京师，归里后得与鲍康互通信札，切磋钱币之学。

[1] 陆明君：《陈介祺年谱》，西泠印社出版社，2015年，第159页。

[2] 参见陈介祺著，陈继揆整理：《秦前文字之语》，齐鲁书社，1991年，第29-30页。

[3] 参见陈介祺著，陈继揆整理：《秦前文字之语》，齐鲁书社，1991年，第143-144页。

吴云，浙江归安（今湖州境内）人，曾署苏州知府。“先生初好碑帖书画，鉴赏极精。既与嘉兴张廷济交，受其影响，笃好古器物，所藏侈富……先生居沪苏间，悬重金以求，于是阮元、张廷济以及苏州曹载奎旧藏重器亦皆归之。最著者有阮氏、曹氏两家之大中齐侯罍，因名其斋曰两罍轩。著有《两罍轩彝器图释》、《古铜印考》、《古官印考》、《考印漫存》、《古镜录》、《焦山志》、《虢季子白盘考》、《建安弩机考》等若干卷，尽付剞劂”。[1]陈鲍二人因共同爱好，先于道光二十五年（1845）京师相识，后则辗转暌违，直至同治十二年（1873）复再通札。其为陈氏编辑《十钟山房印举》给予帮助，陈氏则因其藏有两件齐侯罍，而以齐侯鉼考释寄赠，俾便同一国族且时代相同的三件铜器铭文进行比较研究。

吴大澂，江苏吴县人，同治七年（1868）进士，累官陕甘学政，都察院左都御史，广东巡抚等职。同治十二年始得与簠斋通札，二人均治理学，而政见亦复相同。潘祖荫称：“当世理学而兼金石学者，唯执事与寿卿耳。”“二先生书信往还无间，拓墨互赠，商讨文字，可谓集思广益。尤以齐鲁陶文之出土，簠斋辨识最早，收藏亦最富，有拓必遗，请为考释。先生前后著成古陶文字释数种，并作题记云：‘三代文字之见于彝器者，有日少无日增。出土之器，无数百年不毁。好古者获吉金三五字，亦极可贵。不谓古陶残字与金石同寿，奇文逸体，可补鼎彝款识所不及。簠斋前辈搜访至七十余种，为从来金石家未见未闻，可喜亦可异也’”。[2]统览《秦前文字之语》，及见陈介祺与潘祖荫、王懿荣、吴云、鲍康及吴大澂之通札，字里行间，与潘、吴、鲍所言主要对三家各自所藏品进行评点指导，而与王懿荣、吴大澂之通札则或论及政治时局，颇多感慨；而更为重要的则是三者之间的学术识见尤多相似，对藏古、考古、鉴古与传古的认识上升到理论层面，而对古文字与经典文献、名物制度的释征，以及古文字形体与《说文》进行比较而纠正谬误，这都是划时代的识见。

陈介祺在北京有诸多金石文事友，来自全国各地的文人雅士，亦有手工巨匠，还有古董商人；归里潍县之后，更有新的交往。诸如：杨澥，江苏吴江人，篆刻家为陈介祺及其父亲治印。许梿，浙江海宁人，与陈介祺在京相识，曾为官山东平度知州，于朴学、《说文》皆所涉猎，师事孙星衍。山东日照进士丁守存，山东蓬莱金石学家张允勷，江苏吴江篆刻家翁大年，浙江海宁全形墨拓家僧达受，浙江海盐墨拓能手陈畯，浙江海盐金石学家徐同柏，浙江嘉定瞿中溶之子瞿树镐，安徽定远金石学家方濬益，浙江嘉兴书画金石学家张廷济，安徽霍山宋学家吴廷栋，山西定州经学家张穆，陕西长安古董商

---

［1］参见陈介祺著，陈继揆整理：《秦前文字之语》，齐鲁书社，1991年，第211页。

［2］参见陈介祺著，陈继揆整理：《秦前文字之语》，齐鲁书社，1991年，第274页。

人苏有年、苏亿年、苏兆年，潘祖荫之父潘曾绶，湖南道州书法家何绍基，直隶定兴名画家张槃，山东巡抚丁宝桢，北洋大臣李鸿章，广东巡抚潍县人张兆栋，潍县状元曹鸿勋，篆刻家王石经，广东番禺墨拓家何昆玉，日照金石学家丁艮善，江苏泰州收藏鉴赏家宫昱，潍县新技术照相人谭相绅，潍县篆刻家陈佩纲，潍县金石学家高庆龄、高鸿裁、高嘉钰，利津传拓助手李贻功、李泽庚，潍县书画家刘嘉颖，四川铜梁金石书画家王瓘等等。他们都对陈介祺的学术事业多所助益。如陕西长安苏氏三兄弟，为陈氏收藏提供大量珍品，同时也从陈介祺处学得无尽知识。苏兆年曾经晋京来潍县，护送藏品。而王石经、丁艮善、何昆玉、宫昱、陈畯、李贻功、李择庚、陈佩纲、谭相绅等，则为陈介祺传古精心墨拓、外出拓碑、考古调查、搜集文物、拍摄照片，为其传古做出贡献。

四、学术传承

陈介祺生于京师之学术高官世家，于家学自有其良好传承，父亲陈官俊当年殿试二甲第一名，足见其学术修养。直隶遵化人李恩庆，道光十三年(1833)进士，官至两淮盐运使，好书画、精鉴别、富收藏，与陈介祺交往三四十年，陈介祺受其影响至深，道光十三年陈介祺曾致函称："三十年来，情如骨肉。"道光三十年陈介祺致书李恩庆云："祺昨抵都，即思趋谒。知师驾连日应酬，未定住处。昨小舫传谕，明晚钧临，谨备晚饭。伏祈早到，面申积慕，敬请老夫子大人尊安。"[1]江苏武进人费耕亭，嘉庆二十四年(1819)进士，从政之余笃学工文，官于京师二十年，时以训导后学为己任。陈介祺约于道光二十年(1840)受教于费耕亭。

陈介祺与金石碑版之学，最初应该受到翟云升的影响，陈氏与翟云升为世交，陈介祺十九岁应童试至府治掖县，补位博士弟子员，翟云升赠题隶书折扇，诗云"一鸣从此始，相望青云端"。[2]后来又得到阮元的奖掖与启迪。阮元虽为官员但仍能治学，其于经学、史学、金石学、文学、历算与书画都有颇深造诣。其著作有《积古斋钟鼎彝器款识》十卷等。但是从金石学发展史来看，陈介祺受山左金石学之影响最深。

山左金石学源远流长。《国语·鲁语下》："仲尼在陈，有隼集于陈侯之庭而死，楛矢贯之，石砮其长尺有咫。陈惠公使人以隼如仲尼之馆问之。仲尼曰：'隼之来也远矣！此肃慎氏之矢也。昔武王克商，通道于九夷、百蛮，使各以其方贿来贡，使无忘职

[1] 陆明君：《陈介祺年谱》，西泠印社出版社，2015年，第26、86页。
[2] 陆明君：《陈介祺年谱》，西泠印社出版社，2015年，第16页。

业。于是肃慎氏贡楛矢、石砮，其长尺有咫。先王欲昭其令德之致远也，以示后人，使永监焉，故铭其栝曰“肃慎氏之贡矢”，以分大姬，配虞胡公而封诸陈。古者，分同姓以珍玉，展亲也；分异姓以远方之职贡，使无忘服也。故分陈以肃慎氏之贡。君若使有司求诸故府，其可得也。’使求，得之金椟，如之。”经典史册所记，孔子应是金石学第一人，开启鉴定历史文物，正经补史之先河。晏子则首次辨识青铜器铭文，《晏子春秋·景公游纪得金壶中书晏子因以讽之第十九》记载晏子陪景公游于纪，得铜壶上有朱书铭文曰“食鱼无反，勿乘驽马”。[1]汉武帝时鲁恭王从孔子旧宅墙壁中发现战国时期经书《尚书》、《礼记》、《论语》、《孝经》等，简牍皆用蝌蚪文，亦即今日所谓的战国文字写成，时人不得辨识，孔子十世孙孔安国则皆得通释。东汉时期北海高密郑玄则是兼容今古文，遍注群经，《后汉书》称其：“括囊大典、网罗众家，删裁繁诬、刊改漏失。”郑玄注经充分运用先秦文字、历史文物，诠释经典礼仪与名物制度。宋代则有东武赵明诚与李清照夫妇，李清照《金石录后序》：“右《金石录》三十卷者何？赵侯德父所著书也。取上自三代，下迄五季，钟、鼎、甗、鬲、盘、匜、尊、敦之款识，丰碑、大碣、显人、晦士之事迹，凡见于金石刻者二千卷，皆是正讹谬，去取褒贬，上足以合圣人之道，下足以订史氏之失者，皆载之，可谓多矣。”《金石录》乃宋代金石学集大成之作，不惟内涵丰富，而且体例谨严完备，诸如其胪列器物门类以钟、鼎、甗、鬲为开端，清代金石著作多所取仿，陈介祺著作亦是以钟鼎鬲甗为开端，而罗振玉《三代吉金文存》则几乎完全遵从《金石录》之分类次序。

明清鼎革之际，周亮工任潍县令，其誓死守城，身先士卒，不避矢镞炮火麾师城头，终于使得潍县城免遭像《嘉定三屠》、《扬州十日》、《上虞被兵记》、《罗烈妇李氏墓表》所描述的那样惨烈情景。而周亮工于金石、印学与书画之收藏鉴赏颇有心得，自身的学养很高。其事迹、学术影响整个山左，而于潍县则是最为深远，潍县人对其感恩戴德，为之立生祠。

清乾隆十四年（1749）命梁诗正编《西清古鉴》四十卷，后又出版《宁寿鉴古》十六卷，乾隆四十六年编《西清续鉴甲编》二十卷等。除官方之外，之后私家如钱坫、曹载奎、吴荣光等分别刊行青铜器图录或款识著作。乾隆晚期山东巡抚毕沅与山东学政阮元编纂《山左金石志》，益都段松苓躬亲其事，在山东境内访拓碑碣，辛劳不辞而奉献良多。益都李文藻为乾隆时期著名金石学家，得到钱大昕之赞誉，著有《诸城金石略》。

齐鲁印学之宗安丘张氏，则最早得到周亮工的首肯与褒扬。张氏家学渊源，有

[1] 吴则虞：《晏子春秋集释》，中华书局，1962年，第336页。

"老三张"、"小三张"、"新三张"数代精英，而其家族又以张贞最为突出。研读《安丘张氏印谱》与相关著作，则见张贞之于经史之学、金石文字、书画篆刻造诣湛深，故被称为齐鲁印学之宗师。张氏治印既借鉴许书，同时更注重见于著录的三代吉金文字，如建国以后才有明确出土地点的曩器，在张氏治印中"曩"字早已运用。张氏印学之风流播潍水，潍县的郭氏世家，如乾嘉朝郭伟勣、郭启翼、郭见龙、郭起隆父子叔侄，子孙更是崇尚金石学与印学，郭伟勣则是潍县令郑板桥的至交文史友，经常到郭氏南园雅集论文，并为郭伟勣题署《松筠桐荫馆印谱》，印谱辑集郭家所藏与自制玺印。

海岱区域齐鲁古国，历史悠久，文化繁荣发达，公私内外交往活动尤为频繁，故其玺印符节之使用亦称发达，所以陈氏受乡风包孕，基于学问与认识，自少年即从当地开始收集先秦玺印，既是其金石之缘的开始，也是其金石学大师成就的基础。道光十一年（1831）陈介祺先后到莱州府治掖县、山东省治济南应府试、乡试，《十钟山房印举》自序云："应试始至莱，秋试始至历，见齐鲁三代器秦汉印即好之。"陈氏时年十九岁，可见自年少即爱好先秦铜器与秦汉玺印收藏。同治四年（1865）三月，作《玉印合编》序谓："余自弱冠后，留意求之，积三十年，于吾乡燕南中获三十余印。"从此知之收藏玺印之始初，以及其所收集玉印的数量。

陈氏年少即喜好古印，自应是传承潍县、安丘印学收藏研究之一脉，其一生对玺印之收集亦从未间辍，除去因朝廷逼迫捐银而奔趋筹措，和防备捻军战乱之时未得收集古印外，其余时间包括归里殡葬父母事后，亦是随时收集，由此可见玺印之于陈氏，则正如王国维先生所言："实其平生一大事业。"[1]而齐鲁印学由周亮工、张贞世家、高凤翰、潍县郭氏世家的创成绵延，到陈介祺则既是集大成者，又是印学发展之最高峰。

同时，陈介祺对三代吉金文字的收藏研究，更是传承与弘扬山左金石学之长风，而影响最直接的则是吴式芬。陈介祺《宝簠斋集各家彝器释文》云："余于既冠后从子苾六兄游，论古文字，考订金石，始稍稍有吉金之蓄。"[2]

纵观陈介祺一生金石学术历路，少年得乡风之包孕，始得雅好金石之学而收集玺印与三代古铜器。自道光年间至同治时期，为陈介祺学术发展渐趋成熟的阶段，此间定居京师，交游极广，同时还有官场应酬，尤其遭遇父亲亡故，清朝逼捐，为筹措捐银而疲于奔命，事息则归返潍县直至终老。这既是陈介祺人生历史上的极大事件与转折点，同时也是其金石学术成长发展史上的分水岭与转型期。陈介祺同治十三年（1874）有联语称："旧学商量加邃密，新知培养转深沉。"这应是其对学术知识积累发展与升

---

[1] 吴泽主编：《王国维全集 · 书信》，中华书局，1984年，第119页。
[2] 陆明君：《陈介祺年谱》，西泠印社出版社，2015年，第18页。

华的认识,我们认为若将此寓意用在其四十岁左右之时最为綦切。

四十岁之后,归里潍县,专心于学术,重新与老友新知频频通札,大批量收集文物,对旧藏分类管理逐项研究,同时还新发现陶文封泥,开拓古文字研究新领域。对藏古、鉴古、考古、传古的实践与理论快速升华,进入厚积薄发突飞猛进的蓬勃发展阶段。正是长时期的积渐飞跃,遂使陈氏的收藏研究达到山左乃至国内金石学传承发展的最高峰。

汉代的郑玄与刘熙以经史之学名重天下,宋代的赵明诚、清代的陈介祺则以金石之学而影响广远。如果说汉代的北海、高密一带,以郑玄为代表而共同形成天下经史之学的中心的话,那么清代的潍县及其周近的安丘、诸城、益都,甚至旁及莱阳、福山与利津、海丰,则在此区域内形成以陈介祺为代表的金石学之中心。而整个山东自古齐鲁文物积淀丰富,金石之学由来已久,及至宋代倡兴一时。清代则自毕沅抚山东,阮元为学政编撰《山左金石志》以来,更使该地旧有传统的金石之学风气大盛。前经毕、阮之提倡,后有陈介祺、刘喜海、王懿荣、翟云升、吴式芬、李佐贤、许瀚、王筠、桂馥之推动,遂使山东成为天下金石学的中心,时谓“金石学在山左”,可谓良有由也。

五、历史贡献

陈介祺富藏精鉴,宗仰海内,为清一代金石学之冠,可谓前无古人,后无来者。其于金石学远绍孔子、晏子、孔安国、郑玄、赵明诚、周亮工、阮元、李文藻、段松龄诸家。在金石学之学术发展史上,先秦为之滥觞,汉代视钟鼎为祥瑞,宋代或用于征史,至清代则发展完备而渐趋转型,陈氏怀抱历史之使命,推陈出新,收藏巨富,数量达数万件(种);著述不辍,文论手札辑集三百数十种。于是则带动国内浸润山东,形成以其为中心的金石学术群体,而旧所谓金石学在山左,而山左之中心则在潍县;同时潍县、诸城、益都、安丘亦形成以陈介祺为重的地方学术群体。山左、潍县金石学之长风,由先秦历两汉而至宋清,初起青蘋之末,渐行渐远而最终形成撼动历史遍及全国之狂飙。

首先,从学术发展史审视,通常所谓先秦子学、两汉经学、魏晋玄学、隋唐佛学、宋代理学、清代朴学。我们认为宋与清代之金石学更是其历史的特色。在中国金石学发展史上陈介祺是集大成者,无论收藏研究与学识均迥越前代与时贤。其对文物出土地点之环境如山川水流、历史古迹、城址、墓葬、共存文物相关信息,文物出土收藏流转过程及自身的度量数据、完残程度等相关信息均旁搜远绍力求完备;同时注重田野考古调查,如派助手丁良善、王石经等到琅琊台及其周近访拓秦汉碑版、调查故城遗迹、搜寻出土文物，并且要求访古者做调查日记和图绘环境；在对青铜器研究上注重器物的形制、花纹与文字书体，这被李学勤先生称之为考古类型学之萌芽。王国维《观堂集林》中对有清一代学术概括为："国初之学大，乾嘉之学精，而道(光)咸以降之学新。"由此可见，陈介祺不仅是金石学之集大成者，而且其新的思维方式方法还由传统金石学架起通向考古学的桥梁。中国自主的考古发掘，应属在金石学引领之下的最新探索形式，如安阳小屯，若无王懿荣发现甲骨文，则不可能会有十余次的考古发掘。中国积累数千年的金石学，应该是中国新兴考古学的基础，而考古学则是在不断汲取传统金石学营养之基础上发展起来的。

其次，拓宽金石学领域，促使金石学更趋完备科学。陈介祺收藏文物的种类超越历史与同代，举凡钟鼎盘匜、金戈铁剑、镜鉴钱币、圭璧环璋、碑版造像、经幢志石、陶文玺印、封泥铭范、瓦甓宫当与宋元翰墨悉搜罗庋藏。对历史文物怀有敬畏和使命感，藏古之目的在于传古，传古则是传古文字。陈氏有着良好的家学即经学基础，而又广求明教结交学术精英，洞悉历史精审文物，目光如炬心细如发。其不仅收藏文物种类最广，而且精品最多，有的则是天下独一无二堪称同类文物之冠的，如毛公鼎与陈氏三量。先恩师于省吾先生称古文字资料有八类，即甲骨、金文、陶、石、玺、化、竹简、帛书。在陈氏之前并无陶文之类。是由陈介祺第一个发现陶文，并大量收藏与研究陶文的，而且其收藏之数量、质量与研究水平和成果也是当时第一人。铸器铭范旧所未藏，封泥前人未闻，陈氏都能慧眼识珠，收藏研究。

复次，学术研究创新。陈介祺之所以收藏数万件文物俱是真品，关键在于其高人数等的学术眼光，正如前所征引商承祚先生所言："提起笔来写这篇文字之先，我就想到一位老先生，是我平生最佩服的。恐怕不仅是我，凡是研究古文字的人都是一致的。何以呢？因为他的眼光太好了，他一生收藏的铜器等不下几千件，没有一件是假的。他的论调和批评，不但高出当时同辈一等，简直可以说'前无古人，后无来者'。这人是谁？就是山东潍县陈介祺寿卿簠斋他老先生。"[1]陈氏一生对文物作伪深恶痛绝，而其对青铜器、钱币与瓦当辨伪，极为精到，其所秉持的鉴别核心即在于古文字。其运用三代吉金文字纠正许书，对传统小学《说文》的研究做出贡献，吴大澂《说文古籀补》更有陈氏之心血与智慧。辨识东土"六国古文"，而与秦国文字有异。还如释读金文"玟"、"珷"为"文王"之"文"、"武王"之"武"专用字，而纠正《尚书·大诰》之讹谬。释正从"土"与否之"陈"为齐国代齐之陈与淮阳原地之陈迥然有别，以及简单数字而释正"锡"字。其数十年之心血编印《十钟山房印举》，渐行渐远，最终臻至完善

[1] 商承祚：《古代彝器伪字研究》，《金陵学报》1933年第3卷第2期。

而开创玺印汇编之体例，为后来至圭臬。

再次，文物收藏、保护与研究，对中国博物馆发展史的贡献。中国博物馆的萌芽远在先秦，宋代王朝开辟专馆分类庋藏，赵明诚李清照夫妇在益都则辟建收藏保护与研究功能较全的博物馆。而陈介祺则于归里后对文物进行分类，以斋号名其场馆，如“万印楼”、“十钟山房”、“宝簠斋”、“簠斋”、“三代古陶轩”、“古瓦量斋”、“宝康瓠室”、“君子砖馆藏砖”、“千货范室”、“三代货范之室”、“君车汉石亭长”、“秦铁权斋”、“三百范斋藏范”、“二百镜斋藏镜”、“秦诏量瓦之斋”等等。由此可以看出，陈氏以其所庋藏文物名斋。除去标识文物器类与个人志趣外，内中更有俾便文物分类存放管理与明辨研究资料性质的宗旨。由此斋号玺印所钤的文物资料，仅从玺印内容即可分辨文物种类，凡此诸种多是出于科学管理的需要。

最后，传古方法创新与其他。“关于青铜器的专著，据《籀史》所载，首推宋代《皇祐三馆古器图》，其次嘉祐八年刘敞作《先秦古器图记》刻于石，二书所载皆只十器。宋代李公麟著《考古图》每卷每器都绘其图像，释其形制及说明其用途，并附有释文。以上三书皆已失传”。[1]其他传世图书，皆是以线条勾勒器形，而所图之花纹则与实际相去太远。章炳麟《簠斋吉金录·题辞》称：“陈氏所集纸墨、椎拓之工精美，稍付考订，而不敢恣其词，将所谓多见阙殆慎言其余者，笃古之遗，固宜如是也。”陈氏为求传古文字之精切，而总结历代碑版吉金的拓墨技法，并参以中国画散点透视的原理。尤可称道的是，其不仅使用显微(放大)镜来鉴古，而且为便传古首次应用西洋摄影术，其还将摄影的光学明暗对比之原理，一并应用到吉金铭文和器形的拓制上。其专门精心选择心底细稳、手法灵妙者，进行培养训练，而再来捶制拓本。其为拓制吉金文字精切传神，从笔、墨、纸、拓等均是专工制作，尤其纸张，可谓是千滤万选，因铭文的大小、笔画粗细和凹凸之深浅，而精选不同的纸质，由此而精心做出的拓本，真可谓“纸白如玉，墨光如漆，为天下第一”。其为传古而独创类似摄影照片的全形拓，以此法拓出器物全貌，形制、花纹、神韵毕俱，而用极薄之六吉棉连，施墨精匀，所拓出的拓本，墨色浓淡有致，细微颗粒犹可辨识，轻润华美，如同“蝉衣”。

其为印书清爽精美，求传古文字，专心设计版式与铭文布局，要求一器一纸，按类别、时代编排顺序，而同时代者则以字少多为之先后。凡齐鲁出土者，为传古切当、明晰，俾便后人考论，而加钤“山左土物”印玺。我们甚至可以认为，陈介祺为传古文字，不但于金石文物的传古方法自辟蹊径、前无古人，而且于传统的雕版影印等书籍出版事业，亦是创新良多，境界空前。

---

[1] 容庚、张维持：《殷周青铜器通论》，科学出版社，1958年，第139页。

陈介祺于书法、诗词、中医中药都有其独到之处。而于地方传统手工业，诸如潍县仿古铜、铸造铜印、红木嵌银等都有其突出贡献。

还有，不可不提及的是，陈介祺对国家民族的历史责任感。其关心国是民瘼，对于朝廷政治、封建吏治、创办报纸、抵御外侮、地方边区安靖、登州倭寇、捻军防备、荒灾赈济等等，关切之忱既散见于与友朋通札字里行间，抑或是亲力而亲为之。

附记：此为2013年国家社会科学基金项目，（编号：13BF052）《陈介祺研究》一书之《绪论》，已于2020年结项，证书编号：艺规结字[2020]15号。获2020国家出版基金。由齐鲁书社翌年出版。

陈介祺研究综述

王伟波
（昌邑市博物馆研究员）

陈介祺（1813–1884），字寿卿，又字酉生，号伯潜，又号簠斋、齐东陶父、万印楼主人等，山东潍县（今潍坊人），是晚清金石学的代表人物。学者鲍康赞誉：“寿卿所藏古器无一不精，且多，允推当代第一。”[1]吴云曾言：“当今金石之学定推寿卿，收藏之富，穷绝古今，尚犹孜孜不倦广为搜罗。”[2]商承祚则认为他是“前无古人，后无来者”[3]的一代宗师。裘锡圭则称其为“清代最大的，甚至可以说是古今最大的私人收藏家”。[4]因此，自陈介祺去世后的百余年来，他仍然获得了学术界的长久关注。

一、陈介祺著述的整理与刊印

1. 清末民国时期

陈介祺著述生前多未成书，刊印问世的仅有：《簠斋印集》十二册，咸丰元年（1851）陈畯刻钤本；《陈簠斋丈笔记附手札》一卷，同治十三年（1874）《滂喜斋丛书》本；《传古别录》，光绪元年（1875）《滂喜斋丛书》本；客观上限制了其学术研究的开展。

陈介祺去世后到新中国成立之前这一阶段，陈介祺研究的重点主要集中在对其传古成果的整理方面。光绪十八年（1892）吴重熹刊印《家塾授蒙浅语》，光绪二十二年（1896）《灵鹣阁丛书》刊行江标编《簠斋藏器目》，光绪三十年（1904）吴重熹影印《封

[1]（清）鲍康：《观古阁续丛稿》，同治十二年（1873）鲍氏刊本。
[2]（清）吴云：《两罍轩尺牍》，文海出版社，1968年，第777页。
[3] 商承祚：《古代彝器伪字研究》，《金陵学报》1933年第3卷第2期。
[4] 裘锡圭：《裘锡圭学术文化随笔》，中国青年出版社，1999年，第360页。

泥考略》(与吴式芬合辑),光绪三十三年(1907)罗振玉影印了《毛公鼎初拓本》,[1]民国二年(1913)其《云窗丛刻》又影印《簠斋金石文考释》一册,民国五年(1916)神州国光社影印《簠斋藏古玉印谱》朱墨钤印本一册,民国七年(1918)风雨楼石印邓实辑《簠斋吉金录》,民国八年(1919)商务印书馆涵芬楼影印陈敬第辑《簠斋尺牍》十二册,民国九年(1920)广仓学窘铅印邹安校录《簠斋藏古册目并题记》,民国十年(1921)罗振玉影印《簠斋旧藏小盂鼎铭拓本》,民国十二年(1923)商务印书馆涵芬楼影印《十钟山房印举》(一叶一印本),民国十四年(1925)陈文会委托商务印书馆影印《簠斋藏古目》一函三册(十八卷,补遗一卷,附目五卷),[2]民国十四年(1925)上海蟫隐庐影印《簠斋藏镜》,民国十九年(1930)神州国光社影印《陈簠斋手拓古印集》四册,民国二十二年(1933)丁锡田《潍县文献丛刊》刊印《簠斋访碑拓碑笔札(附青州访碑目)》,民国二十六年(1937)潍县赵录绰据抄本刊印《簠斋金文考》一册,另有民国时期商务印书馆影印陈介祺手书本《陈簠斋写东武刘氏款识》一卷、《簠斋尺牍》(致吴大澂)不分卷。

为搜求陈介祺相关遗著,相关学人付出了艰辛努力。如罗振玉在《赫连泉馆古印存·序》中称:"闻簠斋陈氏万印楼谱尤为海内巨观,惜旧印百部,数十年来讫未装治行世,此则艺林之至憾也。"[3]此后他与王国维多方求购《十钟山房印举》未果。[4]王献唐计划对陈介祺著作进行系统整理,后因"遗书均藏于曾孙某处,滞存北平,秘不示人"[5]而未果。[6]

2. 建国后至今

建国后,陈介祺著作的整理始于上世纪九十年代。1991年由陈继揆整理的陈介祺尺牍汇编《秦前文字之语》由齐鲁书社出版,在此影响下,陈介祺研究重新回到学术视野。2001年辛冠洁整理的《簠斋藏镜》[7]由文物出版社出版,2004年陈继揆整理的

---

[1] 罗振玉:《贞松老人遗稿乙集》之四《影印陈氏拓本跋》,民国三十二年(1943)石印本。

[2] 丁佛言、陈承修、田士懿、冯恕、赵葵畦、姚华、冯汝玠、孙壮等人,在商务印书馆所印制的售书宣传单上同发启事推介此书称"此为先生晚年详订手稿之本,考释精深,最为完善","纸墨精良,装订雅洁,非特艺林盛事,实笃古家一大宝筏也"。

[3] 罗振玉辑:《赫连泉馆古印存》,民国五年(1916)钤印本。

[4] 参见柳向春、李顺香:《罗振玉与〈十钟山房印举〉》,《山东图书馆学刊》2009年第1期。

[5] 王献唐:《双行精舍书跋辑存》,齐鲁书社,1983年,第105页。

[6] 后整理陈介祺拓本为《秦诏量瓦集拓》、《十钟山房金文》、《二百镜斋镜文》、《齐鲁陶文》四种,收录于《海岳楼金石丛拓》。王献唐编:《海岳楼金石丛拓》,青岛出版社,2009年。

[7] 辛冠洁编:《簠斋藏镜》,文物出版社,2001年。

《簠斋论陶》、《簠斋鉴古与传古》由文物出版社出版，2005年陈继揆整理的《簠斋金文题识》、[1]《簠斋金文考》由文物出版社出版，同年北京图书馆出版社编选的《历代陶文研究资料选刊》收录了陈介祺的《十钟山房藏齐鲁三代周秦两汉瓦当文字目》、《簠斋古泥封目》，[2]2008年国家图书馆金石拓片组编的《国家图书馆藏陈介祺藏古拓本选编》(包括《古砖卷》《铜镜卷》《青铜卷》《瓦当卷》)[3]由浙江古籍出版社出版，2009年，文物出版社整理出版了《陈介祺藏拓秦诏量铭文》，[4]同年青岛出版社出版王献唐遗著《海岳楼金石丛拓》，包括其整理陈介祺拓本编辑的《秦诏量瓦集拓》、《十钟山房金文》、《二百镜斋镜文》、《齐鲁陶文》四种，2010年山东大学出版社出版的《山东文献集成》(第三辑)收录了陈介祺的《宝簠斋集各家彝器释不分卷》、《封泥考略》(与吴式芬合著)、《簠斋尺牍》、《秦汉瓦当文字》、《簠斋吉金录》、《陈簠斋先生手题奇篆拓本一卷》、《簠斋藏镜》《簠斋访碑拓碑笔札一卷(附青州访碑目一卷)》、《陈簠斋遗文七则》九种，[5]2014年陈郁整理有《嘉树堂藏陈介祺瓦当拓片集》，[6]2015年天津人民美术出版社出版陈进编《陈介祺自用印存》。以上工作，展示了陈介祺收藏与学术成果的主要内容。

二、专题研究

1. 金文及相关藏品研究

清末民国时期，对陈介祺金文及相关藏品的研究尚处于发端阶段。陈介祺身后，王国维是较早关注并利用陈介祺金文成果的学者之一。其《说彝》称："簠斋晚年已确知彝之为敦，故毅然去彝目。"[7]新中国成立以后，对陈介祺金文及相关藏品研究重点集中在毛公鼎等重器上。1952年董作宾的《毛公鼎考年》、[8]陈梦家的《西周铜器断代》，[9]1956年平心的《甲骨文及金文考释》，[10]1962年唐兰的《怀念毛公鼎、散氏盘和

[1] (清)陈介祺著，陈继揆整理：《簠斋金石文识》，文物出版社，2005年。
[2] 贾贵荣、张爱芳选编：《历代陶文研究资料选刊》，北京图书馆出版社，2005年。
[3] 国家图书馆金石拓片组编：《国家图书馆藏陈介祺藏古拓本选编》，浙江古籍出版社，2008年。
[4] 文物出版社编：《陈介祺藏拓秦诏量铭文》，文物出版社，2009年。
[5] 山东文献集成编纂委员会编：《山东文献集成》(第三辑)，山东大学出版社，2010年。
[6] 陈郁编：《嘉树堂藏陈介祺瓦当拓片集》，嘉树堂，2014年。
[7] 王国维：《观堂集林》(外二种)，河北教育出版社，2003年，第73页。
[8] 董作宾：《毛公鼎考年》，(台北)《大陆杂志》1952年第5卷第8期。
[9] 陈梦家：《西周铜器断代》，中华书局，2004年，第292页。
[10] 平心：《甲骨文及金文考释》，《华东师范大学学报》1956年第4期。

宗周钟——兼论西周社会性质》,[1]1966年于省吾的《"王若曰"释义》[2]等毛公鼎研究文章都是在陈介祺的基础上开展的。70年代之后,张光远、[3]容庚、[4]马承源[5]等人的研究也无不涉及陈介祺。

近年来,对陈氏吉金藏品的考证已经成为陈介祺研究的一个重要内容。像孙敬明的《"车大夫长画"戈考》,[6]曹菁菁的《簠斋藏弩机考略》,[7]迟延璋、朱英的《陈氏"新莽常乐卫铜饭帻"拓本赏析》,[8]苏辉的《陈簠斋旧藏莽量的重新发现与研究》,[9]张志亮的《王维朴藏陈介祺吉金杂拓册》[10]也都属于这一范围。杨鲁安的《清陈介祺监拓"齐法化"范墨本概述》,[11]关汉亨的《陈介祺论泉集币及钱范收藏》[12]等则涉及陈介祺所藏钱币钱范。

2. 陶文研究

陶文的发现与研究是陈介祺的重要学术贡献。自同治十一年(1872)得到第一枚陶文残瓦,到去世前一年(光绪九年,1883),其收藏陶文近5 000件。[13]他在对陶文初步鉴定、分类,记录出土地点的基础上,提出了"古陶文字不外地名、官名、器名、作者用者姓名与其事其数"[14]的观点,并将陶文与金文、玺印和传世文献相印证,取得了开创性的成果,引起了同时代学者的关注。如吴大澂在《三代秦汉古匋文字考·自序》中说:"潍县陈寿卿前辈介祺所得三代古陶文字……至精之文,不减彝器。有可证《说文》及吉金文者。"[15]民国时期,黄宾虹、顾廷龙、周进、王襄等人持续关注陈介祺的陶文收藏。陈介祺认为陶文系古玺钤印而成,此说为黄宾虹所继承,黄宾虹所撰《古玺用于匋器之文字》与《陶玺文字合证》将陶片文字与古玺文字进行对比研究,考其书

[1] 唐兰:《怀念毛公鼎、散氏盘和宗周钟——兼论西周社会性质》,《光明日报》1962年2月2日。
[2] 于省吾:《"王若曰"释义》,《中国语文》1966年第2期。
[3] 张光远:《西周重器毛公鼎》,《故宫季刊》1973年第七卷第二期。
[4] 容庚著:《商周彝器通考》,(台北)大通书局,1973年。
[5] 马承源:《商周青铜器铭文选》,文物出版社,1986年。
[6] 孙敬明:《"车大夫长画"戈考》,《文物》1987年第1期。
[7] 曹菁菁:《簠斋藏弩机考略》,《文献》2009年第1期。
[8] 迟延璋、朱英:《陈氏"新莽常乐卫铜饭帻"拓本赏析》,《文物鉴定与鉴赏》2010年第5期。
[9] 苏辉:《陈簠斋旧藏莽量的重新发现与研究》,《文博》2013年第1期。
[10] 张志亮:《王维朴藏陈介祺吉金杂拓册》,《东方艺术》2013年第12期。
[11] 杨鲁安:《清陈介祺监拓"齐法化"范墨本概述》,《中国钱币》1987年第4期。
[12] 关汉亨:《陈介祺论泉集币及钱范收藏》,《中国钱币》2015年第4期。
[13] (清)陈介祺著,陈继揆整理:《簠斋论陶》,文物出版社,2004年,第56页。
[14] 顾廷龙:《古陶文舂录·自叙》,国立北平研究院,1936年。
[15] 顾廷龙:《吴愙斋先生年谱》,哈佛燕京学社,民国二十四年(1935),第276页。

源，指出“古陶拓片文字，既可证实玺印之用，书体中有雄浑、秀劲，约分两种，皆足为书法源流之参考”；[1]“古玺文字，前人莫明其所用，今以匋器证之，有确知其为款识之模型而无疑义”。[2]顾廷龙《古陶文舂录·自叙》对陈介祺的研究给予了极大肯定。[3]王襄在《古陶残器絮语》称：“有文字之陶现于人间，列入金石学，陈氏为其首创。”[4]陈介祺最先结合齐国历史对陶文“立事”进行了研究，之后唐兰《陈常陶釜考》[5]与张政烺《“平陵陈得立事岁”陶考证》[6]均受启发。

上世纪八十年代，陈介祺陶文研究进入了一个新的时期。1980年裘锡圭的《战国文字中的“市”》，[7]1982年李学勤的《山东陶文的发现和著录》，[8]1984年郑超的《齐国陶文初探》，[9]1986年以来孙敬明的《齐陶新探(附：益都藏陶)》[10]和《从陶文看战国时期齐都近郊之制陶手工业》、[11]王恩田的《齐国地名陶文考》、[12]李宝垒的《齐国陶文与田氏代齐研究》[13]等研究齐国陶文的文章，很多观点都是在陈介祺研究基础上的进一步创新。2006年蒯宪的《陈簠斋之陶器考释文稿》则根据新发现的陈介祺手稿较为系统的论述了陈介祺的陶文成就。[14]秦诏瓦量残片是陈介祺的重要藏品之一，罗振玉称其为“聚珍版之原始”。[15]2012年冯磊《赖有残瓦传秦篆——记〈秦诏量文字册〉》，[16]2013年徐钢城的《清陈介祺辑拓审订秦始皇诏瓦量残字稿本考略》[17]对陈介祺所藏秦诏瓦量及其研究成果进行了探讨。此外，金恒祥的《匋文编》、[18]

[1] 黄宾虹：《陶玺文字合证·卷首语》，神州国光社影印本，民国十九年(1930)。

[2] 王鲁湘编著：《黄宾虹全集·金石编》，河北教育出版社，2008年，第346页。

[3] 顾廷龙：《顾廷龙文集》，北京图书馆出版社、上海科学技术文献出版社，2002年，第29页。

[4] 王襄：《古陶残器絮语》，转录陆明君：《崇古尚理·探赜灵明——清代金石学家陈介祺的鉴藏与学术》，《中国书画》2013年第9期。

[5] 唐兰：《陈常陶釜考》，《国学季刊》民国二十四年(1935)第五卷第一期。

[6] 张政烺：《“平陵陈得立事岁”陶考证》，北京大学潜社《史学论丛》第二册，民国二十四年(1935)；收录于《张政烺文史论集》，中华书局，2004年，第46页。

[7] 裘锡圭：《战国文字中的“市”》，《考古学报》1980年第3期。

[8] 李学勤：《山东陶文的发现和著录》，《齐鲁学刊》1982年第5期。

[9] 郑超：《齐国陶文初探》，1984年中国社会科学院研究生院中国古代史硕士论文。

[10] 孙敬明：《齐陶新探(附：益都藏陶)》，《古文字研究》第14辑，中华书局，1986年。

[11] 孙敬明：《从陶文看战国时期齐都近郊之制陶手工业》，《古文字研究》第21辑，中华书局，2001年。

[12] 王恩田：《齐国地名陶文考》，《考古与文物》1996年第4期。

[13] 李宝垒：《齐国陶文与田氏代齐研究》，《齐鲁文化研究》第九辑，齐鲁书社，2010年。

[14] 蒯宪：《陈簠斋之陶器考释文稿》，《西泠印社》第九辑，荣宝斋出版社，2006年。

[15] 王献唐跋：《秦始皇诏瓦量残字》，西北民族大学图书馆藏本。

[16] 冯磊：《赖有残瓦传秦篆——记〈秦诏量文字册〉》，《书法》2012年第5期。

[17] 徐钢城：《清陈介祺辑拓审订秦始皇诏瓦量残字稿本考略》，《收藏家》2013年第9期。

[18] 金恒祥：《匋文编》，(台北)艺文印书馆，1965年。

高明的《古陶文汇编》、[1]何琳仪的《战国古文字典——战国文字声系》、[2]汤余惠的《战国文字编》、[3]王恩田的《陶文图录》[4]和《陶文字典》[5]等字汇书籍都收录了陈介祺的陶文拓本。

3.《十钟山房印举》与印学思想研究

《十钟山房印举》对于古玺印鉴定、印谱编纂体例和篆刻学习都具有重大意义，编纂完成后，即引起学界推崇。王国维在给罗振玉的信中盛赞陈介祺《十钟山房印举》的编排体例"实是陈氏平生的一大事业"。[6]建国之初，张煊有《十钟山房印举纂例考》。[7]上世纪七十年代，罗福颐在《古玺印考略·序》中言："潍县陈氏以所藏古玺印汇合同时各家所有，拓为《十钟山房印举》，极为一时之盛。其分类目首列战国古玺，较之明代有所发展。"[8]近年来，《十钟山房印举》与印学思想成为陈介祺研究重点。2005年孙慰祖的《簠斋印事七题——关于〈十钟山房印举〉和〈封泥考略〉》、[9]陆明君的《"万印楼"藏印及〈十钟山房印举〉的成书过程、体例及版本考说》、[10]佘彦焱的《〈十钟山房印举〉及其编印过程》、[11]贺文荣的《从〈十钟山房印举〉的编例看陈簠斋对古玺的认识》、[12]林如的《从〈十钟山房印举〉看陈簠斋的古玺印专题收藏》[13]等文章从不同角度对《十钟山房印举》进行了专题研究；同时蔡显良的《陈介祺印学思想探赜》、[14]曲彬的《从〈秦前文字之语〉探陈介祺的印学成就与

[1] 高明编著：《古陶文汇编》，中华书局，1990年。

[2] 何琳仪：《战国古文字典——战国文字声系》，中华书局，1998年。

[3] 汤余惠主编：《战国文字编》，福建人民出版社，2001年。

[4] 王恩田编著：《陶文图录》，齐鲁书社，2006年。

[5] 王恩田编著：《陶文字典》，齐鲁书社，2007年。

[6] 王庆祥、萧文立校注，罗继祖审定：《罗振玉王国维往来书信》，东方出版社，2000年，第151页。

[7] 张煊：《十钟山房印举纂例考》，(香港)《东方研究》1955年第二卷第二期。

[8] 罗福颐：《古玺印考略·序》，紫禁城出版社，2010年，第1页。

[9] 孙慰祖：《簠斋印事七题——关于〈十钟山房印举〉和〈封泥考略〉》，《陈介祺学术思想及成就研讨会论文集》，西泠印社出版社，2005年。

[10] 陆明君：《"万印楼"藏印及〈十钟山房印举〉的成书过程、体例及版本考说》，《陈介祺学术思想及成就研讨会论文集》，西泠印社出版社，2005年。

[11] 佘彦焱：《〈十钟山房印举〉及其编印过程》，《陈介祺学术思想及成就研讨会论文集》，西泠印社出版社，2005年。

[12] 贺文荣：《从〈十钟山房印举〉的编例看陈簠斋对古玺的认识》，《陈介祺学术思想及成就研讨会论文集》，西泠印社出版社，2005年。

[13] 林如：《从〈十钟山房印举〉看陈簠斋的古玺印专题收藏》，《陈介祺学术思想及成就研讨会论文集》，西泠印社出版社，2005年。

[14] 蔡显良：《陈介祺印学思想探赜》，《陈介祺学术思想及成就研讨会论文集》，西泠印社出版社，2005年。

思想》、[1]舒文扬的《从簠斋用印看陈介祺的篆刻审美和创作思想——兼论翁大年和王石经的篆刻》、[2]王庆忠的《陈介祺篆刻思想的实践者——王石经》[3]等文章系统论述了陈介祺的印学思想。2010年，中国艺术研究院吴义达的硕士学位论文《〈十钟山房印举〉研究》[4]在总结前人研究成果的基础上，系统梳理了《十钟山房印举》的玺印来源、成书过程、传世版本、编纂体例以及所反映的陈介祺的印学思想与成就；2014年，天津人民美术出版社出版陈继揆所著《万印楼印话》，[5]披露了陈介祺玺印收藏研究方面的许多一手材料。

4. 传古成就研究

在金石学史上，陈介祺是以传古为己任并付诸实施的第一人，其传古成就主要反映在"他对器物的辨伪、识读、考证、传拓上"。[6]王国维在《毛公鼎跋》中指出："此鼎器小而字多，故拓墨不易。余见秦中旧拓与端氏所拓此鼎皆不佳，惟陈氏拓最精。"[7]褚德彝称："近代收藏彝器之富，推吴县潘氏，潍水陈氏，潘氏曾编《攀古楼款识》，学者借以窥见一斑；陈氏收藏彝器，鉴别精审，远胜攀古。"章太炎称："陈氏所集纸墨捶拓之工精矣！稍附考证而不敢恣其释。"[8]王献唐称"此老研精金石，对于鉴别、考释、捶拓……莫不从潜心阅历中得来。当时如潘伯寅、吴清卿、王廉生、鲍子年、李竹朋、吴平斋等，莫不推挹备至，其得名不虚也"。[9]又称"陈氏《十钟山房印举》所收诸印，虽未见原物，但以印文证之，无一伪制作，即所收铜器石刻砖瓦皆然"，并用"心细如发，明眼如炬"来形容陈介祺鉴识之精审。[10]1933年，商承祚在《古代彝器伪字研究》[11]中的观点，主要是依据陈介祺的鉴定经验总结而来。1973年容庚在《商周彝器通考》中

[1] 曲彬：《从〈秦前文字之语〉探陈介祺的印学成就与思想》，《陈介祺学术思想及成就研讨会论文集》，西泠印社出版社，2005年。

[2] 舒文扬：《从簠斋用印看陈介祺的篆刻审美和创作思想——兼论翁大年和王石经的篆刻》，《陈介祺学术思想及成就研讨会论文集》，西泠印社出版社，2005年。

[3] 王庆忠：《陈介祺篆刻思想的实践者——王石经》，《陈介祺学术思想及成就研讨会论文集》，西泠印社出版社，2005年。

[4] 吴义达：《〈十钟山房印举〉研究》，中国艺术研究院2010年硕士学位论文。

[5] 陈继揆编著：《万印楼印话》，天津人民美术出版社，2014年。

[6] 张业法：《传说时代的开启》，《西泠印社》(第九辑)，荣宝斋出版社，2006年。

[7] 王国维：《王国维遗书·毛公鼎跋》，上海古籍书店，1983年，第87页。

[8] (清)陈介祺：《簠斋吉金录》，民国七年(1918)顺德邓氏风雨楼影印本。

[9] 王献唐：《顾黄书寮日记》1930年10月23日，未刊稿。

[10] 王献唐：《五镫精舍印话》，齐鲁书社，1985年，第31页、第20页。

[11] 商承祚：《古代彝器伪字研究》，《金陵学报》1933年第3卷第2期。

专门论述陈介祺辨伪、拓墨之法。[1]2006年桑椹的《全形拓之传承与流变》介绍了陈介祺全形拓的方法，包括原器的分纸拓和刻板拓两种。[2]2015年《中国书法》第三期《青铜器全形拓特辑》亦将陈介祺作为重要研究对象，陆明君撰文《陈介祺与金石传拓》，专门介绍陈介祺传古思想和全形拓技术。[3]除传拓方式外，陈介祺较早将西洋照相技术用于金石学研究，也成为一些学者的关注点。2005年胡志平的《论陈介祺的传古思想及其使用西洋照相术的尝试》，介绍了陈介祺对西洋照相术的认识，并称陈介祺首开照相用于金石考据之先河。[4]

5. 书学成就研究

陈介祺的书学成就被其金石成就所掩，长久以来没有得到应有的重视。近年来，随着陈介祺书法、题跋、手札等大量出现，陈介祺的书学成就开始成为研讨的题目。2005年陆明君的《陈介祺书学思想与书法探析》介绍了陈介祺的书学思想与书法实践，对其书学思想及其根源、得失进行了探析。[5]2013年蒯宪的《簠斋书法略论》阐述了陈介祺的书法特点和书法演变分期。[6]2014年，刘光的《何绍基与陈介祺书学的比较》从用笔方法、学书历程、书学思想等方面对两人进行了比较研究。[7]张卫华的《陈介祺楷书简论》论述了陈介祺书法的用笔、章法，指出陈介祺书法整体风貌可以概括为“平正”、“古厚”、“静穆”。[8]

6. 金石交游研究

梁启超是较早关注陈介祺与同光时期金石学群体的学者，在其1920年出版《清代学术概论》有所讨论。近年来，这方面的成果主要有：孙敬明的《陈介祺与中国金石学》、[9]《王懿荣与潍县金石学界之交游》、[10]《郭麐与〈潍县金石志〉》，[11]吕金成的

[1] 容庚：《商周彝器通考》，（台北）大通书局，1973年。

[2] 桑椹：《全形拓之传承与流变》，《紫禁城》2006年第5期。

[3] 陆明君：《陈介祺与金石传拓》，《中国书法》2015年第3期。

[4] 胡志平：《论陈介祺的传古思想及其使用西洋照相术的尝试》，《陈介祺学术思想及成就研讨会论文集》，西泠印社出版社，2005年。

[5] 陆明君：《陈介祺书学思想与书法探析》，《书法研究》2005年第1期。

[6] 蒯宪：《簠斋书法略论》，《中国书画》2013年第9期。

[7] 刘光：《何绍基与陈介祺书学的比较》，《艺术品》2014年第1期。

[8] 张卫华：《陈介祺楷书简论》，首都师范大学艺术硕士学位论文，2014年，第12、13页。

[9] 孙敬明：《陈介祺与中国金石学》，《潍坊文化三百年》，文化艺术出版社，2006年。

[10] 孙敬明：《王懿荣与潍县金石学界之交游》，国家社科基金项目“陈介祺研究”先期成果，待刊。

[11] 孙敬明：《潍坊古代文化通论》，齐鲁书社，2009年。

《陈介祺与王懿荣交往郄视》、[1]张其凤的《刘喜海对陈介祺的影响考绎》、[2]张炜羽的《周鼎齐罍有述作·秦玺汉印共研求——陈簠斋与吴平斋交往考述》,[3]以上成果介绍了陈介祺与清末金石学家阮元、吴大澂、潘祖荫、鲍康、吴式芬、刘喜海、李佐贤、徐同柏、张廷济、翟云升、许瀚、王懿荣、曹鸿勋、吴云、郭麐等人的交往,构建了陈介祺的金石交游圈。

三、综合研究

随着陈介祺重新成为学术热点,近年对陈介祺进行综合研究成果逐渐增多。主要论文有:2001年李凤海的《清末收藏家陈介祺》,[4]2004年孙国强的《陈介祺的金石学成就和历史地位》、[5]2005年范正红的《论陈介祺与金石学》、[6]2005年孙敬明的《陈介祺与中国金石学》、[7]2006年陆明君的《陈介祺藏古》、[8]2009年陆明君《陈介祺与晚清金石学》、[9]2013年陆明君的《崇古尚理·探赜灵明——清代金石学家陈介祺的鉴藏与学术》[10]等,以上成果较全面地阐述了陈介祺在中国金石学中的地位以及对当前文化传承的影响。

陈介祺综合研究专著主要有陆明君的《簠斋研究》、《陈介祺年谱》。《簠斋研究》是陆明君在其硕士论文基础上增订而成,2004年由荣宝斋出版社出版。[11]陆明君在查阅国内各大图书馆、博物馆和陈介祺后人所藏一手资料的基础上,对陈介祺

[1] 吕金成:《陈介祺与王懿荣交往郄视》,《陈介祺学术思想及成就研讨会论文集》,西泠印社出版社,2005年。

[2] 张其凤:《刘喜海对陈介祺的影响考绎》,《陈介祺学术思想及成就研讨会论文集》,西泠印社出版社,2005年。

[3] 张炜羽:《周鼎齐罍有述作·秦玺汉印共研求——陈簠斋与吴平斋交往考述》,《陈介祺学术思想及成就研讨会论文集》,西泠印社出版社,2005年。

[4] 李凤海:《清末收藏家陈介祺》,《收藏家》2001年第12期。

[5] 孙国强:《陈介祺的金石学成就和历史地位》,《潍坊学院学报》2004年第3期。

[6] 范正红:《论陈介祺与金石学》,《陈介祺学术思想及成就研讨会论文集》,西泠印社出版社,2005年。

[7] 孙敬明:《陈介祺与中国金石学》,《陈介祺学术思想及成就研讨会论文集》,西泠印社出版社,2005年;又见《潍坊文化三百年》第三章《金石学》,文化艺术出版社,2006年。

[8] 陆明君:《陈介祺藏古》,《西泠印社》(第九辑),荣宝斋出版社,2006年。

[9] 陆明君:《陈介祺与晚清金石学》,《中华文化画报》2009年第6期。

[10] 陆明君:《崇古尚理·探赜灵明——清代金石学家陈介祺的鉴藏与学术》,《中国书画》2013年第9期。

[11] 陆明君:《簠斋研究》,荣宝斋出版社,2004年。

的生平事略、藏古与传古思想、古文字与书学印学成就、著述等进行了系统考证梳理,是目前陈介祺的研究的扛鼎之作。2015年又就所获资料,整理出版了《陈介祺年谱》。[1]另外,邓华访问了陈继揆和陈继遵等陈氏家族的后人,结合潍坊地区现存地方史料编写了《陈介祺传》[2]及文史资料集《清代大收藏家陈介祺》,[3]2015年分别由齐鲁书社和文物出版社出版,对一些问题提出了新的见解。

四、国外相关研究

国外对陈介祺的研究主要集中于日本,大正十一年(1922),滨田耕作、内藤湖南编印的《陈氏旧藏十钟》,[4]是最早涉及陈介祺的著作。此后相关成果则有:1993年小木太法的《簠斋藏秦汉瓦量略辨》;[5]2000年中村伸夫的人物传记《陈介祺》;[6]2005年田上惠一的《收藏家陈介祺的出现与其研究略史——附交友人物简表》,[7]清原实门的《陈介祺的收藏》,[8]荻信雄的《陈介祺所用印谱》,[9]松丸道雄的《陈介祺与苏氏兄弟——关于陈氏的古董的搜集》。[10]2006年尾崎苍石的《金石家陈介祺》,[11]大阪书籍株式会社出版的中村伸夫编《陈介祺旧藏古陶文拓本——簠斋藏古陶文选》。[12]涉及研究则有1998年东京国立博物馆编《中国的封泥》,[13]2000年江村治树的《春秋战

[1] 陆明君:《陈介祺年谱》,西泠印社出版社,2015年。

[2] 邓华:《陈介祺传》,齐鲁书社,2015年。

[3] 邓华主编:《清代大收藏家陈介祺》,文物出版社,2005年。

[4] [日]滨田耕作、内藤湖南:《陈氏旧藏十钟(泉屋清赏别集)》,日本刊本,1922年。

[5] [日]小木太法著,史宇译:《簠斋藏秦汉瓦当略辨》,中国国际广播出版社,1993年。

[6] [日]中村伸夫著:《陈介祺》,《中国近代の书人たち》,(东京)二玄社,2000年。

[7] [日]田上惠一,[日]谷川雅夫、和田广幸译:《收藏家陈介祺的出现与其研究略史——附交友人物简表》,《陈介祺学术思想及成就研讨会论文集》,西泠印社出版社,2005年。

[8] [日]清原实门,[日]和田广幸译:《陈介祺的收藏》,《陈介祺学术思想及成就研讨会论文集》,西泠印社出版社,2005年。

[9] [日]荻信雄,[日]和田广幸译:《陈介祺所用印谱》,《陈介祺学术思想及成就研讨会论文集》,西泠印社出版社,2005年。

[10] [日]松丸道雄,[日]和田广幸译:《陈介祺与苏氏兄弟——关于陈氏的古董的搜集》,《陈介祺学术思想及成就研讨会论文集》,西泠印社出版社,2005年。

[11] 西泠印社编:《西泠印社》(第九辑),荣宝斋出版社,2006年。

[12] [日]中村伸夫等编:《陈介祺旧藏古陶文拓本——簠斋藏古陶文选》,(日本)大阪书籍株式会社,2006年。

[13] [日]东京国立博物馆编:《中国的封泥》,(日本)二玄社,1998年。

国秦汉时代出土文字资料的研究》、[1]尾崎苍石的《战国古陶文考》[2]等。

五、有关研讨会暨展览

近年来，在传统文化回归的大背景下，关于陈介祺的研讨会及展览相继举办。2005年7月23至24日，由潍坊市政府、西泠印社、山东省书协、山东印社联合主办的“陈介祺学术思想及成就研讨会”在陈介祺故里——潍坊市隆重举行，来自上海、天津、吉林、内蒙、河南、山东、江苏、浙江、澳门等地以及日本的学者60余人围绕陈介祺学术成就、传古思想与事迹、生平交游等主题展开了热烈深入的交流和探讨。会议期间，在潍坊市博物馆举办了“陈介祺遗物观摩展”，展出来自上海博物馆、西泠印社、潍坊市博物馆馆藏及陈继揆、杨鲁安、林乾良、蒯宪、徐国卫、日本友人清原实门和萩信雄等个人收藏的相关文物70余件。2012年8月31日至9月2日，由潍坊市人民政府、西泠印社、台湾玄修印社、山东印社主办的“海峡两岸著名金石学家陈介祺文物收藏展”在潍坊市博物馆举行，蔡哲茂、简英智、孙慰祖、范正红等参加，展出相关文物50余种。2013年11月12日，由山东省文物局、潍坊市人民政府主办“纪念陈介祺诞辰二百周年学术研讨会”在潍坊博物馆开幕，范毓周、江林昌、孙慰祖、刘绍刚、孙聚友、张登德、杨波、杨爱国、孙敬明、陆明君等国内知名学者和陈介祺后人参加了研讨会。期间，潍坊市博物馆举办了“金石千秋——纪念陈介祺诞辰二百周年藏品展”，展出相关文物200余件。2017年6月29日至8月28日，由国家图书馆（国家典籍博物馆）与潍坊市博物馆共同主办的“天将金石付斯人——清代金石学家陈介祺特展”在国家典籍博物馆开幕，共分为“富藏精鉴”、“翰墨遗珍”、“宗仰海内”三个单元，潍坊市博物馆精选有关藏品135件赴京展出。以上活动，对陈介祺研究起到了积极推动。

---

[1]［日］江村治树：《春秋战国秦汉时代出土文字资料的研究》，（日本）汲古书院，2000年。

[2]［日］尾崎苍石：《战国古陶文考》，（日本）《篆美》九十三至九十五号，2000年。

毛公鼎全形拓研究

郭长波　杨　易
（青岛市黄岛区博物馆）

毛公鼎又名曆鼎、毛公曆鼎，西周宣王器，道光二十三年（1843）出土于陕西岐山县，因铭文记载毛公曆受册命赏赐而得名。鼎内壁铸铭文32行497字，内容极似《尚书·文侯之命》，是目前国内发现青铜器中铭文最长的一篇。陈介祺（1813-1884），字寿卿，号簠斋，清末金石大家，咸丰二年（1852）从古董商苏兆年处购得毛公鼎，是毛公鼎的第一个收藏者、研究者。宣统二年（1910），毛公鼎被陈氏后人售于端方，之后屡易其主，最终归藏台北故宫博物院。100余年来，毛公鼎的收藏者均对其进行全形拓，不同时期各有特点，在照相技术尚不普及的情况下，保存了毛公鼎的影像资料，也发展了全形拓的形式。

一、陈介祺与毛公鼎原器全形拓

最早对毛公鼎进行捶拓的是鲍康。鲍康《跋毛公鼎摹拓本》言“初出土时，余在秦，曾拓存一纸”，此或即王国维后来所称之“秦中旧拓”。[1]鲍康拓本世无所存，应仅为铭文拓本。容庚题跋叶公超藏毛公鼎拓本“《徐籀庄年谱》道光二十三年云：得张石匏（开福）秦中书，寄示岐山所出周鼎双钩本”，[2]此铭文双钩本应是据秦中旧拓本描摹。陈介祺在得到毛公鼎之后请陈畯为之传拓，并将其送与徐同柏、许瀚、吴式芬三位挚友，共同考释铭文。因此推测陈介祺最初的拓本也是铭文拓本，以作文字考释之

[1] 张长寿、闻广：《跋落照堂藏毛公鼎拓本——落照堂藏拓之二》，《文物》2009年第2期。

[2] 游国庆主编：《二十件非看不可的故宫金文》，台北故宫博物院，2012年，第58页。

用。之后，陈氏采用透视法对毛公鼎进行全形拓，成为毛公鼎全形拓第一人。

陈介祺之前，全形拓多为整纸拓，名为立体，实如平面。在捶拓时，器物上的花纹只拓一半，器耳、提梁等只拓正视一面，且墨色不分浓淡。陈介祺在总结前人经验的基础上，采用分纸拓，同时注意到器物的透视关系，拓片中展现所能见到的器物各面，以浓淡不同的墨色表现立体之感。随着陈介祺对全形拓技术的完善，以光绪元年（1875）为界，毛公鼎原器全形拓略有不同。

早期的全形拓由拓工虎臣完成，所见有王懿荣之子王汉辅题端之朱拓本，钤有“古瓦量斋”等印，或为王氏旧藏。马衡题跋：“毛公鼎旧藏潍县陈氏，器为天下名宝，三代器文字之冠。此拓为虎臣先生朱拓之精本，海内罕见也。丁亥春日，马衡。”[1]（图一）该拓本器形整体略显扁平，口沿与腹部平齐；鼎耳用墨内侧深及鼎腹，右侧鼎耳处有三角形锈斑；腹部重环纹拓完整者四组，两侧半组可合为完整一组，纹饰方向自右向左排列，与原器方向相反，当为剪裱时该部分纹饰倒置的结果；三鼎足中足在前，两足在后，范线明显，中足直立挺拔，后两足外撇，内侧各有一圆形凹陷，凹陷内饰有“+”“∟”纹凸起。这一时期毛公鼎铭文采用条子拓，铭文整体分四部分，每部分两至三行为一个条子，拓毕拼接成两片式拓本。捶拓时注意到器物受光部分和背光部分，以墨色浓淡区分，使所拓器物层次分明。

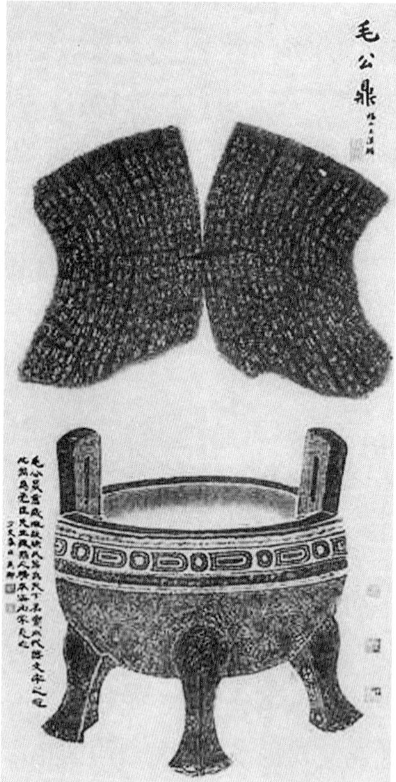

图一　虎臣本毛公鼎全形拓
（上海博古斋2011年迎春艺术品拍卖会古籍善本专场）

据陈秉忱称，陈介祺毛公鼎原器铭文拓本最初做“条子拓”；之后拓四片，即为“四靴头式”，后来是两片式。从目前所见拓本可知，条子拓分为两种，一如虎臣拓本将铭文整体分成四部分，每部分做条子拓后剪去重字拼接；另则将铭文以每四行为一条子，整体分为八个条子，拼接后形成两片式拓本（图二）。虎臣拓本是陈介祺尚未将西洋照相法引入全形拓之前所做，因此这类拓本当拓于咸丰、同治年间，属于较早期拓本。

将西洋照相法引入全形拓始于陈介祺表弟谭相绅，谭相绅曾在潘霨署中学习西洋照相之法。光

[1] 王汉辅题端毛公鼎全形拓，上海博古斋2011年迎春艺术品拍卖会古籍善本专场。

图二　条子拓毛公鼎铭文（中国嘉德2015秋季拍卖会古籍善本专场）

绪元年（1875）正月廿六日陈介祺在给吴大澂的信中称："兹有表弟谭风飖名相绅，旧在潘世兄霨署中习得西人照法……今试令照三代古文字拓及器量图乃至佳。"[1]同年四月在给王懿荣的信中又谈及采用拍照制作盂鼎全形拓的方法，言"洋照虽不必好其奇，然照古器形，缩三代古文字锓木，以补其不能久存之憾，而用其能不失真之长"，又言"当以洋照取其真形再拓，鼎文、鼎耳足原样布于放大，足尺寸真形上，使之无一不合乃可……巧者能者之心目，不能如洋照之浑成如铸，一丝不走，以为真式，而扩充之，使如原器大小为图，刻石与木而拓之为巨幅。铭文则用原器精拓本，亦可以刻者为稿，而拓原器补缀成之，则大雅"。[2]在之后定稿的《簠斋传古别录》中，陈介祺参照西洋照相法，对全形拓之透视关系做了更加明确的说明："拓图以记尺寸为主，上中下高低尺寸既定，其曲处以横丝夹木板中，如线表式抵器即可得真。再向前一倾，见口即得器之阴阳。以纸褙挖出后，有花纹耳足者，拓出补缀，多者去之使合，素处以古器平者拓之。……整纸拓者，似巧而俗，不入大雅之赏也。"[3]光绪元年（1875）正月在给吴大澂

[1]（清）陈介祺著，陈继揆整理：《秦前文字之语》，齐鲁书社，1991年，第287页。
[2]（清）陈介祺著，陈继揆整理：《秦前文字之语》，齐鲁书社，1991年，第108页。
[3]（清）陈介祺撰：《簠斋传古别录》，光绪元年（1875）滂喜斋丛书刻本。

图三　国家图书馆藏罗振玉题端毛公鼎全形拓

的信中尚未言及洋照用于全形拓，在四月间给王懿荣的信中则详细说了洋照做盂鼎全形拓的方法，五月初已写版待刊的《簠斋传古别录》又对全形拓的透视刻板进行阐释，说明陈介祺在光绪元年（1875）正月之后至四月间以洋照兼采透视之法用于全形拓。冯恕跋端方之毛公鼎全形拓时言："簠斋陈先生得此鼎，曾拓十本，皆潍县谭姓手拓。"[1]"潍县谭姓"即陈介祺表弟谭相绅。因此，这一时期毛公鼎全形拓主要由谭相绅制作完成。

谭氏拓本较虎臣拓本略显挺拔，锈迹明显；鼎耳内侧施墨至口沿处即止，右侧鼎耳处锈斑仍可见；腹部上端内收，不与口沿平齐，腹部最大径略大于口沿径；腹部环带纹方向与鼎同，有饰四组半者，四组完整，鼎腹右侧存有半组；[2]有饰五组者，亦为四组完整，两侧纹饰合为一组，左侧仅存环带纹之一端（图三）；[3]三鼎足直立，中足在前，两足在后，范线明显，后两足内侧圆形凹陷所形成的白色圆圈不见，仅存有"+"、"∟"纹凸起。

光绪元年（1875）之后，铭文拓本也在之前条子拓的基础上不断改进。首先是将条子拓改为"四靴头式"拓本，该拓本较之后端方时期的铭文拓本，靴头均朝外侧（图四，1）。在"四靴头式"的基础上，陈介祺又进行了多种两片拓的尝试。目前所见有三种，一种是上下分拓，左右相连，落照堂藏毛公鼎铭文拓本由上下两片纸分拓而成，是在"四靴头式"拓本基础上左右相连而成（图四，2）；第二种如国家博物馆藏罗振玉题端毛公鼎全形拓（图三），将"四靴头式"与条子拓相结合，做成左右两片拓本，每片拓本下部以3-4行为一个条子，随鼎腹及铭文走势剪去重字后呈条子状分散；第三种将"四靴头式"拓法改为左右分拓，上下相连，然拓片重字较多（图四，3）。铭文两片拓本由李泽庚（星甫）发明，据《陈介祺年谱》记载光绪元年（1875）二月李佐贤次子李韦卿介绍李

［1］ 姚华：《毛公鼎全形拓题跋》，西泠印社2015年首届艺术品拍卖会中国书画古代作品专场·古籍碑帖专场。

［2］ 毛公鼎全形拓，北京华夏国拍2013春季拍卖会古籍文献专场。

［3］ 曹菁菁：《罗振玉题端之毛公鼎全形拓》，《人民日报》（海外版）2008年12月29日第8版。

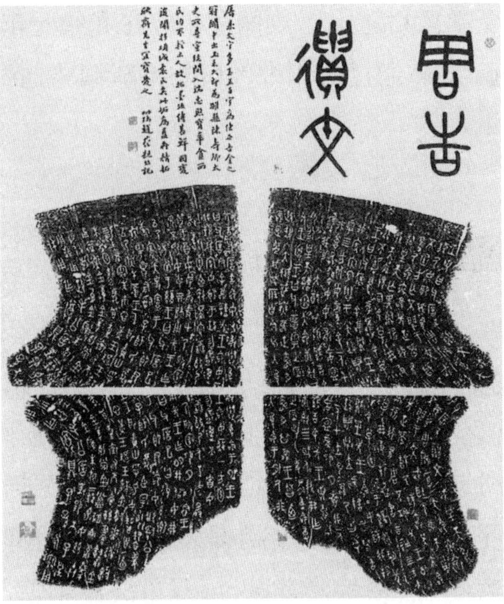

1

2

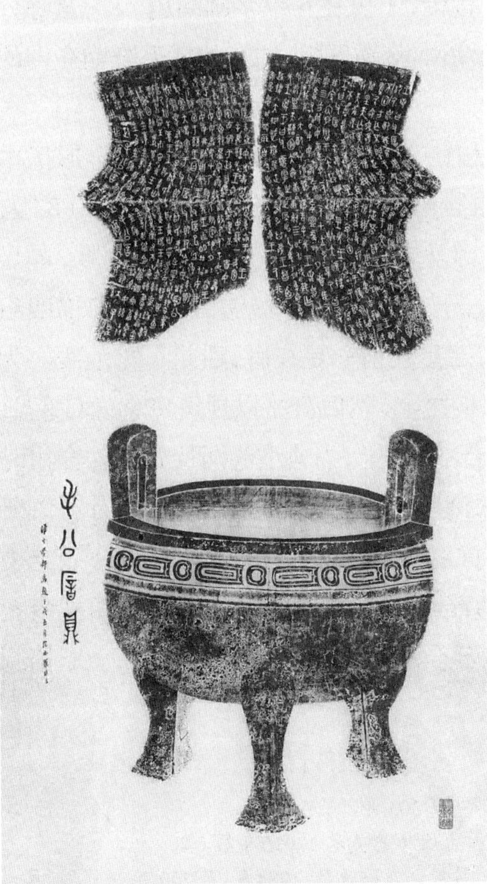

3

4

图四

1. 毛公鼎铭文拓本（中国嘉德2015秋季拍卖会古籍善本专场图录）
2. 落照堂藏毛公鼎铭文拓本（《跋落照堂藏毛公鼎拓本》）
3. 国家图书馆藏罗振玉题跋毛公鼎全形拓
4. 毛公鼎铭文拓本（《中国书法》2015年第3期封面）

泽庚（星甫）从陈介祺学拓，陈介祺称“星甫来令学拓封泥”，[1]则两片拓应在光绪元年（1875）之后。早期拓本在靴头相连处仍有凸起，之后通过对用纸剪口的不断调整，拓片中间由“靴头”形成的凸起也消失不见（图四，4）。

二、陈介祺与毛公鼎刻版全形拓

清代中期，拓本馈赠之风盛行，为了应酬之需，藏家往往将器形画成图后，刻在木板或石板上捶拓；或用木板锯成器形，以拓就之花纹罩于板上，拓其边缘而得器形。六舟和尚曾刻版拓印焦山鼎，阮元题跋：“此图所摹丝毫不差，细审之，盖六舟僧画图刻木而印成鼎形，又以此纸折小之以拓其有铭处乎，再细审之，并铭亦是木刻。”[2]《清稗类钞》中曾提到：“阮文达家庙藏器，有周虢叔大棽钟、格伯簋寰盘、汉双鱼洗皆无恙，惟全形椎拓不易，因而真迹甚稀。况夔笙求之经年，仅获一本。复本所见非一。石刻较优于木，然真赝相形，神味霄壤，可意会不可言传，不仅在花纹字画间也。”[3]至陈介祺，在引入透视法进行全形拓的同时，又以全形拓本摹勒刻版，并在包括毛公鼎在内的诸多器物全形拓中使用。

陈介祺制作的毛公鼎刻版分为器形刻版和铭文刻版，目前所见毛公鼎全形拓本多为刻版捶拓，亦有器形以刻版拓，铭文配以原器拓者。陈介祺以原器全形拓为底版，参照西洋照相校正，制作毛公鼎全形拓刻版。潍坊市博物馆藏有一套楸木刻版，鼎足较高，器身挺拔，口径大于腹径，口沿及鼎耳处刀刻痕迹明显；鼓腹圜底，腹部饰四组半重环纹；兽蹄足上部突出，内侧切面呈弧状，二足在前一足在后，后足可见范线。为表现器物铜锈，陈氏将大漆反复自然滴落于木板之上，然后磨平以现斑斑之像（图五，1）。铭文刻版利用白石两块，做出原鼎凹度，将铭文刻上，为典型的两片式。陈介祺时期制作的全形刻版尚有石质者，其纹饰与楸木刻版同，锈斑较明显，或为原有石斑所致，口沿及鼎耳处刀刻痕迹与腹部轮廓线突出（图五，2）。另据陈秉忱称毛公鼎铭文另有木质刻版。[4]陈介祺传古助手姚公符制造器具精巧绝伦，并精摹勒，绘图刻版拓墨多由其制作，姚公符刻版制作了六十三件陶器全形拓，陆明君认为毛公鼎全形拓制

[1] 陆明君：《陈介祺年谱》，西泠印社出版社，2015年，第303页。
[2] 转引自徐蓉蓉：《青铜文化的延续——全形拓》，《上海工艺美术》2015年第1期。
[3] 徐珂编辑：《清稗类钞选——著述类·鉴赏类》，书目文献出版社，1984年，第209页。
[4] 陈秉忱致陈继揆信，该信曾在潍坊市博物馆举行的陈介祺遗物展上展出。

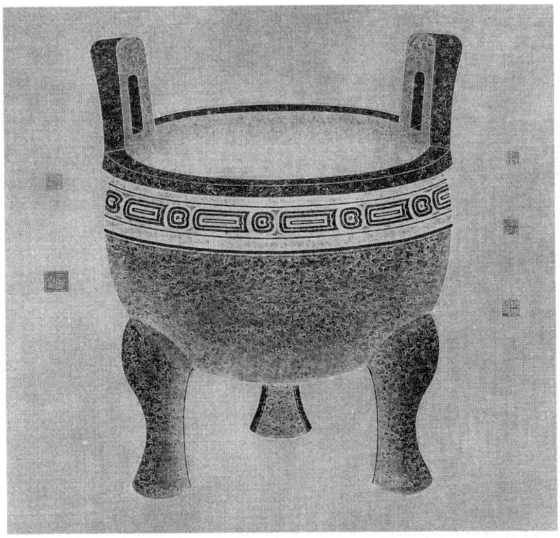

1

2

图五

1. 潍坊市博物馆藏毛公鼎木版全形拓[1]
2. 毛公鼎石版全形拓（中国嘉德2015春季拍卖会古籍善本专场）

版亦由其完成。[2]

20世纪以来，毛公鼎全形拓伪作渐多。陈秉忱称："翻刻的鼎文、鼎图是在二十年代，以拓本流行古董行中。伪拓纸、墨、折叠处均一看即可辨。伪拓中，听说是别茂修和台霁五（音）伙制。铭文是锡做的，是鼎腹的一半……伪制毛（公）鼎拓本流传当不在少数，盖有图章的也是伪刻。"[3]近年另见民国毛公鼎石板，由三块方形白石凿成半凹状，分别刻毛公鼎及两片铭文，然刻工较粗且刀笔软弱，远不及陈氏刻板。

三、陈介祺之后的毛公鼎全形拓本

陈介祺后人有以毛公鼎原器做拓者，或为陈陔出售之前所制。王献唐称："在出卖以前，陈家便拓了三天三夜，现在流行的墨本，多半是这时所拓。"[4]自陈陔出售后，毛公鼎先后被端方、叶恭绰、陈咏仁和中央博物院、台北故宫博物院收藏。因毛公鼎之盛

[1] 潍坊市博物馆编：《金石千秋——纪念陈介祺诞辰二百周年藏品选》，潍坊七彩印务有限公司，2013年，第4页。

[2] 陆明君：《陈介祺与金石传拓》，《中国书法》2015年第3期。

[3] 陈秉忱致陈继揆信，该信曾在潍坊市博物馆举行的陈介祺遗物展上展出。

[4] 王献唐遗作，路方红整理：《从毛公鼎说到张宗昌韩复榘》，《山东图书馆学刊》2009年第3期。

名,藏者无不制作全形拓以纪所藏。故陈介祺之后,先后出现了端方时期拓本、王秀仁拓本、张舜铭拓本、台北故宫铭文拓本等,以端方时期拓本为罕见。王秀仁先后为叶恭绰、陈咏仁进行传拓,其拓本尤被称道。

端方自陈陔处购得毛公鼎后即请人以原器做全形拓,然甚艰难,又兼不久后死于四川保路运动,故端方藏鼎时所做全形拓数量甚少,相传仅为四本,目前所见者有衡水孙桂澄藏本。从孙氏藏本看,端方时期的毛公鼎全形拓与陈氏原器拓本相类,腹部重环纹拓四组,一足在前,二足在后,整体锈迹明显,后两足内侧的"+""∟"纹饰仍可见;铭文为"四靴头式",靴头朝内。孙桂澄曾协助端方从陈陔手中购得毛公鼎,其藏本亦记此事。姚华在题跋中记录了孙桂澄协助端方购鼎的相关经过:此鼎乃归忠愍公端方后所拓,秋飒之所藏也。鼎原藏潍县陈寿卿先生家,秘不示人。有妒之者至,诋为赝鼎。其后拓本稍稍流传,则又推重其文为尚书遗篇云。方寿老逝世,忠愍得鼎讯可问也。驰书自西山别舍,亟秋飒之潍,信宿至秘无知者,夤夜访陈氏后人,趁其机势侵晨鼎入秋飒手,而潍之巨家来夺已无及矣。秋飒遂辇归京师,忠愍喜可知也。鼎即归,而艰于拓墨,久之得数本,此其一也。世号端拓以墨本,鼎足正面在前,于陈拓在后者,为二家之别。端拓即罕,秋飒又于此鼎有一段因缘,焉可不为之记乎。此外尚有钮嘉荫题端"周毛公鼎铭",罗振玉跋称"此鼎为海内吉金之冠"。冯恕题跋记述了时人所盛传之"毛公鼎十四本拓",称"簠斋陈先生得此鼎,曾拓十本,皆潍县谭姓手拓,吴窓斋所谓秘不示人者也。忠愍得之仅拓四本即匆匆赴蜀授命。秋帆是本即四本之一,亦即十四本之一,可宝也"(图六)。

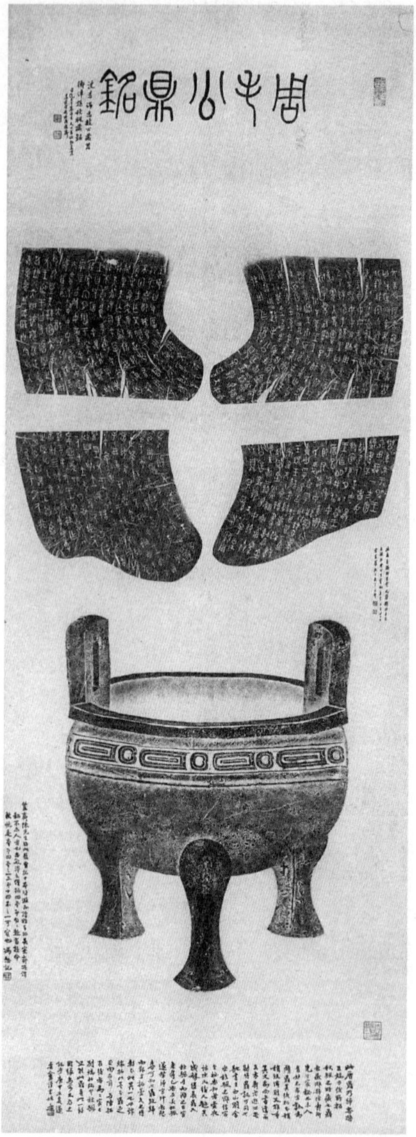

图六 孙桂澄藏毛公鼎拓本

(西泠印社绍兴2015年首届艺术品拍卖会)

叶恭绰得到毛公鼎后曾请当时著名拓工王秀仁为之做全形拓,形制仿陈介祺制版拓本,三鼎足二足在前一足在后,腹部拓重环纹共计四组,两侧为圆形重环纹之两端。传世拓本有叶恭绰赠吴湖帆本，其上钤印“王秀仁手拓金石文字”、“恭绰长寿”、“湖帆密籍”等。吴湖帆题端“三代第一吉金文字”，其跋两段：一为“潍县陈簠斋先生旧藏，海丰吴子苾阁学辑《据古录》以此鼎文字最多列最后。沈阳端忠敏得于陈氏。辛亥后乃归番禺叶遐庵丈。甲戌（1934）元日试笔记，吴湖帆”；一为“十年前遐翁所贻。乙酉（1945）夏日，付纪群贤甥藏之。尚有刘氏藏周矢彝拓本，与此堪耦并记赠”[1]（图七）。

台北故宫博物院藏有叶恭绰侄子叶公超所藏之拓本，上有民国二十五年（1936）商承祚题端以及于省吾、孙海波、唐兰的题跋，民国二十六年（1937）容庚题跋（图八），这四段题跋内容多历数毛公鼎收藏经过或考释时代、文字。民国三十五年（1946）毛公鼎收归国有，叶恭绰在上面题跋“此器兹归国有，可云所得，然抚今斯昔，不能无感怀璧之罪，可不慎欤？遐翁”。1953年，董作宾作跋认为毛公鼎是周成王时期器物，并感慨“今兹鼎既已安抵南天……永为国宝”[2]（图九）。

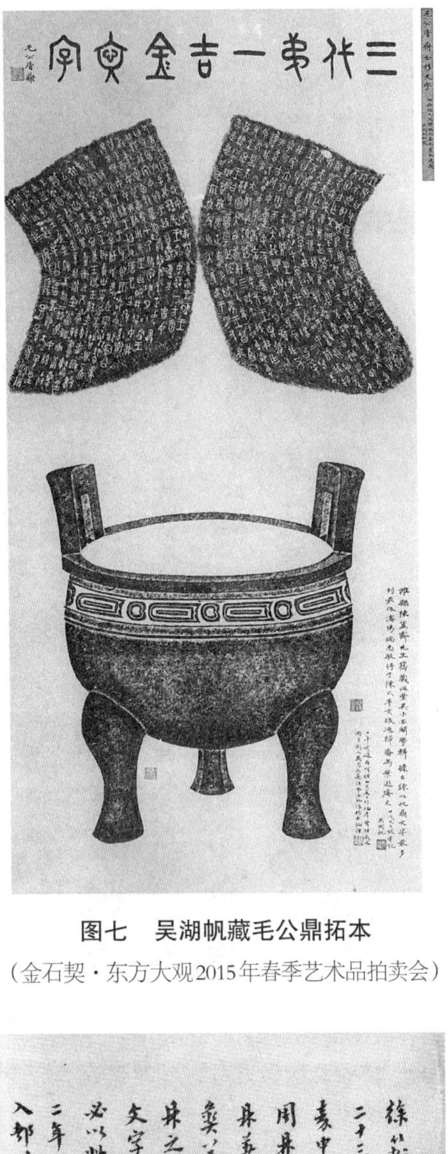

图七　吴湖帆藏毛公鼎拓本

（金石契·东方大观2015年春季艺术品拍卖会）

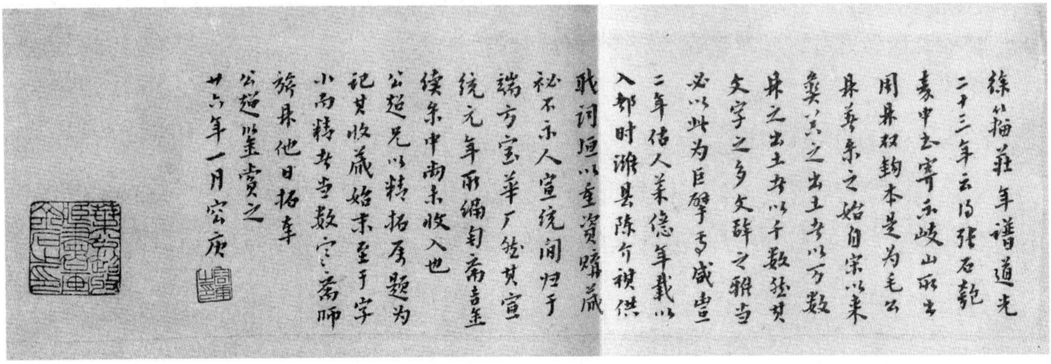

图八　容庚题跋叶公超藏毛公鼎全形拓

[1] 吴湖帆藏毛公鼎拓本，金石契·东方大观2015年春季艺术品拍卖会。

[2] 游国庆主编：《二十件非看不可的故宫金文》，台北故宫博物院，2012年，第56–59页。

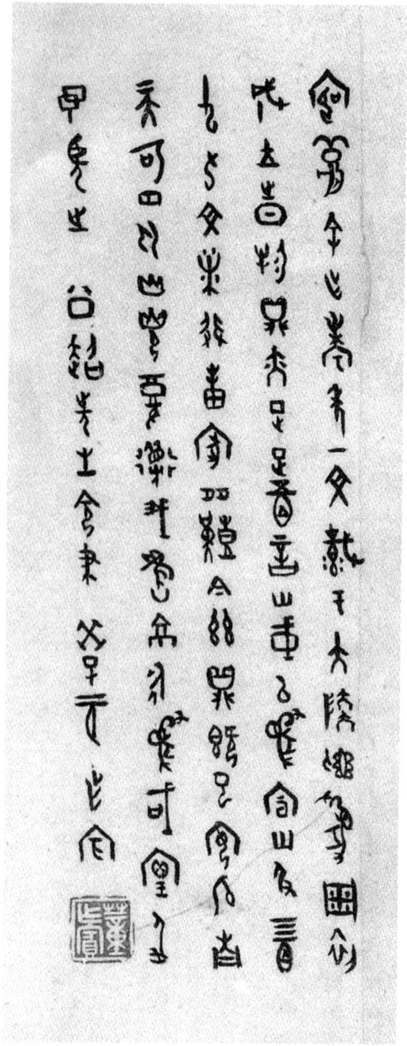

图九　董作宾题跋叶公超藏毛公鼎全形拓

陈咏仁自叶恭绰手中购得毛公鼎后，于民国三十五年（1946）与其弟陈利仁将毛公鼎捐献国民政府。捐献之前，陈咏仁请王秀仁为之做全形拓，共拓制50份，形制与叶恭绰时期拓本同，当时售价每套二百两白银。王氏精于传拓，拓纸折痕较少，铭文无重复者，避免陈介祺分纸传拓及铭文重复之弊，为毛公鼎传拓之最佳拓本。目前所见传世拓本有商承祚题签、容庚题跋本，其上钤有“陈咏仁伯陶玺”、“陈利仁”、“陈氏咏仁利仁于胜利还都年献呈国府”、“三代吉金无上至宝”、“陈氏所藏”、“山阴王秀仁拓”等印[1]（图十，1）。该拓本拓工精良，字口凹凸还原原器之效果，真实展现毛公鼎之本来面貌，或为陈咏仁所自藏。又有王禔题跋本，该拓本鼎腹尚拓有部分毛公鼎铭文。王禔题跋：“毛公鼎。此鼎文字为金文中之最多者，且完好无残蚀，尚能句读。吴愙斋以周诰遗文称之，洵可补入经文，得是拓宜珍宝诸。戊子立冬节古杭王禔福厂题并识。”钤“王禔”、“福厂六十岁后书”、“古杭”等印（图十，2）。[2]

毛公鼎收归中研院后仍有全形拓本。所见者有当时南京泮池书店经理张舜铭所拓，全形拓本整体挺拔，腹部自口沿下内收，饰四组完整重环纹，两足在前，中足在后，整体墨色较重，少见锈迹，或为硬物刻板所为；分纸拓制后剪裱而成，接裱痕迹明显（图十一）。

毛公鼎运往台湾后，未见有器形全形拓传世，仅见铭文朱色拓本。1998年，闻广访问台北故宫博物院时，时任台北故宫博物院器物处处长的张光远曾以院印毛公鼎铭文朱色拓本相赠。该拓本分左右两片，文从行顺，其上有末代衍圣公孔德成墨书题篆“西周毛公厝鼎”，这应是毛公鼎最晚的拓本[3]（图十二）。

---

[1] 容庚题跋毛公鼎拓本，中国嘉德2015年秋季拍卖会古籍善本专场。

[2] 王禔题跋毛公鼎拓本，西泠印社2007年秋季艺术品拍卖会中国书画近现代名家作品专场。

[3] 张长寿、闻广：《跋落照堂藏毛公鼎拓本——落照堂藏拓之二》，《文物》2009年第2期。

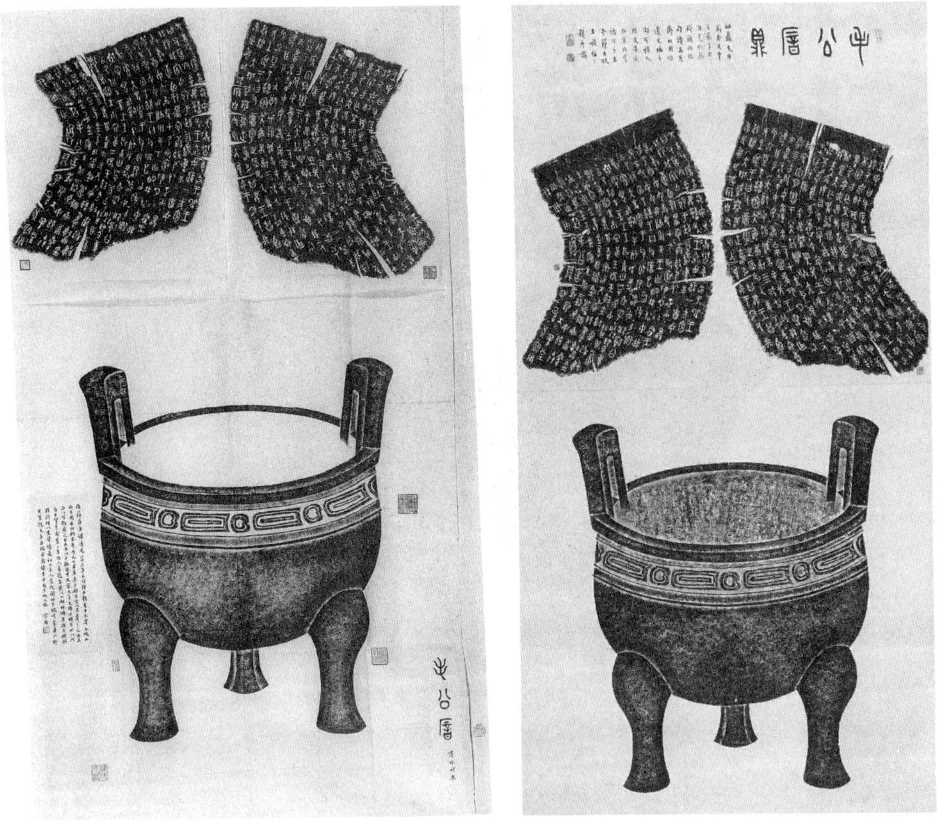

1　　　　　　　　　　　　　　　　2

图十

1. 容庚题跋毛公鼎拓本（中国嘉德2015年秋季拍卖会古籍善本专场）

2. 王禔题跋毛公鼎拓本（西泠印社2007年秋季艺术品拍卖会）

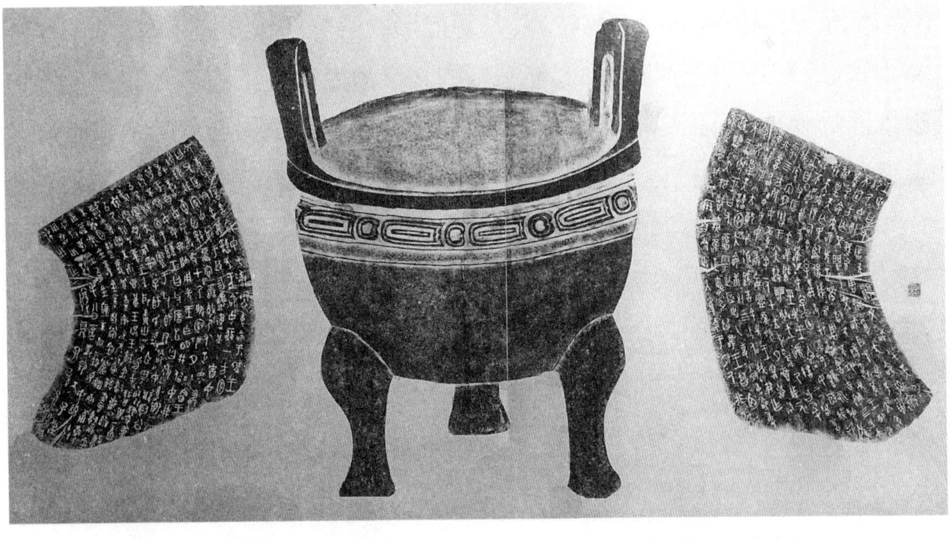

图十一　张舜铭毛公鼎全形拓本（山东恒昌2013秋季艺术品拍卖会）

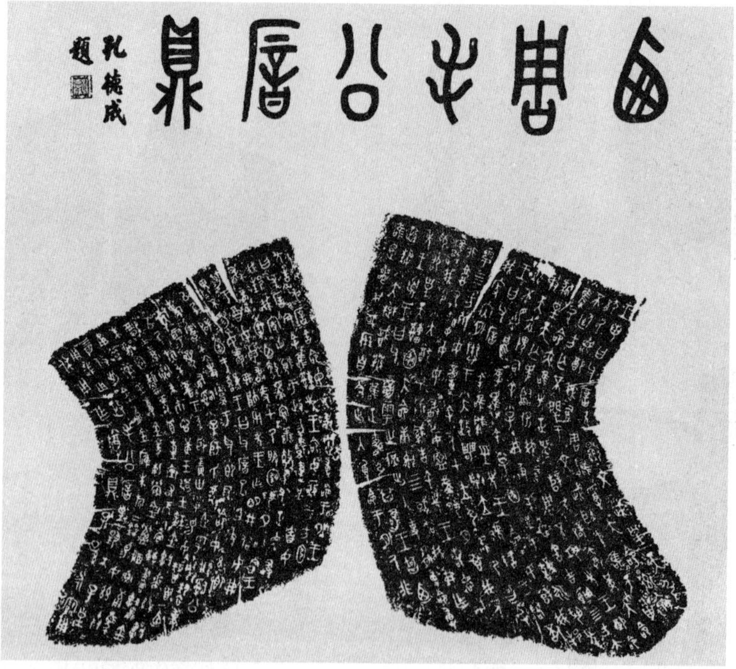

图十二　台北故宫博物院毛公鼎铭文拓本（《跋落照堂藏毛公鼎拓本》）

四、结　语

毛公鼎与散氏盘、大盂鼎、虢季子白盘并称晚清“四大国宝”，它们反映了西周晚期社会政治、经济、文化概况，在中国文化发展史上具有重要地位。毛公鼎铭文字迹规整，笔力遒劲，表现出纯熟的书写技巧、高超的形式美感和极高的艺术价值，诠释了西周金文由繁杂、粗率、严谨肃整到圆熟精到的文字衍变轨迹。不同时期的毛公鼎全形拓展现了西周晚期青铜器端庄敦重、王命威严之感，彰显着周王室谦恭和谐的中和之美和中庸思想。

道儒名家与安丘

刘冠军
（安丘市博物馆）

据史载，安丘置邑前曾为斟鄩、杞、淳于、纪、莒、鲁、齐等国先后所分辖，东夷诸国文化及春秋诸子百家对安丘文化产生了深远的影响。道儒名家及宋代理学创始人朱熹的遗迹，留存县境，民间流传，志书有载。摘药山上有老子庙，相传老子弃官出游鲁国时，曾到此采药炼丹，摘药山由此而得名。城顶山南麓有孔子高徒佳婿公冶长读书讲学之书院，现建有公冶祠和两棵高大的银杏树。有子山因传孔子高徒有若游学是地而得名，旧时山上有有子祠，庙舍巍峨，香火极盛。城区东王家庄街道朱子村，原名"朱藏"，宋代理学家朱熹到此避难而得名，旧时村中建有朱子祠。汉景帝中元二年设邑安丘。汉武帝尊崇孔子儒家学说"罢黜百家，独尊儒术"，儒学上合天意，下顺民心，县内研究儒家经书蔚然成风，学者高士济济，名家大儒辈出，如牟融、周泽、甄宇祖孙、郎宗父子及伏氏家族数代，再有邴原、孙嵩、郑玄等，举孝廉从仕者，大都清廉自爱，独善其身。隋开科考之先河，县内学风甚浓，乡塾县庠，书声相闻，及第立旗者，遍布县境。现有史可考，宋至清，安丘文武进士一百余位，在全国诸县中为数不多，"父子进士"、"兄弟进士"、"一门数进士"、"解元轶事"等闻名朝野。为官被乡民称为"青天"者众，著述被收录《四库全书》者多。如权倾朝野的清阁老刘正宗、抗英名将刘耀椿、兄弟英才曹氏兄弟、修志世家马文伟父子、文字学家王筠、文学书画家张贞父子等等，累累不辍。安丘古代文化积淀深厚，源远流长，由此可见，时尚文化造就了安丘文化名流，文化名人推动了安丘文化的发展。明万历安丘知县熊元曰：安丘风气之钟，山川之秀，文物衣冠之盛，甲诸旁邑。在古青州又有"诸城厚、安丘透、博山秀"之说。诸多文化名人，县内许多大家学者皆有考证著述。现仅就道家老子、儒家孔子二高足、理学家朱熹在安丘县内的遗迹及著述思想，略做考证介绍，以求方家指正。

李　耳

提起老子，人们会想到摘药山上的老君庙和炼丹洞。摘药山位于城区西南柘山镇与石埠子镇交界处，又传称摘月山，为海拔495米的山峰，也是齐长城在安丘境内的一处重要关隘，现存城墙、掩体、垛口等遗迹。该山树高林密，山势突兀，幽深静雅。山顶有老子庙和玉皇庙遗址，门庭殿堂依然尚存，原为明代所建，清代曾多次重建。庙门为太平阁，额书"天仙圣母"，祀碧霞元君，门内为楼阁式建筑，额曰"金阙云台"，老子庙建在玉皇庙之上，上祀老子，下祀玉皇大帝，庙上建庙，神上有神，道是"先有老子后有天"，在古今众多庙寺舍建筑中这种风格也为数不多。东侧有王母殿，祀王母，神龛众多，为祭天公及天仙、地宫、三仙、长生、石泉、昭泉、龙泉、降生等老母，殿上建有望海楼，可东望大海，西侧有关公庙、仙姑庙、菩萨殿和十大药王殿。庙殿大都毁损，遗基断垣仍存。明嘉靖年间《重造娘娘金身碑》和清康熙年间的《万善同归重修碑》等，虽已残毁，但仍在向人们诉说着昔日的香火盛况。现每年的庙会日，善男信女纷纷前来朝觐，人头攒动，香火袅袅。

老子，姓李名耳，字聃，春秋时期楚国苦县（今河南鹿邑县）人，生卒年不详，我国先秦时期著名的思想家、哲学家、道家学派的创始人。《史记》载，老子曾两度出任周王室守藏室史，即管理国家图书典籍的官吏。曾隐居鲁国，后出关西行，不知踪迹。传其活了二百余岁，因讲修道德可保长寿。孔子周游至周时，曾率弟子问礼于老子，安丘董家庄汉画像石墓中的"孔子拜见老子"图，刻出了孔子率弟子参拜的场面，各地出土的许多汉画像石中都有相同内容的画像。孔子离开周以后，对弟子们说：鸟，我知道它能升天；鱼，我知道它能游于深水；走兽，我知道它能在旷地跑。在天空飞的鸟，可以用猎箭去射它；在深水的鱼，可以用钓线去钓它；在旷地跑的走兽，可以用网去捉它。至于龙，我不知它是乘驾风云而升天的。今天我看见老子，他大概就是龙吧！孔圣人尊崇之情溢于言表。老子一生修行宣讲道德，晚年应关尹之邀，总结一生的论述，写下了《道德经》一书（又名《老子》）。全书分上下两篇，共81章，5 000余字。在《道德经》中，老子以"道"为核心，创立了道家学派的哲学体系，将道作为世界万物的本质，又将之作为万物的归宿。提出了他的朴素辩证法思想，他认为无论自然界还是人类社会，处在时刻运动变化之中，并在运动中产生相互矛盾的范畴，"祸兮，福之所依；福兮，祸之所伏"，"天下皆知美之为美，斯恶已"等等。老子主张以"无为"达到"无不为"，复归人的本性，走向"自然"这一最高境界，实则形成他所谓"小国寡民"的乌托邦思想。老子死后，他的思想被战国时期的思想家庄周进一步发展。庄子又写有《庄子》一书，老子和庄子的思想成为后来道家哲学的主要思想。老子后来被道教徒神化，奉为教主，在华夏大地多元神系中，占有重要一席。老子作为无神论者，他的道家学说与道教属风马牛，是两回事，是汉代道教为正视听，牵强附会所为。老子提出的朴素辩证法思想，对现代哲学体系的形成和发展，产生了积极的影响。

在摘药山西侧柘山镇，有老子村，村民多为李姓，据该村李氏族谱载，汉代老子后裔自河南迁至此地，繁衍生息，是否为纪念老祖李耳到过该地，而取名“老子村”，笔者认为该是如此吧！老子是否真的到过安丘，并在摘药山上采药炼丹，修身养性，宣传道家思想。老子罢官隐居鲁国数载，齐鲁相邻，云游至风景优美，山势险峻的摘药山上摘药炼丹，栖息修身养性，也不为牵强。

公冶长

城顶山位于城区西南石埠子、柘山和辉渠三镇交界处，海拔429米，因山南有公冶长书院和山顶上有齐长城关隘和城墙，又名“书院山”和“齐城山”。抗日战争期间，国民党五十一军在此与日寇血战，著名的唐王山和城顶山战役便发生在这里，掩壕尚存，城顶山是安丘境内一座历史文化浓厚的名山。书院处群山环抱之中，环境优美，风景秀丽。现有公冶祠，为思念先贤，弘扬民族文化，由县人民政府于1988年拨专款重建。公冶祠正厅内，塑公冶长金身座像，四面壁上绘有公冶长一生中各个时期的经历简介，祠院内碑亭、耳房、影壁和院墙俱全。祠西青云寺遗址前有两棵高大参天的银杏树，传为公冶长手植。另有四个明清碑碣，一为明万历安丘知县孙振基所立“先贤公冶长读书处”碑，余为重修寺祠记事碑。每年四月初八庙会或清明之时，公冶长书院处，游人如织，香火浓浓，求愿还愿者众，访先贤遗迹者多。

公冶长（公元前519-公元前470）复姓公冶，名长，字子芝，春秋齐人（一说鲁人），祖居诸城公冶场村（现诸城贾悦近贤村），公冶长墓现在该村。出身家贫，务农为业，聪颖好学，闻孔丘大名，不远跋涉，到曲阜拜孔子为师，勤奋苦学，呕心沥血，历经数载，终于业成，精通六艺，成为孔子七十二贤徒之一，名列二十。并从师周游列国，拜访圣贤。公冶长的学识人品深得孔子赏识，《史记·仲尼弟子列传》载：“公冶长，齐人，字子长。孔子曰：‘长，可妻也，虽在累绁之中，非其罪也。’以其子妻之。”在公冶长蒙冤入狱后，孔子仍为他辩解，并将女儿许配给他。孔子死后，面对礼崩乐坏的局势，公冶长无意功名利禄，携妻带子，回归故里，隐居书院山处，筑草舍，植银杏树，遵孔子之教，潜心研经治学。设立学堂，广招农家弟子，宣传孔子的儒家文化，闻名乡里，拜师学艺者众，域内风化大正。公冶长死后，乡人建公冶祠，并塑其身以示纪念，祠多次废圮，历代多有重建。汉代儒学正统以后，由于公冶长在儒学研究传播中的重要贡献和特殊地位，历代帝王对其多有封诰，如唐玄宗李隆基追封公冶长为莒伯，宋真宗赵恒封公冶长为高密侯等。在民间公冶长识鸟语的传说，妇孺皆知，千百年来流传不绝。

有　若

在城区西南辉渠镇的西南方向，有山主峰海拔396米，山势陡峭，怪石矗立，树木葱葱，顶部平坦，此山叫有子山，因相传春秋时孔子高徒有子曾游学是地而得名。山上的清《重修庙记碑》载："有子山，古时传为因有子读书其地而得名。"旧时山上建有先贤有子祠，庙舍数间，祠内有子塑像威然端坐，炉内香烟缭绕，院内碑碣林立，古柏参天，苍松郁郁，寺庙住寺道士往来其间，庙田数百亩。文人墨客访贤遗踪，善男信女进香还愿，络绎不绝。庙会或清明日，乡人争相拜谒，祈求圣贤保佑，香火极盛，数百年绵延不断。现祠已毁，仅存残垣断壁和数通石碑，山下有"有子官庄"村，是为纪念有子而取名。

有子，姓有名若，国籍生卒史书无载，无从查考，为孔子七十二贤徒之一，后人尊称有子。有若曰："礼之用，和为贵，先生之道斯为美。小大由之，有所不行；知和而和，不以礼节之，亦不可行也。""信近于义，言可复也；恭近于礼，远耻辱也，因不失其亲，亦可宗也"。也就是说有子提倡：礼的应用，以和为贵，这是先生（孔子）的理论最精彩之处。但是大小事情，都遵守和为贵，也是行不通的，只知和的重要，而不用礼来作为规范依据，也是不可行的。守信与人言如果合乎情理，那么说出的话就该实践，对人恭敬而不失礼节常规，可避免人家的羞辱感，亲近那些应当亲近的人、可为我们尊敬效法的人。有子的观点，继承了孔子的衣钵，客观、公正、一分为二、实事求是地处理问题和看待问题，在今天仍有一定的现实意义和指导意义。现在我们提倡的构建社会主义"和谐"社会，大概是源于此，源于儒家思想。

孔子死后，学生们非常想念他，由于有若相貌像孔子，众弟子便推荐有子为老师，让他坐到孔子的座位上，对待有子像对孔子一样的礼敬，学生们在一起学习，整理孔子的思想论述编撰《论语》。后因有子的学问不及孔子，解答不了弟子的疑问，又被众弟子罢师。众弟子因无师，便散开不在一起学习了，各奔前程。有子便到各地游学拜访名师，宣传孔子的儒家思想文化，有子山上留下了有若读书游学的遗迹。

朱　熹

朱子村（现属峡山区王家庄街道）位于城区东四十余里的峡山水库西岸，与高密隔水相望，该村名人高士、文化遗迹众多。战国时军事家黄石公，传得张良兵书后，漫游至此，隐居在村后山上，仙逝后葬于此山，该山故名黄公山（又名黄公埠），旧时冢前建有黄公祠。汉胶西盖公，齐相国曹参之师，晚年亦隐居此村前山上，并“作茅舍授徒”，谢世后葬在该山之巅，乡人立祠祀之，该山改名为“盖公山”，北宋苏轼知密州时，曾到此寻访盖公遗迹，见祠已毁，建新舍并亲书“盖公堂”，命道士主持并划地五十亩为冢田。旧时两祠香火不辍。该村名人学者，如北宋大理寺丞明元吉、参政知事明镐，明代监察御史王琳等，皆闻名显达，流芳后世。对该村影响较大的，当推宋代名儒理学家朱熹，据传为避冤狱，曾来该村躲藏，在村法林寺内讲学授道，继续宣讲理学，先后拜祭黄公、盖公、郑公（指郑玄）、明镐等名士祠堂，并为盖公堂题写了“经书造就齐相国，衣冠不改汉儒生”楹联，后人为纪念朱熹，将该村改名为“朱藏”，又改名为“朱子”，并在村法林寺内，建朱子祠祀之。

朱熹（公元1130–公元1200），徽州婺源（今江西省）人，字元晦、仲晦，号晦庵，谥号文公，为宋代著名哲学家、教育家、集理学思想大成的一代名儒，曾任南宋王朝秘阁修撰、待讲等职。他力主抗金，收复失地，积极备战，属主战派。在学术上，他广研博典，在经学、史学、文学、乐律及自然科学等方面，均有造诣。他继儒学研究的基础上，发展了二程（程颢、程颐）关于理气关系的学说，建立了一个完整的客观唯心主义的理论体系，后人称为“程朱”学派。该学说认为理和气不能相离，“天下未有无理之气，亦未有无气之理”，“理在先，气在后”，“有是理便有是气，但理是本”，强调“天理”和“人欲”的对立，要求世人放弃“私欲”，服从“天理”，他的理论成为封建统治阶级愚民统治的理论工具，为宋后王朝所尊崇。他在从教活动时，提倡“为学之道，莫先于穷理，穷理之要，必在于读书，读书之法，莫贵于循序而致精，而致精之本，则又在于居敬而持志”（见《朱文公文集》）。他的治学之道，对后世学风学者影响很大。著作有《四书集注》、《周易本义》、《诗集传》、《楚辞集注》，后人编撰了《朱子语类》、《朱文公文集》等。宋后元、明、清三朝，倡导理学，“朱子理学”盛行，其《四书集注》为科举考试教材和科考选题依据。

是时，朱熹的理家学说，遭韩侂胄等人的反对，贬称朱熹的理学为“伪学”，把信奉理学的人视为“逆党”。南宋宁宗庆元三年（1197），在韩侂胄（皇亲国戚）之流们的参奏下，宋宁宗赵扩颁诏，罢朱熹官职，禁用“伪学”党人，并籍没“伪学”党派朱熹等五十余人的家产。朱熹为避难离开京城。相传朱熹为避难至潍水之畔的安丘县境，并受到了乡人的保护、尊敬和爱戴。

综观华夏民族的文明史，传说和史实，一同构筑了中华民族悠久的历史和璀璨的文化。在安丘域内，摘药山上留有老子采药炼丹的踪迹，山下又有老子后裔李姓所建的“老子村”；城顶山南麓有公冶长读书之书院；有子山上留下了有若游学到此的遗迹；朱子村留下了朱熹躲藏避难时许多美妙的传说。且不考证诸道儒名家，是否真正到过安丘，但他们在安丘境内留有遗迹和千百年来留传不绝的美谈和轶事，他们的学述思想和遗风，必将对安丘的文化产生深远而重大的影响。时至今日，在安丘这块热土上，文风鼎鼎，学风浓浓，历年高考数载拔冠。文官武将文化名士科技专家，代代辈出，一大批精英，在全国不同的岗位上，默默地为祖国建设工作着奉献着。

政治与学术之间

——清末顾、黄、王三儒从祀文庙事件探析

姜淑红

（淄博职业学院稷下研究院）

清末顾、黄、王三儒从祀文庙事件，背后体现了专制与革命的冲突，交织着学术与政治的互为利用，对于理解清末的政治与文化变迁很有帮助。学界对此已有关注，代表性成果如陈勇勤《光绪间关于王夫之从祀文庙的争论》，[1]论述了王夫之从祀文庙的曲折历程；户华为的《晚清社会思想变迁与圣庑的最后演出——顾、黄、王三大儒从祀风波探析》[2]和秦燕春《清末民初的晚明想象》[3]中“三大家从祀两庑始末考”，两文均侧重分析三大儒从祀文庙的曲折历程，以及最后一次请求从祀所引起的政治政论。段志强的《顾炎武、黄宗羲、王夫之从祀孔庙始末新考》[4]和《孔庙与宪政：政治视野中的顾炎武、黄宗羲、王夫之从祀孔庙事件》[5]则将三儒从祀放诸清末立宪的时代背景下，分析了三儒从祀反映的新型政治理念。简言之，目前研究成果多关注三儒从祀文庙过程中的政治因素，而缺乏对三儒从祀成功背后的政治与文化因素交织错综复杂意味的综合分析。本文从赵启霖请祀三大家的奏折入手，分析三儒从祀所处的历史语境，以此反映清末之政治文化变迁。

---

[1] 陈勇勤：《光绪间关于王夫之从祀文庙的争论》，《中州学刊》1997年第1期。

[2] 户华为：《晚清社会思想变迁与圣庑的最后演出——顾、黄、王三大儒从祀风波探析》，《社会科学研究》2005年第2期。

[3] 秦燕春：《清末民初的晚明想象》，北京大学出版社，2008年。

[4] 段志强：《顾炎武、黄宗羲、王夫之从祀孔庙始末新考》，《史学月刊》2011年第3期。

[5] 段志强：《孔庙与宪政：政治视野中的顾炎武、黄宗羲、王夫之从祀孔庙事件》，《近代史研究》2011年第4期。

一、法"西亦要存道"

在科举时代，科举制度、儒家经学与孔庙祭祀三者密不可分，互相依存。儒家经学是科举考试的必考内容。明清时期，"科举必由学校"，古代地方学，即府、州、县学，其生员有一定限额，而且要通过选拔考试（县考、府考、院考），能考取的才能成为官学生员（俗称秀才），才能有资格参加正式的科举考试。录取的生员入学伊始，要到孔庙圣贤前祭拜。而自唐代形成庙学合一格局之后，孔庙与学宫紧密相连，学宫学生要参加"释奠礼"和"释菜礼"，除了表达对圣贤敬慕效法之意外，还寄托自已能在科举考试中高中的愿望；孔庙中设有进士题名碑，是督促官学学生立志学习儒家经典进而登仕的象征符号。可见，科举与孔庙有着重要的文化关联。

孔庙成为古代社会"崇儒重道"的文化象征，统治者将孔庙建在学府中，是推行崇儒文化教育政策的一种手段，目的是以此统治知识分子的思想，并用科举制度培养选拔统治者所需的人才，以此巩固皇权，维护统治。

近代以来，随着西学东渐规模的不断扩大，儒学经受了一轮又一轮的冲击，作为儒学重要物质载体的孔庙也在此过程中饱经考验。随着科举改革和新式教育的逐步建立，旧教育即府州县学处于尴尬境地，与"学"密不可分之庙也渐渐徒具形式，而很难再现昨日辉煌。尤其是科举制度废除以后，官学因失去了体制凭依而迅速衰弱，文庙也随之衰败下去。

山西道监察御史张瑞荫指出学宫的衰落状况："自庚子以来，学堂渐兴，科举日废，生员四方寻食，教职无以聊生，于是孔子之宫有四无墙垣者矣，有两庑一败涂地，改建蒙学者矣，有大成殿露天者矣，有百年草木摧以为薪者矣。诸如此者，无省无之惨目伤心，为之浩叹。"[1]并指出缘由是教职禄俸本不足以养赡，昔日之可以敷衍者，赖有廪饩学田及课徒束脩，廪饩学田虽非为教职而设，而生员多有不要津贴，教职今俱被学使提去，归入学堂，而所入俸金之外一无所有，在官度日，既有不赡，又安得不职守尽荒，学宫日坏。张瑞荫建议的整顿方法除了修补学宫之外，更重要的在于"仿古制，上老庶老做左右塾，教学之意，即学宫隙地设一蒙学，今教职为蒙学之师，酌给束金，不可令其常川回家以旷职守"。

---

[1]《军机处录副奏折》，档号03-7219-057，《掌山西道监察御史张瑞荫奏为州县学宫日见残破丞宜修理事》，光绪三十二年十二月初九日，中国第一历史档案馆藏。

清廷官员之所以如此重视庙学和学宫，因为其兴衰与否直接关系到政权的稳定。在科举时代，统治者可以利用科举制、儒学、孔庙三位一体的方式来通摄人心维护政权，而科举制废除后，如何统摄人心是统治者纠结的重大难题。为了挽救颓势，清廷接连采取一系列举措来维系思想统一，其中，光绪三十四年（1908）顾炎武、黄宗羲、王夫之从祀文庙便是一重要举措。

御史赵启霖上奏请三大儒从祀文庙，可以“树薄海之仪型”，“俾远近闻风者知以希贤希圣为心，自不至畔道离经荡轶于礼法之外，于以敦崇正学，维系世变，裨益实非浅鲜”。[1]此奏折下礼部议奏，“主夫之、宗羲、炎武并准从祀者十居其九”。[2]最后上谕：“王夫之、黄宗羲、顾炎武均著从祀文庙。”[3]

从光绪二年郭嵩焘第一次请祀王夫之到光绪三十四年三儒从祀，三儒从祀之请历时几十年，可谓曲折。光绪三十四年三儒从祀成功，其请祀者赵启霖功不可没，他能抓住时机为其请祀，时机如何，在其奏折中有具体体现。

赵启霖奏称：“请将国初大儒从祀孔庙以光道学而崇国粹，窃维时世迁变而日新，圣道昭垂而不敝。自中外交通，学说纷杂，后生昧于别择或至轻诋国学，自忘本原。欣逢皇太后皇上崇儒重道，千载一时，升孔庙为大祀，且建曲阜学堂以树圭臬，风声所被，海内咸凛然于圣教之尊，其关系世道人心，至远且大矣。”[4]其中，“光道学而崇国粹”、“升孔庙为大祀”、道出了赵启霖为三儒请祀成功的奥秘。

第一，祭孔升为大祀：仿效西方以宗教强国。

光绪三十二年（1906）三月，清政府批准了学部《请将教育宗旨宣示天下》折，确立了“忠君”、“尊孔”、“尚公”、“尚武”、“尚实”这五项教育宗旨；清廷以“儒教至圣，德配大地，万世师表，升为大祀”，下诏宣布提升祭孔之规格。最先上表请求升格祭孔典礼的是刑部主事姚大荣，姚大荣指出当前教育宗旨的最根源是“悉秉孔门绪论”而“率从孔教”，为“表彰正道”起见，应当隆重祭孔典礼。他陈述理由“道与时为变通，礼随世为沿革，外界之习染既深，则卫道之防维宜峻”，因此只有实行“尊孔主义”才能与西国抗衡。他说西方国家以新奉宗教而强盛，因为信奉宗教，“与国民共定一尊”，而且以宗教为“主位”，才得以团结人心，使得人心归向。而孔

[1]《军机处录副奏折》，档号03-5576-008，《署江苏道监察御史赵启霖奏为请将国初大儒从祀孔庙事》，光绪三十三年正月二十八日，中国第一历史档案馆藏。

[2] 朱寿朋：《东华续录（光绪朝）》，光绪二百二十，清宣统元年上海集成图书公司本，第5654-5655页。

[3] 朱寿朋：《东华续录（光绪朝）》，光绪二百二十，第5655页。

[4]《军机处录副奏折》，档号03-5576-008，《署江苏道监察御史赵启霖奏为请将国初大儒从祀孔庙事》，光绪三十三年正月二十八日，中国第一历史档案馆藏。

子虽“尊之曰至圣，亲之曰先师”，但仅列为中祀，即视孔子“若在宾位”，无法统一人心。

如何统一人心，只有将孔子“与圜丘方泽同跻大祀”，成为主位，便能起到与西方宗教同样的作用。他举过去的例子，“康熙年间圣祖仁皇帝以朱子升配先哲，而理学大兴”，“雍正年间世宗宪皇帝复以郑康成从祀，而经学昌盛”。可见，民间风向，“悉视朝廷意旨为转移”，如能升孔子为大祀，便能“振薄海内外之人心”，只有首先“豫定民志”，以后才能使得“教育普及，科学博综”。[1]

姚大荣在请求升格祭孔典礼时特别强调的是孔教的宗教性，强调应该效法西方以宗教强国，这一点抓住了当时颇为流行的“孔教”话语。自戊戌时期康有为致力于纳儒入教以后，“孔教”、“圣教”就成为颇为流行的语言符号，1903年，清政府在《学务纲要》中明确规定：“中小学堂宜重读经以存圣教。外国学堂有宗教一门，中国之经书，即是中国之宗教。若学堂不读经书，则是尧舜禹汤文武周公孔子之道，所谓三纲五常者尽行废绝，中国必不能立国矣。”[2]孔学的宗教性被官方明确肯定。姚大荣顺应潮流，把握朝廷风向，请求将祭孔典礼升为大祀，自然能顺利通过。

清廷官员看准时机，认为此刻是为大儒请祀的最佳时机。赵启霖称“斯道所以绵延弗替者，亦实赖真儒间出，相与昌明而扶植之，其羽翼之功既鉅，斯俎豆之礼宜隆”。[3]赵启霖认为只有将三儒从祀孔庙，才能显现其羽翼儒学之功，才能真正体现祭孔典礼的隆重。

第二，保存国粹、国学之名：立新政之本。

光绪三十三年正月二十八日，署江苏道监察御史赵启霖奏为请将国初大儒从祀孔庙：“请将国初大儒从祀孔庙以光道学而崇国粹。”称“窃维时世迁变而日新，圣道昭垂而不敝。自中外交通，学说纷杂，后生昧于别择或至轻诋国学，自忘本原”。

科举制废除后，儒家经学不再是国家取士的唯一标准，传统之学无用论弥漫整个社会，一些清廷官员对此颇为担忧，力求在接受西学的同时保住经学一脉。在袁世凯等人请废科举时就考虑到了儒家经学可能面临的尴尬境地，“虑科举一停，将至荒经”。因此说“虽然，科举停矣，尚有切要之办法数端，而学堂乃可相维于不敝。在尊

[1]《军机处录副奏折》，档号03-5575-063，《奏为代奏学部主事姚大荣呈称为请升孔庙为大祀以符遵孔宗旨请旨事》，光绪三十二年十一月十五日，中国第一历史档案馆藏。

[2]《中国近代教育史资料汇编·学制演变》，《奏定学堂章程·奏定学务纲要》(光绪二十九年十一月二十六日)，上海教育出版社，2007年，第498页。

[3]《军机处录副奏折》，档号03-5576-008，《署江苏道监察御史赵启霖奏为请将国初大儒从祀孔庙事》，光绪三十三年正月二十八日，中国第一历史档案馆藏。

经学也。……盖于保存国粹,尤为兢兢”。[1]

“光绪三十一年河南巡抚陈夔龙奏请就河南省城设立尊经学堂,以保国粹”。[2]福建道监察御史赵炳麟感知“时势变迁,国学将等于敝帚”,而奏请设立国学专门学堂“以保存国粹”,认为自奏定学堂章程颁布后,中西兼学,虽“用意良善”,但会导致“西学难究其精微,中学转荒”,因此“拟请旨变通奏定章程,每省设国学专门学堂一所,大省以二百人为额,中省百五十人,小省百人,分经史文学三科,……似于中西学业两有裨益”,并可“保存国粹,坚国民之爱国心”。[3]光绪三十二年初,四川总督锡良等奏请添设致用学堂,“少年学子本原未裕,竞思捷获掇拾一二外国名词,自命新学,蔑视经史”,“而有识之徒或发愤为保存国粹之说。……窃以国粹莫重于伦理,莫备于群经……后代巨儒乃研为道德性命之学。此人心所以维系,国俗所由敦美,为环球所共称,俟百世而不惑者也”。[4]

三儒学说正是根植于中国传统,而非来源于西方,赵启霖认为将三儒从祀孔庙,树立典型,才能在新政改革的同时保存国粹,保住国本。“三儒讨论治理,多及因革损益之故,议者或加疵诋,虑后人援为口实,侈语更张,不知通变宜民之旨多见于先圣遗经,必有三儒之学,有三儒之道,而后可议因革损益,若不稽诸古,不准诸经,不揆诸国俗,徒袭取异邦,轻言更变,则固三儒之所不许。现值群言淆乱之际,尤宜示以准的,今推崇三儒,树之圭臬,俾后人知法可变而不能背厥本原,制可更而不能离乎道。揆其纲维世道,匡正人心,裨益更非浅鲜”。[5]

二、话语权的争夺

赵启霖奏折中还称:夫之“著《读通鉴论》《宋论》以剖析古今兴亡得失之故,其言多有裨治体”。黄宗羲“为刘宗周弟子,所辑《宋元学案》《明儒学案》,为其百年来儒林渊薮。近年奏定学堂章程特列其书于人伦道德科,以备讲习”。顾炎武“辑《天

[1]《中国近代教育史资料汇编·学制演变》,《会奏立停科举推广学校折》(光绪三十一年八月四日,即1905年9月2日),第538、539页。

[2] 刘锦藻:《清续文献通考》卷一百七学校考十四,民国景十通本。

[3]《军机处录副奏折》,档号03-7218-087,《福建道监察御史赵炳麟奏为保存国粹专门学堂请设国学事》,光绪三十二年九月二十五日,中国第一历史档案馆藏。

[4]《军机处朱批奏折》,档号04-01-38-0193-020,《四川总督锡良,四川学政郑沅奏为四川拟设致用学堂事》,光绪三十二年三月初四日,中国第一历史档案馆藏。

[5] 赵启霖:《会议三儒后记说帖》,《大成会丛录》(11),1925年。

下郡国利病书》，意主经世，切于实用，其《日知录》一编尤为终身精诣之书”。[1]其中蕴含的信息就是三儒著作在清末教育改革中极受欢迎，因此著述得以大量出版。

1904年4月起，上海商务印书馆汉口商务印书馆分馆，开始登载王夫之《读通鉴论》的出版消息，“新印大字雅装巨帙”，内附《宋论》，每部十册，定价洋1元2角。该书与《御批历代通鉴辑览》(每部二十四册，价洋5元)比肩而立，挤在同一条广告中。“二书于考试学堂需用皆急，特坊间并无佳本，士林憾之”，“故而本馆特用大号铅字排印，校订精良，纸张洁白”。这条广告说明1904年的王夫之著作，成为学生的教材用书。[2]

关于王夫之著述在清末的出版，除了商务印书馆之《读通鉴论》外，影响较为广泛的为光绪二十九年(1903)上海官书局出版的铅印本《读通鉴论》。朱允正在为其所作之序文中说：“衡阳王船山先生，明代伟人也，腹具经笥，胸藏史镜，有卓绝千古之识，有横骛八荒之才，即其书而读之，因而论之，综百代之兴亡，覆数朝之成败。……方今时事恐亟，讲求治平之道，得是书而读之，洞鉴一切。小以治家，大以治国，以文平天下不难，贡之大庭，非即千秋宝鉴哉。是所望于善读是书者。”[3]

黄宗羲的《宋元学案》和《明儒学案》在教育改革之后的新式学堂中明确被列入人伦道德科，“查列朝学案等书，乃理学诸儒之言论行实，皆是宗法孔孟，纯粹谨严，讲人伦道德者自以此书为最善。惟止宜择其切于身心日用，而其说理又明显简要、中正和平者，为学生解说，兼讲本书中诸儒本传之躬行实事，以资模楷。……讲授者有当发明人伦道德为各种学科根本、须臾不可离之故”。[4]

三儒著述得到清廷认可，清廷希望新式学堂学生学习三儒之伦理道德，躬行实践，并以之报效朝廷。这是清政府推行道德教育的重要举措，但是事与愿违，其对三儒相关著述的提倡，正打开了追求民主、人权之有志之士要求革命的方便之门。

对于三儒学说，革命派主要是阐释和发挥其民本思想和种族观念，为民权主义和民族革命制造舆论。关于船山之学，戊戌时期就被谭嗣同改造成“新学变法先驱”，到清末时期其学也甚显，关于清末士人发挥船山民族大义，时人高燮就有记述，他写于1906年的《湘乡曾氏刊船山遗书》中称：“近年以来，人人渐知尊重先生之学术，崇拜

[1]《军机处录副奏折》，档号03-5576-008，《署江苏道监察御史赵启霖奏为请将国初大儒从祀孔庙事》，光绪三十三年正月二十八日，中国第一历史档案馆藏。

[2] 秦燕春：《清末民初的晚明想象》，第71页。

[3] 王夫之：《读通鉴论》序，清光绪二十九年上海官书局铅印本。

[4]《中国近代教育史资料汇编·学制演变》，《奏定高等学堂章程》(光绪二十九年十一月二十六日)，第345页。

先生之为人，受文字之刺激，因以识华夏之大防。然而数十年以前，人鲜知先生之名者。自同治四年，湘乡曾氏始刊其遗书，而自顷先生之书遂为民族主义之原动力。"[1]

顾炎武在晚清时期颇得士人青睐，道咸时期京师士人在顾祠举行祭祀活动，延续时间近三十年。[2]进入清末，顾炎武在知识分子中的影响仍非常广泛，甚至因推崇其"经世之志"而形成风行一时的学术思潮。[3]

黄宗羲在晚清的命运不如顾炎武和王夫之幸运，早在1906年，邓实慨叹："明末三先生，亭林、船山遗书皆有汇刻本，而先生书独散佚。"[4]薛凤昌于1910年在《汇刊梨洲先生遗著缘起》中也介绍了梨洲著述出版的萧条情况："国朝儒者道德文章足以楷模百世，矜式士林者，厥惟楚中王船山、吴中顾亭林，赵中黄梨洲三先生为最。顾王先生遗书得邓湘皋先生为之汇辑，后湘乡相国及介弟沅圃爵帅开局校雠，燦然大备。顾先生之遗书，亦赖吾乡潘次耕先生及孙谿朱君懋之先后搜辑，裒然成编。独梨洲先生著述之于盛行世者仅明儒学案而已。此外诸著或散见各丛书中，或未曾一见者，东鳞西爪，散佚居多。"[5]

这种情况并不影响黄宗羲思想在清末的号召力，清末学者对其《明夷待访录》关注颇多，其名号频繁出在国粹派之笔下，成为民主革命的重要思想武器。[6]革命派特别推崇黄梨洲的艰苦卓绝之气量，蒋麟振在《黄梨洲遗书序》称道其"以古今为量"，"精神气魄足以及一代者"。他首先以中立的立场品评清朝学术："论国朝之人才学术，国朝乾嘉以前为汉宋之争，同光以来为新旧之争，汉宋之争几二百年，新旧之争亦数十年。汉学家建许郑贾服之帜以号于人。宋学家负周程朱陆之旗以麾于众，旧学家奉三纲五常六经四书之空名虚气以自矜高。新学家张平等自由天演物竞民族帝国之说以耸动天下，欲翻旧世界之案而一空之。皆持之有故，言之成理。"无论各派学术之争如何，"独至先生而汉学家俯心，宋学家俯首，旧学家尸祝，新学家崇拜"，因此，在现

---

[1] 高燮：《高燮集》，《湘乡曾氏刊船山遗书》，中国人民大学出版社，1999年。

[2] 魏泉：《"顾祠修禊"与"道咸以降之学新"——十九世纪宣南士风与经世致用学风的兴起》，《清史研究》2003年第1期。

[3] 秦燕春：《清末民初的晚明想象》，第119页。

[4] 邓实：《黄梨洲〈孟子师说〉题辞》，《国粹学报》第六册，广陵书社，2006年，第2806页。

[5] 薛凤昌：《汇刊梨洲先生遗著缘起》，《申报》1910年7月26日。

[6] 国粹派先驱邓实主办的《政艺通报》，于1903年冬刊载马叙伦的《中国民族主义发明家黄梨洲先生传》，把《明夷待访录》否定君权与排满革命相联系，并称道黄宗羲是秦以后二千年间"人格完全，可称无憾者"的少数先觉之一。见马叙伦：《中国民族主义发明家黄梨洲先生传》，《光绪癸卯政艺丛书》政史文编卷四，文海出版社，1974年，第628页。

《中国白话报》，于1904年初发表刘师培的《黄梨洲先生的学说》，用白话方式将《原君》、《原臣》、《原法》、《置相》、《学校》、《方镇》、《阉官》诸篇，"一层层的演说出来"，表达"平等""自由"之说在中国古已有之（见《刘申叔遗书补遗》，广陵书社，2008年，第112-115页，原载《中国白话报》第六期学说，1904年3月1日）。

今“西风猛烈”“中国之学术微矣”的状况下，必须停止“自相攻击”，以梨洲艰苦卓绝之气量，“张我三军”，才能“与外力相抵抗”。[1]

在三儒形象博杂，诸家纷说、莫衷一是的情形下，赵启霖为三儒请求从祀文庙，奏折上达后，谕旨“交礼部议奏”，“各衙门呈递说帖，主从祀者十之八”，而“该部意存矜慎”。[2]“礼部郎中吴国镛不好新说，以黄氏书驳杂，摘其可议者数条，上说帖于堂官”，礼部尚书“拟稿准顾、王驳黄”，邮传部尚书陈璧先、吏部尚书陆润庠、都察院左副都御史陈名侃相继相应。[3]可见，三儒新形象尤其是黄宗羲的民权新形象在清末已产生了巨大影响力，乃至在被请求从祀时为许多官员所顾忌，产生争议。

胡思敬不满黄宗羲，“莽、操受千古唾骂，后世奸雄，窥伺神器，多摄于名份而止，而宗羲曰‘天子去卿一阶’，宰相而摄天子，不殊于大夫之摄卿，惟名与器，不可以假人，胡惟庸、严嵩之祸，明人所切齿也，而宗羲‘生杀予夺，当出自宰相’”。[4]胡思敬不满于黄宗羲加重相权的主张，其背后反映了他反对预备立宪中设置内阁总理大臣的立场。胡思敬认为当下君主权力并不大，“近世倡革命者，恒借君主专制一言为口实，其实诬也。……江督刘坤一知其事，伯阳莅任不一月，即劾罢之。是用人之权，君主不能专也。文宗北狩，行在提款过多，宝鋆坚不奉诏。穆宗大婚，内务府告匮，假之部库，部臣力争，谓府、部界限甚清，不可牵混从事。孝钦初兴园工，游百川、屠仁守先后入谏，几罢者数矣。李鸿章等虽善迎合，不能不藉海军报效之名，掩饰国人耳目。是用财之权，君主亦不能专也。同、光以后政衰时犹如此，承平可知矣”。[5]在胡思敬看来，君主权力实际上已经被分割，不能再增加相权，否则将不利于统治。

张之洞坚持黄宗羲从祀，上说帖陈述“黄学与孟子相合”，[6]“《孟子》七篇言君民消息之理最详，梨洲《待访录》‘原君’‘原臣’二篇实本《孟子》。今为比附之如左：《孟子》曰：‘民为贵，社稷次之，君为轻，是故得乎邱民为天子。’梨洲谓古者以天下为主，君为客，凡君之所毕世而经营者，为天下也。今也以君为主，天下为客，凡天下之无地而得安宁者，为君也”。[7]张之洞将黄宗羲学说追溯到孟子，是为了将黄宗羲主张限

---

[1]《黄梨洲遗书十种》，清光绪三十一年刻本。

[2]《军机处录副奏折》，档号03-5577-016，《翰林院侍读学士恽毓鼎奏为三儒从祀宜饬礼部从速定议并请扩充两庑厘定位次事》，光绪三十三年九月十二日，中国第一历史档案馆藏。

[3] 胡思敬：《国闻备乘》，卷三，《三先生崇祀》，中华书局，2007年，第104页。

[4] 胡思敬：《退庐文集》，卷一，《退庐全集》，近代中国史料丛刊第四十五辑，《衡阳昆山余姚三先生从祀孔庙议》，台北文海出版社，1969年，第179、180页。

[5] 胡思敬：《国闻备乘》，卷一，《君主专制之诬》，第10、11页。

[6] 胡思敬：《国闻备乘》，卷三，《三先生崇祀》，第104页。

[7] 曹元忠编：《三儒从祀录》，卷2，《军机大臣世续等说帖》，第1-2页；见段志强：《孔庙与宪政：政治视野中的顾炎武、黄宗羲、王夫之从祀孔庙事件》，《近代史研究》2011年第4期，第128页。

制君权提供合法性，为其从祀奠定基础。张之洞反复论证黄宗羲限制君权，包含了他主张立宪、扩张地方权力、限制君权的政治要求，黄宗羲被他塑造成了“立宪派”，将其从祀，则是表明立宪的决心。赵启霖奏折中提到三儒著述“关于政治者多”，“具运量千载，开物成务之识”，“于今日变通损益之宜，往往悬合事理”，个中意思，即包含了三儒著述有益于当前的新政立宪改革。总之，三儒从祀争议的背后是清末新政改革中各派力量的博弈，有立宪派及其反对者的角逐，亦有中央和地方势力的对弈。

对三儒形象的不同塑造，体现了革命派与清政府及清政府内部各派对话语权的争夺。革命派为了反清，将三儒学说加以改造，塑造成要求民权和种族革命的先驱。立宪派为了抗衡中央权力，为宪政寻求合法依据，塑造三儒为限制君权之模范。

三、从祀之反动

近代以来，随着西学东渐的加快和加深，儒学遭受前所未有之冲击，文庙作为儒学的重要物质载体也因之而受到破坏。在文庙中举行的祭孔活动在礼仪形式上愈加隆重，但其所承载的道统之维护治统的效能却不断下降。到清末时期，清廷妄图借提升祭孔规格和从祀三儒的方式来维持儒学的一线生机，却引起社会上的激烈争议。

光绪三十四年九月二日，上谕：礼部会奏遵议先儒从祀分别请旨一折，顾炎武、王夫之、黄宗羲均著从祀文庙。此谕旨并未阐述三儒从祀之理由，引起时人猜测，胡思敬记述：“以如此巨典，只以二语了之，天下读诏书者不明其所以从祀之故，颇疑三先生之配食，颇似近世人才保荐得官也。”

宣统三年，李滋然作《明夷待访录纠谬》，称宗羲之《明夷待访录》全书，“具在坊本流传，并无一字不具，立言宗旨，主于废弃纲纪，不专指圣朝也”，“如以君为天下之大害，及在君为路人，与夫伐鼓号众，士子哗而退，长官之说皆为今日革命独立监督政府诸悖说所藉口”，“至以君臣之义不足重，导源于小儒，君臣之名可屡更，不同于夫子，与孔子君臣之义不可废，及资于事父以事君，孝者所以事君也等言，显相刺谬，离经叛道，贻误后学，实非浅鲜”。[1]李滋然，字命三，号采薇僧。光绪五年，为四川学使张之洞所识拔，举乡试第六。十五年进士。光绪末年，因力主办新学，废科举，遭上官驳诘，据理直陈，语刺督抚，被弹劾去官。从李滋然主办新学看来，他并非是顽固士绅，他对三儒从祀持有的异议，主要是害怕三儒学说成为革命者的口实，危机统治根基。

[1] 李滋然：《明夷待访录纠谬·序》，清宣统三年铅印本。

李滋然的忧虑似乎具有预见性，清廷从祀三儒，是希望在推动立宪改革的同时保留传统，保存国粹，却因此而引起了学界的激烈反对声。新世纪派绝对相信近代科学，否定一切传统文化，对"厚古薄今"的国粹主张嗤之以鼻，认为中国最大的问题就是夸大相信传统文化的价值。批判孔丘为"专制政府之基"，为专制政府"荼毒同胞二千余年"。对清廷升祭孔为大祀规格表示愤慨，认为如此作为是借大祀牌位之幽灵继续实行专制统治，对"立宪党之如何舞蹈"尚且不论，但对热心革命之士所采取的非激烈反孔态度表示不满，称"大祀之牌位一日不入火刹，政治革命一日不克奏功"。[1]

光绪三十四年(1908)，章太炎在《民报》上发表文章《王夫之与杨度参与机要》鲜明表示了其对从祀文庙的态度。章太炎戏称"满洲政府以顾炎武、王夫之、黄宗羲为汉土学者所宗，奉其主，纳之两庑，为收拾人心计，亦犹使衍圣公为山东学务总稽查也。公不省学，藉巡视以狎娼优，徒为士民笑悼。三老之入两庑，驳议嚣然"。他从根源上否定从祀制度，认为"其礼不应古，甚非孔子意"，"徒典礼虚文，于教化非有补益"，如今之大祀孔子和三儒从祀，无非是"使民乡方"的手段而已。

接着，章太炎对"立宪政体之师"黄宗羲进行强烈批评，"有法治无治人者，无过欺世之谈，诚使专重法律，足以为治，既有典常，率履不越，如商君、武侯之政亦可矣；何因偏隆学校，使诸生得出位而干政治，因以夸世取荣；此则过任治人，不任治法，狐埋之而狐搰之，何其自语相违也。余姚少时，本东林、复社浮竞之徒，知为政之赖法制，而又不甘寂寞，欲弄技术以自焜耀"。章太炎批评黄宗羲的矛头实际上指向杨度，指向清廷正在进行的预备立宪，"今之言立宪者，左持法规之明文，右操运动之秘术，正与余姚异世同奸矣"，"彼佞媚子之用心，则以为使民乡方，莫两庑祀典若也"。[2]

章太炎对黄宗羲的态度有一个转换的过程。1899年2月，章太炎曾在《台湾日日新报》发表《书原君篇后》，[3]大力称赞黄宗羲的民本思想。1906年章太炎在《民报》上发表的文章《衡三老》，[4]转而批评黄宗羲，指责其让儿子仕清违背民族气节。之所以有这种变化，是因为其政治态度的改变，即由改良向革命的转化。而在三儒从祀后发表的《王夫之与杨度参与机要》极力斥责其"有法治无治人"的思想，目的是批驳立宪，以此论证革命的必要性。章太炎前后态度的转变反映了不同形势下相同的历史资源可以加以不同阐释，以适应不同的政治要求。

---

[1]《辛亥革命前十年间时论选集》，第三卷，《排孔征言》，三联书店，1977年，第207-209页。

[2] 章太炎：《章太炎政论选集》上册，《王夫之从祀与杨度参机要》，中华书局，1977年，第426-428页，原载《民报》第二十二号"时评"，1908年7月10日。

[3] 章太炎：《书〈原君〉篇后》，《台湾日日新报》，1899年2月10日。

[4] 章太炎：《章太炎政论选集》，上册，《衡三老》，第325页，原载《民报》第九号，1906年11月15日。

黄节有《明儒王船山黄梨洲顾亭林从祀孔庙论》，称“三先生生当晚明，躬遇国变，高蹈不仕，完发以终”，“其道德学术，则位之两庑，诚无愧色”。但黄节眼中的“明”，是应当恢复三先生的“明儒”称号，而不应当在两庑中位于“国朝儒者之次”。[1]黄节称赞三先生之志节：“以三先生之心志而论，则皆不愿为二姓之臣民”，“两庑群贤为人伦世道之师表”，不应当“夺其生前之志节”，而应为其正名。黄节揭露清廷祀三儒于国朝儒者之后，是“借前人以为之傀儡，而徇其一时之智术”。[2]

邓实对于从祀典礼、学祭先师之礼表示赞同，但认为不应由清政府掌握祭祀典礼之主导权，而应“出于学者”，从祀之大典，应当“集山林之耆宿，海内之巨师，相与重为更定”，“其后有从祀者皆由学者公议，朝廷不能侵其权”，如果不采取如此做法，从祀之大典就沦为“媚人主尊朝廷”以行“学术专制”的工具。邓实还引用黄梨洲《明夷待访录》学校篇“天子之是未必是，天子之非未必非，天子不敢自为非是而公其非是”，以主张学术自由，反对学术专制。

三儒在争议中跻身两庑，从祀之后又引起争议。不同政治立场和派别的人共同享有着三儒学术这一历史资源，分别对其进行不同的阐释和发挥。三儒形象被从祀过程及之后的历史塑造着，随着革命浪潮的高涨，三儒经世之儒和立宪之儒形象渐渐褪去，最终成为民族民主革命的形象代言人。

余　论

儒生从祀孔庙意味着成为儒家道统传承者，是统治者用以维护治统的重要手段，历代统治者对从祀之事即重视又慎重。因此，儒生从被请祀到从祀成功要经历较长时期是非常平常之事。但如顾炎武、黄宗羲、王夫之三儒从祀过程及之后引起巨大争议，在历史上则是少有的。之所以引起争议，既有政治原因，亦有学术因由。既有清政府内部权力争夺，亦有清政府与革命派话语权的争斗。在清末新政的独特时代背景下，三儒从祀演绎出了一场精妙绝伦的历史舞台剧，在这场剧目上，各家各派纷纷登场，显示出了清末风云激荡年代下的政治与学术的互动关系。

---

[1] 黄节：《明儒王船山黄梨洲顾亭林从祀孔庙论》，《国粹学报》第七册，第3072页。
[2] 黄节：《明儒王船山黄梨洲顾亭林从祀孔庙论》，《国粹学报》第七册，第3073页。

浅谈《管子》中蕴含的友善精神

郭　丽

（山东省淄博职业学院稷下研究院）

友善是“友”和“善”二词的组合词。《说文解字》训“友”：“友，同志为友，从二又相交。”故“友”者泛指志向相同、志趣相投、扶持帮助之人。《说文解字》中对善的解释为“善，吉”。可见“善”的本义是“吉祥，美好”，后引申为和善、亲善、友好。“友”和“善”相互关联，友善即与人为友、善意待人、交好、亲近、和睦之意，是指人与人之间友好和善的关系，它描述的是人与人之间互相尊重、互相关心、互相帮助、和睦友好的美好状态。友善是中华民族千百年形成的优秀传统美德，也是社会主义核心价值观公民个人层面的基本道德规范，还是构建社会主义和谐社会以及人类命运共同体的重要支撑。社会主义核心价值观根植于中华优秀传统文化。作为中华优秀传统文化重要源头的齐文化，蕴含着鲜明的友善精神。这在齐文化重要典籍——《管子》中就有多样化的体现。本文试图多角度挖掘该书中蕴含的友善精神，为友善价值观的培育和践行、和谐社会构建以及人类命运共同体构建提供一定借鉴。

一、《管子》中治国理政方面的友善精神

“友善”，从国家层面来看，就要求执政者当怀有仁爱之心，关爱民生，心系百姓，如此才能构建民主的空间与和谐的国度。在齐国历史上，齐国历代统治者在治国理政的过程中，都较好地贯彻了友善精神，主要体现在，无论是在思想上，还是在实践中，无论是在处理国内事务方面，还是在处理与诸侯国关系方面，都很好地遵循了仁政、德政、仁爱的传统，使得友善精神成为齐国一以贯之的文化传统。《管子》中有关齐桓公治国理政方面的很多论述都体现了可贵的友善精神。

(一)《管子》中治国理政方面的友善思想

《管子》在治国理政方面的友善精神,首先体现在其丰富的友善思想方面。

早在齐国建国之初,齐国的开国国君姜太公就认识到了人心向背之于社会稳定的重要性,并主张实行仁政。《六韬·文韬》中说:“有德之君,以乐乐人;无德之君,以乐乐身。乐人者,久而长;乐身者,不久而亡。”“治民使平,致平以清,则民得其所而天下宁。”无不体现出太公的人本情怀和仁者爱人的管理思想。到了桓公时代,名相管仲更是将这一优良传统发扬光大,主要表现在:

首先,《管子》不仅认识到了人的重要性,认为办一切事业都必先得人,更对如何得人有深刻认识。一是《管子》认识到了人之重要性。《管子》认为,治军作战,要“收天下之豪杰,有天下之骏雄”(《管子·七法》);治国要顺民心、利民生,要“以人为本”,“本理则国固,本乱则国危”(《管子·霸言》);成霸业要“始于人”,“与其厚于兵,不如厚于人”(《管子·大匡》);而要“显于天下”,更需“务得人”。总之,“人,不可不务也,此天下之极也”(《管子·五辅》);“夫霸王之所始也,以人为本。本理则国固,本乱则国危”;[1]“齐国百姓,公之本也”。[2]二是《管子》对于如何得人进行了论述。“得人之道,莫如利之。利人之道,莫如教之”;[3]“悦众在爱施”;[4]“爱之,利之,益之,安之,四者道之出”。[5]

其次,《管子》主张通过积极有效地运用德、礼、义的教化来维持基本社会秩序。《管子·五辅》中提出了通过德、礼、义、法、权五项引导,辅助民众兴利的管理办法,认为德有六兴,义有七体,礼有八经。所谓德之“六兴”,是“厚其生”“输之以财”“遗之以利”“宽其政”“匡其急”“振其穷”。其中匡其急就是通过“养长老,慈幼孤,恤鳏寡,问疾病,吊祸丧”来实现,“振其穷”则是通过“衣冻寒,食饥渴,匡贫窭,振罢露”来实现,其实质就是对社会弱势群体的关爱、抚恤。“义有七体”中的“孝悌慈惠,以养亲戚;恭敬忠信,以事君上;中正比宜,以行礼节”,折射出浓郁的仁爱和友善精神。“礼有八经”是指“上下有义,贵贱有分,长幼有等,贫富有度”。[6]这八个方面是礼的纲领。《管子》进而认为:人必知礼,然后才能恭敬,恭敬然后才能谦让,谦让然

[1]《管子·霸言》。
[2]《管子·霸形》。
[3]《管子·五辅》。
[4]《管子·版法》。
[5]《管子·枢言》。
[6]《管子·五辅》。

后才能少长贵贱不相超越，混乱不会发生，祸乱不会产生。可见，管仲早已认识到了礼对于君臣和睦、社会和谐的重要作用。《管子·牧民》指出礼义廉耻是国之四维，并说："四维不张，国乃灭亡。"这些都足以看出管仲重视道德对人之行为的规范，以及道德教化对于维护国家安定的重要作用，折射出其对百姓人格完善和修养提升的重视。

再次，尊重人才，待有贤才之人。《管子》曰："一年之计，莫如树谷；十年之计，莫如树木；终身之计，莫如树人。"[1]可以看出《管子》不仅重视人才，更把人才之培养上升到了国家战略的高度。在选人方面，《管子》主张在实践中考验人才。"明主之择贤人也，言勇者试之以军，言智者试之以官。试于军而有功者则举之，试于官而事治者则用之。故以军功之事定勇怯，以官职之治定愚智，故勇怯愚智之见也，如黑白之分"。[2]在用人方面，《管子》主张"明分职而课功劳"，即按照人才在现职岗位上的表现来进行考核；"任其所长，不任其所短……乱主不知物之各有所长所短也"，[3]认为要知人善任、任其所适，最大限度地发挥人才的才智和力量。即所谓"不知贤，害霸；知而不用，害霸；用而不任，害霸；任而不信，害霸；信而复使小人参之，害霸"（《说苑·尊贤》）。以上足以看出，《管子》无论是在人才的培养、选拔方面，还是使用方面，都彰显了以器重和善待为主要内容的友善。

最后，在处理与诸侯国之间关系方面，管仲反对单纯以武力征服诸侯，主张先以外交手段亲近邻国，交好诸侯，争取各国的拥护与信赖，然后择乱而征，保证师出有名，顺利称霸。因此，齐国"诛暴禁非，存亡继绝"（《管子·小问》）。推行了"钧之以爱，致之以利，结之以信，示之以武。是故天下小国诸侯，既服桓公，莫之敢倍而归之"[4]的诸侯交往策略，使诸侯"莫之敢背，就其利而信其仁，畏其武"（《国语·齐语》），以一片赤诚之心打动诸侯。

（二）《管子》中治国理政方面的友善实践

《管子》中的友善精神还在治国理政实践之中得到体现。

首先，管仲不仅认识到了民之于国家安定的重要作用，还将民本思想进一步贯彻到了其执政实践之中，提出并实施了一系列利民、富民、爱民、安民的政策主张。一是实施了"九惠之教"。据《管子·入国》记载：管仲出任国相四十年，十分重视实施九

[1]《管子·权修》。
[2]《管子·明法解》。
[3]《管子·形势解》。
[4]《管子·小匡》。

惠的教化政策。所谓“九惠之教”，“一曰老老，二曰慈幼，三曰恤孤，四曰养疾，五曰合独，六曰问疾，七曰通穷，八曰振困，九曰接绝”。[1]而且每一项规定都非常具体细致。如“敬老”制度规定：年纪在70岁以上的老人，免其一子的征役，每年三个月有官家所送的馈肉；80岁以上的，免其二子的征役，每月有馈肉；90岁以上的，全家免役，每天有酒肉的供应。子女细作饮食，经常询问老人的要求，了解老人的嗜好。老人死了，君主供给其棺椁。再如“慈幼”政策规定，凡士民有幼弱子女，无力供养成为拖累的，养三个幼儿即可免除“妇征”，养四个全家免除“妇征”，养五个配备保姆，官家发给两个人份额的粮食，直到幼儿能生活自理为止。由此可见，“九惠之教”制度是一个一揽子民生治理的大政方针，涉及各种社会弱势群体，是一个完整的民生管理和社会保障方案。其内容之具体、措施之完整、规制之得当，堪称中国古代民生关怀之大成。这一制度使得人本精神更加务实。二是大力推行敬老养老制度，专设敬老养老的机构，委托管理专门负责。据《管子·入国》记载，当时齐国在官府编制中专设“掌病”一职，负责给老人“问病”。掌病要定期看望老人，定期进行检查：有公职者，70岁以上3天一问；80岁以上2天一问；90岁以上每天问一次；对民间老人，每5天问一次。三是将尊老爱幼之制法制化。“造子不闻孝，不闻爱其弟，不闻敬老国良，三者无一，可诛也”（《管子·大匡》）。在诸侯会盟时，将敬老爱幼、孝悌之道列为诸侯及其世子必须遵守的法令条款。四是将尊老爱幼之制纳入举贤授能之中。在选贤“三选法”中，将“慈孝于父母，长弟闻于乡里”列为选贤举能的重要标准，而把“不慈孝于父母，不长弟闻于乡里”[2]作为惩恶的依据。以上做法正是《管子》在治国理政方面利民、富民、爱民、安民的“民本”精神的典型体现。

其次，尊重人才，善待有贤才之人。在人才方面，《管子》不仅有其言，更有其行。为求天下贤才，桓公实实在在采取了很多具体、有效的措施。桓公规定，凡国内官吏引荐其他诸侯国来到齐国做事的人，引荐得好，看所荐对象能力的大小，给予赏赐；引荐的不好，也不追咎。[3]此外，桓公还派人四处招揽人才。“为游士八十人，奉之以车马衣裘，多其资币，使周游于四方，以号召天下之贤士”（《国语·齐语》）。对人才的渴望、包容、爱惜，不仅使得桓公弃一箭之仇，重用管仲，从而成就了君臣相得益彰共谋霸业的千古佳话，也使得齐国人才济济，为桓公成就赫赫霸业奠定了雄厚的人才基础。

---

[1]《管子·入国》。
[2]《管子·小匡》。
[3]《管子·小匡》。

再次，在处理与诸侯国的关系方面，齐国更是大行存亡继绝、拯救友邦之举，彰显了以平等、尊重、仁爱为特征的友善精神。《管子·轻重甲》中有“今寡人欲北举事孤竹、离枝”的记载;《管子·大匡》中也有“桓公乃北伐令支，下凫之山，斩孤竹，遇(遏)山戎”的记载，均是对以下历史事实的描述：公元前664年，山戎出兵伐燕国，燕向齐国求援，齐桓公在管仲、隰朋的陪同下，救燕出兵伐山戎，远征孤竹国，最后赶走了山戎，并使燕国获得了五百里土地。桓公北伐，彰显了其在处理与别国关系方面的仁爱精神。燕庄公对桓公的鼎力相救感激涕零，以致他忘了礼制的约定，像送天子一样，把桓公送出了燕国国境，不觉进入齐境。“桓公曰：‘非天子，诸侯相送不出境，吾不可以无礼于燕。’于是分沟割燕君所至与燕，命燕君复修召公之政，纳贡于周，如成康之时。诸侯闻之，皆从齐”(《史记·齐太公世家》)。由此诞生了典故“齐桓公仗义救燕”。该典故体现出桓公不争一地得失的仁义之举，广得人心，令天下诸侯皆感念恩德，听命于齐。这一仁义之举体现了一代霸主齐桓公对一个弱小国家所持有的尊重，彰显了其在处理与诸侯国关系方面以平等、尊重为特点的友善精神。之后桓公又“救邢存卫”，“迁邢于夷仪，二年，封卫于楚丘，邢迁如归，卫国忘亡”(《左传·闵公二年》)。率诸侯为卫文公筑楚丘城(在今滑县境)；还帮助鲁国、宋国等国平定内乱，这些仁义之举更是逐渐提升了桓公在诸侯国的地位和威信。可以说，管仲辅佐桓公“九合诸侯，一匡天下”的过程，本身就是尊重周王室、团结和帮助诸侯的过程，更是将齐文化友善精神传播光大的过程。

二、《管子》中处理人际关系方面的友善精神

(一)《管子》中处理人际关系方面的友善思想

《管子》非常重视人际关系的和谐，其中有很多关于友善处理人际关系的论述。具体可以分为对陌生人的友爱、对朋友的友善以及对老师的尊重等方面。

首先，《管子》认为为人要善良，对人要友爱，为人要心平气和，谦恭包容。一是管仲主张用和蔼可亲的态度对待他人。“善气迎人，亲如兄弟；恶气迎人，害于戈兵”。[1]“善人者，人亦善之”。[2]可见管仲已经认识到人与人之间关系的双向互动性，即人与人之间应互相关心、互相爱护、互相尊敬、互相帮助。二是他认识到了谦虚平和

[1]《管子·心术下》。
[2]《管子·霸形》。

的重要性。“事者，生于虑，成于务，失于傲”。[1]意即事情总是产生于思虑，成功于努力，失败于骄傲。《管子·内业》中提出“止怒莫如诗，去忧莫若乐，节乐莫若礼，守礼莫若敬，守敬莫若静”，认为只有内静而外敬，才能性将大定。“大心而敞，宽气而广，其形安而不够，能守一而弃万苛”。《管子·形势解》中说：“海不辞水，故能成其大。山不辞土石，故能成其高。明主不厌人，故能成其众。士不厌学，故能成其圣。”都足以说明《管子》对一个人的友善、谦恭、宽舒、包容、平和品质的看重。

其次，《管子》中也有对于择友、择邻的重要性和原则的论述。如“与人交，多诈伪无情实，偷取一切，谓之乌集之交。乌集之交初虽相欢，后必相咄。故曰：‘乌集之交，虽善不亲’”。[2]意即做一个真诚的人，会让人时时感到身心愉悦；与人交往必须真诚。以上一方面折射出管仲择友、择邻方面的丰富智慧，另一方面也立体化地彰显出其人际关系方面的友善精神。

再次，《管子》中还蕴含着浓郁的尊师重教精神。如稷下学宫的学生守则《管子·弟子职》记述了学宫弟子起居、受业、应客、坐立、进退、用餐等一系列礼节规则，其中从尊敬师长到敬德修业，皆有严格而详细的规定。“先生施教，弟子是则”，“出入恭敬，如见宾客。危坐乡师，颜色毋怍”，“先生有命，弟子乃食”等等，无不体现出弟子对教师的尊敬。而这也是《管子》友善精神的绝好体现。

（二）《管子》中处理人际关系方面的友善实践

在处理人与人之间的关系方面，特别是交友择邻、敬老孝亲等方面，《管子》中不仅蕴含着处理人际关系方面的丰富友善思想，更了大量生动鲜活的实践，这些友善事迹，内涵极为丰富，且表现形式多种多样。一是对待朋友胸襟开阔、恪守道义、宽容待人。齐国历史上发生了许多感人至深的友情故事。其中最感人、影响最久远的当属“管鲍之交”。它揭示了深厚的友谊建立在相互了解、相互信任、相互扶持和相互谅解的基础之上，友谊之花需要细心呵护，用心浇灌。二是对待下属仁爱、包容、谦和、沉稳，平易近人。齐桓公弃一箭之仇，尽弃前嫌，化干戈为玉帛，拜管仲为相，由此使得“召忽之死也，贤其生也：管仲之生也，贤其死也”（《管子·大匡》）。彰显了桓公可贵的宽广胸襟。三是乐善好施，尊老敬老。典故“愚公之谷”和“麦丘三祝”等说的是齐桓公尊重、善待、礼待来人的故事。

---

[1]《管子·乘马》。

[2]《管子·形势解》。

三、《管子》中处理人与自然关系方面的友善精神

(一)《管子》中处理人与自然关系方面的友善思想

友善意味着不仅要善待他人，建立人与人之间的和谐关系，还应善待人类所处的自然环境，即人要与自然和谐相处。在这方面，《管子》中也提出了尊重自然、善待自然、与自然和谐相处的丰富思想。第一，主张顺应四时，敬畏自然。《管子·五行》中说:“人与天调，然后天地之美生。”《管子·白心》中说:“万物均，百姓平矣。”《管子·四时》中说:“然则柔风甘雨乃至，百姓乃寿，百虫乃蕃，此谓星德。”“令有时……不知四时，乃失国之基。”认为山泽林薮是“天财之所出”。《管子·立政》中说:“山泽各以其时而至，则民不苟。”《管子·牧民》中说:“顺民之经，在明鬼神，祇山川，敬宗庙，恭祖旧。”都集中体现其依天地四时来执政、遵循自然规律、“人与天调”的思想，反映了其对天地自然的敬畏和尊重。第二，提出了“有度、有禁、有治”的、与自然生态和谐共处的方法。一是有度，即主张对自然资源的开发利用要适度。如在《管子·权修》中，管仲明确指出“地之生财有时，民之用力有倦，而人君之欲无穷”，因而需要“有度”，称“故取民于有度，用之有止，国虽小虽安”。《管子·五辅》中还提出了“三度”:“上度之天祥，下度之地宜，中度之人顺”，上度、下度就含有对自然界有度的伦理观，并强调“审时以举事……不可不度也”，要“贫富有度”，[1]“取于民有度”，[2]“宫室必有度”，[3]都可看出管仲对自然资源开发利用的适度原则。二是有禁，即主张对自然资源的保护，禁止滥捕、乱伐。如《管子·国准》中指出滥捕、乱伐的严重危害，“烧山林，破增薮，焚沛泽，猛兽众也”。《管子·势》要求“不犯天时，不乱民功”，《管子·立政》中说“夫财之所出，以时禁发焉”;《管子·八观》中说“山林虽广，草木虽美，禁发必有时”等等，均可看出管仲对自然资源合理利用的方法。三是有治，即对自然灾害的治理，修复自然界的生态功能。如在《管子·水地》篇中，管仲概括了古来富国的经验:“圣人之治于世也……其枢在水”，并对如何防治水灾做了详细论述。在《管子·四时》篇中，他指出春天要“修沟渎”，夏天要“除漏田”，

---

[1]《管子·五辅》。
[2]《管子·权修》。
[3]《管子·八观》。

秋天要“补缺塞坼”，冬天要“作土功之事”，即兴修水利。《管子·五辅》还提出通过治理可变害为利：“导水潦，利陂沟，决潘渚，溃泥滞，通郁闭，慎津梁，此谓遗之以利”，等等。第三，管仲还认为国君应做顺应天时的表率。“为人君而不能谨守其山林、菹泽、草莱，不可以立为天下王”。[1]意即做国君的不能守住自己的山林沼泽，就没有资格做天下诸国的盟主。强调了君主行为的表率作用及其对治国安民的导向作用。

(二)《管子》中处理人与自然关系方面的友善实践

《管子》中处理人与自然关系方面的友善实践，主要体现在通过行政和法律手段为环境与生态的保护提供保障。一是设置专门机构管理环境和生态保护事宜。如《管子·立政》中就以官名和机构合一的方式，记录了当时国家机关设置的情况。如“虞师”是古代管理山泽的官，司孔是管理水利和营建的官，司田是管理农业的官，其管辖范围都直接与环境和生态保护有关。二是加强了资源与生态保护的立法。《管子·立政》强调修宪礼法保护自然生态：“修火宪，敬山泽林薮积草。”管仲在任时，根据春夏秋冬四个季节的不同环保要求，提出了环保“四禁”概念。据《管子·七臣七主》记载，其中之“春禁”是：“无杀伐，无割大陵，倮大衍，伐大木，斩大山，行大火，诛大臣，收谷赋。”“天子之冬禁”为“天子服黑絻黑而静处，朝诸侯卿大夫列士，循于百姓，发号出令曰‘毋行大火，毋斩大山，毋塞大水，毋犯天之隆’”。指出森林草木是万物孕育生长的重要生态环境，不得任意破坏。对于那些破坏环境者，管仲还制定严刑峻法进行惩罚。“苟山之见荣者，谨封而为禁。有动封山者，罪死而不赦。有犯令者，左足入、左足断；右足入，右足断”。[2]不仅如此，还颁布了保护动物的法律。“五政曰：令禁置设禽兽，毋杀飞鸟”。[3]

由上可知，齐文化中，特别是《管子》中闪烁着极其丰富而生动的友善精神。它们内涵丰富，表现形式立体多样。值得我们深入挖掘和系统梳理。同时也可看出，社会主义核心价值观绝不是无本之木、无水之源，而是根植于中华优秀传统文化的沃土。其中，作为社会主义核心价值观主要内容的友善与博大精深的齐文化，就有着不可分割的内在关联。今天我们应自觉地将《管子》中的“友善”精髓与当今社会现实有机结合，通过转化和提升，深入阐发和挖掘其时代价值，古为今用，并积极培育和践行友

---

[1]《管子·轻重甲》。

[2]《管子·地数》。

[3]《管子·四时》。

善精神，以为社会主义新型人际关系的形成、社会主义和谐社会的构建以及人类命运共同体的构建，提供重要精神支撑。

参考文献：

[1] 姜涛：《管子新注》，齐鲁书社，2006年。
[2]《史记》，中华书局，1982年。
[3]《左传》，中华书局，2007年。

让文物在保护与利用中“活”起来

——以青州宋明古城墙遗址[1]的保护展示工程为例

苏 媛[1] 唐志军[2]

（1. 山东省古建筑保护研究院 2. 潍坊市奎文区文化和旅游局）

党的十八大以来，习近平总书记站在实现中华民族伟大复兴中国梦的战略高度，就传承弘扬中华优秀传统文化、加强文化遗产保护发表了系列重要论述。文物承载灿烂文明，传承历史文化，维系民族精神，是老祖宗留给我们的宝贵遗产，是加强社会主义精神文明建设的深厚滋养。保护文物功在当代、利在千秋。2016年2月24日，李克强总理主持召开了部署加强文物保护和合理利用，传承文化根脉凝聚民族精神的国务院常务会议。同年3月4日，国务院印发了《关于进一步加强文物工作的指导意见》。《意见》明确了新时期文物工作的指导思想、基本原则、主要目标和具体举措，体现了创新、协调、绿色、开放、共享的发展理念，是文物事业发展的思想遵循和行动指南，充分体现了党中央、国务院对文物工作的高度重视。

当前，文化遗产保护与社会发展结合得越来越紧密，文化遗产在社会发展中的影响越来越凸显。公众对文化遗产的关注度普遍增高，对文化遗产的内涵、所包含的信息、价值等的认识不断提高；文化遗产作为一种独特的资源在地区经济社会发展、壮大旅游业中的作用也日益增强。文化遗产保护的要求也从单纯的文物保护，发展演变成了展示、利用与保护并重。

正确处理科学保护与合理利用的关系，正确处理经济建设与文物保护的关系，在科学保护的前提下合理适度利用，实现经济社会发展和文物保护利用的协调发展，是新形势下文物保护工作的新要求。本文以笔者参与过的青州南阳城宋明古城墙遗址

［1］ 2015年6月南阳城城墙被公布为山东省级文物保护单位，因本文论述的相关工作为公布省保单位之前进行的，所以城墙的名称仍采用最初表述的名字即宋明古城墙遗址。

的保护展示工程为例，从工程思路、实施过程、具体实践的角度，探讨文物保护与合理利用、文物保护与城市建设等相关内容。

一、青 州 古 城

（一）青州

青州之名，始见《尚书·禹贡》“海岱惟青州”，为古“九州”之一。青州历史悠久，有七千余年的历史，文化灿烂，境内历史文化遗存丰富，出土文物涉及北辛文化、龙山文化、大汶口文化等。自西晋永嘉五年（311年）至明朝洪武九年（1376年），青州一直都是山东地区的政治、经济、军事、文化中心。

（二）青州古城

青州古城位于云门山、驼山、劈山北麓，尧王山南麓，北阳河南岸，南阳河从中穿过。古城整体处于山区与平原的过渡地带，基本位于青州市域范围的几何中心。纵观青州历史，先后建有广县城、广固城、东阳城、南阳城、东关圩子城、满族旗城六座古城。

提起青州古城，人们普遍用“三迁四筑”来概括其三易其址、四次修筑的建造沿革。西汉初高祖三年（公元前204年）设立广县城为一筑；西晋末年，广县城因战火遭到破坏，晋怀帝永嘉五年（公元311年），筑广固城，此为一迁二筑；东晋时期，晋义熙六年（公元410年），广固城被攻陷，城池被毁，南阳河北岸筑东阳城，即为二迁三筑；北魏攻占东阳城后，因战乱毁坏严重，东阳城往南阳河南岸发展，孝明帝熙平二年（公元517年）秋，以土筑城墙，修建南郭，两城之间一河之隔，有桥相通，南郭部分渐渐发展成南阳城，这便是第三次易址、第四次筑城。

东阳城和南阳城的发展演变颇为密切。东阳城作为青州的行政中心，始于东晋，终于北宋末年金军攻占青州。东阳城呈东西长、南北窄的长方形，东西长约2 500米，南北长约800米，面积约2平方千米。北魏时期由于战争增多，重修东阳城时，在南阳河以南修了南郭城，即为后来的南阳城。到了隋唐年间，南阳城的规模超过了东阳城。由于战争，东阳城被毁严重，金元以后南阳城便成为青州的城池，金元明清时期的四代官府均设置于南阳城内。起初南阳城筑城所用之土是就地取材，取土之处变为护城河。明洪武三年（公元1370年），南阳城进行了包砖加固，城墙高12米，护城河宽12米，城四周绵延长达13里，设四门，每门有瓮城，城池呈不规则状，城墙勾勒出的轮廓极像一头首朝西南、尾向东北、卧在南阳河与云门山之间的雄健黄牛，南阳城的“卧牛

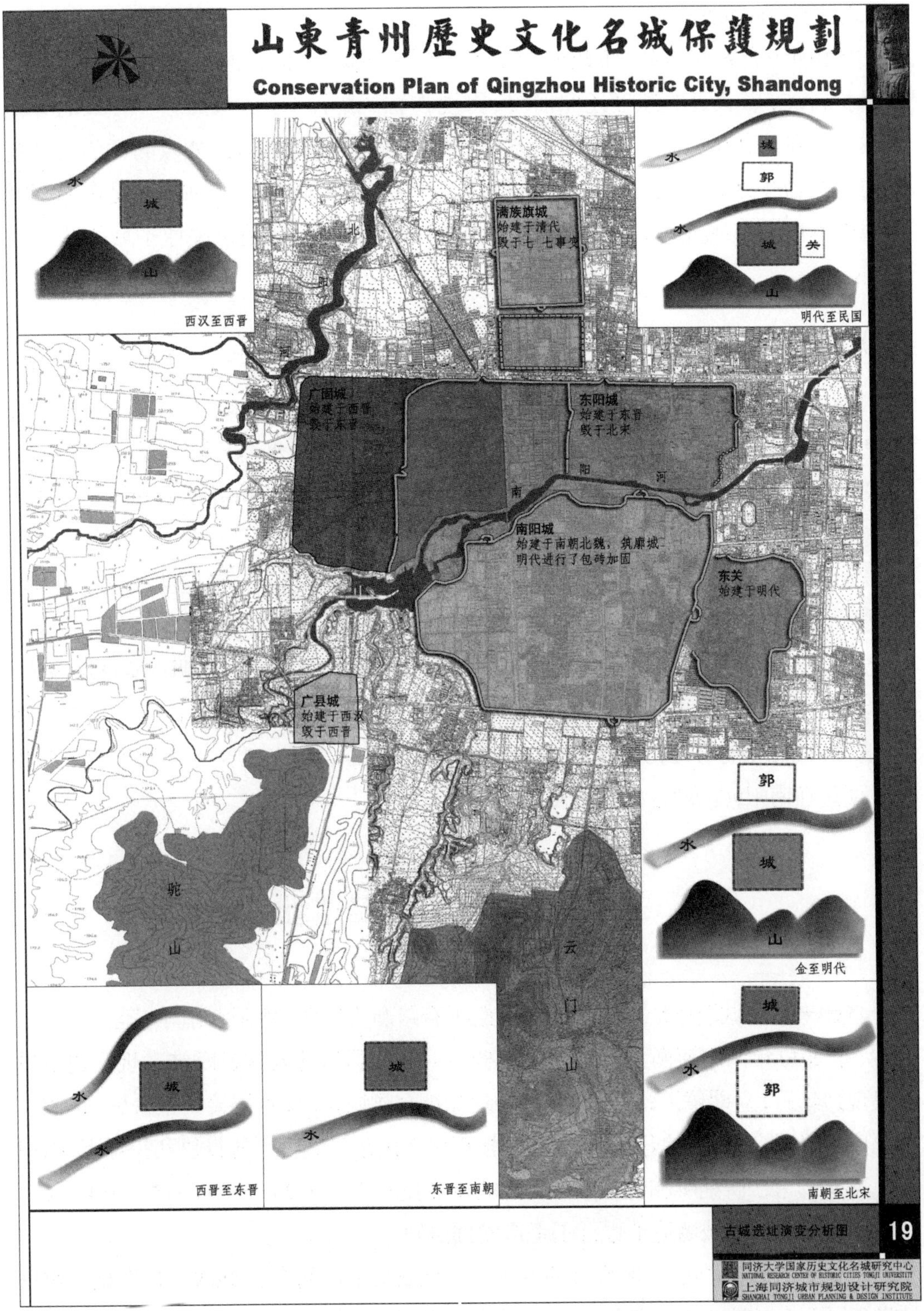

图一　《山东青州历史文化名城保护规划》古城选址演变分析图

城”之城便由此而来。

2010年9月青州市委、市政府启动了青州古城保护修复建设工程，以坚定的决心保护古迹，以认真的态度还原旧貌，再现古城风华，再续古城文脉。今天的青州古城正在向着文化旅游高度融合的方向发展，焕发出新的活力。如今的青州古城范围约10平方千米，包括三个片区，一是古东阳城的北关古街区、宋城；二是古南阳城区域内的南阳河观光带、偶园历史文化街区、南门街区；三是东关圩子城的昭德古街区。

（三）南阳河

南阳河是青州历史上的重要河流，被称为青州人民的母亲河，中游穿过青州市区，北魏郦道元所著的《水经注》称其为“阳水”，后称为“长沙水”。历史上的广县城、广固城、东阳城、南阳城四座古城都是在南阳河流域修建的，南阳河灌溉了青州光辉灿烂的文化。

为将南阳河打造成为集中展示青州历史文化、体现城市记忆的生态文化之河，2011年，青州市委、市政府开始对南阳河进行综合治理。在深入挖掘青州丰富的历史文化的基础上，力求将南阳河打造成一处反映青州历史文化内涵、协调古城环境风貌、自然风景和人文景观相互融合，市民休闲、旅游观光、商业娱乐于一体的生态人文景观之河。经过几年的努力，如今的南阳河，已经是一处景点了。本文论述的宋明古城墙遗址便是在南阳河治理过程中被发现的。

二、青州宋明古城墙遗址

青州宋明古城墙遗址位于青州市区衡王府路衡王桥西、南阳河南岸、范公亭公园北侧，于2013年南阳河衡王府路大桥西侧沿河公园项目开发建设时被发现。建设单位发现遗址后，立即停工，第一时间报告青州市文物局，市文物局接到报告后，依照法定程序积极回应，在保护好现场的同时，按程序在山东省文物局的批复和指导下，组织山东省文物考古研究所和青州市博物馆的专业技术人员于2013年11月和2014年4月两次对新发现的古城墙遗址进行了考古发掘清理。

根据《青州宋代城门、明代城墙及水门遗址发掘情况简介》，此次考古发掘工作总共发现了两个时期的相关遗存，一部分是明代的城墙、水门址和马面，一部分是宋代的城门和附属设施。除此之外，还出土了瓷片、铁器、石球、滚石、石柱础等遗物。

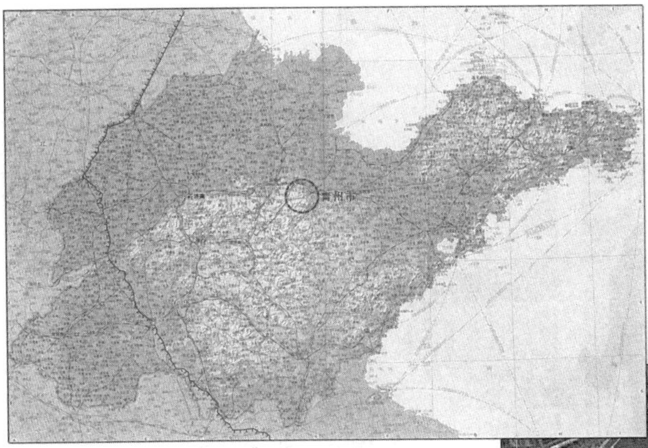

青州市在山东省位置图

本项目在青州市位置（卫星图）

图二　宋明古城墙遗址位置图

（一）明代遗存

明代遗存主要包括明代城墙、水门和马面。

明代城墙共计180余米，保存较好的残高约4米，底部至顶部由三部分构成，最下面为黄土夯筑的底部，夯层清晰均匀，每层厚约10厘米；夯土基址上垒砌有两层条石，石块规整，厚薄均匀；顶部为青砖垒砌的厚约70厘米的砖墙。

明代城墙的东部有一水门遗址（亦有一说此为马面），与明代城墙一体。水门东西长26.2米，向北凸出城墙3.1米，残高2米，残存垒砌有7个大理石，整体略有收分，石块厚薄不均。

马面仅存底部基址，基址呈南北向长方形，南北长约14米，宽约12米，墙体厚约0.8米。从现存遗址推测，马面的砌筑方式应与城墙一致，即基础上垒砌两层石块，其上砌筑青砖墙。

图三　明代城墙

图四　明代水门

图五　明代马面

（二）宋代城门及附属设施

明代城墙的下面发现了被叠压的宋代城门。城门址位于明代水门址的西侧，整体呈倒凸字形，由城门、城墙、长方形台基及石铺路面、壕沟组成。

城门整体被明代城墙叠压，门朝北向，门面阔4.3米，进深约5米。门内靠近城墙的两侧各有条石砌筑的金刚墙。城门内为门道，铺有大石块，石块上有车辙印。门址东西两侧各残存有一段青砖墙，东侧残长约6.5米，西侧残长4.5米，墙厚约0.8米，残存高度约1.0米。宋代的城墙墙砖长28.5厘米、宽14厘米、厚4.3厘米。城门址往北14米处，有一长方形台基，东西长约19米，南北宽约6.8米，深约2.0米，面积约130平方米。底部用大石块铺砌而成，顶部的砌石呈圆角弧形，略向内收。台基的中部有与城门宽度一致的道路，延伸至壕沟。笔者认为此处台基很有可能是此城门外建有瓮城，并且夯土面说明瓮城上建有建筑。

台基北侧发现有宽约3.4米、深约2米的壕沟，壕沟的南侧亦用石块垒砌，残存处呈半月形，长约4米。考古工作者根据城门及壕沟整体性质推测，此处应架设有吊桥。

图六　宋代城门

图七　宋代城门及附属设施

考古发掘清理工作界定了青州古城墙遗址的构成，明确了保护对象，为后续文物保护和展示利用打下了科学坚实的基础。

三、保护和利用实践

青州宋明古城墙遗址在考古工作进行的同时，地方文物行政部门并没有简单的将遗址信息提取完后回填，而是积极探索文物的保护和展示利用。笔者作为设计主创人员之一第一时间到达遗址考古清理现场，详细踏勘现场，请教考古工作者，根据遗址的分布状况和周边环境，在现场提出了科学保护遗址、整治周边环境、合理展示利用、将遗址打造成青州市新的文化亮点的整体构思和初步设计。宋明古城墙遗址的保护展示工程主要包括了文物本体保护、环境整治和展示利用三个部分，工程以文物保护为核心，优先考虑文物安全，将遗址融入周围城市环境，对遗址周边环境进行了整治，采取了多种展示手段充分展示文物及相关历史信息。

（一）文物保护

文物的本体保护是整个工程的核心和基础。本着“不改变文物原状”和“最小干预”的原则，针对文物本体存在的墙面污染、灰缝脱落、墙体裂缝、砖石松动位移等主要病害，工程采取了消失的墙体不做复原、考古未探明区域植草保护、清理墙面和裂隙、归置散落砌筑构件、加固遗存、修建城墙保护廊、修建遗址保护罩等保护措施。

图八 本体保护

（二）环境整治和展示利用

环境整治和展示利用旨在消除文物周边可能引起灾害和有损景观的破坏因素，展示文物的价值和内涵，采取的措施充分考虑了遗址安全和遗址处在城市建成区环境中的客观因素。

环境整治范围内首要考虑了考古未探明的区域，针对这部分墙体采用了植草的整治措施，既防止了水土流失对土遗址带来的破坏，也增加了区域内的绿化面积。

保护性设施的设置在考虑文物安全的前提下，在设施的形式和材质上均综合考虑了对环境的影响和展示利用的功能。城墙保护廊采用了与周边建筑风貌相协调的仿古建筑形式。宋代建筑台基年代久远，采取了可以供游客行走的玻璃覆罩的保护和展示方式，在保护的基础上，保证了区域内步行交通顺畅，保证了遗址的全面展示。明城墙马面体量较大，其保护设施也采用玻璃材质，满足了展示需要。此外，为了满足文物保护、专业研究、展示利用和后期维护的目的，所有的玻璃覆罩均设置了入口和作业平台，以满足研究人员从事科研工作的需要。

工程实施的区域内有粮食局宿舍拆除后留下的一面残墙，这堵墙本身也是城墙遗址变迁过程中的一个节点，为了保留更多的历史信息，丰富展示手段，增加展示内容，将墙面予以整饬，作为展示墙，展示青州城及古城墙的历史变迁等丰富的历史信息。

遗址区域紧邻仿古商业街区，遗址区域采取开放式的整体布局，主动融入城市环境中，步行道路布置与周边商业街相衔接，道路铺装、观景建筑及安全防护墙的样式在满足功能的前提下，做到与周边环境相协调。考虑到遗址区域将成为一处重要的文化休闲场所，有市民和游客来此处游览参观，遗址区域内还配备了景观照明设施、落地解说碑、绿化植被和座椅等游客服务设施。

图九　环境整治和展示利用

四、认识和体会

(一)文物保护融入城市建设

青州宋明古城墙遗址是城市建设中发现的,其保护展示利用是融入城市建设的典型案例。文物是不可再生的历史文化资源,是国家文明的“金色名片”。加强文物保护、管理和合理利用,对传承和弘扬中华民族优秀传统文化,提升国民道德素养,增强民族凝聚力,具有重要意义。近年来,我国文物事业取得很大发展,文物保护、管理和利用水平不断提高,文物事业呈现出前所未有的良好态势。但同时,随着经济社会快速发展,文物保护与城市建设的矛盾日益显现,随着文物数量大幅度增加,文物保护的任务日益繁重,文物工作面临着新的问题和挑战,其中就包括文物保护和城市建设如何协调共赢的挑战。

近期,国家文物局《关于政协十二届全国委员会第五次会议第1152号(城乡建设类56号)提案会办意见的函》(以下简称《会办意见的函》)站在正视问题、解决问题的角度对城市文物保护利用提出了明确思路。这在笔者看来,体现了文物管理者和城市管理者都在直面改革中遇到的实际问题,遵循创新、协调、绿色、开放、共享的发展理念,一同积极的想办法妥善处理城市建设与文物保护的关系,努力激发文物在城市建设中的积极作用。《会办意见的函》指出:文物是不可再生的文化资源,是城市的财富而非包袱,应当主动将文物保护利用纳入城市发展规划,积极发挥文物作为城市发展不可或缺要素的潜力和活力,促进和实现城市可持续发展。

《会办意见的函》从四个类型的文物入手,给出了城市文物保护利用可遵循的思路,本文提到的青州宋明古城墙遗址,对应了第一种类型——城市中的古遗址、古墓葬。青州宋明古城墙保护利用的实践,是“该考古就考古、该保护就保护、该建设就建设”的践行,考古—保护—建设的思路、原则、程序统筹考虑并贯彻始终,并且下一步青州可以适时启动城市考古规划,青州悠久的城市建设史和城池的变迁奠定了很好的研究基础,城市考古将会进一步发掘青州古城深厚的历史文化内涵,打造一个又一个的城市文化亮点和节点。

(二)田野考古和文物保护

青州宋明古城墙遗址主要涉及了田野考古和文物保护两个大的环节,两个环节之间的相互融合,引发笔者思考二者之间的关系。实际工作中两个工作环节如果因为种种因素的制约出现衔接不到位或者思路不统一的情况，会对文物带来一定的影响，这也是值得每一个文物保护从业者需要考虑的问题。

田野考古主要包括考古调查和考古发掘。国家文物局公布的《田野考古工作规程》中明确指出：田野考古调查的任务是发现、确认和研究文化遗存，为文化遗产保护提供依据。青州宋明古遗址展示利用工程之所以可以顺利推进，得益于扎实、到位、及时的田野考古工作，田野考古工作由省一级专业考古研究机构的骨干和了解青州文化遗存的一线文物干部合力完成，完成了对文化遗存的发现及确认，为后续的文物保护利用夯实了基础。从工作的对象来讲，田野考古明确了文物保护的对象和内容，这一点对于古遗址、古墓葬来说尤为重要，在此也强调，在先后顺序上，原则上田野考古工作需要前置，这样才能便于保护措施的制定，避免破坏遗存的措施和手段。

田野考古在前，文物保护后期介入的情况，绝大多数出现在以考古为出发点的项目，比较常见于田野考古工地，起初的工作内容主要偏重于考古内容和方式方法。近几年，随着田野考古工作的深入，田野考古实践的增多，文物保护介入田野考古工作的时间越来越提前。这种情况的工作十分需要相关工作者树立文物保护的意识，带着文物保护的思路去工作，扩展一下思路去工作，现场任何的信息都有可能是文物价值的载体，现场任何的工作都可能影响到后续的文物保护工作，要为后续的文物保护工作留有一定的接口。本文提到的青州宋明城墙的管理者，这方面的意识就比较强，这也是这个工程可以顺利实施的关键点，在发现了遗存后，及时启动考古工作，在考古工作进行到一定的程度时，及时着手统筹考虑下一步的保护工作，而不是仅仅简单的将城墙的历史信息提取出来就不再理睬了。

文物保护在前，田野考古在后。文物保护工程尤其是遗址类的文物保护工程较容易出现这种情况，起初的工作是以文物保护为切入点的，随着文物保护工作的进展，需要田野考古工作为文物保护提供依据，二者互相配合。笔者参与过的齐长城保护工程是这种情况的典型体现。齐长城属于早期长城，尽管公布的类别是古建筑，但呈现的状态更接近于遗址状态，保护工作的过程中也要采用更接近于遗址保护的思路和手段。工程设计阶段，为了保证保护措施不对齐长城本体造成破坏，必要的时候我们要求考古人员的参与和配合，由考古工作确定齐长城的边界，为设计提供充足的依据；工程实施阶段，随着地表附着物的清理，齐长城遗址的全貌更完整的呈现，发现了和设计阶段不同的墙体形制时，我们又要求考古人员配合和参与，及时确定齐长城墙体形制，校核长城边界，必要时调整技术措施。

五、小　结

青州宋明古城墙遗址的保护与展示不同于按部就班的文物保护工程，保护对象即遗址本身是没有保护级别、新发现的不可移动文物，虽然没有保护级别，但遗址本身的文物价值和文化内涵却丝毫不会减少，这就要求我们文物保护工作者不因保护对象的级别高低区别对待。

青州宋明古城墙遗址的方案编制工作体现了更多的设计含量，怎样针对不同的保护对象，在满足文物保护的要求下，兼顾经济和社会效益是这个工程带给我们的全新体验，设计工作要兼顾多方利益，沟通协调，从整体构思到初步设计再到施工图设计，每一个环节逐步落实，该坚持的文物保护原则要坚持，该采取的合理适度利用的手段和措施要积极谋划。青州宋明古城墙遗址保护展示工程的参与各方积极应对、主动作为是工程顺利实施的重要保障，地方政府出资建设，文物行政部门依法依规开展工作，考古、设计和施工单位紧密配合，互为一体。

青州宋明古城墙遗址保护展示工程的实施，吸引了民众对文物的关注，扩大了文物保护工作的社会影响力。工程竣工交付使用后，文物保护成果进一步惠及民众，遗址开放区域变成了新的文化空间，变成了民众休闲纳凉的好去处。青州宋明古城墙遗址的保护展示工程，保护了文物的真实和完整，展示了文物的丰富文化内涵，充分发挥了文物保护、传承的利用价值，实现了文物在促进经济社会发展中的优势资源作用，是“让文物在保护与利用中‘活’起来”的生动体现。

浅谈潍坊地区仿古铜印的产生因素及代表性艺人

李　瑜　翟松岩
（潍坊市博物馆）

一、前　　言

我国铜印玺起源甚早，据出土文物佐证出现于殷商，[1]及至春秋战国时期，青铜铸造工艺高度发展，为印章铸造提供了成熟的技术条件。战国时期是中国印章史上第一个繁荣时期。后历经两汉，直至明清，就我国整体印章史来说，可谓传承有序，发展脉络清晰。但就青铜印章而言，存在着某些时期上的缺憾，其盛于秦汉，晋唐后日式趋微。至宋元，制作规模已失往日繁盛，有元一代，王冕采用花乳石篆刻石章，因取材方便，又易篆刻，一时兴盛，逐渐形成篆刻印学，民间几乎无人铸刻铜印。

潍坊（旧称潍县）仿古铜器制作历来昌盛，有研究者指出其在清代就与北京、西安、苏州并称仿造青铜器的四大产地，在青铜器辨伪、铸造研究的诸多书籍、文章中，"潍县造"的名字屡见不鲜。仿古铜印作为其中的一个门类，铸造技法独特，其他地区都是刻印，独潍县铸印，印体中空，印文深、字口深峻、底平，工序繁杂，地域特征明显，在全国独树一帜。《潍县手工业调查》一文曾有"北平刻铜印，素负盛名，而潍县不刻而铸，创始亦早，经鉴古家、讲究家之鉴别，认为有过而无不及"的记载。

据现有文献记载，潍坊地区仿古铜印制作始于清代，创始人为胥伦，"潍县铸印者，系用范沙法，创始者为城南胥家庄胥伦，后有田培宽亦以制铜印名于时"。[2]

[1] 何毓灵、岳占伟：《论殷墟出土的三枚青铜印章及相关问题》，《考古》2012年第12期。
[2] 常之英：《潍县志稿》卷二十四"特产手工业"，民国三十年。

二、潍坊地区铸铜印技艺的出现及发展因素

潍坊地区历史悠久，自古物阜民丰。《尚书 · 禹贡》即有记载详细描述古时地理环境："海岱惟青州。嵎夷既略，潍、淄其道。厥土白坟，海滨广斥。厥田惟上下，厥赋中上。厥贡盐絺，海物惟错。"目前经考古发掘时代最早的后李文化遗址距今约有8 000余年。便利的交通条件和悠久的人文历史对铸铜印产生及发展都起到促进因素。

(一) 明末清初齐鲁印派印学的影响

古铜印玺在魏晋后逐渐退出舞台。明朝石印兴盛，篆刻流派出现于明朝后期，主要在苏、浙、皖等南方省份发展。自明末崇祯十三年周亮工授职潍县知县后，任上一系列印人印事活动大大推动了篆刻学在山东的传播。周亮工（1612–1672），字元亮，明末文学家、篆刻家、收藏家，著有《印人传》、《赖古堂印谱》，在中国篆刻学史上占据重要地位。他的到来，带动了潍县文脉的发展。潍县安丘张氏家族，当地诗书之家，代表人物张贞（1636–1712），字起元，号杞园，康熙元年与周亮工相识并修学于周亮工，又与印人温如玉、程邃等学者和篆刻家交往，吸取印学精髓，篆刻境界更加开阔，并影响他的儿子张在辛、张在戊、张在乙，与同时期高凤翰、聂际茂、朱文震等兼收江南篆刻流派之长，追求平实清真，形成了地域性齐鲁印派。

齐鲁印派是中国篆刻史上重要一章，以周亮工为发端，张贞父子、高凤翰、郭伟勣、郭见龙等篆刻或著述，名闻山左，研究爱好者众多，尽以篆刻为能事。

至清后期，王石经与同邑金石大家陈介祺私交甚笃。凡陈氏所藏金石文物，朝夕观摩，篆刻以秦汉为宗，他的篆刻在近代印坛影响颇为深远，是近代玺印派中最具代表性的印人之一。其子王宗彝（幼泉），孙王端亦能继承家学，笃精篆刻。

周亮工、张贞父子、陈介祺、郭伟勣等所藏文物玺印、封泥及所著印学著述和印人们的篆刻艺术浸润，为铸铜印提供了厚实的艺术泥土，铸铜印印人、艺人们深受氛围影响，以篆刻为本，结合冶铸，使铜印成为既有艺术性又有实用性的艺术品。

近代铸铜印艺人于树千及其弟子王昌年冶铸之余，也能篆刻石印，金文入篆，章法有度，不落俗套，是所谓历史积淀传承。

（二）清代金石学的兴旺带动铸铜印工业的发展

金石学是中国考古学的前身，古者泛称青铜器为“金”，对一般石刻碑碣等称“石”。宋代金石学倡兴，至清代得到空前发展。宋代赵明诚、李清照夫妇精研金石古籍，编著《金石录》，明末周亮工收集金石文物，提携学子，推动潍县文脉发展。而潍坊历史上的金石之学最兴旺发达的时期为清代。

当时我国的金石学，有一批知名的大收藏家与研究家，如长江流域有潘祖荫、吴大澂、鲍康，山东有陈介祺、王懿荣、翟云升、刘喜海、吴式芬、李佐贤等，山东的金石学家不但人数多且收藏丰富，故当时人谓“金石学在山左”，亦有山左金石学中心在潍县之说。潍坊地区诸城的王戟门、李仁煜、李璋煜、刘燕庭，益都的李文藻，寿光的安致远，安丘的张贞等都是清代中期的博学之士和金石收藏与研究家。后继有安丘的王筠，潍县的陈介祺、郭麐、王石经、高庆龄、高嘉钰等亦为名震一时的金石学名家。[1]刘喜海、李仁煜、李璋煜、李文藻等均有金石著述传世。

潍县名门望族林立，自古文脉兴盛，喜金乐石对金石学颇有建树的金石家甚多，最具代表性的是陈介祺。陈介祺（1813-1884），字寿卿，号簠斋。他对历史学、考古学、古文字学、博物学、印学等诸多学科的形成发展都有突出贡献。“富藏精鉴，宗仰海内”，尤重收藏带铭文的青铜器，还收藏先秦至汉魏玺印七千多方，编著的《十钟山房印举》被誉为“印谱之冠”、“印学之宗”，至今仍是印学的经典。

陈介祺研究金石之学非封建文人雅事玩物，自附风雅，而是志在释古、传古。他出身官宦名门，资金丰厚，在潍县及外省聘请铜匠、拓工等手艺人且待之以礼，同艺人们共同探讨制作工艺，为所藏文物配置底座，或器物传拓、蜕印。他指导艺人姚学乾将铜器错金银法应用到红木中，逐渐形成嵌银漆器的雏形，形成为地域性的工艺，同时，在铸印、传拓技艺方面亦颇有精到见解与心得，指导王石经、胥伦、陈畯、陈子振等助手和艺人，使这几类技艺日臻精湛成熟，广受金石家收藏家们的赞誉。这几类技艺在现代得到快速发展并且生产规模日益扩大，形成产业化，闻名全国，这是陈介祺等先贤意料不到的无心插柳之功。

（三）地理位置优越，占据古都、郡邑之利，商贸发达，手工业水平较高

潍县地处半岛中部，北通京津，南拥江淮，西依中原，东观大海，西距齐国古都临淄百余里，西南有鲁故城曲阜及邾国之邹邑等，又紧邻纪国故地（今寿光），南傍杞国故

---

［1］孙敬明：《潍坊古代文化通论》，齐鲁书社，2009年。

地，东南距琅琊古城不远。齐鲁故地，古物遗存颇多，时临淄、邹县、临沂、峄县等地均出古玺，而尤以临淄为最多。当时，专门在各地奔走为簠斋搜罗金石器物的主要有高文翰、赵允中、杜锡九、马庆灏四人，马为临淄人，有地域之利。[1]王献唐曾记“临淄一带，出土古印，土人不识，率售于钱庄，熔铜使用，古玺官印毁损者尤多，盖印铜较重，易钱多也。周村铜庄，储集尤多，马氏（马庆灏）遍走各铜庄，扫数得之，每次辑得数十百钮，论重量给价”。[2]马氏所得多归陈氏。在陈介祺等金石名家的影响下，当地收藏古物之风蔚然，潍县城的白浪河边发展成了较大的古董市场，潍县城成为古器物的集散地。便利的交通条件及人文历史环境使得陈氏在古器物，尤其是古印玺方面收藏甚富，也就带动了大众对铜印的关注程度。

明清时期潍坊地区社会生产力发展水平较高，号称“东莱首邑”。文献记载潍县仿古铜业盛于清中期（铸铜印与仿古铜器息息相关），但就实物资料来看，明代该地青铜冶铸水平已较高。潍坊市博物馆馆藏一尊高约1.5米、重达千斤的观音大士坐像，明代弘治年间铸。观音有三面六臂，每手各执法器，造型极为繁缛，铸造表现力达到工艺技术的高标准，而且是失蜡法（古亦称拨蜡法）铸造。如此大体腔使用失蜡法，技术难度之高可想而知，由此可以看出当时制铜业工艺已经非常成熟。至清中期，铜艺已是较兴盛的行业，文房用具、首饰、家具配件、生活器物、仿古铜器、铜印章等均是当时产品，这些器物制作，在工艺流程上相互渗透，相互应用，促进了铸印技法的全面性和完美性。

三、潍坊历史上铸铜印技法代表性印人、艺人

清晚期，潍县王石经、胥伦等人承家乡自古文事发达，金石学昌盛，于篆刻印石外，在陈介祺指点奖掖下，琢研古法铸印，汲取数千年玺印文化积累的精髓，成为一代治印名家。沿袭至今，仿古铜印制作已有五代传人，其中不乏佼佼者。按当地约定俗成的认定，据综合水平的高低，治印者有印人、艺人及匠人之分。

（一）印人，主要有王石经、胥伦、王端三人

1. 王石经（1831-1918），字君都，又字西泉。平生喜好金石文字，善书法、篆刻，是

[1] 陆明君：《簠斋研究》，荣宝斋出版社，2005年。
[2] 王献唐：《五镫精舍印话》，齐鲁书社，1985年。

近代玺印派中代表性人物。他与陈介祺介于师友、助手关系，在陈府观摩金石文物，印蜕古玺，仿拓名器名碑，著有《甄谷斋印谱》、《集古印隽》、《西泉印存》。

王石经篆刻石印造诣非凡，又在陈介祺指导下铸铜印。

《万印楼印话·铜镜铸印》载有陈介祺对冶铜认识心得，"簠斋对铜铸颇有研究，曾指教西泉艺人铸印，所用铜皆潍县白浪河铜市上购得之破镜片……"。陈介祺后人陈继揆"访友黄大维，彼出示一铜印，方一寸，精光鉴人，此乃簠斋教西泉老人为海丰吴氏长辈所作姓名印，难得，难得"。陈介祺使王石经以古镜残片熔化浇注，分析王石经所做铜印印文是铸就非凿刻。旧古铜镜配比锡含量大，坚硬易崩碎，不易刻篆。这也与民国时印钮、印台、印文一体浑铸的技法是一致的。

"西泉作印，于篆文刀法必求之古"。陈介祺喜好赞赏王石经篆刻，他自用姓名字号印、斋馆印、收藏印等大多是王石经所刻。现能查证确属王石经铸就的实物资料仅有三方铜印。

（1）印文"陈介祺"铜铸龟钮，印文篆书体阴文，印面边长1.7×1.7、通高1.5厘米。[1]

（2）印文"陈寿卿"铜铸龟钮，印文篆书体阴文，印面边长1.6×1.5、通高1.4厘米。[2]

（3）印文"古瓦量斋"铜铸鼻钮，印文篆书体阴文，印面有阴线界栏，印面边长2.3×2.3、通高0.9厘米。[3]

三枚铜印均收藏于故宫博物院，印文不失汉印法度，庄穆严谨，印钮形制也与汉魏印钮相似。

另《西泉印存》载民国总统徐世昌题跋的"西泉老兄昔年曾为铸小印，并作隶书楹帖"，可知王石经与友人交往，也铸铜印相赠。

王石经铸印承袭印玺古风，"西泉白文以汉为宗，几可乱真，虽不如黄（小松）桂（未谷）浑厚，然乃真能为汉印者"。一意摹古，师古理念，追求三代吉金文字意趣而不拔，深得古玺印精髓。

潍人铸印不镌边款，后人不便求证作者、纪年。清早期芜湖铜印世家诸葛氏，治印镌刻边款，使其资料丰富，传承有序。作为齐鲁印派清晚期重要印人，王石经铸印之名不为世人所知，除因不镌边款不易考证外，亦因铸印工序繁缛，铸就铜印少而不多见，

---

[1] 陈进编：《万印楼丛书——陈介祺自用印存》，天津人民美术出版社，2015年。

[2]（清）王石经著，陈进整理：《万印楼丛书·西泉印存》，天津人民美术出版社，2014年。

[3] 方斌、郭玉海主编：《金石千秋：故宫博物院藏二十二家捐献印章》，紫禁城出版社，2007年。

同时，其铸印被篆刻石章的盛名所掩盖也是原因之一。纵观古玺印篆刻发展史，明清至今，王石经所铸铜印虽凤毛麟角，存世不多，但其铜印篆文成就少有人超越。

2. 胥伦

从文献查阅，铜铸印最负盛名者是胥伦，旧闻其铸印事迹也较王石经多，此人多才多艺，绘画、仿古铜器、传拓均有涉猎，但在铸铜印技艺上用功颇多，并有创新技艺、技法。

《潍县志稿》载“胥伦，号芰塘，胥家庄人。少游陈介祺之门，尽见所藏三代彝器，遂精铁笔。陈氏有万印楼，秦朱汉白充牣其中，魏晋以下概斥去不与。摩挲赏玩，又悟古人铸印法，先以蜡为模，刻纽篆文毫发无憾，然后以精铜写之，一铸而就，俟微冷再以刀石刮磨，便銚泽莹润而印成，所谓拨蜡法也，并精翻砂”。“晚挟技游京师，王文敏为之延誉，盛祭酒昱亦激赏之。子伯元能世其业”。[1]

胥伦所在的胥家庄即现潍坊市潍城区大胥家村，其生卒年不详。查阅陈介祺年谱，光绪元年（1875）九月三日陈介祺致王懿荣书中称遣胥伦往蓬莱张允勷处拓图，是年陈介祺63岁，王石经44岁。又及《万印楼印话·胥伦》“抗日战争仍健在，他每逢进城，常到南门里走走”，“还能铸仿古印章”（陈氏后人回忆）。陈介祺于1854年回潍县居城外莱章村，咸丰十年（1860）新居建成后迁城里（今潍城区芙蓉街），所藏之物始有妥善藏室后，胥伦才可能“少游陈介祺之门”，为陈介祺代购文物，传拓金石。又，刊于1935年《实业统计》，署名陈国帆的《潍县手工业调查》一文中言及“昔同治七八年间，庄人胥芨堂君验得该土之功效，几经研究遂成铸印之模型，模型既得，冶铜铸之，便成名贵之铜印矣”。同治七八年间，胥伦应已成年。据此粗略推算，其在世时间大约介于公元1840-1940年之间，前后出入不会太大。

胥伦出身农家，自幼聪颖好学，悟性极高，喜爱绘画，善于仿制小巧物件，精翻砂铸法，触类旁通，又自悟拨蜡法，即失蜡法。其篆刻的《梧园印蜕》扉页有“光绪十有七年岁次重光单阏，月阳在华，日得甲子，案郁华阁所藏海内金文拓本，摹六十甲子印。潍县胥伦芰塘甫拨蜡铸”的题识，可知胥伦该书中的六十甲子印是以失蜡法铸就。其篆刻印文学于古文，《清稗类钞·工艺类》“胥山人铸铜印”一段中提及“潍阳胥山人……精于《说文》及六书之学，考核篆法，一字不苟，印式古朴无伦”。传世几枚印章，钮为鼻钮、橛式钮，古朴凝重，名章印文以满朱文排列，甲子印文以金文篆刻，章法达到极高艺术水平。印台印钮遍布浅浅细细锉痕，细如毛发，由上而下错落规律排列，如同乐符，制作细腻令人叹服。

---

[1] 常之英：《潍县志稿》卷三十二“人物·艺术”，民国三十年。

胥伦传技于子胥伯元。胥伯元，号小塘，生卒年不详。陈秉忱（陈介祺后人）曾于解放初期市肆中购得胥伯元为民国报人黄节制瓦钮套印1套（2枚），子印与母印规矩严密，双印套合，严丝合缝，印文古朴，观此套印可知胥伯元技艺精巧，承袭胥伦全套技法。

王石经与胥伦所铸铜印，可以说是铜印玺自宋元以降篆刻印学的一座高峰，他们在铸印上体现的篆刻艺术区别于其他防伪验真、信用凭证的普通实用铜印。

3. 王端（1916-1996），号泉荪，别署铁翁，万印楼印社副社长，清篆刻名家王石经之孙，其父王宗彝（幼泉）擅长篆刻，治印稳健端庄。他铸治铜印，多为实用印章，印钮是蹲狮钮，印文大多篆体。

（二）艺人，主要有田氏族人、于树千、王昌年等

1. 田氏族人

清末民初，随着时代的变革，逐渐形成一种社会信用制度，人们广泛使用印章用以交易、工资提取等社会活动，铜印章被大量制作使用，它体现实用，不刻意追求艺术价值。

此时手工业传承大多为师带徒授业或家族亲邻乡党互相协助生产经营的方式。该时期潍县从业铸印较出众者多为田姓，其中以田皎睿（字晓山）、田昞睿（字菊畦）兄弟，田培宽（字多稼，又名德文）、田增宽（字嘉禾，又名仲高）兄弟较为出名。

田皎睿、田昞睿都是铜匠艺人，嵌银漆器兴起，受到人们喜爱，销路畅通，他们便转行制作嵌银漆器，兼铸铜印。兄弟二人在济南后宰门街设立“雅鉴斋”铺店，销售制作嵌银漆器兼营订制铸铜印章。[1]1912年潍县刘金弟开设“桐荫山馆”，请年岁已大的田皎睿指导技术，加工销售嵌银漆器，又增加了铸铜印章、核雕、仿古铜器等业务。[2]

田培宽、田增宽兄弟，潍县南屯人，曾祖田名儒，道光八年戊子科举人。据《山东工艺美术志》记载，田培宽以“制铜印名于世”。民国初年，与弟田增宽在济南辘轳把子街1号开设铸铜印作坊“述古斋”。1918年经时任山东省政务厅厅长田步蟾的推荐，赴北平，冶铸官印。（据田姓研究颇有建树田友恭提供资料）

光绪末年，田智缗（字子由）与其子田循宽（字益斋）在潍县东门里开设“釦雅斋”，经营嵌银漆器和铸铜印章。田智缗是田皎睿的堂侄。

---

[1] 李明忠主编：《潍坊古今人物》，香港正之出版社有限公司，1992年。
[2] 李虎强主编：《潍县老字号》，中国文史出版社，2001年。

2. 于树千

生年不详，1976年病故。

经过抗日战争及国民政府横征暴敛，解放前潍县经济萧条，手工业千疮百孔，仅寥寥数人从事铜印制作。新中国成立后，百业待兴。1960年潍坊成立工艺美术学校，1962年建立工艺美术研究所，将于树千由下河街色纸厂调入研究所工作，从事铸铜印章制作。于树千除完成单位每月下达任务外，又以传统授艺带徒方式把技艺传授学生。研究所选拔安排年青学员王昌年、王绪德、张善同、王恒达、张德修、宋延东、谭一伟七人学习制作铜印。后来六名学员由单位安排转行核雕、刺绣或业务供销，仅王昌年一人随于树千传承制作铜印章。

研究所同事称于树千"于师傅"，他沉稳寡言，心灵手巧，自制狮、虎、龟、龙、马、牛等动物造型印钮，颇具古意，印文迎合实用需求，字体清晰规整深邃，又善篆刻石章，笔画劲健，法度谨严。

3. 王昌年

1944年生，自1960年起便在潍坊工艺美术学校师从于树千，1962年至工艺美术研究所铸铜印组工作，独自坚守铸铜印技艺近60年，擅翻制各类工艺品模具。老同事讲当年"研究所手巧者，王昌年一人"。若非王昌年老先生坚守铸印技艺，耐得寂寞，仿古铜印传统技法早就失传于世。

（三）匠人，主要有刘春友、刘正然父子及郭俊昌等人

民国时，制作铜印者有数十人之多，技艺参差不齐，旧时匠人社会地位不高，有姓氏名讳或事迹者寥寥无几。本文所述为文献资料记载或艺人回忆。

1. 刘春友、刘正然父子

刘春友（1888-？）终生从事铜、银器制作。其子刘正然（1919-？），初从事铜、银器制作，1958年进食品厂后，不再从事铜印行业。

父子二人制作蹲狮铜印，铸法与潍县铸印一般无二，唯錾刻打磨，手法与他人不同。印钮呈幼狮状，圆口錾子錾刻纹饰，灵活俏皮可爱。

2. 郭俊昌，潍坊嵌银厂工作，解放后亦制作铜印（王绪德先生回忆）

四、结　语

潍坊地区的仿古铜印制作，自清代中后期兴起并迅速发展，至民国时期，由于社会信用制度逐渐形成，人们广泛使用印章用于交易、工资提取等社会活动，铜印章被大量制作使用，达到仿古铜印章史上的鼎盛时期。“七七事变”后，潍县沦陷，工商业遭受严重摧残。抗战胜利后，又因国民政府横征暴敛，各行业萧条，很多店铺为生存缩小经营规模，甚至被迫停业。铸铜印业也日渐衰微，艺人为生活所迫，纷纷转做其他行业，仿古铜印制作开始进入衰退期。新中国成立前夕，潍坊铸铜印有于树千、王端等人继承。新中国成立后，仅有于树千继续从事铜印铸造。1966年文化大革命爆发，仿古铜业再遭重创，作为“反四旧”的对象被迫停止生产，直至1972年恢复发展。但由于社会变革、科技发展及生活方式改变，铜印已渐渐淡出人们的生活，从业者甚少，难达昔日辉煌。2009年，潍坊市的铜印铸造技艺被列入山东省非物质文化遗产，在非物质文化遗产抢救性保护的大潮中，这一产业再次引起社会关注。

本文梳理了潍坊地区仿古铜印的产生及发展因素，尤其是遍访仿古铜印传承人，广泛搜集材料，首次对治印名家进行了系统的介绍，这些资料可为广大仿古铜印研究者提供翔实可靠的参考。

后　记

本文集是2018年10月18日至20日在山东潍坊召开“青铜器、金文与齐鲁文化学术研讨会”的学术成果，借出版之际将会议有关情况记录于此作为纪念，或许对日后学术史研究有所裨益。本次研讨会由山东省考古学会、北京大学历史学系、山东大学历史文化学院主办，北京大学出土文献研究所、山东省文物考古研究院、潍坊市博物馆承办。

一、会议取得丰硕成果

1. 参会单位和人员多。包括北京大学、清华大学、中国人民大学、北京师范大学、吉林大学、山东大学、南开大学、复旦大学、郑州大学、首都师范大学、北京印刷学院、山西大学、陕西师范大学、河北师范大学、河北大学、辽宁师范大学、杭州师范大学、西藏民族大学、山东师范大学、曲阜师范大学、泰山学院、山东理工大学、潍坊学院、淄博职业学院、莱芜职业技术学院等25所高校，中国科学院自然科学史研究所、中国社科院考古所与历史所、台湾中研院史语所、中国国家博物馆、上海博物馆、山东省社会科学院、河南省文物考古研究院、湖北省文物考古研究所、南京博物院考古研究所、安徽省文物考古研究所、山东省文物考古研究院、山东博物馆、郑州市文物局、徐州市博物馆、宝鸡青铜器博物院等15个科研院所和博物馆，还有法国高等实践学院、韩国东北亚历史财团、日本岩手大学、布拉格查理大学等国外学术机构，以及山东省济南市、淄博市、烟台市、临沂市、枣庄市、泰安市、潍坊市及其辖区20余个文物博物馆单位，共计150余名专家学者参加了研讨会。

2. 研讨内容丰富，发言人数多。会议共收到70余篇论文或提要，内容主要涉及商周青铜器的发现和研究，近年新出土青铜器和金文的研究，山东地区古代青铜器研究，齐鲁地域文化研究及金石学研究等内容。10位专家作主题发言；考古与研究组共提交研究成果36篇，共有21位学者现场发言；历史与金文组共提交研究成果35篇，共有23名学者现场发言。

3. 会议文集收录41篇文章，内容丰富多样，包括考古发现、青铜器、古文字、传统文化、文物保护利用等。

二、会 议 特 点

1. 会议代表既有老先生、专家，也有许多中青年学术骨干，年轻人多，思维活跃清晰。2. 研讨内容丰富而前沿，具有多种学术背景和学科特点，主要包括考古、历史文献、古文字、博物馆、文物保护、传统文化等。3. 专门为会议办了一个潍坊地区出土青铜器展，展出了包括潍坊市、青州市、寿光市、寒亭区、坊子区、昌邑市、高密市、诸城市、昌乐市、安丘市、临朐县等地博物馆的160余件青铜器。4. 多家单位承办会议，经费充裕，赠送图书多，会务保障有力。

三、会议研讨内容简述

1. 主题发言内容：刘延常研究员介绍了山东地区商周时期考古学文化格局与演进，从商文化东渐、夷人文化东退和夷商文化融合等对商时期文化格局演变进行了阐释，通过青铜器的发现角度对西周早期周王室对东土的控制提出了新的见解，并对周代山东地区古国文化遗存进行分析，继而对齐鲁文化形成机制做了详尽的分析；陈絜教授对甲骨金文中的山东地区地名进行考证，就海岱地区的交通路线、商周东土古国与古族、晚商东土民族与政治地理格局等问题提出了自己的见解；孙敬明先生对金石学研究发展情况进行了回顾，着重介绍了晚清金石学大家陈介祺生平及其对金石学的贡献；陈昭容先生对江淮中下游土墩墓中出土的西周带铭青铜器进行研究，通过重新分析土墩墓出土铜器的类型以及对铜器时代进行梳理后，对周代统治区域与宜侯夨簋阐发了新的认识；苏荣誉教授对青铜器填纹实例进行了介绍，分析了青铜器填纹的物质成分，对时代及地域的差异提出了见解，并提出慎重修复青铜器、慎重对待青铜器器表；常怀颖副研究员介绍6处夏商都邑铸铜作坊，并对作坊中空间规划进行分析，对夏商时期铜器生产的整体发展态势提出了认识；毕经纬先生以海岱地区为例，对商周青铜器的世俗化进行了详尽的分析；张敏研究员对当前青铜器研究现状和研究方向阐发了自己的认识；曹玮教授围绕晋陕高原黄河两岸出土青铜器进行了比较研究；张懋镕教授对关于一千年来中国青铜器研究史提出了自己的几点思考。

2. 考古与研究组主要研讨内容：包括商代苏埠屯墓地、前掌大墓地，周代地方诸侯国郑国、逄国的研究，还包括大韩墓地葬俗、鲁东南周代遗存、小邾国防御体系、东周殉葬墓、铜铆及手工业等问题的具体分析等。诸位学者发言契合主题，通过各种角度对山东地区考古遗存及相关的考古学问题进行了有益的探讨。考古与研究组召集人首都师范大学钱益汇教授、烟台博物馆王富强研究馆员代表小组做总结发言，对本组各位学者的发言做了精彩点评，并对提交的研究成果进行了总结，对部分学者的观点提出了自己的认识，最后总结举办此次研讨会的重要性和对考古学相关领域发展的推动作用。

3. 金文与历史组主要研讨内容：内容丰富，包括了具体青铜器的研究，也有青铜器铭文的解读和金文中体现的社会现象的解读，主要为相关金文的阐释与解读等。学者们紧紧围绕青铜器、金文的相关问题进行了深入探讨，提出了许多新的观点和认识。中国社会科学院历史研究所刘源研究员和中国社会科学院考古研究所严志斌研究员代表小组做总结发言，对青铜器、金文的研究现状做了分析，对各位学者的研究成果做了总结，对各位学者的发言内容给予高度评价。

四、专家寄语

北京大学中国古代史研究中心教授、北京大学出土文献研究所所长朱凤瀚先生在会议闭幕式讲话中谈到：对本次研讨会的各项内容、成果和会议组织表示特别满意和真诚祝贺，建议对当前学术研究情况予以总结、山东有关方面和单位今后应重点寻找西周早期齐鲁两国早期都城，最后强调了考古学与历史学关系的重要性，尤其是古文字学与考古学要深入交叉和融合。

五、致　谢

朱凤瀚先生十分重视这次会议的召开，2017年开始商谈合作事宜，最终将北京大学出土文献研究所协同创新项目之一“青铜器与金文”会议安排在山东召开，既是看重山东地区青铜器和金文的资源，也是对我们这些年对商周考古、齐鲁文化研究等学术活动的肯定。

潍坊市文物局、潍坊市博物馆的同仁们热情合作、积极努力与大力保障，是会议顺利与成功的基础。会议选择在潍坊市召开，主要基于以下几个方面的考虑：1. 针对山东地区商周考古发现、文化内涵与研究情况，我们每年召开一个较大规模的学术会议，不断推动业务工作和学术研究的深入开展，在2015年莒县、2016年曲阜、2017年临淄举办会议基础上召开齐鲁文化的会议，为阶段性总结；潍坊市位于鲁北东部、北邻渤海，商周时期是商文化、周文化与东夷文化交汇的前沿地区，是齐文化发展的核心区域，又有陈介祺为代表的金石学收藏研究大家，形成了极好的文化底蕴和研究传统。2. 潍坊市馆藏文物丰富、出土文物众多，商周青铜器富有特点；潍坊市文物考古和博物馆工作基础好，业务学习和学术研究氛围浓厚，近几年发展势头良好。3. 潍坊市文物局刘允泉局长、李宝垒科长是会议积极支持者，前几年就多次争取去潍坊开会，以达到带动发展的目的；潍坊市博物馆孙敬明研究员是研究古文字、历史文献和考古学的专家，其著述丰硕，对省内许多文博单位人员的业务学习多有指导和帮助，形成了良好的研究氛围；潍坊市博物馆吉树春馆长理念先进、管理有方，重视业务工作和对年轻人员的培养，特别热情积极合作举办这次会议；潍坊地区各县区博物馆馆长都是业务骨干，大力支持举办青铜器主题展，积极参加会议。

南开大学赵庆淼、中国社会科学院历史研究所杨博两位同仁帮助组织专家学者参加会议，并做了大量会务工作。山东省文物考古研究院董文斌承担了会议的具体会务工作，包括会议筹备、代表邀请、材料制作、会场服务、接待保障、文集出版等，他的热情周到和辛勤付出是会议成功的重要因素，得到了与会人员的充分肯定。潍坊市博物馆安排了朝气蓬勃、和谐进取的会务团队，会议才能取得高效、友善、喜悦和收获的效果。

对以上所有单位和个人表示最诚挚的谢意！

我们将一如既往地按照计划持续举办相关学术活动，坚持请进来、走出去的做法，不断加强考古学科建设、考古能力提升，推动山东地区区域文化深入研究，为研究阐发、弘扬传承优秀传统文化做出更多新贡献。

刘延常

2020年11月